普通高等教育"十五"国家级规划教材

旅 游 心 理 学

刘 纯 编著

科学出版社

北 京

内 容 简 介

　　本书是"十五"国家级规划教材,同时也是教育部"高等教育面向 21 世纪教学内容和课程体系改革计划"的研究成果,是教育部旅游管理专业主干课程教材之一。

　　本书从全新的角度,全面、系统地阐述了旅游心理学的理论、方法及其在实践中的应用。全书分四编,共计 22 章。第一编概论,主要介绍旅游心理学的对象、任务和研究方法以及旅游行为的研究模式;第二编旅游者心理,着重从心理学、社会学及人类学等学科的角度解释旅游行为,探讨旅游市场营销策略和旅游者行为的关系;第三编旅游企业管理心理,详细阐述了各种经典和现代流派的管理心理学的理论,研究个体、群体、领导、组织各层次的行为特征及所蕴涵的心理规律;第四编旅游企业服务心理,概要介绍被称为旅游业三大支柱的旅行社、旅游交通、饭店服务的心理因素。全书体系严整、论述详尽,反映了本学科的最新成果和前沿动态,具有极强的实务指导性。

　　本书可作为旅游管理专业本科生及研究生的教材,以及旅游企业和相关企业高级管理人员的培训教材。

图书在版编目(CIP)数据

旅游心理学/刘纯编著. —北京:科学出版社,2004

普通高等教育"十五"国家级规划教材

ISBN 978-7-03-012941-3

Ⅰ. 旅…　Ⅱ. 刘…　Ⅲ. 旅游心理学-高等学校-教材　Ⅳ. F590

中国版本图书馆 CIP 数据核字(2004)第 010677 号

责任编辑:陈　亮/责任校对:包志虹
责任印制:张　伟/封面设计:蓝正设计

科学出版社出版
北京东黄城根北街 16 号
邮政编码:100717
http://www.sciencep.com

北京虎彩文化传播有限公司 印刷
科学出版社发行　各地新华书店经销

*

2004 年 5 月第 一 版　　开本:B5(720×1000)
2018 年 7 月第九次印刷　　印张:41 1/2
字数:801 000

定价:68.00 元
(如有印装质量问题,我社负责调换)

前　言

　　随着世界经济的发展和人民生活水平的提高，旅游已成为现代人类社会重要的生活方式。1999 年 12 月 2 日，在法国东南部冬季旅游胜地沙莫尼开幕的"世界旅游峰会"上，世界旅游组织秘书长费朗切斯科·费兰贾利预计，到 2020 年，全球旅游者人数将达 15 亿，旅游带来的收入总和将达 2 万亿美元。来自全球欧洲的近 250 名政界、经济界、学术界和业内专家们认为，20 年以后，旅游业将成为世界第一大产业。

　　改革开放以来，我国的旅游事业取得了令人瞩目的辉煌成就。世界旅游组织预测，到 2020 年，中国将成为世界第四位客源输出国。2003 年 10 月 20 日正在参加世界旅游组织第十五届全体会议的瑞士旅游局东南亚区主任菲德·索马汝加表示，中国将引领 21 世纪全球旅游业。在 21 世纪，我们正面临着知识经济时代的来临。在知识经济时代，人的因素、智力因素在经济增长中的作用，要比农业时代和工业时代更加重要。如何提高中国旅游业的管理水平，以适应我国旅游业的快速发展，是我们面临的一个新的历史任务。其中，很重要的一个方面就是研究旅游管理中的社会—心理因素，运用心理学的研究成果来提高旅游管理活动的科学水平。

　　近年来，我国陆续出版了几部旅游心理学论著和教材，这对填补我国在这领域研究的空白起了积极的作用。1986 年，我编写的《旅游心理学》由上海科学技术文献出版社出版。该书着重从心理学、社会学及人类学的角度研究旅游行为。1990 年根据饭店管理专业教学的需要，上海远东出版社出版了我编写的《旅游饭店现代管理心理学》，时任国家旅游局局长的刘毅同志为该书作序并推荐。该书除了研究旅游行为之外，着重介绍了管理心理学的理论、方法，探讨了这些理论和方法在饭店管理中的应用。1994 年以来，我先后为管理科学与工程专业、工商管理专业和产业经济专业硕士研究生讲授管理心理学和人类工效学等课程，并承担了这些领域的一些科研课题。本书就是在上述著作所作研究的基础上，结合作者的教学和科研实践，经过必要的调查研究，总结了我国旅游管理工作的一些经验，同时，有选择地引进了国外在旅游心理学和管理心理学领域研究的最新成果编写而成的。

　　本书从全新的角度，全面、系统地阐述了旅游心理学的理论、方法及其在实践中的应用。全书共分四编，总计 22 章。第一编概论，主要介绍了旅游心理学的对象、任务和研究方法以及旅游行为的研究模式；第二编旅游者心理，着重从心理学、社会学及人类学等学科的角度解释旅游行为，探讨了旅游市场营销策略和旅游者行为的关系；第三编旅游企业管理心理，详细阐述了各种经典和现代流派的管理心理学理论，研究了个体、群体、领导、组织各层次的行为特征及所蕴涵的心理规律；第四编旅游企业服务心理，概要介绍了被称为旅游业三大支柱的旅行社、旅游交通和饭店服务的心理因素。

　　作为教材，我的看法是，学术问题可以百家争鸣，教学问题却不能赶时髦，不能人云亦云，而要进行分析，择其善而从之，把经过实践充分肯定的理论和方法介绍给学生。教材的编写应该既注意本学科的基本内涵和自身规律，保持系统性和相对稳定性，又力求反映本学科的新成果和前沿动态，具有深刻性和先进性。尽管我朝着这一方向尽了最大努力，但该书的缺点和不足仍然是难免的。诚恳地希望海内外专家和广大读者批评指正。

刘　纯

2004 年 3 月 5 日于上海大学

目　　录

第一编　概　　论

第二编　旅游者心理

第四编　旅游企业服务心理

第一编 概 论

第一章 导 论

旅游心理学既属于旅游科学范畴，又属于心理科学范畴。旅游行为是在旅游心理的支配下发生，并随着旅游心理的发展变化而发展变化的。

在导论中，我们将讲述休闲与旅游、旅游业与旅游科学，明确旅游心理学的定义，说明研究旅游心理学的重要性。然后，我们将从旅游心理学的角度考察旅游产品及其特点，确定服务一词的定义。最后，我们将讨论旅游心理学的任务，扼要介绍旅游心理学的研究方法。

第一节 休闲与旅游

一、休闲活动与旅游

随着世界经济和科学技术、文化的发展，个人经济收入及自由支配时间的增加，劳动与休闲就成为人类生活不可分割的两个方面。如何利用闲暇时间，是人类生活中面临的一个新问题。

"休闲"或"闲暇"的英语是 leisure，源于拉丁语的 licere，意指摆脱生产劳动后的自由时间或自由活动，包含时间与活动两个层面。法国社会学家乔弗里·杜马泽迪尔（Joffre Dumazedier）在《走向休闲的社会》一书中提出了他对休闲的看法："所谓休闲，就是个人从工作岗位、家庭、社会义务中解脱出来的时间。"一般地讲，我们可以把休闲解释为当一个人干完了他的工作，并满足了他的基本需要之后，这个人就有了属于自己的自由支配时间，有了休闲的"资本"，人们可以根据其周期性和时间的长短，以不同的方式加以利用。

（1）业余时间，可以用于看电视、看书读报、听音乐、看戏或参加其他文体活动。

（2）周末时间，可赴下述地点短途旅游：

· 别墅、饭店、疗养胜地。

· 野营营地。

· 凡可以让人"躲避一下"的地方。

（3）两三周短期休假到七周以上的长期休假，可以作一次异地旅行或度假。

当今，世界各国最为广泛的休闲活动当数休闲运动和旅游两项了。所谓休闲运动，是人们为了向外界表现自己和享受运动所创造的美感和愉悦的活动。其中，有许多运动并不单纯地追求"高度"、"速度"、"力量"等衡量运动水平高低的标准。诸如滑翔、玩滑翔伞、蹦极、潜水、登山、攀岩、坐热气球、钓鱼等都属于休闲运动。

旅游和休闲是密不可分的，闲暇时间是旅游的必要条件。没有可自由支配的闲暇时间，就不可能有旅游活动。旅游是休闲的形式和手段之一，而且是综合性的高层次的休闲活动。

旅游和休闲活动的区别在于，只有离开居住地到异地一定时间，并以观光、度假、健身、娱乐以及探亲访友为主要目的的休闲活动，才是真正意义上的旅游活动。

20 世纪 50 年代，由于大型喷气式飞机的出现，国际航线星罗棋布，住宿条件大为改观，旅游作为休闲活动的一种形式，越来越被人们接受。在一些发达国家，人们甚至产生了这样一种观念：假日期间不外出旅游是生活中的一大损失。休闲活动的一些形式，如休闲运动，完全可以在旅游活动的过程中实现。因此，人们一般也称旅游为"休闲旅游"或"闲暇旅游"。

二、旅游与旅游业

旅游是一项很古老的活动，中外历史上都有不少关于古代旅行家的记载。2000 多年以前，我国就有"仁者乐山"、"智者乐水"之说。古代的旅游常常是随着贸易、战争、宗教活动、探险、求知以及文化交流等目的而进行的，只有一部分达官显贵是为了娱乐而去旅游的。

有人认为世界最早的旅游活动是在大约公元前 4000 年出现的，当时的巴比伦王国发明了钱币、文字和车轮，人们既可以用货币，也可以用货物来支付他们的交通和食宿费用。这时的旅游活动是随着贸易的发展而产生的。公元前 1490 年，古埃及霍茨海贝赛女王的奔达诸国（即现在的索马里）之行，或许是有史以来第一次以寻求安宁和观光为目的的旅游。在埃及的狄爱耳拜哈里神庙的墙上，记载着这次重大巡游事件的经过。

我国历史记载最早的、行程最远的旅行家应数西汉的张骞。他于公元前139年奉汉武帝之命出使西域，越过葱岭、亲历大宛、居、大月氏、大夏（今中亚一带）等地，在外共13年。他这次旅行探明了亚洲内陆交通，加强了中原和西域少数民族的联系，进一步发展了汉朝与中亚各地人民的友好关系，促进了东西方经济、文化的交流。

旅游作为一种经济产业却是近代的事。国际上一般认为，现代旅游业的创始人是英国的托马斯·库克（Thomas Cook）。他在19世纪40年代创造了世界上最早的有组织的旅游服务。国际旅游业近年来的发展速度，已超过了许多其他产业而成为世界第二大产业。据有关研究分析，在不远的将来，有可能超过石油工业而成为世界第一大产业。

目前，国外尚有将"旅游"称为"观光"或"休闲旅行"的，它还没有一个统一的确切定义。美国密执安大学商学院旅馆和餐饮管理系的罗伯特·麦金托什（Robert W. McIntosh）教授在《旅游的原理、体制和科学》一书中给旅游下的定义是："在吸引和接待旅游者及其他访问者的过程中，由于旅游者、旅游企业、东道政府及东道地区居民的相互作用而产生的一切现象和关系的总和。""它是吸引旅游者、运送旅游者、向旅游者提供食宿、热情友好地满足旅游者需求的一门科学和一项艺术。同时，它又是一种商业。"

上述定义基本总结和归纳了西方学者的研究成果，概括了旅游的范围，并提出了旅游业的综合性。不足的是，这些定义并未揭示出旅游的本质属性，即旅游是在一定社会经济条件下发生和发展的一种社会经济活动，是受社会风气影响和制约的一种物质文化活动。

三、国际旅游业与旅游科学

为了适应国际旅游业迅猛发展的需要，一门新的科学——旅游学应运而生。旅游囊括了我们社会生活的各个方面。因此，可以从不同角度对它进行研究。

1. 从机构角度研究

这是用统计的方法研究各种从事旅游经营活动的中间商和旅游机构，尤其是像旅行社这样的机构，要摸清其组织情况、经营方法、经营成本及经济实力等。这种统计结果可以为旅游学的进一步研究提供可靠的依据。

2. 从产品角度研究

这是对各种旅游产品的研究，看它们是如何生产、销售和消费的。但该方法太浪费时间，而且很难在短期内抓住旅游的本质所在。

3. 从经营管理角度研究

这是立足于经营管理方面，即微观经济方面的研究。其重点放在旅游企业的规划、市场促销、产品定价、广告策略及控制等一系列经营管理活动的研究上。这种对旅游学的研究方法非常重要，因为无论运用什么方式研究旅游，抓住经营管理的规律是至关重要的。旅游企业的管理目标和管理程序必须适应新变化，必须与旅游环境的变化相吻合。

4. 从经济角度研究

由于旅游业对本国经济和世界经济都有着巨大的影响，因此备受经济学家的关注。经济探讨的中心是旅游的供给关系、收支平衡、外币兑换和就业、消费、发展及其他一切经济因素。它为分析旅游学本身以及旅游业在一国经济中所起的作用提供了一个框架。不足的是，这种方法只注意到了旅游业的经济方面，而通常对非经济因素的影响，诸如环境、文化、心理、社会学及人类学的探讨就显得重视不够。

5. 从社会学角度研究

旅游活动趋于社会化，引起了社会学家的极大关注。他们力图研究个体与群体旅游者的行为及旅游对社会的影响，并且对主客双方各自的社会阶层、风俗习惯，也加以研究和分析。目前，休闲与旅游社会学还是一个比较薄弱的领域，休闲与旅游对社会造成的巨大影响，有待于人们从社会学角度去更多地研究。

6. 从地理学角度研究

地理学是一门涉及面很广的学科，地理学家对旅游及其空间产生兴趣，因为他们是从事方位、环境、气候、景观和经济等方面研究的专家。他们对旅游学的探讨往往是从阐明旅游景点的位置、旅游风景区引起人们流动的原因、旅游业给风景区带来的变化（如旅游设施的变化、旅游开发布局的变化、自然规划的演变），以及经济、社会、文化等问题入手的。旅游业在许多方面都涉及地理学，所以地理学家们对旅游区的调查比其他科学家更周详。他们要探讨土地利用、经济因素、人口统计和文化问题等诸方面。而休闲与旅游地理学则是从事该方面研究的地理学家们常常研究的课题，因为休闲、旅游和娱乐都是彼此紧密相连的。

7. 从体制角度探讨

这是旅游学研究中最重要的方面。所谓体制，就是指相互关联的、彼此协作而形成的一个统一的、组织起来去达到一系列目标的整体。这一角度集其他研究于一身，从而形成了一个能处理微观与宏观问题的体系。体制可以起到监督旅游企业的竞争环境及其市场、旅游企业与其他机构的联系以及旅游者沟通的作用。此外，还能用宏观的眼光去研究某国、某地区整个旅游业的体制，研究体制内部是如何运转，如何同政治、法律、经济和社会体制相互联系的。

8. 跨学科性研究

上面介绍的研究旅游学的几个角度都有其局限性。旅游学是一个新兴的领域，在其发展过程中，受到了来自很多方面的影响。事实上，很难想像还有哪一个领域比它更具跨学科性。因此，采用一系列的方法交叉地去研究它是非常重要的。

比如，人们的旅游动机、旅游行为都各不相同，要确定这些动机和行为，就必须运用心理学的方法去探索，进而找到旅游产品市场营销的最佳方法；旅游者过境需要持有政府机关颁发的护照和签证，这就涉及政治学方面的探讨；同其他产业一样，旅游一旦成为影响多数人生活的主要经济体系，势必会引起立法部门

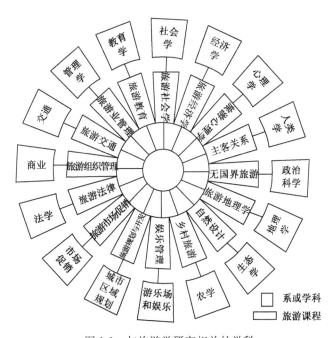

图 1-1　与旅游学研究相关的学科

的关注，这些立法部门制定法律、法规，使旅游业得以生存和发展，因此就需要进行法律方面的探讨。图 1-1 列出了与旅游学研究相关的学科。

第二节　旅游心理学的对象和任务

一、旅游心理学的研究对象

对旅游的研究离不开对其主体——旅游者行为的研究。单从经济因素远不足以解释旅游者的行为及其决策，为了有效地、成功地为旅游者服务，我们有必要了解那些激励他、影响他作出各种旅游决策的心理因素。同时，对旅游的研究也离不开对为旅游者服务的旅游企业管理心理和服务心理的研究。在这种情况下，一门新的旅游科学和心理科学的应用分支——旅游心理学应运而生了。

旅游行为是旅游者在其一系列心理活动的支配下产生的异地探险、调换环境、改变生活体验和认识世界的行为，是旅游心理的外部表现，即旅游心理的外在行为。旅游行为是在旅游心理的支配下发生，并随着旅游心理的发展变化而发展变化的。表现在旅游者的旅游行为，按其个性与旅游心理结构形式、旅游需求和决策不同而不同，并直接影响旅游行为的产生和继续。因此，研究旅游行为必须研究旅游心理。

狭义的旅游心理学，只研究旅游者即旅游行为主体的心理；广义的旅游心理学则不仅研究旅游者的心理，而且研究旅游业开发、经营与管理的心理依据。

旅游心理学一方面研究旅游者的心理活动及其客观规律，其基本目的就是解释人们为什么旅游、影响人们旅游决策的因素是什么，以及这些决策如何作出的；另一方面研究为旅游者服务的旅游企业的管理心理，即探讨旅游企业中个体、群体、领导、组织的心理活动规律，说明如何通过调整人际关系、激励动机、提高领导水平和领导艺术、增强组织凝聚力等手段，来协调人—人关系，以提高旅游企业的管理水平，使之最大限度地满足旅游者的需求。

旅游心理学既属于旅游科学范畴，又属于心理科学范畴。从用于开发旅游业而研究人们的旅游行为而言，属于旅游科学；从把普通心理学原理延伸用于研究旅游者的社会行为和心理而言，又属于心理科学的一个分支。

解释旅游行为不是一件容易的事，因为影响人的行为的因素实在太多了。比如，我们必须要理解人们如何看待旅游地、旅游交通、旅程以及旅游广告；如何学会消费和旅游；如何作出决策；个性如何影响这些决策等一系列问题。我们还必须知道，是什么动机影响了人的旅游决策，以及这些动机是如何相互影响的；我们还要理解旅游者的态度是如何形成的，它怎样影响个人的行为，以及各群体的影响是如何对旅游行为产生作用的，等等。

二、旅游产品及其特点

旅游行为是一种特殊的消费行为，这同旅游市场上销售的特殊产品——旅游产品有关。

旅游产品是指旅游企业经营者为旅游者提供的用以满足他在旅游活动中的物质、精神综合需要的全部服务总和。

旅游产品又可分为整体旅游产品与单项旅游产品两种概念。整体旅游产品是指经过旅游经营者将航空、铁路、饭店、旅游景点和娱乐场所等企业部门的产品编排组合而成的，满足旅游者一次旅游活动的综合服务产品，通常称之为旅游线路。单项旅游产品则是指构成整体旅游产品中的各项旅游产品，如饭店服务、交通运输服务、游览景点服务等，就是单项旅游产品。

旅游产品还可以根据其表现形式，分为服务形式的旅游产品、实物形式的旅游产品和两者相结合的旅游产品。

为了把服务形式的产品同实物形式的产品区分开来，自 20 世纪 70 年代末以来，许多学者从产品的特征角度来探讨服务形式产品的本质。1991 年，国际标准化组织（ISO）在 ISO 9004—2 "质量管理和质量体系要素"第 2 部分 "服务指南"中对 "服务"的定义是："为满足顾客的需要，供方与顾客接触的活动和供方内部活动所产生的结果。"对服务质量的定义是："反映产品或服务满足明确或隐含需要能力的特征和特性的总和。"

对定义中规定的 "特性"，服务指南明确规定了以下四点：

（1）服务的要求必须依据可以观察到的和须经顾客评价的特性加以明确规定。

（2）提供服务的过程也必须依据顾客不能经常观察到的，但又直接影响服务业绩的特性加以规定。

（3）两类特征都必须能被服务组织对照所规定的验收标准作出评价。

（4）服务或服务提供的特性可以是定量的（可测量的）或者是定性的（可比较的），这取决于如何评价以及是由服务组织还是由顾客进行评价。

服务指南中还进一步列举了服务特性所体现的主要内容：

1）设施、能力、人员的数目和材料的数量；

2）等待时间、提供时间和过程时间；

3）卫生、安全性、可靠性和保密性；

4）应答能力、方便程度、礼貌、舒适、环境美化、胜任程度、可信性、准确性、完整性、技艺水平、信用和有效的沟通联络。

　　将这些内容进行分析归纳，可以看出现代服务的构成要素包括：人力和物力要素、效率要素、文明要素、能力要素、安全要素、商品要素。

　　可见，现代服务由以上六大要素构成。把握现代服务的构成要素对寻找服务质量体系依据，乃至建立服务质量体系，具有重要的指导意义。

　　大多数旅游产品都是以服务形式出现的。服务具有不可感知性、不可分离性、差异性、不可储存性和缺乏所有权五种基本特征。

1. 不可感知性

　　不可感知性（intangibility）是服务的最主要特征。它的含义可以从两个不同的层次来理解。首先，服务同实物形式的产品相比较，它的特质及组成元素在很多情况下都是无形无质的，让人不能触摸或凭肉眼看见其存在。同时，服务不仅是无形无质的，甚至使用服务后的利益，也很难被察觉，或是要等一段时间以后，享用服务的人才能感觉到"利益"的存在。因此，服务在被购买之前，购买者不可能去尝、触、看、听或嗅到"服务"。

　　应该指出，真正百分之百具有完全不可感知性特点的服务极少存在，很多服务需要有关人员利用有形的实物，才能正式生产，才能真正提供及完成服务程序。比如，饭店餐厅的服务中，不仅有厨师的烹调服务过程，还有菜肴的物质加工过程。

2. 不可分离性

　　不可分离性（inseparability）是指服务的生产过程与消费过程同时进行，也就是说，服务人员为消费者提供服务时，也正是消费者消费服务的时刻，二者在时间上不可分离。

　　由于服务本身是一系列的活动或者说是过程，所以在服务的过程中，消费者和生产者必须直接发生联系，从而生产的过程也就是消费的过程。服务生产与消费同时进行也减少了许多干预质量控制的机会。服务的这种特性表明：消费者只有且必须加入到服务的生产过程中，才能最终消费到服务。消费者对生产过程的直接参与，及其在这一过程中同服务人员的沟通和互动行为，无疑向传统的产品质量管理及营销理论提出了挑战。

3. 差异性

　　差异性（heterogeneity）是指服务的构成成分及其质量水平经常发生变化，很难统一界定。服务行业是以"人"为中心的产业，由于人类个性的存在，使得对于服务的质量检验很难采用统一标准。一方面，由于服务人员自身因素，如心理状态、技能等因素的影响，即使由同一服务人员所提供的服务也可能会有不同的水准；另一方面，由于消费者直接参与服务的生产和消费过程，于是消费者的自身因素，如知识水平、兴趣和爱好等因素，也直接影响服务的质量和效果。

差异性使消费者很容易对企业及其提供的服务产生"形象混淆"。例如，对于同一家饭店的两个不同部门所提供的服务，可能出现一个部门服务水平显著地优于另一个部门的情形。前一部门的消费者会认为该饭店的服务质量很好，而另一部门的消费者则可能对该饭店的低劣服务予以投诉。"企业形象"或者企业的"服务形象"缺乏一致性，将对服务的推广产生严重的负面影响。

4. 不可储存性

不可储存性（perishability）是基于服务的不可感知形态以及生产与消费同时进行，使得服务不可能像以实物形式表现出来的产品一样被储存起来，以备未来出售。而且在大多数情况下，消费者也不能将服务携带回家。当然，提供服务的各种设备可能会提前准备好，但生产出来的服务如果不当时消费掉，就会造成损失，如医院或饭店的空房间、飞机的空座位或是牙科医生在一天里有一小时没有病人等。

由于服务不能储存，如不使用将会永远失去。服务能力的充分利用成为一大管理挑战，因为消费者需求变化大，而利用库存适应需求的波动是不可行的。不过，这种损失不像实物形式的产品损失那样明显，它仅表现为机会的丧失和折旧的发生。

5. 缺乏所有权

缺乏所有权（absence ownership）是指在服务的生产和消费过程中，不涉及任何所有权的转移。既然服务是不可感知的，又不可储存，服务在交易后便消失了，消费者并没有"实质性"地拥有服务。比如，乘飞机之后，旅客从一个地方被运送到另一个地方，而此时旅客手里除了握有机票和登机牌之外，不再拥有任何东西，同时航空公司也没有把任何东西的所有权转让给旅客。

缺乏所有权会使消费者在购买服务时，感受到较大的风险。如何克服服务消费者的这种消费心理，促进服务销售，是营销管理人员所面对的问题。

从对上述五个特征的分析中不难看出，"不可感知性"大体上可被认为是服务的最基本特征。其他特征都是从这一特征派生出来的。

三、旅游心理学的任务

通过对旅游者心理的研究，我们可以了解那些激励并影响旅游者作出各种旅游决策的心理因素，从而为旅游市场的预测开发、旅游企业的经营管理提供心理学依据，促进国际旅游事业的发展。这是旅游心理学的首要任务。

旅游是复杂并具有高度象征性的社会现象。旅游业的发展既有社会和经济原因，又有心理和生理的原因。各种原因之间有着错综复杂的关系。世界旅游业的发展始于20世纪50年代，虽然各国的一些旅游研究者都在着手研究旅游科学，也取得了一些令人瞩目的成果，但仍有许多问题尚未解决。例如，对未来的大量闲暇时间如何利用就涉及经济问题，但更多的是社会心理问题。类似这种属于心理学探讨的问题圆满解决，无疑将会为充实和提高旅游科学的理论水平作出贡献。

旅游心理学是心理科学的一个分支。一般而言，运用普通心理学的原理可以解释许多旅游行为，但旅游心理学有其特定的研究对象——旅游者，通过对旅游心理学的研究，在其特定对象的特殊规律中作出总结，可以丰富心理科学的知识宝库。

从实践方面来看，通过对旅游心理学的研究，可以为旅游企业及其从业人员提供旅游者的需要和动机、知觉、学习、个性、态度等因素对其旅游决策影响的心理学知识，使旅游企业和从业人员的工作更有预见性和针对性，以便做好相应的行业管理和企业管理工作，提高旅游业的管理水平。

研究旅游心理学有利于适应国际旅游市场多变的发展形势，以提高社会主义旅游业的竞争能力，促进我国国际旅游事业的繁荣。

第三节　旅游心理学的研究方法

任何一门学科都有它自己的研究方法。一门学科要想导出合理的正确的理论，它的方法必须是恰当的，对材料的分析、概括必须是科学的、准确的。旅游心理学也不例外。作为一门交叉学科，旅游心理学除运用心理学的研究方法之外，还从相关学科中吸收了许多必要的概念和有效的方法，这为本学科科学而系统地发展提供了基础。

一、基本术语

一些专业化的术语反映了旅游心理学研究中的重要概念。掌握这些概念对于了解研究的方法及其科学性，是十分必要的。

1. 变量

变量（variable）可以是任何一种可改变强度或幅度并可观察、测量的一般性特征。比如，能力、性格、工作压力、工作满意度、生产力、群体规范等，都是旅游心理学中常见的变量。变量又有不同的种类。

（1）自变量（independent variable），是指能独立变化并引起其他变量改变的变量。本学科常见的自变量有：能力、性格、经验、动机、领导风格、报酬分配方式、组织设计等。比如，"不同的领导风格导致员工不同的工作行为"，这里领导风格就是自变量，被假定为是引起工作行为变化的原因。

（2）因变量（dependent variable），是指受自变量的影响而发生改变的变量。我们经常考察的因变量有：工作绩效、工作满意度、出勤率、组织凝聚力等。比如，上例中的"工作行为"就是因变量。

（3）协变量（moderating variable），是指参与对因变量的影响，从而削弱自变量的作用的变量。自变量对因变量的作用只有在协变量存在的情况下才生效。因此，协变量也可看作是情境变量。例如，如果"增加直接监督"（自变量）的程度，那么"员工生产效率"（因变量）应有所改变，但究竟能否发生改变，要视"工作任务的性质和复杂程度"（协变量）而定。

2. 假设

假设（hypothesis）是对两个或两个以上的变量之间关系的尝试性说明。所谓"尝试性"是指它的正确性仍有待证实。因此，一个好的假设并不在于它是否正确，而在于它是否具有可证实性。不可证实的假设没有价值。

3. 因果关系

因果关系（causality）是指变量之间的导引关系的方向性。当由于 X 的变化引起了 Y 的变化，那么 X 就是 Y 的原因，它们之间就是因果关系。"动机强度不同，导致不同的生产率"，这就是一种因果关系。但"快乐的员工也就是高生产率的员工"并不反映出因果关系，因为不清楚谁是因、谁是果。

4. 相关关系与相关系数

相关性（correlation）说明两个变量之间在变量上是否有稳定关系，表示为相关系数（correlation coefficient）。相关系数取值自＋1.00（完全正相关，即两变量的量变方向完全相同）到－1.00（完全负相关，量变方向相反）。相关系数为 0 时，表示两变量之间没有关系。相关只说明量变关系，但不说明变量的方向，不说明因果性质。比如，长期观察发现，美国女子裙子的长度和股市价格有很高的正相关，这其中当然没有因果关系，纯属偶然巧合。再比如，田里稻子和草的生长高度有极高的正相关，但这种量变的一致性并不意味着它们之间有因果关系，它们都分别和另一些因素，如土壤性质、气候等有关，分别是这些因素的结果。

5. 效度

效度（validity）是指研究中所测量到的内容，是原本想要测量的内容。比如，要对员工的能力进行考察，就要真正测量其能力，而不是性格。反之，若要分析员工的性格，就不能去测量其能力。否则，都是无效的。如果一项报告说，民主型领导有利于提高凝聚力，那么就要检查它是否确实考察了"民主型领导"以及是否确实测量的是"群体凝聚力"。换而言之，所报告的应当的确是所研究的内容。

6. 信度

信度（reliability）是指测量的一致性或稳定性。如果测量一个人的智力商数 IQ 昨天为 120，今天成为 70，那么这个测量工具就有问题，就不可信。因为除特殊的意外，一个正常人不可能昨天是智者，今天却成了愚人。因此，在进行研究之前，要确证测量工具准确可靠。

7. 普遍性

普遍性（generality）意味着结果符合更广大人群的实情，而不是只符合受试者的实情。一项研究的结果能否被推论于该研究对象以外的个体或群体，必须慎重对待，严格论证。比如，对男性调查的结论能否适用于女性，对青年员工的研究结果能否推论于老年员工，对工厂员工的甄选方法能否用于饭店员工，须严格论证。

二、研究方法

1. 观察法

观察（observation）法是指通过感官或仪器按行为发生的顺序进行系统观察、记录并分析的研究方法。观察法又有自然观察与实验室观察之分。自然观察是指在行为发生的自然环境中进行观察，对行为不施加任何干预。实验室观察是指在实验室内，在人为控制的某些条件下进行的观察。

观察法的优点在于方便易行，可涉及相当广泛的内容，且观察材料更接近于生活现实。其缺陷在于只能反映表面现象，难以揭示现象背后的本质或因果规律。因此，此法最好与其他方法结合使用。

2. 调查法

调查（survey）法是指通过事先拟定的一系列问题，针对某些心理品质及其他相关因素，收集信息、并加以分析的方法。比如，要想了解员工的业余生活内容、对工作的满意度、对领导风格的评价，就可以采用调查法。

调查法的优点是能同时进行群体调查，快速收集大量资料，而且简易的问题也方便人们回答。但调查法不大适于针对行为，而且对涉及态度的回答未必完全真实，故而所得材料的价值要打折扣。

3. 测量法

测量（test）法是指采用标准化的心理测验量表或精密的测量仪器，对有关心理品质或行为进行测定、分析的方法。能力测验、性格测验、人才测评等，都是旅游心理学中常用的测量法。

4. 个案研究

个案研究（case study）是对个体、群体或组织以各种方法收集各方面可能的资料以供分析的方法。比如，通过研究一个饭店的历史来了解其管理方法及成效，就是一种个案研究。由于个案研究时多半需要个案的背景材料，并了解其经历，因此也称个案历史（case history）法。

个案法针对性强，对于解决组织中的具体问题颇有帮助。但由于它过于具体，普遍性自然较差，其结论不宜随意推广。

5. 实验法

实验（experiment）法是指在人为控制的环境条件下，精确操纵自变量而考察因变量如何因其变化、研究变量间相互关系的方法。实验法有实验室实验和现场实验之分。

实验室实验（laboratory experiment）在人为制造的实验室环境中进行。其特点虽然精确，但也因此失去了一定的真实性和普遍性，因为现实中很少有像实验室那样的环境。

现场实验（field experiment）在真实的组织环境中进行。比如，要了解照明度对员工操作的影响，可安排两个同样条件的工作场所，使员工在不同的照明水平下作业，比较工作效率。现场实验可算是最为有效的方法，所得的结论也最具有普遍意义，只是代价较高。

6. 评价法

评价（assessment）法是用于评价、考核和选拔管理人员的方法。该方法的核心手段是情景模拟测验，即把被试者置于模拟的工作情境中，让他们进行某些规定的工作或活动，对他们的行为表现作出观察和评价，以此作为鉴定、选拔、培训管理人员的依据。

评价法中采用的最重要的手段是模拟情景测验，其中又包括公文包测验、角色扮演、小组相互作用测验。

实践证明，用评价法评价、考核、选拔人才，科学性强，可靠性高，经济效益明显，便于挖掘人才，可避免盲目用人和任人唯亲。因此，它在西方许多国家的企业界受到普遍欢迎。

复习与思考

1. 解释下列概念：
(1) 休闲；(2) 休闲运动；(3) 旅游；(4) 旅游心理学；(5) 旅游产品；(6) 服务。
2. 对旅游科学的跨学科性，你是怎样理解的？
3. 举例说明服务的基本特征。
4. 结合国内旅游业的现状，谈谈旅游心理学的任务。
5. 概述旅游心理学的研究方法。

第二章　旅游行为的研究模式

旅游者外出旅游，必须作出许多有关的决策。因此，在旅游行为研究中，有必要把旅游者看作决策者进行观察。

在这一章，首先，我们考察旅游者的决策方式，阐述常规决策、扩展性决策以及瞬时决策的定义。之后，将从作为个体的旅游者和作为决策者的旅游者，以及从文化与亚文化群体的角度讨论影响旅游行为的诸因素。

第一节　旅游者的决策

一、旅游者的决策类型

旅游者外出旅游时，必须作出许多与旅游有关的决策，即作出决定，旅游者必须下决心离开家，必须决定到什么地方去以及怎样去、花多少钱、在异地逗留多久、与谁同行等等。因此，在旅游行为研究中有必要把旅游者看作决策者进行观察。

考虑每次付诸一次决策所必须的努力程度是描绘决策制定过程的一个有用的方法。从一个连续的过程方面很容易考虑这个问题，其一端是常规决策，另一端是扩展性决策，许多决策落在中间区域，这被描述为有限决策，这一连续体可参见图 2-1。

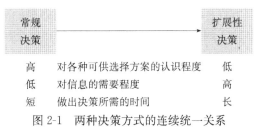

常规决策	⟶	扩展性决策
高	对各种可供选择方案的认识程度	低
低	对信息的需要程度	高
短	做出决策所需的时间	长

图 2-1　两种决策方式的连续统一关系

常规决策（routine decision）是指决策者在日常生活和工作中，经常需要解决的一般性决策问题。它们以相同或基本相同的形式重复出现，其产生背景、特点及内部与外部的有关因素已全部或基本上被决策人所掌握。此类决策仅仅靠决策人长期处理此类问题的经验即可较好地完成。旅游者采用常规决策方式时，往往基于习惯，迅速而不假思索地作出旅游决定。因此，常规决策又称为习惯性决策（habitual decision）。

然而，客观事物是极其错综复杂的，决策者所面临的绝大部分问题不可能用某个标准程序或模式来概括。无先例可循而又具有大量不确定因素的决策是常有的，这种决策活动称为"扩展性决策"（extensive decision），或称之为"广泛性决策"。这类决策的特点是具有极大的偶然性和随机性，而且缺乏准确可靠的信息资料。因此，决策者往往难于看清问题的全貌。在这种情况下，消费者就得花费时间和精力仔细地考察可供选择的产品。尤其是与消费者的自我形象紧密相连、并且涉及到财务、社会或个人风险问题的购买行为，更为如此。解决此类问题需要决策者具有丰富的经验、渊博的知识、敏锐的洞察力和活跃的思维。

有限决策（limited decision）通常比较明确而简单，旅游者没有积极地去搜集信息或精确地评价每个备选方案，只是使用简单的决策规则在备选方案中作出选择。这种认识捷径会使旅游者得以依赖一般的指导原则，从而免于为每次决策都从头做起而费很大功夫。

旅游者往往采用几种不同的决策方式进行旅游决策，这些决策方式分布在常规决策到扩展性决策的范围之内。

二、旅游者的决策方式

旅游活动中，旅游者的大多数决策方式位于图 2-1 中靠近常规决策的一端，但也有通过扩展性决策来实现的。当旅游者做扩展性决策时，他要花费相当多的时间和精力去搜集信息，这时信息量的大小和正确与否，将直接影响到决策的质量。决策者收集到信息资料之后，要进行分析，并在此基础上制订各种可供选择的方案，然后对各项预选方案的得失利弊进行权衡和对比，作出取舍的决定，这就是评估。决策者只有在评估的基础上，才能选择出理想的决策方案。旅游者所使用的决策方式总是位于图 2-1 所示的完全常规决策和完全扩展性决策的连线上的某个位置。

旅游者所采用的决策方式并不是一成不变的。在一种场合中，旅游者可能按常规住在一个假日旅馆里，而在另一种场合下，同一旅游者则可能花费相当多的时间和精力审慎地选择住处。还有这样一种情况，过去作出的那个常规决策已不再令人满意了，这时就可能改变决策方式，采用较为广泛的决策过程，以便得到一个更满意的选择。

此外，一个旅游者在不同的情况下用于决策的时间也大不相同，即便是作同一类型的旅游决策，不同的旅游者在决策过程的扩展程度上也有极大的差异。例如，有的旅游者无论到什么地方都习惯性地在下午 4：30 左右到就近的饭店住下，而另一些旅游者在决定住宿地点之前，先要查阅各种旅游指南，对不同的住宿条件经过一番斟酌才作出选择。

了解旅游者所运用的决策方式的类型对提供旅游服务的旅游企业十分重要。了解了旅游者的决策过程及采用的决策类型，就可以确定如何向旅游者提供信息及提供信息的时间、类型和数量，使之足以影响旅游者的旅游决策过程。

采用常规决策过程的旅游者往往根据自己头脑中已有的知识、经验和观念作出选择，并坚信这种选择是建立在足够多的有关信息基础之上的。他在决策时，也就不必去收集和吸收更多的信息。因此，他的旅游决策几乎不受那些能左右他选择的信息的影响。所以，旅游企业应把工作做在他们作出决策之前。

另一种类型的决策几乎在一瞬间即可作出，这就是所谓的"瞬时决策"（impulse decision），或称"冲动性决策"。和常规决策截然不同，瞬时决策是事先没有考虑过的。尽管任何类型的信息放在有决策意义的位置上，都能诱发冲动性行为，然而，冲动性的旅游决策却通常为广告牌或其他形式的户外广告所激发。例如，一个旅行团队计划开车去某个目的地，半路上发现一块广告牌上介绍的风景很有吸引力，尽管计划上没有这个打算，他们还是决定在那里停留一下。这个观赏风景的决定之所以具有冲动性的特征，是因为它包含着一个没有估计到的选择。这个选择实际上是由广告牌激发的。

当旅游者采用扩展性决策时，他可能会接受那些有助于他作出选择的信息。在这种情况下，这位旅游者会觉得自己储存的信息不足以使他作出必须要作决策。这时，特别是在旅游者意识到有作出决定的必要之后，并在他觉得有足够的信息作为基础以前，旅游企业营销人员将较有把握对其结果产生影响。事实上，旅游者也可能在积极搜寻这一类信息。

在作出扩展性决策的过程中，旅游者往往会求助于朋友、同事、导游一类的信息来源。另外，也会接受广告、宣传册和其他一些跟眼前选择有关的、非个人的信息来源的帮助。如果眼下必须作出一个决定，他也许就会想起那些早先由于没用而被忽视了的信息。

对很多旅游者来说，选择旅游目的地是一个扩展性很大的决策过程。以前的信息也许会影响个人对眼下愿意加以考虑的某些选择对象的取舍。然而，主要产生影响的是在他提出"今年我们将去哪儿度假"这个问题之后出现的、在搜集信息的过程中所发现的那些东西。在这种情况下，也就是说恰好在人们似要作出决定或处于疑难过程中，重要的广告和个人推销的努力，应该做得及时。还有，所有的信息传递应该是详尽和真实的。因为这位旅游者正在寻求某些具体问题的答案，这些答案将帮助他作出一个他认为是重要的选择。

第二节　影响旅游者行为的因素

一、作为个体的旅游者

研究旅游者行为涉及许多方面，是对一系列过程的研究，而这一系列过程正是由于个人或群体的选择、购买、使用，或处理旅游产品、服务，以满足自身需求和欲望而引起的。

对"作为个体的旅游者"的研究，是着眼处于最微观层次的旅游者。探讨的是个人如何从他最熟悉的环境获得信息，以及对这些材料如何学习、如何在记忆中存储、如何利用这些材料去形成和修正对旅游产品或自身的态度。

1. 感觉与知觉

感觉（sensation）是人的感觉器官（如眼睛、耳朵、鼻子、嘴和手指）对于光、色、味和声等基本刺激的直接反应。知觉（perception）则是这些基本刺激被选择、组织及解释的过程。就像计算机处理原始信息一样，知觉在为感觉赋予意义时，也给感觉附加或从中抽掉一些东西。

一个旅游者选择合适的旅游产品和服务时，所作的主观判断有赖于好多因素。其中，最重要的是对每个对象的知觉及其对它是否具有满足他个人需要的能力的认识。因此，对知觉的研究是理解旅游者行为的一个重要开端。

2. 学习与记忆

旅游者既是消费者，又是问题的"解决者"。一个人要解决各种各样的旅游问题，就得知道如何消费，学习怎样对待他在旅游上作出决定后所产生的疑虑。

记忆（memory）包括获得信息并把信息储存在头脑里以备将来使用的过程。记忆有三种类型：感觉记忆、短期记忆与长期记忆。每一种类型的记忆对从外部获得的信息的保留与处理都起着一定作用。

信息的储存不是孤立的，它可以构成一个人的知识结构。其中，一种信息与其他相关信息联结在一起。产品信息在联想网络中的位置以及被编入的抽象的层面，有助于确定将来信息被促发的时间和方式。影响检索可能性的因素，包括对产品的熟悉程度、信息在记忆中的重要性、信息是图片式还是文字式的。

旅游产品和服务也能作为记忆标志，旅游者用它寻找出对过去经历的记忆，并根据旅游产品和服务的这种能力来评价其价值。

3. 动机与价值

动机（motivation）是指引发并维持活动的倾向，它是在消费者希望其需要得到满足时被激发产生的。一旦某种需要被激发，一种紧张状态便会存在。它驱使消费者企图减少或排除这种紧张状态。

理解旅游者的动机就是理解旅游者为什么会去旅游，为什么会在旅游市场上购买产品或服务。

价值（value）就是相信一些情况要好于其对立面。例如，许多人都喜欢自由，而不喜欢被束缚。又如一些人热衷于追求一些使他们看起来年轻的产品和服务。一个人的价值取向在其消费行为中占据着很重要的地位。因为许多产品和服务之所以被购买，就在于它们有助于达到一个与价值相关的目标。

价值驱动着大部分的消费者行为，实际上，所有类型的消费者研究都是与价值的辨别和测量相联系的，旅游市场上的消费者研究也是如此。

4. 态度

态度（attitude）是对某人某事，包括对自己的一种稳定的基本看法。当人们对一种东西持某种态度时，不管这东西是有形的，还是无形的，它都被称为态度对象（attitude object），或称为态度标的物。

消费者的态度可以指向与某一产品相关的行为，也可以指向更广泛的与消费相关的行为。态度可以帮助旅游者在旅游市场上决定购买哪些产品和服务。而旅游者对相互竞争的产品和服务所持的态度是旅游企业营销管理人员的兴趣所在。态度对每个人都很重要，因为它常常准确地说明生活中各种人在特定情况下会如何行事。

5. 个性

个性（personality）主要是指个人独特的心理构成因素，以及这些因素如何在个人对环境的反应中保持一贯的作用。个性是学习、知觉、动机、情感和角色的综合体，是由个人行为中那些能将自己区别于其他人的稳定的特征构成的。

在旅游市场上，许多产品和服务之所以被选择，是由于旅游者自认为其个性与产品和服务本身存在一致性。

二、作为决策者的旅游者

"作为决策制定者的旅游者"研究旅游者使用他们获取的信息来制定旅游活动决策的方式，他们可能以个人身份活动，也可能作为集体成员进行活动。

1. 参照群体

参照群体（reference group）就是对个人评价、期望或行为具有重大相关性的事实上的或想像中的人或群体。

一个人的行为至少在以下三个方面受到其参照群体的重大影响。

（1）参照群体使一个人受到新的行为和生活方式的影响。

（2）参照群体还影响个人的态度和自我观念，因为人们通常希望能迎合群体。

（3）参照群体产生一种趋于一致的压力，它会影响个人对实际产品和服务的选择。

2. 家庭

家庭（family）是社会生活的基本自然单位，也是一个单独的、最重要的闲暇群体。

在家庭的旅游决策制定过程中，夫妻双方的考虑各有侧重，并且根据各自的努力和力量对决策施加大小不同的影响。儿童对家庭旅游决策的影响范围正在逐渐加大。

3. 角色

角色（role）就是一个人在特定社会和群体中占有的适当位置，社会和群体规定了角色的态度和行为模式。

一个人在一生中会参加许多群体——家庭、俱乐部以及各类组织。每个人在各群体中的位置，可用角色和地位来确定。角色是一个人所期望做的活动内容，角色也是周围的人对一个人的要求，即一个人在各种不同场合中应起的作用。

每一角色都伴随着一种地位。人们在购买产品和服务时，往往结合自己在社会中所处的角色和地位来考虑。实际上，一个人的每一个角色都将在某种程度上影响他的购买行为。

三、旅游者和文化、亚文化

"旅游者和文化"以检视营销对大众文化的冲击。这些影响包括旅游与文化价值观及生活方式的关系，营销活动与体育、艺术及其他我们耳濡目染的流行文化形式的关联。"旅游者与亚文化"通过将旅游者看作较大的社会结构的一部分，得以进一步扩展了视野。这个结构包括旅游者所属的或所认同的不同社会群体的影响，包括社会阶层、种族群体和年龄群体。

1. 文化

文化（culture）可视为一个社会的个性。它不仅包括一个群体所生产的物质产品和提供的服务，而且包括它所重视的抽象的观点，如价值观和道德观。文化是一个组织或社会的成员共有的意义、仪式、规范及传统的累积。

旅游者的文化决定了他对不同活动和产品的整体重视程度。在旅游市场上，与文化的偏好合拍的旅游产品和服务，更有可能被旅游者所接受。

2. 亚文化群体

每一文化都包含着能为成员提供更为具体的认同感和社会化较小的亚文化群体（subcultures）。亚文化群体包括社会阶层民族亚文化群体、宗教亚文化群体、种族亚文化群体、年龄亚文化群体和地域亚文化群体等。有时甚至休闲活动也能发展成为一个亚文化群体。每个消费者都同时属于几个亚文化群体。

社会阶层（social classes）是在一个社会中具有相对的同质性和持久性的群体，他们是按等级排列的，每一阶层成员具有类似的价值观、兴趣爱好和行为方式。

一切人类社会都存在着社会层次，它有时以社会等级制形式出现。不同等级的成员都被培养成一定的角色，而且不能改变他们的等级成员资格。社会阶层不仅受收入的影响，也受其他因素的影响，如职业、教育和居住地等。社会阶层的不同，表现在衣着、说话方式、娱乐爱好和其他许多特征上。在旅游市场上，各社会阶层的旅游者显示出不同的产品偏好和品牌偏好。

总之，影响旅游者行为的因素是多方面的，图 2-2 概括了影响旅游者行为的主要因素。

讨论和研究图 2-2 中的诸因素，可以了解和掌握影响旅游者行为的一般规律，从而有利于为旅游市场的开发、旅游企业的经营管理和服务制定相应的对策。这在以下的章节里将详细探讨。

图 2-2　影响旅游者行为的因素

复习与思考

1. 解释下列概念：
(1) 常规决策；(2) 扩展性决策；(3) 瞬时决策。
2. 旅游者的常规决策、广泛性决策及瞬时决策之间有什么差异？

3. 了解旅游者的决策方式有什么实践意义？

4. 影响旅游者行为的因素有哪些？

第二编　旅游者心理

第三章　旅　游　知　觉

　　旅游者作为一个决策者，其行为都出自一系列的决策。这些决策包含着选择，即从两个或两个以上可供选择的方案中选择其中一个方案的行动过程。旅游者选择对象时所作的主观判断有赖于许多因素，其中最重要的是对每个对象的知觉及它是否具有满足旅游者需要、并为旅游者所认识的能力。因此，对知觉的理解是学习旅游心理学的一个重要开端。心理学的研究表明，知觉过程是解释各类行为的一把万能钥匙。

　　这一章论述知觉及其在旅游行为中所起的作用。首先，我们将确定感觉、知觉的定义，讨论影响旅游者知觉的因素，讲述知觉的几个基本心理学原理。之后，我们考察旅游者的知觉过程，并研究这个过程是怎样影响人们对旅游现象的知觉的。最后，我们将探讨旅游者对距离、旅游地及旅游交通的知觉。

第一节　知　　觉

一、知觉世界与行为环境

　　人的行为的产生首先有赖于他对他所生活的环境的看法，而这种看法是通过感觉、知觉作用产生的。因此，也被称为"知觉世界"或"认知世界"。

　　当月亮接近地平线的时候看起来比它当空时要大一些，然而，月亮并不会因起落而改变大小。实际上，人所承认的世界与客观存在的真实世界之间存在着一段距离。人所认识的世界是以自己的看法所构成的，而行为往往是由此引起的，休闲、旅游行为也不例外。例如，有人运用休闲时间去运动，而不去听音乐会；有的人选择到某地旅游，而不选择其他地方，客观上某地并不见得比另外的地方更好些，但他却认为某地最好。这种直接影响人类行为的知觉世界称为"行为环境"，以区别于外界存在的客观环境。

心理学的研究表明，世界上没有任何两个人的行为环境是相同的。

二、知觉过程

听演讲时，或许你会发现注意力并不集中。这一刻你正专注于教师的演讲，而下一刻你就可能会做着白日梦，幻想着即将到来的周末了。直到你意识到你正漏掉一些重点时，你才又将注意力转回到讲座上。

像计算机一样，人们在输入并储存刺激时也会经过信息处理的几个阶段。然而，与计算机不同的是，我们并非被动地处理所获得的全部信息。首先，我们只会注意到周围环境中的一小部分刺激，而其中更少的一部分刺激会得到处理。而且，即使那些真正进入到意识中的刺激也未必能够得到客观的处理。对刺激含义的解释因人而异，因为人会受他个人独特的偏好、需要及经验的影响。图 3-1 演示了刺激的选择及解释的几个阶段，给出了知觉过程的概况。

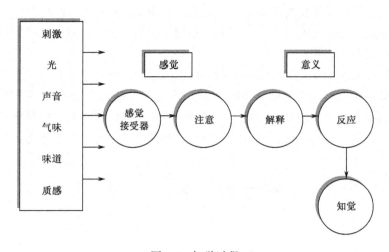

图 3-1　知觉过程

三、感觉与知觉

在心理学领域里，感觉不仅最早被研究，而且研究得最多。感觉（sensation）是人的感觉器官对于光、色、声、味等基本刺激的直接反应。感觉是较为简单的一个层次，它只觉察刺激的存在，并立即分辨出刺激的个别属性。而知觉（perception）是诸如光、色、声、味等感觉被挑选、组织和解释的过程。知觉是较为复杂的另一个层次，它不仅觉察到刺激的存在及其重要属性，而且知道该刺激所代表的意义。

感觉虽然是一种简单的心理现象，但它在人的心理活动中却起着极其重要的作用。一切较高级、较复杂的心理现象，都是在感觉的基础上产生的。感觉又是人认识客观世界的第一步，人只有通过感觉，才有可能逐步认识客观世界。

感觉和知觉都属于人对客观事物的直接反映，但是又有区别。感觉是对事物个别属性的反映，而知觉是对事物各种不同属性、各个不同部分及其相互关系的综合反映。例如，对园林中的亭台楼阁、假山喷泉、花草树木、拱桥平湖等各个不同部分，将其相互联系综合反映在头脑中，就产生"优美的园林"这样一个具体形象。任何事物都是由许多个别属性所组成的，没有反映事物个别属性的感觉，就不可能有反映事物整体的知觉。因此，感觉是知觉的基础，知觉是在感觉的基础上产生的，与感觉有着有机的联系。事物的个别属性不能离开事物的整体而独立存在，所以在实际生活中，人都是以知觉形式直接反映事物，感觉只是作为知觉的组成部分而存在于知觉之中，很少有孤立的感觉存在。

人的知觉过程可以在一瞬间发生，但没有任何两个人能以绝对相同的方式看世界，他们看到的事物总是不同的。几个人在一起看到同一事物，各自的看法和解释也会不同。例如，前往国外的一架飞机上的旅游者，对于旅游组织者，对于机组人员，以及在机场上望着飞机逐渐远去的旅游者亲友来说，其含意是截然不同的。

四、感觉系统

外界的刺激或感觉的输入，可通过多种渠道获得。例如，我们能够看到广告牌，听到广告短歌，摸到开司米毛衣很柔软，尝到菜肴的口味，或是闻到酒的味道。人的五大感觉器官接受到的信号构成了原始信息，这些信息可以产生许多类型的反应。

感觉输入能引起历史性意象，即曾经发生的事情会被再次忆起。幻想性意象则是对感觉信息产生的一种崭新的、想像性体验的反应结果。这些反应是消费者与产品相互作用的多种感觉、幻想和情感方面的重要组成部分。通过感觉系统接接收到的信息，决定了我们对产品作何反应。

下面简单介绍一下一些感觉刺激的商业应用途径。

1. 视觉

很多商家在广告设计、营业场所的设置及产品包装上，都非常倚重视觉因素。营销信息的视觉因素常常充分表明一种商品的属性。通过对商品的规格、风格、明亮度及区别于其他竞争商品的特色等的介绍，商品的价值就通过视觉渠道得到了传递。

颜色的象征价值和文化意义非常丰富。在许多营销战略中，颜色都居于中心地位。在考虑广告、包装、甚至营业场所装饰上，颜色的选择都是非常重要的。有些颜色（尤其是红色）易使人兴奋，而有的颜色（如蓝色）则使人情绪平和。颜色能够引发积极或消极情感的力量，使其成为广告设计中的重要考虑因素。

2. 嗅觉

气味可使情绪激动，也可使情绪缓和，它们能引起回忆或是缓和压力，人们对气味的一些反应，源于气味与他们早期经历的联系。例如，婴儿粉（baby－powder）的香型之所以经常在香水中被采用，是因为这种气味 能唤起人们对舒适、温暖和喜悦等感觉的记忆。

3. 听觉

声音的许多方面都会影响消费者的情感和行为。在消费者行为中，有广泛用途的两大研究领域是：背景音乐对情绪的作用和讲话速度对态度变化及信息理解的影响。例如，饭店、餐馆、商场的背景音乐能创造适宜的购买情绪；导游通过改变语速以增强说服力和感染力等。

4. 触觉

相对而言，对触觉刺激影响消费者行为效果的研究较少，但日常观察表明这一感觉渠道也很重要。

触觉信号具有象征意义。人们将织物及其他产品的质地与产品属性相联系，通过对衣料、寝具或室内装潢品的材料感觉，来判断其华丽程度及质量，是粗糙还是光滑，是有弹性还是无弹性。光滑的丝织品是豪华的代名词，而斜纹棉布则被认为结实耐用。

5. 味觉

味觉感官有助于我们对许多产品感受的形成。所以，饭店的餐厅、餐馆、食品店总是忙着开发新味道的食品来迎合消费者不断变化的口味。

第二节 影响旅游者知觉的因素

知觉的形成虽然有赖于来自感觉的信息，但是知觉的过程并不是感觉的延伸。个体对于感觉器官所获得的外来刺激都要加以主观的解释和组合，才能形成知觉。

心理学目前的研究表明，影响知觉的诸多因素可分为刺激因素和个体因素两类。

一、刺激因素

刺激因素，即刺激本身所具有的特点，如大小、颜色、声音、结构、形状和环境等。

人们不是孤立地对待一种刺激，而是倾向于从刺激与其他事件、感觉或形象的关系中对待它。许多知觉原理都描述了刺激是如何被察觉并被组织的。

面对每天接触的 300～600 条商业信息，典型的消费者运用分离的、有时是矛盾的刺激来进行某种形式的知觉组织。知觉组织意味着消费者将多种来源的信息组成一个有意义的整体以便更好地理解和处理它。

组织的基本原则是组合，这意味着消费者将各种不同的刺激作为一个有组织的整体来感知。这样的组织简化了信息处理并为刺激提供了一个整合意义。这些原理建立在 Gestalt 心理学的基础上。Gestalt 是德语词汇，大意为全面的形态或完整的形式；通常 Gestalt psychology 译作完形心理学。完形心理学派的创立人是德国的韦德海默尔·马克思（Wertheimer Max）。由于完形心理学提供了一个将广告信息整合为一个整体的解释框架，完形心理学的原理被直接应用于营销策略。广告促销、价格水平、分销渠道和品牌特性都是营销计划不可分离的要素。它们被看作一个整体并产生了一个完整的品牌形象。简要地说，"整体大于其各部分之和"。

知觉整合的原则是基于完形心理学的基本假定，即人们组织知觉以形成一幅完整的对象图画。知觉整合是将许多部分的刺激组织成一个有组织的整体过程。电视荧幕上的画面是一个很好的例子。实际上，它是由成千上万的小点组成的，但我们将这些整合成一个内聚的整体以使荧屏上的画面与真实世界相差无几。

知觉整合最重要的原理是闭合原理、相似原理、接近原理和图形－场地原理。

1. 闭合原理

闭合原理（principle of closure）是指当一个刺激不完整时感知者填补缺失元素的倾向。即人们倾向于根据以往的经验填补空白，如图3-2所示。消费者有完成一个完整画面的渴望，并能从依靠自己使一个信息得以完整的过程中获得一定的满意。在消费者从一个模糊广告中得出自己的结论的过程中，完整化原则在起作用。一项研究显示，一个不完整的广告可以提高对这项信息的注意和回忆（唤醒）。研究者安排一组消费者看一个完整的广告，而另一组消费者看被截掉结尾的广告。不完整的广告比完整的广告多产生了34%的回忆。

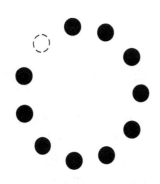

这个原理解释了为什么大多数人辨认霓虹灯信号时毫不费力，即使其中一两个字母或文字已被烧坏。也解释了为什么大多数人都能够轻而易举地将不完整的信息补充完整。同样，在人们仅听到部分的广告短歌或主题时，闭合原理也起作用。例如，"上有天堂，下有苏杭"这句话已为人们所熟悉，只要说出上半句，人们自然会想到下半句。对于一个旅行社或饭店来说，如果他们电视广告中的一句关键的竞争口号被人们所熟悉之后，只要提到上半句，观众自然会想到下半句话。

图 3-2　闭合原理

闭合原理在营销策略中的运用是鼓励消费者参与，增加人们处理信息的机会。

2. 相似原理

相似原理（principle of similarity）是指人们在感知各种刺激物时，容易将具有相似自然属性的事物组合在一起。即将相似的物体集成系列，从而产生一个统一的整体。

在图3-3中，根据图形的形状、颜色的相似，我们很自然地将其看成是彼此隔开的实心圆和正方形的竖行，而不是由实心圆和正方形组成的水平横行。

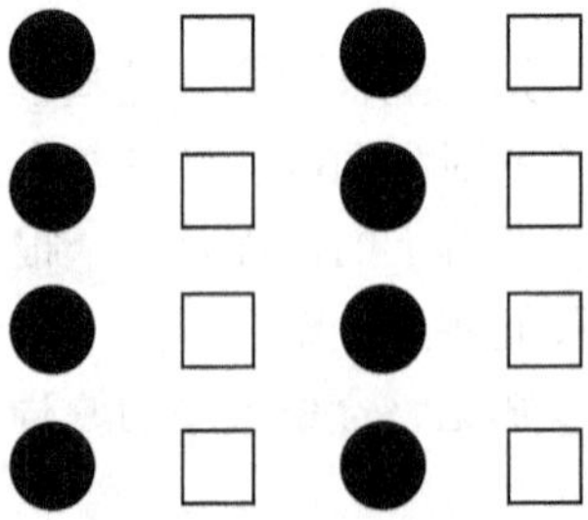

同样，许多旅游者倾向于把江西的庐山、安徽的黄山和浙江的天目山视为同一类型的旅游地，尽管这三个地方各有独特之处，但人们还是认为它们同是高山避暑胜地；有些人往往容易把美国人、加拿大人、英国人混为一谈，也是因为他们的长相、语言、举止很相似的缘故。

图 3-3　相似原理

3. 接近原理

接近原理（principle of proximity）是指在感知各种刺激时，彼此相互接近的刺激物比彼此相隔较远的刺激物更容易组合在一起，构成知觉的对象。这种接近既可以是空间上的接近，也可以是时间上的接近。观察图 3-4 中的小鸟，我们很快就会按距离的远近把它们看成两组。

图 3-4　接近原理

同样，人们倾向于把彼此地理位置接近的旅游点，如杭州、上海、苏州、无锡、南京等视为一个游览区。

大多数广告通过将产品与接近于产品的积极符号和形象相联系，从而运用接近原理。

4. 图形——场地原理

"图形——场地原理"（figure-ground principle），又称背景原理，是指刺激的一部分居于主位（图形），而其余部分退为背景。只要想一想，一幅照片中间的焦点物体（图形）总是清晰明确，居于主导地位，一眼就可以看见，那么就很容易理解这个概念。轮廓部分是被视为图形，还是背景，会随个人及其他因素的不同而不同，如图 3-5 所示。

图 3-5　图形——场地原理

消费者倾向于在背景中观察一个物体。广告的布景将影响对产品的感知。例如，消费者可能对两种不同媒介中的同一广告做出十分不同的感知。一项研究中，一则广告被分别放入声誉高的杂志和声誉低的杂志。很自然，消费者将声誉高杂志上的广告排在比声誉低杂志上的同一广告高得多的等级上，这说明了媒介背景直接影响了对这则广告的感知。

背景中最重要的原则就是图形和背景。完形心理学认为，在将刺激组织为一个整体的过程中，个人会将突出的刺激（通常是处于前景的形象）从不突出的刺激（通常是处于背景中的形象）中区分出来。图 3-5 的下面部分描绘了图形和背景的原则。这幅图片可以被看作暗色背景上的一只高脚杯图形或两个在更明亮背景上人头的侧面像图形。广告人员寻求确保产品是图形，而布景是背景。

确定整体中什么部分是图形和什么部分是背景，这会极大的影响消费者感知刺激的方式。在设计营销信息时，应用图形——场地原理，就可以将刺激依需要设计成信息的中心，或是陪衬焦点信息的背景信息。

5. 其他刺激因素

人们往往对自己周围世界的某种刺激物的大小、形状、声音、色彩、运动等比较熟悉，当其他一些刺激因素出现时，如果这些刺激因素和人们所预料的差别较大，就容易引起人们的注意而成为知觉的对象。例如，大的刺激物比小的刺激物容易引起人们的注意。人们游览苏州虎丘时，首先注意到的就是高耸的虎丘塔，而下面的奇石异景就成了知觉的背景。震撼的音响、高昂的声调、强烈的色彩，比轻微的响动、低沉的声调、轻描淡抹的色彩更能引人注目。例如，一个颜色醒目的广告要比色彩平淡的广告更引人注意，运动的刺激物要比静止的刺激物更有吸引力，贵州的黄果树瀑布要比山间的一个平静湖面更引人注目。

二、个体因素

奥尔波特（G. W. Allport）假设知觉经验的方向受心境、态度、价值观念、需要以及类似的中间变量的影响，那么个体因素对知觉就显得十分重要。

人对环境中某些事物的知觉较为简单，对于一枝铅笔知觉的分歧可能是非常小的。然而对其他许多事物知觉上的差别就大得多了，旅游者对旅游环境的知觉尤为明显。研究表明，没有两个旅游者以完全相同的方式感知一架喷气式飞机、一个旅游地或一张旅游广告。

由于旅游环境是一个复杂的知觉环境，因此在对旅游环境中的一些客体、活动以及旅游项目的知觉，个体因素起着及其重要的作用。影响旅游者知觉的个体因素主要包括兴趣、需要和动机、经验和期望、个性、社会地位等。

1. 兴趣

知觉可以选择，我们所选择的知觉与我们所关心的事物是密切相关的。换言之，兴趣能帮助我们在知觉事物中排除毫不相干或无足轻重的部分。兴趣是人积极探究事物的认识倾向，这种认识倾向使人对某种事物给予优先注意及向往的心情。研究表明，对旅游感兴趣的人对旅游广告的感知远远超过对其他广告的感知。

一个计划到广州旅游的人，对广州的有关消息就特别敏感，而对其他城市的消息就不大关心。同样，打算来中国旅游的人，对中国新闻的注意程度也会远远超过对其他国家新闻的注意。一个常乘飞机的旅游者，比不常乘飞机的旅游者更容易注意航班及其票价的变化。此外，由于个人需要和兴趣在不断变化，以前被忽视的因素也可能重新被引起注意。

2. 需要和动机

人的生理需要和心理需要对感知各种刺激有着极大影响。例如，由于饥渴而奄奄一息的人会"看到"并不存在的食物和水。

对于那些对旅游感兴趣的人来说，尤为重要的是心理需要。一些人类学家和心理学家认为，人类有强烈的探索需要，这种需要仅仅用冒险尚不能充分概括，因为人类的大多数探索是没有明显的实际价值的。尽管一些动物也有这种好奇的本能，但它们探索的目的往往是为了寻求新的食物来源。人类从降生那天起，就不断地进行探索，以不断扩大自己的视野，即知觉环境。人的探索除了物质需要的原因外，还有智力需要的原因，仅仅从书本和由别人传授获得知识对人而言是不满足的，必须自行寻觅知识的源泉。

人的求知需要与旅游行为以及旅游地的选择有密切的关系。在人类致力于登月旅行的诸多原因中，最重要的原因是人类以前从未涉足过月球。同样，旅游者选择的旅游地大都是自己从未去过的地方，这几乎对所有的人都是十分充足的选择理由。

因此，这种求知的需要使人们对那些从未去过的地方的知觉涂上各种色彩。例如，尚未去过的旅游地会使人产生一种神秘的、其妙莫测的感觉，尽管人们头脑中对这些地方也会有一些印象，但是人们意识到这种知觉是不完整、不充分的知觉。

此外，知觉在极大程度上受着强烈的、瞬间的需要或动机的影响。在西方发达国家，由于激烈的竞争、高度自动化的操作和强化劳动，以及大都市人口拥挤、噪声污染等，使人的心理状态极度紧张，因而会产生一种摆脱心理紧张的强烈需要。这种摆脱需要往往由环境的改变来实现。当这种需要足够强烈时，能导致知觉畸形化。例如，本来距离遥远的旅游地，现在突然变得近在咫尺，费用似乎也不算高了，去那里旅游变得更迫切了，从而导致某些人冲动地作出旅游决定。

人们对社会地位的心理需要影响了对旅游环境的知觉。很早以前，只有少数有地位的人定期去旅游，别人把他们看成是有闲阶层，随之旅游便成了地位的象征，旅游过的人就是有地位的人。现在世界上的发达国家中，几乎每个人都有足够的钱和闲暇时间去进行旅游，所以问题不在于人们是否去旅游了，而是看去什么地方旅游，怎样去，在那里呆多久，采用什么旅游方式以及旅游内容等。这些才足以显示不同的地位。

旅游环境中有许多代表地位的象征物。例如，飞机上的一等舱有别于二等舱，火车上的软卧有别于硬卧，五星级宾馆有别于四星级宾馆，打高尔夫球有别于打乒乓球等。人们对这些差别十分敏感，他们往往会把选择一个座位同选择者的地位联系起来。

3. 期望和经验

人们对旅游的知觉还受过去的经历和期望的影响。从某种意义上来说，一个人总是去感知他所期望的东西。知识和经验在这里起着重要的作用。人在感知事物时，与该事物有关的知识经验越丰富，感知内容就越全面，也就越能接受这个事物。例如，当一个旅游者从关于杭州的旅游广告以及曾去过这一地方的朋友的经历中得知了杭州的情况，形成了对钱塘江观潮、宝俶塔和三潭印月，以及花港观鱼、柳浪闻莺等旅游景点的知识和间接经验，这对旅游者的真实感知将起关键作用，因为这些知识和间接经验决定了他的注意，他必定对钱塘潮、三潭印月、柳浪闻莺、宝俶塔倍加关注，而可能忽略了九溪十八涧和龙井等景点。

4. 个性

一个人的个性体现在他与其他人的个别差异和他的行为的连贯性上。个性影响着一个人对周围客观事物的组织和感知方式，个性的实质是个体所具有的独特的、稳定的心理特征的总和。一个人的个性对旅游现象的知觉有很大的影响。例如，一个有专断个性的旅游者，几乎不多加考虑交通手段和旅游地的选择，他们的个性通过缩小极为有限的选择对象从而影响他的知觉。

从使用交通工具的情况可以看出个性对旅游者选择交通工具的知觉影响。一般来说，乘飞机的旅游者非常活跃、大胆而自信，有的还显示出强有力的领导倾向；乘火车的旅游者则不那么大胆，而显得消极被动，对安全的需要特别强烈。因为一般人认为乘飞机是冒险的，而乘火车最安全。

5. 社会地位

一个人的社会地位大部分是由一些象征所构成，这一点在旅游环境中尤其明显。各种不同的旅游方式、不同的旅游地、不同的休闲活动，甚至旅游本身都具有一定的象征性。

社会一般以财富、技能和权力来划分阶层。从一个人的收入、受教育程度以及职业，可以判断他所属的社会阶层。同一阶层人的价值观念是类似的，他们的行为方式也往往趋向一致。

皮埃尔·马蒂诺（Pierre Martineau）在《社会阶级和消费行为》一文中，列举了美国社会中等阶层和下等阶层之间的主要情况对比，如表 3-1 所示。从表中可以看出，这两个社会阶层的态度和价值观念是怎样影响知觉的。

表 3-1　美国不同社会阶层的价值观念与行为模式

中等阶层	下等阶层
1. 面向未来	1. 面向现在和过去
2. 有长远的眼光	2. 生活上和思想方法属目光短浅
3. 多为城市人	3. 多为乡下人
4. 强调理性	4. 基本上是非理性的
5. 对世界的认识清晰而完整	5. 模糊而条理不清
6. 眼界开阔，毫无限制	6. 目光短浅、局限
7. 有较强的选择意识	7. 选择意识较弱
8. 自信、乐于冒险	8. 对安全极为关注
9. 思想方法非物质化和抽象化（重视思想的）	9. 思想方法具体化和直觉化（重视物质的）
10. 感到与国家大事休戚相关	10. 世界围绕家庭小天地转动

pierre Martineau，1958。

中等阶层由于视野比较开阔，对旅游很感兴趣，他们把旅游看作是探索大千世界的一种方式。下等阶层由于对世界的看法有局限性，认为去远距离的旅游地没有必要。对他们来说，理想的度假方式是去离家不远的地方旅游。他们把家庭看作是自己的城堡，里面摆满了沉重的用具和昂贵的家具，以此作为安全的象征。尽管如此，他们的知觉仍可能改变到渴望成为中等阶层成员的程度，在这种情况下，旅游可以成为证实他们成为上流社会成员的一种象征形式。中等阶层对物质不大感兴趣，他们并没有象征安全的需要，乐于把钱花在像旅游这样无形的商品和服务上。

6. 其他个体因素

影响旅游知觉的个体因素除了上述几个方面外，还包括人口统计方面的因素。如收入、年龄、性别、职业、家庭结构、国籍、民族和种族，还有态度、信仰、心境和记忆等。

年龄对旅游知觉起着重要作用。比如，年龄较大的中等阶层成员对旅游的感受，就和以前与子女生活在一起的时候有所不同。现在，经济上已经有了保障，自己一生的奋斗目标也许已经达到，或变得不那么重要了，因此，就以新眼光来看待旅游了。

第三节　　旅游者的知觉过程

尽管我们生活在一个"信息社会"中，我们对一件事情会了解许多信息，但消费者常因此而处在一种感觉超负荷的情形中，即被施加的信息过多，已超出了他们能够或愿意处理的范围。曾在吵闹、拥挤的酒吧呆过或有过数小时的参加聚会经历的人会感到有必要定时走出去休息一会儿。与此相似，当消费者被迫要从成百上千的竞争品牌的广告中筛选所需商品时，他也会有被淹没窒息的感觉。并且，对消费者注意力的争夺正稳步增加。据估计，消费者每天受到大约300～600条信息的"轰炸"，广告的广播数量在过去25年里已增加了两倍以上。

由于大脑处理信息的能力有限，消费者总是非常有选择地注意信息。知觉选择（perceptual selectivity）过程是指人们对于施加给自己的信息，只是注意其中的一小部分。消费者实际尊崇一种心理经济模式，挑选并选择刺激。因为我们的注意力和瞬间记忆是有限的，而且，我们是带着某种特定的态度去看待某种情况的。所以，我们对事物进行观察、注意、理解和记忆的时候，必定具有很高的选择性。事实上，知觉通常可以说成是一种连续过滤外界刺激的过程。从环境中来的信息，首先可能被注意到，然后加以解释并和其他知觉综合。如果它对以后的行为产生影响，就必定会保留一段时间。

一、接触

接触（exposure）是人们在其感官接收范围内对刺激注意的程度。消费者集中注意某些刺激，而忽视其他刺激，甚至竭尽全力忽视某些信息。

1. 选择性接触

经验，是获得刺激的结果，它是决定给一个人所收到的特定信息何种接触程度的因素。在消费者过去经验基础上产生的知觉过滤器影响着他们决定去处理哪些信息。

警惕性是选择性接触中的一个因素。消费者更易于注意与他们的当前需要有关的刺激。这些需要或许是有意识的或无意识的。很少注意汽车广告的消费者，当他正在市场上寻觅新车时，他就会很留意汽车广告。报纸上快餐店的广告，在其他时候会被忽视，但当一名学生在下午五点钟才会下课的课堂中间瞥见它时，它会变得很醒目。同样，一个想在假日里外出旅游的人，就会注意平时不大留意的旅游广告。

2. 适应性

影响接触程度的另一个因素是适应性（adaptation）。即消费者长时间持续注意刺激的程度。当刺激是如此常见，以至于无法再引起消费者的注意时，适应性就产生了。一个人走进空调房间、充满香气的花房或一个吵闹的聚会，过一段时间后将不再注意这些刺激。所谓"入芝兰之室，久而不知其芳"，"入鲍鱼之肆，久而不知其臭"。当消费者对刺激习以为常后，要想引起注意就必须不断加大刺激的"计量"。例如，当一幅广告牌刚刚立起来时，也许会引起正在上班途中的消费者的注意，但时间一久，广告牌就会成为路边风景的一部分，再也不会引起注意了。

一般来说，以下几个因素会导致适应性：

（1）强度。低强度刺激易被适应（如轻柔的声音或暗淡的色彩等），因为它们的刺激冲击较小。

（2）持续性。需要较长时间接触，才能得到处理的刺激易被适应，因为它们需要较长的注意时间。

（3）辨别。简单的刺激易被适应，因为它们不需要注意细节。

（4）接触。经常遇到的刺激易被适应，因为接触频率增加了。

（5）相关性。无关紧要的刺激易被适应，因为它们没能吸引注意力。

二、选择性注意

注意（attention）是心理活动对一定对象的指向和集中。所谓指向是指每一瞬间心理活动有选择地朝向一定事物，并且比较长久地保持在所选定的对象上。注意的指向性显示了人的认识活动的选择性。集中是指心理活动离开一切无关的事物深入到所选择的对象中去，并且也是对与对象无关的、甚至有碍的活动的抑制，从而使选择的对象得到鲜明、清晰而深刻的反映。指向和集中是彼此紧密联系的，没有指向就没有集中，而指向是通过集中才明显地表现出来的。注意的对象既可以是外部世界的物体和事件，也可以是自己的行为或观念。

注意不是一种独立的心理过程，它是伴随着心理过程而存在的心理现象。当人们感知什么的时候，也就是在注意着什么。注意在人的实践活动中起着很重要的作用，它可以由某种客观事物引起，也可以由内部刺激物引起，当客观事物和内部刺激物对于人具有一定意义的时候就会引起注意。注意使人能及时反映客观事物及其变化，更好地适应周围环境。

从消费者心理学的角度来看，注意是消费者在其接触范围内对刺激的关注程度。当消费者仔细观察一则电视广告，一个在货架上的新产品或一辆车在展厅的汽车时，注意就发生了。

影响人们感知注意的因素有客观刺激物的特点及个体因素。客观刺激物的特点是指刺激物的强度、刺激物之间的对比关系、刺激物的活动变化及刺激物的新异性等。个体因素是指个人对事物的需要、兴趣和态度、个人的情绪状态和精神状态等。

既然我们不能感受一切，我们的注意就变得有选择了。有选择的注意是知觉防御的一种形式。所谓知觉防御（perceptual defense）是指把那些无关紧要的事物，或那些在个性上和文化上难以接受的事物拒之于门外。例如，可能大多数乘客不再注意飞机上的安全设施，其部分原因是他们不再把航空旅行想像得那么危险。旅游者去国外游历所注意到的是游览胜地，饭店住宿条件和餐饮情况，除此之外，可能就很少注意到别的东西。

一个旅游者的兴趣会有助于他过滤掉不相干的，或者有危险的外界刺激。一位临时决定要在旅游地租辆汽车的旅游者，就比旁边一位已经旅游了一星期，并盼望和家人团聚的旅游者，更加注意飞机上的杂志有关这种汽车服务的广告。同样，一个人正考虑去一个离家不超过一、二天旅程的地方度假，以便在那儿得到休息和娱乐，而另一个旅游者正在考虑去欧洲度假，相比之下，后者当然要比前者更多地注意有关欧洲的广告。

旅游者解决他所面临的超负荷刺激的另一种方法就是利用笔、纸、照相机、摄像机、录音机等辅助手段来储存刺激信息，用以延长注意过程。它们把当时没法注意的事情用语言或图案的形式记录下来，使人们能回过头来再重温一遍。如果有兴趣，还能尽量推断出一个物体或事件的意义，或从中得到充分的享受。这一点有助于解释为什么在旅游者中这么流行使用照相机和摄像机。摄像机使得一些形象化的印象得以储存起来，以便过些日子再观赏。

当然，有些外界刺激偶然会迫使人们引起注意。比如，响声、颜色、运动、强烈的对比及新奇的事物等。

我们还应记住，尽管人们倾向于把注意力主要集中在有关的日常生活方面，但是，假期旅游却和这种倾向有些背道而驰。假期旅游为人们提供了一种自由，可以去感受先前没注意到的外界刺激物。许多人喜欢游览新的地方，结识新的朋友。这意味着人们已意识到，如果降低自己的知觉栅栏（perceptual barrier），人们就能得到更多的享受，学到更多的东西。然而，对大多数人来说，这种知觉自由（perceptual freedom）却被限制在一年中的两三个星期之内。假期旅游作为扩大知觉范围的一种经历，对于丰富人们的生活，越来越有价值了。

三、理 解

事实表明，尽管一个人注意到外界一种刺激，并对它引起重视，但并不一定能客观地理解它。从这个角度来看，知觉同样可被认为是一种主观过滤过程。人们对一种外界刺激的解释往往出于自身的需要、态度和兴趣，并且，还出于人们为了对付周围复杂的世界而要经济地运用感受力这种需要。

对刺激（诸如人、行为、物体和事件等）进行分类、概括称为"刻板"（stereotyping）或定型，即对人、行为、物体和事件的认识是根据"陈规旧习"得出的。按惯例，客机头等舱的乘客很快就被列入首席执行官、社团负责人和富裕的社会名流，或者是独自旅游的富翁。这样，通过刻板，人们就可以根据有限的信息或暗示为基础，把分了类的外界刺激装进头脑。

这种过程大大节省了知觉的工作量。因为分类判断仅仅需要少量的信息，但是刻板也往往会出现以偏概全的现象，因为信息未能得到充分利用，人们只"看"到那种由他们自己创造的"陈规旧习"。此外，用以形成知觉判断的那些有限的信息对分类未必适用。例如，德国人经常被错误地认定是意志坚强的、咄咄逼人的、执拗的、喝啤酒的人。这不仅对德国人是一种损害，对那些由于自己的偏见而看不到德国人、或德国的某些东西的人，也是一种损害。

对旅游企业来说，刻板有可能增强或减弱人们对它的产品或服务的知觉。例如，一个旅游者在一家饭店里碰到一个板着脸的、心不在焉的服务员，他就会认为这家饭店的服务都是冷冰冰的，不友好的，外行的。这个例子说明，由于以环境中有限的信息为基础，旅游者就得出了一个明显错误的分类结论。

一般来说，人们总是趋向于避免接触那些对立的或不一致的信息。他们所寻求的信息是那些与其信念相吻合的，而不理睬那些不相吻合的信息。然而当一个人所面临的外界刺激与其态度、价值观或原有信息发生冲突时，他对外界刺激的解释有可能与客观事实相违背。也就是说，这种解释有可能扩大其中的某些特性，而缩小或忽略另一些特性。之所以发生这种现象，是因为人们要使外界刺激更迎合其自身的爱好与信念。这样的过程被称为"知觉失真"（perceptual distortion）。

知觉失真现象特别容易在一个消费者接受广告信息时发生，它至少有三种表现形式：

（1）曲解和误解广告，使其与自身态度相一致。

（2）带有偏见性的抵制广告信息与信息来源。

（3）接受广告中切实的信息，无视诱导性的广告。

以上三种表现形式，都与消费者的态度、原有的知识和实践经验有关。

由此看来，接触到一种外界刺激，比如一个人、一件物体、一件事件或一幅广告，并不等于说这种刺激会被他客观地加以解释。那些带着对立观念的人，就有可能完全曲解为另外一种信息。显然，喜欢标准化住宿设施的旅游者，就不大会曲解设备齐全的大型饭店集团所作的广告。

一般说来，当刺激物越模棱两可、越是复杂时，人们就越想看到他主观上想看到的东西，因而感知刺激的机会就大大增加。广告的宣传就是运用了知觉的理解性这一心理效应。研究表明，广告中使用中等程度的模糊信息是最优的。

四、选择性保持

保持（retention）是记忆的基本环节，它是巩固已获得的知识和经验的过程，是再认和回忆的前提。

一般来说，一个人总是把与自己的需要、价值观念及心理倾向相联系的信息存储在记忆中，而与需要、价值观念及心理倾向无关的信息则会很快被遗忘。此外，还有一些事实可以证明，当人们接触到的信息与他们的态度、癖好及生活方式相一致时，就会产生非常精确的记忆。

可以认为，那些不喜欢全国性联营饭店的旅游者会遗忘这些联营饭店所做广告上的具体情况，甚至，还有可能记不起是否看到过。对广告上的具体项目，在接触过以后便迅速地一点点被遗忘。这也许反应了大多数消费者对过量广告所持的冷漠态度。

只有那些被保留下来的知觉，才能对继之而来的行为产生影响。例如，一个旅游者第一次游览国内一个大城市，住在该城市一家饭店，恰逢该饭店发生火灾，而他幸免于难。这个经历就会在他头脑中清晰地保持许多年，甚至终生难忘，形成了他对这个城市一切知觉的基础。而那些游览这座大城市的愉快经历却会被遗忘。

由此可见，人们的心理倾向引起有选择的接触、有选择的注意、理解和有选择的保持。而这些现象反过来又增进原有的心理倾向。也正是由于这个原因，许多广告信息被一再重复，以增强原有的看法。然而，如果想改变哪怕是一点点知觉上和态度上的变化，即便不是不可能，至少也是一项非常困难的任务。

第四节　距离知觉

旅游活动是在三维空间和时间中进行的。因此，旅游既能用时间来计算，也可以用距离来度量。事实上，许多人是用时间来计算距离的。比如，去一趟邮局需要一刻钟，飞到北京需要三小时，去广州乘火车要两天等等。

对时间和距离的知觉直接影响旅游者的旅游行为及其态度。例如，当一家人开着车从南京到杭州去旅游，他们每个人都知道或听说一路上大约需要六小时。然而，这一家的每个成员对这六小时的知觉却是不同的。对习惯于驱车跑远途的父亲来说，六小时并不觉得很长；对母亲来说，六小时被看作是"一整天和孩子一起呆在车里"；而对孩子来说，这却意味着踏上了一趟没完没了的旅程。

研究表明，距离知觉对旅游行为及其态度的影响有两方面的意义。首先，它对旅游起阻止作用；同时，又反过来促进旅游。

1. 距离对旅游的阻止作用

地理学家将距离对旅游的阻止作用称为"距离的摩擦"（friction of distance）。意思是旅游必然要付出一定的代价，包括经济上的代价，时间上的代价，机会上的代价，体力上的代价，以及人们从一地到另一地而引起的情绪上的代价。当然，这些代价本身阻碍了旅游。因为，如果人们不能从旅游中得到足以补偿这些代价的益处，旅游是不可能进行的。这些代价的摩擦作用阻碍了旅游。

随着距离的增大，旅游的代价也增加了，似乎旅游的可能性也随着减小了。这个道理有助于解释为什么在国内旅游的人要远比去国外旅游的人多，近距离旅游的人远比远距离旅游的人要多。

2. 距离对旅游的促进作用

距离知觉还有另外一种现象却在和距离的摩擦相抗衡，并促进旅游。

研究发现，遥远的目的地因为远，对旅游者特别有吸引力。例如，对于两个旅游环境大致相同而距离不同的旅游地，尽管在这两个地方度假的旅游者都能干同样的事，享受到同样的乐趣，然而，只是因为其中一个旅游地更遥远而特别有吸引力。由此可见，在距离摩擦作用使旅游者选择较近的目的地的同时，另有一种竞争力量把旅游者吸引到了更远的目的地。从心理上说，遥远的旅游胜地所产生的朦胧感与神秘感不仅给人以更多变化的希望，而且还给人以更多的、我们同样也需要的、新奇和多样性的希望。在不考虑巨大的、不可想像的经济代价的情况下，所有这些理由都会使人们觉得在家乡附近游乐永远代替不了去遥远的异邦度假旅游的愿望。

3. 距离的知觉失真

人们对于所居住和旅游的这个世界的地理位置，往往会产生知觉上的失真现象。由于旅游者对生活方式、文化和气候的知觉上存在很大的差异，离某地较远的旅游地往往被看成与其实际距离不相符。这类地理位置上知觉失真，会影响旅游者的旅游需要。例如，他对旅游地的选择等。同时，还会影响他对某个特定旅游胜地的满意程度。

第五节　旅游地知觉

当一件物体或某一事件被感知的时候，通常被列入同一类物体和事件中。百慕大只是许多不同的旅游岛屿之一，并且也是一个更大的范畴中的一部分，这个范畴我们称之为旅游地。

一位旅游者在选择旅游地时，他必须在一系列可供选择的对象中决定一个。这就迫使他去比较。这些比较是以个人对每个选择对象的知觉为基础的，而个人的知觉又是以某些决策标准为依据的。因此，如果我们要了解一个人是怎样做出旅游决策的，就必须知道这些决策的标准是什么，以及个人如何认识他所面临的各种选择对象。

1. 影响旅游地知觉的因素

严格地说，没有两个人对一个旅游地的看法是相同的。人们的知觉既有选择，又有所不同。其区别不仅存在于个人之间，而且也存在于国家之间、地区之间。影响旅游者对旅游地知觉的因素大致有以下几点：

（1）旅游者原有的经历和价值观念。

（2）对旅游地的知觉失真。比如，害怕、激情、偏见等心理因素，都可能在对旅游地的知觉失真中起一定作用。

（3）旅游者对旅游地仅掌握较少量的信息。例如，一个外国人只能接触到少量的有关中国的信息，遗憾的是这些信息又往往是由新闻机构提供的。外国人对中国的旅游胜地的了解，一般只限于四五个主要地方，像北京、八达岭、西安、九寨沟或神农架，还有二三个有趣的地方，仅此而已。

2. 旅游者评价选择对象的标准

为了理解对旅游地的知觉怎样影响旅游者对旅游地的选择，有必要知道一位旅游者从哪些方面来评估可供选择的对象，也就是他的决策标准是什么。例如，夏季驱车旅游者用来评估可供选择的地区性旅游地的两个关键性的标准是拥挤程度和风景。一般来说，驱车旅游者喜欢游览一个风景如画的地方，并希望那里的人不拥挤、工业设施少。

可供选择的对象在地理上的鲜明性，也是旅游者选择的标准之一。一些国家和地区，之所以运用完形心理学原理中的接近原理和图形一场地原理来促进人们去旅游，就是为了提高该国家或地区在地理上的鲜明性。例如，澳大利亚旅游委员会为了提高澳大利亚在地理上鲜明性，把它包括在南太平洋地区之内。1964年，澳大利亚动员了新西兰、斐济、塔西堤和新客里多尼亚一起为南太平洋地区作宣传。到了1970年，这项联合宣传对澳大利亚来说，明显成功了。去澳大利亚旅游的美国游客，平均每年递增21.1％。而在同一时期内，美国公民去海外旅游的人数每年平均只增加13％。很明显，澳大利亚把自己置于南太平洋地区这项策略非常有效。澳大利亚的策略，就是运用了完形心理学原理中的接近原理与图形一场地原理来提高它在地理上的鲜明性。

第六节　旅游交通知觉

旅游交通是指旅游者抵达旅游地所采用的交通工具，包括飞机、火车、轮船、汽车等。对国际旅游者来说，飞机是最主要的交通工具。因此，对客运班机的知觉直接影响他们对旅游的知觉，从而影响他们的旅游决策。

1. 旅游者对航空公司的知觉

旅游者选择航空公司的这一类决定也说明了知觉对旅行者的影响。由于飞机与飞机之间的差别比较微妙，很难分辨，因此，选择飞机比起选择旅游地要更难一些。例如，尽管百慕大与夏威夷在许多方面是相似的，但其区别还是相当明显，足以对这两个地方产生不同的知觉。然而，你能看出两家航空公司的差异吗？还有，在同一航线飞行的波音747与波音727飞机之间的区别吗？

各种不同飞机之间的差别之所以难以区分，是由于它们所起的基本功能从本质上讲是相同的。旅游者对某航空公司的偏爱与航空公司所使用的飞机型号几乎没有多大关系。

一项研究表明，一位旅游者对客运班机的选择，主要与以下四个因素密切相关：（1）起飞时间；（2）是否按时抵达目的地；（3）中途着陆次数；（4）空中服务员的态度。而乘客人数和机内娱乐这两个因素并不能有效地影响乘客对班机，包括对飞机类型的看法。

此项研究所发现的至少有两个重要意义。首先，时间的价值对一个航空旅游者来说是非常重要的。事实上，这比飞机的类型和娱乐条件更为重要。这一点对度假者和出差人员来说都是如此，后者更甚。因此乘客希望在最合适的时刻起飞，并按时到达目的地。他们更喜欢直达班机，大概这是由于它通常不会在途中耽搁时间。

其次，机上服务员的态度也相当重要。相互竞争的航空公司除了航班时间上的不同以外，很难再找出它们的区别。两者飞往同一个目的地，价格又接近，这样，服务质量就显重要了。飞机乘客尤其重视热情、礼貌、友好的服务。因此，许多航空公司竭力为乘客提供最好的服务。

应当指出的是，知觉形象并不是固定不变的，它随着时间而变化。在某些情况下，它能在很短的时间内发生变化。一家航空公司如果在服务方面起重大变化，并同时加以大力宣传，那么，其形象也会迅速起变化。

2. 旅游者对其他交通工具的知觉

影响旅游者对火车、汽车及轮船的知觉因素大体上同航空旅行一致。

影响旅游者对火车的知觉因素主要有五点：运行速度，发车和抵达目的地的时间，是否准时正点运行，中间停靠次数以及车上服务质量。

对于乘汽车的旅游者来说，首先考虑的也是时间因素。如发车时间和抵达目的地的时间，以及运行的速度；其次是汽车功能和舒适程度；第三是服务质量。汽车的运行与公路路面状况密切相关。因此，公路状况也是旅游者乘坐汽车所考虑的重要因素。

20 世纪初，轮船成为当时人们漂洋过海的唯一交通工具。到了 20 世纪下半叶，随着空运的兴起，铁路运输的复苏，海上客运逐渐衰退，绝大多数长途客轮消失，只有大宗货物运输还继续占有一席之地。

由于轮船速度较慢，因此速度并不是影响旅游者对其知觉的重要因素。通常乘船旅行时间都比较长，旅游者对轮船的安全和舒适程度非常重视。此外，旅游者也很注重轮船的休闲娱乐设施、服务项目，以及船上服务员的态度等。

上述观点由 2003 年 9 月 25 日试航的世界最大、最高、最豪华的客轮——"玛丽女王" 2 号（英文简写为 QM2）得以证实。

历时 17 个月、耗资达 8 亿美元的 "玛丽女王 2" 号由英国库纳尔德航运公司投资，由法国重工业巨人阿尔斯通集团下属船厂制造，她创造了客轮史上的几个第一：她的吨位为 15 万吨，除 1250 名船员外，可搭载 2600 多名乘客，是有史以来吨位最大、载客量最大的客轮；她的船身长达 345 米，比 3 个足球场加在一起还长，是世界上最长的客轮；高度为 72 米，相当于 23 层楼高，是最高的客轮。

"玛丽女王 2"号令人神往的不仅仅是她的体积。她也是当今世界上最豪华的客轮，船上有 14 个各种风情的酒吧和俱乐部、6 个流光溢彩的豪华餐厅、5 个游泳池、1 个可容纳 1000 名观众的剧院、1 个图书馆、1 个舞厅，还有 2000 个浴室，3000 部电话，客轮上陈列这数百件艺术作品。客轮上绝大多数都是豪华双人舱，在这总计 1310 个豪华双人客舱里，全部都设有私人健身房和小阳台，由高级服务人员提供专门服务，如果有客人喜欢在海上望星空，"玛丽女王 2"号还为他们提供了一个天文馆。

据调查，每年约有 1000 万人乘游船度假，其中约有 80% 来自美国。自从"9·11"事件发生后，美国人比其他国家和地区的人更注意出行和度假的安全。事实上，业内人士认为，乘邮船度假的潮流之所以正在大西洋两岸国家方兴未艾，另有一个重要原因是临近退休的富裕人群在不断增长。

复习与思考

1. 解释下列概念：

(1) 感觉；　(2) 知觉；　(3) 完形心理学；　(4) 接触；　(5) 适应性；(6) 注意；(7) 知觉防御；(8) 刻板；(9) 知觉失真；(10) 距离的摩擦。

2. 阐述完形心理学的基本原理。

3. 谈谈旅游者的知觉过程，以及这些过程是如何影响旅游行为的。

4. 知觉往往被称为一种过滤过程，那么这种过程是怎样起作用的？影响过滤方法的因素有哪些？

5. 以亲身经历说明对旅游现象的知觉远比对其他事物的知觉更复杂。

6. 为什么说遥远的旅游地仅仅因其遥远而具有一种特别的吸引力？

第四章 学习与旅游行为

在旅游活动中，旅游者既是消费者，又是问题的解决者。旅游者所面临的各种各样的旅游问题，会由于个人因素和环境因素的原因而随着时间发生变化。这种情况会促使旅游者改变过去的行为来适应这种变化。学习的过程就是旅游者适应自身和环境变化的过程。

在这一章，首先明确学习的定义，讨论行为学习理论和认知学习理论。然后将讨论旅游行为的学习，主要是旅游者对旅游消费、减少觉察风险和购买后疑虑的学习。最后，我们将考察旅游者学习的过程。

第一节 学 习

一、学习

在人类社会，人类的全部行为都包含着某种形式的学习。个体的行为随着时间推移常会改变，这种改变往往是学习的结果。人在面临障碍及解决问题的过程中所表现出来的行为也都受到学习过程的影响。

在旅游活动中，旅游者既是消费者，又是问题的解决者。一个旅游者如何解决各种各样的旅游问题，如去什么地方旅游、什么时间去、怎么去、逗留多少时间、选择什么样的饭店住宿、如何安排活动项目等等。所有这些问题，会由于经济上、心理上、社会上、文化上的多种原因而随着时间变化。这又会促使人们改变过去的行为来适应这种变化。如不同的旅游产品和旅游服务的价格有涨有落一样，人们的收入也在浮动。人们的动机和知觉也在变化。并且，人们随着年龄的增大，会发现自己的行为也发生了变化。上了年纪的人发现他们再也不能爬山，或者不能忍受游者如云的旅游点拥挤、嘈杂的混乱状态。这些生理上、心理上发生的变化和人们生活环境的某种变化，都迫使人们改变自己的行为，以持续达到所期望的目标来适应环境，这个适应也就是学习，学习在这个过程中起了主导作用。人们要了解新的目标，以及达到这些目标的新途径，要学会适应生活和适应人们所居住的这个世界的新方法。

学习（learning）是指由经验产生的行为中相对持续不断的变化。这种经验不一定是直接学习得到的，甚至在我们没有专门去学习时，我们也能学到知识。例如，消费者知道许多品牌名，能哼出许多产品的广告曲，甚至是那些他们自己从来就不用的产品的名称和广告曲。这种偶然的、无意识的知识的获得被称为偶然学习。我们对世界的认识是随着我们不断接触新事物和不断接受到过去的信息反馈而加以调整的。其中，我们可以利用过去信息的反馈来改变将来在其他相似情况下的行为。

学习这个概念包括很多方面，从消费者对一个刺激物，如一件产品（可口可乐）和一个反映（如使人振奋的软饮料）的简单联想到一系列复杂的认识活动（如在一次考试中写一篇学习报告），都属于学习的范畴。研究学习问题的心理学家提出了许多理论来解释学习过程。这些理论有的只关注简单的刺激——反映之间的联结，有的则侧重于把消费者作为复杂问题的解决者——能通过观察他人行为来学习抽象的规则和概念。

一般来说，学习的起因有以下来源：环境缺乏某种需要的物质或自身面临着欲达到目的而不得不克服的障碍，或者某一有机体缺乏对某一情境作出反应所需要的技能。例如，婴儿缺乏满足自身需要的运动技能，导致产生彼此冲突的反应倾向，表现出好奇与恐惧。

二、学习理论

在消费者学习过程的理解上分为两个学派：行为学派和认知学派。

行为学派（behaviorist school）研究的是观察消费者由于接触到刺激他们反应而发生的变化。行为心理学派开创了两种学习理论：经典条件反射理论和工具性条件反射理论。经典条件反射理论把行为看作初始刺激（社会成功）和次生刺激（牙膏、除臭剂或肥皂的品牌）紧密相连（接近）的结果。工具性条件反射理论把行为当作消费者对购买行为满意程度的函数。满意则导致强化，提高再次购买的可能性。

认知学派（cognitive school）把学习看作问题的解决，强调学习所带来的消费者心理状态（消费者态度和渴求利益）上的变化。在这方面，认知学派对学习的阐述更为紧密地围绕复杂决策的框架展开。但是，这一概念与习惯有关，因为复杂决策在消费者对品牌比较满意，并且长期反复购买时可能会导致常规性购买。

图 4-1 表示了学习的认知和行为两个学派，在行为学派内，还分为经典条件反射理论和工具性条件反射理论两个类型。对这三种学习理论的讨论将在下面进行。

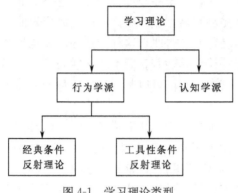

图 4-1　学习理论类型

（一）行为学习理论

行为学习理论（behavioral learning theories）认为学习是对外部事件做出反应的结果。倾向于这种观点的心理学家不关注内心的思想过程。相反，他们把思想当作一个"黑匣子"，强调行为的可观察方面。行为的可观察方面包括进入箱子的事物（刺激，或从外界感知的事件）和从箱子里出来的事物（反应物，或对这些刺激的反应），如图 4-2 所示。

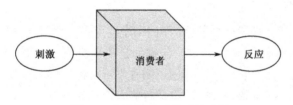

图 4-2　行为论者对学习的透视

这种观点可用两种主要的学习方法来表示：经典性条件学习和工具性条件学习。通过学习，人们得知他们的行为会导致奖励或惩罚。这种反馈反过来会影响他们将来在类似情况下的行为。例如，选择了某种产品并得到赞赏的消费者会更愿意再次购买那种产品，而那些在一家新餐馆食物中毒的消费者就不太可能再去光顾那家餐馆。

1. 经典性条件反射

当引起反应的一种刺激与另一种自身不能引起反应的刺激一起出现，就会发生经典性条件反射（classical conditioning）。过了一段时间，第二种刺激会因为它与第一种刺激在一起而产生与第一种刺激相似的反应。俄国的心理学家巴甫洛夫（Ivan Pavlov）在一次给狗喂食的试验中首次发现了这一现象。

巴甫洛夫通过把一个中立的刺激（铃）与一个能引起狗分泌唾液的反应的刺激（他把干肉末塞进狗的嘴里）放在一起产生了经典性条件反射。肉末是一种无条件刺激（UCS），自然就能引起反应。经过一段时间后，铃声变成了条件刺激（CS），它一开始不能引起狗唾液分泌，但每次只要铃响，狗就得到食物，因此狗学会了把铃声和肉末联系在一起，只要一听到铃响就流口水。狗的这种一听到铃声就联想到喂食时间的反应，就是条件反射（CR）。

由巴甫洛夫发现的这种经典性的条件反射的基本原理主要应用于能自动控制的（如分泌唾液）反应和神经系统（如眨眼）。也就是说，他关注引发饥饿、口渴或其他肉体感觉的视觉和嗅觉提示。当这些提示持续不断地与条件刺激，如品牌一起出现时，消费者在条件刺激下受到这些提示后就会产生饥饿、口渴或其他的感觉。

经典性条件反射对更复杂的反应也产生同样的效果。甚至一张信用卡也可以成为激发更多消费的条件提示，特别当它是一种仅在消费者花费货币的情况下提供的刺激时。人们得知当他们使用信用卡时能够买更多的东西，他们也发现使用信用卡比使用现金可以节省小费的支付。这是一个小小的奇迹，就像美国运通公司告诉我们的那样："不要没带信用卡就离开家。"

若条件刺激和无条件刺激受到好几次同等的提示，条件反射更容易发生。重复的行为加强了刺激——反应之间的联结，防止这些联结在记忆中消失。

如果条件刺激（CS）只是偶尔与无条件刺激（UCS）放在一起，条件反射可能不会发生或需要很长的时间才能发生。这种缺乏联结的结果导致记忆消退（extinction）。当以前的条件反射的效应逐渐减弱直至消失，就会发生消退现象。例如，当一件产品在市场上开始泛滥，以至失去了它最初的吸引力，就发生了消退。有着明显的鳄鱼纹章的衬衫就是这种效应的一个极好的例子。当最初唯一的鳄鱼标志开始出现在小孩的衣服上以及其他商品上时，它就失去了它以前的市场地位，很快被别的产品所取代。

下面介绍刺激泛化和刺激辨别两个概念。

（1）刺激泛化。刺激泛化（stimulus generalization）是指某种条件刺激能引起某种反应，并且与这种条件刺激相似的刺激也能产生相同的现象。例如，巴甫洛夫在后来的实验中，注意到狗在听到与铃的响声相似的声音（如钥匙碰撞发出的声音）时，有时也会分泌唾液。人们对其他相似刺激的反应会和他们对原始刺激的反应大致相同。某药店故意把装有一种不知名的漱口液的瓶子堆在一起，使它们看上去像是某种知名的漱口液，消费者对这种不知名的漱口液会产生与知名的漱口液相同的反应，认为这种看上去相似的产品也具有最初选择的知名产品的特点。

（2）刺激辨别。刺激辨别（stimulus discrimination）是指当与条件刺激相似的刺激并没有一个条件刺激伴随时，反应会逐渐减弱并很快消失。学习过程的一部分就是使某种反应只能在某个刺激下发生，而不能在其他相似的刺激下发生。拥有名牌产品的制造商常敦促消费者不要购买便宜的复制品，以免让消费者失望。

2. 工具性条件反射

工具性条件反射（operate conditioning），也称操作性条件发射，是指个人学习去做那些能产生正面结果的行为而避免产生负面结果的行为。这种学习过程是心理学家斯金纳（Burrhus Frederick Skinner）提出的。他通过对想要的行为进行系统的奖励的方式来训练动物跳舞、打乒乓球以及做其他活动。

经典性条件反射的反应是不自觉的并且相当简单，而工具性条件反射的反应是为了获得既定的目标有意做出的，可能比较复杂。通过一段时期的学习可以得到想要的行为，在这一过程中被奖励的中间行为称为塑造（shaping）。例如，一家新店的店主可能会给光顾商店的顾客一些奖励，希望他们以后会继续光顾并最终购物。

另外，经典性条件反射中两种刺激是紧密相连的，而工具性学习是对期望行为奖励的结果，经过一段时间后，许多未被强化的其他行为不断地被尝试并放弃。理解工具性学习不同于经典性学习的一种有效的方式是：在工具性学习中，进行某种行为是因为它是有利的，即能带来奖励，避免惩罚。记住这一点，消费者在以后就会联想奖励他们的人，选择使他们感觉愉悦或能满足他们某种需要的产品。

工具性条件反射在下述三种情况下发生：（1）环境以奖励的方式提供正强化（positive reinforcement），加强了反应并使消费者做出适当的行为。例如，一个妇女喷了迷人的香水后得到了赞赏，这位妇女就得知使用这种产品会得到渴望的效果，她以后会更有可能继续买这种产品。（2）负强化（negative reinforcement）也会加强反应，并使消费者做出适当的行为。例如，一家香水公司也许会做这样一个广告：一个妇女在周六的晚上独自一人呆在家里，原因是她没使用该公司的香水。广告传递的信息是：只要她使用了这种香水，她就可以避免这种负面结果。（3）与我们做某事是为了避免不高兴不同，惩罚是指一种反应导致了不愉快的事件发生（如喷了一种味道难闻的香水而被朋友嘲笑）。当惩罚发生后，消费者就不再重复这种行为。

要理解这些机制之间的差异，我们首先要弄清一个人在环境中对行为的反应可以是正面的也可以是负面的，并且产生的结果可以应用或转移。在正强化和惩罚的情况下，一个人的行为都会得到一个反应。与之不同的是，负面强化是当负面结果避免时才发生的。负面结果的转移是一件令人愉快的事，消费者会因此得到奖励。最后，当我们不再能得到正面结果，就可能发生消退，已经建立的刺激——反应联结不能维持。

因此，正的和负的强化都会加强反应和结果之间的未来联系，因为这两种强化作用都会带来愉快的经验。而在惩罚和消退情况下，反应和结果之间的联系会减弱，因为它们带来的是不愉快的经验。通过图 4-3，我们可以更清楚地理解这四种类型之间的关系。

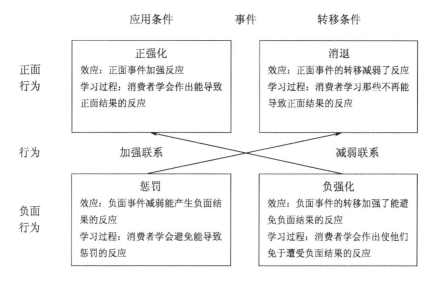

图 4-3　四种类型的学习结果

工具性条件反射的一个重要的方面是规则的建立。通过规则，每一个行为都有相应的适当的强化类型。对旅游服务经销人员来说，什么是最有效的强化制度是一个重要的问题，因为它关系到旅游企业为了得到期望的消费行为而必须奖励消费者的物力和财力的数量。

下面介绍四种强化类型，它们是固定间隔的强化、变动间隔的强化、固定比率的强化和变动比率的强化。

（1）固定间隔的强化。固定间隔的强化（fixed-interval reinforcement）是指强化之间的时间间隔是固定的。在一特定的时期后，已作出的第一个反应会带来奖励。在这种情况下，人们会在强化刚刚过去的时间里反应很慢，而在下一个强化即将来临时迅速作出反应。例如，消费者会在季节性降价的最后一天蜂拥而入一家商店，在这次降价刚过去而下次降价未来临这段时间里不再光顾那家商店。

（2）变动间隔的强化。变动间隔的强化（variable-interval reinforcement）是指强化之间的时间间隔围绕着某一均值变动。由于消费者不知道强化什么时候会发生，他们必须持续不断地作出反应。零售商的"秘密的购物者"战略正是应用了这种原理——"秘密的购物者"宣称将不定期地检查服务的质量。由于店员不知道什么时候会有检查，他们必须维持高标准的服务质量。

（3）固定比率的强化。固定比率的强化（fixed-ratio reinforcement）是指强化只在一个固定数目的反应之后发生。这种机制促使人们持续不断地进行相同的行为。例如，一个消费者可能会持续在同一个商店购物，因为收集 500 个该商店购物凭证就可以得到一份奖品。

（4）变动比率的强化。变动比率的强化（variable-ratio reinforcement）是指一个人知道自己的行为在一定数量的反应之后会得到强化，但他（或她）却不知道需要进行多少这样的行为。在这种情况下，人们经常会以一个很高并且很稳定的频率执行反应，但这种类型的行为很难辨别。这种强化机制可用于解释消费者对"吃角子老虎"（一种赌具）的兴趣。消费者知道只要他们不断地往机器里投钱，最终会赢得奖品。

（二）认知学习理论

认知学习（cognitive learning）是思考过程的结果。相对于行为学习理论，认知学习理论强调内部的思考过程的重要性。这种观点认为人们会积极地利用从周围世界得到的信息来适应他们所处的环境。这种观点的支持者，同时也强调学习过程中的创造性和洞察力。

1. 意识问题

围绕着人们是否和什么时候意识到他们的学习过程这个问题有许多争论。行为学习专家强调的是规律、条件的自动性，而认知理论的支持者认为即使这些简单的效应也是以认知因素为基础的。形成这样一种预期——一种刺激一定会伴随发生一种反应——进行思考。根据这种学派观点，条件的产生是因为事件实现了意识假设并作用于它们。

有一些证据表明，人们是可以通过非意识过程得到知识的。人们通过无意识的消极的活动至少能获得一些信息，这是一种被称作"无意识"的条件。例如，我们在接触新的人或产品时，通常会依据以有的知识对刺激作出反应，而不是费力去形成一种不同的反应。我们的反应是由促发因素激活的，促发因素是指能引导我们选择一个特定模式的刺激。例如，在一次试验中，如果有一个迷人的女士（促发因素）在场，男士会评价广告中的汽车有许多优点，尽管事实上男士可能并不认为女士的存在起了作用。

因此，许多现代的心理学家开始把一些条件的实例当作是认知过程，尤其是条件中所形成的预期是联结刺激和反应的。实际的试验中，因为试验对象很难得到条件刺激（CS）或无条件刺激（UCS）的联想，会经常用到隐藏效应（masking effect）。例如，一位少女发现无论在电视中还是在现实生活中，香气袭人、穿着迷人的女士通常会得到赞赏，由此她认为她若喷了香水、有意打扮，得到社会承认、赞许的可能性会更大。

2. 观察学习

观察学习（observational learning）又称代理性学习，是指人们通过观察他人的行为并记录以得到强化过程。这种类型的学习是一个复杂的过程。人们在积累知识时要把他们所观察到的东西储存在记忆中，以便把这些信息用于指导今后自己的行为。这种模仿他人行为的过程称作模型化（modeling）。

如图 4-4 所示，观察学习以模型的方式出现时，涉及四种条件。

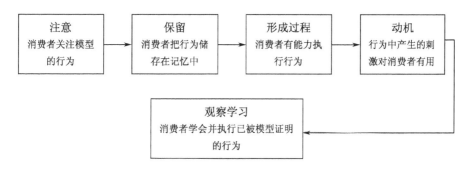

图 4-4　观察行为的组成要素

（1）消费者的注意对象必须是恰当的模型，这种模型由于吸引力、能力、地位或相似性而值得模仿。

（2）消费者必须记住模型所说的或所做的。

（3）消费者必须把这种信息转化为行为。

（4）消费者有动机执行这种行为。

（三）认知学习与行为学习的联系

很明显，认知性理论与行为性理论有很大的不同。因此，讨论这两种理论分别适用于什么样的营销状况是十分合理的。

由于行为性理论几乎不强调思维过程和消费者态度，所以该理论最适用于消费者认知性活动很少的情况。当消费者对产品参与程度很低时，行为性理论最可能起作用。根据工具性条件反射理论的观点，消费者在采购以前曾经买过令他满意的产品时，以消极、不参与的状态进行更好一些。如果他们花费更多的时间用以搜寻有关香皂、牙膏或纸巾的信息，或许他们可以发现一个更好的品牌。但是，对许多产品来说，花费这样的时间和精力不值得。积极的强化可以产生满意，但是无论如何也不是最佳选择。

经典条件反射的原理也可以被用在低度参与的购买行为中。根据阿伦（Allen）和麦登（Madden）的理论，当消费者处在消极状态时，更容易建立产品和积极刺激之间的联系。例如，某一品牌的牙膏可能与美丽的微笑相联系，或某一品牌的尿布与心满意足的宝宝相联系，消费者对这些产品和信息可能根本不留意。但是，如果这些联系反复出现多次后，消费者就可能在商场中看到这些品牌，而且会在这些积极联想的基础上购买。

认知性学习理论更适用于重要的和高度参与的产品。在高度参与的情况下，消费者解决问题通过信息搜寻和品牌评估过程而得以进行。通过目的性行为完成目标更可能是针对汽车、服装或家具的购买而言，而不是牙膏、纸巾或除臭剂的购买。

第二节　　旅游行为学习

某些旅游问题需要个人系统地估价可供选择的行动方针。精心、慎重而合乎逻辑的旅游决策体现了个人运用从过去的经验中学到的东西。一个人习惯于每年夏季花两周时间驾驶家庭旅游车到一个从未去过的旅游胜地去旅游的人，也许会决定明年夏天不作这种旅游，因为他知道明年夏天汽油短缺，估计驾驶家庭旅游车长途旅行很可能会在远离家乡的地方耽搁若干时间。权衡利弊之后，他决定要么呆在家里，要么乘飞机到某个度假胜地去。这个决定是根据新近得到的信息作出的，也是合乎逻辑的。因此说，只有懂得旅游行为是以个人获得信息为基础的，才能充分理解这些旅游行为。

其他一些习惯性的旅游行为也是学习的结果。如果一个人发现某些活动值得做，他就会去学。这个过程就是前面讲的条件反射。根据这一原则，只要某种行为有可能得到报偿，那么，个体就会以一定的方式对特定的刺激作出反应。

人的许多行为，无疑受这种学习方法的指导。例如：一个人知道，中午饥饿（刺激）时，到麦当劳餐馆去吃一餐（反应）就不会饿了（报偿）。换句话说，刺激和反应由报偿联系起来，当这种刺激—反应联结经过多次重复后，第二天中午饥饿时，就越来越可能促使他想起麦当劳餐馆。不用多久，中午到麦当劳餐馆去用餐便成为习惯。一旦饿了，他便不假思索地向麦当劳餐馆走去。久而久之，到麦当劳餐馆去用餐也许不是因为饥饿，而是由于墙上的时钟到点引起来的反应。

驱车的旅游者可以通过尝试错误，知道假日旅馆能提供可靠的膳宿条件。例如，休息的需要（刺激）促使他去寻找假日旅馆膳宿（反应），结果是舒舒服地过上一夜（报偿）。只要反应得到报偿，这个旅游者很可能会继续寻找假日旅馆；如果他是一个商务旅行者，也许会知道通过旅行社安排旅行计划可以节省相当多的时间。节省下来的时间便是报偿，而且只要他继续旅行（刺激）并得到报偿，他很可能继续利用旅行社的服务（反应）。

对许多人来说，旅游本身可能是一种习惯。例如，刺激或许是来自于长期地、连续不断地工作所造成的紧张状态。这个人知道旅游可以减轻紧张程度，那么只要这种刺激—反应行为带来满意的报偿，他会继续旅游。这样，旅游可能成为一种习惯，只要看一看日历，就如同在节奏快、都市化、工业化的社会中生活和工作所造成的紧张状况一样，引起对旅游的强烈要求。

学习是一种普遍性的活动。正常人从诞生之日起便开始学习，一直继续到死。学习始终与运用新信息去解决现实问题联系在一起。甚至在人的情感情绪和自我意识及其整个个性的发展中，学习也起着重大的作用。学习涉及到个人准则和策略的形成，这种准则及策略帮助和影响人们购买产品和服务。换句话说，我们学习如何到商店选购商品和接受服务，我们也学习如何去消费这些东西。旅游决策者通过了解最适合他具体要求的几种产品和服务来学会解决问题。动机和态度对问题的解决有相当大的影响，两者均可学会。

一、动机学习

动机是一种生理上和心理上的紧张状态。这种紧张状态会促使人们去行动，以减轻这种紧张。在第五章中将详细论述旅游动机。

差不多每个人一出生就有一种探索的需求，婴儿想了解父母和保姆以外的情况，儿童想探知他住处的邻里，成人想了解他的国家、外国、甚至别的星球。对于一些人来说，由于个人的经验，即那些往往是早年形成的害怕陌生的经验，使旅游的基本冲动在相当长的时期里受到压抑。然而，有一点似乎是清楚的，即大多数人生下来就有了解他们周围环境以外的情况的需要。

除了探索需要这个基本的内驱力外，大多数其他旅游行为的动机则是后天学习得到的。例如，人对于地位的需要并不是生来就有的，而是通过学习才得知社会地位或职业地位可以给他以威望，受到他人的尊敬和崇拜，有助于建立他的自我形象。而且使他更能吸引对他来说重要的那些人物的注意。这种后天习得的对于社会地位的需求能对旅游行为，如选择旅游地、交通工具、食宿等产生很大的影响。同样，恐惧的动机也影响旅游行为，它阻碍了一些人乘飞机旅游，阻碍了另一些人到外国或遥远的旅游胜地去旅游。

由于这种需求和动机是学习得到的，使旅游行为不仅可能，而且实际上随着这些需求和动机的习得、未习得、或以某种新的方式习得而起变化。相对来说，对地位的需求在人生较早时期就受到注意。但是获得地位的方式，却在人生各个阶段起变化。地位的观念对于一个 10 岁的孩子和一个 20 岁的青年，或者一个 65 岁的人，显然不是一码事。就是在同一年龄阶段的人，地位的观念也有所不同。对某个人来说，到郊区植物园去旅游一趟就是有地位了；而对另一个人来说，地位就意味着在严冬腊月到南方旅游胜地去过上一周；对其他人来说，地位就是能去国外旅游。

一种具体的需求或动机也包括达到更大、更高或更全面的目标。换句话说，人们可以试图把所有可以学会的需求和动机分成层次。这种层次的实例在图 4-5 中加以说明。在图 4-5 中，位于手段—目的链顶端的是习得的消除或减轻焦虑的动机，这是在都市化、工业化社会中相当重要的一种动机。克服焦虑的一个方法就是把经过挑选的几组人组成一个群体，成为正式群体或非正式群体。这样可以增强个人的信心，得到尊敬和重视，并获得地位，以减轻焦虑。

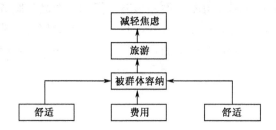

图 4-5　习得减轻焦虑的动机的一种方式

旅游常常被认为是取得群体成员资格的一种方法，图 4-5 表明，解除焦虑——这一习得动机的一个方法就是组成适当的群体，而取得成员资格的一种方法，即另一种习得的动机，就是通过旅游。当旅游本身成为内在的动力和目的时，它也能作为充分满足其他需要的一种手段。

旅游者游览旅游胜地，可能是凭其声望、费用、舒适的环境以及其他因素，即第三组习得的动机来选定的。例如，旅游者因财力所限，必然导致旅游与其他开支发生冲突，这样，它可能放弃旅游或选择较近的目的地进行普通旅游。相反，收入较高者，则可能去远处或国外进行豪华旅游。

这第三组动机对于旅游营销人员特别重要，因为它属于旅游者个人用以估价可供选择的旅游产品和服务的标准。标准也可以通过学习得到，它说明，促进旅游者学习新动机也能影响旅游决策。

二、态度学习

态度在影响旅游行为中的作用将在第六章详细论述。关于态度的学习，这里着重讲述知觉、学习、个性、动机对形成态度的作用，以及在大多数情况下，态度对行为的影响。如果人们对旅游持积极的态度，他们便赞成旅游；如果人们对到外国去旅游持积极态度，要是能办到的话，人们就会到国外去旅游。

一个人所持的态度是学习过程的结果。态度大部分是建立在他的信念和见解的基础之上的，而这些信念和见解又是通过家庭、学校、朋友、熟人、所属的群体、所生活的社会，以及向新闻媒介学来的。来自各方的影响给人们提供了形成其信念和见解的基本信息，这些信念和见解转而成为形成态度的基础。家庭、朋友、熟人还给人们提供了应该如何去观察、看待不同事物的范例，这些感受也有助于人们形成态度。

态度也可以通过人们所扮演的角色而习得。每个人在生活的各个阶段都担任着不同的角色。每个角色都是习得的，而且，学习本身就要求每个人对既定的角色形象采取适当的态度，人们通常都有选择一种特定态度的自由，而拒绝采取一种适当的态度，就意味着拒绝这一角色地位。例如，一个母亲在对待子女的态度上，不管是选择温和的爱还是选择权威性的爱，但总体上，要求她具有一种爱抚和关怀的态度，也就是适合于母亲这一角色的态度。孩子会向父母学习对旅游的态度，父母也会教他怎样去旅游。

教育是学习态度的一种有效方式。教育的价值就在于人们，尤其是父母和教师向年轻人传授态度，树立一个很好的榜样。而且在学校里教育还可以采取强制方式教学生学会读书学习，取得优秀成绩，准备上大学，以及认真考虑从事某一职业。显然，教育是十分重要的，这种学习的态度代代相传，人们继承得很好。态度对旅游行为具有重大影响。正如在第七章中将讲到的，当旅游被认为是为有价值的教育目的服务时，本来不太可能成行的旅游，就较容易实现了。显而易见，教育是态度学习最有效的一种方式。

态度的学习也在很大程度上受知觉的影响。通过知觉，旅游者学会怎样归纳及怎样称呼事物。这一点已在第三章作了详细的论述。

态度的学习也受到社会、文化的影响。广泛的文化和社会变革也使人们形成新的态度，并以种种方式来改变原有的态度。这些方式明显地影响了旅游行为。例如，近几年来，人们已经懂得以新的眼光看待家庭，这不仅可行，而且往往有益。社会不再强令父母为孩子的幸福做很多的牺牲。在前一代人的理念中，家庭团结、家庭成员行动上的一致是一个重要的价值观。而在今天，家庭成员各人做各人的事已广泛为人们所接受。父母更加意识到，他们需要有离开孩子、有互相分离的时间；孩子也需要有独立的时间。这种态度的变化就是学习得来的，而且，它会对旅游行为产生巨大的影响。例如，越来越多的夫妇现在不带孩子旅游，甚至单独旅游。

近年来，人们对妇女在社会中所担任角色的态度也发生了很大变化。由于大批妇女加入产业大军，尤其是加入管理者行列，她们需要做更多的旅行。反过来这就要求她们学习新的角色的工作，同时也要求她们学习伴之而来的态度。现在的妇女，再也不是由她们的丈夫为她们办理登记住宿手续，在餐馆里为她们付钱，使她们免于外出时处于经济上的窘境。相反，她们更有可能单独去旅游，并且，像其他旅游者一样，她们必须处理各种各样的与旅游有关的问题。应该指出，妇女与男性旅游者不同，她们有些独特的个人问题，使她们必须更加注意自己的人身安全。在单人客房里洽谈生意，对一个单独旅行的妇女有时可能不方便。这些特殊的问题和其他有关的问题极大地影响着人们的态度，并且，这些女性旅行者还推动了饭店、餐馆以及为她们提供服务的其他旅游企业的发展。

态度作为人们经验的一个结果也可习得，并且可在购买和享用旅游服务中学习。例如，人们从他人、广告或其他渠道学习的内容，构成了他们对某一旅行社的初步态度的基础。可是，当人们同这家旅行社直接接触之后，就会证实或改变人们先前的态度，或者促使人们形成全新的态度。因此，直接的经验在人们态度形成中起着主要的作用。当然，人们产生的态度是直接接触旅游产品和服务的结果，受到人们的期望的影响。反之，这些期望又在学习怎么消费的过程中产生。

三、消费学习

（一）觉察到的风险

撇开其他含义，学会怎样旅游就意味着一个人必须学会怎样辨别相竞争的旅游产品和旅游服务。也就是说，他必须学会在旅游市场上做一个精明的购买者。作为一个旅游消费者，必须学会怎样估价相竞争的旅游产品和旅游服务，以及学会怎样对付包含在购买决策中的风险（risk）和不确定性（uncertainty）。人们还应记住，即使最有经验的旅游者，也要不断学习和改变他的旅游行为。这是因为旅游产品和旅游服务的价格在变；广告传递的新信息，即可以购到的具体的旅游服务，也在变；旅游者的收入可能增加，买得起过去无力购买的旅游产品和服务。人们还必须重新学习过去了解的，但已遗忘的旅游产品和服务。

经验学习是人们在旅游市场决策的心理结果。当人们发现区别一个旅游服务商标不同于另一个商标时，学习便开始了。人们通过经验学会怎样估计相竞争的联营饭店、航空公司、汽车出租公司和旅游胜地。人们也向朋友的经验学习，并且共同运用那些经验。

对于人们怎样学会消费，以及这种学习又怎样对旅游者的行为发生影响这些问题，须强调风险和不确定性对人们在旅游市场上作决定的影响。风险和不确定性与个人所作的任何决定都恰好同时产生。我们认为，风险和不确定性尤其有可能在购买旅游服务的时候产生。消费者作的任何决定都很可能产生预想不到的后果，有时是令人非常不愉快的后果，由于结果与消费者的预想大不相同，这样，他作决定时，就可能察觉到风险（perceived risk）。当他租一辆小汽车时，他可能预感到车子会抛锚。冬季到南方旅游，有可能因为天气反常，持续一周严寒。甚至，当旅游者办理了预定饭店或航班之后，他要冒"住不上"或"乘不上"的风险。旅游者打算去一个久负盛名的旅游胜地度假，但可能与他地位相同的人认为这个旅游胜地已经过时，这也包含着风险。

消费者需要学会如何去处理种种风险。为了理解旅游者如何减少风险，首先必须理解两种主要可觉察到的风险。罗伯逊（T. S. Robertson）把消费者可觉察到的风险分为功能风险（functional risk）和心理社会风险（psychosocial risk）两种。已购买的产品或服务可能不像预期的那样有效，就存在功能风险。租用汽车抛锚，飞机发生机械性故障，不能在预定地点着陆；饭店里的空调失灵，这些都是功能风险的例子。

心理社会风险涉及到产品或服务是否会增加个人幸福感，是否会丰富自我形象，以及是否会改善别人对他的看法等问题。服饰、汽车和许多旅游服务项目是一目了然的象征性产品，心理社会风险很大。例如，在以下的情况里就存在着风险：到某旅游胜地作一次滑雪旅行，会引起一些关于他个人的闲话；或者在某旅游胜地之行期间，可能会碰上某个丝毫不尊重他的自我形象的人。

一个人购买来的产品有可能不是在功能上便是在心理社会上不符合他的目标，那他就既浪费了金钱，又浪费了时间。由于有这种可能性，便有察觉到的风险。当产品是一种昂贵的产品（一辆新型汽车，一座新的住宅，或一次费用高的度假旅行）时，察觉到的风险可能令人非常不愉快。

卡普兰（L. B. Kaplan）把觉察风险分为功能风险、身体风险、经济风险、社会风险和心理风险五类。表 4-1 显示了消费者进行产品选择时所面临的不确定性和风险的类型。

（二）觉察到风险的原因

在特定产品相关的功能上，心理社会上及经济上的风险，对消费者如何处理这些风险，以及如何尽可能协助消费者减少这些风险有重大的影响。一个人在购买业务中所感受到的风险可能有下列原因：

表 4-1　　消费者进行产品决策时面临的不确定性和风险的类型

风险类型	不确定性的类型
功能风险	1. 产品意味着什么？ 2. 产品是否合适？ 3. 产品性能比其他竞争的产品更好吗？
身体风险	1. 使用中安全吗？ 2. 对他人有无人身威胁？ 3. 对环境有无危害？
经济风险	1. 在我有限的资金中，是最合理的开支吗？ 2. 产品值得花这些吗？
社会风险	1. 我的家庭和朋友会赞成吗？ 2. 能使对自己来说意见很重要的人愉快吗？ 3. 与我认同的群体所应用的产品相似吗？
心理风险	1. 应用这个产品，我会感到好过吗？ 2. 产品会引人注目吗？ 3. 值得这样做吗？ 4. 我作出了一个正确的决策吗？

（1）不确定的购买目标。一个人虽然决定要去旅游，但对到什么地方去以及采取什么旅游方式去等都还没有决定。例如，究竟是到杭州去轻松愉快地游览西湖，还是到西双版纳进行一次激动人心的冒险活动？

（2）不确定的购买酬报。假定一个人购买的目标已经明确了，但还不能肯定怎样选择才是最为满意的。例如，决定进行避暑旅行，是到承德避暑山庄？还是到北戴河海滨？那么去哪里能得到更多的报偿呢？

（3）缺乏购买经验。个人可能很少有过作出购买决定的经验，因而觉察到风险。当第一次打算去外国旅游时就会出现这种情况。

（4）积极的和消极的结果。个人会感到任何选择都会有积极或消极的后果。例如，乘飞机去旅游，虽然是尽快抵达旅游目的地的最好方式，但这样就不能欣赏沿途的风光了。

（5）同等身份的人的影响。个人的购买决策可能不同于大多数同等身份的人通常作出的购买决策，即个人的购买决策与他认同的群体中大多数成员的购买决策不同。

（6）经济上的考虑。当个人预测到他的经济状况会有重大变化时，就会觉察到风险。

（三）减少觉察到风险的策略

人们在既定的购买情境中感觉到某种程度的风险，这是共同的。人们试图以某种方式减少这种觉察到的危险，这也是共同的。旅游者能得到旅游服务公司的帮助，因为这些公司了解产生这些风险的各种原因，并且懂得如何帮助人们去减少这种风险。事实上，专职的旅游代理人，在专门帮助旅游者处理并减少觉察到的风险方面起着独特的作用。

美国纽约大学亨利·阿塞尔（Henry Assael）认为，消费者使用各种策略试图减少觉察到的风险，这些策略主要是增加购买结果的确定性和减少产品失败的结果两个方面。如表 4-2 所示。

表 4-2　减少风险的消费者策略

增加购买结果的确定性	减少产品失败的结果
获取额外信息	购买最低价的产品
进行更广泛的信息处理	购买最小的量
保持品牌忠诚	获取担保或保证
购买最流行的品牌	降低预期水平

下面介绍旅游者试图减少觉察到的风险的三种常用的方法。

1. 降低对产品和服务的期望

降低对产品或服务的期望，作为减少觉察到风险的策略不是人们比较容易接受的。在旅游服务业中，情况尤为如此。旅游者总是向往理想化的旅游，他们对要去旅游的旅游胜地充满了幻想。当然，如果旅游者不把旅游理想化的话，那么他们就不会有兴趣去旅游了。期望是更大的乐趣，对娱乐旅游来说，这也是非常现实的。但他们可能从未认真地想过，他们要去的旅游目的地的气候可能反常；他们要游览的名胜古迹，也许不得不排长队等上几个小时；如果去异国他乡，他们可能会受到当地居民的冷遇，或者因不习惯那里的水土而生病。

针对这种情况，旅游营销人员及有关人员必须担负双重任务，既要启发旅游者对旅游的幻想，同时，又要为他们实现的旅游做好准备，避免旅游者乘兴而来，扫兴而归。显然，做到这些并非易事。

2. 信赖一种品牌的产品

重复购买一种产品和服务，是消费者用以减少觉察到的风险的一个较为普遍的策略。例如，一个美国旅游团的领队第一次到上海就住在锦江饭店公司的锦江饭店，以后每次带团来就只光顾锦江饭店公司的饭店。只光顾锦江饭店公司，是因为根据经验，他知道在该饭店公司任何一家饭店至少可以舒舒服服地过一夜，他没有理由去光顾别的饭店而冒一夜不眠的风险。

阿塞尔认为，重复购买同一品牌增加了购买结果的确定性，因为消费者知道从该产品中期待什么。避免有可能不满意的最佳方法是忠于合理的、可接受的可选品牌。这种策略在行业购买行为和消费者购买行为中很明显。减少风险经常导致忠于同一卖主多年，虽然有时其他供应来源可能更合算。例如，一个购买代理机构会觉得改变供应者的风险涉及与新供应者的联系和更大的不确定性。

购买最流行的品牌也是一个安全的策略。对于缺乏信息的消费者，购买最流行的品牌是增加结果确定性的最佳方法。购买日用品、电视机或立体声系统的消费者也可能缺乏自信比较品牌。声明某一品牌是销售最大的品牌、或市场的领导品牌，是想通过让消费者确信上百万的其他消费者不可能都犯错误来影响潜在的购买者。

低度参与的消费者也可能使用涉及购买同一或最流行品牌的策略，因为这些策略使涉及处理信息的时间和努力能最小化。

信任一种品牌并不一定意味着他对这一品牌的产品完全满意。信任品牌的行为只说明他认为某一品牌的产品是可取的。正是这样，他才可能认为没有理由去花费时间和精力去选择，并为选择担风险。

信任品牌是节约时间的一种方法。此外，信任品牌也可以减少察觉到的风险。特别是在旅游市场上，无形的旅游产品五花八门，消费者很可能以此作为减少风险的策略。与汽车、器械、服装这些有形产品不一样，消费者估价无形的服务有时是很难的。向买方说明、展示或用推销物质产品的方式证明无形服务也是很困难的。大多数旅游产品实际上是各种服务，而这种服务的质量常常取决于旅游服务企业的某个从业人员，即办理预定手续的代理人，航空公司的班机乘务员，或者餐馆的前台，饭店的服务人员和管理人员。事实上，因顾客各异，来去时间不同，服务质量很有讲究。一辆汽车可受严格检验标准的检验，个人服务则不同，他的检验标准变化多端，还要观其后果。因此旅游消费者更多地依赖于对品牌的信任，因为在大多数与旅游有关的购买活动中，察觉到的风险是相当大的。

这一论述向旅游服务企业强调了鼓励人们信任品牌的重要性。实现这一目标的途径是开展对从业人员的培训，使他们能为顾客提供极为周到的服务有所准备。这是旅游业中某些公司的标准做法，也是贤明的做法，因为这是有效地管理企业服务质量为数不多的方法之一。通过提供高效、优质的服务，旅游企业可以保持现有的顾客，通过比竞争者更高效率的服务，还可以招徕新的顾客。

3. 寻求信息

搜集信息是第三种减少风险的策略，也是非常受消费者欢迎的策略。一般来说，消费者掌握的信息越可靠，他在购买业务中所感受到的风险愈少。例如，假定旅游者根据他本人和别人的经验，根据假日旅馆的广告，获得了关于假日旅馆的信息。这种信息使他相信，假日旅馆提供高标准的服务，不会发生意想不到的事，他们的膳宿和安静的休息条件非常可靠，因此，旅游者不必担多大风险。为旅游者减少察觉到的风险，是多年来假日旅馆成功的主要经验之一。虽然这不一定意味着人们对假日旅馆都十分满意，但这十分清楚地表明，帮助旅游者减少他在选择住宿条件时可能感到的风险，是很重要的。

多年来，信息传递研究人员和广告商认为，信息传递过程主要是单渠道的。过去人们认为，广告商诱导性的信息是以被动地接受这些信息的消费者为对象的。现在较新的看法，认为消费者是积极地参与信息传递过程的。根据这个看法，当消费者迫切需要信息时，他们会积极地搜寻、获取、传播、并加工信息。消费者在大多数购买过程中，都预感到有风险，同时也懂得，信息有助于他们减少这种风险。他们会去选定资料、样板和作出购买决定时要用的大量信息。当然这并不是说消费者没有消极被动的时候。而是说消费者需要信息的时候，会非常积极地参与获取和评价信息。这也表明，当广告商的信息满足消费者的信息需求时，消费者更有可能使用这些信息。例如，一个打算到欧洲去旅行的人，更可能注意到飞越大西洋的航空公司和外国旅游部门的广告。他们很可能向熟识的、曾经亲自游历过欧洲的人征求意见。

认识到需要信息的消费者，甚至会花钱或以时间为代价去获取信息。人们订阅有关市场和消费的报刊杂志，便是花钱获取信息，当旅游者访问一家旅行社，或者阅读旅游宣传册时，他们便是在以时间为代价换取信息。

消费者常要寻找的是与试图减少察觉到的风险非常有关的信息。如果某个人预感到有很大的功能风险，他想购买的产品不如他预料的那样实用，他就要去寻找产品性能信息。这种信息的一个来源是旅游公司的广告，或宣传册。某人打算作一次海上旅游，他或许会请教旅游代理人，或者查阅小册子，取得有关船舱的大小和开航日期，以及可靠的性能方面的信息。而打算到某个疗养地去度假的旅游者，则依靠当地提供的出版资料，了解当地的平均气温，距离交通中心的路程，网球场的数目等情况。此外，旅游者也可以请求朋友或旅游代理人证实他从旅游广告或旅游宣传册中了解到的信息。事实上，一般人认为，在消费者作出最后决定时，这类来自所谓公证人的信息，比经销商提供的信息更有影响。因为它没有多大偏见，因而是全面的，并具有权威性。

如果某人觉察到很大的心理社会风险，却不大感到有功能风险，他极可能依靠个人的信息，而不依靠制造商或生产商提供信息。要减少觉察到的心理风险一般需要得到特定的信息，尽管以想像的消费为对象的广告和宣传册可能有助于减少心理性风险，但它们不可能提供完全消除心理社会风险的这类信息。即使有这类信息，人们也不会把制造商或生产商看作非常可靠和信得过的信息来源。

研究表明，消费者感觉到的心理社会风险达到难以承受的程度时，通常向朋友、熟人和其他有关的人士寻求减少这种风险的信息，而不会依仗广告和宣传册或印刷品。

当人们感觉到心理社会风险很大时，职业旅游代理人可以起很大的作用。这一点很重要。就旅游代理人是某个人的旅游顾问这个角度讲，他对旅游决策有重大影响，但他如果仅仅作为接受预定手续的人，则他对旅游决策的影响就极小。所有这些都强调旅游代理人既要精通他经销的旅游产品，又要熟悉顾客。

四、处理购买后失衡的学习

以上讨论了消费者作购买决定前的疑虑，及消费者很可能采取什么措施来减少这种疑虑的问题。然而，疑虑在作出购买决定后也可能存在，对这个问题也曾进行了大量的调查和研究。

消费行为理论家把这种疑虑称之为购买后的失衡（postpurchase disso-nance），或称购买后的不协调性。这种现象在购买住宅、汽车、大件家庭电器设备和其他许多昂贵物品的人中最为常见。

（一）产生购买后失衡的原因

消费者对购买一种商品或服务的决策所产生的疑虑，或者后悔，有两个主要原因。

（1）在某种程度上，这种疑虑是购买前难以对几个可供选择的产品作出决策的延续。消费者在购买前必须要在几个可供选择的对象中作出决策，这对消费者来说是困难的。这种决策前的困难会一直延续到购买以后。例如，一个旅游者在选择去苏州还是去杭州旅游时感到困难，在决定去苏州后，仍会有一些疑虑，这是由于他将苏州不吸引人的地方与杭州诱人的地方相比较而产生的。这些疑虑在决策后和启程之前立即出现，也可能在旅游后回到家时出现，或者可能在这两种情况中出现。

（2）消费者在购买之后受到挫折，或者遇到预料不到的困难，而产生购买后的疑虑。例如，上面例子中的旅游者在苏州有了失望的经历，或遇到了意料之外的麻烦，就可能出现购买后的疑虑和后悔。

在尚未证实消费者的购买决定是否合理之前，也可能出现购买后的不协调性。由于缺乏证明，造成了消费者心理上的不安，因为他想知道："我是否应另作决定？"这种紧张状态促使消费者去减轻这种不安。消费者知道有许多减少不安的方法。理解消费者，对旅游服务经销人员来说很重要。因为对某项服务感到满意的消费者更可能再次购买它，而且乐意向他人介绍。因此，当顾客接受旅游服务公司的服务时，公司对顾客的关注不应完全到此为止。

（二）减少购买后失衡的策略

1. 旅游者用以减少购买后失衡的方法

（1）消费者用以减少购买后疑虑的主要方法之一，是接触新的信息。如果对购买决定感到后悔，消费者会寻找他认为可以支持这个决定的一些信息。同时，他会避免那些为弃选对象捧场的信息。这种方法被称为选择性接触，也就是第三章中论述过的知觉的选择性。实际上，消费者常常限制自己要接触的信息类型，例如，只选择有利于证实他作的决定是合理的信息。研究结果表明：拥有新车者查阅自己购得的小汽车的广告比其他同类广告来得更多。

（2）一个人也可能通过遗忘弃选对象所讨人喜欢的特点，记住它令人讨厌的地方，或者同时用这两种方法来减少购买后的不协调性。在第三章中，把这种知觉的方法叫做有选择的保持。而且，这种方法对减少决定后的疑虑相当有效。例如，驱车到某旅游胜地旅行三周回来的人，可能有意地忘掉乘飞机去可能节省的时间，而把注意力集中在驱车旅行节约下来的几百元上。

（3）一个人为了将其购买决定合理化，就断言说，他作的选择或多或少像他过去作别的选择一样，会出现同样的结果，这是用以减少购买后不协调性的另一种方法。虽然，他决定去苏州而不去杭州度寒假时颇费踌躇，但事后，他会断定说，这根本没有什么关系。他会认为，在这两个旅游胜地中，随便在哪里都可度过宁静的一周，都会遇到许多有趣的人，回来时都将晒得黑黝黝的。

促使有选择的知觉发生作用的重要原理是消费者在寻求知觉平衡，也就是说，消费者得到的有关某品牌的信息与他们有关此品牌的先前信念之间达到的和谐。这种和谐确保了消费者心理处于平衡状态。以下三个认知理论就是建立在有选择的知觉和知觉平衡原理基础之上的。

社会判断理论认为，消费者或者通过拒绝对立的信息（对比），或者通过解释接受到的信息，来处理信息以确保和谐，从而使之更符合他们的观点（同化作用）。

均衡理论认为，当有关一个对象的信息与消费者的信念相冲突时，他们将通过改变自己对于这个对象的观点，或有关信息来源的观点，或同时改变两者来达到平衡。结果是在信息和对象的信念之间达到平衡。例如，如果一个亲近的朋友对你所喜欢的相机发表效果不佳的观点，你可能怀疑你的朋友作为一个有关相机的信息源的可信性，或对你所喜欢的相机形成更多的态度，或两者都有一点，以获得信息和对象之间的平衡。

认知不和谐理论认为，当购买后冲突发生时，消费者会通过寻求支持信息或歪曲对立的信息来寻求心理状态的平衡。

所有这些理论都解释了导致消费者对营销信息的感知和他们的信念、态度之间相和谐的心理因素。

2. 旅游服务企业如何帮助旅游者减少购买后失衡

旅游服务经销人员通过帮助旅游者减少购买后的疑虑来提供有价值的服务，并且增加这些顾客继续接受他们的服务的机会。

要达到这个目的，最有效的手段大概是与旅游者直接联系。许多旅行社都喜欢发一纸"欢迎光临"的请帖，以向旅游者致谢、征求意见和建议。这种间接的表示方法可能是处于旅行社的需要，但有充分的理由认为效果不大。打电话联系可能比"欢迎光临"更好，因为通过电话，旅行社可以和旅游者进行直接的、个别的交谈，使旅行代理人获得重要的反馈信息，并使旅游者有机会谈谈真实的旅游体会。在这过程中，可以减少相当多购买后的疑虑，当然也就增加了旅游者再次光顾的可能性。而像"欢迎光临"这种正式的请帖，却收效甚微。

还有其他的一些方法可以鼓励旅游者认为自己的旅游决定是正确的。例如，飞机票的封套，这是旅游者在旅游结束之后常常保存很久的东西。这种封套可以用于交流情况，表明旅游者对航空公司的选择是满意的。然而，通常用于交流这类信息的场合是汽车出租公司或旅馆联营公司，由它们来做产品和服务广告；也可通过飞行中出售的杂志来减少旅游者购买后的疑虑，但发行这些杂志的意图似乎并不是为了减少购买后的疑虑。

在接受旅游服务之前和之后，都可能出现购买后的不协调性。旅游者在办理预订手续，或在交付保证预订的钱款，承担购买责任之后，对他作的选择是否明智可能会有严重的疑虑。例如，假使某个人提前六个月向旅游代理人付了预订款，准备在海口的泰华酒店住两周。在六个月的等候期间里，这个人很可能接触到许多信息，促使他重新考虑原来的决定是否明智。例如，他可能看到有关推销海口别的饭店的广告，或者有关推销多种不同的度假方式，如到大连去作一次海上旅游的广告；他可能接触到航空公司廉价推销去其他度假胜地的广告，于是，突然地，这些度假胜地似乎与去海口度假两周一样具有魅力。朋友、熟人可能无意地提出别的建议，认为理想的度假和计划中的海口之行大相径庭。旅行社、饭店、航空公司，以及包括与这次到海口度假有关的其他公司，应认识到他有可能会改变主意，即他可能对自己的决定非常怀疑，以致最后取消预订，并决定到别处旅游。更糟的是，这个人也许干脆取消旅游计划，把钱花在其他方面。

提前办妥预订手续的旅游者，一般会收到某种确认预订的书面通知，例如某旅游胜地的确认通知书。这种书面通知仅仅像电子计算机般地告诉旅游者：按指定的价格，房间已订了多少天。这种业务性通知没有抓住良机。向旅游者证实其决定的明智，譬如随同这份书面通知书附上一份庄重的、为了对旅游者的选择作出保证而精心设计的宣传册，这用不了多少钱。宣传册上可以印一些旅游者以前没见过的图片，也可以印一些去过那里的游客写的书面感谢。向旅游者投寄额外的宣传资料，特别是从确认预订到抵达旅游胜地的时间长达几个月时，甚至还可以寄上一封个人信件。这种做法颇为有益。当然，目的是强化旅游者的决定，最大限度地减少旅游者取消预定的可能性。

　　旅游服务经销人员通过满足旅游者的要求，以及帮助他们解决问题而获得好处。旅游服务被接受了，或者预订手续办理了，但这仍不等于这些要求和问题不存在了。旅游者还需要对自己旅游决定消除疑虑。旅游服务公司以满足旅游者要求进行有效的服务，旅游者坚持完成旅游计划，这才得到了报偿。当旅游者重游一个旅游胜地，再次光顾同一家旅游服务公司时，如果这家公司——旅行社、游船公司、旅游胜地、饭店、航空公司或者汽车出租公司仅仅说"谢谢你的光顾"，那是不够的。这时，首先要更多地注意公司的需要，其次才是旅游者的需要。这时应交流的信息是，让旅游者确信他购买了这家公司的服务是非常明智的。在一篇题为"成交"的文章中，《旅行代理人》杂志建议旅游代理人在成交时说一些类似这样的话："我应感谢您！不是吗——您作出了精明的选择——和我们做了一大笔生意！谨向您表示握手祝贺。我们再次向您表示感谢。我们确实感谢您的光顾，您旅游归来后，务必请到鄙社来，或请打个电话给我，得知您旅游期间过得很愉快，我将会很高兴。您同我们合作得很好。这是我的名片，也请给我签个名。如果您下次打算旅游，请再来！"

第三节　旅游者的学习过程

　　本章一开头便提出了一个引起大家注意的心理学的观点：人的全部行为都包含着某种形式的学习。这种观点的外延是：随着时间的推移，学习能引起个人许多行为的变化。在这里，我们主要感兴趣的是旅游消费者行为的变化，广泛地学习经验和理解信息带来的后果。换句话说，学习的产生就是人们体验和接触到信息的结果。现在我们来讨论旅游者学习的过程，它可以使我们进一步了解旅游者及其决策是怎样受到学习的影响的。

一、经验

　　学习最本质的东西就是概括。旅游消费者往往希望把作出决策所需的时间和精力减少到最低限度，要做到这一点就必须进行概括。当一个人对特定情况作出反应时，他所采取的方法与他过去对类似情况作出反应的方法相同，这时，他就是在进行概括。例如，一位外国旅游者多次乘中国民航的班机，他都体验到了机组人员热情周到的服务，他可能由此断定中国民航所有的班机都会提供第一流的服务。又如某个人乘中国民航的飞机旅行后不满意，也可能得出与前面相反的结论。还有人根据以往的经历概括地推断：所有的旅游代理人的用处不过是售票而已，他们不能帮助顾客避免住二流饭店或长时间地等候转乘班机。这些令人扫兴的旅游经历都是旅游代理人造成的。

对于旅游服务企业来说，应该了解概括的原理，充分利用消费者概括的倾向，采取措施把他们的各种产品和服务相互联系起来，或采取措施阻止这种联系，以避免某一低水准的产品和服务影响与它有关的其他产品和服务。

实际购买就是在学习经验。这些经验影响一个人以后如何作出购买决策。这过程对大多数人来说是一个连续的过程。例如，人们从经验中知道，到大航空港选择转乘飞机，既要考虑相互竞争的航空公司的终点站，又要考虑班机起程时间，而选择饭店或汽车旅馆时，应首先考虑停车是否方便。

二、信　息

当一个人接触信息并对信息进行初步归类时，学习便开始了。这种与旅游者有关的信息主要来自两个渠道：商业环境和个体的社会环境。

1. 商业环境

商业环境包括广告、宣传和个人推销。旅游公司主要通过图片和文字传播信息，向潜在的购买者推销服务。据认为，这种信息对潜在购买者的影响是多方面的。首先，创造性地传播信息，可以强化购买者已经形成的种种动机，并促使他立即做出未经周密计划的、冲动的决定。一个训练有素的经销人员可以创造一些非常有效的强化动机的方法，来促使买方立即做出反应。在同旅游消费者成交时，有许多方法实际上就是要强化购买者的动机。

商业信息通过诱导消费者改变决策的方式，也能影响他们的旅游决策。商业信息对于那些没有经验可借鉴的旅游者来说，特别具有影响力。这些信息有助于没有经验的旅游者学习怎样做出重大的旅游决策。例如，初次到外国旅游胜地去旅游的人可能从旅游广告和旅游代理人的谈吐中学到许多东西。

旅游公司也可以改变传递信息的内容，增加可供选择的旅游地，以便潜在购买者选择。例如，当葡萄牙开始做"别有天地的葡萄牙"的广告时，他竭力把葡萄牙包括在旅欧游客可能考虑要去的旅游区中。

以旅游消费者为对象的商业信息，也可能无意中使旅游者联想起某个旅游服务或产品质量低下的情况。例如，一家航空公司的广告强调自己能及时维修飞机，排除险情，可能会使人们想到航空旅行有危险。当一家饭店公司用了"最惊奇的事也不惊奇"的广告语时，它向人们传递的信息是肯定可向旅游者提供可靠的膳食条件；可是，与此同时，它不知不觉地表明的膳宿条件的标准化也许使人讨厌。当一家饭店公司把自己说成是"世界上最大的旅馆联营公司"时，人们可能会想到"最大的"并非是总是"最佳的"。一位旅游代理人说"你选择了一个最受人欢迎的旅游胜地"，这句话可能同时暗示旅游者对其拥挤现象应有所准备。

　　所以，对旅游服务经销人员来说，十分重要的是，不仅要看到商业信息是潜在的旅游消费者学习旅游的重要来源，而且要看到商业信息给旅游消费者带来的消极影响。

　　2. 社会环境

　　旅游者的社会环境，包括家庭、朋友、熟人或其他人是他获得信息的主要来源。社会环境信息的效用有点不同于商业环境信息。朋友和熟人在与他人交谈信息之前，很可能已做了添油加醋的加工。例如，某人向一位朋友发表对某航空公司班机的旅行情况之前，会根据该公司能否满足他的要求来评价，而后，加上主观的看法还可能会强调，这种第一手的经验比来自商业环境的信息更加可靠，更加重要。换言之，朋友和熟人提供的经验被认为比商业信息更为可信，更无偏见。

　　日本交通公社调查了来自不同宣传方式的信息对旅游者旅游动机的影响，调查结果表明"朋友和熟人的介绍"影响最大，见图4-6。

　　来自旅游者的社会环境的信息，能对他的旅游动机产生强烈的影响。例

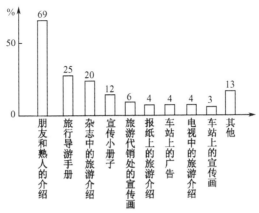

图 4-6　各种宣传方式激发旅游者旅游动机的调查统计

如，以教育为目的的旅游，去国外旅游、室外体育运动和文化活动的相对重要性将大大地受到身份相同的人和所属的各种有关团体的影响。在许多这样的情况下，社会环境决定了经旅游者本人认真考虑的旅游的方式。当某人缺乏直接经验时尤为如此。旅游经销人员如果了解潜在的顾客已经接触了哪种社会影响，就能从中得到好处。比如，当旅游者问："你听说过神农架的情况吗？"对这类颇为简单的问题的回答，可能使你准确地觉察出潜在的旅游者受了来自哪个方面的社会影响。

旅游者可能会在他的社会环境中积极地搜寻信息，这不仅因为他认为这种信息比来自商业环境的信息更可靠，而且，因为他在社会情境里容易双向沟通。社会环境允许个人提出问题，去获得有价值的，能使他减少风险和疑虑的信息。口头信息能促成个人做出判断，譬如为什么去杭州，而不去苏州度寒假；为什么住在喜来登旅馆，而不住希尔顿旅馆，等等。

三、信息的寻觅

人们搜寻有关旅游决策信息的态度各不相同。旅游者是否精心地、审慎地去寻觅信息，取决于他的旅游经验，他在做决策时所觉察到的风险和疑虑的程度，以及他对做出一个最理想最完美选择的重要性的认识。因此，最需要信息并积极地去搜寻信息的主要是以下三种人：没有旅游经验的人；在作旅游决策时感到有很大风险的人；认为有绝对必要作出尽可能完善的旅游决策的人。

下面详细地讨论一下最后一个因素，即作出最理想的旅游决策的重要性，是如何影响信息收集行为的。去苏州还是去杭州旅游好，这个问题对某个人可能不太重要，而对另一个人却至关重要。换句话说，一些人觉得，任何一个可供选择的旅游胜地都会使人满意；另一些人却极为审慎地考虑到底去哪里最好。我们把前一组人叫做"满意者"（satisficers），后一组人称为"最佳者"（optimizers）。

旅游市场既有满意者，又有最佳者。也可能两种情况在同一人中兼而有之。作某项旅游决定时，如乘哪家航空公司的班机，或住哪家饭店，这个人也许只要选择一个满意的就行了；而作其他旅游决定时，如挑选度假地、交通工具，这个人可能非常重视最佳选择。满意者在搜寻信息时不很活跃，因为只要是满意的选择就够了；最佳者则想作出最完善的决定，因此，他需要更多的信息，并且在寻找信息时更为活跃。

关于度假旅游，满意者可能仅仅要求改变一下原来的旅游路线。而最佳者的要求更复杂些，他或许在表示想改变路线的刹那间，又会觉得：既然花时间和金钱去旅游，就必须有最大的价值和得到充分的满足。

一项对从事野营的人进行的研究，说明满意者和最佳者之间在个性上的某些差异。野营活动可按几种不同的方式分类，其中一类属于象征性劳动。这种类型在追求"成果"的意义上是生产性的，它明确表明个人所花的时间和精力并非徒劳。钓鱼打猎的人如果回来时两手空空，而他又需要证明自己没有白花时间，那他会感到非常失望。孩子从林中嬉戏回来，带回满满的一袋石子和松子，这就证明他是有收获的。从海南岛度寒假回来的人，晒得黑里透红，这表明他在那里过得很好。最佳者非常需要确实的材料，证明他最充分地利用了时间和精力。而对于满意者来说，独自在林中散步，没有任何实质性的收获，或者钓一个下午的鱼，却没见到鱼影子，这都无关紧要。

上面的例子也说明了满意者和最佳者在旅游决策上的重要差别。满意者往往未加深思熟虑地就作出决定，而且事后也不会有任何疑虑和后悔；最佳者很可能花大量时间和精力去评估两种可供选择的方案，在此过程中，他收集了大量信息，绞尽脑汁地考虑度假旅游的每一个细节。如他将会遇上许多各种类型的人物，他的房间的大小，饮食的质量，招待人员的名声，高尔夫球场的条件和有关费用等。

对于旅游营销人员来说，如果没有一定的方法去鉴别满意者和最佳者之间的差别，那是不容易辨别的。但是，有一些表示两者差别的明显迹象，即最佳者想得到更多的信息，他很可能会不断地用一些细节问题纠缠销售者。而且，再次来访也是如此。显然，他们是最愿意花时间的顾客，因此也是难以对付和难以满意的。

另外，对家庭度假旅游决策过程的研究说明这样一种倾向：一般来说，妻子是满意者，丈夫则是最佳者。在对驱车度假的 670 对已婚夫妇的一次调查中，同意"到哪儿去度假并不重要，只要能离开家就行"这种说法的，女性往往多于男性。这说明，典型的已婚夫妇，妻子通常是满意者。因此，她不愿意积极参加选择度假地活动，至少对家庭度假汽车停留地不发表意见。根据我们的看法，丈夫在家庭旅游度假决策中常常起着较积极的作用。这个情况对旅游经销人员有着重要意义。

复习与思考

1. 解释下列概念

（1）学习；（2）经典性条件反射；（3）工具性条件反射；（4）行为学习；（5）认知学习；（6）观察学习；（7）满意者；（8）最佳者。

2. 叙述经典性条件反射和工具性条件反射，并讨论它们在旅游市场营销中的作用。

3. 学习和态度之间的关系是什么？态度可以习得吗？

4. 旅游者在旅游市场进行决策时，可能觉察到风险的原因有哪些？旅游营销人员采取什么措施来帮助旅游者减少觉察风险？

5. 当旅游者作出旅游决策之后，为什么还可能存在疑虑？旅游者用以减少购买后疑虑的方法有哪些？

6. 叙述旅游市场上满意者和最佳者的行为差异。

第五章 旅游动机

动机可以被看作是行为的动力，旅游行为的产生来源于旅游者的旅游动机。研究旅游行为，离不开对旅游动机的研究。旅游是极其广泛而复杂的社会现象，而迄今为止，心理学家、社会学家们甚少注意旅游，对旅游动机的研究更是凤毛麟角。

在这一章，首先，我们研究动机，并从消费者行为的角度讨论动机的过程以及动机的强度和方向。然后，阐述人的基本需要，介绍马斯洛的需要层次论。最后，我们将分析旅游者的动机，详尽论述旅游动机的多源性，说明旅游是多样性生活之源。

第一节 动 机

我国有句俗话："在家千日好，出门一日难。"但是在当今世界上，每年都有数以亿计的人在各地参观、游览。是什么原因使得如此众多的人离开温暖的家，四处奔波，千里跋涉，外出旅游？

人们为什么旅游？乍一看，这好像是个简单的问题。旅游是为了开阔眼界，见识世界，熟悉与了解他人，探亲访友，休息与玩乐，拜访祖先故地，逃避寒冬或厌烦。对有意了解旅游的真正原因的人来说这些问答就肤浅了。它们掩盖了进行旅游的更为深刻的心理原因。人们为什么要见识世界？为什么要探亲访友？为什么要访问祖先故地？人们为什么要离开家？分析旅游行为业已多年的美国心理学家约瑟夫·史密斯（Joseph Smith）博士说："倘若你们问，人们为何进行旅行……人们大部分有自己的理由。'我去看望奶奶'，或'我在家呆腻了，我们决定该度假了'。不知怎么，一份那样的答案总有些不尽满意之处。"

人们为什么旅游？回答有许多。它们取决于个人及个人的文化素养。这种回答属于心理学和社会学范畴。旅游者自己所说的旅游动机，只是更为深刻的需要的反映。这些需要，旅游者自己不理解，也可能没有察觉，要么，或许是不愿说出来。

一个更为有趣的问题是，为什么有些人根本不愿旅游？只是因为他们支付不起旅费吗？或者是存在着时间与金钱之外的障碍？尽管世界的许多地区的旅游业在过去的 30 年中已得到迅速的发展，但还是有许许多多的人难得离家远行。一项统计资料表明，每年，世界各地不到 0.5％的人离开他们的家乡外出旅游。在美国，旅游总人数的 80％来自仅占总人口 20％的那部分人。大约五千万美国人从未乘过飞机，近八千万人在自家后院度周末与假期。

旅游是极其广泛而复杂的现象。所以，美国著名的社会学家埃里克·科恩（Erik Cohen）对社会科学家们甚少注意旅游而表示惊讶。他指出，尽管社会学家对地区性的人口流动有所关注，但对旅游还没有开展深入全面的探讨。我们对哪些因素能促进旅游决策，或者，决策对哪个因素可能起作用的问题，实际上一无所知。伦伯格（Lundberg）也认为对旅游动机研究甚少，业已进行的研究也还没有充分地与已经完整建立起来的人类动机理论相联系。

下面我们要论述动机，并探讨动机如何影响旅游行为。

一、动机与动机过程

动机（motivation）就是发动和维持人的活动，并使活动指向一定目的的心理倾向。动机是在人希望其需要得到满足时候被激发产生的。一旦某种需要被激发，一种紧张的状态便会存在。它驱使人企图减少或排除这种紧张感。

图 5-1 给出了动机产生的全过程。一般来说，这个过程是以这样一种方式运作的：一个需要为人们所辨认，这个需要或许是实用的，也就是说，一种希望得到某种功能或益处的期望；或许是享乐的，即围绕着情感的反应或幻想。期望的最终状态是消费者目标（goal）。

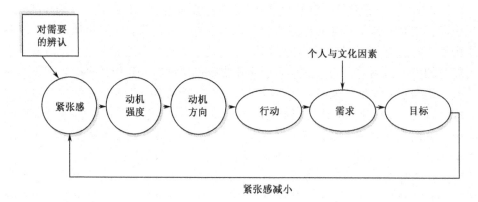

图 5-1　动机产生的全过程

在任何一个例子中，消费者的现实状态与某些理想状态之间会存在差异。这条鸿沟便会产生一种紧张状态。这种紧张状态的重要性决定了消费者意欲减少这种紧张感的迫切程度。这种唤起的程度称为驱力（drive）。一种基本需要可以为多种方式所满足，并且一个人所选择的具体方式是受他的独特经历和文化修养等因素所影响的。

一旦达到目标，紧张便会减轻，动机也暂时消失了。动机可以通过它的强度、加于消费者身上的压力、它的方向、消费者试图减轻紧张感的特殊渠道等各种方法来进行描述。

二、动机的强度

一个人在多大程度上愿意尽力达到一个目标而非另一个，反映了他达到目标的基本动机。早期的动机研究把行动归于一种普通的、本能的、天生的行为模式。这个观点现在大体上已被推翻，因为本能的存在是很难去证明或驳斥的。这种本能是从意欲解释的行为中推知的。这就好比说一个消费者购买象征身份的产品，而理由是他想要得到这种身份，这是一个很难令人满意的解释。

1. 驱力理论

驱力理论集中于那种会产生令人不愉快的状态的生理需要。这迫使人们去减少那种被激发的紧张感，紧张感被认为是控制人体行为的一条基本途径。

在营销过程中，紧张是指当一个人的消费没有被履行时那种令人不愉快的状态。如果一个人没有吃饭，他可能会脾气很坏；或是当他买不起一辆他很想要的新车时，会很沮丧或是生气。这种状态激发了一种目标导向的行为，它试图去减少或消除这种不愉快的状态，并恢复到一种自动平衡状态（homeostasis）。

然而，当驱力理论试图解释人的一些方面的行为与其预想发生冲突时，该理论却会陷入困境，人们经常会做一些增加动机强度而非减少它的事情。如果你知道你将要赴一个丰盛的宴会，那么那天你可能会放弃早一些去吃快餐的想法，即使你在那时已经很饿。

2. 预期理论

大多数流行的动机解释都集中于认识因素，而不是那些理解动机发生作用的生理因素。预期理论（expectancy theory）表明行为大都是被一种力量拉出来的——正面的刺激，而不是从内部推出来的。我们选择一种产品而不是另一种，是因为我们预期到这种选择会给我们带来更有益的结果。因此，名词"动机"在这里的用法，要比在认识过程中的用法松得多。

三、动机的方向

动机不仅有强度，还有方向。它们是一种目标导向的行为，因为特殊的目标都是被期望用来满足一种需要。旅游企业的目标就是要使旅游者相信它们所提供的选择是达到目标的最好的方法。

（一）需要与需求

人类的需要是指没有得到某些基本满足的感受状态。人们为了生存，需要食品、衣服、住所、安全、归属、受人尊重。这些需要都不是社会和经销商所能创造的。他们存在于人的生理要求和其存在的条件之中。

用来满足一种需要的特殊消费方式叫做需求。例如，两个同学在午饭时间的讲座中都感到肚子饿。如果两人从昨晚到现在都没有吃饭，那么他们各自的需要程度是差不多的。然而，每个人为满足需求所选择的方式可能会完全不同。第一个人或许是一个有健康意识的人，他会希望得到一份营养配餐，而第二个人可能会期望得到一个油腻的奶酪汉堡或油煎食品。

一种需要是一个基本的生理动机，而一个需求则代表社会所教给我们的满足需要的方式。例如，口渴是基于生理而产生的，我们学会用可口可乐来满足口渴而不是用羊奶。因此，需要是已经存在的。换句话说，需要早就存在于营销活动之前，而经销商仅仅是建议通过哪种方式去满足他。广告的基本目标就是使人们产生对这些需要存在的认识，而不是去创造它们。经销商可以通过制造适当的产品，使其富有吸引力，有支付能力和使目标消费者容易得到，从而满足需求。然而在一些情况下。经销商能够驾驭环境，从而使激发一种需要称为可能。例如，当电影院出售爆玉米花、酒吧提供免费的花生米给老主顾以激发口渴的产生时，这种情况便会发生。

区分需要与需求是很重要的一件事情，因为它关系到经销商是否能创造需要。当认识到营销策略的目的是影响消费者满足需要的方向，而不是创造需要本身时，它是更有效的。因此，当一个经销商在消费者饥饿来临时，能够使其相信低热量的食品是那些成袋包装的营养配餐，不是汉堡时，他可能是更成功的。

（二）需要的类型

人们生来便需要一些必要的成分以维持生命，像食物、水、空气和房屋，这些被称作是生命活动的需要。但是，人们还有许多别的需要，那不是天生的。作为社会的一员，人们还有心理活动所产生的需要，包括对身份、权利、会员资格等等的需要，心理产生的需要反映了文化的需要，并且对于行为的影响因环境不同而不同。例如，一个美国的消费者可能会被鼓励以一大笔钱去购买那些能够显示其财富和身份的产品，而他的日本同事则不一定那么做。

消费者也会被激发出满足实用或享乐的需要。实用需要的满足暗示消费者会重视产品的客观和有形特征，比如一个奶酪汉堡中含有多少脂肪、热量和蛋白质；一条蓝色裤子的耐用程度。享乐需要是主观和凭借经验的，即消费者或许会通过一件产品来满足他们对兴奋、自信、幻想等等的需要。当然，消费者可能会被激发去购买一件产品，是因为它提供了这两方面的好处。如一件貂皮大衣被购买是因为它使皮肤感到柔软和舒适，还因为它能在下雪天保暖。

（三）动机的冲突

一个目标是双性的，它既可以是正面的，又可以是负面的。一个正面价值的目标引导着消费者的行为，促使他们去达到这个目标，并且寻找有助于达到目标的产品。然而，并非所有的行为都是被愿望激发以达到某个目标的，有时候消费者被激发去回避一个负面的后果，他们将进行购买和消费活动来减少达到这种结果的机会。例如，许多消费者会努力工作以避免被解雇。像除臭剂和漱口剂这样的产品，就是根据消费者显要回避腋臭和口臭所带来的麻烦的社会后果而产生的。

由于一个购买决策可能会涉及多种动机，消费者经常会发现自己处于这样一种境地：许多不同的动机，有正面和负面的，彼此相互冲突。既然经销商试图去满足消费者的需要，他们将会提供一些解决这种两难境地的可行之策。如图 5-2 所示，有三种普通的冲突类型会发生，它们是接近—接近、接近—回避、回避—回避。

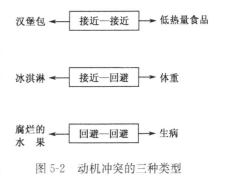

图 5-2　动机冲突的三种类型

1. 接近—接近冲突

接近—接近冲突（approach-approach conflict），又称双趋冲突。在一个接近—接近冲突中，一个人必须在两种期望中进行选择。如一个学生在假期是回家，还是与朋友去滑雪旅行。

认知不和谐理论（theory of cognitive dissonance）是建立在这样一种假设的基础上：人们在生活中有一种秩序和一致性的需要，当信念与行为相冲突时便会产生一种紧张感。当在两种方案之间选择时，需要通过一个减少认识不一致的过程来解决。在这个过程中，人们被激发去减少这种不一致来消除不愉快的感觉——冲突便会产生。

当两种或多种信念与行为之间存在着不一致时，便会产生不协调的状态。它通常会发生在当消费者必须在两种产品之间进行选择，而这两种选择都拥有优点和缺点的时候。如果一个人选择了一种产品而未选择另一种，他在享受所选产品优点的同时，也会得到所选产品的缺点而失去未选产品的优点。

这种损失便会使人产生一种想要减少不愉快、不协调的状态。人们往往会在作出选择之后，通过寻找一些支持自己选择的其他原因，或者"揭示"他们未选产品的缺点来真证实自己的选择是明智的。旅游企业可以通过提供多种利益的组合来解决这种接近—接近冲突。

2. 接近—回避冲突

我们所期望的很多产品和服务也都有与之相联系的负面结果。当我们买一件显示身份的产品时，我们会有犯罪感和炫耀感；当我们凝视一大盒甜点时，我们会觉得自己像一个贪食者。当我们期盼着一个目标而又同时想回避它时，便产生了接近—回避冲突（approach-avoidance conflict），或称趋避冲突。

3. 回避—回避冲突

回避—回避冲突（avoidance-avoidance conflict），或称双避冲突，是一种左右两难的心理困境。当个体发现两个目标同时具有威胁性，便产生二者都要逃避的动机。只是迫于形势，两难之中必须接近其一时，即形成回避—回避冲突。

有时候消费者会发现自己被困于"岩石与困境之间"，他们可能面临着两种不情愿的选择。例如，一辆旧车的拥有者可能会面临选择：或者在这辆旧车上投入更多的钱，或者买一辆新车。经销商经常会通过强调选择一种方案所带来的不可意料的好处来化解这种冲突。例如，通过强调特殊的信用计划来减轻购买新车的痛苦。

四、需要的分类

（一）需要分类的研究

在对需要进行分类方面，人们做了大量的研究。一方面，一些心理学家试图去定义一个需要的普遍性目录，以便系统地追溯并从实质上解释人们的所有行为。赫里·默里（Herry Murray）描述出导致特殊行为的 20 种需要。这些需要包括自主（独立）、自卫（保护自己免受批评）、娱乐（从事一项令人愉快的活动）这样一些项目。

其他人则强调具体的需要（它通常可以包括在像默里那样的一般模型中）和

行为的结果。例如，对成就有着很高需要的人会对个人的成功评价很高，他们会欣赏那些表明成功的产品和服务，因为这些消费品为其目标的实现提供了反馈。这些消费者非常期望那些能够证实其成就的产品。一项对职业女性的调查表明，那些希望取得高成就的人更愿意选择那些她们认为职业化的衣服，而对那些强调女人气质的服饰不感兴趣。下面是与消费者行为相关的其他一些需要：

（1）对会员资格的需要（处于群体之中）。这种需要与那些以群体方式消费的产品密切相关，如团队运动、酒吧、购物中心和那些减轻孤独感的东西。

（2）对权利的需要（控制周围的环境）。有许多产品和服务，如餐馆、饭店和旅游胜地，都承诺对消费者的每个幻想作出回应，这可以使消费者感到他们控制这周围的环境。

（3）对个人的需要（宣称一个人的特性）。这种需要强调消费者通过使用那些不同品质的产品而得到满足。例如，Cachet 香水声称"如你一般有个性"。

（二）马斯洛的需要层次说

美国心理学家马斯洛（Abraham Harold Maslow）提出了一种对研究动机很有影响的方法。马斯洛是西方人本主义心理学的主要创始人，美国比较心理学家和社会心理学家。人本主义心理学形成于第二次世界大战后，他的理论既不同于行为主义的外因决定论，又不同于弗洛伊德的生物还原论，成为当代心理学的第三思潮。他主张促进人格的发展，发挥人的潜力，在困难的环境条件下争取主动。

马斯洛的方法是一个很普通的模式，他最初研究个人的成长和"峰顶体验"的到达。马斯洛系统地提出了人类需要的层次模式，在每一层中，动机得以具体化，见图 5-3。

在马斯洛看来，只有当低层次的需要得到满足之后，高层次的需要才能到来。但任何一种需要并不因为下一个高层次需要的出现而消失，只是高层次需要产生后，低层次需要相对行为影响变小而已，各层次的需要呈相互依赖与重叠的关系，如图 5-4 所示。

马斯洛描述的五种主要需要相对突出的渐进变化，只有早期的基本需要高峰过去以后，后一较高级的需要才能开始发挥优势。

马斯洛还指出，各种需要层次的产生和个体发育密切相关。例如，婴儿主要是生理需要，而后才产生安全需要、社交（归属和爱）的需要，到青少年就产生了尊重的需要等，如此波浪式演进。

1. 生理的需要

这是人类最基本、最强烈、最明显的一种需要，为人类生存和种族延续所必

图 5-3　马斯洛的人类需要的层次关系

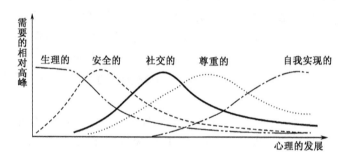

图 5-4　马斯洛描述的五种主要需要相对突出的渐进变化关系

需，包括对食物、水、氧气、睡眠、住所、性等需要。马斯洛认为人的生理需要
（physiological needs）是最首要的，只要这一需要还未得到满足，他就会无视或
把所有其他的需要推倒外面去。马斯洛指出："如果一个人极度饥渴，那么，除
了食物外，他对其他东西毫无兴趣。他梦见的是食物，记忆的是食物，想到的是
食物。他只对食物发生感情，只感觉到食物，而且也只需要食物……"

2. 安全的需要

一旦人的生理需要基本满足后，就会出现安全的需要（safety needs），包括
熟悉、秩序、稳定、一致、公平等。人之所以对熟悉的事物比对不熟悉的事物更
加重视，是因为"不熟悉"也就意味着不安全。

马斯洛认为，安全的需要虽然在一生中无时不有，但其需要的程度以童年期最为强烈。

3. 社交的需要

社交的需要（belongingness and love needs）英语的直译为归属和爱的需要。当生理需要与安全需要得到满足后，对爱和归属的需要就出现了。马斯洛说："现在这个人开始追求与他人建立友情，即在自己的群体里求得一席之地。他会为了这个目标而不遗余力。他会把这个看得高于世界上任何别的东西，他甚至忘记了他当初饥肠辘辘时曾把爱当作不切实际或不重要的东西而嗤之以鼻。"

我们不能把马斯洛所说的爱与性混淆起来，他指的爱是"深深的理解和接受"，是一种两个人之间健康的、亲热的关系，它包括了相互信赖。在这样一种关系中，两个人会抛弃恐惧，不再戒备。

马斯洛认为："爱的需要涉及给予爱和接受爱……我们必须懂得爱，我们必须能教会爱、创造爱、预测爱。否则，整个世界将会陷于敌意和猜忌之中。"

4. 尊重的需要

当社交的需要获得满足后，尊重的需要（esteem needs）便出现了。马斯洛把人们对尊重的需要分为两类——自尊和来自他人的尊重。自尊包括获得信心、能力、本领、成就、独立和自由等愿望。来自他人的尊重包括这样一些概念：威望、承认、接受、关心、地位、名誉和赏识。

当一个人缺乏自尊时，他就会感到自卑、无望。

5. 自我实现的需要

当一个人对社交和尊重的需要获得满足之后，就会出现自我实现的需要（self－actualization needs）。

马斯洛把这一层次的需要描述成"一种想要变得越来越像人的本来样子，实现人的全部潜力的欲望"，也就是"一个人能成就什么，他就必须成就什么"。

这个需要的确切含义因人而异，这是因为人的潜力不同。某些人的自我实现可能意味着在文学或科学领域取得成就；而对另一些人来说，可能意味着在政治或社会团体中取得领导地位；对其余的人来说，它可能仅仅意味着完全我行我素，不向社会习俗屈服而已。

据马斯洛估计，美国有 85％的人生理需要能得到满足，20％的人安全和经济保障的需要能得到满足，但能满足自我实现需要的人却是极少数。他对 3000 名大学生进行测试后认为，其中真正自我实现者只有一人。

后来马斯洛又在尊重的需要之后，增加了知识的需要和美的需要两类，构成了"需要层次七级论"。

马斯洛还提醒人们不要拘泥地理解诸需要的顺序。他认为绝大多数人基本需要只是部分地得到了满足，正是那些尚未得到满足的需要能强烈地左右人的行为。一旦某个需要得到了满足，那么它就不能影响一个人的动机了。一种需要一旦得到满足，它就不再成其为需要。

人的需要的发展和人类社会的发展有着极密切的关系，处于不同社会发展阶段和不同社会制度的国家中的人的需要各不相同。马斯洛的需要层次论是以西方人的生活为素材的，在讨论这一理论时我们必须注意，许多东方的文化都是在这样一种前提下运作的：它认为群体的福利（归属需要）要比个人的需要（尊敬的需要）更有价值。关键的一点是需要层次理论之所以能在营销上得以广泛应用，主要是因为它提醒我们，消费者在不同的时间有不同的需要，而不是因为它具体规定了消费者如何走完他的需要之梯。

根据马斯洛的理论，几乎没有人能够满足他们的自尊需要和社会需要，进而转向第五个层次的需要。实际上，大多数广告宣传的重点放在了社会和自尊需要上，例如渲染豪华汽车带来的社会地位或鼓吹防臭剂提供的社会保护。

有学者将马斯洛的理论归结为家庭生命周期的三个阶段。第一阶段，青年时期的家庭谋取物质财产，主要是为不在同龄人中落伍并且得到社会的承认（第三层次）。进入中年时期的家庭则把财产看作成功的象征和自尊的体现（第四层次）。步入老年期后，财产对家庭来讲就不再重要了，这时他们所寻求的是能够带来情感满足和自我实现的行为（第五层次）。

（三）功利性和享乐性需要

除马斯洛的分类方法外，需要还可以从根本上分为两类：功利性和享乐性需要。到目前为止，我们一直假定对汽车的购买，是通过收集诸如服务费用、每公里耗油、维修及性能状况等功利性产品特征，来客观地做出决策的。众所周知，有时我们制定决策是以我们固有的理想和幻想等情感性因素为基础的。

功利性需要（utilitarian needs）寻求获得一些实际的利益，诸如一部耐用的汽车，一台实惠的电脑，一件保暖的衣服。这些需求所强调的是决定产品性能的产品功能性特征（耐用性、经济性、保暖性）。享乐性需要所追求的是从产品中获得愉悦。这种需要很可能与从产品消费中所获得的情感和幻觉相联系。由于享乐性需要与消费过程有更加严密的同一性，所以这种需要更容易体验到。享乐性需要或许是尽现阳刚之气或阴柔之类的理想，或许是追崇得胜球队的热望，还可能是回归大自然的向往。

为满足享乐性需要，消费者在品牌评估时经常使用情感性而不是功利性标准（我们使用术语"情感性"而不是"非理性"，"功利性"而不是"理性"，是因为

"坐车后的感受"这种情感性标准也可能于"服务成本"这样的功利性标准一样理性)。买一条名牌领带的钱够买同样的两条以上普通的领带,这一事实拿领带的功能性利益是解释不了的,但是用享乐性利益一定可以自圆其说。

用来刺激功利性和享乐性需要的营销策略是非常不同的。调动功利性需要的广告一般更具信息性和理智性。例如,自行车的广告可能宣传产品的经久耐用、骑乘舒适和装卸方便等特征。而刺激享乐性需要的广告则倾向于富含象征性和情感性。如果一则自行车广告使消费者感受到一种不屈不挠、跌倒了再爬起来,朝一个目标不停奋进的精神,那么由于赋予了这则广告很强的象征性和情感性,看起来像是挑战自行车骑乘的,故而,在此也就不必再强调功利性利益了。

第二节　有关旅游者动机与行为的研究

一、旅游需要与旅游动机

旅游需要和旅游动机都是用以解释旅游行为结构的概念,两者通常不加以明确区别,可以互换使用。

最初尝试将旅游动机进行分类的是德国的格里克斯曼(R. Giucksmann)。他在 1935 年发表的著作《一般旅游论》中分析了旅游的原因,将旅游行为的动机分为心理的、精神的、身体的和经济的四大类。日本旅游研究的先驱者之一田中喜一,在 1950 年写出《旅游事业论》一书。他在格里克斯曼的基础上,把心理的动机又细分为思乡心、交游心和信仰心;把精神的动机区分为知识的需要、见闻的需要和欢乐的需要;把身体的动机区分为治疗的需要、休养的需要和运动的需要;把经济的动机区分为购物目的和商务目的。

田中喜一的分类,对揭示旅游动机的多样性和复杂性来说是有一定意义的。但从心理学而言,把治疗需要和休养需要既看作是一种行为又看作是一种动机,则是不恰当的。田中喜一的分类,与其说是对旅游动机的分类,不如说是对目的进行分类。因为需要是针对普遍存在着的、并非某一特定行为而言的,一旦旅游活动的主体——旅游者承认借助于旅游行为,他的需要能得到满足时,需要就作为动机而具体化,并进而转变产生旅游行为的动机。

日本心理学家今井省吾指出,现代的旅游动机含有"消除紧张感的动机"、"社会存在的动机"和"自我完善的动机",这三种动机具体细分为:

(1)消除紧张感的动机。包括交换气氛、从繁杂中解脱出来、接触自然;

(2)自我完善的动机。包括对未来的向往、接触自然;

(3)社会存在的动机。包括朋友的友情、大家一起旅游、了解常识、家庭团圆。

　　今井省吾的观点与马斯洛的需要结构的三个高层次的需要不谋而合，揭示了旅游与人们丰富多样的需要息息相关。

　　美国的旅游研究者托马斯（John A. Thomas）在 1964 年发表的《人们旅游的原因》一文中，提出了激发人们外出旅游的 18 种主要动机。

　　教育和文化方面：（1）看看其他国家人民是怎样生活、工作和娱乐的；（2）参观独特的风景名胜；（3）更好地理解新闻报道的东西；（4）体验特殊的经历。

　　休息和娱乐方面：（1）摆脱刻板的日常生活；（2）过得愉快；（3）体验某种性生活或浪漫的经历。

　　种族传统方面：（1）访问自己的祖居地；（2）访问自己的家属或朋友到过的地方。

　　其他方面：（1）天气；（2）健康；（3）运动；（4）经济；（5）冒险活动；（6）胜人一筹；（7）遵从；（8）研究历史；（9）社会学（了解世界的愿望）。

　　从行为产生的角度讲，这些动机是否确实是基本的，尚存在一些疑问。这些动机真正说明了人们为何要旅游吗？看来，这些动机可能只是提供了一些媒介，这些媒介引导我们去寻找旅游行为的更深刻的原因。

二、旅游行为

　　旅游动机是进行旅游活动的主体（旅游者）的个体因素，而旅游行为的具体化还取决于其他一些基本的条件，如费用、时间、信息等。此外，作为行为所指向的目的即旅游对象（客体）以及沟通主体和客体的各种媒介物，也是必不可少的。

　　人的行为是个体因素极其环境因素的函数，用一个公式表示：

$$B = f(P，E)$$

　　式中，B 代表行为，P 代表个体因素，E 代表个体的环境因素。

　　这个公式表明，即使个体条件不变，只要环境条件发生变化，则个体行为也随之发生变化，反之亦然。旅游行为也同样如此。费用、时间等条件一旦具备，具体化了的旅游倾向就会增强，进而付诸行动加以实现。另外，包括旅游对象在内，旅游业的欣欣向荣也能诱发旅游者的旅游倾向。

　　应该指出的是，具体化了的旅游倾向和旅游需要或旅游动机是有区别的。仅有需要或动机尚不能使其行为具体化，惟有需要或动机同费用、时间等相联系，才有具体的旅游行为。在这里，需要或动机是个体因素，费用、时间等是环境因素。如前所述，它们之间互为函数关系，即需要或动机越强烈，筹备费用和腾出时间的迫切性就越高。同样，费用和时间等条件的具体化反过来也进一步促进需要或动机，其结果是出现具体化的旅游倾向。

在旅游倾向具体化的过程中，起重要作用的是信息。旅游业或社会舆论的信息，不仅能诱发旅游行为，还能提高直接作用于旅游需要或旅游动机的旅游倾向。

旅游行为，根据其目的和同行者的不同，可以分为多种类型。在各种分类法中，目的分类法较为普通。如在统计调查中常将旅游行为的目的区分为"享乐"、"休养"或"游览"等类型，从而分析旅游行为的动机。

澳大利亚旅游学家波乃克（P. Berneker）对旅游行为作了如下分类：

（1）休养旅游，包括异地疗养；（2）文化旅游，包括修学旅行、参观、参加宗教仪式等；（3）社会旅游，包括蜜月旅行、亲友旅行等；（4）体育旅游，包括观摩比赛、参加运动会；（5）政治旅游，包括政治性庆典活动的观瞻；（6）经济旅游，包括参加订货会、展销会等。

波乃克的分类与前面所说的需要分类法不同，这种分类法的依据是行为的目的，显得通俗易懂，便于研究和应用。

美国的麦金托什（Mclntosh）把人的基本旅游行为按下述目的分为四类：

（1）身体健康。包括休息、运动、消遣、娱乐及其他与身体健康直接有关的动机。另外，还可能包括医嘱和建议，如洗矿泉浴、药浴及健康恢复活动。这类动机的共同特点是通过身体的活动消除紧张和疲劳。

（2）文化。了解其他国家的文化，如音乐、艺术、民俗、舞蹈、绘画和宗教等。

（3）交际。包括接触其他民族、探亲访友、结交新朋友以及摆脱日常事务等。

（4）地位和声誉。这类动机与自我需要和个人发展有关。出于这类动机的旅游包括商务旅游、会议旅游、考察旅游以及实现个人兴趣爱好的旅游和求学旅游。通过这些旅游可以使被承认、被注意、被赏识、被尊重以及获得良好的声誉的欲望得到满足。

美国的奥德曼（L. E. Audman）把旅游行为按下述目的分为如下八个方面：

（1）健康。使身心得到调剂和保养；（2）好奇。对文化、政治、社会风貌和自然景色等的观赏或考察；（3）体育。一种是亲自参与的，如狩猎、球类、集体比赛、滑雪等；一种是观看的，如田径赛、各种球赛和赛马等；（4）寻找乐趣。游玩、文艺、娱乐、度蜜月、赌博等；（5）精神寄托和宗教信仰。朝圣、宗教机会、参观宗教圣地、历史遗迹，以及欣赏戏剧和音乐等；（6）专业或商业。科学探险和集会、公务或商务旅行、教育活动等；（7）探亲访友。寻根、回国及家庭联系等；（8）自我尊重。受邀请或寻访名胜。

再有一种分类法是按同行者，一般可分为个人、家庭、小组（同友人在一起）、团体等类型。下面就具有代表意义的团体旅游形式加以说明。

团体旅游之所以受到欢迎有经济和非经济的原因。前者指费用便宜；后者包括的内容较多，如人多热闹、手续简便、因缺乏旅行知识不敢独自贸然前往等等。

此外，也有人曾考虑从与目的、同行者全然无关的角度对旅游行为进行分类。

日本的前田勇认为，旅游行为是对目的、类型、目的地、住宿等对象作出选择决策的一个连续过程。他以"哪个选择对象被重视"（最初决定的是哪个选择物）为依据，对旅游行为作了如下分类：（1）住宿优先型；（2）住宿地优先型；（3）旅游手段（即交通工具的利用）优先型；（4）旅游目的优先型；（5）行为目的优先型。

第三节　旅游动机的多样性

旅游是复杂而具有高度象征性的社会行为，旅游者要通过旅游来满足自己的各种需要，同时又受到客观环境的影响，动机往往随客观环境的变化而变化。因此，旅游行为不可能只涉及某一动机。

一、社交的、尊重的和自我完善的需要

按照马斯洛的需要层次论，旅游活动是满足人们社交、尊重和自我实现的需要的一种手段。通过旅游这一象征性的社会行为，可以结交新朋友，得到群体接纳、爱和友情，从而满足个体对归属和爱的需要。归属的需要还表现在怀旧、"归土"（即从居住返回祖籍）方面。到中国内地来旅游的海外旅游者中间，有一半以上是定居海外的华侨、港澳台同胞、外籍华人。这些人到中国内地来大都有怀旧或"归土"心理，或为缅怀先辈故土而旧地重游，或为重温历史、探亲访友等。

某些旅游形式，如到国外旅游胜地去旅游，是极为令人向往的事情。在这种情况下，旅游活动本身就象征着成功和成就。除得到他人承认、赏识与尊重外，还可获得独立、优势、自信和自我舒适感，有助于满足个体尚未实现的尊重的需要。

通过旅游活动，旅游者力求见识前所未见的事物，开拓眼界，更好地了解它

所生活的世界，并从中学到知识，增长见识和审美能力，从而满足知识和美的需要。

二、基本智力的需要

在实际旅游领域里，个体的需要并不完全符合马斯洛的需要层次，因为旅游使旅游者改变了基本的需要结构。例如，一般人对熟知的事物比对不熟知的事物更加偏爱，这是因为熟悉的、了解的事物可以增加个体的安全感。然而，在旅游的领域里人们常常主动去寻求不熟悉、甚至根本不知道的事物。这清楚地表明，旅游环境的确与一般环境不同，因而人们在旅游环境中的行为方式也不同。这时智力的需要成为主要的需要了。我们经常可以看到一些旅游者在旅游时，对旅游以及探索未知事物的需要，同安全的、社交的、尊重的需要一样，变成了基本的和强烈的需要了。

正常人的心理包括智力的需要。这一点在马斯洛的人类动机理论中仅仅含糊地提到。例如，获得知识被认为是达到个人基本安全的一个手段，但是，什么是智力活动，马斯洛的五种需要理论并没有对此作出解释。好奇、探索、学习的愿望以及了解的愿望，这些都是人们有时即使要付出很高的个人安全代价也要追求的东西。

为了阐述人的智力活动，马斯洛提出有五种基本生理和心理的需要层与独立的智力需要层共存。这些需要首先由一个基本愿望构成，即了解情况、认识现实、获得事实及满足好奇心。

但是，即使在人们了解情况之后，也就是说，在人们收集到事实之后，还会去了解更多的东西，发现更详尽的细节。同时，马斯洛认为，人们还要对收集到的事实加以组织。他把这一过程描述为"寻求意义"。这一过程也可用理解的愿望来解释。

于是，人的智力的需要表现为两个基本层次，第一是求知的需要，第二是求解的需要。与生理的、心理的需要一样，这两个智力需要的满足，受优势原则的支配。换言之，个人收集到某些事实来满足求知的需要之后，求解的需要才会出现，并支配行为。

不难看出，旅游既可以用心理的动机，也可以用智力的动机来解释。旅游有助于满足尚未满足的智力需要，是满足求知需要的一个方式，它使人们得以收集周围世界的事实，而这些事实在书本和杂志上是找不到的。单凭读书来了解世界是不够的，我们必须亲眼去看世界。

根据智力需要的层次来分析，可以看出观光者和度假者之间的明显区别。观光者试图在一次旅游中参观许多地方，而度假者通常参观一个旅游胜地就从那里直接返回。这两类旅游者之间的区别表明，观光者在极大程度上受到智力需要中占领先地位的求知需要的驱使，而度假者的动机更多的是来自求解的需要。

观光者就像一个浏览商店橱窗的顾客，匆匆穿过一家琳琅满目的商店。如能有幸重游，他则要较为悠闲地度过这段时间。假如首次旅游满足了他的求知需要，收集到了事实，那么，下次重游此地时，他就更可能想满足他的求解需要了。

这一切有助于解释为什么一个游览了许多地方，而只在每个地方逗留一二天的旅游者，会在以后某个时间仅到其中一个地方去作一次长期度假游览的原因。

有鉴于此，旅游营销人员应该了解，从未外出旅游的人，赴单一旅游地去度一个较为悠闲的假期的可能性很小。因此，在他旅游时，给他提供尽可能游览众多旅游胜地的计划，对他可能更具有吸引力。同时，也应该了解在这些旅游胜地中哪一个最使旅游者感兴趣。

三、探索的需要

在解释人们为什么旅游时，必须考虑"好奇心"和"探索"这两个词。上面提到，马斯洛用有别于基本生理需要与心理需要的基本智力需要来解释人的好奇心。人的好奇心会产生人们必须设法对付的心理紧张。这些紧张以及在旅游中处理这些紧张方式，能够详尽地解释旅游行为。

人的好奇心和强烈的学习欲望必定是天生的，因为人出生后它们马上就显露出来了。必要的运动技能一得到发展，婴儿就表现出好奇心，并开始寻找它的发泄机会。许多人的好奇心要持续发展到成年期，并不断寻找新的、不同类型的发泄机会。

人类具有某种动机，这动机促使一些人尝试去做看来几乎是毫无目的的事情。这是一种探索自身与探索我们所生活的世界的需要。对有些人来说，这个需要表现在登山、悬挂滑翔、潜水、乘热气球飞行与航海上。对大多数人来说，这个需要则以这样或那样的方式表现于旅游上，即去发现新的旅游地，结交不同的人和了解异域文化。

探索的深切需要，似乎是人类与许多其他动物所共有的特性。动物在没有紧急情况要应付时，最倾向于探索，但有时探索的冲动会压倒理应更急于做的事情。人类也会因为探索未知去冒生命和肉体之险。从前，旅游者在攀登大山之前，总要找一条易于行走的小径，但后来，有些人只要看见高峻的山峰就非登上去不可，原因很简单，就因为存在着这些山峰。

四、冒险的需要

冒险是做一件激动人心的，但有时是具有危险的事。冒险是扣人心弦的，并且往往是富于浪漫的经历，它没有明显的实际价值，看上去几乎是不可置信的神奇事件。

大多数健康的人都具有冒险心。冒险心把小男孩送上树，冒险心引起人们调换工作的欲望，冒险心把旅游者送到异国他乡。没有一定的冒险意识，没有一定的探索需要，人们的活动范围就不会比托儿所或后院大多少。

西方学者把探索和冒险的需要称为尤利西斯因素（Ulysses factor）。尤利西斯是荷马史诗《奥德赛》中的主人公。史诗记述了尤利西斯从特洛伊城陷落，到他返回希腊西海岸伊萨卡岛的家，这 10 年来旅行冒险的故事。在故事中，尤利西斯激怒了海神波塞冬，海神刮起一场旋风，摧毁了尤利西斯的船，使他在归家的途中受尽了困扰。后来，雅典娜女神对他以友相助，她最终说服了希腊众神中最大的神——宙斯，准许尤利西斯平安地回到了家乡。

尤利西斯因素是推动人去做某件对他本人而言是非同寻常的，并包含一定危险的事的动力。这种活动看上去可能毫无目的，但事实上，在一个拥挤的，都市化的社会里，这种活动或者某种适当的替代活动，对个人的生存可能是至关重要的。

受尤利西斯因素驱使的人，力求满足对世界与自身的好奇心。有限的体力并不是不可克服的。探索与冒险的需要既是体力需要，也是智力需要。我们说旅行，特别是到遥远的，艰险的，或要求具有聪明才智的地方旅游，能激发人的竞争本能，其意义即在于此。尤利西斯型冒险旅行受求知需要的推动，但这种旅行不可能纯粹是智力性的，它必然包含某些体力活动。因而，尤利西斯因素代表一种智力上与体力上对知识的探求。尤利西斯型旅行，为人想用他的全部感官去体验世界这一深切需要所推动。他并不寻求任何特殊的东西，对他所发现的东西也不大关心。正是在这个意义上，他是一个真正的探索者。他对每件事物都感兴趣。

看来，差不多我们每个人都至少受一点尤利西斯因素的驱使。当然，在我们当中，很少有人能够接受环球航行时所面临的全部风险，或各种各样的登山运动员、某些飞行员、及强行驾车穿越根本没有道路的沙漠的人所面临的风险。有些人只能忍受最低限度的风险与变异，他们的旅行是经旅游代理人、导游、标准化的饭店网点的安排，相比之下没有什么风险。不过，他们还是感到有必要离开温暖安全的家去旅游。

不论冒险对人们可能意味着什么，尤利西斯因素总是推动人们去寻求冒险的强大动力。同时，还存在一个与之相反，然而同样强大的动力促使人们去寻求生活中的安全与预见性。紧接着，我们将要说明这两个相反的动力是怎样被旅游者个人所调和。但首先，我们需要更为充分地了解为什么存在多种动机，为什么往往在旅游前便确实存在着多种动机。

第四节　旅游是多样性生活之源

每个人都以不同的动机旅游，他们的选择适合他们的不同层次的需要。如果每个人的动机相同，许多人就会赴同样的旅游目的地，做同样的事情，投宿同样类型的饭店，使用同样的交通工具。但事实上，旅游动机与爱好因人而异。我们现在就要探究这些相异之处。我们还要指出并讨论一个重要的共性，各种形式的游乐或许都是以这个共性为基础的。

一、一致性需要

人们是力求在一切生活领域中保持逻辑或心理上的一致性呢，还是基本上追求非一致性和生活内容的多样性？心理学家们对此已争论数年。两方面的论点都有助于我们了解人们为何旅游，和人在旅游时作出种种决定的基本原因。

一致性理论持有者的主要论点是，人们几乎总是寻求平衡、和谐、一致、没有冲突及可预见性，在此，我们统称之为一致性（consistency）。任何非一致性都被看作是心理上的不适。换言之，非一致性产生心理紧张，这与口渴或饥饿会产生紧张大致相同。在这样的情况下，个人为了缓和心理紧张，就势必要寻求可以预见的和始终一致的东西。

根据一致性理论，一个人在旅游过程中就会只愿光顾那些众所周知的度假地。驱车度假者将只会在主要的高速公路行驶，并只光顾那些众所周知的大餐馆网点。寻求一致性与可预见性的旅游者将光顾那些提供标准化设施与服务的全国性饭店网点。这些有名的旅游目的地、高速公路、餐馆与饭店，为旅游者提供了一致性。因为它们是可预见的，离家旅游的人将不会在途中发生令人不快的经历。

显然，一致性概念能对旅游环境中所发生的许多情况作出解释。例如，旅游者喜欢去那些久负盛名的旅游胜地；光顾那些有名的餐馆网点；大部分驱车度假者比较喜欢标准化的，牌子响亮的汽车旅馆；而许多出国旅游者在他们足迹所至的异国他乡寻找本国旅馆。

概括地说，一致性理论认为，期望发生一件特定事情的人，并不想要同时碰到某些非其所愿的事。弗洛伊德断言，人的行为本质上是直接有助于缓和由非一致性所造成的心理紧张的。假如受到非一致性经历的威胁，人们就会采取任何必需的行动，保证这个威胁不会真正发生。如真的不幸遇到了某些非其所愿的事，人们就会感到极其不适与忧烦，并将从这些感受中学会今后更加谨慎地避免非一致性。比如，旅游者会学会采用预定的方式，或使用旅游代理人，只乘坐班机或从此不再旅游。

二、复杂性需要

对人的大量行为与动机，包括许多旅游环境中的行为与动机，有一个同样能自圆其说的解说，即复杂性理论。复杂性（complexity）理论的实质是人们对新奇、意外、变化和不可预见的事物的追求。复杂性是人们所追求的东西，因为它本质上是给人以满足。这个研究领域里的一位主要权威，美国芝加哥大学的萨尔瓦多·马迪（Salvatore Maddi）说，生活太复杂了，不是凭简单的一致性理论就能平安度过与加以理解的。他说坚持以一致性观点解释行为会使生活变得重复、无聊。认为追求一致性是生活中主要的心理动机，是低估了人。马迪说，不能无视这个事实，即一致性理论无法解释人们怎样克服令人厌烦的不愉快的经历。

根据复杂性理论，人们在旅游中要走访的是那些从未到过的地方。旅游者可能选择偏僻的小路，光顾地方性的饮食店，而不去有名的餐馆网点；他可能决定乘坐游船，而不是乘飞机；他可能光顾那些独立的饭店，而不去牌子响亮的，提供标准化设施与服务的饭店网点。对着意避免一致性与预见性的旅游者来说，有名的高速公路与饭店，受人欢迎的旅游胜地，以及主顾最多的饭店网点所提供的一致性与预见性太多了，使他们感到厌烦。他们要寻求变化，避免家里习以为常的，或上次假期中已经历过的那些东西。

显然，一致性与复杂性这两个概念，能对旅游环境中发生的许多情况作出解释。虽然看来互相矛盾，但我们很快就会看到这两个概念一旦结合起来，就能提供一个了解旅游动机与行为的很有价值的观点。不过，我们首先需要更详尽地探究一下多样性需要，各种形式的游乐的基础可能都是以它为共性的。

三、旅游是多样性生活之源

人的中枢神经系统具有应付刺激的功能。但是，当刺激过度或时间太久时，它的这个功能就不能得到最好的发挥。同时，长期置身于极为单调的环境，也有害于各种心理功能。因而过度刺激或刺激不足都会使人感到痛苦。长时间过度刺激造成过分的紧张与压力，还会导致溃疡、心脏病与早夭。刺激不足则造成厌烦，时间一长，就会导致抑郁症、妄想症、幻觉症和别的疾病。我们先来探究被称为厌烦的这种状态。

对自己所生活的那个小天地不甚感兴趣的人，就是一个厌烦者。他失去兴趣是由许多因素造成的。他觉得自己那一角天地太一致性了，也就是对他来说，它太容易预见了。这种易于预见使他厌烦，因为他接受不到刺激，他的生活环境不会向他挑战，总是老一套。

每个人都会在这段或那段时间感到厌烦。可以说，这是人类生存状况的一部分。在这段或那段时间，人们的工作，人们的熟人，人们所生活的城市与家庭，支配人们的生活日程，人们所吃的食物，一切都变得令人厌烦，因为这一切都以某些方式而使人太容易预见，太一致了，令人惊奇的事太少，缺乏刺激。作为对这种情况的反应，人们有时就不得不离经叛道，有意识地将多样性引进本来始终一致，周而复始的生活中来。一个极端的方法是：调换工作，搬迁到别的城市，或摆脱令人厌烦的婚姻。幸而，还有一种比较不那么极端的方法，即寻求刺激。人们设法结交新朋友，改变饮食习惯，重新安排居室的家具。

显然，无论根据哪种指标，都可认为旅游是人们逃避厌烦、寻求刺激的最普遍的方式。旅游使人们改变了生活环境，改变了惯常的生活节奏，使人们可以做不同的事情。

旅游也可以说是对现实的一种逃避。法国社会学家乔弗里·杜马泽迪尔（Joffre Dumazedier）认为，旅游是一种使人们暂时逃避到"第二现实"（secondary reality）中的游戏。在旅游中，人们可以偶尔扮演阔人、原始人或鲁莽的勇敢者，这些事情与人们的日常生活可能大相径庭。从这个角度来看，也可以说旅游使人们能按幻想生活。

这儿着重指出了两点：（1）旅游比大多数别的逃避方式都更为有效地使人们摆脱厌烦，因为它允许人们抛弃那些阻止人们在家里"玩乐"的观念与行为的束缚。不会有人打电话来提醒人们做这做那，用不到扮演种种职业角色，没有非做不可的家务事。（2）离开家就会给刻板的生活带来受人欢迎的多样性。在都市化和工业化社会里，生活的预见性特别大，因为社会把那么多的生活内容纳入有组织的程序中，因而，生活节奏有时显得太强烈。这种程序与强烈节奏产生单调的紧张，它只能在新奇、惊讶与不可预见的事物中寻求刺激以求得缓和。旅游是城市化与工业化所造成的压力的有效的消解剂。杜马泽迪尔说，在这个意义上，旅游是一种逃避，但它比自愿探索人们所生活的世界更为需要。可以说，多样性需要是最基本的旅游动机之一。

四、一致性与复杂性的平衡

自我调节良好的人，在生活中需要兼有一致性与复杂性。这一点应是明确的。实现这个需要，通常的方式是在生活经历的某些领域寻求一致性，在另一些领域寻求复杂性。在家庭中，或者有时在工作中所感到的有组织的程序一般都体现了一致性。大部分人或许较喜欢家里有大量的一致性与预见性。家庭生活如果按照程序与预见性建立起来，它大体上是有规律的，这是一种心理上的舒适感。

各个工作环境所提供的一致性或复杂性的程度差别甚大。例如，组装线上的工人，可能感到其工作环境一致性太强，到了令人厌烦的程度。他一周五天，一年五十周地干着同样的工作。这种极度的一致性，对他如何去安排闲暇时间会产生极为巨大的影响。相比之下，企业高级行政官员的工作环境是颇为不可预见、多样和复杂的。没有两个工作日完全相同，每天所面临的问题都不相同。他要应付各种不同的人，并且在办公室、在工厂、在家里、在高级餐馆里、在飞机上、或许还在遍及世界的十几个城市里持续开展工作。这些行政官员的生活可能非常具有刺激性，非常复杂，而且是不可预见的。这对他们如何度过自己的闲暇时间也有极大的影响。

家庭主妇生活的一致性与预见性的程度，取决于她的时间与精力在多大程度上用于以家庭成员为中心的活动上。毫不奇怪，极少有家庭以外的活动与兴趣的主妇，其生活的一致性一般很强，对闲暇时间的活动方式通常没有强烈的偏爱。研究材料清楚地表明，这种类型的人对任何变化都欢迎，只要这种变化能变换景色与提供一定程度的复杂性。

人们家庭生活与工作中的一致性、预见性与不变性，必须以一定程度的复杂性、不可预见性、新奇与变化来协调。没有一个人能够在一个完全可以预见的世界上健全地生活。在某种意义上说，家庭生活与工作的程序性与一致性会变得令人厌烦。厌烦者需要新奇与变化的刺激，来抵消厌烦造成的心理紧张。新奇与变化的适应量因人而异。如果不可预见性不太强烈或不太多的话，大多数人是会欢迎的。不同的人对新奇和变化的承受量也不相同。美国人的多样性需要，也许可以用图 5-5 所示的曲线来表示。

在图 5-5 中，人们的一些较突出的社会准则，都是在他们对生活多样性需要的基础上确定与归纳出来的。这些社会准则包括：

（1）冒险。对生活中多样性的需要最为强烈的人爱冒险。他们喜欢尝试新异的事物，冒点儿险也在所不辞。

（2）尊重。这一组人的多样性需要不是那么强烈，他们非常看重受人尊重。他们也喜欢尝试新异事物，但在尝试前比较审慎，在他们看来，冒险不如受到赞赏者的尊重有价值。

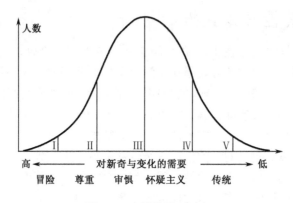

图 5-5　多样性需要比率

（3）审慎。支配第三组人的准则是审慎。这些人虽然很少率先经历新异事物，例如他们不可能先到新奇的目的地旅游，他们也不会率先尝试新的闲暇活动，但是他们还是比社会上一般人先尝试到新异事物。

（4）怀疑主义。持怀疑态度的人，通常不会尝试未经大部分人认可的新异事物。

（5）传统。高度尊重传统的人，怀疑任何新异事物。这组人更倾向于年复一年地重游旧地。比如，他们喜欢每年都回到同一个湖边别墅——表明他们旅行是因为需要变换，而不是需要新奇。

可以说，因人而异的多样性需要，与每个人的个性和他看重的准则有关，也许甚至可以部分地用它们作出解释。看重冒险和愿意进行冒险的人具有强烈的多样性需要。对这样的人来说，无须事事皆可预见。事实上，从新异中体验到的某种欢乐正在于它所包含的不确定性。凡避免作任何真正冒险的人，在很大程度上是因为他害怕未知的东西，对这种人来说，不可预见性导致太大的紧张。这种人虽然感受到厌烦造成的紧张，但他以寻求变换而不是寻求新奇来缓和紧张，变换包含的冒险比新奇所包含的冒险少得多，这实际上影响了这一类人的旅游行为。例如，这些人更可能重游旧地，年复一年，他的度假内容便很可能相同。

表 5-1 是一份心理学家们用来估计个人多样性需要强度的调查表。它要求个人对表 5-1 上所列示的每项内容加以选择，指出其最赞同的内容，即 A 项或 B 项。选择 A 项越多，这个人的多样性需要就越强。仅适用于男性的条目，以字母"M"标示，仅适用于女性的条目，以字母"F"标示，两性皆适用的则以"MF"标示。

表 5-1　多样性需要调查表

1. （MF）　A. 我想做需要大量旅行的工作。
　　　　　B. 我喜欢固定于一地的工作。

2. （MF）　A. 清新、寒冷的日子使我生气勃发。
　　　　　B. 冷天我急于进入室内。

3. （M　）　A. 我通常不喜欢机械式的工作，尽管这种工作有时是必要的。
　　　　　B. 我在机械式的工作中发现一定的乐趣。

4. （MF）　A. 我时常希望自己能成为登山运动员。
　　　　　B. 我无法理解那些冒生命危险去登山的人。

5. （MF）　A. 我喜欢身上带有点泥土味。
　　　　　B. 我不喜欢身上有任何气味。

6. （MF）　A. 老是看到熟悉的面孔，我会感到厌倦。
　　　　　B. 我喜欢日常朋友们那令人安慰的亲近。

7. （MF）　A. 我喜欢独自一个人在一个陌生城市或城市中心到处跑跑，即使迷路也无妨。
　　　　　B. 在不大熟悉的地方，我喜欢有导游。

8. （F　）　A. 我有时取不同的道到一个我常去的地方，只是为了求得变换。
　　　　　B. 我找到一条到一个地方去的捷径，并坚持走这条捷径。

9. （MF）　A. 我宁愿生活在动荡不安的历史年代。
　　　　　B. 我爱生活在每个人都能得到安全保障与幸福的理想社会。

10. （MF）　A. 我有时候喜欢做点叫别人害怕的事。
　　　　　B. 明智者常避免危险之事。

11. （F　）　A. 我喜欢尝尝从未尝过的事物。
　　　　　B. 我爱点熟悉的菜，以免失望和不快。

12. （F　）　A. 我有时喜欢高速行车，我觉得高速行车扣人心弦。
　　　　　B. 和爱开快车的人同车，我受不了。

13. （M　）　A. 如果我是个推销员，并有机会挣比固定工资更多的钱，我宁愿拿佣金。
　　　　　B. 如果我是个推销员，我宁可拿可靠的固定工资，而不愿拿佣金，去冒少拿钱或
　　　　　　拿不到钱的风险。

14. （MF）　A. 我觉得与我信仰不一致的人，比与我信仰一致的人更有刺激力。
　　　　　B. 我不喜欢和与我的信仰截然不同的人争论，因为这种争论永远不会有结果。

15. （MF）　A. 我爱作未经事先安排，没有确定路线或没有时间表的旅行。
　　　　　B. 我旅行时，喜欢周密安排旅行路线与时间。

16.（F ）　A. 大部分人花在人寿保险上的钱实在太多了。
　　　　　 B. 人寿保险是人人非做不可的事。

17.（MF）　A. 我想学驾驶飞机。
　　　　　 B. 我不想学驾驶飞机。

18.（MF）　A. 我想体验一下被人催眠的状态。
　　　　　 B. 我不想被人催眠。

19.（MF）　A. 最重要的生活目标是要最充分地激发生命力与获得尽可能多的经历。
　　　　　 B. 最重要的生活目标是寻求安宁与幸福。

20.（MF）　A. 我想试试跳伞。
　　　　　 B. 我永远不想从飞机上跳出来。

21.（MF）　A. 我喜欢一头扎进，或一下子跳入冷水池。
　　　　　 B. 我慢慢进入冷水，以使自己有适应它的时间。

22.（F ）　A. 我爱听新的、不同寻常的音乐。
　　　　　 B. 我不喜欢大部分现代音乐的不规则与不调和。

23.（MF）　A. 我比较喜欢使人激动、无法预见的朋友。
　　　　　 B. 我比较喜欢可靠、可预见的朋友。

24.（MF）　A. 我度假时，爱宿帐篷，以求变换。
　　　　　 B. 我度假时，喜爱有舒适的房间与床铺。

25.（MF）　A. 我常在现代绘画不协调的色彩和不规则的形式中发现美。
　　　　　 B. 优秀艺术的本质在于明晰、形式对称以及色彩协调。

26.（F ）　A. 厌烦是最大的社会罪恶。
　　　　　 B. 粗野是最大的社会罪恶。

27.（F ）　A. 但愿我无须把一天中那么多的时间浪费于睡眠。
　　　　　 B. 在漫长的白天之后，我期待有一个好生休息的良宵。

28.（MF）　A. 我比较喜欢爱表露感情的人，即便他们有点不稳定。
　　　　　 B. 我比较喜欢镇静、脾气和顺的人。

29.（MF）　A. 一幅优秀的绘画应冲击或震撼人的感官。
　　　　　 B. 一幅优秀的绘画应给人安宁与可靠之感。

30.（M ）　A. 我感到沮丧时，就出去做些新的激动人心的事，以求恢复。
　　　　　 B. 我感到沮丧时，就松弛下来，做些有镇静作用的消遣，以求恢复。

31.（MF）　A. 我想拥有摩托车，并驾驶它。
　　　　　 B. 骑摩托车的人必定有着某种不自觉的伤害自身的需要。

资料来源：E. A. Kolin, L. Price, and I. Zoob，1964。

　　图 5-6 表明个人如何设法在生活中保持一致性与复杂性的最佳平衡。它表明在某些情况下，如老呆在家里，有时会产生很强的心理紧张。为把心理紧张缓和到最佳水平，个人可能决定去旅游。但旅游目的地又将对紧张是否会真正缓和到最佳水平产生影响。譬如说，非洲作为旅游目的地也许对某人太新奇，因此会产生一种不同的紧张（如慌张）。但像夏威夷那样的旅游目的地，其威胁性就可能大为减少。夏威夷是新异的，但不至于使他因所盼望的旅游而造成心理不适。不过，对另一个人来说，夏威夷之游可能不足以缓和紧张以达到最佳平衡，它可能不够新异。或者，此人也许已经到过夏威夷，或者他料想那儿与他曾经旅游过的其他地方相似。

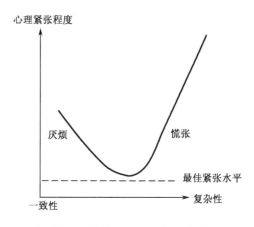

图 5-6　一致性－复杂性与心理紧张

　　旅游目的地并不是旅游者的一致性与复杂性的唯一潜在来源。人们还必须考虑饭店、餐馆、交通工具，以及旅行过程全部活动中的潜在刺激物。以在旅游中寻求中等程度的新奇的人为例，假定他出于这个或那个理由选择几个欧洲国家作为他首次出国旅游的目的地，对该旅游者来说，这样的目的地可能具有颇多的复杂性与不可预见性。他认识的人中，即使有人去过这些国家，那也是少数几位。旅游期间，他很可能遇上不熟悉语言、文化及风俗习惯方面的问题。从旅游本身来说，欧洲似乎给他以极多的复杂性和不可预见性的希望。但要是他选择去那儿旅游的话，他的决定多半是受到其他因素提供的、充分的一致性与可预见性的影响。可能有这样一个因素，他指望和一大批别的首次赴欧洲旅游者同往，并有职业导游的陪同，该旅游团由许多熟人、同事组成，可以期望从中得到更大的一致性和安全感。总之，在没有一批熟人结伴，使他感到熟悉，得到支持的情况下，这种人是绝不可能去一个陌生的地方旅游的。

　　再来考虑一下，一个经常去同一目的地旅游，到达后总是住同一家饭店或汽车旅馆的公务旅行者的情况。许多公务旅行者总是避免在其逗留的饭店或汽车旅馆的餐厅进餐，这是一个众所周知的、许多主要的全日服务旅馆网点大为不安的事实。也许有几个因素可解释这个行为，其中一个是旅游者出于平衡一致性与复杂性的需要。他可能被假日旅馆或希尔顿饭店所吸引，因为这些饭店提供了一致性，他至少确信能获得一张舒适的床位、令人愉快的环境及不会发生故障的空调设备，还有一夜酣畅的睡眠，这些对他是极为重要的。但是，由于同一原因，他才不被饭店餐厅所吸引。饭店餐厅为他提供的一致性太多了点。目的地已为他所熟悉，捎他到那儿的飞机跟他乘坐的其他飞机十分相像，他逗留的假日饭店或希尔顿饭店与他曾经住过的其他假日饭店几乎一模一样。为抵消所有这些一致性，公务旅行者便去寻找地方性餐馆，那儿的气氛和菜单至少稍有不同。

　　以上讨论的事例都表明，旅游者为达到一致性与复杂性的最佳平衡，会怎样把同一性、可预见性与新奇、变化及不可预见性结合在一起。一项研究表明，人的多样性需要与其对各个旅游目的地、交通方式、饭店、餐馆以及闲暇时间活动的态度、偏爱之间有一定的关系。探索这些关系有助于为招徕某批旅游者而确定某一类旅行与闲暇时间服务的方式。例如，假使许多人对乘飞机和汽车旅行已有很多经验，就会觉得游船是一种复杂的（新奇的）交通工具。因此，游船公司就必须提供包含一定程度的一致性的旅游项目，这些项目可包括在著名港口陪同游览、电影、游泳池、活跃的招待会、桥牌比赛，以及其他各种各样的团体活动与船上活动。

　　去海外旅行的人因平衡一致性与复杂性的需要往往求助于某饭店公司的广告。一则理想的广告会通过文字与图片告诉出国旅行的人，他们的旅行将是令人眼花缭乱的（复杂性）。然后，这则广告说，为抵消这个复杂性，住在该集团所开的饭店是明智的。这些饭店提供熟悉的、舒适的服务：干净宽敞的房间、个人浴室、游泳池、汉堡牛排以及说英语的雇员。也就是说，该饭店公司许诺以许多人在家里习惯了的物质享受的一致性来平衡海外旅行的复杂性。

　　复杂性平衡一致性的需要，表明标准化的饭店网点应该在每个饭店或汽车旅馆增添就餐设施，餐馆气氛应与众不同，体现当地历史的某些特色。菜单应有新奇之处，供应有代表性的地方菜。当然必须确保旅游者得到可靠的食物、服务与清洁，饭店网点应继续保持这些方面的质量。游乐地应提供各种活动，从高尔夫球和网球到包价游览或乘筏子。飞机可用富有特色的机上烹饪与娱乐消除许多旅行者在空中旅行时所感到的单调与厌烦。

　　人们倾向于把一致性与复杂性相结合，以实现刺激的最佳平衡，这就产生了在家乡附近度假的重要形式。

　　有些人只为旅游能提供变化而旅游。对他们来说，到偏僻的酒吧间，或当地一所大学的教室去走一趟就足够了。但对许多其他的人来说，单有变化就不够了，他们还需要崭新的东西，即我们称之为复杂性的东西，这意味着环境的彻底改变。阳光灿烂和温暖的天气代替雪花纷飞和寒冷的天气，山峦或海滩代替都市风光，衣着与语言不同的人和饮食不同的人代替身边的人。而对某些人来说，只要意识到他们在离办公室与厨房洗涤槽千里之外的地方就行了。

如前面所说，赴一个遥远的目的地旅行，单是它的远距离就有一种吸引力。从心理上说，遥远的旅游目的地不仅给人以更多变化的希望，而且还给人以更多的、我们同样也需要的、新奇和多样性的希望。在不考虑巨大的、不可想像的经济代价的情况下，所有这些理由都会使人们觉得在家乡附近游乐永远代替不了去遥远的异邦度假旅游。

最后，也可以从不同的经历中去寻求一致性与复杂性，这是有益的。比如说，企业总经理可以在家里体验大量的一致性，而在工作中体验大量的复杂性。然而，他的工作具有的刺激也许非常大，导致他对游乐与其他闲暇时间活动所提供的那种刺激的需要极为微小。他体验的紧张很可能是工作中的过度刺激的紧张。所以，他的闲暇时间都用于寻求休息与松弛，而这是他在家后院的躺椅上很容易得到的。企业总经理愿在家庭游乐上花钱，但他这样做的主要动机之一，是他对家庭的责任感，而不是他本人需要外出。这表明，旅游代理人和其他旅游机构可激发企业总经理对家庭的责任感，以促使他们把大笔费用花在家庭游乐上。当他筹划赴吸引人的旅游地进行一次商务旅行时，正是激发的时候。

复习与思考

1. 解释下列概念：
(1) 动机；(2) 需要；(3) 需求。
2. 解释动机的过程。
3. 为什么说当认识到营销策略的目的是影响消费者满足需要的方向，而不是创造需要本身时，它是更有效的？
4. 描述三种类型的动机冲突，并针对每种情况从旅游市场活动中举出一个例子。
5. 阐述马斯洛的需要层次论。
6. 从公式 $B = f(P, E)$ 出发解释"具体化了的旅游倾向"与旅游需要或旅游动机的区别。
7. 结合自己或他人度假旅游的经历，分析旅游动机的多源性。
8. 通过这一章的学习，谈谈旅游者为达到一致性与复杂性的最佳平衡，会怎样把同一性、可预见性与新奇、变化及不可预见性结合在一起的？

第六章 态度与旅游行为

态度是理解旅游决策的关键性的心理学概念。潜在的旅游者对任何一种旅游产品或服务的态度，都能导致购买该旅游产品或服务的心理倾向。

在这一章，我们首先明确态度的定义，考察态度的性质及其主要构成，讨论态度的功能和特征，介绍几种态度理论。然后，阐述旅游决策过程，从中说明态度如何影响旅游者所作的决策。最后，我们将重点研究态度如何发生变化，以及如何激发这种态度上的转变以促进个人旅游行为的改变。

第一节 态 度

一、态度

态度是一个人以肯定或否定的方式估价某些抽象事物、具体事物或某些情况的心理倾向。当人们对一种事物持某种态度时，不管这事物是有形的还是无形的，它就被称为态度的对象（attitude object）。凡是人们了解到与感觉到的事物都可以成为态度所关注的对象。

50 年前，G. 奥尔波特（Gordon Allport）为态度进行了系统的定义，即"态度是后天学到的偏好，它以一贯有利或不利的方式对一个对象或一类对象做出反应"。

19 世纪末，丹麦心理学家朗格（Carl Georg Lange）在研究反应时间的实验中发现，被试验者如果特别注意自己即将要作出的反应时，即心理上对自己的反应有准备时，作出反应的时间比其集中于将到来的刺激而作出的反应时间要短。朗格在以后的实验中一再证实了心理上的准备状态就是态度。这就是说，个体的态度决定着自己将会看到什么，听到什么，想到什么和做到什么。

罗森伯格（Milton J. Rosenberg）认为，态度是由认知、情感、意向三个成分组成的。态度是外界刺激与个体反应之间的中介因素，个体对外界刺激作出什么反应将受到自己态度的调控。图 6-1 说明了刺激、反应和态度的关系。

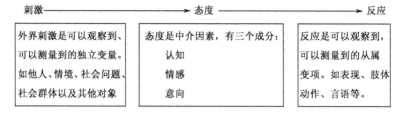

图 6-1　刺激、态度和反应的关系

态度的认知成分是指人对态度对象，如对他人、物、地方、事件、思想、形势、经历等等方面所持有的信念和见解。这些信念或见解是以个人在某一时间内视为事实的、明确的证据为基础的。

信念是以充分的事实或知识为基础的心理倾向，它被认为是一种真理，大多数信念是相当持久的，但这些信念不一定都是很重要的。见解与信念不同，见解不以确定的事实为基础，它可能涉及某些事实，但只能表示某人得出的结论，而且比较容易改变。

对同一对象，每个人的信念和见解可能有所不同，甚至大相径庭。例如，到上海旅游的一个外国旅游者，可能持有这个见解，认为上海是一个激动人心的、美丽而繁华的大城市，他也可能持这样的见解，认为上海是人口稠密、喧闹而拥挤的地方。对上海的情感就是以这些见解和信念为基础的。

态度的情感因素是态度的关键组成部分，是指个人对一个对象所作的情绪判断。对象可被判断为好的或坏的。比如，一个人可能讨人喜欢，也可能不讨人喜欢，可能惹人爱，也可能令人憎恨。虽然有些人对上海可能同时持有肯定或否定两种信念，但经斟酌，他可能得出结论，他喜欢这个城市。对某个对象有情感，但不持任何信念，这是不可能的，因为表现为态度的情感不可能存在于真空之中。又如，旅游者与导游有若干次接触形成好感以后，对导游出现的小差错亦能谅解。这说明情境性情感能决定人的态度，从这个意义上来看，概括性情感是态度的决定因素。它有强有弱，或持久或短暂。

但在另一方面，人对某些对象也可持有一种很少或不受情绪影响的信念或见解，在飞机上就餐就是一个例子。就餐的人对机上食物不论怎样，可能都没有任何特别的情感，在他看来，机上食物不过尔尔，但他不会要人去改善它，或在写信时谈起它，因为他对这个特定对象的情感是冷漠的。

态度的意向部分，是指个人对某个对象、人物或场合作肯定或否定反应的倾向。假如某人对某一对象持否定态度，他有可能准备攻击、摧毁、惩罚、驳斥或使用其他手段否定该对象及与之有关的那些东西。如他的态度是肯定的，他可能乐于帮助，酬谢，购买或以其他手段接受它。对某个对象的行为倾向，无论以否定的还是肯定的方式，都称之为意向。比如，一个人可能对旅游持积极态度，也可能对将来去某旅游胜地旅游持积极的态度，此人便具有旅游的意向，并且有去某旅游胜地旅游的意向。

人们一般都试图使所持态度的认知、情感和意向相互协调一致。例如，一个人酷爱清洁，绝不可能对一家又脏又乱的饭店抱有强烈的、积极的情感，也不可能选择这家饭店投宿，他对清洁的需要和他关于这家饭店脏乱的看法，使他对这家饭店持否定的态度，并对这家饭店产生回避的意向。

尽管存在着态度的认识、情感与意向各部分趋于一致的倾向，但不一致的事例还是很多的。态度与行为的完全一致不符合人类的特性，因为差不多每个人都有程度不同的好奇心、想入非非与冲动。这些特性促使人们产生不一致的行为。人类不同于计算机，人们在不完整的信息基础上作决定，有时是因为人们忘了重要的信息，有时只是因为要求得多样性而做出异乎寻常的事。说比较喜欢某种品牌的产品的消费者，在实际购买场合中，买的却是另一种品牌的产品，这是屡见不鲜的事。

这种情况也可能出现在汽车旅行中。也许是因为某地那家较喜欢的联营饭店没有空房间；或者，该地别家联营饭店可能使出了特别有吸引力的一招（孩子免费住宿）；或者，别的联营饭店的招牌更突出、更引人注目，并提供更多的方便。一位家庭成员可能坚持一行都住进游泳池最大的一家汽车游客旅馆，或者，出于好奇和多样性的兴趣，选中一家不受喜欢的联营饭店。

最近，对住宿业市场的旅游决策进行了一次研究，发现在通常投宿于商业饭店的汽车度假者中，只有10%的人经常光顾那些他们对之持有强烈肯定态度的汽车游客旅馆和联营饭店。此项研究所调查的汽车度假者中，有55%的人，常常去那些他们对其持不很肯定的汽车游客旅馆与联营饭店。这种态度和行为在一定程度上的不一致性是人的本性的组成部分，优柔寡断的态度或否定的态度使人们先倾向于避免某些情况，但并不妨碍人们作意外的选择。

产生不一致行为的另一根源是人们在同一时间必须扮演两种不同社会角色的情况。当一个公务人员带着家属进行业务与娱乐兼顾的旅行时，就可能出现角色冲突的典型例子。同时需要扮演行政官员与家庭成员的角色，会造成紧张。在这类情况下的角色冲突，可以用旅行中业务与娱乐相结合的办法来缓和。比如，旅游代理人可以鼓励此人在指定的日程内完成业务，如在工作地工作二三天，然后在某旅游胜地与其家属会合。

态度和行为不一致的最后一个根源来自于人们称作"强迫依从"（forced compliance）的情况。在这种情况下，一个先倾向于买头等机票的人，会被迫依从其所服务的公司关于雇员只准买二等机票的规定。

尽管在我们的态度与行为之间存在着大量的不一致性，但了解态度对理解旅游决策依然是必不可少的。一般来说，当旅游者可以随意作决策时，他的行为将与他的态度一致。产生不一致，一般都是因为"其他因素"影响了该旅游者的决策结构。

图 6-2 表示了态度的结构。

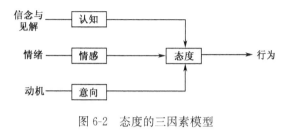

图 6-2 态度的三因素模型

态度和行为有密切的关系，但不属于同一个概念。态度是一种内在的心理结构，对一种行为起准备性作用。因此，根据个体的态度可能推测其行为。但态度和行为不是一一对应的关系，因为行为除了态度之外，还受到其他因素，如社会规范、习惯、对行为后果的预期、价值观念的影响，特别是受到环境的影响。

二、态度的功能

态度的功能理论（functional theory of attitude）最早由心理学家丹尼尔·凯茨（Daniel Katz）提出，他用该理论解释了态度是怎样方便了社会生活。

根据这种实用性的方法，态度之所以存在是因为它对人们有某种功用。也就是说，态度取决于人的动机。那些预期将来会遇到某种类似情况的人们，更容易在这种预期中形成一定的态度。哪怕动机迥异的两个人，也可能对某个对象持有相同的态度。关于态度的动能，凯茨描述如下：

1. 功利性功能

态度的功利性功能（utilitarian function）指导消费者去获取渴望的利益。例如，一位认为安全性和速效性是选择止痛剂最重要标准的消费者会直接去寻找满足这些利益的品牌。反过来讲，态度的功利性功能会引导消费者离开不太可能满足他们需要的品牌。当汽车广告以性能特点为宣传对象时，就反映了态度的功利性功能。

耐克运动鞋的广告是功利性功能的一个例子。对那些在慢跑、做有氧运动或参加其他体育活动时重视舒适和灵活性的活泼的人来说，这则广告的诉求将会增强品牌功利性功能的印象。

2. 价值表现功能

具有价值表现功能（value-expressive function）的那些产品反映了消费者的核心价值和意识。这时，人们对产品的态度并不取决于产品客观的益处，而是取决于产品所代表的是哪一种类型的消费者，比如"住五星级饭店的旅游者是什么样的人"。价值表现功能与分析生活方式有密切的关系，消费者形成一系列的活动、兴趣、观念，为的就是表明自己特定的社会身份。

3. 自我防卫功能

自我防卫功能（ego-defensive function）是指态度保护自我不受焦虑和恐吓的威胁。消费者购买许多产品，诸如漱口水，以避免产生焦虑的状态。大多数消费者使用漱口水是为了避免不好的口腔气味；而不是为了治疗这种气味。广告通过描绘使用特定的产品可得到更大的社会承认来利用对"社会流放"的恐惧。因此，消费者对被社会接受、自信和性吸引力有关的品牌发展了积极的态度。例如Retin-A 的广告即是一例，使用 Retin-A 避免了因痤疮和粉刺而带来的困窘，从而增加了社会接受性。

4. 认识功能

认识功能（knowledge function）是指有些态度的形成是因为人们对秩序、结构和意义的需要。态度帮助消费者组织了他们日常接触的大量信息。消费者排序所有的信息，忽略不相关的信息，减少了不确定性和混乱性。当人们面对一种新产品而感到眼花缭乱时，常常会产生这种需要。

一种态度可能具有多种功能，但其中往往有一种功能起最重要的作用，只要鉴别出产品对消费者而言的关键意义所在，经销商就可以在传媒和包装上对此加以强调。这类广告能使人们对产品有更清楚的认知，无论是广告还是产品都更容易被接受。研究表明，对大多数人而言，咖啡起的是效用功能而不是价值表现功能。一则咖啡广告："Sterling 牌咖啡美妙纯郁、令人心醉的口味和芳香来自于最鲜美的名牌咖啡豆。"这描述的是效用功能。另一则广告："你所喝的咖啡表明你的身份，它能显示出独特高贵的品味。"这利用的是价值表现功能。人们对前一则广告的反应要比后一则强烈得多。

三、态度的特征

(一) 态度的强度

除认知、情感和意向三个组成部分外,态度的特征还可以用强弱程度来表示。态度的强度是指它的力量,即其肯定或否定的程度。一般来说,越是强烈的态度,就越难改变。

消费者态度的强弱因人而异,态度的强弱又与对态度对象的爱好有关。

1. 容忍

这是最低的一个层次。容忍的态度之所以形成,是因为人们趋利避害。这一层次非常肤浅,一旦人们的行为不再受限制或有其他不同选择方案时,他就很可能变化。如果咖啡馆里只卖百事可乐,人们可能因为出去买可口可乐太麻烦,所以只好将就着喝百事可乐了。

2. 认同

这种认同过程来自于人们对他人或其他群体的模仿心理。那些描写在众多产品中择其一之社会后果的广告,正是依赖于消费者对崇拜对象行为的模仿。

3. 内在化

在非常喜爱的情况下,根深蒂固的态度就得以内在化,成为人们的价值体系的一部分。由于它们非常重要,所以这些态度极难改变。比如,美国的许多消费者对可口可乐持有极强的偏爱,如果公司想要改变可乐配方,他们就会非常反感。这种对可口可乐的忠诚显然超越单纯的偏爱问题,这个品牌和这些人的社会身份联系在一起,并带上了爱国的、怀旧的色彩。

(二) 态度的稳定性

态度的另一重要特征是其稳定性。态度的稳定性与它的持久抗变倾向有关,虽然有些态度的稳定性随着时间的推移会越来越强,但许多态度只在短时间内是稳定的。促进态度稳定性的因素至少有以下三个:

1. 态度的结构

在现实生活中每个人都持有多种态度,其中有些态度的对象是相似的。一般规律是,人们对属于同类的对象,所持有的态度也相似。而且,人们对相似对象所持的同类态度都具有一定的结构，在这个结构中对某对象的态度可以强化对其他同类对象的态度。

当人们把一种态度看出一类态度的组成部分时，抵制改变态度的倾向就特别明显。如果一位消费者对一种新的洗涤剂所持的否定态度由于新的信息而减弱的话，他对所有其他的同类洗涤剂的态度就可能以如下两种方式中的一种方式改变：对所有同类的洗涤剂所持的否定态度都可能减弱；或者他可能把该种新产品与所有其他同类产品区分开来。这两种方式往往都意味着要调整整个一类态度，这是一项使这位消费者在心理上感到不适的工作。正因为这个原因，人们抵制改变态度。由于同一个理由，往往可能导致有关调整态度的新信息被歪曲和遗忘。

2. 态度的因果关系

当人们明显地认为一件事是另一件事的直接原因时，他们对另一件事的态度也会增强或稳定。对饭店业中这一问题的研究表明，人们对饭店的态度是在他们与饭店服务人员打交道的基础上形成的。饭店服务人员亲切友好，殷勤礼貌，乐于助人，工作效率高，旅客通常也以这些词语评价这家饭店。而且，与上述饭店服务人员的每一次相遇也会增强旅客对这家饭店的态度。

3. 态度的一致性

当人们发现其他人也持有相同的态度时，也能加强与稳定这种态度。人们比较态度的方式与比较别的东西的方式相同，当人们发现别人的态度和自己的一致时，就增强了自己的态度。例如，当一个打算外出旅游的人发现他的朋友和熟人也对旅游感兴趣时，那么他对旅游的信念就变得更加强烈与稳定。事实上，人们常常寻找那些和自己态度相同的人。在做买卖时，态度一致的力量尤为明显。如要做成一笔交易，卖方与顾客之间一般必须在态度上一致。

根据一致性原则，消费者注重自己思想、情感、行为的和谐，尽量使这些要素保持一致。为了表明与别的经验相一致，消费者会在必要时改变其思想、情感、行为。一致性原则给我们一个重要的提示：态度并非无中生有，一种对态度对象加以评价的重要方法，就是看它是否符合消费者已经持有的相关态度。

（三）态度的不稳定性

虽然有些态度具有稳定的特征，但其中许多态度确实是不会改变的，即使不是很快。态度改变的原因至少有以下三个：

1. 态度的冲突

因为一个人持有数以千计的态度，指望这些态度完全一致未免不切实际。一个人虽然对跳伞运动持十分肯定的态度，但也许会禁止他的未成年孩子去跳伞。当态度冲突时，一个人必须作出妥协，问题是哪种态度更重要或更强烈。假如某人厌恶成群的人，并认为迪斯尼乐园终年游人拥挤不堪，他就不可能对迪斯尼乐园抱有强烈的、积极的情感，也不可能爽快地去那儿旅游。他尽管对迪斯尼乐园持强烈的否定态度，但还会去游览迪斯尼乐园。要是这样，他的行为看来违背了他的态度。不过，我们很少真正违反自己的态度。在这个事例中，实际情况可能是，他对他孩子想去游览迪斯尼乐园持肯定的态度。他在持肯定、否定两种态度的同时，会作出妥协，以便使孩子满意。同样，一个人对去国外旅游可能持很肯定的态度，但他却从未去国外旅行过，因为他对节俭持有更为强烈的肯定态度。

2. 情况影响态度

因为情况各不相同，人们的行为也就千差万别。虽然行为反映态度，但人的行为是受许多不同因素的影响的，不是只受态度的影响。人的行为不仅受有助于形成个人态度的背景与经历的影响，而且在特定情况下，还受他所感觉到的东西的影响。

一个消费者可能因为卖方能说会道，或因为家庭对他施加巨大压力，或者因为他没有花足够的时间好好想想，而购买了一辆住房汽车。该消费者对住房汽车的态度因为他买了它，就没有必要改变了。这种态度现已不如买车时所存在的其他冲突着的态度那么强烈。有许多与此类似的情况，缓和因素对个人的行为具有决定性影响。此外，在人们心里储存着的数以千计的态度中，有些会渐渐消失。

必须允许人凭一时冲动作出决定。有时，决定是在一时冲动之下作出的，没有足够时间让有关的态度显露出来，并影响人的判断。人们在旅行时作出冲动性决定，看来是司空见惯的。这可能因为大部分旅游决策不会产生许多长期影响，除非某项决定涉及数额较大的额外开支。度假可以逃避约会，议事日程，提交长期承担义务书和计划等排得满满的常规生活的烦恼。这就是汽车旅行度假的吸引力之一，它给人最大限度的灵活性。

一项调查表明，汽车旅行度假者有意识地在自己的旅行计划中留有一定程度的灵活性，如表6-1所示。灵活性及途中作出冲动性旅游决策的自由对大部分娱乐旅游者可能是重要的。这表明，对旅行业务计划者来说，应该把充分的灵活性安排在他们为顾客制订的旅程与旅游计划之中。它也强调了广告的潜

表 6-1　汽车度假者的计划外决定

73%	没有	计划具体的中途停留地
61%	没有	预订汽车游客旅馆/旅馆
50%	没有	计划在各地逗留的天数
49%	没有	计划具体的旅游目的地
38%	没有	计划大致的费用
22%	没有	计划行车路线
80%		允许计划外支线旅行
21%		允许延长旅行时间

Edward J · Mayo，1973。

力旨在鼓励旅游者在途中作出冲动性决定，不管这个旅游者是乘自己的汽车还是利用商业性运输工具。

3. 创伤性经历

由于一次涉及许多情感的创伤性经历，态度可能发生显著变化。比如，一次令人惊恐万分的紧急着陆或在高空的异常颠簸，会使人对航空旅行的态度很快由肯定变为否定。一次商业性飞机坠毁事件的新闻，或卷入一次车祸，会使态度动摇。一般规律是，由于创伤性经历引起的态度变化，不如缓慢发生的态度变化那样持久。

人的态度驱使人趋向或逃避某些事物，它决定了偏爱、期望、渴求、避免的内容。从这个意义上来讲，态度具有动机的作用。例如，生活在一定社会文化传统中的人，对于食物的爱好和禁忌并不是根据营养价值，而取决于已经形成的固有态度。

（四）态度的重要性

态度和行为的一致程度也取决于态度的向心性（centrality）。态度的向心性是指态度涉及到寓于个人自我概念中的、深刻的、价值观的强度。个人公开表示的、坚定的信念，可能会比非中心或边缘的态度产生更为一致的行为方式。人们对信仰、家庭、民主、自立以及许多别的东西，有时持有强烈的态度。这些态度通常极为稳定，以致有时完全可以由其中一种态度预料到个人的行为。此外，企图改变中心态度，即改变体现价值观的态度，那很可能会失败。因为，这等于对一个人的自我概念，即对他本人要作实质性调整。

社会参照乃至个人对事物和事件所持的态度，在人们所属的团体内被广泛拥有或被"参照"的程度。与向心性概念多少有点关系的社会参照概念，也能显示态度与行为的一致性程度。人们所属的不同团体——宗教团体、市民与营业组织、邻里，以及其他非正式组织，对态度的形成与改变具有重要影响。在某种态度为人所参照时，则行为，特别是受到对人们来说很重要的团体所监视的行为，可能与态度保持非常的一致。

大部分人的旅游态度在他们的价值体系中起中心作用。显然，这些态度也具有社会参照性。对旅游采取肯定的态度，现已受到朋友、亲戚、邻居、同事，其他熟人以至整个社会的态度的支持。

一些研究对旅游态度的强度作了一般性估价，发现他们是强烈的。假设有人得到一笔意外收入，并必须把它花费掉，被调查的大多数人回答说，不是将它用于改善家庭陈设，就是要用于旅游。说要把这笔意外之财用于购买新汽车、新衣服、家庭招待会、嗜好或当地娱乐者寥寥无几。

对旅游的普遍强烈的态度也为事实所证明。在经济衰退时期，人们总的反应是改变旅游活动的方式或范围，而不是把旅游一股脑儿砍掉。旅游市场的一个部门，也许是收入较高的部门，根本没有以任何方式改变其旅游行为。其他部门对经济衰退作出的反应是更多地采用包价旅游与经济膳宿。更多的成年人已不把每年度假看作奢侈，而是看作生活中必不可少的一部分——是无论如何都得花时间、花钱去做的事情。最近美国对 18～40 岁单身成人的一次调查表明：这些人中有 82% 的人把旅游列为他们生活中相当重要或非常重要的部分。显然，大多数美国人与其他工业化国家的人，对进行旅游的能力与自由都高度重视。改变这些态度，即改变人们对旅游价值所抱的信念与情感，对习惯浪迹天南海北的旅游者几乎是不可能的。但令人感到棘手的问题是燃料所缺。

旅游动机之强烈使人难以想像人们会自愿永远停止旅游。长期的解决办法眼下还不清楚。当然，关键在于开发新油田，挖掘能源。同时，尚需解答以下一些重要的问题。人们是否会找到满足旅游需要的替代活动？看来多半不大可能。因为对旅游的态度具有坚固的心理根基与社会根基。他们会调整旅游行为，以离家不远的，只需耗一罐汽油的旅行代替两个星期的驱车度假旅游观光吗？假如没有其他选择的话，他们也许会这样做的。人们会越来越多地去乘公共汽车、火车与飞机吗？如没有其他的选择，而且费用不贵的话，也许是可能的。人们会重新安排应予优先考虑的事项，把纯收入中的较大部分用于旅游吗？如果高度重视旅游的话，人们很可能会这样做。但这也取决于实际收入的增长与通货膨胀率。人们会对政府领导人施加更大的压力，以求影响旅行的能源问题得到长期解决吗？眼下，这比调整人们整个态度的可能性要大。大部分人喜欢旅游，想要把它的益处与重要性不当作一回事确实很难。

第 二 节　　态 度 理 论

一、认 知 不 和 谐 理 论

在第五章已提到认知不和谐理论，下面让我们来进一步讨论这一理论。认知不和谐理论（theory of cognitive dissonance）对态度理论有重要的补充，因为人们常常会遇到态度与行为相矛盾的情况。

这种理论指出：就像饥渴的时候一样，人们会在刺激下使事情得以协调，以改变令人不适的状况。该理论的核心在于认知要素（cognitive elements）彼此不统一时的情况。

认知要素可以是人们对自己的认识、人们的行为和对周围事物的观察。比如，以下的两个认知要素，"我知道吸烟引起癌症"和"我吸烟"就彼此矛盾。这种心理上的矛盾会使他觉得别扭，并且减少吸烟次数。矛盾的强度取决于不和谐要素的重要性和数量。换言之，在要素对个人很重要从而受到较高重视的情况下，促使人们减少不和谐的压力就表现得更加显著。

要素的增减变动都可能使矛盾减少。比如说，某人可能想戒烟（要素减少）；或想起了有名的索菲（Sophie）阿姨的故事：她在 90 岁高龄时逝世，而她到死的时候还烟不离手（要素增加）；或者他还会怀疑将吸烟与癌症挂钩的研究而相信烟厂对这类研究的驳斥（要素变化）。

不和谐理论有助于解释为什么在购买之后人们对商品的正面评价倾向于增加，这就是购物后矛盾。"愚蠢"与"我本人很聪明"的要素相斥，于是人们倾向于为买回的东西找出一大堆喜欢的理由。

一项以赛马为对象的实验研究证明了这种购买后矛盾。赌马者坚持所押的马有更高的价值，在他们下注后，就对自己的成功更为自信，因为赌马者的经济利益与之相关。他们把所押的马吹得十全十美，以此来减少矛盾性。这种现象说明，消费者会不遗余力地为所买的东西寻找论据。因此，经销商应该用各种额外的信息对此大加支持，从而建立起积极的品牌态度。

二、自我审视理论

态度是否总是通过人们对购买决策的良好自我感觉而改变了随后的行为呢？自我审视理论（self-perception theory）对不和谐的情况作出了另外一种解释。它假定人们审视自己的行为，来判断自己到底持什么态度，就像通过对别人行为的观察来判断其所持态度一样。这种理论强调一致性，假设所作的选择是独立的，人们通过购买或消费行为推断自己对于对象的态度。

自我审视理论涉及的是这样一种情形：人们在最初实施某种行为时并不持有强烈的内在态度。事后，态度的认知和情感要素才得以统一。由此，习惯之外的购买行为可能会在事后产生正面的态度——既然我决定买下了这样东西，想必我是喜欢它的。

自我审视理论有助于对一种叫做"踏脚入门技巧"（foot-in-the-door technique）的推销策略作出解释，该技术的依据是推销员可以对消费者得寸进尺的现象。这种技术的名称来自挨家挨户的推销方法，敲开门后，推销员把脚踏进门里去，以免顾客呼地一下把门关上。一个好的推销员知道只要他能说服顾客把门打开并开始交谈，消费者也许就会买点什么。在购买之前，消费者肯定已经愿意听听推销员介绍的是些什么。这样的购买订单就与自我审视一致。在劝导人们回答调查问卷或捐钱给慈善机构时，这种技巧特别有效。影响效力的因素还有"尺"（第二次请求）与"寸"（第一次请求）之间的时差（得寸进尺）、两次请求之间的相似性、两次请求是否由同一个人提出等等。

三、社会判断理论

社会判断理论（social judgement theory）也假定人们会对与他们已知的态度对象有关的新信息加以同化。以原先形成的态度作为参照物，新的信息就会在现存的标准下得以归类。就像我们总是用以前搬箱子的体验来判断一个箱子的轻重一样，我们在对态度对象形成判断时，会形成一套主观的标准。

该理论认为：某个信息是否可接受，总是因人而异。人们在态度标准的周围形成了一连串的接受圈或否定圈（latitudes of acceptance and rejection）。落在接受圈内的观念就会得到承认；否则，就会被否定。比如，一个人认为由专人做司机的做法值得肯定，在驱车到市中心去玩时，他就可能自告奋勇地承担此任。反之，他可能根本不会有这样的想法。

如果落在接受圈内的信息本身不像人们所认为的那么协调，那么这个协调的过程就称为同化作用。另一方面，落在否定圈内的信息可能遭到比客观的不符合性更强烈的排斥，这就产生了排斥作用。

当人们对某个态度对象的爱好越强烈，他们的接受圈就会越小。也就是说消费者这时能够接受的事物就越少，而且会排斥哪怕是与主观标准有轻微偏差的东西。与此相反，比较中立的消费者会考虑更多的选择，他们成为品牌忠实者的可能性较小，容易在不同品牌间换来换去。

四、均衡理论

均衡理论（balance theory）考察的是态度构成要素之间的关系。

大多数研究者同意态度包括三种要素：感受（affects）、行为（behavior）和认知（cognition）。感受是指人们对态度对象的感觉。行为与人们想要对某一对象采取行动的意图相关。认知指人们对某个态度对象所持的信念。态度的三要素称为态度的 ABC 模型，该模型强调知、感、为之间的相互关系。消费者对产品的态度并不是简简单单由信任而决定的。比如，研究者会发现顾客"知道"有一种相机具有 8∶1 的可变调焦镜头、自动对焦和旋转清晰头，但因为他们仅仅"知道"，并不意味着他们认为这些属性是好是坏，还是根本无所谓，也不能说明他们是否真的会买下这台相机。

由于涉及三个要素间的关系（通常是从主观角度），所以把构成态度的结构称为三维体，包括某人对于某个态度对象或者其他人或事物的看法。这些看法既可能是肯定的也可能是否定的，更重要的是人们会为了保持要素间的协调关系而改变看法。该理论强调人们希望三维体中的要素是和谐的或者均衡的。如果不均衡，紧张状态就会产生，一直到人们的看法改变并重新恢复均衡为止。要素以下述两种方式中的任何一种组合在一起：他们既可以是归属关系，即一个要素归属于另一个要素，比方说信仰；也可以是情感关系，即两个要素的组合是因为其中一个要素对另一个要素有偏爱或厌恶的情感。约会的男女双方可以被视为有正面的情感关系；结婚后，他们之间是正向的归属关系；离婚的过程则是试图中断彼此之间的归属关系。

均衡理论提醒我们，当各种想法之间保持均衡时，态度最稳固。另一方面，当不协调性出现时，态度的变化也就更容易表现出来。均衡理论也解释了为什么消费者喜欢与正面评价的东西相联系。与某种流行的产品间形成归属关系，比如买一件时髦衣服来穿，开着一辆神气的汽车，会增加被他人纳入正面情感关系的可能性。

最后，均衡理论对人们广泛采用的以名声来促销产品的办法作出了解释。当三维体尚未完全建立时，比如有一维是新的产品或者有一维是还未有明确态度的消费者，经销商可以用描绘产品与某位名人的所属关系来建立消费者与产品之间正面的情感关系。在另一些情况下，名人对某个问题进行抨击，就会影响其崇拜者对这个问题的态度，就像运动健将在反毒品公益广告中出现所要达到的目的一样。

"均衡"是名人促销的核心，产品制造商所期望的是明星的名气能传递到产品上。应该指出的是，如果公众对某位名人的看法正由好变坏，那么在名人与产品之间建立所属关系就会起到反作用。

五、协调性理论

像均衡性理论一样，协调性理论（congruity theory）也是一种一致性理论，强调人与某一对象相联系时对态度的影响。假设认同者对产品的倾向（正面或负面）和喜好程度可以度量，协调性理论可以回答两个与理论有效性相关的问题：（1）产品适合于认同者时，对产品本身有何改进？（2）认同者与产品相联系时，对认同者的声誉有何影响？

协调性理论认为，如果一个评价为负的要素与评价为正的要素（如受人欢迎的个性）相联系，前者的评价将会得到提高（这正是经销商所期待的）。同时，评价为正的要素也会受到影响——他受欢迎的程度会因此而下降。这就意味着与一些实业相联系的人或组织确实为此承担着风险。这个过程解释了为什么有的媒介在选择形象与之相协调的广告明星时非常慎重。

但是，两个要素的变化并不成比例。变化与态度极端化程度成反比。换言之，与一个要素相联系的对象越极端，该对象受到的影响就越弱。

研究发现，正像协调性理论所揭示的那样，品牌与企业的结合应该非常慎重。某个品牌或企业可以用同一家负有盛名的企业相联系的方法提高自己，而前者的收益可能以后者的损失为代价。

第三节　态度与旅游决策

一、态度与旅游决策过程

以下阐述旅游决策过程，这样有助于阐明态度如何影响旅游者所作的决策。考察一下态度与旅游决策的关系，人们就能更好地理解如何促使态度改变，并进而导致行为改变。对经销旅游服务的人来说，这应是一个具有重要意义的课题。

旅游决策过程也同消费者大多数其他类型的决策过程一样，决策者往往需要经历几个心理上的步骤。观察决策过程的一个方式如图 6-3 所示。态度与行为的关系的模式表明，态度是由信念与见解、情感以及意向构成的。态度一旦形成，就产生行为方式的偏爱或意向，某种或另一种类型的社会因素，又对这种偏爱或意向是否实际导致特定行为产生重要影响。比如，希望有朝一日在美国的拉斯维加斯消费时间与金钱的牧师，假如害怕公众异议，他就可能永远不这么做。他可能喜欢访问拉斯维加斯，但社会因素，即公众异议，会影响他做这件事的意向。

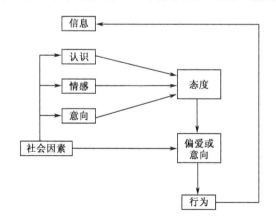

图 6-3　态度与行为关系模型

二、态度与旅游偏爱

研究表明，旅游者的旅游决策在很大程度上取决于他的旅游偏爱。所谓偏爱（preference），就是驱使个体趋向于某一目标的心理倾向。

尽管态度并不能预示实际行为，但它却能很好地预示偏爱，态度是偏爱最好的预兆。态度的复杂性和态度的强度，对态度和偏爱的关系有重要的影响。

1. 态度的复杂性

态度的复杂性涉及一个人所掌握的关于态度对象的信息量和种类。比如，对特别航空公司的态度可能很简单，除起飞时间、直达服务，以及提供其他的时令便利外，人们很少发觉相竞争的航空公司之间有多大的区别。但是，人们对航空旅行的态度要比对特别航空公司的态度复杂得多。旅游者对航空旅行以及对其他交通方式的态度，涉及速度、便利、省时、费用、身份、声誉、途中服务、行李管理等等。旅游者对不同类型的饭店的态度也是复杂的，它涉及价格、地理位置、卫生、安全、停车设施、餐饮服务、房间大小以及舒适程度等。对外国旅游地的态度也许是旅游者持有的最复杂的态度。这些态度至少涉及对陌生饭店、外国人、异国语言、不同的饮食、不同的文化传统以及配备导游的旅游等的信念、见解与情感。

一般来说，复杂态度比简单态度更难改变。比如，对出国旅游持否定态度的旅游者，就很难改变他的态度，即使通过说服，使他相信国外旅游的费用并非不合理，他还会由于外国的文化环境、不同的饮食与传统，或未经历过有导游的旅游这样一些因素，而仍然保持其否定的态度。要改变对出国旅游的否定态度，就必须改变总态度中的许多否定因素。

2. 态度的强度与属性的突出点

态度的强弱程度是态度的主要特征之一。因为改变一种强烈的态度比改变一种较弱的态度困难得多。一个人对一个对象所持的态度，是由对该对象的每个特殊属性所持的态度构成的。其中，每一个特定的属性都具有其自身的突出点，这就意味着每个属性的相对重要性都有所不同。在一个度假旅游地，对某个旅游者来说，气候、舒适和高尔夫球场可能很重要，但另一个旅游者可能认为价格、网球场和海滩是最突出的属性。由此可见，一个旅游地不同属性的突出点也是因人而异的。

对同一个人来说，属性的突出点取决于他的需要和目标。比如，在决定是否让全家人坐飞机去旅游时，价格可能是一个特别突出的属性，但在选择汽车旅馆时，价格可能并不是一个特别突出的属性。这是因为买飞机票与驱车到某个遥远目的地的费用相差很多；要是在整个度假期间住一晚上的费用相差无几的话，一间汽车旅馆房间的价格可能就不那么重要。

属性的突出点在旅游者决策过程中起关键作用。而且，一个总态度所包含的每个属性的相对突出点，有助于人们判别旅游者在作特定旅游决策时要寻求的主要利益。

利益在论述旅游行为与决策时，是一个关键的词。人们并不为阳光本身才去旅游，他们去旅游是因为阳光对他们有好处，即因为阳光能晒黑他们皮肤，给他们温暖，使他们感到舒畅。人们投宿豪华的饭店，并不是因为宽大华贵的床铺与正厅一般的门廊本身，而是因为在宽大的床上可以睡得更舒服。宽敞的、花木葱茏的门廊使他们赏心悦目。

产品与服务不是由于它们自身的原因被购买的，而是由于它们能提供某些利益。因此，负责经销旅游的人必须在消费者寻求利益的意义上理解购买者的行为。他们应该认清与他们的服务有关的突出属性，以及在任何特定购买情况下，他们的服务所能提供的主要利益。不过，因为多种原因，这并非是轻而易举的事。

如前面所述，首先，人们对每个属性的相对重要性看法各不相同。第二，有时候，人们按常规认为是重要的属性，实际上并不突出。以一家主要的航空公司的安全记录为例，航空旅行者自然关心航空公司的安全纪录，但所有主要的航空公司的安全纪录多半是大致相同的。因此，当人们选择飞行于两个大城市之间的一家航空公司时，安全便不是一个突出的属性了。同样，某人在某个地点的四五家主要汽车旅馆中作选择时，清洁程度可能就不是突出的属性了。

当人们不知道为什么喜欢一种产品甚于另一种产品时，辨别一种产品的突出属性可能就困难了。即使人们作出判断，也不会总是完全"真实地"向别人说明其突出的利益，有些人会为他们的选择列举些社会公认的，或料想的那些理由。这些因素使得旅游产品的销售工作变得特别困难。

3. 在旅游环境中寻求的利益

市场研究者已逐步获得了判断突出属性可靠的方法，即从服务所提供的一切可能的实惠中判断出某个最显著的属性。

例如，美国的乔纳森·N·古德里奇（Jonathan N·Goodrich）的一项研究考察了来自美国东北部的一大批美国捷运公司的顾客的旅游态度。这批顾客都是经常去国外的旅游者。向每个被调查者提出度假旅行的 10 点实惠，并要求他们考虑九个不同旅游区度假游览的前景。这九个旅游区是佛罗里达、加利福尼亚、墨西哥、夏威夷、巴哈马群岛、牙买加、波多黎各、维尔京群岛和巴巴多斯。所有被调查者都曾在某个时候游览过这些旅游区，他们全都比较喜欢温暖、阳光明媚的天气。要求这些人说明度假旅行的 10 点实惠在影响度假目的地选择上的相对重要性。采取这个方法，某个类型的旅游目的地的最突出属性就明确了。

此项研究结果如图 6-4 所示。它表明当旅游者考虑到调查表中的九处旅游目的地中的一处去度假时，评价最高的利益是优美的风景、当地居民的态度与合适的膳宿。其次是休息与娱乐、文化上的兴趣、烹调、水上运动设施。最后是娱乐设施（特别是夜生活）、购物、高尔夫球与网球场地。

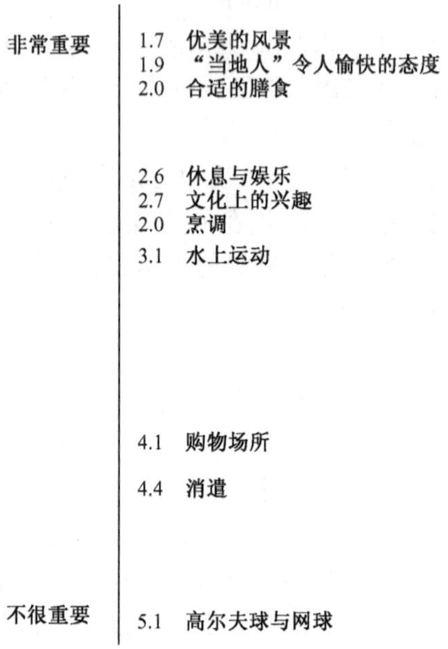

非常重要	1.7	优美的风景
	1.9	"当地人"令人愉快的态度
	2.0	合适的膳食
	2.6	休息与娱乐
	2.7	文化上的兴趣
	2.0	烹调
	3.1	水上运动
	4.1	购物场所
	4.4	消遣
不很重要	5.1	高尔夫球与网球

图 6-4　10 种旅游利益的相对重要性

注：此值是根据画七个点的比例表求得的相应数。

1 等于生根，7 等于不很生根。值越小其生根性越大。

读者在理解图 6-4 所示结果时，还应谨慎，因为这些结果所反映的仅是某一类人的态度。本图所涉及的人大多是受过良好教育、有中等收入的中年人。人们自然认为属性的突出程度根据人口统计的特点、需要而有所变化。比如，最近一项对年轻单身汉度假旅游态度的研究表明，选择旅游目的地时，他们更多地考虑夜生活。而在一项汽车度假者住宿决策的研究中，发现最突出的利益是饭店价格中等，以及旅行路线的最近停靠点，且停车便利。然而，乘汽车的公务旅行者，对价格中等就看得不那么重要。

三、旅游偏爱的形成

旅游者对态度对象突出性利益的知觉，会导致旅游偏爱的形成和发展，而已形成的旅游偏爱又会直接影响旅游者旅游决策过程的意向。当一个人考虑可供选择的旅游目的地时，假如他打算去某目的地，他就要估计该目的地能提供给他的每一个利益有多大。经过评估，加上每个利益的突出点，使旅游者能够决定哪一个旅游地可以充分地满足他的需要与达到目标。图 6-5 是旅游偏爱形成过程的概念图解。

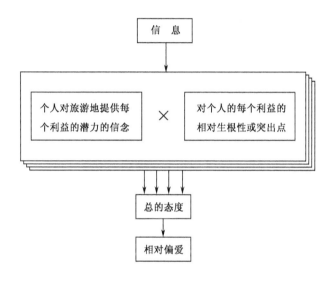

图 6-5　影响旅游者行为的因素

利益的相对重要性，以及旅游目的地提供该利益的可见潜力，是由旅游者个人确定的。假如旅游者选择的目的是充分满足他的需要和供给他所要求的利益，则类似图 6-5 的决策过程就会出现。旅游者作出决策可能需要一个很长的时间，也可能只要几分钟，甚至几秒钟。他们可能周密而有意识地，也可能是主观地、下意识地作出影响自己决策的估计与判断。重要的一点是，在选择旅游目的地及其他选择之类的旅游决策中，其心理上的因素是相同的。

这里所讲述的旅游决策过程，重点在于表明经销旅游服务的人对潜在的旅游者是能够施加影响的。

一个旅游地对旅游者总的吸引力，不仅与旅游者所寻求的具体利益有关，而且与旅游地所能提供这些利益的能力有着极大的关系。乔纳森·N·古德里奇（Jonathan N·Goodrich）提出一个旅游目的地吸引力的计算公式：

吸引力＝（个别利益的相对重要性）×（旅游目的地提供个别利益的可见能力）

因此，为提高旅游目的地的吸引力，首先，必须努力提高该旅游地在提供具体利益方面的形象；其次，必须努力改变具体利益的相对重要性。提高某个旅游目的地的吸引力的第三种努力，是轻视与之竞争的旅游目的地提供具体利益的能力。当然，这是第一种选择的变式。

虽然此处大部分论述都集中在目的地的选择上，但应着重指出，上述旅游决策过程也适用于关于交通工具、饭店与汽车旅馆、餐馆、旅行社、休闲度假活动等决策过程。在每一种情况下，对供选的对象的评估，都以它们提供旅游者认为最重要的利益的能力为基础。

四、选择供选对象的方法

（一）选择供选对象的方法分类

我们已经看到，旅游决策者根据他寻求的利益和各个供选对象提供突出利益的潜力来估价和选择。但是，到目前为止，我们的论述只是假定一组特定的选择对象供旅游者估价，却尚未阐明某个供选对象如何恰好被选中。

我们还可以考虑一下这样的旅游问题：乘坐哪一家航空公司的飞机很可能使我如期到达我想到达的目的地？在哪个度假目的地我会过得最快乐？我应该向哪一家出租汽车公司租一辆汽车？我到了旅游目的地后该做些什么？我离家外出时该在何处就餐？我一路上该住哪家汽车旅馆？我应乘飞机去旅游目的地，还是乘车去旅游目的地，或者使用某种别的交通工具？我该择取哪一条巡游航道？我应委托旅游代理人吗？我应委托哪一位旅游代理人？

图 6-6 将有助于我们理解这个过程。在这个过程中，那些被仔细评估的供选对象是作为一个能够解决具体旅游问题的方法而加以周密考虑的。

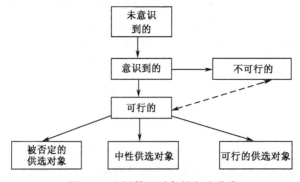

图 6-6　选择供选对象的方法分类

图 6-6 表明，一个供选对象至少必须经过三个阶段才能成为可行的选择对象。

首先是意识。旅游决策者必须首先意识到一个可能的选择对象，才能对它认真加以考虑。比如，在沈园被看作是绍兴的一个旅游目的地之前，旅游者必须意识到它的存在，它欢迎旅游者，并能给旅游者提供膳宿；在考虑把火车作为上海到绍兴的交通工具之前，旅游者必须意识到火车能够承担这两个城市的客运任务。

第二个阶段是可行性。意识到某个供选对象之后，旅游决策者必须作出判断，它是否真正可行。这可能要根据旅游者承担这个供选对象的能力来考虑。比如时间和金钱因素，能否得到出国签证，旅游高峰期间能否预订到车船票等。旅游目的地国家对美国旅游者来说是否可行，政治因素也往往起着作用。

如图 6-6 所示，不可行的供选对象，过些时候可能变得可行了，反之亦然。

第三个阶段是初步筛选。意识到某个供选对象，并断定该供选对象是否可行后，该不该对此供选对象做更仔细的考虑？旅游决策者根据上述的旅游偏爱形成过程作出初步决定，这一阶段可看作是初步筛选阶段。

有些供选对象在初步筛选的过程中，一开始就很快地被否定了。旅游者经过考虑，对这些供选对象能否实现预想的旅游目的，迅速形成否定态度。另一些供选对象既没有立即被否定，也没有立即被接受，便形成既不肯定也不否定的中性态度。还有一些供选对象，将被列为可行的供选对象。这就是说，决策者有可能在经过进一步的评估后，会从这些供选对象中选定一个对象。

被立即否定的那些供选对象显然是旅游决策者认为他们不具有满足其目标与目的的潜力。例如，厌恶枪支，厌恶戮杀野兽的人，会立即拒绝以行猎作为度假方式；不喜欢冰雪与寒冷天气的人会立即拒绝去作冬季旅游；对飞机深感害怕的人会立即拒绝去任何地方的航空旅行。

旅游者没有立即形成态度的那些供选对象，可以看作是中性供选对象，它们有待于收集更多的有关信息，或有待于家庭其他成员的推动才能作出取舍。一位年轻旅游者可能认为乘火车是一个可行的交通工具供选对象。但在几个重要问题得到回答之前，还不能对它立即形成肯定或否定的态度。如从北京到广州要多长时间？车上设有何种睡眠设备？对没有经过铁路旅行的旅游者来说，这些通常都是关心的问题。

旅游者对列入可行一类的供选对象，将作更为详尽的估量。对这些供选对象的初步判断，是认为它们具备满足旅游者目的的某些潜力。各种旅游产品与服务的经销者的目的则是将他们的产品与服务列入这类对象之中。旅游决策者以上述的决策过程对每个对象进行评估后，就在这类供选对象中作出抉择。

(二) 供选对象怎样成为可行的对象

一个供选对象怎样进入可行的供选对象之列，这对我们来说具有特别的意义，因为经销旅游的人能够影响这个过程。

消费者行为理论家一般都赞同这个看法，即可行的供选对象数目通常只占人们意识到的，并认为可行的供选对象总数的一小部分。消费者行为的心理研究表明，列入可行一类的供选对象的数目是有目的地加以限制的。这种限制有助于决策者从一个涉及大量供选对象的极其复杂的决策过渡到一个涉及较少的供选对象的比较容易的决策。换言之，决策者用减少必须予以仔细评估的供选对象的办法来简化决策的过程。

在旅游决策的范畴内，据估计，绝大部分旅游者在挑选度假旅行目的地时，仔细考虑的供选对象不超过 7 个。当然，可以的供选对象的实际数目因人而异。比如，近期曾经出国旅游过的人为下次度假旅游所考虑的可行的供选目的地要比从没出国旅游过的人考虑的数目多。一项探索研究还发现，美国人考虑的可行的供选目的地数目一般比芬兰旅游者考虑得多。也许，这表明旅游目的地的选择受国界，也受实际收入水平的强烈影响。

重要的是，旅游者对可行的供选对象的选择并不一定是一成不变的。列入可得到的，可行的供选对象，通常会随着时间的推移与情况的变化而改变。一个人用自己的钱住饭店时，住一家五星级的饭店可能是不可行的；但如由别人付账，这就可能是极为可行的。游览过海南岛的人，即使他在那里曾度过一段快乐的时光，可能也不会认真去考虑下次度假再去那儿。可行的供选对象可增可减，也可改变。正如我们所知，旅游营销人员在这些更改中能起重要作用。

我们还应注意，决策者并不总是在各种旅游问题被认识与被辨别后，才去寻求这些问题的解决办法的。我们的讨论看来似乎含有这样的意思，即决策者并非总是以一种有条不紊的方式作出决策的。

某些旅游决策是根据过去收集到的信息和脑子里尚未产生某个旅游问题之前就已储存下来的信息作出的。比如，一个人在决定旅游目的地时，他可能从已经列入可行的一类目的地中作出选择。而实际上，决定进行一次旅游，与决定去什么地方又很可能是同时进行的。也就是说，这两项决定实际上可能是同一个决定。了解这个方式后，旅游营销人员要恰好在旅游者自觉地认识到某个旅游问题之前，就试图把他们的产品列入可行的供选对象之列。比如，某些旅游广告商极为重视在旅游旺季即将到来之前，让广告与潜在旅游者见面，而在淡季做广告的目的在于刺激淡季业务。但事实上，在七月份淡季里做广告的影响力可能与在冬天淡季月份里做广告的影响力同样大。

最后，有理由认为，旅游者认真评估过的可行的供选对象的数目是不相同的。它取决于某个旅游决策本身。消费者行为理论认为，人们作一个决策，要承受"错误"决策的风险，故而，它的重要性提高了，个人认真加以考虑的可行的供选对象的数目也就因此减少了。让我们看几个例子。

假设一个人意欲选择一家新的旅行社，他至少要跟一家旅行社打过交道之后，才有可能从他所在地区营业的旅行社中看出很多区别。因此，我们料想，可行的供选对象的数目一定会相当大，而在这个特定事例中，实际选择可能只根据一个突出的因素，即地点的便利。

第二个例子涉及旅游目的地的选择，可行的供选对象数目看来可能较少，前面提到过的研究结果将证实这一点。可行的供选对象数目为什么会较少的一个原因是，它与旅行社不同，大多数度假目的地都可能很有特色，没有两个地方是完全相像的，大多数目的地即使与某个竞争地极为近似，但也有所不同。

以上对旅游供选对象的讨论，与旅游业有极其密切的关系，因为一般的旅游者通常考虑的可行的供选对象数目，表明旅游经销者所经营的竞争环境的种类。比如，在航空业，班机提供的时间便利与准点飞行一定被认为是在市场取得成功的决定性因素。在零售旅行社领域，旅游地提供的便利一定被认为是争得新业务的关键因素。而推销度假旅游地所面临的问题大不相同。由于多种突出因素影响着一个目的地在吸引游乐者方面的成败，所以经销必须致力于恰如其分地衡量每个因素的作用上面。

最后，再一次提醒注意，旅游营销人员所面临的主要任务是使旅游者意识到他们的某种服务项目，促使旅游者把这些服务看成是可行的，对这些服务形成肯定的态度，致使旅游者把这些服务看成是解决旅游问题可行的供选对象。现在我们将要考虑旅游营销人员如何能刺激消费者的这种心理活动。

第四节　　通过改变态度影响旅游行为

态度的稳定性不意味着态度是一成不变的，随着外界条件及个体因素的变化，态度可以改变，并可以形成新的态度。

态度的改变包括方向的改变和强度的改变两个方面。例如，一个旅游者对某一旅游产品或服务的态度从消极的变成积极的，这是方向的改变；对某一旅游产品或服务的态度从犹豫不决变得坚定不移，这是强度的变化。方向和强度之间有着必然的联系。一个人的态度从一个极端转变到另一个极端，既是方向的改变，又是强度的改变。

在以下内容里，我们将讨论如何通过改变旅游者的态度来影响旅游者的行为的。

一、改变旅游产品

要使旅游者改变对某种旅游产品的态度，最简便的方法往往是改变旅游产品本身，然后，以某种方式确保旅游者发现这个改变。研究表明，旅游产品甚至只稍作改变，其效果就可能比所有其他的广告与宣传努力大十倍。对物质产品的改变，人们有目共睹，经销者无须依靠说服性的推销手段使消费者确信存在着差别。比如，汽车制造商不时地、大幅度地改变其生产的汽车样式，使更多的人对他制造的产品给予肯定的评价。

除物质产品外，经销者还能改变许多东西，这是经销旅游产品者的幸运。但由于大多数旅行产品是以服务形式出现的，与汽车不同，基本上是无形的，而服务上的任何改变又不易为大多数人所看到。

旅游产品或服务的经销者应全面地考虑产品或服务对旅游消费者地意义。这一点是重要的。如对出租车公司来说，它的服务所承担的仅仅是以某个价格提供一辆能行驶的汽车而已。对旅游消费者而言，这种服务具有更为广阔的含义，如清洁程度，车辆的维修状况，途中发生故障时的弥补服务，提供预订，以及许多其他因素。经销各种与旅游有关的产品的人，必须理解旅游消费者用以确定该项服务含义的各个有关方面，单从销售者的角度看问题是不够的。因为当旅游者考虑供选择服务时，销售者若单从一个角度看问题，就可能出现与旅游者或多或少、甚至完全不同的因素。

旅游服务不可能像实物产品那样可以在形体上加以改变，但是可以通过改变旅游从业人员的态度和仪表、服务价格及服务方式等途径来促使旅游者改变对旅游服务的态度。

(一) 微笑服务与仪表

旅游从业人员的微笑，可以对旅游者的态度产生影响。通常，笑是一种心境，反映出人的情绪状态及精神面貌；同时，笑也是一种世界通用语言，凭借它进行交际，有时比说话更能表达友好的目的。

英美两国合资的希尔顿饭店之所以誉满全球，首先是因为它的微笑服务，而后才是饭店规模。1930 年是英美经济萧条最严重的一年，全美饭店倒闭达 80%。希尔顿饭店负债 50 万美元，但他们上下一致，不把心里的愁云摆到脸上，始终恪守"饭店服务员脸上微笑永远是属于顾客的阳光"这一信条。经济萧条一过，希尔顿饭店进入了经营的黄金时代，终于成为世界最大规模的饭店集团之一。

旅游从业人员的仪表是旅游者产生"第一印象"的基础。因为人对客观事物的认识总是从感知其外部形态开始的，旅游者对旅游企业经营管理和服务质量的判断和评价，及其对旅游产品和服务态度的形成，往往就是从感知旅游从业人员的仪表开始的。

　　尽管在不同的历史条件和不同的社会中，人们对仪表美的认识有差异，但总可以找出大体一致的标准。例如，旅游从业人员精神饱满、整齐清洁可以给旅游者安全、明朗的感觉，从而使旅游者乐意与其交往；反之，旅游从业人员精神萎靡、蓬头垢面，则难以给旅游者留下良好的印象。又如，旅游从业人员整洁合体、美观大方的服饰不仅能给旅游者清新明快、朴素稳重的第一印象，而且可以使人联想到旅游企业的经营管理成就合"宾客至上"的服务精神，从而产生各种不同程度的信任感、诱发其形成积极肯定的态度；反之，则会给旅游者极不雅观的印象，甚至引起对从业人员个人品质的怀疑，从而形成消极否定的态度，使旅游企业的声誉受损，影响经营效果。再如旅游从业人员文雅、庄重的风度能促进旅游者形成积极肯定的态度；反之，举止轻浮、言谈粗鄙，会减弱旅游者的购买兴趣合欲望。

（二）营业地点和服务网点

　　地点是许多商业公司取得成功的关键因素，对出售无形服务的旅游公司尤为如此。由于服务既是生产性的，又是消费性的，所以，消费者必须到生产者所在的地方去，或者相反。像航空运输或住宿设施之类的服务不可能存储，也不可能迟些日子交货。因此，经销者必须尽可能地接近他要服务的人。

　　改变或增加经营服务场所的数目，是旅游服务公司促使人们对它持积极态度的最佳方法之一。所以，各饭店为取得最好的地点而开展竞争。航空公司寻求尽可能多的有利可图的服务市场。在大都市中心区的旅行社开设众多的分社。

（三）时间便利

　　除地点的方便外，旅游服务企业还应提供时间上的便利。比如，航空公司提供方便的开机时间，汽车出租公司开展昼夜服务，饭店规定方便的结账时间等，都可以促使旅游者对他们提供的服务持肯定的态度。

（四）有形商品与设备

　　虽然实际旅游产品可能是无形的，但大多数旅游公司使用有形商品与设备来展示他们的服务设施。汽车出租公司出租汽车；饭店与汽车旅馆以设备齐全的大厦供旅客住宿；游船公司的大游船备有用膳、住宿与娱乐设施。所有这些有形设备都影响着人们对各种旅游服务公司的态度的形成，并且，有形的设备可以根据刺激人们形成肯定态度的方式加以改变。

　　例如，通过对宽机身飞机的投资，航空公司改进了他们的经营作业，创造了一个更舒适的空中交通形象，促使人们形成与之相应的肯定态度。联营饭店通过独特的建筑设计和对舒适的室内设备作大规模投资，力求促成肯定的态度。零售旅行社尽力制造亲切与团体感的气氛，并对电子计算机设备进行投资，使旅行社的形象与作业更为鲜明和有效，以此影响态度的形成。

然而，也存在着有形的商品与设备仅起很小的支持作用的情况。比如，旅行社的大部分业务可以被看作是旅游代理人与旅游者之间的人际交易，这使得态度的形成很少受旅行社经营者的控制。因此，旅行社面临的问题是，要使人们树立起对一项真正无形的、不可见的服务，即职业旅游顾问的态度。这是一个特别困难的任务。而联营饭店，虽然也出售住宿这样的无形服务，但它展出宽敞的房间，舒适的家具，富丽堂皇的床铺与花木葱茏的前厅的广告照片，比较容易影响对它的产品的态度。

尽管如此，当一家旅游服务公司意欲改进人们对其的态度时，通常应把改变无形服务和用来提供此项服务的有形商品与设备置于首先考虑的事情之列。设备与服务只要有可以改进之处，就应加以仔细考虑。如旅行社应特别注意总的形象与环境的形象；注意旅行社的名称文字标志，信笺上端所印的文字，以及注意雇员的行为与风度。饭店设施应尽可能设计得优雅、舒适，墙壁、地板、天花板要色彩协调，照明柔和，音响避免噪音，空气保持清新，气味芳香馥郁，温度、湿度宜人。

一个出色的饭店招牌，可以对旅游者产生以下的心理影响：

1. 引起注意和兴趣

形式新颖独特、富有艺术性和形象性，或字形别致、富有文化素养的招牌，能迅速抓住旅游者的视觉，给人以美的享受，从而诱发旅游者浓厚的兴趣与丰富的想像。

2. 了解特色和传统

招牌采用典雅、传统的字号，再配上名家的题字可显得庄重朴实，不仅以浓郁的民族风格赢得旅游者欣赏的目光，还能引起他们对饭店经营史、经营风格、经营传统的联想，产生信任感。

3. 加强记忆和易于传播

一些独特、易读易记，又与经营特色和服务质量相符合的饭店招牌，容易给旅游者留下深刻的记忆，并在其他旅游者中广为传扬，起到广告所不能起的作用。

二、知 觉 的 变 化

新的知觉也能促使态度发生变化，即使在基本产品和服务保持不变时也是如此。以某种方式传递新的或追加的信息，即关于某项旅游产品或服务，以及这些产品或服务如何有益于旅游者的信息，可以改变旅游者的知觉，从而促使其态度作相应的改变。

凡服务本身没有真正改变的地方，广告在传播形象上当然起重大的作用，这个形象能加强人们现有态度，或促使人们改变对该项服务的态度。例如，美国航空公司在其主要竞争对手强调"友好天空"，作业及时和"为人添翼"时，一再着重指出它是"公务乘客航空公司"；游船公司强调有意大利节日气氛；出租汽车公司声称要做大的努力，或者倚仗超级明星的身份；墨西哥自称"友好之邦"；而弗吉尼亚是"恋人圣地"；哥斯达黎加自称是"无忧无虑者的地方"；葡萄牙则是"别有天地的葡萄牙"；饭店公司称自己是供参观的场所，是"公众乐园"，"四海一家……而不是联营饭店"。

给旅游服务公司选择的名称，大大有助于在旅游者心目中形成该公司的形象。设想一下，假日旅馆、旅游客栈、红地毯旅馆与公主饭店这样的名称，与希尔顿（Hilton）、霍华德·约翰逊（Howard Johnson）、马利奥特（Marriott）和皮克（Pick）这些为纪念饭店公司创始人而命名的名称形成对照，后者对促进年轻的旅游消费者在心目中形成形象收效甚少。旅行社提出无数个具有想像力的，无疑有助于消费者在心目中形成形象的名称。如旅游者之家，欢迎，爱神旅游，重游，旅迷，旅游大师，随时随地旅游等等。

有时，旅游服务公司改变名称，也能促使人们改变对该公司及其提供的服务和知觉。

这里讨论建立形象的策略目的，是使消费者接触旅游公司提供具体利益的感性信息。不过，如果没有利益，公司名称或它的广告条文很难成功地促使人们形成持久地肯定态度。如一家旅游公司声称"我们要更努力"，它的雇员们就必须更卖力地干。取名为"和爱旅游"地旅行社，就不能雇用讨厌旅游者的人做职员。称为"旅游大师"的旅行社必须雇用名副其实的职业旅游顾问。此处讨论的几种知觉的变化只有在服务本身与通过广告和其他沟通方式创造的旅游期望相符合时，才得以实现。

改变知觉，以促使对旅游服务公司形成积极的态度绝不是轻而易举的事。本章在前面讲过，态度会抗拒改变，例如消费者有意避开与他们当前的态度结构不相一致的信息。降低消费者知觉防御的一个有效途径，是给公司的服务取一个新的名称。新名称要与过去用的不同，要促使消费者把这项服务看成某种不同的，或新的服务。于是，消费者就更可能吸收新信息，这种新信息能改变他对该项服务及提供该项服务的这家公司的知觉。例如，迪斯尼（Disney）乐园给娱乐公园带来了新的生命。它的办法首先是大幅度改进产品本身。第二是提出一个重要的新名称。即主题公园。几乎一夜之间，迪斯尼乐园把娱乐公园变成了供整个家庭健康地娱乐的新企业。又如假日旅馆（Holiday Inn）自称汽车旅馆联营，此名一直用到他认识到需要向商业区和度假胜地扩展为止。以后，该公司就开始自命为饭店联营。还公开提出了"欢迎光临世界第一流的公众乐园旅馆"的口号。

三、促使行为改变

1. 反复接触新信息

我们在前面讲过，脆弱的态度比强烈的或极端的态度更易于改变。改变一种强烈的态度则需要更长的时间与耐心，因为必须一点一点地加以消除。持有强烈态度的人，必须反复接触新信息，逐渐削弱他的防御机制。

2. 重复

研究表明，重复是改变强烈态度的关键之一。必须使具有某种态度的人知道改变态度的充分理由。对乘飞机、露营、去国外旅游或住宿高价的豪华饭店持强烈否定态度的人，不会一夜之间改变他们的态度。反复申述改变这种态度的充分理由而又不使其改变后感到后悔，这确实是有效营销最困难的工作之一。

3. 幽默

利用幽默是改变强烈态度的最有效的方法之一。幽默在不与人们设法加以改变的强烈态度发生直接的，或进攻性的对抗方面是特别有效的。当幽默提供的信息令人开心快乐时，它会很有效。当产品或服务已经被清楚地认识到，而且笑料还未"过时"时，幽默感将显得更为有效。

营销人员使用幽默是因为幽默能吸引人地注意力，广告人员也相信幽默具有劝说的作用。据估计 25% 的电视商业广告都包含某种幽默成分。

幽默的作用可以从两个方面来分析。一方面，幽默可能会使产品或服务更加引人注目，也更加好记。幽默也可能增加营销人员的可信度。幽默可能引发消费者的好感并因而增强信息的说服力。另一方面，它也可能将使用竞争性产品的消费者从对产品广告的不满中转移出来并使之接受信息。

然而，使用幽默时也会冒点风险。一个喧宾夺主的幽默可能会对信息的理解产生负面效果，无法表现出产品的优点。比如，幽默的使用只是引起人们的注意，但并没有传递出任何有关使用该产品或服务所带来好处的特殊信息。幽默要发挥作用，就必须与产品有一种自然的联系。

什么时候对幽默的使用最为有效？研究人员发现在下列情况下，幽默在使消费者接受所获得的信息方面能起更大的作用。

（1）消费者对产品一无所知。既然幽默只是信息的附带物，它就更有可能对那些对产品一无所知的消费者产生影响。

（2）针对现有产品。为新产品做广告须传递信息。与传递信息相比，幽默在烘托气氛方面更有效。

（3）消费者对产品有好感。幽默能加强消费者对产品的好感，但不能扭转其对产品的负面印象。

（4）信息不协调。奥尔登（Alden）、霍伊尔（Hoyer）、李（Lee）研究了幽默广告在四个国家（美国、韩国、泰国、德国）的使用情况。他们发现，在四种文化中，大部分幽默广告都有不协调的主题。例如一则广告将一个成年人装束的小孩与咳嗽滴液的好处联系在一块，这肯定使不协调的。

在直接向持强烈态度的旅游者作个人销售时，应用反复申述与幽默也是有效的。每次重复促使态度变化的论点，都会削弱现有态度的强度。然而，以为某人一下子就能把一个强烈否定的态度变成强烈肯定的态度，来个一百八十度大转弯，那是不现实的。

4. 时机

有时，独有的旅游经历本身会造成一种精神状态，减少抵制态度变化的心理障碍。旅游者离开家庭，离开工作，离开日常规定的事务，一般易于接受新经验，结交新友，吸收那种能削弱现有态度并导致态度变化的新信息。对许多人来说，旅游与改变对外国文化、异国人民及其食物和语言的态度，显然是联系在一起的。因此，改变人们对各种旅游服务的态度的大好时机，可能就在他们离家旅游之时。

5. 广告

本章开头，我们按认知、情感与行为三个组成部分对态度进行了考察。通过对态度的剖析，比较容易理解态度是怎样形成与变化的，从而促使行为作相应的改变。例如，旅游广告商可传递能改变对他的产品与服务的信念，即能导致态度变化的信念的真实信息。一则出租汽车的广告，首先要着重指出日租价格。实际上大部分出租汽车广告似乎都着重传递日租价格的信息。

广告也可以改变态度的情感部分为目的。因为人们力求情感与信念的和谐，所以，有效的广告的基调与形象能同时影响情感、信念与见解。如，一家饭店的广告尽力强调基调和形象，并采用了一幅触目的照片，用华丽的、醒目的、热情的、动人的、富有魅力和有气魄的词语，把它描绘成令人陶醉的住处。

6. 激发冲动性决策

最后，采用冲动性的方法，诱发旅游者改变行为。例如，通过免费分发样品或其他刺激品，态度的形成与改变便可能随之发生。因为许多人倾向于在去目的地途中作出冲动性旅游决策，因此，利用这个倾向的努力会有很大的收效。如一个旅游者凭一时冲动，可能接受别人的劝说，决定改变预定的旅游计划，他的态度随着这样一次经历而改变。这种改变态度的方法的关键是了解怎样向旅游者推销旅游路线，和怎样促动他作出适当的冲动性决定。

在传递动机信息时，必须记住旅游者往往是一个运动着的目标，因此，能用来与他联络的媒介是有限的。这些媒介是飞机中阅读的杂志，机票封套，机场上的广告，还有活页广告，即《交通图》之类的旅游者专刊和通过饭店、餐馆与快报中心散发的各种各样的小册子，以及能向汽车旅游者传递信息的露天广告即广告牌。

激发冲动性旅游决策并无诀窍。但当我们了解了人们为什么作出冲动性决定时，某些可能性就会自然出现。

已经发现凡凭冲动行事的人，易于不安与厌烦。他们往往一味想用令人兴奋的，冒险的或新奇的活动来改变厌烦与呆板的生活。因此，为他们的生活多样化所作的努力可能非常有效。

已知改变易冲动者行为的最有效的刺激因素是某种威胁、浪漫以及重在金钱报偿的吸引力。写着"请停车——离下一个公共设施还有 48 公里"的广告牌，能威胁汽车旅游者。威胁或恐吓可以使人产生恐惧心理。恐惧的感染力可以概括为一种不利结果，如果旅游者不改变某种行为或态度，这种结果就会产生。通常只有当恐惧感染力引起的恐惧程度适中时，它才是最有效的。汽车出租公司强调日租金与计程租金低廉的广告，如同免费赠券与类似的推销手段一样许诺金钱报偿。

劝说旅游者作出冲动性决定的各种努力，实际上是要抬高有疑问产品的可见的重要性。提醒旅游者下一个公共设施在 48 公里外这样的广告牌，是企图提高正好坐落在离州界最近通道上的服务站、餐馆与汽车旅馆的可看到的重要性。强调汽车的日租金与计程汽车租金低廉的广告是企图提高租用这家汽车出租公司的汽车，而不是租用另一家的汽车可见的重要性。

四、激发潜在动机

提高某项旅游服务的可见到的重要性的另一个办法，是诉诸于潜在的动机，即可能与一个特定场合有关，但对旅游决策者尚未产生影响的动机。前面提到过的一个例子着重谈了一位对迪斯尼乐园持否定态度的人的情况。当提醒他对孩子们的责任时，他的父母责任感就上升了，并促使他改变自己原来的主意。起先，此人满足他孩子们的需要的动机是潜在的，也就是说，隐蔽在决策过程之外。认清并激发这样的潜在动机，可能是强化态度，激发特定类型的旅游行为的强大力量。

五、改变储存的知识

我们在本章讨论的策略，几乎全都要求以某种方式传递新的和追加的信息，即关于某项旅游产品或服务，及其如何有益于旅游者的信息。对一项服务，或对提供该服务的公司只具有有限的信息的人，一般比知识面较广的人容易改变态度。凡信息有限，对立的信息就更可能带来态度的改变。比如，当人们对旅游代理人的作用所知甚少时，显示说明他们服务的信息，可能会带来对旅游代理人态度的肯定性的改变。另一方面，一个人的旅游经历由于旅游代理人的过错而美中不足，此人可能从中得出一般性的结论，并不为新信息的出现而动摇，他的否定态度仍有可能依然故我。

指出下述事实也很重要，作为一般规律，儿童与教育水平低的成年人，比受过较高教育的人容易改变态度。其理由很简单，受过高等教育的人对许多问题一般都有较多的知识。这个总的倾向对旅游业具有重要意义，因为娱乐旅游市场一般是由教育水平较高的人构成的。因此，改变娱乐旅游市场方面的态度，一般说来并非易事，因娱乐旅游者都是比较老于世故的消费者，他们对种种呼吁的反应，很可能是根据有助于真正解决旅游需要的服务作出的，而不是把表面的可感知的服务和形象当作主要的根据。

宣传心理学的研究表明，宣传对态度的转变是有影响的，宣传对旅游者态度变化的影响大小取决于以下两方面的因素：

1. 宣传者的权威性

宣传者的权威性由两个因素构成，即专业性与可信性。专业性指专家身份，如学位、职业、社会地位等。可信性指宣传者的个性特征、仪表，以及讲话时的自信心、态度等。显然，说话时结结巴巴、吞吞吐吐，不如理直气壮、信心十足使人感到可信。

根据心理学家伯洛（Ballo）通过对宣传者本身的威信与被宣传者态度改变之间关系的研究，得出宣传影响态度转变的三个要素。

(1) 可信性因素。宣传态度的公正与不公正、友好与不友好、诚恳与不诚恳。

(2) 专业性因素。宣传者的有训练与无训练、有经验与无经验、有技术与无技术、知识丰富与不丰富。

(3) 表达方式因素。宣传者语调坚定与软弱、勇敢与怯懦、主动与被动、精力充沛与疲倦乏力。

2. 宣传的内容与组织

对宣传内容是强调一方面有效，还是强调正反两方面有效？心理学家的研究结果表明：对于受教育程度低的人来说，单方面宣传容易转变他们的态度，而对于受教育程度较高的人，则正反两方面的宣传效果更好。人们最初的态度与宣传者所强调的方向一致时，单方面的宣传有效。最初的态度与宣传者的意图对抗时，则两方面宣传更为有效。

宣传效果与被宣传者的个性特征，如智力、性格、气质等有关。一般来说，智力水平高的人比智力水平低的人不容易接受宣传而转变态度。这是由于智力水平高的人知识经验丰富，善于分辨他人的宣传。智力水平相同的人，对于不同性质内容的宣传接受程度也不同。此外，自尊心强的人比自尊心弱的人不易改变态度。

由此可见，旅游者态度改变与宣传者的威信、宣传内容及组织得当与否有关。

复习与思考

1. 解释下列概念：
(1) 态度；(2) 踏脚入门技巧；(3) 偏爱。
2. 举例说明态度的功能和特征。
3. 信念、见解和情感之间的区别是什么？
4. 举例说明态度和行为不一致的原因。
5. 某一产品或服务的突出属性是指什么？
6. 如何改变旅游产品或服务，才能改变旅游者的态度？
7. 怎样理解即使产品或服务不变，一些新的知觉形象也能促使态度改变？
8. 宣传对旅游者态度变化的影响取决于哪些因素？

第七章　个性与旅游行为

个性是由个人行为中那些能将自己区别于其他人的稳定的特征构成的。这些特征有助于说明个人怎样尽力满足具体的要求和目标。研究旅游行为，必须考虑许多心理因素，包括个性在内，它们以多种方式对人的旅游行为发生影响。

在这一章，我们首先要介绍描述个性的几种方法，说明旅游者的个性如何有助于解释其行为。然后，我们将讨论生活方式与旅游行为的关系。同时，阐述心理描述或称生活方式个性分析法，怎样为理解各种类型的旅游者和各种旅游行为提供有价值的线索。最后，通过把个性分为几个组成部分来解释行为的不稳定性和不可预测性，从而表明个性如何左右和影响旅游行为。

第一节　个　　性

一、个性

个性一词来自拉丁文面具（persona），本来的含义是演员在舞台上扮演角色化装用的假面具，用以表现剧中人的身份。个性（personality）主要是指个人独特的心理构成因素和这些因素如何在个人对环境的反应中保持一贯的作用。近年来，个性内容的实质又成为争论的焦点。许多研究表明，人们在不同的环境中的表现并不一致，也就是人们并没有显示出较稳定的个性。直觉上讲，这一观念很难理解，也许是因为我们对他人的观察还局限在一定范围内，所以对我们来讲，大部分人的行为都保持前后一贯性。另一方面，我们每个人又清楚地知道，我们并非都能保持一贯性，有时我们显得狂野，其他时候又会是受人尊敬的典范。虽然只有部分心理学家摒弃了个性观念，很多人还是意识到，一个人深藏不露的性格因素只不过是整个谜团的一部分，环境因素在行为决策过程中的确起着重要作用。而这又低估了情形割裂分析（segmenting according to situations）的潜在重要性。因此，个性观念的某些方面仍然包含在营销策略设计中。当考虑到根据一个人的休闲选择、文学品位和其他一些被称为生活风格的个人因素进行细分时，上述评价尺度就将发生作用。

二、个性理论

对复杂的个性概念的理解，可以追溯到 20 世纪初开始形成发展的心理学理论。由于这些理论大都建立在对病人的梦境、伤痛经历和与他人的交往遭遇进行分析的基础之上，从这一意义上讲，这些观念都是定性的。

这些理论的建立，大部分的功绩应归于弗洛伊德（Sigmund Freud）精神分析理论中关于个性的论述所产生的巨大影响。弗洛伊德的某些理论将有助于理解这一结论：正是那些深层次的需求，激发着消费都去购买已经"个性化"的品牌，以满足这些潜在的欲望。

（一）新弗洛伊德理论

弗洛伊德将人们寻求社会可接受方式的行为，都归结为满足性欲。弗洛伊德透过潜伏于表面之下的因素来解释人类行为，但他的许多合作者和弟子仍然认为，一个人的个性应该更多地受到个人待人处事方式的影响。这些理论统称为新弗洛伊德理论。新弗洛伊德理论的杰出代表之一是英国心理分析学家卡伦·霍尼（Karen Horney）。她提出人们可以被描述成不断向别人靠近的"追随者"、离群叛众的"分离者"，或者与别人不同的突出的"进取者"。研究显示，这三类人倾向于购买不同种类的产品。举例来说，有研究表明"追随者"特别容易被名牌产品吸引，"分离者"则沉迷于茶道，而男性"进取者"对有突出男子气概倾向的品牌十分中意。其他新弗洛伊德理论的代表人物还包括阿尔弗雷德·阿德勒（Alfred Adler），他认为人们的很多行为是为了消除在与他人交往中产生的"低微"等感受；哈里·斯塔克·沙利文（Harry Stack Sullivan）则强调个性发展过程中如何消除社会关系中产生产焦虑感。

（二）荣格理论

卡尔·荣格（Carl Gustav Jung）也是弗洛伊德的门徒，他还被弗洛伊德认为甚至胜于自己。然而荣格不同意弗洛伊德对个性方面的过分强调，这也成为他们关系最后破裂的主要原因。荣格继续从事他自己的心理治疗方法，形成以后的"分析心理"学派。他强调个性形成过程，是个人的既往历史（他的过去）和作为有创造性的人（他的未来）的共同作用。

荣格相信人受过去几代积累的经验所影响。其观念的一个重要部分就是对被他称为"集中化的无意识"（collective unconscious）的着重分析，其植根于我们人类古老的对过去的记忆之库。例如，荣格就曾解释为什么许多人怕黑，因为他们远古时代的祖先绝对有理由是怕黑的。这些被认同的记忆就是"原始意象"

(archetypes)，或者说是统一的认识和行为模式。原始意象大多涉及诸如生、死、灵魂这些常出现在神话以及故事和梦境中的主题。

(三) 特征理论

另一个主要的个性理论则着重于定量指标，也就是特征 (traits)，或者说是区别个人的独特性格。例如，可以通过人们的社交活动频繁程度（外向倾向）来划分不同的人群。与消费者行为有关的特征包括创新力（人们接受新事物的程度）、唯物主义（把重点放在获取和拥有产品上的比例）、自我意识力（人们驾驭为他人设计的自我的从容程度），以及认知需求（人们倾向思考事物，或进一步说，付出必要努力去获取有关品牌信息的程度）。

由于大多数消费者可以依据不同的特征加以划分，从理论上讲，特征理论有助于市场细分这一目的。例如，假定汽车制造商可以确定，符合某一项特征描述的司机，将倾向选择具备哪些功能的汽车，这一配比将大大有利于生产制造。特征理论认为消费者购买的产品只是他们个性的延伸。对于那些努力创造适应不同类型消费者的品牌个性的营销经理来说，他们可以证明这一点。

然而，使用标准个性特征来预期产品购买选择的结果却让人"悲喜交加"。一般来说，经销商不可能单单以衡量个性特征为基础预计消费者行为。下面提出了对这一模糊结果的几种解释。

(1) 许多衡量标准并非实际有效或可靠，它们并不完全符合衡量的预期目标，而且在一段较长时间内结果也不保持一致。

(2) 个性测试往往在特殊人群（例如精神病人）中进行，而测试结果则被"借鉴"运用在一般人群中，其相关性颇值得怀疑。

(3) 测试经常并不在适宜条件下进行，就算是在教室里或厨房里，未经预先培训的人们也都可以参加。

(4) 研究者往往为了适应环境擅自变动工具仪器，不断有测试项目被增减，这些变动降低了衡量的有效性，也减少了研究结果在消费者之间的可比性。

(5) 许多特征标准衡量的是一些很全面、笼统的倾向（例如情感稳定性或内向倾向），而结果则运用在对特殊品牌的购买预期。

(6) 很多情况下，有些标准的制定没有充分考虑与消费者行为的相关性，研究人员会因循着一些偶然看上去很有意味的事情，试图走捷径。

虽然在经过大量工作而并未获得有价值的资料之后，经销商已基本上摒弃了继续对个性加以量化，却仍然有人未改变这一工作的初衷。更近一些的研究（很多在欧洲）正致力于从过去的失败中吸取教训。这些人员使用他们认为与消费者行为相关的更特殊化的标准衡量个性特征。他们试图主要通过多层次行为标准来提高标准的有效性，而不是单单运用个性测试中的单个项目来预期购买行为。

他们现在已经意识到，个性特征只是解决问题的一部分，个人特征资料必须与社会经济环境信息相结合才真正有用。因此，最近的无论是关于年轻人的饮酒量，还是消费者对新鲜有益健康食品的接受程度等行为的相关个性特征研究，都取得了一定的成功。

第二节　个性与旅游行为

个性是一种复杂的心理现象，对个性的描述有时也是模棱两可、含糊不清的。因此，出现了许多个性理论，形成了测试个性特征的多种方法，而且，对具体的个性特征的描述也众说纷纭。同时，用以确定和描述个性的方法不尽相同。我们要研究的只是其中最普遍的方法。

一、个性特征

个性特征主要表现在个体对他所生存的环境中反复出现的刺激和事件的稳定的反应方式上面。个性特征说明了每个人在不同时间、不同情况下行为的相对一致性。确定和分析个性的大量的研究工作，是以个性的测量与评价为基础的。

加拿大旅游局为了提示不同的个性特征与加拿大成人旅游行为的关系，用高度精确的统计方法对加拿大成年人进行抽样调查，研究结果表明，各种个性特征与旅游行为之间有着密切的关系，见表7-1。

这些研究成果清楚地表明，度假旅游的加拿大人的个性，显然不同于那些度假期间呆在家里，或根本不度假的加拿大人的个性。度假旅游的加拿大人比较爱思考，他们经常反省自己的行动，同时，也考虑和观察别人的行为。这个特征把他们大多数人从根本不度假的人中区分出来。在该项研究的被调查者中，度假旅游者比不度假的人更加活跃，更有信心，更好奇，更善于交际和心情更开朗。因此，这些个性特征可与一个人对旅行观光和结交相识的兴趣联系起来，他的信心和相应的健康感使他有勇气冒险远离家门及熟悉的环境。

在表7-1中，研究结果概括地、清楚地表明旅游者去的地方、使用的交通工具和度假中做什么，以及他们喜欢在一年中哪个季节去旅游等，都与个性因素有关。因此说，个性确实可能影响旅游行为。要更好地了解旅游者在旅游环境中的各种决策，虽然不可能仅根据一项研究得出的结论便能做到，但这项研究在某种意义上还是适合加拿大旅游市场的。例如，旅游代理人可以通过解说专门的旅游计划为人们解除疑虑，更有效地向缺乏信心的、不去旅游的加拿大人推销旅游服务。强调旅游胜地有益于休息和休养的宁静气氛，以吸引消极的非旅游者。航空公司可以利用驱车度假者开朗和好奇的特点招徕他们。

表 7-1　个性特征与加拿大成人的度假旅游行为

度假类型	个性特征
度假旅游者	好思考、活跃、善交际、开朗、好奇、自信
度假不旅游者	好思考、被动、克制、认真
不度假者	焦虑
汽车旅游者	好思考、活跃、善交际、开朗、好奇、自信
乘飞机旅游者	非常活跃、相当自信、好思考
乘火车旅游者	好思考、被动、孤僻、不善交际、忧虑、依赖、情绪不稳定
乘公共汽车旅游者	依赖、忧虑、敏感、抱有敌意、好斗、不能自我克制
在本国旅游者	开朗、活跃、无忧无虑
去国外旅游者	自信、信任他人、好思考、易冲动、勇敢
男性旅游者	好思考、勇敢
女性旅游者	易冲动、无忧无虑、勇敢
探亲访友者	被动
游览度假胜地	活跃、善交际、好思考
观光者	好思考、敏感、情绪不稳定、不能自我克制、被动
户外活动者	勇敢、活跃、不合群、忧虑、喜怒无常
冬季旅游者	活跃
春季旅游者	好思考
秋季旅游者	情绪稳定、被动

Ottawa，Canada：Canadian Government Travel Bureau，1971。

二、个性类型

根据个性特征，可以把人们划分为不同的类型。例如，将朋友描绘成善良、慷慨、热情的人；把敌人看成是多疑、贪婪、邪恶的人。人们还把熟人分成这几种类型：理性型、情绪型、内向型、外向型、自主型和依赖型。个性类型的划分有许多方法。这里将论述几种最普通的方法。

最早一位关于个性类型的理论家是希波克拉底（Hippocrates），他把人分为黏液质、胆汁质、多血质和抑郁质四种个性类型。自希波克拉底以后，又出现了其他几种个性类型的理论，这些理论大多试图把行为气质同身体特征联系起来。这里较为有影响的是德国精神病医生克雷奇米尔（E. Kretschmer）的类型理论和美国医生威廉·谢尔登（H. W. Sheldon）的类型理论。他们的理论都是根据人的体形和行为间的关系来划分个性类型的。但是，人的行为是复杂多变的，不能单纯依靠人的体格和身体形态这种简单化的分类来决定。

英国心理学家卡伦·霍尼（Karen Horney）认为确定行为的决定因素是神经性焦虑（neurotic anxiety），这是儿童"在潜在的敌对世界里孤独无援"而产生的一种情感。为适应这种忧虑和环境，儿童主要形成下列三种气质类型：

（1）温顺型。其特征是需要接近人们，需要爱、情感和赞许。

（2）进取型。其特征是需要对别人采取行动，需要超过别人，取得成就、威望和赞赏。

（3）孤独型。其特征是需要远离人们，需要自给自足、独立，不易受攻击。

根据霍尼的理论，个性的具体倾向性组成了成人行为的基本结构。例如，一个温顺型的人，会违心地恪守他认为是公允的行为方式，因为他的许多行为目标与求得一个公认的地位有关。一个进取型的人需要人们肯定其自我形象，巩固他的自信心，因此，他会故意招摇过市。不言而喻，这种惹人注目的行为是想得到人们的赞许。一个孤独型的人想使自己在感情上和别人保持距离，不愿和别人分享各种体验。

调查结果表明，霍尼所论证的这三种人购买和使用不同的产品及服务的行为方式各不相同。不过，对个性类型与旅游行为各种方式之间的关系，还没有进行任何研究。但是，这种研究一定大有裨益。例如，温顺型和进取型者两类人似乎应对旅游很感兴趣，虽然他们主要的旅游动机可能不同。另一方面，孤独型的人可能对旅游不大感兴趣，即使去旅游，他选择的交通工具、旅游地、旅馆及其他服务项目也不同于温顺型和进取型的人。

社会学家戴维·莱斯曼（David Riesman）提出了另一种通俗的个性类型分类法。莱斯曼在分析欧洲和美国政治社会史的趋势后，根据社会特征提出了个性划分的理论。他认为人的社会特性可分为三类：

（1）传统趋向型（tradition-directed）。中世纪以来，许多行为有其传统趋向性，即以权威的宗教信条为依据的、刻板的准则，规定在什么环境下应该做什么及为什么这样做。

（2）内趋型（inner-directed）。18和19世纪，由于宗教压制的削弱，个人的权利和成就越来越多地受到重视，于是，较多的行为转而具有内部趋向性，即每个人意识到自身利益，为自己适应日益复杂的世界选定一条合适的道路。

（3）外趋型（outer-directed）。当今美国，具有传统趋向型的人几乎不存在了，仅仅在那些仍处于与文化主流隔绝状态的被传统习俗所约束的部分社区还保留了一些。19世纪美国人理想的内趋型的人，现在也正为具有外趋型的人所代替。这种人的行为以得到他最亲近的同辈人的尊敬和赞同为目标。因此，对当代许多美国人来说，"最流行的东西"就是正确的东西。

莱斯曼还认为，从传统趋向型到外趋型的转变对消费者行为产生了深刻的影响。在传统准则支配行为的社会里，人们的穿着、吃喝应按传统规定，即使有一点偏离也得受惩罚。在内趋型支配行为的社会里，产品和服务的消费是由它们对个人的长远利益所做的贡献来决定的。但在外趋型支配行为的社会里，消费是由它们对人们的地位和声望所做的贡献来决定的。

由于美国正处于从内趋的社会到外趋的社会的转变过程中，因此存在着两种不相容的生活方式，人们不论追求哪一种都受到遏制，并将继续遏制一段时期。外趋型的这部分人所作的消费选择受到内趋型的人的动机的限制，后者认为前者的动机是轻率的、肤浅的，也许甚至认为在伦理上是错误的。

研究表明，莱斯曼的理论为研究各种行为提供了有益的见解。例如，人们发现年轻人比年长的人的行为更具外趋性，而具有内趋型的人不如具有外趋型的人易于说服，前者更加注意对其动机有吸引力的广告宣传。关于这两种类型的人的旅游行为的不同方式，至今尚未进行深入研究。然而，这两种类型的消费者的旅游行为在许多重大的方面是不同的，外趋型的人作出的旅游决定很可能更受地位和声望的驱使，而内趋型的人也许更受教育、娱乐、文化因素的驱使。那些被认为是传统趋向的旅游者很有可能会去游览祖先的故土、富有宗教色彩或有历史意义的胜地。

最著名的，也是在心理学界经常运用的归类方法之一，是瑞士精神学家和心理学家荣格（C. G. Jung）的类型论。他基本沿袭了弗洛伊德的理论和方法，但有所发展和修正。荣格认为"力必多"（Libido）是个体的全部生命力，他根据"力必多理论"，提出人分内倾型和外倾型两种，不同类型的人有着不同的心理特点，见表7-2。

表 7-2　外倾型和内倾型的心理特点

个性类型	心理特点
外倾型 （Extrovert）	心理活动倾向于外部，活泼、开朗、容易流露自己的感情。待人接物决断快，但比较轻率，独立性强。缺乏自我分析和自批评。不拘泥于一般小事，喜欢同他人交际
内倾型 （Introvert）	心理活动倾向于内部，感情比较深沉，待人接物比较小心谨慎。经常反复思考。常因过分担心而缺乏决断力，但对事情总是锲而不舍。能够自我分析和自我批评，不爱交际

荣格的类型论在某种程度上更为接近实际，但过分绝对化。人往往既有内倾倾向，又有外倾倾向，不可能完全属于哪一类。荣格后来也补充提出了中庸型（Ambiversion），他提出：每一个人都同时拥有两种机制——外倾和内倾，但由

其所占相对优势决定每个人的个性类型。近年来，英国心理学家艾森克（H. Eysench）发现这两种机制乃是一个连续体的两个极端，内倾型和外倾型各占一端。个体行为特征在此两端间的分布情况接近于正态分布。这种描绘对个性的分析是非常有价值的，它具体地说明了个体的内倾程度或外倾程度，比称一个人是或不是内倾或外倾更准确。这样，我们就可以从最内倾到最外倾依次给每个人打上一个相应的分数。见图7-1。

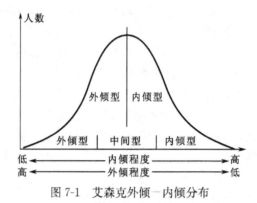

图7-1 艾森克外倾－内倾分布

上述的两分法或三分法，虽然存在一些问题，但作为个性分析法还是非常有用的。特别是当我们只需要概括的、笼统的，而不是精确的、具体的个性描述时，更是如此。

美国的斯坦利·帕洛格（Stanley Plog）博士建立了一种连续统一心理图示。该图用"安乐小康型"及"追新猎奇型"来表示美国人的个性类型，并分别位于两个极端。美国人个性类型在这两个极端呈正态分布，见图7-2。

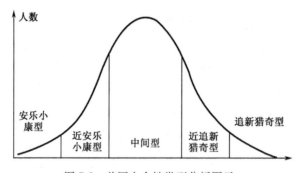

图7-2 美国人个性类型分析图示

这里提到的安乐小康型（Psychocentrics）一词源于"精神"和"自我关注"两词，意思是将思想（即注意力）集中于生活细小问题上。追新猎奇型（allo-centrics）为"形式多变"一词的词根"allo"引申而来的，意味追新猎奇型的人是兴趣集中于多变活动之上的人。这种人性格开朗，对于自己的行为充满自信，他们富有冒险精神，乐于远行，乐于"玩命"。旅游永远是追新猎奇型的人表达和满足好奇心的途径之一。这两种个性类型的人，在旅游行为上的明显差异如表7-2所示。显然内倾型与安乐小康型之间，以及外倾型与追新猎奇型之间有许多相似之处，而大多数人属于这两种类型之间的中间型。

帕洛格在《旅游地名望升降原因》的论文中，阐述了安乐小康型和追新猎奇型的人的旅游行为有许多明显的差异。表7-3概述了这些差异。

表 7-3　安乐小康型和追新猎奇型旅游者的行为差异

安乐小康型	追新猎奇型
喜欢熟悉的旅游地	喜欢去一般旅游者未到之处
喜欢旅游地老一套的活动	喜欢追新猎奇，在新地区捷足先登
活动量小	活动量大
喜欢坐车前往旅游地	喜欢乘飞机去旅游地
喜欢设备齐全的食宿设施，如家庭式餐馆和游客商店	希望提供较好的饭店和饮食服务，但不一定要求现代化的联营饭店，"游客"吸引物要少
喜欢熟悉的气氛、熟悉的娱乐活动，异国情调要少	喜欢跟不同文化背景的人会晤、交谈
喜欢把旅游活动排得满满的包价旅游	要求有基本的旅游安排（交通工具和饭店），但允许较大的自主性和灵活性

总之，安乐小康型的人强烈要求生活具有可预见性，他们的行为倾向是消极、被动的，以休息和松弛为主要旅游动机。他们理想中的度假旅游应该是有条不紊、事先都安排好的，包括旅游的全部活动、旅游设施、餐馆以及提供接待等方面。

对追新猎奇型的人而言，在他们的生活中不需要事先的预料和安排，他们渴望出现不可预见的事物。他们的行为倾向是积极、主动、灵活，他们理想中的度假旅游应该是无法事先估计到，而且是复杂多变的。他们喜欢光临那些鲜为人知的旅游地，喜欢去国外，喜欢乘飞机。他们还喜欢跟不同文化、不同历史背景的人交谈。这一类型的旅游者以能去一些不被人知道的名胜地、获得新的经历，而避免出现那些意料之中和雷同的事而感到满意。

安乐小康型和追新猎奇型的人所喜欢的旅游地也不同。图7—3说明了安乐小康型和追新猎畸形的主要个性特征影响到他们对度假旅游区的爱好，并表明很少有人纯属安乐小康型或追新猎奇型，在图7-3中有三个介于安乐小康型和追新猎奇形之间的类型。

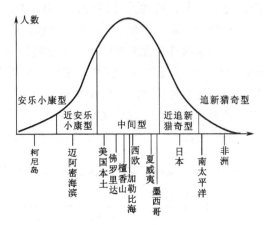

图 7-3 美国人的个性类型与旅游地关系的分布曲线

图 7-3 表明典型安乐小康型的人一般对著名的旅游胜地，如柯尼岛、迈阿密海滨和蒙特利尔特别感兴趣。这些胜地已有千百万人游览过，是体现一致性和可预见性的旅游胜地。典型追新猎奇型的人，由于爱冒险，好奇，精力充沛，性格开朗，一般对新奇的旅游胜地，像古巴、南太平洋、非洲和东方国家特别感兴趣。所谓中间型的人，是既不很爱冒险，也不很害怕旅游的人，他们是整个旅游市场的对象。他们对夏威夷，加勒比，欧洲和墨西哥这些旅游胜地特别感兴趣，这些旅游胜地对他们来说似乎是陌生的，不熟悉的，但又不完全如此。许多美国人已经游览过这些地方，并带回种种趣闻与录像。结果使这些陌生的地方变得不那么不可预见了。因此，当今最受欢迎的旅游胜地是他们所喜爱的旅游地。

因此，图 7-3 实际上表明了旅游者及其兴趣的旅游点。人们在变化，有时会变得更加冒险和活跃，旅游也会使安乐小康型的人发生变化，使中间型的人变成较追新猎奇型的人。这些说明了为什么曾游览过迈阿密、檀香山、加勒比、英国、西欧的人，以后又到南美、东欧、日本、南太平洋和非洲去旅游的原因。旅游行为这种态度上的转变是一个长期的过程。安乐小康型的人并不会一夜之间就变成勇敢、冒险、开朗的人。

可是，随着时间的推移，某些人的行为会沿着图 7-3 中安乐小康型—追新猎奇型的方向从左向右移动。这个变化，已在前面关于美国社会由内趋型转向外趋型的问题中作了解释。由于人们变得不那么具有内部趋向性而有更多的外趋性，由于人们生活在非常发达的西方国家，故而对新的经历，陌生人，新文化的眼界更加开阔，正如前面所述，外趋型的人对社会地位比较感兴趣，他们认为到南太平洋或东方国家作异国之游，会比在阿斯勃里公园或末特尔海滨作两周家庭度假收获更多。

随着时间的流逝，不仅人会变化，而且旅游胜地也会沿着安乐小康型—追新猎奇型的方向移动和变化。成功的旅游区招徕大量的游客。起初，只有追新猎奇型的人对不出名的旅游地感兴趣，以后，较多的安乐小康型的人也去了，旅游者的人数在增加，使这个旅游地走向商业化，需要建造更多的饭店和提供联营饭店标准化的住宿条件。一旦有了广阔的市场，这些旅游地就要认真考虑销售的方法，全程包价旅游因此得到发展并投放市场，气氛变得更加亲切了，家庭式的餐馆开始营业，旅游商店如雨后春笋，烹饪、娱乐和活动也变得更加家乡化了。此后，当接近安乐小康型的人来到时，可能已与故乡的风情相差无几。

许许多多的旅游区就是这样发展起来的。夏威夷便是一个典型的例子，它与第二次世界大战期间的夏威夷截然不同，甚至与 15 年前的情况也明显不同。现在到檀香山的旅游者可以在假日旅馆或雪里顿饭店住上一周，这与住在宾夕法尼亚或爱·阿华的大饭店里没有多大差别。人们可以观看韦齐齐海滨的冲浪，可以躺在沙滩上，或者游泳池边，可以在饭店顶楼的酒吧里喝上一两杯，或者订一份类似旧金山、纽约任何一个上等海味餐馆的菜。还可以带着摄像机与众多游人一起游览美国南部亚利桑那纪念馆。如果他们不到外围小岛、或南太平洋去漫游的话，他的全程游览可以说是由旅行社预先代办的。但是，只有到了外围小岛、南太平洋，旅游者才会觉得处处都很新奇。

这些变化是夏威夷和类似的旅游地区常住居民及本地人所关心的事情，当他们的故乡为了招徕大批游客而逐步商业化时，它的独特性便随之消失了，可是当前的大批旅游者不同于以前的旅游者。如果提供的住宿条件、饮食、活动和娱乐场所不符合美国化、标准化、不采取包价旅游的方式，那么整个市场便没有吸引力。这是旅游区获得旅游者带来的美元和就业机会的不可缺少的代价。对一些旅游区来说，特别是对像夏威夷、百慕大、安地瓜、巴哈马、维尔京群岛、特立尼达这些海岛胜地来说尤其如此，没有别的抉择。当然，在这些地区，因旅游推动的经济的发展是可以规划的，可以发展得比以前更快。不过，随着到该区来的各类旅游者的变化，旅游区也必然发生变化，这似乎是不可避免的。

把旅游者分类与旅游地分类直接联系起来的做法，并未考虑人们在不同场合会出于不同动机而去旅游这一重要事实。当追新猎奇型旅游者确实有足够的资金时，可能会去与图 7-3 上相应的旅游地旅游，但在旅游资金不足时也可能选择属于典型安乐小康型的旅游地作周末旅游。同样，对于一个安东小康型旅游者来说，计划周详、有全程导游陪同的旅游能够使他感到安全，在这种情况下，他可能去一个遥远的地方旅游。

此外，在家庭收入水平极低的情况下，旅游方式基本上由收入而决定。在这种情况下，无论属于哪一种个性类型的人都可能不得不按照帕洛格所认为的安乐小康型方式度假。大学生就是一个很好的例子，他们大多数属于追新猎奇型，但他们往往因为收入不足无法从事自己理想的度假旅游，只能去附近的地区旅游。

综上所述，帕洛格的旅游者个性类型和旅游地类型间的直接联系，只能是一种相对的、不稳固的联系。

三、自我概念

自我概念（self-concept）是说明个性怎样影响人的旅游行为的另一种方法。在自我概念法的基础上形成的个性理论是弗洛伊德精神分析理论的发展。

自我概念就是对自己个人身心活动的觉察，即自己认识的一切，包括认识自己的生理状况、心理特征以及自己与他人的关系等。通过洞悉自己的一切，从而对自己的行为加以控制与调节，形成了人对自己固有的态度。自我概念的发生与发展过程，就是个性社会化的过程。个体通过社会化认识自己是什么人，有什么特点，与他人的关系，处于什么样的地位等，这就是自我概念的社会性，即形成了"自我"。同时，自我概念是从周围人们的期待与评价的过程中，由主观体验而发展起来的。因此，人们对自己的情感与评价的意识发展为自我态度。自我概念的这一侧面称"自我形象"，也就是自概念的形象性。

人们几乎不惜任何代价地保护自我形象。只要有可能，人们就力图提高自我形象。因此，人们的许多行为是自我保卫和自我提高。有一位作家曾坦率地说：人类一切活动的基本目的是保护、维护和提高自我概念。有一点是肯定无疑的，即一个人的自我评价会大大地影响他的行为。重要的需要及目标的产生是与提高和保护自我有关的。

对自我形象的关心导致人们根据产品对本人与他人的意义来看待自己拥有的或想要拥有的许多产品。在人们所购买的商品和服务中，有许多象征着提高或完善自我形象。人们的许多购买决策，实际上是迫切要求与一种产品、一种服务、一个商标、一家商店，甚至一家公司的形象相一致。当产品的形象与人们已形成或想要形成的自我形象一致时，人们更可能购买这种产品。

大量调查研究的结果说明，某些产品作为提高个人自我概念的象征有重要意义。汽车始终是一种具有象征意义的产品。其他具有重要的潜在象征性的产品还有香烟、酒、手表、速溶咖啡、名牌电话机等。当然，有一些产品很少具在潜在的象征性意义。盐、罐头桃子、洗衣皂和收音机，或许就属于这类产品。这种产品在社会上不惹人注目。作为一般规律可以这样说，一个产品愈显眼，愈可能具在重要的象征作用。汽车、服装、家具就是如此。这种产品有助于向自己，同时也向别人表明，他确实是这种或那种人。

旅游能给人们带来极大的乐趣，并赋予人们独特的地位，一方面，它是无形的产品，人们看不见，摸不着，也无法将它搁置在路旁，而且在被"消费"以后，除了留下一些快照，或在人们晒得黑黝黝的脸上留下愉快的微笑外，它什么也没留下。在另一方面，旅游又是看得见的东西。它的一些设备，如家庭旅游车、旅游车、高尔夫球棒、网球球拍、雪橇、行李包、照相机、信用证、明信片等等，不仅是看得见的，而且还具有很高的象征性意义。

人们人为地使旅游成为一种明显的具有象征性意义的产品，商业旅行就是一个很好的例子。一个公司高级董事经常乘飞机飞往世界各地的商业中心，在最高级的饭店住宿，在最好的餐馆用餐，有时还乘头等舱，并且有一笔可随意花费的钱。这个事实具有相当大的象征性意义，家庭、朋友、秘书、公司的低级行政人员及其他人都意识到这一点，而且可能妒忌董事这种生活方式。飞机、护照、信用证及其他的东西提醒大家，也提醒董事本人，他是一个重要的、有成就的人物。

同样，实行奖励性旅游，也提醒公司销售人员注意那些获得这种旅游的人懂得自己所具有的价值，即他们也属于富有成效的人。

旅游也是看得见的、有高度象征性意义的产品。在某次重要的旅行前，我们筹划、存钱，当我们变到旅行时，也许会使熟人妒忌，甚至惹他们讨厌；反之，也可能举行祝愿旅行顺风的宴会，或者有一、两个亲友开车送我们去机场。当满载的家庭旅游车或旅行汽车开出后，我们的邻居也许会观看，会挥手作别，并要我们放心，说他们会照料我们的邮件。旅游期间，当邮递员分发我们寄出的明信片时，又一次提醒我们的朋友：我们多么幸运。回家后，有时觉得忍不住要向大家谈谈我们的旅行情况，给父母放录像，孩子们向同伴大吹其旅行情况，或者在学校里写有关旅行的作文。接着，大家便谈论起明年的度假计划。

显然，旅游可能是所有产品和服务中最具有象征性意义的一种。作为一种象征，旅游可以大量披露一个人的情况：成功、成就、富有经验、老于世故。因此，旅游的机会在加强某种自我形象方面是极其重要的。

有关个性的自我概念法，还有一个要点需要提一下，即一个人实际上有两种自我形象，一种叫真实自我（actual self），另一种是理想自我（ideal self）。真实自我是人们实际上把自己看成是什么样的人，理想自我是人们想成为什么样的人。在这两个自我概念之间，多少有一定的差距。这种差距就成为主要的动机力量。假设某人想做一个现代派的、非常有经验的、精于世故的人，而实际上他知道自己是一个普通的、平易的和朴素的人。为了缩短真实的和理想的形象之间的差距，他可能会改善衣着，搬进现代化套房，读几本好书，修一、二门扩大知识面的课程，还可能对每年去外国旅游感兴趣。

我们大家都需要有关自己的身份和自己是何种人的证据。我们也需要有关自己将成为意想中的人物的证据。如前所述，对某些人来说，旅游象征着朝着许多人重视的理想努力。此外，人们通过闲暇活动表明自己的身份和渴望成为什么样的人。简而言之，自我概念法为了解人们旅游的原因，提供了另一个有价值的见解。

第三节　生活方式与旅游行为

一、生活方式

在传统的或是集中式的社会中，个人的消费观念往往受社会、等级、村落或家庭支配。而在一个现代的消费者社会中，人们有着更多的自由度去选择一组产品、服务和活动来体现他们自己，且依次建立起社会身份并传递给他人。一个人对产品或服务的选择实际上是在声明他是谁，他想拥有哪类人的身份——甚至那些我们想避免的身份。

生活方式（life style）是指人们如何花费自己的时间（活动），在他们生活的环境中他们认为什么比较重要（利益）以及他们对自己和周围世界的看法（观点）。生活方式也被称为消费心态特征（psychographic characteristics），因为活动、利益以及观点都是可以量化的心理导向变量。一些用来定义生活方式的活动、利益和观点如表 7-4 所示。

表 7-4　用来定义生活方式的活动、利益和观点

活动	利益	观点
工作	家属	人际关系
嗜好	家庭	社会问题
社会活动	工作	政见
度假	社区	商业
娱乐	娱乐	经济
俱乐部活动	时尚	教育
社区活动	食品	产品
购物	环境	未来
运动	成就	文化

生活方式反映了一个人的消费抉择的形式。一个人的自我定义、种族和社会地位被称为是形成独有的生活方式的"原始成分"。从经济学角度来看，一个人的生活方式表明他选择的分配收入的方式，包括分配给不同产品或服务的相关性

和在一类中的特殊选择。

生活方式被认为是一种群体证明。经济学的方法在追踪广泛的社会性的偏好变化上是有用的，但还不能运用到对各个独立的生活方式群体细微差异的分析上。生活方式并非只是对可支配收入的分配，它是一项谁在社会中、谁不在社会中的声明。无论是偏好者、运动员、演员，各个群体都以其明确的象征身份聚集在我们周围。群体中成员的自我定义来自于该群体所专有的共同的典型的系统。这些自我定义可以用下列名词来描述：生活方式、公众品味（taste public）、消费群（consumer group）、标志性社团（symbolic community）和地位文化（status culture）。

每种生活方式都是独有的。基于生活方式上的消费形式由多种成分组成，这些成分由具有相似的社会、经济环境的人分享。当然，每个人还是向消费形式提供了各自的"偏差"，往往把一些个性化的东西加入到已被选择好的生活方式中。例如，一个"典型"的大学生，可能会穿和他的同学相似的衣服，住在同一个地方，喜欢同样的食品，但仍会单独加入到一些诸如马拉松赛跑、集邮或其他社交活动中去，这些使他能与众不同。

生活方式并不是一成不变的，人们的品位和偏好总是不断地在演变。因此，在某个时期被认为是合适的消费方式，在几年后，可能会被轻视，甚至会被嘲笑。因为人们对身体健康、社交、男人和女人的角色、家庭生活的重要以及其他事情的态度总是在改变。

二、当代消费者生活方式变化的趋势

消费者生活方式的变化部分是因为其人口统计特征的变化，部分是因为其价值观的变化。20 世纪 90 年代以来发生了以下六个方面的广义的生活方式的变化：

（1）男性和女性在购物中角色的变化；（2）由于一种更强调自我放纵的生活方式的流行，对健康的关注有所下降；（3）由于将更多的时间花费在家里或者花费在工作和娱乐中而造成的一种更为隔绝的生活方式；（4）更注重自我概念；（5）更加注重节约勤俭；（6）时间压力更大，因而更加强调方便。

1. 男性在购物中角色的变化

职业女性和单亲家庭数目的增加意味着职业男性和家庭妇女这一传统角色发生了变化。男性在购物中的角色变化最为明显的体现，在于增加了购物和照顾子女方面的责任以及更多地从事做饭及家务劳动，而这些传统上都是由女性来承担的。一项调查发现，35％的男性为家里购买所有的食品，大约 33％的男性购买全部的清洁用品和家庭用具，约有 67％的男性购买自己使用的个人用品。男性购物与女性并没有什么区别，他们一般也要花费同样的时间作采购计划、查阅价格以及兑换优惠券。

男性参与传统上由女性承担的角色并不只限于购物。更多的男性还做饭、打扫房间、洗衣和照顾子女。一项研究表明，在一个只有男性工作的家庭中，只有 6％的男性负责做饭，7％的男性负责照顾子女。然而，在夫妻都工作的家庭中，则有 20％的男性负责做饭，30％的男性负责照顾子女。但是，必须用正确的眼光看待这一问题。男性只承担全部家务劳动的 1/3，这一事实意味着女性仍然承担着远比男性更为繁重的责任。此外，男性谈起自己的角色也还不太坦然。比如，一些早下班去照顾子女的男性对同事说自己是去酒吧喝酒。

男性角色的变化不只是人口结构变化的结果，还是男性价值观变化的结果。在一项研究中，发现更可能去购物的男人认为自己是自由的、考虑周到和追求成就感的那种人。这种类型的男人感觉没有必要装出一副"雄赳赳气昂昂"的男人形象。因此，男性购物角色的第二个变化就是：男性开始购买一些过去由于被认为过于女性化而不予理睬的产品——珠宝、护肤产品、保湿产品及化妆品。在销售这些产品的过程中，广告制作人员必须将男性描绘成一种不同于以往的新形象，区别于像万宝路牛仔或在典型的啤酒广告中出现的那种强壮、肌肉发达的传统男人形象。现在已经出现了一种新的男性概念：在许多方面和异性同样脆弱、敏感的男性。

男性更多地参与购物和家务活动以及他们希望摆脱传统的男性形象，结果导致男性与女性在购物过程中的角色出现了融合。今天，对纸巾、一次性尿布或冷冻食品进行调查，如果营销人员把调查样本局限于"家中的女人"，那么这就和一个对金融服务或汽车进行调查的营销人员把调查样本局限于"家中的男人"一样，都是非常缺乏远见的行为。

2. 女性在购物中角色的变化

由于职业女性收入的增加、独立性和自信心的增强，女性在购物中的角色也发生了巨大的变化。随着她们购买力的增长，女性购物的范围几乎已涉及到每一类产品，几乎没有留下什么只属于男性的空间。

女性独立性的增强表明她们希望自己超出传统的角色被认可。一项对 35 岁以下的女性进行的调查发现，有 90％的女性不愿做一辈子的家庭妇女，这些女性中有 3/4 计划在一生中要把从事工作和操持家务结合起来。因此，许多妇女不再认同教她们如何清扫地板和取悦丈夫的广告。而问题在于要创造性推出她们认同的广告。

3. 从全球角度看待女性角色

在不同的文化中，女性角色有很大的区别。从全球角度来看，在北美和西欧地区性别之间的相对平等是一种例外的情况。许多文化都是由男性占主导地位。一个极端的例子就是当塔利班游击队于 1996 年攻占阿富汗首都喀布尔的时候强行推行的伊斯兰原教旨主义，该组织禁止妇女从事工作，要求妇女在公众场合上从头到脚都要被盖住。在日本一般希望妻子呆在家中照顾子女，并且传统上妻子要在丈夫后面保持两步的距离。在美国的西班牙裔地区传统上也是一个以男人为主导的文化占统治地位。

4. 对健康的强调有所减轻

美国消费者非常关心饮食习惯对健康的影响，包括对热量和盐量的水平、咖啡因含量以及食品添加剂等非常关心。根据美国食品和药品管理局的估计，有 40% 的消费者关心自己饮食中盐的含量，美国的成年人中至少有一半时时在努力减肥。

尽管美国消费者关注更加健康和更有营养的食品，但是越来越多的证据表明这一趋势已经达到了极点。1993 年对 1251 位成年人进行的民意测验发现，与上一年相比，美国人的体重增加得更多，而且对饮食也更不在意。一本反对节食的书《停止疯狂》(*Stop the Insanity*)，其销量比任何介绍如何节食的书都要大。过分节食的时代看上去正在结束，营销人员更愿意迎合生活越来越放纵的美国消费者。例如哈根达斯的广告就是迎合自我放纵的一个例子——"爱它，需要它。"

同样趋势也出现在了健美市场上。随着过度节食时代的结束，过分锻炼的时代也就结束了。美国人仍旧关心保持健美，但不惜任何代价获得一个完美身体这一观念，已随着 20 世纪 80 年代（以热衷于个人想法而闻名的 10 年）的结束而结束了。最近的一项调查似乎表明，美国人更愿意接受自己已拥有的身体，而讨厌引起他们对自己身体感到担忧的广告制作者。

随着社会经济在 20 世纪 90 年代初不断繁荣，人们必须工作更长的时间，因此户外锻炼的时间减少了。

在 1992 年进行的一项对 2500 人的调查中，一家调研公司记录了许多美国人的观点。该公司发现许多消费者对自己所选择生活表示满意，因此当他们进行锻炼时并不想去打动其他人；他们没有被新鲜事物所吸引；他们不愿意因为营销人员认为他们应该是什么样子而为了实现这一理想化的形象而去牺牲一切；他们不愿意放弃自己偶尔的放纵。

5. 一种更为隔绝的生活方式

消费者正花费越来越多的时间呆在家中，这造成了一种更为隔绝的生活方式。这一趋势有两种发展方向：为了休闲而呆在家中和在家中工作。

今天，消费者更有可能是为了休闲和娱乐而呆在家中。这一趋势对于那些生育高峰期一代和新生代来说更为明显。随着由于生于生育高峰期的一代已经变老，他们已经成为更为传统的呆在家中的一类人。随着他们步入中年，他们可能会更加推崇家庭价值以及追求内心平静。一些人已经把这种趋势称为"作茧"。新生代也更多地呆在家里，却是因为其他的原因，他们更可能是被经济方面的原因所累而根本没有能力外出。此外，许多人通过呆在家中以吃舒心饭、看电视和录像来作为一种逃避的方式，以此避免诸如污染和艾滋病等问题。

消费者生活得更为隔绝更为深层的原因，就是由信息革命提供的更多在家工作的机会，使得那些以家庭为根据地的创业者们能够更容易地像在公司办公室中一样地工作，在家中仅需要一台传真机、一台复印机和一台个人电脑就可工作。

根据美国政府估计，在劳动力中大约有 10%～13% 属于自我雇佣（self-employed）。许多人已经把这种自由职业作为一种生活方式，以使个人能够支配的时间最大化并且节省上下班所需的时间。在这一部分人中增长最快的一个群体就是有管理和行政方面经验的 50 岁左右的白人男性，即 20 世纪 90 年代公司裁员的主要受害者。这些受过高等教育的白领管理人员，其队伍在过去的 10 年中扩展到了 70 万人。他们经常会发现通过自己的技能已经无法再得到原来的收入了。他们发现自己最好的选择就是成为一名独立的经营者，即使他们赚的钱比在原来公司里赚得要少。这是 20 世纪 90 年代初期经济衰退的主要结果，也是在家中开办的新企业总是涉及咨询、图形设计、计算机维护以及人事等领域的一个主要原因。这是由于公司缩小规模而受到损害最大但同时对起步资本的要求又很低的领域。

然而，并不是所有在家工作的人都是自我雇佣的。许多公司现在允许其雇员在家中工作，使用计算机与公司联系以节约时间，并且使雇员不因为办公室中的一些非生产性因素而分散精力。美国运通公司、苹果计算机、IBM、西尔斯以及 J. C. 潘尼就是允许雇员在家工作的几家公司。

营销人员对迅速扩展的在家工作者的市场做出了反应。苹果、IBM、佳能、富士和一些其他公司都在通过提供个性化的办公设备，以设法吸引那些在家中工作的创业者。例如苹果公司的广告强调了家庭办公的特别需要，广告中说："如果你在一台麦金塔计算机上工作的话，你就可以在家庭办公室中完成更多的工作。"

6. 时间压力变大

最近 30 年以来消费者时间压力越来越大。在 1965 年，50 岁以下的美国人中有 24％认为自己"总是感觉很匆忙"，到 1992 年，这一比例上升到 38％。声称自己"手头几乎从来没有多余时间"的人的比例，从 1965 年的 46％上升到 1995 年的 61％。有趣的是，对时间使用的研究表明，美国人在过去的 30 年中实际上比以往拥有更多的休闲时间，但是他们感觉自己的时间更少，主要原因在于越来越大的压力。1993 年，56％的美国人表示自己在过去的两个星期中经历了"很多"或"相当"的压力，而且这是历来水平最高的一次。此外，美国人说自己比 10 年前拥有更少自由时间的可能性提高了一倍。美国消费者的生活正变得越来越孤独。

一则广告从许多美国消费者的角度出发，迎合"终止这个世界，我想要离开"这一愿望。它用了一个男人轻轻跳过一块湖边石头的照片，再加上一句"在我们每个人的内心深处都渴望什么都不做"。另一方面，一些营销人员正在表现每件事情上存在的时间压力和强制力。一家优秀的私人组织认识到家长有向自己的孩子施加时间压力的倾向。它正用日历、日记本上的迪斯尼卡通人物为年轻的一代引进一种新的组织方式，并给那些"在平时繁忙的时间表之外，一周内有一节音乐课，一节健美课和两次聚会"的儿童分发书籍。

时间压力变大的直接后果就是消费者更强调节约时间的便捷方式，因此，一些营销人员得出结论："时间正在与金钱竞争谁是消费者最想得到的商品。"在 20 世纪 90 年代关注节约时间的便捷方式导致了消费的两种趋势：放牧式（grazing）与加油式（refueling）。

"放牧式"是指需要在忙碌中吃饭。人们在去上班的汽车里吃早餐，一边走一边吃三明治，或者在办公桌上吃午餐。许多家庭结束了坐下来吃早餐和午餐的习惯导致了这一趋势。对快餐的需要使得营销人员对自己的产品采用更小的包装，并且根据"放牧式"的饮食需要对产品进行调整。在 1993 年，雀巢公司重新设计了该公司整个即食早餐系列，在减少脂肪含量的同时增加了维生素和矿物质的含量。

"加油式"是指花更少的时间做饭和用餐。这一趋势的主要反映是微波炉在人们生活中的重要性的提高。由于可以从厨房中的各种工作中独立出来，微波炉食品为繁忙的职业女性或单身消费者节约了大量的休闲时间。在过去的 10 年中，微波炉拥有量出现了奇迹般的增长。1980 年，15％的家庭拥有微波炉，而到 1989 年，将近 80％的美国家庭都拥有了微波炉。

7. 更高水平的自我概念

20 世纪 90 年代，对能够提供一种个人成就感的产品和服务，如体育设备、家用电器以及教育性产品等的需求有所上升。一种更具有自我概念的生活方式所需的两个先决条件是，用来追求自我满足的活动所需的资金以及做这些事情所需的时间。然而，时间压力与更高水平自我概念的生活方式之间产生了矛盾。一家大型的咨询公司认为解决这一矛盾的方法就是"日益强调那些能够很容易地掌握、在短时间内提供高度的享受，而且能够在家中或附近的地方进行的活动。因此，诸如家庭电脑、有线电视以及运动器械等将在消费者的购物清单上居首要位置"。

在迎合自我概念的过程中，许多营销人员过去常常将精力集中在提供高水平的个人成就感上，现在，他们正应用一种更为轻松的方式把精力集中在改善个人形象上。例如，一份印刷广告描绘了从其他报纸上剪下来的大字标题，这些标题告诫女性要"减少脂肪""改进你自己"以及"使您 14 天内拥有一双完美的手臂。"

这种用最低限度的焦虑对自我的关注伴随着许多美国人价值观的巨大变化。20 世纪 80 年代充满了过度购买和对"美好生活"的渴望。许多生育高峰期的一代人抛弃了这种生活方式，而变得对现实问题更为关注——也就是说，对家庭、经济保障以及环境更为关注，努力帮助人们解决这些问题的产品也越来越多。流行读书品味的一个主要指标《纽约时报书评》(*The New York Times Book Review*)，已经被那些教你"怎样去做"的书占据了很大的篇幅，以至于这家报纸不得不为它们开辟一个专栏。同时，那些深夜播出的电视节目也充满了建议消费者如何能够使自己的感觉更好的商业广告片。

8. 一种更为简朴和更加注意价值导向的生活方式

20 世纪 90 年代初的经济衰退导致了一种向更为简朴的生活发展的趋势。许多现象——如奢侈品支出的下降、重新注重产品质量以及对品牌忠诚度的降低等都证明了这一趋势的存在。因为消费者用维持生活和安全来构成他们的生活框架，而不再注重成功和收获，所以奢侈品市场受到了打击。正如一位观察家所观察到的：

在 20 世纪 80 年代，人们希望把它做得更大；而现在他们只是希望能够把它做出来。人们今天更关心钱，而不再像以往那样关心"拥有一切"。人们的需要更为基本，不再需要奢侈，不再追随潮流而且对自己实现美国梦的信心也减弱了。

这就把生产奢侈品的营销人员置于一个尴尬的境地，他们只有用一种实用性的论调来销售其高品质的产品，通常使用一种保守的"家庭价值"主题。

要求质量和追求经济性这两种发展趋势相互联合，产生了价值导向（value orientation）。尽管消费者购买的高价产品减少了，但是他们对质量的要求仍停留在原有的水平上。这种价值导向造成了品牌忠诚度降低以及增加了购买私人生产的、低价位的品牌。根据最近的一项调查，购物者对自己更有信心而且不再需要通过购买高价商品而给别人留下印象。他们对价廉质优商品的兴趣比对品牌名称的兴趣更大。

三、生活方式与旅游行为

（一）心理描述法

心理描述法（psychographics）或称生活方式个性分析法，与个人生活方式的特点有关，即与个人的日常工作规律、活动、兴趣、见解、价值观、需要和知觉有关。这些特点反映了一个人的个性特征，它们可以比临床心理学的测量方法更能说明消费者的行为。

心理描述法的研究是在 20 世纪 60 年代和 70 年代修正其他两种消费者研究方法缺点的基础上开始发展起来的。这两种研究是动机研究和定量研究。动机研究涉及深入的一对一的面试和投射测试，从而提供关于少数几个人的大量信息。这些信息通常个人色彩重，不太有用也不可靠。而在另一具极端，提出了定量研究或称之为大规模统计计量，是从许多人中得到少量的信息。

在许多实际运用中心，心理描述法这一名词和生活方式轮换着用，意味着基于在消费行为选择和产品使用上的差别，消费者被分成各个类别。尽管有许多心理描述变量来细分消费者，他们都遵循共同的基本准则，即透过个性特征的表面去深入地了解消费者购买和使用产品的动机。

统计数据使我们能描述出谁去购买了，而心理描述法则让我们了解为什么他们这样做。为了说明此方法运作得如何，让我们来看一个例子，加拿大人运用心理描述法对莫尔森牌（Molson）出口啤酒进行商业研究，从而发起广告活动。研究显示，莫尔森的目标消费者是那些看起来长不大的男孩、对未来不确定的人和在妇女争取自由下的畏怯者。相应地，广告商推出这样一群人的画面，"弗雷德和男孩们"，他们在一起强调了男性间的伙伴合作关系。广告商反对改变以及推出主题："这啤酒将保持最好的口味。" 心理描述法使公司能牢牢地把这种啤酒固定在最易受吸引的目标消费者群体上。

生活方式营销的目标，在于让人们去追求他们选择的享受生活的途径和去表达他们的社会身份。这一策略的关键着眼点在于产品在社会需求背景上的用处。

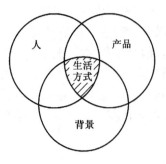

图 7-4　产品与生活方式的联系

因此，人、产品、背景结合起来，表达了一种特定的消费方式。如图 7-4 所示。

采取生活方式营销视角，提示我们必须通过观察消费行为的方式去了解消费者，我们可以清晰地描绘出人们使用产品的图画，从而通过检测人们对不同种类产品的选择来定义他们的生活方式。

事实上，许多产品或服务看起来是"一体化"的，通常因为他们会被同一类人所选择。在许多情况下，一些产品不和其伴侣产品在一起是毫无意义的，或者在其他产品存在时显得不协调。因此，生活方式营销的一个重要之处，在于鉴定出一组产品或服务，使其与消费者独有的生活方式相联系。正如一个研究所指出的，"所有物品都是有意义的，但仅靠其自身便什么都不是……这是指所有物品中存在着联系，正如音乐只有和声音相连才突出，不能由别的东西代为表达"。

(二) 生活方式与旅游行为

下面介绍几个运用心理描述法进行心理描述分析所得出的生活方式与旅游行为之间的关系实例。

1. 文静型

这种生活方式的人是以家庭和子女为中心的人。在他们看来，孩子是生活中最主要的，家庭应该是一个和睦亲密的团体。他们认为每个假期的一部分活动应具有教育意义，并花费大部分时间教育孩子养成良好的习惯。

这种人喜欢清洁，对健康有异乎寻常的兴趣。他们不相信广告宣传，特别是报刊杂志上的广告。他们反对冒险，因为冒险会导致不测。

这种生活方式的人认为"一座僻静的湖边小屋是度暑假的理想之地"，他们多半是适应野外活动的人，野营、狩猎、钓鱼等野外活动对他们都有吸引力。

对这种人的个性的多方面描述，为产品的设计和宣传适应他们的需要、价值观、兴趣和态度提供了许许多多信息。提供"僻静的湖边小屋"气氛的疗养地，应该为家庭团聚创造时机，有利于教育儿童参加野外活动，和提供狩猎、垂钓的机会，总之，强调新鲜空气、清洁、有利于健康。

2. 海外型

这种类型的旅游者同"文静型"的人形成鲜明对照，他们活跃、开朗、自信、对新鲜事物开放。这些特征说明他们的兴趣在于游历遥远的目的地。

海外型的人同文静型的人比较，周游世界的旅游对他们来说更具有刺激性和复杂性。与国内度假旅游者比较，海外度假旅游者对文化享受有较大的兴趣，这些人迷恋美术馆和博物馆，喜欢欣赏古典音乐，观看古典喜剧。国内普通的度假旅游者通常对这些精彩有趣的东西不大感兴趣。

在对海外旅游者的生活方式的广泛研究中，博乃（Bernay）将被她称为好动者（movers-and-shakes）和恋家者（homebodies）的两种人作了比较。所谓好动者是因为他们积极地卷入试图以某种方式改变他们所生活的世界的活动。与其他人相比，他们更积极地参与公民的政治性事务；他们发表演说，发表文章，常给当选的议员写信；他们是体育活动积极分子，他们参加音乐会，珍藏名画手迹；他们读《星期六评论报》、《纽约人》这类深奥的杂志；他们很少看电视或听调频广播；进餐时常常喝酒。因此，与其他类型的人比较，好动者较注重旅游，这也就不使人感到太惊奇了。他们常乘飞机旅行，常到海外旅游，也常租汽车和度寒假。

另一方面，即使恋家者与好动者相邻，两者有同样的收入，受教育的程度和工作都一样，但其生活方式却不同。前者的家对他们来说意义更重大。他们把许多钱花在买家具装饰品上，把许多时间花在修理、油漆房屋上，他们对汽车有浓厚的兴趣。他们有垂钓用具、猎枪、来复枪、野营设备、滚木球及摩托游艇。他们看电视多，读报多，但很少读"高深"的杂志。他们的活动和兴趣正如博乃所说的，是"以安乐窝为中心"的。恋家者不像好动者，他们或多或少在舒舒服服地坐等世界给他们带来变化。

这两类人的生活方式的比较，有助于解释为什么一类人比另一类更倾向于旅游。

3. 历史型

这一类型的旅游者的一个主要动机是出于对历史，即对历史上的主要人物、历史遗迹、历史事件有浓厚兴趣。从某种意义上来说，每个历史人物、遗迹、事件都是人们与过去交流的一种方式。他们有用过去陶冶自己、了解过去，甚至再体验过去的迫切愿望。

爱好历史型的旅游者的教育程度并不一定比其他人高，但是，他们认为度假应具有教育意义，并由此强烈地激发了他们对具有历史意义的度假胜地的兴趣，而娱乐只是次要的动机。度假是一次了解他人、了解不同的风俗习惯和文化的机会，是一次了解开创当今世界的历史人物事件和丰富个人知识的机会。

这一类型的旅游者对教育的体验和兴趣，同他们对孩子、家庭的强烈责任感结合在一起。他们认为，应该为孩子安排好假期，全家人一起度假的家庭是幸福的家庭，家庭和孩子是生活中最重要的，做家长的主要责任是为孩子的教育而操心。

　　以上见解对于招徕爱好历史的旅游者的旅游区来说有重要的意义。为了吸引这类旅游者，度假旅游应作为一次受教育的机会和家庭团聚的机会来加以发展。旅游服务行业可以共同努力来建设综合的，具有历史意义的旅游胜地。事实上，全社会可以共同作出这样的努力。使用这种方法建造的美国独立前的威廉斯堡就获得了引人注目的效果。在威廉斯堡经过一段长时间精湛设计，又重新复原并建成美国独立前的一个完整的城市，展现了逼真的原景，置身其中，犹如生活在另一世纪一样。游览过美国独立前的威廉斯堡的游客认为，这座城市宛如二百年前一样。它有殖民地时期的小客栈、宾馆、可爱的花园、草坪、小型的种植场、工艺品商店、马车、还有一座极好的综合商场。餐馆里的男女侍者穿上当时的服装，在酷似十八世纪的历史气氛中供应当时流行的饭菜。美国独立前的威廉斯堡是一座室外博物馆，也是唯一可以展现以历史和教育为目的的旅游业如何能成功地销售的样板。

4. 乘周末旅游汽车型

　　生活方式分析法也有助于识别乘周末旅游汽车（recreational vehicle，RV）的旅游者特殊的个性特征。这些旅游车载有宿营用具的拖车、牵引活动住房的汽车、家庭旅游车、宿营汽车。传统的人口统计要素包括收入、教育程度、婚姻状况等等，实际上并不能说明为什么某人迷恋于 RV 这一种旅游。

　　对 RV 拥有者的一项研究表明，对 RV 及其旅游方式不感兴趣的人，对野外活动也不感兴趣。相反，他们喜欢把金钱和时间花在体面的生活上，即出去进餐，参加音乐会，观看戏剧表演，款待朋友，出席鸡尾酒会等等。这些人喜欢在室内度过闲暇时间，而且，就是去旅游度假，也宁可到大城市，他们认为度假是一次休息娱乐的机会。对周末旅游汽车不感兴趣的人，其生活方式的最突出，最重要的特点，也许是对工作的高度责任感，他们从工作中得到许多满足，他们生活中的主要目标之一，是要在业务上进步，他们工作时间很长，并且认为没有理由长时间丢开工作。与这些人相比，RV 的拥有者通常要求花较多的时间去旅游，也比较赞成旅游。

　　拥有周末旅游汽车的人与众不同。他们不那么开朗，社交上不那么活跃。他们宁可在家里度过一个宁静的夜晚，而不去参加鸡尾酒会，他们只是偶尔外出进餐。奇怪的是，在他们相信一个人应避免买昂贵阔气的产品的同时，他们中却有许多人花成千上万的美元去买周末旅游汽车。总之，RV 车主比没有周末旅游汽车的人更加保守，更倾向于传统观念，他们更恋家，其生活方式以家庭为中心，他们也许认为 RV 是家庭附加部分，家庭活动可以围绕着 RV 进行，他们信守闲暇道德，并且认为，人们应花大量的时间去工作，但他们机体敏捷，体格健壮，希望参加大量的野外活动。

RV 车主与没有而想有 RV 的人，在人口统计学上的区别是年龄。打算购置 RV 的人比目前拥有 RV 的车主来得年轻，这说明拥有 RV 的一个最大障碍是经济上无力购买。年轻的夫妇要买一部昂贵的 RV，预示着要负很多债，得按月还债。因此，要购买周末旅游汽车，需要制订较大的筹措资金的计划。也许，出租周末旅游汽车可能是比较有效的推销方法。

5. 赊购型

现在，用赊购的方法购买旅游服务，就像买衣服、家具、新型汽车、用具及其他许多产品一样容易。当然，有许多人愿意这样做，但同时也有更多人不愿意这样做。

是鼓励还是劝阻人们赊购旅游，实际上反映了人们对旅游的两种基本看法，即旅游或者作为一种奢侈品，有时甚至是相当昂贵的奢侈品，或者是看作像洗衣机、新衣橱、电冰箱、或者微波炉一样的必需品。一些人在买一艘价值四千美元的汽艇或赊购一辆价值一万美元的住房汽车时，几乎没有犹豫。但是，同样是这些人，可能认为只赢得了赛马赌注，才可能真正考虑为全家赊购价值四千美元的国外旅游度假。当然，两者有一些重要的差别。汽艇和周末旅游汽车是有形产品，使用之后还有转卖的价值；到国外去度假是一个无形产品，它被消费之后，就不再有货币价值了。在这个意义上，旅游与任何不经久的商品没有什么不同之处。人们可能会不厌其烦地证明，赊购珠宝、昂贵的赛车、度假别墅这样的奢侈品是正当的。可是，当谈到使用分期付款的方法购买旅游这样无形的，而又不经久的产品时，特别是该产品也被看成是一件奢侈品时，就是另一回事了。

许多人旅游时，把使用信用卡作为一种方便措施，但是，他们避免分期付款购买旅游服务。许多人在外出度假时都愿意用信用卡买汽油，付房金，订购饭菜。商业人员外出时，总是广泛地使用信用卡。可是，娱乐旅行者一般认为，使用信用卡买东西过于方便，会酿成买了不是真正需要的东西。一般人都不愿意分期付款购买飞机票、船票这样的大票据。

称心如意地使用信用卡购买旅游服务，需要有一种特殊的个性。信用卡常常被那些到大城市去度假旅游的人所使用。这可能与现金有被窃的极大危险有关，也可能与大城市旅游区的商品和服务的价格一般较昂贵有关。到外国去旅游的人也常常使用信用卡。如前所述，这些旅游者活跃、开朗、自信，对新事物开通。他们不怕花钱，可能时，他们喜欢乘头等舱旅行。此外，他们不喜欢周密地安排度假旅游。相对来说，他们年轻，在经济上对未来抱乐观态度。这种个性的人，在外出旅行期间对信用卡采取积极的态度，这似乎是合乎逻辑的。

可是，许多美国人，除了购买煤气和汽油外，不愿使用信用卡购买旅游服务。估计这种人和使用信用卡的人之比大于2∶1。用信用卡购买实用产品比较便利，商人可能用信用卡买机票。但是，要他为了去亚利桑那度假打高尔夫球而用信用卡去买机票，则在心理上觉得难以做到。在心理上，信用卡（把一个月的所有开销立即用票据付出）比分期付款购买奢侈品便利得多。

确认使用信用卡是购买有关旅游服务，如煤气、汽油、住宿、食品、机票、汽车租费、衣服和其他各种物品的一种方便的方法，而不是作为长期购买这些商品的手段，可能有助于向旅游者出色地推销使用信用卡。这也说明，应该从功利的角度来肯定旅游的意义。应强调旅游的利益，如增强家庭团结，工作后消除疲劳，为儿童提供文化和教育的经历，赢得和恢复友谊的机会。有效的旅游推销还应强调其魅力、浪漫性和乐趣。

第四节　个性结构与旅游行为

人的个性具有稳定性，但这种稳定性只是一种倾向。人们的个性和行为不是完全可以预料的，否则，世界会变得毫无生气。人们对完全相同的情形常有不同的解释。在这一节，通过把个性分为几个组成部分，来解释这种不稳定性和不可预测性，借以理解个性是如何作用于行为，尤其是旅游行为的。

一、弗洛伊德的个性学说

弗洛伊德认为人是一个能量系统，他受物理规律的控制。弗洛伊德心理学的基础，是关于个性各种不同成分的能量转化和交换的理论。根据这个理论，把个性分为"本我"、"自我"、"超我"三个主要组成部分。

（1）本我（潜意识最深层）（id）完全倾向于立即的满足——它是思想中的"政党动物"（party animal），它根据快乐原则（pleasure principle）来运作，行为则受一种想要使快乐最大化和逃避痛苦的愿望支配。本我是自私和无逻辑的，它将一个人的精神活动向快乐的行为指引，而不考虑任何后果。

（2）超我（superego）是同本我相对的。这个体系实质上是一个人的意识，它使社会规则成为自我的一部分（尤其是来自父母的影响），并且阻止本我去寻找自我满足。

（3）自我（ego）是介于本我与超我之间的一个体系。从某种程度上来说，它是在诱惑与道德之间展开的战争的裁判。自我根据现实的原则平衡这两种相反的力量，它寻找途径以满足能为外界所接受的本我。这些冲突发生在非意识阶段，因为一个人没有必要去意识其行为的根本原因。

弗洛伊德的一些观点为消费者研究人员所接受，特别是他的研究，强调了那种支持购买行为的无意识动机的潜在重要性。它暗示了消费者没有必要告诉我们他们选择一件产品的真实动机，即使我们可以设计一种途径去直接向他们询问。

弗洛伊德的观点也暗示了自我可能会依赖于产品的象征主义，以求在本我的需求和超我的禁止之间达成妥协。这个人通过使用表明其根本愿望的产品，将他的不可接受的愿望，引到可以接受的途径。这就是产品的象征主义与动机间的联系。产品代表一个消费者的真实目标，它可能是为社会不接受或无法达到的。为了得到这件产品，这个人会不得不接受一个替代的结果。

弗洛伊德是一位深刻而又复杂的思想家。因此，误解他的理论，或把他的理论极端化，都是有可能的。他的理论对研究旅游行为的贡献，是把个性分为几个既独立又互相关联的组成部分，为理想个性如何左右并指导旅游行为提供了有益的见解。

二、自我形态

弗洛伊德的个性理论，为心理学一个较新的分支——相互作用分析（transactional analysis，TAC）做了大量的基础工作。《大众游戏》的作者埃里克·伯恩（Eric Berne）和《我行——你也行》的作者托马斯·哈里斯（Thomas Harris）普遍推广的相互作用分析，为理解旅游行为提供了一个简单术语和简单方法。

相互作用分析的一个基本概念是自我形态。一个人的个性是由三个重要部分组成的，每个部分叫做一种自我形态。这三种自我形态叫做父母、成人和儿童，大致与弗洛伊德的超我、自我、和本我相对应，并以英文中父母（Parent）、成人（Adult）和儿童（Child）的第一个字母 P. A. C. 命名。每一种自我形态是思想、情感和行为的独立来源。在任何特定的情况下，个性和自我形态的任何一个组成部分，都对一个人的行为起指导作用。

1. 儿童自我形态

个体首先形成的自我形态就是儿童自我形态。儿童自我形态由自然产生的情感、思想和行为所构成，也包括个体用以适应情绪所需要的知识。它是一个人经受到挫折、失望、快乐以及缺乏能力，而形成的个性部分。此外，也是好奇心、创造力、想像力、自发性、冲动性及生来对新发现表示向往的源泉。

儿童自我形态支配戏要性的或自然表述性的行为，也就是支配属于情感和情绪的那一部分个性，包括大部分的要求、需要和欲望。当个人感到需要什么东西时，正是儿童这一自我形态表达了他的欲望。儿童自我形态支配了个人的要求、需要、欲望、情感和情绪。

2. 父母自我形态

个体形成的第二种自我形态，就是父母自我形态。它是行为、态度的来源。这些行为和态度通常是个人向自己的父母，或向某些父母辈的人模仿来的，它也是个人的见解与偏见、基本知识以及是非感的主要来源。

父母自我形态支配人们有关批评、教诲、指点、教训及道德方面的行为，并为人们立下规矩。当人们大声地叱责或判断现在青年的是非时，以及他纠正某人的错误或行为举止时，父母自我形态起指导作用。父母自我形态告诉人们如何处世和分清是非。

3. 成人自我形态

个体形成的第三种自我形态，就是成人自我形态，它是指导理性思维和客观的信息加工的个性部分。成人自我形态指导理性的、非情绪的、较客观的行为，即指导解决问题。为了使具体问题处理得当，成人自我形态还检验寓于父母与儿童两种自我形态中的材料。

成人自我形态同年龄无关，每个人，甚至连小孩子都具有一种估计现实能力的成人自我形态。精确地说，它适应当前现实并客观地汇集信息。它是有条理的、适应性强的、明智的。它通过检验现实、估计可能性、公正地计算、以事实为基础作出判断的方式起作用。

三、自我形态的均衡

哈里斯为上述三种自我形态提供了一组语言表现和非语言表现，见表7-5。

父母、成人、儿童这三种自我形态的每一种形态，在一个情绪健康的人身上都起作用。在一个正常的健康人身上，有时父母自我形态会支配，而且应该支配他的行为；有时成人自我形态应该，而且已在支配他的行为；有时儿童自我形态也在起支配作用。

例如，当你所爱的人需要同情时，或当年轻人需要纪律的约束时，一般由父母自我形态支配这两种情况。当某人在安排家庭经济收支，或努力解决工作中的复杂问题时，成人自我形态通常起支配作用。当一个人积极寻求欢乐，如度假旅行，在室内打垒球，或参观主题公园时，通常是儿童自我形态在支配他的行动。这种"均衡生活"，实际上是个性三部分的每一个部分在个人的时间和情绪能量上的合理分配的结果。

一个人，他的行为如果只受一种自我形态的约束，那他很可能存在一个非常严肃的，要专门帮助的个性问题。比如，主要根据父母自我形态（即恒定父母自我形态）活动的人，常常把他周围的人看成是他的孩子。恒定成人自我形态的人通常令人讨厌。他和别人的关系可能闹得很僵，因为他不让爱管事的父母自我形态和爱玩的儿童自我形态起作用。又如，恒定儿童自我形态永远是个小孩子，不想长大成人。这种人不为自己着想，自己不作决定，也不对自己的行为负责。总之，一个人的三种自我形态可以比作三种不同的代言人，每一种代言人都必须在适当的时候才许发言。

表 7-5 父母自我形态、成人自我形态和儿童自我形态的表现

	语言表现	语调	非语言表现
父母自我形态	按理，应该，从不，永远不，不！总是，不对，让我告诉你应该怎么做。评论性的词语：真蠢，真讨厌，真可笑，淘气，太不像话了，胡扯，别再这样做了！你又想干什么！我跟你说过多少遍了！现在总该记住了，好啦，好啦，小家伙，宝贝，可怜的东西，可怜的，亲爱的	高声＝批评 柔声＝抚慰	皱眉头，指手划脚，摇头，惊愕的样子，跺脚，两手叉腰，搓手嚓舌，叹气，拍拍别人的头，死板，装作军校教官的样子
成人自我形态	为什么，什么，在哪里，什么时候，谁，有多少，怎样，真的，假的，有可能，我以为，依我看，我看出了，我判断	几乎像电子计算机那样准确无误	直截了当的表情，舒适自如，不很热情，不激动，漠然
儿童自我形态	孩子的口吻：我想，我要，我不要，我打算要，我不管，我猜，当我长大时，更大，最大，多好，太好了	激动，热情，高而尖的嗓门，尖声，欢乐，愤怒，悲哀，恐惧	喜悦，大声笑，傻笑，可爱的表情，眼泪，颤抖的嘴唇，撅嘴，发脾气，眼珠滴溜溜地转，耸肩，垂头丧气的眼神，逗趣，咬指甲，撒娇

四、自我形态和旅游行为

当我们把个性分为三种独立的，而又相互关联的组成部分时，理解人们为什么常常以不同的方式对相同的经历作出反应就比较容易了。

个性的三个部分，即"父母"、"成人"、"儿童"，是负责指挥各种不同的行为的，而且，每一个部分对于个人是否要进行旅游，到哪儿去旅游，花多少钱，呆多久等问题都将发表不同的看法。当一个人离开家，父母、成人、儿童这三种自我形态就伴随着他。每一种自我形态都必须以某种方式迎合个人。个性的三种作用都必须肯定外出旅行是有意义的，否则，任何一种旅行都不能进行。

娱乐性旅游的许多主要动机，显然来源于儿童自我形态。请记住儿童自我形态表示个性中"我要"这一部分内容。儿童自我形态对个人的大部分情感负责。如果个人厌烦了，需要旅游所能提供的那种刺激，可能就是儿童自我形态要通过旅游忘掉厌烦。如果旅游是出于好奇心，或出于探索和发现的需要，儿童自我形态则表示："我们去吧"；如果旅游是因为想玩，这时儿童自我形态便发出"去玩"的强烈呼声；如果旅游的动机是娱乐，那么，不管娱乐对个人意味着什么，都是由于儿童自我形态指导个人去旅游的。

旅游很容易迎合儿童自我形态。首先是因为旅游给人以许多乐趣的希望。它无需花多少时间便勾起人们的想像，沙滩、频频摇动的棕榈树、时髦的飞机、举行冠军赛的高尔夫球场、美味的餐馆、窗明几净的舒适的旅馆房间、优美的景色、新奇的事物、还有一些令人激动的事都能激发各种年龄潜在旅游者的儿童自我形态。旅游广告，对去年度假旅游的美好回忆、四处周游的朋友的第一手资料都促进儿童自我形态形成这些内心的想像。

当儿童自我形态本能地对将带来乐趣的旅游感兴趣时，父母自我形态和成人自我形态通常有保留看法，并对外出旅行提出疑问，特别是父母自我形态可能对儿童自我形态沉迷于外出旅行的欲望表示严重的怀疑。

父母自我形态是个人见解和偏见的主要来源，也是个人的基本知识和是非感的主要来源。父母自我形态包括两个方面，一方面有保护性和教育性，而另一方面有批判性和有权发出各种指示。所谓批判性，它很可能对仅仅为了娱乐而费时花钱去旅游的打算持反对意见。

父母自我形态的旅游动机，主要表现在教育和文化上的益处、家庭团聚、工作之余消除疲劳、义务、经济状况、地位、声望。如果这些动机被激发起来，就会使父母自我形态同意儿童自我形态通过旅游尽情娱乐。即使父母自我形态已同意儿童自我形态进行旅游之后，它还可能坚持已做出的，诸如花多少钱，出去多久这样的规定。

由于健康的原因而形成的旅游动机，主要来源于成人自我形态。成人自我形态也负责调解儿童和父母自我形态之间的冲突，它既考虑有关旅游的分歧，也考虑力图作出合理的、客观的决定。换言之，成人自我形态的作用，就是合理地做出旅游决策。它决定一次旅游，实际上就是像父母自我形态解释为什么在这个时候去旅游是个好主意。

成人自我形态也负责收集同意个人安排外出旅游所需的真实、可靠的信息。

这时，成人自我形态也充当仲裁，力图取悦于要立即启程、或许在外久留、要把所有的钱挥霍在各地的儿童自我形态，力图调停实在不想走、并无论如何坚持花钱要合理、时间安排要得当的父母自我形态。成人自我形态需要诸如怎样去旅游地、花多长时间、带多少钱、就近有哪些食宿设施、费用多少等方面的信息，还要得到其他方面的能制订切合实际旅游计划的信息。在未收集到必要的、可用的真实信息时，成人自我形态很可能会推迟旅游。

总之，不要把每一个旅游者当作一个整体的人，而是当作一个具有三个独立的，不同的个性成分组成的人来加以考虑。如果一个人想旅游，并且从中得到快乐，每种个性成分，即父母、成人、儿童的自我形态，都必须得到适当满足。首先，每个成分对旅游预先都有不同的想法，每个成分都有旅游可以满足的不同的要求和动机。在解释旅游行为时，所有这些预先的想法、要求和动机都必须加以考虑，在销售不同的旅游产品和服务时，必须适当加以调节。

复习与思考

1. 解释下列概念：

（1）个性；（2）自我概念；（3）自我形象；（4）生活方式；（5）本我；（6）超我；（7）自我；（8）自我形态。

2. 叙述有关个性的理论。

3. 个性类型与旅游行为有什么关系？

4. 为什么说帕洛格的旅游者个性类型和旅游地类型间的直接联系是一种相对的、不稳固的联系？

5. 为什么说旅游是一种对自我形象具有象征性的产品？

6. 一个人的生活方式与旅游行为有什么关系？

第八章 社会群体对旅游行为的影响

人类是社会动物，我们都属于群体。事实上，我们要求"介入"或认同处于我们期盼中的个人或群体的愿望，正是许多购买和行动的首要动机。旅游活动也是如此。

在这一章，首先，我们识别影响个体旅游行为的群体，并论述每个群体对其成员所起的作用。鉴于家庭单位在社会中是最重要的旅游活动群体，因此，我们将详尽讨论家庭群体与旅游行为。最后，我们将阐述社会阶层、文化规范与传统对个人的旅游行为的影响。

第一节 群体与参考群体

一、群体

人类是社会的动物。人都属于群体，试图取悦别人，并且通过身边人们的行为来接受关于如何行为的暗示。事实上，人们要求"介入"或认同于处于他们期盼中的个人或群体的愿望，正是许多旅游行为的首要动机。

在日常谈论中，群体一词的运用范围很广，例如，特殊利益集团、少数民族团体、一群明星倾慕者等等。无论如何，有必要更精确地规定这一概念。一个群体由两个或两个以上的，为了达到一个共同目标而相互作用、相互依赖的人所组成。

相互作用是群体的最基本的方面——它使我们可以确定谁在群体中、谁不在群体中。群体成员的相互作用不一定是面对面的，也不一定是言语形式的。例如，即使在远隔几千里的空间，航天飞机中的宇航员杨利伟和北京指挥控制中心的飞行控制人员凭借无线电通讯也形成了一个群体。又如，人们传递水桶来灭火，由于相互配合的需要，自然而然地形成了群体。相互依赖仅仅意味着群体成员为了完成目标在某种程度上互相依靠。在某些情况中，相互依赖对于目标实现来说是必不可少的。例如，一个人绝对不能够设计、制造和发射一架航天飞机。有时，相互依赖可能比个人努力更有效或更令人感兴趣。不论怎样，群体具有相互依赖、相互作用的性质。如果10个人各自提水桶灭火，就不能构成一个真正的群体。最后，所有的群体都有其成员试图实现的一个或一个以上的目标。这些目标的范围包括游戏、销售新产品或者实现世界和平等等。

有两个方面的原因决定群体成员资格的重要性。

（1）群体对我们施加了非常大的影响，是我们的信念、价值观和行为赖以形成的社会体系。例如，在家庭和某一群体中的早期经历，教会我们做什么和不做什么，如在一个葬礼中如何行动，在一场足球比赛中举止如何，如何合乎体统地用餐等等。群体影响的重要性并不低于组织。例如，工作群体的成员提醒我们是否对工作表示满意（"这是一个讨厌的工作，难道不是吗？"）和应如何努力工作（"留神，我们一天只生产50个零件"）。在许多情况下，这些社会信息产生的影响是强有力的，甚至比工作本身提供的"客观"信息更有力。群体提供给我们一个重要的"社会现实"。

（2）群体成员资格之所以重要，还在于群体提供了一种我们能够对其他人施加影响的相关关系。这些人包括群体成员或群体之外的受群体活动影响的人。这种影响机会常常能够产生明显的自尊感。在群体内部，人们有充分机会对别人实行领导或向表示欣赏的听众显示自己的技能或才干。反过来说，群体成员资格能够使我们对其他群体或社会充分地行使权力。

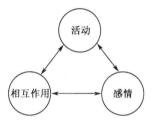

图 8-1 群体中成员的相互影响关系

图 8-1 为群体成员的相互影响关系，它表明了群体中的活动（所从事的任务）、相互作用（完成任务时人与人之间的行为）、感情（人与群体间的态度）这三者是相互关联的。

群体可按不同的标准来划分。按照规模可以分为小型群体和大型群体。大与小是相对的。从社会心理学的角度来看，小型群体中成员之间有直接的、个人间的、面对面的接触和联系，大型群体中的成员只能以间接的方式联系。相对来说，在小型群体中，成员之间因素的作用要大于其在大型群体中的作用。

大型群体还可分为两种类型：一类是偶然、自发产生的，存在时间相当短，如一群人、观众、听众等；另一类是名副其实的社会群体，即在社会历史发展进程中形成、在每一具体社会类型的社会关系中占有一定地位、在相当长的存在时期内颇为稳定的群体。如社会阶层、种族群体（其主要类型为民族）、职业性群体、按年龄划分的群体等。

根据群体是否存在，可把群体分为假设群体和实际群体。假设群体实际上并不存在，只是为了研究和分析的需要划分出来的。假设群体又可成为统计群体。例如，按人口统计背景而划分的群体就属于假设群体或统计群体。实际群体是实际存在的群体，群体成员之间有着实际的直接联系。

根据群体构成的原则和方式，可把群体分为正式群体和非正式群体。正式群体是指明文规定的群体；非正式群体没有正式规定，是以其成员相互关系中明显的情绪色彩，如好感、喜爱或志趣相投为基础构成的。此外，根据群体发展的水平和群体成员之间联系的密切程度，可分为松散型群体、联合型群体、合作型群体等。

人们加入各种群体是因为群体能满足某些需要。例如，它能保护自己；帮助解决问题；使他有机会结识某些人，并与他们建立交往；能提供行为典范，提高他的自我形象，并为他提供估价自身行为的许多标准。

某人参加一个排外性乡间俱乐部，他这样做可能是因为这个俱乐部能为他提供重要的地位，并使他能结识群体中那些成就卓著的人物。

一个经常旅游的商人加入航空旅客协会，以便在享有饭店与汽车租金折扣之类的利益之外，还能在航空安全、方便与机费等有关方面也占到便宜。

一个群体只有对自己的成员起着重要的、甚至是必不可少的作用，才能长时期维持下去。例如，一个配有导游陪同的旅游团至少可以为其旅游团的成员提供五个方面的基本利益。

（1）安排旅游，要解决在有限的时间内游览何处的问题。旅游计划要把一大片地理区域压缩成一个精选的，由最有吸引力的旅游胜地组成的斯堪的纳维亚式的餐前冷菜。这样就使得缺乏经验的旅行者与首次赴一个特定地区观光的人认为导游具有特别的吸引力。

（2）安排旅游计划要给旅行团成员以心理上的安全感，让他们事先知道将要去什么地方，将在什么饭店逗留。

（3）安排旅游也要在经济上提供便利和安全。团员们预先知道整个旅程的花费。旅行社在宣传册中要竭力给人以这样的印象，即在旅程中没有埋伏的额外开支。

（4）配有导游的旅行尽力减少团员在国外遇到的社会问题。旅游协调人、男生主人与导游者在安排交通运输、翻译、处理各种问题时，在团员与国外社会环境之间担任缓冲者。

（5）导游在旅行中还起着在宣传册中尚未得到承认的一些其他作用。如缩小团员之间的潜在摩擦，造成团内团结的气氛。一起旅行的人对游览什么较难达成一致意见，因而可能找导游为他们解决这个问题。即使能够达成一致意见，他们也可能需要在团体旅行中寻求安全感与社会支持。团体旅行以集体活动的形式提供共同体验与接触陌生事物的机会。在某些类型的旅游中，团体本身就具有很大的吸引力（例如单身汉的旅行）。

由于导游对旅游者起着重要的作用，所以导游旅游团的组织形式自出现以后，就一直存在和不断发展着。

一个群体有可能满足每个人的不同需要。比如，一个人可能对旅游团感兴趣，因为他认为这将比独自一人去同一目的地旅游省钱。另一个人也可能加入同一个旅游团，但他主要是因为害怕独自去一个陌生国家旅行，第三个人加入该旅游团，则因为他的几个朋友已经作过团体旅游。

二、参照群体

(一) 参照群体

参照群体（reference group），或称参考群体，就是对个人的评价、期望或行为具有重大相关性的事实上的或想像中的个人或群体。

一个人在评价他自己的一般的或特殊的态度和行为中，可能使用的参照物是变化着的，从个人到小群体，从家庭到亲属、朋友，以及某个社会阶层、职业、种族集团、社会、甚至是一个国家。从消费者行为学的角度来说，影响个人消费行为的主要社会群体，依次为他的家庭、朋友、所属社会阶层和他的文化，见图 8-2。

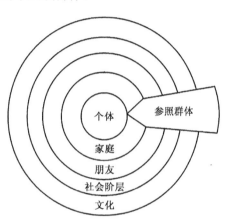

图 8-2　消费者的主要参照群体

不同的参照群体在不同的时间内或不同的情境下，影响个人的信念、态度和行为。例如，一个年轻的饭店女服务员的衣着习惯，随她所在的场合和角色的不同而变化着。她在工作时穿定制的服装，与她的同事的服装样式保持一致，而她在下班后可能穿更为新式的服装，与同龄人的时装标准一致。

人们往往把自己和与自己相似的人作比较，所以常常为与自己相似的人的生活方式所动摇。因此，许多促销策略引入了那些为消费行动提供信息性社会影响的普通人。比如，万事通卡把它的广告视点，从富于魅力而富足的专家的生活方式转到了相对普通者的行为，像那些布置自己第一所公寓的年轻人的行动，其营销口号是"为了我们真实的生活"。

人们加入某个消费者参照群体的可能性受到以下几个因素的影响：

（1）邻近性。当人们之间的物理距离缩短，互相作用的可能性增加，就变得更容易形成联系。物理上的接近称为邻近性。一项早期在住宅楼群中对友谊模式进行的研究，表明了这项因素的强烈效果。与隔壁交友远比隔着两个门的人交友容易得多。邻近楼梯的住户比楼道尽头的住户朋友更多（他们更容易碰到上下楼的人）。物理结构与人际关系颇有关联。

　　（2）单纯曝光。我们会因为看到一些人的次数较多而对其产生好感，这称为单纯曝光现象（mere exposure phenomenon）。即使是无意的接触，较高的频率也会有助于一个人的当地参考者集合的确定。对艺术作品乃至政治候选人的评价也有同样的效应。

　　（3）群体凝聚力。一个群体的成员之间相互吸引和对群体成员身份相互予以重视的程度称为群体凝聚力。群体对成员的意义越重大，就越容易 引导成员的消费。联结大量的人难度很大，因而小群体具有更强的凝聚力。同理，群体往往把成员限于有选择的一部分人，这样就提高了成员身份对成员的价值。

（二）参照群体的类型

　　参照群体提供了一个评价消费者态度和行为方式的比较标准。消费者可能是一个参照群体的成员，例如家庭，或是渴望归属于某一个群体（例如一个网球迷可能非常希望结识一些网坛上的名流）。第一种情况，我们称消费者个体是会员群体（membership group）的一员；第二种情况，我们称消费者个体是向往群体（aspiration group）的一员。

　　参照群体还能从负相关的角度来观察。例如，个人可能已经属于或是加入某群体，然后却又反对这种群体的价值观，这种群体叫拒绝群体（disclaimant group）。更有甚者，个人还可能刻意避免加入某一特定群体，这样的群体我们称之为分离群体（dissociative group）。

　　图 8-3 列示了这四种参照群体。广告商一般很少力图使消费者去否定或拒绝某一群体，而是诱导消费者产生一种成为某群体成员的愿望。甚至那些独具创意的广告的诉求点也是从正面来论述使消费者感到与众不同，而不是从反面论述以使消费者远离某一群体，因此，营销人员倾向集中诉求于那些正相关群体，即会员群体和向往群体。

　　1. 会员群体

　　因为正相关群体很重要，图 8-3 进一步细分了会员群体和向往群体。图 8-3 的中间，正相关的会员群体按主要还是次要、正式还是非正式进一步做了细分。如果一个人经常与特定的某些人联系，例如家庭、朋友和同事，这些人就是一个主要群体（primary group）。商场购物人群、政治俱乐部、滑雪伙伴或慢跑伙伴构成一个人的次要群体（secondary group），因为这些人与他或她不经常接触。主要群体在对产品的信任感、口味和偏好这方面更为重要。研究发现，在许多场合那些经常接触的群体（即主要群体）往往购买同一品牌，正是因为他们的影响，这些群体更能引起营销人员的兴趣。

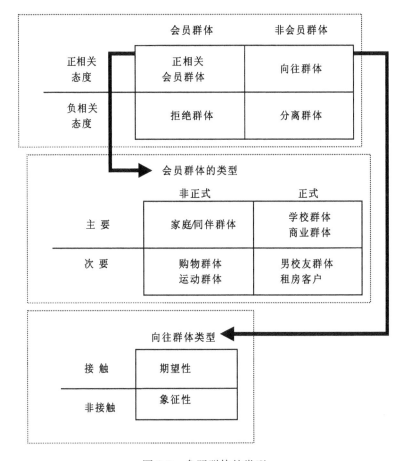

图 8-3　参照群体的类型

　　群体还能细分为具有特定角色（如筹资、教育、传递信息）的正式结构群体（如主席、秘书和会计）还是非正式结构群体。非正式结构群体的结构和角色是不明显的。图 8-3 展示了会员群体由这种分类产生的四种类型。

　　（1）主要非正式群体。家庭和同伴代表了主要非正式群体（primary informal groups）。这种群体是最重要的一种群体，因为个人与这种群体内的其他成员经常接触。广告因此经常描绘朋友和家人一起消费的场景。

　　主要非正式群体的结构和等级含蓄而不正式，成员经过非正式的协商来担任领导角色。不同的主要非正式群体在宗旨、定位和会员组成上相差很大，他们的规范和价值观各不相同，但对群体成员都相当重要。

　　（2）主要正式群体。主要正式群体相对于家庭、朋友和同伴群体来说有一个更为正式的结构。消费者有规律地与这些群体交往，但是不像与主要非正式群体交往那么频繁，例如分配到一个项目里的学校同学或是每天一起工作的商业群体。广告人把这些群体的成员描绘成某种产品赢得赞誉的证人。例如，欧米茄通过将其手表与一个商业团队的成功时刻联系在一起，直接表达了欧米茄与成功的团体努力相连的含义。

（3）次要非正式群体。次要非正式群体没有正式的结构，成员之间也不经常往来，例如偶尔在一起的购物群体或运动群体。这些群体可以直接影响消费者的购买行为。格兰伯斯（Granbois）在他对购物群体研究中测量了次要非正式群体的影响。他发现当消费者三五个一起购物时，改变自己原先购物计划的可能性是他们只有两三个人时的两倍。

（4）次要正式群体。次要正式群体对消费者的重要性最低，因为他们不经常接触，有正式的结构，而且不紧密相连，所以他们也得不到营销人员的重视。例如，校友会、商业俱乐部和房客群体。专门性产品（如旅行代理机构和执行规划的开发者）可能对这些群体有一些兴趣，全国性品牌的营销人员一般不去吸引他们。

2. 向往群体

图 8-3 的底部列出了两种向往群体的类型，期望性向往群体和象征性向往群体。期望性向往群体（anticipatory aspiration groups）指的是个人期望在将来某个时候能够加入其中的那些群体，大多数情况下，个人（他或她）与这个群体已有了直接的接触，最能说明这一点的是在组织层次结构中个人期望加入高层的管理群体。这种期望来源于想获得一般被西方文化认为是最重要的一些报酬：权利、地位和金钱，营销人员诉求于这种期望使人觉得能通过加入更高层的向往群体从而提高自己的地位。服装和化妆品的广告中就经常包含着商业成功和个人威望。

象征性向往群体（symbolic aspiration groups）是指那些个人虽然羡慕却不太可能加入其中的群体，而不论他是否接受这个群体的信仰和态度。Fisher 和 Price 发现，购买与向往群体相联系的产品被认为是与这些群体建立一种替代联系的一个途径。例如，球迷往往购买具有球队明显标志的运动夹克和运动衫。这种影响产生作用的一个重要条件是产品的视觉形象明显，就像被赞助球队的队服。

营销人员一般通过请名人给特定产品做广告来诉求于象征性期望。

（三）参照群体的性质

参照群体具有一些特定的性质决定了其对消费者的影响效果，包括规范、角色、地位、社会化和权力。我们已经看到了这些性质都在哈利—戴维森车手群体中发生了作用，我们将在下面把它们列举出来。

1. 规范

规范（norms）是（一般没有明确定义）致使群体建立起来的规则和标准。群体成员被期望遵从这些规范，与之相关的可能有合适的服装、吃饭的习惯、汽车的构造或是化妆品的品牌。

2. 价值观

价值观（values）是群体成员之间共享的关于什么行为合适、什么行为不合适的信念。在第十一章我们将会看到，价值观大多数是被文化或亚文化所定义，但很大程度又随着家庭和同伴群体不同而变化。一个家庭可能把社会地位看得很重，而另一个家庭则可能更看中个人独立性的增强。

3. 角色

角色（roles）是个人承担的或是组织分配给个人的为达到组织目标而拥有的职能。在群体购买行为中，当营销人员试图提供给用户最好而且也有购买力的品牌或产品种类时，往往能识别出一些特定的角色，以下这些角色在家庭购买决策中就能被识别出来：影响者、看门人（那个对流向群体的信息最有控制力的人）、决策者、购买代理人和消费者。

4. 地位

地位（status）是指个人在群体中占据的位置，较高的地位意味着较大的权力和影响。一个委员会的主席在组织里拥有着至高无上的地位，在每周一次的桥牌俱乐部里却可能是个无足轻重的成员。衣着和所有物经常象征着地位的高低，例如，主席镶嵌着橡木的办公室代表着他的地位，而看门人的制服也同样如此。

消费者有时购买产品是为了在一个更广的社会意义上表明自己的地位，因此所传递的信息要么是富有，要么就是高贵。雅典的服装和昂贵的汽车能作为地位的象征，但是在一些群体中，象征物可能与一个人的财富和地位正好相反，郊区的富人中牛仔裤和小汽车可能很普通，大汽车和较昂贵的衣服却可能是较低社会经济地位的象征。

5. 社会化

一个人学习群体规范和角色期望的过程就叫社会化（socialization）。那些调换工作岗位的人必须从工作中的主要正式群体那里学会新群体中的非正式角色和期望，以及正式的角色和期望。

消费者社会化（consumer socialization）是指消费者为能在市场上活动而获得必要知识和技能的过程。有两种最重要的社会化过程，小孩的社会化和社团中新成员的社会化。

6. 权力

群体施加给个人的影响和群体的权力密切相关。我们已经识别出群体影响的各种各样的来源，但是有三个因素与营销策略特别相关：专家权力、参考权力和报酬权力。

（1）专家权力。要具备专家权力（expert power），个人或群体必须要有一定的经验和知识。一个消费者如果认为他的某个朋友对于某产品有更多的知识或经验，那么他一般会接受这个朋友的购买建议。一个销售代表只要能与消费者建立起信任感，那么他也会被消费者认为具有专家权力。

（2）参考权力。参考权力（referent power）的基础是消费者力图使自己与群体的其他成员保持一致。个人的信仰和态度与群体的其他成员越相似，群体的参考权力就越大。由于这种共同的规范和价值观，个人或是成为某个群体的一员，或者渴望能属于某个群体。

（3）报酬权力。报酬权力（reward power）是基于群体给予个人报酬的能力。商业组织把金钱和地位作为给员工的报酬，家庭把表扬和赞赏作为给小孩的报酬。社会群体也能对消费者的购买行为提供报酬，如相关群体的成员对消费者衣着和打扮的赞赏就能增强消费者购买选择的信心。

群体除了报酬权力外，对个人还可能有强迫权力。也就是说，群体对个人"既给予也拿走"。群体对个人越是重要，那么群体对个人驳斥甚至惩罚的权力就越大。组织能解雇成员，父母能惩罚子女，社会群体也能因为个人的行为越轨而将其排除在外。

这三种群体影响的因素并不是相互独立的，例如，一个赛车手群体对其成员就施加了所有三种形式的影响。老车手通过阐述恰当的打扮、骑车技巧、遵守程序以及如何谈吐对新成员的消费者社会化过程应用了专家权力。群体中新车手对老车手的模仿是参考权力的结果。群体的报酬权力则是通过要求个人与群体保持一致，并对这种一致奖给群体内较高的地位来实现的。

（四）参考群体对消费者的影响

三种群体权力类型暗示了参考群体影响消费者选择的几种途径。首先，专家权力意味着信息影响（informational influence），广告中专家的证实或某个知识渊博的朋友的经验都是一种信息交流；其次，参考权力意味着群体有一种比较影响（comparative influence），因为参考就是将个人的信仰、态度和行为与群体其他成员进行比较，群体作为参照物提供给消费者一个评价他自我形象的基础；第三，报酬权力暗示参照群体有一种规范影响（normative influence），它是通过在群体规范的基础上直接影响消费者的态度和行为，并鼓励遵从这些规范来作用的。

表 8-1 在消费者行为的框架中显示了每种影响类型，并列出了施加给消费者的影响类型、消费者目标、群体影响的基础以及行为的效果。

表 8-1　参照群体所施加的影响类型

影响种类	目标	可感知的来源特性	权力类型	行为
信息影响	获得知识	可信度	专家权力	接受
比较影响	自我维护和充实	相似性	参考权力	认同
规范影响	得到报酬	权力	报酬或强迫权力	遵守规范

1. 信息影响

如果消费者认为某个群体能提供可靠的信息和专家意见，或是消费者相信群体信息将增加其对产品选择的知识，那么他就会接受群体所提供的信息。正如我们在哈利车手的社会化进程中所看到的，信息既可以从群体内消费者认为具有丰富知识的人那里直接获取，也能通过观察群体其他成员的行为而得到。

消费者似乎更多地是从朋友和邻居这类的私人关系中寻找专家建议，而不是求助于商业信息来源，如广告。因为他们认为私人关系比商业来源更值得信赖。消费者可能以怀疑的眼光来看制造商的广告措辞，因为他们认为公司在产品促销中存在既定的利害关系。

从表 8-1 可看出信息影响的特性是：消费者的目标是获取知识，接受信息的条件是信息的可信度，权力的来源是专家权力，行为的效果是对影响的接受。表 8-2 列举了阐述信息影响、比较影响和规范影响的各种形式的表述。表述 1 和表述 2 反映了人们经常从专家或是从具有可靠信息的朋友和邻居那里获取信息的客观现实，另外，观察（表述 3）也被认为是一个重要的信息源。

在两种情形下，信息影响对消费者可能是最重要的。第一种情况是当购买产品存在社会、财务或功能风险时。一个购买汽车的消费者可能从那些具有相关知识的朋友、亲属或销售人员那里寻找信息，因为存在着社会对新车的看法、购买成本和可能有的机械故障这些风险。在这种情况下，专家的建议可能比参考者的建议更重要。第二种情况下，如果消费者只具备有限的产品知识和经验，信息影响可能是极其重要的。如消费者对一些技术性产品如计算机、蜂窝电话或传真机几乎知道很少，他们就可能去寻找专家的建议。

营销方面的研究提供了个人信息来源重要性的证据。一项研究发现，对于购买小型用具个人信息来源比商业信息来源更为重要，并且食品在某种程度上也是这样。这项研究表明专家权力既可能来源于朋友和邻居的使用和经验，也可能来源于有专业知识的专家。

2. 比较影响

消费者经常与那些重要群体的成员比较自己的态度。他们试图通过将自己与所赞同的群体联系起来，或通过将自己与所不赞同的群体脱离开，来寻求对自己态度和行为的支持。因此，比较影响的基础在于将自己与群体其他成员作对比并判断群体是否支持的过程。

例如，一个家庭搬入新居碰到新邻居，父母会就政治问题、教育问题以及抚养子女的态度与邻居进行对比，他们也会认同邻居所购买的品牌和产品。新住户自然会被那些与自己相似的邻居所吸引，因为这些邻居增强了他们已有的态度和行为，这就是为什么左邻右舍一般是由具有相同社会和经济特征的人所组成的主要原因。

表 8-1 显示，比较影响是一个自我维护并不断充实的过程，个人的目的是通过联系那些能加强自我意识和自我满意的群体来增强他的自我意识，权力的来源是参考权力，个人对于群体的行为是某种认可。表 8-2 显示了与比较影响相关的条件，包括个人通过成为群体的成员加强自我的形象（表述 4 和表述 5）或是与那些自己喜爱和羡慕的群体成员保持一致（表述 6 和表述 7）。

表 8-2　信息影响、比较影响和规范影响的条件

信息影响

1. 个人从独立的专家群体或是与产品相关的内行人那里，咨询有关产品不同品牌的信息

2. 个人从那些对品牌有可靠知识的朋友、邻居、亲戚或是同事那里，咨询品牌相关的知识和经验（例如，A 品牌的香水比 B 品牌的香水如何）

3. 个人对专家行为的观察会影响他对品牌的选择（例如，观察警察所驾驶的车的类型或是看那些维修人员所购买的电视品牌）

比较影响

4. 个人感到购买或是使用某一特定品牌能提高别人对他的印象

5. 个人觉得购买某一特定品牌能帮助他在别人面前显示他的身份或想要表现的身份（如那些运动员、成功的商业人士等等）

6. 个人感到那些购买或使用某一特定品牌的人具有他所想要拥有的特征

7. 个人有时候感到像广告所展示的使用某一特定品牌的那些人一样很好

规范影响

8. 个人决定购买某一特定品牌受到那些与他有社会交往的人偏好的影响

9. 个人决定购买某一特定品牌受到家庭成员偏好的影响

10. 个人想满足别人对他的期望的愿望会影响他的品牌选择

比较影响暗示了那些被影响的人应该与那些施加影响的人具有同样的特征。一项研究发现，消费者喜欢从那些与自己相近的朋友那里寻找信息并认为这种信息是可靠的。这些研究得出结论，认为广告商应该尽量利用那些消费者认为与他们自己相同的发言人（即"典型消费者"）。影响者与被影响者相似的概念也能推广到消费者与销售人员间的交往过程。许多研究发现当消费者认为销售人员与自己有相似的偏好、态度甚至宗教信仰时，销售人员的努力就可能是有效果的。

比较影响产生作用也可能是由于人们在生活上比较相似，许多研究显示影响者和被影响者倾向于在生活上相互靠拢。一项针对退休的社会团体里的老人所做的研究表明，有关新产品的信息交换和建议有 81% 发生在住在同一楼层的住户之间。

3. 规范影响

规范影响是指群体要求成员遵守一定的规范而施加的影响。

（1）从众的条件。

如果满足下列条件就能激励消费者遵守群体的规范和行为方式：

1）个人对群体有所承诺并珍惜其在群体内的会员资格。个人的承诺越少，遵守规范的压力就会越小。

2）群体对遵守规范提供足够的报酬并惩罚违规者。遵守群体规范最基本的回报就是被群体接受。一项研究发现消费者经常把朋友和亲属看作是有关产品的信息源，因为他们提供了积极肯定的社会相互作用。对群体的承诺越大，奖励和惩罚的重要性也越大。

3）个人的从众行为对群体其他成员的影响是显著的。如果行为是显著的话，很可能会有这样的效果：一个群体能在衣服、家具和用具的购买上施加规范影响，因为这些行为是显著的。一项对费城居民购买空调的研究中阐述了可见性的重要性。研究指出朋友和邻居对购买产品有直接的影响，但最明显的影响是来源于看见邻居的窗户上安装了空调。规范影响也可能对诸如牙膏和假牙的粘膏这类东西有所作用。虽然这些东西本身是不被人注意的，但是消费者担心不用它们就会有一些明显的后果（不好的口腔气味，假牙的脱落）。

施加信息影响和参考影响的显著性相对而言不那么重要，在这些情况下，消费者的目的不是与群体保持一致而是获取知识和提高自己，消费者不必通过公开的行为方式就能从群体获取信息，并能在与群体保持一致中获得满意。

按照表 8-1，规范影响是基于个人想从群体获得报酬，权力的基础是报酬或强迫，导致相对于群体的行为是一致和服从。表 8-2 指出规范影响的作用条件是成员有与群体偏好保持一致的愿望（表述 8、表述 9）和满足群体其他成员的期望（表述 10）。

（2）消费者行为的从众性。

遵从群体规范是规范影响的最终目标，因为这意味着消费者将会购买群体所认可的品牌和产品种类。营销人员对这类模仿行为很有兴趣，因为这表明在某个群体中一旦最有影响力的成员接受了产品，就会有一种滚雪球效应。

许多研究都肯定个人的确是在模仿群体行为。这些研究被广泛地实验，并且被社会心理学阐述个人遵从群体规范的实验所鼓舞。这类实验中最有名的一个是将 7-9 个大学生带到一块，让他们判断画在卡片上的直线段的长度。除了一个人外，其他所有人都被指示给出同一个不正确的答案。被试验者并不知道这是实验，面对着群体所一致认同的明显不正确的答案，这种情况下有 37% 的被试验者选择与群体保持一致。

在另一项实验中，三套相同的男人衣服上分别标有"A"，"B"和"C"，并告诉被试验者它们代表了不同的质量和厂商。每组 4 个学生中有三个被指示选择"B"，在大多数情况下，第四个人也会选择"B"。

（3）社会倍增效应。

模仿群体行为的愿望经常导致个人去购买同样的品牌和产品，这样的模仿行为反映了一种示范原理（demonstration principle）。经济学家詹姆斯·杜森伯格（James Duesenberry）第一个明确阐明了这种原理。示范原理指出，随着美国消费者较过去增加了流动性和购买力，消费者会越来越多地接触到新产品并且也具备了购买它们的能力。例如，当 CD 唱机最初上市时，一旦有个家庭购买，朋友和邻居就会接触到这种产品。因为这些人一般具有相同的购买力，所以他们也会去购买 CD 唱机。依次地，其他人会接触到这种最新的必备产品。于是"拥有这种产品"的行为就会在群体内传播并传播到其他群体。示范原理包含着对拥有新产品的社会压力，我们把这称之为社会倍增效应（social multiplier effect），因为拥有量是以群体影响和产品显著性的函数关系来倍增的。

社会倍增效应解释了在世界经济中群体影响的挥发性。一些特定品牌或产品类别可能现在到处可见并作为群体规范的代表，但 5～10 年后，这些影响可能就微不足道了。由于社会倍增效应，那些曾被认为是奢侈品的产品（冰箱、汽车、空调）现在都被认为是必需品了。另一些产品如随身听则由于技术进步而过时了。在很大程度上，社会倍增效应为世界经济达到更高的生活水平提供了动力。

（4）对从众的拒绝。

许多人对群体从众压力的反应是拒绝它们。正如我们将要看到的，拒绝群体的从众压力很重要的社会意义，特别是对青少年。如果社会能增强青少年的意愿去抵抗同伴吸烟、酗酒和吸毒所带来的压力，那么就能挽救上百万的生命和节省数10亿的医疗费用。

拒绝从众压力的可能性依赖于如下内容：

1) 个人价值体系的力量。如果群体支持与个人已根深蒂固的规范和价值观相矛盾的行为时，群体的压力可能被拒绝。那些相信吸烟会危及生命并亲眼目睹了父母死于肺癌的青少年就不太会接受同伴的压力而去吸烟。

2) 群体对保持从众压力的强度。当群体压力过于强烈时，消费者可能会拒绝群体的规范而表现出独立性。在那个除了一个人以外其他人都故意错判直线长度的实验中，当被试验者受到明显的压力去同意其他三个人时，顺从的几率反而会下降，学生们对这种压力很反感。这种情形，通常就是所谓的反抗性（react-ance），暗示着消费者只会在某一特定点上屈服于群体的压力。

3) 个人对于群体的承诺。正如我们所说过的，个人对群体的承诺越大，他就越有可能遵从群体的规范。但如果这个群体对个人极其重要而又与个人的价值体系相抵触时就会产生矛盾。按照平衡理论，要解决这个矛盾，个人要么减少对群体的承诺从而保持他的价值观，要么保持对群体的承诺调整自己的价值观与群体一致，或者折中这两种做法，两者都调整。上面提到的那个不太可能屈服于群体压力的小孩就有可能减少对群体的承诺。

4) 对于个性的价值观。许多人相当重视个性的价值而缺乏从众性。他们喜欢与群体保持一定距离，但是可能不会完全脱离群体成员关系。

　4. 是信息影响、比较影响还是规范影响

群体影响消费者的购买行为主要是归因于群体提供的信息，还是与群体保持一致的意愿，或是群体施加在个人身上的压力？很明显，答案是所有三种因素都影响了消费者。但是，究竟哪种影响最为重要可能是一个与所评价的产品类型有关的函数。

(1) 产品所决定的影响类型。

一项研究测量了20种产品的购买过程中信息影响、比较影响和规范影响的相对效果。他们选取了一些大学生作为样本，并让他们按照表8-2所列的表述排列这20种产品。极可能受到信息影响的产品类型是那些技术复杂的产品（汽车、彩电、空调），或是那些需要有客观信息来作为选择标准的产品（保险、医生、头痛药）；极易屈服于比较影响的产品是那些能作为表现自我和肯定自我手段的产品（汽车、服务、家具）；汽车和服装也很容易受到规范影响，因为他们很显著，因此能作为衡量是否与群体保持一致的手段。

一项对摩托车及其相关服装的研究发现，摩托车及其相关服装容易受到三种影响：信息影响是因为摩托车的技术复杂性，比较影响是源于与产品相关的自我肯定，规范影响则是由于摩托车和服装的显著性以及他们作为肯定从众的手段。

（2）产品种类相对于品牌的影响。

波恩（Bourne）考虑了对群体影响的各种研究后发现，群体能影响个人拥有什么产品和购买什么品牌，或者两者都有影响。通过集中研究两种产品特征——独特性和显著性，波恩认为规范影响胜于信息影响和比较影响。波恩确信对于一些具有独特性的产品如快艇和跑车，群体更多的是影响产品的购买决策，因为拥有这些产品本身就是一种表述。如果产品易被人注意却不独特（如拥有一块表），群体更多的是影响产品品牌的选择，如购买一块劳力士表，这种情况下，更多的是品牌的显著性而不是产品的显著性受到群体的影响。

如果产品既不独特也不显著。消费者将只基于产品特性作出购买决策。能源效率和尺寸就比邻居的评价更有可能影响冰箱的选择。

（3）群体影响的最重要因素是什么。

有关信息影响、比较影响和规范影响相对重要性的各种证据让人难以分辨。对比较影响和规范影响方面的研究表明，消费者固然把群体作为一种认同和报酬的手段，但他们可能更多的是把群体作为一个信息提供者。一般来说，信息影响比规范影响能更频繁和更强烈地改变一个人的信仰。

这些发现提示营销人员应更加重视把群体作为一个信息源而不是一个遵从性的源泉。广告应描绘引述产品使用经验的典型消费者，并提供相关的产品特性的信息。例如，广告与其描绘朋友和邻居惊叹于闪亮的地板（遵从于群体喜爱干净的规范），倒不如显示群体成员给潜在购买者传递产品信息，这种策略是将重心从规范性转移到信息化。为某品牌地板做的一项广告显示了参加婚礼的宾客赞叹新房地板的场面，前面提到的研究指出这可能是一种错误的策略。采取通过"典型消费者"来提供信息的策略可能更有效。相对于用来模拟群体影响的模特，消费者可能更认同典型消费者，应用典型消费者有可能减缓许多消费者对广告措辞的怀疑程度。

（4）群体影响相对于产品评价。

如果群体影响是如此重要的一个信息来源，它是否能代替客观的产品评价呢？也就是说，是不是许多消费者会说："我的许多朋友都推荐它，所以我也用它，因为它肯定是最好的"，因此而放弃自己对产品评价的过程？在许多情况下，的确是这样的，参照群体的影响能替代品牌评价。

一些研究者的研究也支持群体建议可能经常会代替品牌评价。他们研究了两种不同产品类别的品牌选择：比萨饼和立体声音响。他们考虑了三种可能性：1）

遵从群体的建议而不去评价可选品牌；2）评价可选品牌；3）依赖于群体的建议把选择的范围缩小到几个品牌，然后评价这几个品牌。

他们发现对这两类产品，群体的建议都超过了对品牌属性的评价。也就是说，在大多数情况下，消费者或者完全依赖于群体的建议，或者利用这些建议把选择范围缩小到几个品牌。令人惊奇的是，这对于像立体声音响这样的高风险产品和像比萨饼这样的低风险产品都一样。基于这些证据得出结论，依靠同伴提供信息的结果是"消费者经常不去评价产品的客观属性就选择了产品"。

（五）影响个体行为的群体效应

随着群体中人数的增加，任何一个成员单独地受到瞩目的可能性就越小。较大群体中的人，或者处于难以被辨识的形势中的人，倾向于对自己注意较少，因而对他们行为的正常约束减少了。不难发现，在化妆晚会或万圣节前夜，人们的行为表现得比平常更粗野，这种表现称为无个性化（deindividuation），这时个人的存在沉没于群体中。

1. 购物模式

当人们处于群体中时，购物行为会发生变化。例如，与别人一起购物时，人们往往购买许多计划外的商品。规范性和信息性影响都在促成这种效应。赢得群体中其他人认可的愿望，会驱动群体成员去购买某种商品，或者他们可能仅仅通过随群体一起收集信息，从而接触到了更多的商品和商店。因此，零售商应当多多鼓励集体购物。

2. 风险转移

显然，群体的决策不同于个人决策。许多时候，在群体决策中，人们比独自决策时更愿意考虑有风险的方案。这种变化称为风险转移。对这种情况存在着多种解释，这可能类似于社群逃避的发生。当较多的人参与讨论与决策时，每个人对结果所承担的责任减轻了，责任的分化就发生了。另外，还有一种价值假设，认为在这种情况下，冒险性是一种在文化上被珍视的品德，社会压力驱动个人去遵从被社会珍视的品质。

风险转移的表现是复杂的。一个较普遍的效应，就是群体讨论倾向于产生决策极端化（decision polarization）。不管在讨论前，群体成员的倾向是有风险的选择还是保守的主张，讨论后都会变得更极端。群体讨论对低风险商品购买，大多数引起风险转移，而对高风险商品购买，则产生更保守的群体决策。

第二节　群体与旅游角色

一、角色扮演与群体

个人在群体中的一个特征就是角色。正式或是非正式群体中的成员，都在自觉或不自觉地扮演着不同类型的角色。这正如莎士比亚所说："整个世界都是舞台，所有男男女女就是这舞台上的演员。"

社会心理学中，角色（role）就是个体在特定社会和群体中占有的适当位置。社会和群体规定了角色的态度和行为模式。角色的位置是指个体在社会和群体中所占的地位，从社会价值来看，就是社会地位、身份。

在戏剧舞台上，演员会把自己的某些东西注入他所扮演的角色，但同时他又在扮演戏剧作者所设想的角色。假如他偏离剧中角色太远，他的表演就失败了。按照社会心理学家下的定义，角色一词的含义实际上与戏剧范畴中的含义没有多大的区别。

角色可以分为原生的角色和习得的角色两大类。原生的角色是指个人无法控制的那些因素，而这些因素又是人们期望于他的，如年龄、性别、家庭、种族和宗教信仰等。例如，一个十几岁的小女孩在选择她要穿的衣服时，可能会面临着两个不相容的原生角色：她的同龄朋友中心照不宣的衣着规定（由她的年龄所派生的角色），她的父母的更为保守的衣着规定（由她作为一名家庭成员，或由她的家庭地位所派生的角色）。她选定两种角色的哪一种将取决于哪个群体具有更强的影响力。习得的角色是指那些人们所选定的，因个人的获得和成长所带来的角色，如他所达到教育水平、收入、职业地位和他的婚姻地位等等。

另一种分类法是把角色分为以下几种类型：（1）生物学的角色，如年龄、性别方面的角色；（2）半生物学的角色，如亲属关系、社会阶层方面的角色；（3）机构中的角色，如职业、宗教、政治和娱乐中的角色；（4）暂时扮演的角色，如主人、客人等；（5）性格角色，如英雄、傻瓜、反面人物等。

一个人一生中扮演的角色是多样的，而且往往同时担任几个社会角色。例如，一个人可能同时是工程师、父亲、工会会员、篮球队员、摄影爱好者等。

人们从生活中逐渐学会在不同群体中扮演不同的角色，特别是从家庭、学校、邻居、工作单位等群体习得，并且由书报、广播、电视等宣传媒介所强化。

二、闲暇与旅游角色

（一）闲暇与旅游角色

旅游者即使是一个人独自旅游，他的行为仍受他人和某些群体的影响。旅游者虽然离开了家，但他仍在担当角色，而且可供扮演的旅游角色是多种多样的。在选择一种特定类型的旅游时，一个人不是度假者，就是观光者。作为度假者，他将去一个目的地，并在那里度过假期。作为观光者，他将游览几个目的地。每个角色都有一种不同类型的行为。

在选择交通工具时，人们也是在扮演某种角色，并按照该角色的行为准则行事。比如，一个人决定驾驶汽车带全家去旅游，在整个旅游活动中，他除了愿意承担司机的角色外，还可能愿意承担导游、决策者以及汽车修理工的角色。而假如他决定带全家乘飞机去一旅游目的地，他就不会担任上述角色中的司机、汽车修理工的角色，而担任诸如旅游代理人和旅伴之类的角色。旅游角色多种多样，每个角色都要求有独特的行为方式。旅游者的行为与当地人不同；行家与初学者或业余爱好者不同；客人的行为与主人的不同；头等舱旅客的行为与经济舱的旅客不同，事实上，他们受到的待遇也不相同。

在旅游活动中，旅游者的行为同他在家里时的行为可能大相径庭。这不仅是由于扮演的角色不同，而且也因为他一旦离开家，就进入一个幻想世界，或者说进入了一个"游戏世界"（play world）。在这个游戏世界里，旅游者将把束缚他的行为的日常义务与责任全部抛到九霄云外，而在家里，或在离家不远的群体圈子里，个人的行为则受到一个完整的、规范的体系的限制。

闲暇与旅游环境使个人在表演角色中享有较大的灵活性。人与人的相互作用会增强，在人们置身于远离家庭的奇特环境中时尤为如此。个人可以体验少数密友间热烈的社会联系，可以体验与大批不相识者之间广泛的社会联系，然后或者可以飘然离去，完全随心所欲。上述第一种选择，可由一个四五个人组成的团体来说明。例如，这个团体的人都去一个遥远的地方参加一次为期十天的捕鱼远征。他们在那儿捕鱼，放怀畅饮，讲述一些曾多次讲过的往事，而且往往以在家里不可能的方式透露自己的隐秘——要是愿意，就袒露自己的灵魂。时间、距离与一个奇特的环境鼓励了他们的这种行为。离开家，人们还可以体验到一大群陌生人之间的广泛的社会关系。这种情况可能发生在扩大了的旅游团体中，如一艘游船上，或在一个疗养地作一星期或更长时间的逗留的期间发生。

人们常说经销旅游的人在做愿望与幻想的买卖。我们的论述应揭示这个说法的某些重要含义。在愿望与幻想中行事的消费者,其行为与他在比较正常的条件下的行为很可能大不相同。比如,我们曾在前面指出,许多人在旅游环境里的行为更具有冲动性。在第三章论述知觉时也曾指出,寻求欢乐的旅游者会降低他们的知觉栅栏,注意那些他未旅游时不会予以注意的事物。相应地,这会导致对此人来说绝非寻常的行为。

以前的旅游经历往往终生难忘,因为这些经历是奇特的,因为人们记得他们在旅游时彼此变得更加亲密,或者因为他们记得认识的许多新人,记得和他们共享欢乐与新经历的时光。尽管在旅游环境中仍然要扮演角色,但有一点看来不容置疑,即旅游者在旅游过程中,把更多的自我倾注到那些角色中去,并对自我获得了更多的了解。经销旅游的人牢记旅游经历的这层意义,就能更有效地做好经销工作。

在闲暇中,一个人可以接受或是拒绝一整套行为准则。闲暇提供了灵活性,使人可以接受或拒绝一种特定形式的角色,如承担一次特殊的玩乐及随之而来的角色。假如某人对扮演客人的角色感到不自在,离家外出时他就可以避开朋友们或亲戚。假如他对担当司机的角色感到不悦,他可以不坐小汽车,使用其他的交通工具旅游。而无论在家里还是在工作中,都不会有与此同等水平的自由。

旅游经历之所以往往是难忘和奇特的,还因为这些经历发生于我们称之为游乐世界的地方。我们在选择闲暇与旅游角色中享有灵活性,因为这些角色在某种意义上可说是游乐角色。这可以把野营作为提供多种角色的闲暇经历来进行考察并说明。这一论述可能有助于我们分析和认识存在于其他类型的旅游环境中的角色。

(二) 角色扮演与户外活动

典型的野营环境虽然摆脱了所承担的日常生活的义务,但仍保留了许多有代表性的日常生活程序。在其他旅游活动经历中也是如此,野营的一伙人通常是一个家庭,他们不需要直接依赖他人,是个相对能自给自足的单位。他们自己备有食物、自劈柴火,生起烧煮食物的火堆。野营者彼此以一种社会准则相互影响着,他们相互款待,做游戏等等。换言之,在野营地的奇特环境中,会出现几种不同类型的活动。但是,正是由于野营地的奇特环境,使许多野营活动具有特殊的意义,因而,对个人行为产生了一种特殊影响。大多数类型的寻求欢乐的旅游,大都如此。

野营活动一般可以概括为以下几种:

(1) 生存性活动。这些活动包括满足人们对生理和安全的需要的活动,例如,准备食物、做家务、搭帐篷等。在野营环境中,这些劳作也成了一种特殊形式的娱乐。

（2）象征性劳动。进行有象征意义的体力劳动，例如打猎、钓鱼、采集奇石、选购纪念品、及别的以象征劳动成果的有形物为特征的其他活动。

（3）无组织游戏。指个人体验环境和估价自身能力的活动，例如，扔石子、追逐小动物等。

（4）有组织游戏。在旅游群体中进行的有明确目的的活动，例如，赛马、打羽毛球、打牌、捉迷藏等。

（5）联谊活动。在旅游群体内，人们互相交往的活动，例如，和朋友在一起唱歌、跳舞、畅谈等。

（6）表现性游戏。充分表现自己的特殊技能以及其他把自身大部分精力投入进去的活动，例如，游泳、滑冰、冲浪、划船等。

除上述活动外，还可以组织其他类型的消遣活动。但最重要的一点是每一组消遣活动都具有一套限定人们行为的规则。从野营时男子与妇女之间的关系中可以明显看到这一点——可以依此把同样的分析运用于其他闲暇与旅游环境。

除少数例外，在野营环境里妇女的活动一般看来比较平淡而实际，包括准备食物（生存性游戏）与休息、绘画、看书、日光浴（无组织游戏）之类。在野营环境中，只有当与一位男子同时进行活动时，女子才会参与其他形式的游戏，诸如滑冰与游泳（表现性游戏）；打牌（有组织游戏）以及交谈，歌咏与散步（联谊活动）。

野营环境中的男性角色往往较为激动人心。男子一般会参与多种多样的活动，许多男子身体粗壮，有时显得"邋遢"，除了无组织形式的游乐（休息、绘画、日光浴、看书）外，样样活动他们通常都要参加。除与妇女一起进行的活动之外，男子一般还单独或与其他男子一起从事象征性劳动、某种类型的表现性游戏、有组织的游戏、生存性游戏，以及某些形式的联谊活动。

简言之，某些消遣活动所涉及的角色是专属男性或专属女性的。此外所述引自对户外娱乐区闲暇行为的研究。它通常也适用于其他闲暇与旅游环境。男子往往避开各种类型的无组织游乐。这个事实对旅游经营者，游船公司与疗养地经营者来说，可能很重要。同样，旅游经销人假如认识到妇女只有在与丈夫或其他男子一起时，才会参与生存性与无组织活动之外的活动，定将得益匪浅。这些论述并非蓄意低估近年来发生的角色类型的变化。毋庸置疑，一个20世纪80年代的女子比10～20年前的女子有更大的自由来选择某些角色。但除了少数例外，还没有明显看出大批妇女已愿意扩充她们在闲暇领域里承担角色的数量与种类。

第三节　家庭群体与旅游行为

一、家庭

家庭是社会生活的基本自然单位，也是一个单独的、最重要的闲暇群体。比如，在美国人参加的娱乐活动中，大约有三分之二以上是家庭性质。在文化性的闲暇活动中，估计有近40％的是属于家庭性质的。因为家庭单位在闲暇与旅游中极为重要，我们就转而探讨家庭单位，剖析影响闲暇与旅游行为的其他因素。

家庭可以定义为至少由两个具有血缘或婚姻关系的人所组成的群体。家庭可以分为扩展家庭和核心家庭两种组成形式。扩展家庭（extended family）曾经是最普遍的家庭单位。它由生活在一起的三代人所组成，通常不仅包括祖父母，还包括叔叔、姑姑和兄弟姐妹们。核心家庭（nuclear family）是由父母以及一个或多个的儿童所组成。这种组成形式一度成为现代的家庭单位。然而，社会中的家庭结构与关于家庭的观念，现在已有了大量的变迁。

一项世界性的调查表明，几乎所有的妇女都希望家庭规模小一些。家庭规模的大小取决于教育水平、控制生育的有效性和宗教信仰等因素。

二、家庭生命周期

群体影响最重要的来源也许是我们所属的家庭。所谓家庭生命周期（family life cycle），可能是帮助我们更好理解家庭群体如何影响个人旅游与闲暇行为的一个有价值的工具。家庭生命周期与家庭及其成员的态度和行为如何随着时间而改变有关。态度与行为的改变常常是由家庭成员承担角色的改变引起的，而角色的改变又是由家庭规模、家庭成员的成熟程度和经历的改变，以及他们的需要、价值观、感性认识和兴趣的改变引起的。

新婚夫妇对购买家庭陈设、小器具以及用品特别关切。在生儿育女前，年轻夫妇往往好客，爱娱乐并注重推进自己的事业。他们可以说是比较倾向于赶时髦，因此，对服装的款式也跟家庭陈设与其他东西一样都很注意。

子女的出生改变了这个倾向。此时，主要的注意力放在育婴室和更大的空间上，即也许是一栋房子，而不是一套公寓。产生了储蓄和保险的需求。本来已参加工作的妻子，此时可能决定呆在家里。家庭收入因此而降低。家庭从一个生活阶段发展到另一个阶段。随着年龄的增长，随着收入水平的起落，家庭需求也随时间的推移而发生改变。了解一个家庭的家庭生命周期所处的阶段，我们就能更好地预见与了解这个家庭的行为方式，例如，它可能以怎样的方式来花费时间和金钱，以及旅游在它总的生活方式中所起的作用。

普遍认为，大多数家庭随着时间的推移，将有次序地经历一系列生活阶段。

美国密执安大学调查研究中心把美国家庭生命周期分为七种类型：1）青年单身；2）青年已婚无子女；3）青年已婚有 6 个月以下的子女；4）青年已婚有 6 个月以上的子女；5）老年已婚有子女；6）老年已婚无子女；7）老年单身。根据调查统计，美国约有 10% 的消费单位与以上分类不符，而出现了第八种类型，即离婚有子女。

最近形成的一个生命周期模式，把不断上升的离婚率、家庭规模总体上的衰落、晚婚，以及其他因素都考虑进去了。如图 8-4 所示。

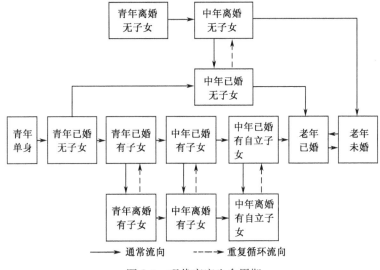

图 8-4　现代家庭生命周期

图 8-4 表明了一个生命周期由三个主要阶段构成，即青年阶段、中年阶段和老年阶段。

（一）青年阶段

传统的生命周期包括年轻的，35 岁以下无子女的已婚者。按照传统，这个"蜜月"阶段颇短，不到两年子女就出世了。但眼下，由于控制生育，生儿育女的观念起了变化，为了经济或事业，参加工作的妻子增多，因此，这个阶段可延续几年。这就使年轻夫妇建立了前几代年轻夫妇难得拥有的一定程度的经济基础。当然，这对家庭现今与未来的旅游行为将产生重大的影响。

处于家庭生命周期"蜜月"阶段的夫妇的特点，是花大量的金钱去购买新汽车、电冰箱、电炉、家具，以及其他经久耐用的商品。度假旅游在他们的生活中可能也有着重要的地位。他们意识到一有了子女，自由就可能受到严格的限制，自由支配的收入也会减少。因此，年轻夫妇可能会积极步入旅游市场。如果他们决定推迟生育，这个阶段就可以延续数年。

过了"蜜月"阶段，夫妇的生活就沿着三个方向中的一个方向发展。按传统生命周期，年轻夫妇要生儿育女。已婚有子女这个阶段习惯上根据子女的年龄又划分为数个小阶段，即婴儿阶段、四到十二岁儿童阶段与青少年阶段。子女的出生通常会改变家庭的生活方式与经济情况。这样的家庭往往要购买房屋并添置洗衣机、干燥器，以及新家具之类的东西。它必须开始花较多的收入于孩子的衣着、玩具、食品、咳嗽药、维生素等等上。处于这个阶段的家庭对旅游的兴趣当然会受到子女出生的强烈影响。家庭旅游预算往往会用在全家都能享受的假期上，也许还包括专为加强对子女进行全面教育而进行的旅游上。过去，这意味着漫长的夏季全家度假，一般排除了父母亲单独度假。家庭的旅游行为取决于家庭收入，取决于所属社会阶层以及子女的多少与年龄。

这个生命周期阶段延续的时间近年来已变得较短，因为一般家庭子女较少，而且子女们的年龄间隔不很大。指出这一点是重要的，这意味着传统家庭会较快进入下一个生活周期阶段，即一个更有利于度假旅游，而不利于那种为期两个星期、乘坐小汽车的全家夏季度假的阶段。

有些人从年轻无子女阶段进入图 8-4 所示的年轻离婚无子女阶段。认识到这一具有明显特征的生活周期阶段是重要的。因为最近的统计资料表明，在美国，三对已婚者中就有一对离婚。在美国社会中，离婚已变得更为普遍，更为人们所接受，并发生于结婚后较早的时间内。年轻的离婚者除了高薪职业者外，有时会遇到严重的经济问题，再加上其他的情况，就暂时限制了他们把大笔金钱用于旅游的能力。

现代家庭生活周期早期部分的另一个可能的阶段，是年轻离婚有子女阶段。不论子女的数目多少与年龄大小，离婚必将引起生活方式与经济状况的巨大改变。典型的情况是，妻子保持对子女的监护权，并常发现子女的抚育费短缺。她必须寻找职业，有时在脱离劳动队伍数年之后还须如此。至于丈夫，除了离婚与维持分开了家庭的费用外，他可自由支配的收入也所剩无几。在这两种情况下，是否能花费大笔金钱于旅游上则可想而知了。

（二）中年阶段

现代家庭生活周期的中年阶段包含六种不同的可能阶段。在这些阶段的任何一个阶段中，成为一家之主的那些人，年龄大约在 35 岁到 64 岁之间。中年已婚无子女夫妇也属于这个阶段。历史地看，这批人相对而言并不多，但今后可能将由于更多的夫妇有意识地决定不生育而变得越来越多。对健康状况良好，有经济保障的无子女夫妇来说，这个生活周期可说是个无忧无虑的阶段。处于这个阶段的夫妇往往事业已就，会把大笔金钱花费在旅游上。

大多数传统的中年群体，是由有青少年子女的已婚者构成的。估计每三个人中就有一人以上是这种类型的家庭群体的一分子。这种占支配地位的生活方式或多或少是以孩子为中心的方式。在这类家庭里，合家旅游可能占有相当的比例。比如，每年夏天，也许乘坐家庭小汽车旅行两周或更长的时间。这在很大程度上将取决于子女的实际数目与年龄，他们的性格，以及父母所从事的职业的性质。这种家庭的经济状况可能很不错，因为其父亲的职业地位可能已经较高，参加工作的妻子所占的比例也较大。处于这个生命周期阶段的家庭更有可能把钱花于诸如游船、周末旅游汽车、度假别墅、国外度假等等昂贵的旅游项目上。

中年家庭生活周期阶段中，有两个阶段有时被称为空巢阶段。不再有未自立的子女需要抚养的人，无论是保持婚姻关系还是离了婚的，都会经历这两个阶段。子女离开后，父母就有了更大的经济自由，可以开始认真考虑选择环球旅游，昂贵的游船之类新的旅游方式。当然，他们的选择取决于他们相对的经济状况和他们所属的社会阶层与别的因素。但对于大多数人来说，这些选择只有到子女长大，并离开家庭之后才能认真加以考虑。

由于家庭规模日趋缩小，子女之间的年龄间隔也在缩小，这个阶段所经历的时间正在变得越来越长。这对于我们来说，这是至关重要的现实。因为在家庭生命周期的空巢阶段，旅游更显得有重大的价值。处于这个阶段的人光顾旅游市场的时间较长。这个生活阶段可早自40多岁开始，延续至退休年龄。即使并不富有的家庭，这个阶段的漫长时间也可使夫妇们积蓄起金钱，到更遥远的旅游地去进行梦寐以求的度假旅行。

（三）老年阶段

当一家之长退休的时候，家庭生命周期的老年阶段就开始了。对大多数人来说，退休意味着生活方式和经济状况的改变。年纪大的退休者承担义务的时间很少，但可能会降低自己的生活标准。但那些有大量积蓄或退休金和身体健康的老年人，能够享受积极的退休生活。这对其中多数人来说，就意味着经常去旅游。

三、家庭生命周期阶段与旅游行为

图 8-4 向我们显示的，是由具有独特的需要、经济状况与行为方式的家庭所构成的各种生命周期的组合体。其中有些群体，如年轻已婚无子女夫妇与空巢家庭是吸引各种旅游产品与服务经销者的一部分市场。这类家庭中的人通常具有广

泛旅游的时间、自由和金钱。

　　但是，另一些现代生命周期群体是由那些有钱，但不具备广泛旅游的时间与自由的家庭构成的。这不是说，这样的家庭就不具备富有吸引力的推销机会。一个家庭由离了婚的单身父母作家长，或者一个家庭有几个年龄小的子女，这并不意味着家庭成员对旅游的需要或愿望消失了。对旅游经销人的要求，是要开发与推销家庭角色与经济能力承担得了的产品与服务。

　　许多旅游服务公司根据各种生活周期的家庭群体来划分市场，为他们设计并推销特定的服务。那些专为单身汉推销旅游的经纪人及面向度"蜜月"者的度假疗养地旅馆便是一例。多年来，游船公司主要向老年生命周期的群体提供产品。当游船公司调整其产品，并开始招徕较年轻的生命周期的群体时，游船业就开始长期繁荣昌盛了。当主题公园开发了一种能招徕跨越家庭许多生活周期阶段的产品时，即开发了一种不仅能招徕年幼子女和他们的兄弟姐妹，而且能招徕其父母的产品时，它们也就进入了一个继续发展的时期。滑雪疗养业一度受到为数较少的一批不畏严寒的、具有出类拔萃的滑雪本领的热衷者的光顾。当时滑雪疗养地唯一的诱惑力是滑雪，实际上没有非滑雪的活动。20 世纪 50 年代后期，当滑雪疗养地开始能够满足便利、舒适、各种娱乐设施，在太阳下山后仍继续进行活动等要求时，它就蓬勃发展成家庭户外活动的场所。目前总的滑雪市场的百分之四十以上的顾客是由家庭构成的。

　　上述事例说明，分析经销机会的价值，不是根据预期购买者的年龄，而是根据家庭状况及能显示个人和群体的需要与兴趣的东西。此外，懂得针对不同生活周期阶段的群体，系统制定不同的旅游策略显然是有用的。

　　可以确立五种不同的旅游策略：

　　（1）迅速抵达一个特定的旅游场所或地区，并在那里参加各种各样的度假活动。

　　（2）朝一个特定旅游目的地沿途悠闲地游玩，旅行本身与旅游目的地具有相同的重要性，两者都具有吸引力。

　　（3）快速旅游，目的是尽可能多跑路，参观尽可能多的名胜地，没有一地比他地重要。

　　（4）探索性旅游，可能没有事先安排好的目的地或活动，旅游所有的欢乐在于旅游本身。

　　（5）多目的、多目的地旅游。在这种旅游中，旅游者们富有想像地把朋友、亲戚、宗教、经济、事务与职业方面的旅游理由戴上娱乐兴趣的帽子，并结合在一起，包容兼顾。

　　看来，一定的家庭生活周期群体欢迎一定的旅游策略。按照逻辑，有年幼子女的家庭较欢迎策略（1），因为研究表明，5 至 10 岁的儿童对慢悠悠地朝着一个目的地行进特别不能容忍。而且，年龄大些的儿童对积极参加一些消遣活动的兴趣甚于消极地坐在汽车里耗费过多的时间。看来，策略（2）可能特别受老年生命周期群体的欢迎。依次，读者能推论出最受其他生命周期群体欢迎的旅游策略。

家庭的旅游除了与家庭生命周期有关外，还与他们所属社会阶层、他们的文化等社会因素及个性、动机等心理因素有密切关系。

四、家庭旅游决策

（一）家庭旅游决策的一般规律

一般来说，家庭要做出补偿性购买决策（consensual purchase decision）和调节性购买决策（accommodative purchase decision）两种基本类型的决策。

在一个补偿性购买决策中，家庭中的成员都同意意愿中的购买方案，只是在如何完成这项购买上有不同的意见。在这种情况下，家庭最可能会致力于问题解决并考虑各种备选方案，直到找到一个符合群体的方法。在一个调节性购买决策中，家庭成员有不同的喜好和优先顺序，并且可能达不成符合所有成员最低预期的购买意见。在这里，人们可能使用各种交易、强制、妥协以及滥用权力的方法，以达到有利于自己的基本购买目标。家庭决策通常是一种需要调解协商的决策，而并非一种意见统一的决策。

当一项决策不能完全符合家庭中所有成员的需要和喜好时，矛盾就出现了。决定家庭决策矛盾的一些特定因素，包括人际关系的需要、相关产品的功能、责任、权力等。决策所引起的家庭成员间的矛盾，主要在于对好和坏的备选方案间有强烈的不同意见，或者对这些方案的重要性认识存在不一致。这些因素引起矛盾的程度，决定了家庭所制定的决策的类型。

家庭度假旅游活动可分为五个步骤，如图 8-5 所示。

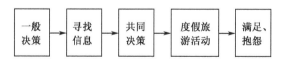

图 8-5　家庭旅游五步决策过程

对五个步骤产生的不同程度影响的社会因素和个体因素，如图 8-6 所示。一个家庭成员的个性特征以及整个家庭的特征，对不同的相互作用过程，如谈判、说服和决策等，会产生特有的影响。这些相互作用过程的结果对度假旅游的不同阶段，尤其是共同决策阶段有着明显的影响。

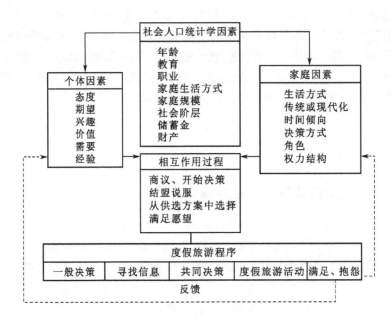

图 8-6　影响家庭度假旅游行为的因素

1. 一般决策阶段

一般决策阶段是决定是否度假旅游的第一个阶段。人们往往对度假旅游持一种既认为重要和必须，又不十分热衷的态度。在经济拮据、收入减少的情况下，老年人和处于社会较低阶层的人往往容易放弃度假计划，而青年人和中等阶层的人则倾向于寻找一种不太昂贵的度假旅游，如以国内旅游代替出国旅游。

多数情况下，一般决策涉及丈夫、妻子，有时甚至包括子女的共同群体决策。而对家庭中每一个成员来说，度假意味着不同的价值。因此，为了作出一个共同决策，可能要使用各种不同的策略，如谈判、讨价还价和妥协、父母中一方和子女结盟或进行同事式的讨论。这种普遍的方法是不需要学习的常规和程序。从更广泛的意义上讲，度假旅游决策的意义可能包括同家庭之外其他同等地位的人所进行的社会比较，也就是通过一个特殊的度假旅游方式，增进与同等地位的人的联系。同时，度假的准备和回忆也常常成为与熟人交谈的重要话题。

2. 寻找信息阶段

在度假旅游活动的不同阶段，信息的作用亦不同。信息量的大与小和正确与否，直接影响到决策的质量。准确而积极的信息可以起到以下作用：

（1）激发度假旅游的念头，引起人们特殊的期望并产生“幻想”；（2）促使全家人或不甚乐意去旅游的伴侣，一同去参加特殊的度假旅游活动；（3）有关地理、历史和文化背景知识的信息，有助于旅游目的地的选择，并提高对旅游目的地的鉴赏能力；（4）使作出的度假旅游决策更加正确和合理。

消极的信息可以起到拒绝选择某一度假旅游目的地的作用，甚至在度假旅游活动开始之后，消极的信息还可以用来减轻潜在的购买后认知失调。

一般来讲，不同的家庭花在寻找有关作出决策的信息上的时间和精力是不同的。这一行为差异和个性特征有关。文化教养较高的人总是尽力收集更多的信息，想方设法阅读有关介绍他们打算去度假旅游的国家或地区的书籍、资料、广告、小册子等，甚至开始学习或者重温他们度假旅游国家或地区的语言和地理知识。

信息主要来源于商业环境和社会环境，并贯穿在整个度假旅游活动之中。度假旅游的家庭对来源于社会环境的信息极为重视，这些信息包括朋友、亲戚等的观点和合理化建议等。而来自旅游消费组织（如旅行社）的旅游书籍、广告、旅游指南等，在家庭度假旅游决策中作用甚微。

信息的来源和媒介以不同的方式联系着。度假旅游者大多倾向于相信通过个人媒介所获得的信息，而个人媒介中又以家庭成员为首，第二位是亲属，朋友是第三位，个人咨询则排在第四位，而旅游组织提供信息往往排在最后一位。社会阶层较高的家庭往往倾向寻找大众媒介，如杂志、电视节目和广告等。选择媒介的方式对于度假旅游行为有重大的影响，如接触较低层次媒介的家庭，倾向于去离家不远和不大受社会标准（新潮流）所影响的目的地作短期度假旅游。但生活方式对家庭度假旅游行为的影响，又远远大于选择媒介方式的影响。

3. 共同决策阶段

家庭度假旅游决策，一般是由家庭成员共同参加的决策过程，而寻找信息一般则是单独进行的。

在家庭决策中，丈夫、妻子和子女所具有的影响是不同的。一般而言，丈夫在决定收集与度假旅游有关的信息、决定度假旅游时间的长短以及花多少钱等方面起主导作用。对是否带小孩一起度假旅游，妻子则起主要作用。而对交通工具的选择、活动的种类、住宿的选择和度假旅游目的地的选择等方面则是共同决策。在度假旅游活动安排上丈夫的"一长制"局面正逐渐被夫妻共同决策所取代。孩子对度假旅游活动的种类、时间（一般在学校的假期期间）以及目的地的选择等方面影响极大。有时，孩子的影响部分地压倒了妻子的地影响。此外，孩子的影响还体现在夫妻双方对子女所负有的责任方面，即要求度假旅游要达到有利于教育孩子的目的。因此，度假旅游目的地的类型和活动的种类，往往是和孩子的兴趣、需要及对孩子的教育意义有关。将一对没有孩子的夫妻和有孩子的家庭比较就可看出，一对夫妻比有孩子的家庭容易取得一致的意见。但当丈夫和妻子意见有严重分歧时，孩子对决策的结果起不到多大影响。

4. 度假旅游活动阶段

根据家庭的度假旅游的动机，可以把家庭度假旅游活动区分为七个类型：

（1）冒险型。别开生面，寻找新发现，不强调舒适；（2）经验型。浪漫的新经历，但不冒险；（3）一致型。类似于平时活动，和在家里区别不大；（4）教育型。兴趣在于度假旅游地区的文化、建筑、历史、语言等；（5）健康型。强调休息和舒适，从繁忙的日常生活中解脱出来；（6）社交型。参加同其他人接触的群体活动；（7）地位型。注重声望，与同等的或高于自己社会地位的人交际。

以上七种类型中，（1）、（2）、（4）、（6）四类人是积极主动的，第（5）种类型的人是消极被动的，第（3）和第（7）两种类型的人和个人及社会的行为规范有关系。

人们在度假旅游活动中，总是试图寻找更有意义的内容。因此，体育活动和有认识力的活动的增加势在必行。而身体的休息和恢复是次要的，甚至有人主张，在度假中一旦满足了休息和恢复的基本需要之后，应该让高层次的社交、新的经历和自我实现的需要占支配地位。

5. 满足、抱怨阶段

人们对旅游活动满足或抱怨，是旅游者对旅游活动的效果比期望的好或坏和对购买公平或不公平的认识，所产生的肯定或否定的情感体验。满足和抱怨阶段实质上就是信息反馈阶段。

从社会心理学角度来看，"公平理论"是处理在以买和卖形式出现的个体之间关系的变化。按照这一理论，当所有的参加者觉察到他们的买卖比率等于所有参加者各自的比率时就是公平的关系。按照这一理论，当觉察到在参加者之间买和卖的比率不平等时，那么这种关系就被说成是不公平。对度假旅游者来说，如果花了钱而同时又不能获得利益的话，就出现不公平的关系，因而对卫生、膳食、舒适和交通工具等引起一系列抱怨。

不公平是导致不满意或抱怨的一个重要因素。度假旅游者往往把他们的不满归结于外界因素，如旅行社、饭店、交通运输公司等。经济地位和文化教养水平较低的人，以及年事已高的人，他们的期望和要求也较低，而且他们认为假期旅游本身就是奢侈的，因此，度假后往往能获得较大的满足。决定度假旅游者满足或抱怨的因素是暂时的或社会的因素，是个体的早期经验以及其他人的经验相比较的结果。不满足的旅行者，会采取一系列可能的行为发泄其不满。归纳起来，这些行为大致有以下几种：

（1）不采取任何行动；（2）采取一些公开行动：直接向旅游代理人索赔；采取法律上的行动求得赔偿；对旅游代理人或政府机构抱怨；（3）采取某种形式的

私下活动；决定再也不同旅行社、交通运输公司或饭店打交道；告诫朋友不要同上述组织打交道。

（二）家庭旅游决策类型

由于夫妻双方在决策过程中所处的地位不同，以及对旅游产品类型的需要不同，因此家庭决策的方式往往也有所不同。家庭决策可能是丈夫或妻子中的一个制定的，也可能是共同制定的。据此，家庭决策方式可以概括为四种：（1）丈夫起主导作用的决策；（2）妻子起主导作用的决策；（3）共同影响，一方决策；（4）共同影响，共同决策。

（1）丈夫起主导作用的决策。在这些决策中，丈夫对购买决策有主要影响，实际上掌握最后的选择权。在这些情况下，妻子对问题或所需产品的认识，对收集有助于选择的信息及购买决策，通常没有多大影响。这种家庭决策方式，使购买产品具有像购买人寿保险，割草机，自动化设备这样的特征。

（2）妻子起主导作用的决策。即妻子对购买决策主要影响，实际上掌握最后的选择权。如果说丈夫起什么作用的话，那只在对问题，对收集信息，对最后决策过程的认识上有一点作用而已。以这种决策方式购买的产品，包括清洁用品、厨房用具、童装、食品即对某些家具等。

（3）共同影响，一方决策。在许多购买情况下，尽管夫妻中一方对结果有相当的影响，最后决定仍然由另一方作出。例如，酒类饮料一般由丈夫购买，而妻子却对此施加了许多影响。同样，虽然购买家用器具的决定通常由妻子作出，但丈夫也可能对此有很大的影响。

（4）共同影响，共同决策。这种决定是共同作出的，双方为作出决定都尽一份力，没有一方对购买决定起明显的主导作用。夫妻双方会互让、商议、强加或劝导，但最后双方共同作出决定，都或多或少地同意这是个正确地决定。例如，购买起居室里的陈设和装饰品。大多数家庭花钱度假旅游的决策是典型的共同商议的结果，夫妻双方对决定几乎有同样的影响。这一点对我们来说也许是至关重要的。

显然，夫妇的作用是不相同的，它依赖于夫妇面临的要求，以及可能满足这种要求的产品和服务的类型。我们认为，某家庭作出购买决策的方式影响着某个产品和服务的销售，读者应能预见到家庭决策方式的某些重要含义。

罗杰·L·詹金斯（Roger L·Jenkins）对美国家庭各成员在度假旅游决策过程中所起的作用进行了分析和研究，结果见表8-3。

表 8-3　家庭旅游决策方式

家庭旅游决策内容	起主导作用的决策方式
度假旅游目的地	丈夫起主导作用
食宿条件的选择	丈夫起主导作用
是否带孩子一起旅游	共同影响，一方决策
度假旅游时间长短	共同影响，一方决策
度假旅游日期	共同影响，一方决策
家庭度假旅游交通工具的选择	共同影响，一方决策
度假活动内容	共同影响，一方决策
是否去度假旅游	共同影响，共同决策
花多少钱去度假旅游	共同影响，共同决策

从这个一览表中得出了几个重要的结论。有趣的是在要决定的问题中仅有两个问题，即食宿和旅游目的地，明显地是由一方占支配地位。在大多数的家庭中，丈夫似乎支配着这两项重要的家庭旅游决策，而所有其他类型的家庭旅游决策，妻子要么与丈夫共同作出决定，要么在丈夫最后作决定时，妻子对此有重大影响。如是否带孩子一起去，度假的实际天数，交通工具，度假活动的形式，在度假地呆多久，这些决定，通常都由一方作出，但另一方对最后抉择有重大影响。而对度假决策本身（家庭是否度假）和花多少钱这两个问题双方都有很大的影响，最后作出共同决策。

我们虽然已经了解了一些关于家庭旅游决策的情况，但这是个尚待进一步研究的课题。例如，在旅游决策的多数问题上，丈夫起决定性作用原因仍没有完全弄清楚，而且，现存的研究还没有深入到这个方面。在某些家庭决策中，如决定住多久和实际度假天数等问题，我们猜想，丈夫的工作具有很大的影响，要求他做出最后抉择。但由于夫妇都有收入的家庭不断增加，丈夫在作类似的决定时，传统的主导作用可能会减弱。

全家人要乘飞机到外地时，妻子很可能在决定中起非常积极的作用。但全家人乘汽车去旅游，妻子的作用就不大。不过目前的研究工作还未弄清其中奥妙。

总之，必须强调的是，在家庭旅游决策中，妻子和丈夫的作用，除了上述提及的因素外，可能还有赖于许多因素。另外，任何特定的家庭总是有自己决定旅游的方式。此处所论及的，只是一般的决策模式，不可能对所有的家庭都适应。

（三）儿童对家庭旅游决策的影响

关于儿童对家庭旅游决策的影响，前面仅仅提了一下儿童在家庭旅游决策中的作用。有关研究表明，旅游对儿童的积极意义是家庭度假旅游的重要动机之一。我们已经强调过以教育为目的的旅游的价值。此外，家庭旅游为加强家庭团结提供了机会，也为体验重要而难忘的经历提供了机会。

因此，儿童对家庭旅游的影响虽然可能是间接的，但作用很大。这是因为旅游在人们心目中是最需要经常进行的活动。儿童的要求虽然不可能成为具体的选择，但可以决定选择哪一类旅游目的地，并影响着度假间全家人共同参加的各种活动。此外，儿童的学期也影响度假时间的安排。

研究清楚地表明，儿童对度假时间的长短，交通方式，旅游开支等决定没有多大直接影响。而且，当全家人一离开家，儿童对旅游的具体路线便极少有直接影响了。当然，当全家人改变原来的计划，到某个风景旅游点逛上一个钟头时，他们可能会影响这些冲动性决定。在旅游期间，对全家人选择哪一类旅游公司，儿童的要求也可能有很大的作用。例如，人们常选择有游泳池的汽车游客旅馆，因为乘了一天车之后，这种旅馆可以给儿童提供娱乐的机会。快餐馆（主要是午餐）很受欢迎，因为儿童喜欢吃快餐，同时，快餐馆的价格有利于控制家庭旅游费用。

总之，儿童对家庭旅游决策有很大的、间接的影响。但他们的直接影响很小。就旅游决策的全过程来说，儿童只起了小小的作用，因为他们与寻找信息和评价信息无关，他们也不参与最后决定。不过，旅游经销人员必须认识和考虑儿童对旅游决策的重要影响。

第四节　社会阶层与旅游行为

作为本书基础的基本思想之一，是有充足的理由说明从纯经济角度解释旅游行为已不再适用。收入与价格尽管重要，但对个人的闲暇与旅游决策已不能作出充分的解释。当今的实际收入比一、二代人之前高。由于人们收入的较大部分可用于包括旅游的非生活必需方面，因而，他们在花钱对象上有了更多的选择。此外，涌现了一大批中等收入的人，即挣钱数量基本相仿的家庭。他们的花钱方式较多样化，他们的收入水平对我们了解他们如何消费可自由支配的那些金钱已无多大帮助。因此，我们转而探讨心理学因素，以及在最后这一章的社会学因素，以助于解释旅游行为。

其中一个社会学因素称为社会阶层，这是一个可用于解释多种社会行为的概念。幸运的是，在社会阶层这个领域里所作的研究工作源远流长，这些研究闲暇和旅游中的许多重要问题都能提供合理的答案。

一、社会阶层

一切人类社会都可以以地位和声望为依据划分为种种群体。理由相当简单，每个社会都具有必须履行的各种职责，每个人在履行这些职责时，都担当着某个角色，即便在最原始的社会里也是如此。在较为进步与复杂的社会里，此种角色的数量与种类成倍增加。无论在原始或现代社会，社会成员对每个角色的估价都不同。即使在着意致力于避免社会分化的国家里，人们对不同角色的估价也不同。全体社会成员并不都是平等的。不是所有的人都拥有相同的权力，相同的财产，或相同的价值。不是所有的职业都具有同等的声望。几乎每个人对阶层之间的差别至少都有所意识。在社会等级方面，有人地位较高，有人地位较低，对此，大家都心里明白。

卡尔·马克思（Karl Marx）认为一个人的社会位置是由他和生产资料的关系所决定的。一些人（有产者）控制了资源，他们利用其他人的劳动来维护他们的特权位置。无产者缺乏对生产资料的控制，只能依靠他们自身的劳动来求得生存，所以这些人只能通过改变制度才能获取更多的东西。

社会学家马克斯·韦伯（Marx Weber）指出，人的社会地位的形成并不是单向度的。有一些是考虑其威望或"社会声望"（他称之为身份集团），一些是注重于其权力（或党派），另一些则围绕财富和财产（阶级）。

社会阶层（social class）这个词被广泛地用来描述社会中的所有等级的人。被分在同一社会阶层里的人的社会地位大致相等。他们从事基本相似的职业，他们凭借他们的收入水平倾向于相似的生活方式并有共同的情趣。他们倾向于与别人进行社会交流，并且愿意与别人交流关于生活方式的见解与评价。

社会阶层是一个所有权的问题，也同样是一种生存的状态。阶层还是一个人怎样安排其金钱，并且如何确定他在社会中的角色的问题。尽管人们可能并不喜欢认为社会中有些成员比其他成员更好或"有所不同"，但大多数消费者还是承认不同阶层的存在以及社会阶层对消费的影响。

事实上，在每一个环境里，看起来都有一些人都比别人等级更高。社会排列的模式依靠一些人利用其在团体中的相对地位、力量或控制获得比别人较多的资源而得以发展。社会分层（social stratification），这种现象指的是这种对一个社会的人为划分的产生，它可以被定义为在一个社会制度中，稀并且有价值的资源被不平等地分配于各种身份位置的人们；根据每个人所得到的有价值资源的多少，其等级继而变得更高或更低这样一个过程。

假如你回过头来想一想你曾经隶属的群体，不管是大群体还是小群体，你可能都会同意，在许多情况下一些成员得到的东西似乎比他们应该享有的更多，而其他人就不是这么幸运。这些资源中的一部分可能已归属于那些通过辛苦工作或勤奋学习才获得这些资源的人们，但这种分配是由于成就，其他的资源则可能是由于某人的幸运，例如天性就富有或漂亮而获得的。这种好运气反映了天赐的身份。

无论报酬是归属“最好和最聪明的”人还是归属碰巧跟老板有关系的人，在一个社会群体中的分配很少是平等的．大多数群体呈现出一种结构或身份等级制度（status hierarchy），其中一些成员以某种方式优于其他成员．他们可能拥有更多的权威或势力，或者仅仅是更受别人喜欢或尊敬。

美国看起来没有一个僵硬的、客观明确的阶级制度。但是，美国倾向于根据收入分配维持一个稳定的阶层结构。然而与其他国家不同的是，在美国是各个群体发生着改变（少数民族、种族和信仰），在不同时期它们在这结构中占据着不同位置。最具影响且最早尝试描绘美国阶层结构的是 W·洛伊德·沃纳（W. Lloyd Warner），他于 1941 年提出了这个问题．沃纳将社会阶层区分为六类：（1）上上阶层；（2）次上阶层；（3）上中阶层；（4）次中阶层；（5）上低阶层；（6）次低阶层。

要注意到这些分类根据的是诸如金钱、受教育及以奢侈资源的获取机会，暗含着（以上升的次序）对称心的事物的判断。这种制度的变更已被提出若干年了，但是这六个层次相当好地概括了社会科学家对阶层的思考方式。图 8-7 提供了最近对美国社会地位结构的观点。

收入

上层美国人

上上层（0.3%）：社会之冠，来自继承财富的世界

次上层（1.2%）：新的社会名流，从当前的专业人员中产生；

上中层（12.5%）：有大学经历的管理人员和专业人士的剩余部分；以拥有私人俱乐部、事业和艺术品为标志；

中层美国人

中层（32%）：拿平均水平工资的白领工人及其蓝领朋友，生活在城市里环境较好的区域，试图“做合法的事情”；

工薪阶层（38%）：拿平均水平工资的蓝领工人，无论在收入、学校背景和职业方面都在以“工薪阶层的生活方式”生活；

低层美国人

“一个低层团体，但并非最低层”（9%）：工作，并不靠救济金生活，生活水平仅仅高于贫穷线；行为被认为“粗鲁的”、“毫无用处的”；

“真正的低低层”（7%）：靠福利金生活，明显地贫穷不堪，经常失业（或干“最脏的活”、“乞讨”、“经常犯罪”）。

图 8-7 美国社会阶层结构划分

　　每一个社会都有其典型的等级阶层结构，人们获得产品和服务的机会由他们所拥有的资源和社会地位所决定。当然，在每个文化中成功与否要看以什么特定"标志"来衡量。例如对于刚开始体验市场经济优越性的中国来讲，有些人成功的标志是雇佣一个保镖来保护自己及其新获得的财产。

　　日本是一个身份意识很强的社会，上层的、高贵的称号相当受欢迎，而且还经常可以找到新形式的身份标志。对日本人来说，拥有一个传统的铺满石头的花园和一辆旧式的车辆作为休闲的资源来享受安宁，已成为人们追求的项目。拥有一个石头花园意味着继承了财富，因为传统上贵族是艺术的恩主。另外，大量的资产必定意味着你必须支付得起乡村中的土地，因为这些不动产是相当昂贵的。土地的稀少也得以解释了为什么日本人是狂热的高尔夫球爱好者：由于一个高尔夫球道要占这么多的地方，因而一个高尔夫球俱乐部的成员资格是极其宝贵的。

　　英格兰也是一个极端等级主义的国家，至少直至最近仍是这样，消费方式依据他们所继承的社会地位和家庭背景事先就注定了。上层阶级的成员在诸如伊顿（Eton）和牛津这样的学校接受教育，并且像电影《我诚实的女人》（My Fair Lady）中的亨利·希金森（Henry Higgins）那样说话。这种残存的僵硬的阶层结构可见到。"胡利·亨利（Hooray Henrys）"（在温莎打马球的富有的年轻人）这样世袭的贵族们统治着上议院。

　　这种财富继承人的统治在英国传统的贵族社会中已渐显衰退。根据最近的一次调查，英国 200 名最富有的人中有 86 名是靠老办法获得财富的：他们是靠自己挣钱的。甚至作为贵族缩影的王室家族的神圣，也由于小报的揭露以及家庭中一些年轻成员的古怪行为而被冲淡了，王室的年轻成员将自己改造为更像是摇滚明星那样的社会成员而非王室成员。正如一个观察家所指出的："……王室家族衰落了，有时甚至到了与像大歌剧向肥皂剧靠拢的程度。"

二、社会阶层的组成部分

　　当我们考虑一个人的社会阶层时，我们会考虑到大量的信息因素，最重要的两个是职业和收入。第三个重要的因素是教育程度，它与收入和职业密切相关。

1. 职业声望

　　在一个消费者的类型很大程度上是根据其谋生手段来界定的社会体系中，职业声望是评价一个人是否"有价值"的一种方式。职业声望的等级制度在一段时期内是非常稳定的，在不同的社会他们也是比较类似的。在诸如巴西、加纳、日本和土耳其等不同性质的国家中都可以发现职业声望的相似之处。

　　一个典型的最高阶层包括处于高层的各种人（例如一个大公司的总经理，内科医生或大学教授），而像擦皮鞋、挖壕沟和捡垃圾等工作，则是处于低层的工作。由于一个人的职业一般与他的空余时间的利用、家庭资源的分配、政治方向等密切相关，这些变量被认为是评价社会阶层最好的指标。

2. 收入

社会科学家和厂商对财富的分配很感兴趣，因为它决定了哪个团体最有购买力和市场潜力。财富在社会阶层中的分配是一点也不平等的。在美国，处于上层的占总人口五分之一的人控制的资产大约占总资产的75％。正如我们所看到的，通常收入本身并非是代表社会阶层的一个非常好的指标，因为支出金钱的方式比其更为有效。然而，人们需要金钱来帮助他们获得代表其品味的商品和服务，因此收入显然仍是非常重要的。

尽管消费者倾向于将金钱等同于阶层，社会阶层的其他几个方面和收入的精确关系并不十分清楚，在社会学家之间对此仍有着争议。这两者根本不能等量齐观，这也就是为什么许多人有钱却还在想方设法利用其金钱提高其社会阶层的原因。

有一个问题是，即使一个家庭通过增加工资收入提高了其家庭收入，但是每个附加的工作都很可能是低级的工作。例如，一个拥有非全日制工作的家庭主妇并不可能再获得一份与挣基本工资的人地位相同或较高的工作。另外，所挣得的额外收入通常也不会被并入到家庭的共同商品的开支中。它通常被人们按其个人意愿而花销掉。挣更多的钱并非就能导致地位的提高或消费方式的改变，因为人们倾向于用这些钱购买同平常一样的产品而并非购买能提高其社会地位的产品。

考虑到社会阶层的指标（如住所、职业、文化爱好等）与收入在预测消费者行为中的相对价值之后，我们总结如下：

（1）社会阶层更适合于预测具有标志作用的商品购买，不适合于预测价格水平一般的商品（如化妆品和酒类饮料）。

（2）收入更适合于预测较主要的开支，而不适合于预测具有地位标志性质的开支（如主要的家庭用品）。

（3）在预测昂贵的、具有地位标志性质的产品（如汽车和住宅）购买方面，社会阶层和收入这两个数据都是必需的。

三、社会阶层的价值观与态度

属于同一社会阶层的人，往往表现出极为相似的行为方式。我们考察社会阶层的行为时，发现同阶层成员行为方式的相似性起源于许多共同的态度与价值观。在此，明确一些能说明各社会阶层不同行为的主要态度与价值观是有益的。

首先，让我们把中层与工薪阶层，或所谓劳动阶层作一番对照，因为这两个阶层的人数最多。例如，这两个阶层的总人口估计占美国人口的75%～80%。

这里，我们对最底层不感兴趣，因为这个阶层的收入水平一般来说不可能大批参与寻求欢乐的旅游。贵族与暴发户，即上层阶层集团，虽然在闲暇旅游中占据了一个相当大的比例，他们所代表的人口也许不到总人口的5%。谈到上层阶层，至少应指出，这些集团中的个人与家庭行为有时候被中上阶层成员视作楷模。渴望上升到上层阶层的中上阶层成员，会竭力仿效这个阶层成员的行为。上层阶层中的人，往往着重于优雅的生活方式与正当地花费财富，如用于艺术古玩，旅游，排他性俱乐部及名牌大学教育。因而，上层阶层的行为对中上阶层成员的行为能产生巨大的影响。

（一）自我知觉

在论述知觉时，我们曾指出社会阶层对旅游现象的知觉能产生强有力的作用。我们说中等阶层的人对世界与他们在世界上所处的位置，所持的眼界一般比下等社会阶层的人更为开阔，他们感到与国家和整个世界有切身的联系。而且，中等阶层往往比下等社会阶层自信得多，更爱冒险，更愿意经历风险。因此，中等阶层可能要比下等社会阶层对旅游有更大的兴趣。

出身于下等社会阶层的人通常以较为狭隘与惶恐的眼光看待世界。他可能认为去欧洲或某个遥远的地方旅游是不必要的，轻率的，因而是毫无趣味的。他的理想度假方式可能是去某个国内旅游地，或者认为每个夏季在附近一个湖畔的家庭别墅里过上三个星期也许更好。他往往视其家庭为城堡，一有钱，就要添置"重武器"，把家里塞得满满的，如昂贵的厨房器具、游泳池、高价电视机，以这些东西来象征安全。而形成对照的是，中等阶层的人更爱诸如戏剧业、教育与旅游之类不可触摸的东西上花钱。

了解了价值观和态度方面的这些差异，我们就容易看出为什么用社会阶层解释旅游行为要比收入或财富有效得多。一个劳动阶层家庭的收入可能与一个接近中等阶层的家庭相等或者更多，但研究结果清楚表明，中等阶层家庭进行旅行的可能性要大得多。在这一方面，收入所起的作用微乎其微，起重要作用的是，该家庭总的世界观及其对作为探索世界的一种方式的旅游所持的态度。

（二）父母与子女的关系

研究一下中层与劳动阶层妇女一般的价值观与态度对我们也有益。两者都是着重以子女为中心的人，子女是每个妇女自身价值的证据，虽然在劳动阶层妇女的生活中，子女可能更是中心角色。劳动阶层妇女对子女的保护更为认真，因为对她来说，这个世界是一个具有威胁性的地方。

母亲们对子女的教育所持的态度明显受到社会阶层的影响。我们将会看到，这一点对家庭旅游将产生极为巨大的影响。劳动阶层的母亲们不如中等阶层的母亲们那样看重子女的教育。对中等阶层母亲来说，教育被看作是获得工作的、较高工资的、更多报偿的职业的以及取得较高社会阶层的预备成员资格的敲门砖。劳动阶层母亲也承认良好教育对其子女的价值，但换一个社会阶层对她说来一般不是那么重要。因为她的子女们只要最终在劳动阶层里获得一个令人尊敬的地位，便足以使她们为之骄傲。

父母对子女教育所持的态度，能详尽解释中等阶层家庭与劳动阶层家庭，即使收入相等，前者仍更可能进行旅游的原因。现在，旅游已被认为是一种教育方式，中等阶层家庭对它的反应是更多地去旅游，而劳动阶层家庭不可能以同样方式作出反应，因为他们对教育的重要性看法并不相同。在向中等阶层家庭销售度假旅游时，就要强调旅游是一种教育过程这样的价值观。这也提示我们，要成功地向劳动阶层推销旅游，则必须强调教育之外的实惠，或者，使劳动阶层的人确信家庭教育的重要性。

后一种方法可能不如想像的那么难，因为教育过程有不同的类型。中等阶层的父母亲可能会寻求某种旅游经历，使自己的子女从中能学到某些重要的知识，比如说，有关历史、政治或科学的知识。而劳动阶层的父母亲，则或许被一次有可能教给子女某些重要的本领，比如说，有关打猎、钓鱼或进行大规模野外活动等本领的旅游经历所打动。每个社会阶层对不同类型的旅游目的地和旅游胜地会有所偏爱。

（三）夫妻关系

夫妻关系在中层与劳动阶层之间往往存在着许多差异。这明显影响闲暇与旅游行为。在劳动阶层婚姻中，丈夫与妻子所承担的角色往往比中等阶层婚姻规定得更为清楚。劳动阶层妻子的特点是承担抚育子女的大部分日常责任，还要把家里搞得窗明几净，当好厨娘，而且在最重要的家庭问题上与丈夫保持一致。劳动阶层妻子往往是顺从的，主要是因为她学会了依赖丈夫，把丈夫看作照顾她、赋予她一种身份的人，

劳动阶层的丈夫也承担传统的角色。在他妻子料理内部家务时，他修剪草坪，油漆房屋，挣钱，在子女向母亲淘气时管教他们，要求得到每个家庭成员的尊敬，并竭力维持他作为一家之主的地位与形象。与中等阶层中的同等者相比，劳动阶层男子与其子女的关系更为拘谨，而且，对自己的体力与男子汉气概往往也更为关注。

典型的劳动阶层夫妇所承担的男性与女性角色有明显的区别，性质截然不

同，这也表现在他们闲暇时间的活动中。劳动阶层的丈夫要比中等阶层中的丈夫更有可能常带子女去过夜生活，也许在当地球场上，或者在小酒馆里。他更频繁地定期离开家庭，与一小批朋友远征钓鱼或打猎，这种旅游使他得以证实自己的男子汉气概。

中等阶层夫妇与此成明显的对照。中等阶层夫妻们比较惯于协同工作，像个工作组，丈夫干家务活，妻子就帮助油漆房屋或照料院子。特别是在中上阶层家庭里，妻子就帮助推进丈夫的事业和利益，而丈夫则分担抚养子女的责任。换言之，中等阶层夫妇一般在人际关系与性别角色方面的传统观念较少。

中等阶层婚姻中较大程度的协同性，反映于他们家庭的闲暇时间活动中。虽然中等阶层的丈夫也可能偶尔离家外出，去参加男子狩猎或钓鱼远征，但他们的假期几乎总有一部分时间是与家庭共度的。

了解中等阶层看待世界的眼光比劳动阶层开阔得多，恐惧心理少得多，那么，对中等阶层夫妇会与家庭外更多的人交往就不觉得奇怪了。劳动阶层人们的社会关系在很大程度上被限制于亲戚之间。社会阶层的这些差别也会对如何消磨闲暇时间产生影响。它们会影响人们去旅游的目的地，选择的交通方式，及他们离家在外喜欢从事的活动。这又一次表明，关于闲暇与旅游行为，有许多情况是无法用收入水平、价格、年龄以及其他经济因素与人口统计因素来解释的。

（四）社会阶层与旅游行为

同一社会阶层的成员，具有许多为整个群体所看重的相同的东西。在某些情况下，是财富，在别的情况下是权力、声望、智慧或地位。共有的价值观、态度与行为准则也能转化为对许多同类商品与服务的兴趣。同一社会阶层中的人，特别是这些社会阶层同一群体中的成员，常以同样的方式消费时间与金钱。换言之，共有的价值观与态度产生相似的趣味、生活方式，以及对许多同类商品与服务的偏爱。

比如，上等阶层家庭的支出预算常常反映出对书籍、杂志、乡村俱乐部成员资格、旅游、艺术、古玩、名牌大学教育以及体育娱乐设施此类事情的关切。在社会阶层等级的另一端，下层阶层家庭的支出预算反映出食物、衣着与为这个阶层所持有的奢侈品等的优先地位。在这两种极端之间的不同社会阶层，他们花钱购买商品与服务存在着明显的相似性。

在对信贷的态度与使用、感兴趣的商店类型、对广告与宣传如何作出反应等方面，同一社会阶层成员的行为也往往相似。对不同社会阶层的市场行为的研究，将有助于我们对一些有关旅游的重要的问题作出回答。

1. 使用信用证

研究结果表明，上等阶层往往为方便才使用信用证，使用信用证便于不必携带大笔现金，又便于精确记录税收与预算；下等阶层则常常为了分期付款赊购而使用信用证。产生这种情况的部分原因是由于下层阶层迫不及待地要满足自己的需求与愿望。

中层和上层社会阶层消费者一般避免使用信用证分期付款赊购。因为在心理上，这些社会阶层的人不急于满足自己的需求与愿望。这一点又可用某种非经济因素来解释。中上层阶层对时间观念有比较开阔的视野，筹划一件事要花较长的时间，而且事前要有充分的理由才着手筹划。假如他陷入了严重的经济困难，他们对事业、名声所作的大量的投资，以及积累起来的财富就有风险，而下层阶层的人在这方面所冒的险较小。因而，下层社会阶层更可能凭冲动行事，要什么就买什么，必要的话就使用信用证赊购。

因此，在向中层与上层阶层销售旅游时，强调使用赊购开支度假可能不像人们起初想像的那样是个成功的策略。中层与上层阶层的人往往认真实行固定储蓄计划，在招致计划外债务之前必然三思而行，慎之又慎。这并不是说中层与上层阶层的人不负债，更何况购买像旅游那样的昂贵品。对这些构成大部分旅游市场的人来说，决定负担数量不小的债务通常是一件严肃的事。因此，借赊购帮助销售旅游可能不是一个成功的策略。也许，旅游储蓄俱乐部的方案要比赊购旅游更有意义。

2. 购买行为

最初关于社会阶层影响消费者行为的某些研究，涉及到社会阶层对购买行为的影响。所有社会阶层的购买者都常常对反映与迎合各自社会阶层志趣的零售商店特别感兴趣。地位低的人对上层阶层商店正如上层阶层对低级商店一样疑虑重重，避而远之。许多商行都代表了一定的社会阶层形象，它们的老主顾来到这些商店里大有宾至如归之感。它们具备顾客感兴趣的商品。需购物者是来自同一社会阶层的彼此相像的人。

当然，零售商店之间的差别是相对的。中等阶层的购买者可能愿在低于正常价格的商店购买电冰箱或洗衣机之类的产品。这类产品，品牌名称就是质量的保证。凡重视格调与趣味的商店，或信任不太有名气的品牌，比如信任家具或珠宝的品牌，消费者得冒较大风险的商店，"货真价实"对购买者来说往往就显得极为重要。劳动阶层在选择商店方面一般说范围狭窄，而中等阶层的购买者通常喜欢多跑几处，考虑的范围尽可能广些。这部分地反映出二者在承担冒险的能力方面存在差别。这个能力也能解释旅游者在离家外出时选择进餐的地点，选择饭店与汽车旅馆，选择旅游目的地等等。

许多旅游目的地也像零售商店一样，具有吸引特定社会阶层群体的明确的社会阶层倾向性。不同的社会阶层群体会对不同的交通方式，不同类型的闲暇活动等等产生兴趣，这似乎也是一目了然的。当然，有一些旅游服务企业对广大中等阶层都具有吸引力。如假日旅馆毫无疑问不仅吸引着中上阶层与中下阶层，而且，也吸引着劳动阶层。

特定的零售商店吸引特定社会阶层，这个现象提出了有关零售旅行社及其被服务的顾客类型方面的一些有趣的问题。美国一万六千多家旅行社每年处理的旅游业务价值超过一百五十亿元。但该行业认为这个数目大大低于它的实际潜力。美国主要旅行业联合会，即美国旅行代理人协会已考虑采用广告，使更多的人意识到旅行社所提供的服务。看来，假如对旅行社的一般顾客有更多了解的话，这个策略会产生更大的成果。不幸的是，对下面问题的了解似乎做得很少。一家旅行社大多数顾客是否主要来自一个社会阶层？他们对旅行社的认识如何？是什么促使他们依靠旅行代理人安排他们的离家旅行？

3. 对推销的反应

消费者对推销工作所作的反应也依社会阶层而不同。社会阶层影响人们视、听、读的内容，因而，广告受到社会阶层所考虑的内容的影响。在接触各种杂志方面，各社会阶层之间存在着一些最为明显的差别。有些杂志几乎专供上层与中上阶层阅读。这不仅反映了这些杂志的内容，而且也反映了广告的措辞和推销内容所具有的感染力。在这些杂志的典型的一期里，都刊登着有关国外旅游区，国际班机以及游船航线的大量广告，而且这些广告的感染力着重放在首先能使上层与中上阶层受感染的那些内容上，例如，既有一流水平的、精美的、丰盛的膳食与优雅的起居，也有参观艺术节、欣赏歌剧、考古遗址等内容。

与此相对照，以大众（中等阶层）为对象的杂志里，通常刊登的旅行广告主要推销服务于国内旅行市场的各公司的服务。这些服务公司包括国内班机，国内联营饭店和汽车联营旅馆、小汽车出租公司、国内度假目的地。此外，刊登于大众杂志的旅游广告常常强调有关节省方面的内容，如不计里程的车船费、超低价车船费和特惠价格的包价旅游。

各社会阶层收看电视的总量与节目种类，所接触的无线电广播与报纸广告，以及对不同的广告形式所作出的反应也各不相同。比如，中等阶层家庭收看电视一般比劳动阶层家庭少，阅读报纸则较多，而且较多收听调频电台，而不是调幅电台，广告中有效幽默内容的类型也因不同社会阶层的听众而不同。例如，中等阶层喜爱的幽默一般较为微妙，但往往不为较低社会阶层的人所欣赏。

第五节　文化、亚文化与旅游行为

一、文化

文化（culture）可以视为社会的个性。它不仅包括一个群体所生产的物质产品和提供的服务，而且还包括它所重视的抽象的观点，如价值观和道德观。文化是一个组织或社会的成员共有的意义、仪式、规范及传统的累积。我们身处其中的文化，可以看作是一个巨大的非个人的参照群体。文化的范围是极其广泛的，从消费者行为学的角度，可以把文化定义为："用来调节某一特定社会消费行为的习得的信念、价值和习惯的总和。"

我们通常将文化分为东方文化，西方文化，或者按民族来论文化，如中国文化、法国文化、美国文化等。在同一文化下的人，有着共同的信念、价值观、态度、习惯、风格、传统以及共同的行为方式。文化对一个人的生活抱负、扮演的角色、交往方式、理解事物的方法以及消费行为方式等，有极大影响。

（一）文化的特征

文化具有以下的特征：

1. 文化的影响是无形的

尽管文化的影响极其自然和不易被觉察，但文化对人类行为的影响却是根深蒂固的。文化影响着人们日常生活的各个方面。

2. 文化满足需要

客观存在的文化能满足社会中人的需要。文化通过提供"实践经验"，并能满足心理的和社会的需要的经验，为人们在解决问题的各个阶段确定了顺序和方向。例如，关于什么时候就餐，什么食物适合于早餐或中餐、晚餐，以及怎样接待参加宴会的宾客等，文化都提供了规范和准绳。

只要文化中的信念、价值和习惯能满足需要，那么它就将延续下去。但是当某一特定的规范不能再充分地满足社会成员的需要时，它将得到修正或被取代，以便使最终的规范更符合现代社会的需要和愿望。文化就这样逐步地，但却是间断地向前深化，以适应全社会的需要。

3. 文化是习得的

人类并非天生就带有文化的意识，它不同于人的生理特征，如性别、头发、肤色等。但人们在幼年时期就开始从社会环境中获得构成社会的一系列信念、价值和习惯。所以文化是习得的，是社会实际经验的一部分。

4. 文化是共有的

所谓共有，是指一种特定的信念、价值或习惯，并不是少数人的"私有财产"。相反，它必须为社会大多数人所享有。同样，文化通常被认为是群体的习惯，它和群体成员有着密切的关系。因此，共同的语言是文化的组成部分，它使人们有可能享有共同的价值、感受和习惯。

5. 文化是动态的

文化在发挥满足需要的作用时，为了最符合社会的利益，同时为了继续发挥作用，它就必须有所变化，而不能永远停留在原来的水平上。

（二）信仰和惯例

一种文化的成员共有一套意义系统。他们学会接受一套调节生存方式的信仰和惯例。这些信仰通过诸如父母、朋友和老师传授给文化成员。学习自身文化所赞赏的信仰和行为的过程叫文化认同（enculturation）。

1. 核心价值观

每种文化都有一套传达给成员的价值观。价值观是认为某种状态优于其对立面的一种持久的信念。例如，在一种文化中，人们可能感觉到成为一个独特的人，比融入一个组织更可取。但另一个群体也许会强调成员资格的好处。许多情况下，价值观是广泛一致的，如谁都渴望健康、智慧和世界和平。

2. 价值系统

使文化区别开来的是价值观和相对重要性，或称价值的排序。这套排序就构成了文化的价值系统（value system）。价值系统间是有差异的。日本一个大型的广告代理机构 Dentsu 要求纽约、洛杉矶、东京三地的消费者表明其对于理想社会应努力追求的目标偏好的研究结果：在美国消费者的样本群中，存在着高度的一致性，两地消费者的最高理想都是"一个人们可以安全生活的社会"；相反，东京居民则把"一个拥有完善的福利制度的社会"作为首要目标。45％的美国人欣赏虽然富于竞争性，但每个人成功机会均等的社会；而东京仅有 25％的居民持此观点。

成员对一套价值系统的认可，表现了每种文化的特色，在有些情况下，价值观可能是互相抵触的（如美国人似乎既重视共性又重视个性，并试图在二者间找到某种和解）。然而，确认定义一种文化的核心价值观是可能的。

3. 规范

价值观是关于目标好坏的非常一般的看法，从中产生了规范，或称准则。规范指明了什么是正确的，什么是错误的，什么是可以接受的，什么是不能接受的。有些规范是人为规定的，如"红灯停，绿灯行"，它们明确地起着作用。但许多规范的性质却微妙得多，隐藏在文化中，只有当它与文化的其他成分相互作用时才被察觉。这类规范包括：

（1）风俗（custom）。是从过去流传至今的，控制着诸如家庭劳动分工和举行特别仪式等基本的行为。

（2）禁忌（more）。是带有强烈道德意味的风俗，通常涉及戒律或受到禁止的行为，如乱伦、吃人。违反它通常会遭到社会其他成员的严厉惩罚。

（3）习惯（conventions）。是指导日常行为的规范，这些准则关系到消费者行为的细微之处，包括布置房子、穿衣戴帽、举行晚会等正确的方法。

这三种形式的规范可共同作用，完整地定义文化上的适当行为。例如，禁忌能告诉我们，哪种食物是可以吃的。禁忌在不同文化间存在差别：吃狗肉在美国是忌讳的，印度人不吃牛排，穆斯林不食猪肉。风俗决定了开饭的合适时间。习惯告诉我们如何进餐，包括使用的器具、餐桌礼节，甚至晚餐时着装得体这类细节。

（三）礼仪

礼仪（ritual）是一系列复杂的象征性的行为，按固定程序出现，并趋向于定期地重复。当人们想到它时，脑海中浮现的可能是古怪的部落仪式，也许包括动物或处女的献祭。实际上，当代许多消费者的行为也带有礼仪性质。

如表 8-4 显示，礼仪出现于各个层次。一些确认了广为传播的宗教或文化价值，另一些却在小群体或与世隔绝的环境中出现。

1. 礼仪用品

许多企业通过向消费者提供礼仪用品，即在举行仪式过程中使用的物品，并以此获得生存。生日蜡烛、获奖证书、特制的食品和饮料、奖杯、勋章、装饰带、贺卡和发给离职人员的手表，所有这些产品都用在消费者的有关仪式上。此外，消费者还经常使用礼仪手册，以分辨这些物品的使用顺序及使用者。这样的例子包括毕业典礼的程序、团体手册和礼仪用书等。

表 8-4　礼仪种类

最初的行为动因	礼仪种类	例子
宇宙观	宗教的	洗礼、静坐、弥撒
文化价值观	过渡仪式	毕业、结婚、节日、假日
	文化的	超级杯赛
	公益的	游行、选举、审判
群体学习	群体	成立联谊会、商业谈判、工作午餐
	家庭	进餐时间、就寝时间、生日、母亲节、圣诞节
个人目标与情感	个人的	梳妆及居家礼仪

2. 化装仪式

事实上每个消费者都经历了个人的化妆仪式，它是帮助人们从个人的自我转变为社会的自我，或是从社会的自我恢复到个人的自我的一系列行为。仪式从面对世界之前树立起自信，到清除身体的污秽或其他不洁物质，其目的各不相同。

消费者谈及他们的梳妆仪式时，居主导地位的话题反映了化妆品和化妆行为几乎不可理喻的作用。许多人强调一个人前后对比的事实，即使用某些产品后，人们感觉像变了个人一样（类似于灰姑娘的童话）。

个人仪式中表现的两组二元对立是个人与社会（private/public）及工作与闲暇（work/leisure）。如许多美容仪式反映了人从自然状态到现实社会的转变（当一位女士"往脸部上妆"时）或与此相反的过程。在这些日常仪式中，女性再次确认了其文化所肯定的个人美貌的价值和对容颜永远的追求。

3. 赠送礼物的仪式

在送礼仪式（gift-giving ritual）中，消费者购得理想的物品（人工制品），精心包装一番，然后送给接受者。

研究人员认为，送礼主要是一种经济交换形式。赠送者把一件有价值的物品移交给接受者，后者则相应有义务回赠。送礼也可仅包括象征性的交换，其中，赠送者是出于无私的动机，如爱恋或仰慕，并不期待任何回报。一些研究表明，送礼逐渐演变为社交语言的一种形式。在交往的早期，它更多的是以交换为中心（带有工具性质），但随着交往的深化，它变得越来越具有利他主义性质。

不管是出于个人的还是职业的原因，每种文化都规定了送礼的一定场合和仪式。

送礼的过程可明确分为三个阶段。酝酿期，赠送者被一件事激励，从而购买礼物。这件事可以是属于社会结构的（如某种文化规定的，就像人们购买圣诞礼物一样），也可以是突然出现的（如出于更个人化、更富有个人特性的原因）。第二阶段是赠与，即交换礼物的过程。接受者对礼物做出反应（恰如其分的或是不恰当的），赠送者评价这种反应。在第三阶段，重新确立关系，赠送者和接受者之间的关系得到调整（更疏远一些或是更密切一些），反映了交换完成后出现的新情况。如果接受认为礼物不合适或是质量低劣，那么就可能出现负效应。赠送者或许会觉得接受者对礼物的反应不够充分、不够诚恳，违背了互惠原则。该原则要求人们有义务回赠价值相同的礼物。

人们通常会制造理由送礼物给自己，他们"款待"自己。消费者购买自我礼物（self-gifts），借此规范自身行为。这种礼节提供给人们一种社交上可以接受的方法，用于奖励自己的良好行为，或在不好的事情发生后安慰自己，再就是激励自己去达到某一目标。

（四）时尚

时尚（fashion）可被视为一组代码或语言，帮助我们揭示意义。和语言不同，时尚依赖于环境。同一件物品，不同的消费者对它的解释是不同的，在不同的情况下，解释也是不同的。许多产品的意义是无法编码的，即它们不存在确切的意义，观察者有相当大的解释余地。

时尚和流行式样或流行风格不同。时尚是一个社会传播的过程，通过它，一种新的流行风格被某个或一些消费者群体接受。一种流行式样（或流行风格）指的是性质的一个特殊组合。流行意味着某个评估群体对它正在作出正面评价。因此，丹麦现代家具式样（以简朴、轻便为特点）这个术语指的是家具（如室内设计的一种流行风格）的特定特征，并不必然暗示它就是当前消费者想要的流行风格。

1. 文化范畴

时尚转移给产品的意义反映了潜在的文化范畴（cultural categories），这和我们描绘世界特点的基本方法是相一致的。文化区分不同的时代，区分工作和闲暇，区分不同种类，等等。时尚系统为我们提供了了解这些范畴的产品，例如，服装业提供服装，表示某些时间（如，晚上穿的衣服，度假时穿的衣服），它区分休闲服和工人服，提倡男式和女式的服装风格。

这些文化范畴影响了许多不同的产品和流行风格。结果，可以发现在任一时间、任一地点，一种文化的主导方面倾向于在截然不同的产品的设计及营销活动中得到反映。

　　2. 行为科学透视时尚

　　时尚是一个在多层面上进行的非常复杂的过程。一方面，它是同时影响许多人的宏观社会现象；另一方面，它对个人行为施加非常个人化的影响。消费者追赶潮流的愿望，通常是他作出购买决策的动机。时尚产品同时也是审美产品，植根于艺术和历史。因此，对时尚起源和扩散存在许多观点。在此虽不能一一详述，但可以简要介绍一些主要的观点。

　　（1）时尚的心理学模式。不少心理因素有助于解释人们为何要追赶潮流。这些因素包括一致性、寻求多样性、个人的创造力和魅力。许多消费者似乎都有"追求独特"的需要。他们想与众不同，但不愿标新立异。出于这个原因，人们经常遵循时尚的基本要点，但又在这些原则框架之内，尽可能即兴创作，发表个人化的声明。

　　（2）时尚的经济学模式，经济学家用供给模型来分析时尚。供给有限的产品价值高昂，而那些唾手可得的商品则不那么受欢迎，珍贵的物品要求尊敬与名望。

　　范伯伦关于显示消费的概念认为，富人穿衣服显示其财富，如穿着昂贵（有时不实用）的衣服。这种方法有点过时，因为上层消费者经常参加东施效颦式的展览。展览中，他们故意接受以前低阶层的或是便宜的物品。其他因素也影响了与时尚相关的产品的需求曲线。这些因素包括：名望独占效应，即高价格创造需求；势利效应，低价格实际上会减少需求。

　　（3）时尚的社会学模式。社会学家把许多注意力集中在接受产品与阶级结构之间的关系上。

　　格奥尔格·西梅尔（Georg Simel）于1904年首先提出的利益扩散理论（trickle-down theory），是理解时尚的最有影响的方法之一。该理论声称，有两种互相冲突的力量促使时尚发生改变。首先，处于从属地位的群体，当他们试图沿着社会阶梯往上爬时，竭力采用高于自身的群体的地位象征。占主导地位的流行样式起源于上层阶级，并扩散到下层阶段，但这也是第二种力量产生之处。那些居主导地位的群体成员总在梯子上不断朝下望，确保自己没有被模仿。面对着下层阶级仿效他们的企图，他们的反应是采用更新的时尚。这两个过程创造了一个永远自动持续的变化循环——这才是推动时尚的机制。

　　该理论运用于阶级结构稳定、易于区分上层和下层消费者的社会时，对于理解时尚的变化过程是非常有用的。在现代社会，必须修正这个方法，以理解大众文化的新发展。

3. 接受时尚的周期

虽然一种特定风格的周期寿命从一个月到一个世纪不等，但时尚倾向于依照可预测的顺序向前发展。时尚生命周期（fashion life cycle）与产品生命周期十分相似。一件物品或一种思想，经历从产生到消亡的基本阶段，图8-8所示是对时髦、时尚和经典的接受周期的比较。

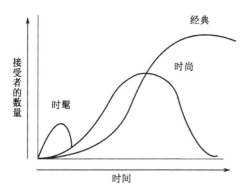

图 8-8　时髦、时尚和经典的接受周期的比较

图 8-8 说明，时尚的特点是一开始接受缓慢，接着迅速地加快（如果这种时尚要想获得成功），最后淘汰。根据时尚接受周期的相对长度，可以区分时尚的不同种类。虽然许多时尚的周期适中，一般需要花费几年时间完成从接受到衰退的过程，但是其他时尚却极端长寿或短寿。

经典（classic）是接受周期极其长的一种时尚。因为它很长时期内保证稳定性，购买者面临的风险低，所以它是"反时尚"的。

时髦（fad）是一种非常短命的时尚。接受它的人通常相当少，接受者也许都属于共同的亚文化。它在成员间"交叉渗透"，但很少超出特定的群体。时髦产品有以下几个重要特点：

（1）不实用，即它起不到任何有意义的作用；（2）经常是一时冲动而接受的。加入时髦行列之前，人们并没有经过理性的决策制定阶段；（3）普及非常迅速，反馈也很快，周期短。

二、亚文化

消费者的生活方式受其在社会中所属群体的身份的影响，这些群体被称作亚文化群体（subcultures）。其成员拥有共同的信仰和生活经历，这些使得他们和其他人区分开来。

亚文化群体成员身份常常是影响人们的需求和欲望的最重要的因素。这些群体成员身份往往预示了一些消费变量，如接触媒介种类、食物偏好、衣着、政治行为、休闲活动，甚至尝试新产品的愿望。

每个消费者都同时属于几个亚文化群体。包括宗教群体、年龄群体、民族群体，甚至地区群体。有时休闲活动也可能发展成为一个亚文化群体，如果它足以将消费者置于一种特殊的社会地位。这些亚文化群体中的消费者自己创造了他们自己的世界，这个世界拥有他们自己的规则、语言和产品标志。

（一）民族和种族亚文化群体

民族和宗教身份通常是消费者自我意识的重要组成部分。民族和种族亚文化群体（ethnic or racial subculture）是由一群因为共同的文化或遗传纽带而联系在一起的消费者组成的，他们自认为本群体是永存的，同时这个群体也被其成员和他人看成是一个不同于一般的种类。

有些国家，如日本、由于绝大部分公民都拥有共同的文化纽带（尽管日本有相当一部分少数民族人口，尤其是朝鲜后裔），民族性与主流文化几乎是同义词。在一个像美国这样各方迥异的社会里，许多种不同文化都各有其代表，并且消费者们都尽力维护本亚文化群体的地位，使其不致被消融到社会的主流中去。

（二）宗教亚文化群体

宗教关系在预测消费行为时，是一个很重要的因素。特别在个性、出生率、家庭形式、收入和政治立场等消费变量上，宗教可以施加很重要的影响。例如，一项研究表明，信奉天主教、新教和犹太教的大学生在选择周末娱乐活动以及选择标准上，有很明显的差异。价格对于新教徒而言是一个很重要的选择因素，而犹太教最关心的是有同伴，天主教徒比其他两组人更喜欢跳舞。

天主教教会的特点是严密的组织结构以及很少对事件发表个人见解。

新教教义强调个人的忠诚。这一传统鼓励人们接受科学知识，新教徒因而更少独断专行，同时视工作和个人磨难为升往上层社会的必经之路。虽然并非所有的新教徒都很富裕，他们中跻身上层社会的比例却出奇的高。

犹太民族由于融合了文化和宗教两方面的因素，因而成为一支特别重要的影响力量。犹太教强调个人对行为和自我教育的责任。犹太消费者的个性特征包括渴望获得成功、忧虑不安等。在一项对犹太人和非犹太人消费者进行的对比研究中，确实发现犹太受访者在小时候更多地接触过教育材料，在搜集信息时使用更多的来源，更容易成为产品创新者以及将更多的消费信息转告他人。

许多人将穆斯林与阿拉伯文化等同起来，其实两者不同。"阿拉伯"一词是一种民族身份，而穆斯林则是一种宗教信仰。不是所有的阿拉伯人都是穆斯林，也不是所有的穆斯林都是阿拉伯人。实际上，有四分之一的穆斯林是黑人。宣称信仰这一宗教的人不断增加。美国有 1100 多座清真寺。

穆斯林非常重视紧密的家庭结构。家庭是终极权威，任何人干的坏事都被看作是整个家庭的反映。很少有大的经销商利用这一特点来向穆斯林亚文化群体推销产品，随着该群体成员人数的不断增加，这种状况也许会有所改变。

（三）年龄亚文化群体

一个消费者所降生的时代，使他与同时期出生的成百万个其他人产生文化联系。随着一个人的成长，他的需求与喜好在改变，经常要和与他年龄接近的人保持一致。因此，一个消费者的年龄对他的身份有着重大的影响。在条件均等的情况下，我们更愿意拥有与其他的同龄人一样的东西。

经销商经常将产品或服务定位于一个或多个特定的同龄人群，他们认识到同样的产品很可能不会引起其他年龄人群的兴趣。所以他们努力地去精心制作与某一特定年龄人群相联系的信息，并把这些信息放入媒体，通过媒体传达给这个群体的每一个成员。此外，不同年龄人群的购买力也因时而异。

三、文化、亚文化与旅游行为

前面已经讲过，一个人生活于其中的文化，可看作是一个巨大的、非个人的参照群体。文化修养是习得的行为。社会上的每一个人，都从其文化中学到了一整套独特的信念、价值观、态度、习惯、风俗、传统与行为方式。文化修养影响人们的生活抱负、所承担的角色、与他人联系的手段、理解事物的方法、所需要的商品与服务，以及作为消费者的行为方式。

文化对个体行为的影响往往被人们所忽略。比如，我们常常按照鲜明的个性或生理差别形成的行为模式来看待男性与女性。男人往往被认为比女人更有支配性，比较敢作敢为，责任心较强，而女人被认为比较被动，易动感情。男性与女性行为之间的许多差别，是由人们生活的文化环境训练成的角色差别造成的。许多妇女对诸如打猎、钓鱼之类的户外休闲活动不积极，这并非真正由于任何生理或情感的因素所致，而是由于大多数文化一向教导妇女，说这些活动不是女人的活动。文化还把恰当的旅游角色教给男人与女人，如男人开车、选择旅游目的地、登记饭店，而妇女照看孩子、准备途中饮食等。

我们往往认为，不同的年龄群体有不同的行为型式。儿童的行为不同于少年、青年或老年人的行为，大部分儿童都如此。我们还认为这些差别都是自然的差别，它是由不同年龄的人所具有的独特的生物特征所引起的。但是，似乎与年龄有关的行为型式并不总是由生物因素所致。确切地说，它们主要是文化的现象和社会的现象。比如，美国文化推动了儿童迅速成长，在别的社会里，却有意拉长童年到少年与成人的过程。

经销旅游的人必须注意受特定文化规范与传统支配的个人旅行行为。在改变受社会与文化传统支配的旅游行为方面，单独一家旅游服务公司是完全无能为力的，而作为整体的旅游业，在这方面即使能做点什么作为也不大。比如，假使是男人通常作出家庭度假决策，而妇女往往承担比较被动的旅游角色，那么，旅游经销者必须意识到这些因素，据此来推销他们的服务。男性与女性旅游角色将只能随着更大文化范围内男性与女性旅游角色的普遍改变的程度而有所改变。

前面已经提到，正常情况下，我们在任何特定社会中都会看到一些亚文化，亚文化还以种族、语言、年龄、社会阶层以及其他因素为基础。重要的是，亚文化成员一般与占支配地位的文化的许多规范保持一致，而偏离不能跟自己的亚文化规范共存的其他文化规范。如十几岁的青少年建立了一个具有明显特色的亚文化团体。他们接受自己生活中的总文化的大部分价值观，但也恪守他们自己的一套独特的价值观。这样的价值观很重视与同等地位者保持联系。

某种亚文化所持有的价值观与传统从各种不同方面影响着其成员的行为。为了说明这一点，总括一下对美国西南部一批美籍墨西哥人闲暇和旅游态度及行为的一次调查研究，对我们将会有所帮助。

当提及文化和亚文化，及其不同的价值观和信念体系时，我们可以任指一些价值观倾向，其中包括以下内容：（1）人的本性（善或恶）；（2）人对于时间的态度（过去，现在，将来）；（3）人与自然的关系（从属于它，它的组成部分，还是主宰它）；（4）人生的主要生活目的（生存，自我实现，进取）；（5）人与其同事的主要关系（从个人出发的，从家庭或从同等地位的人出发的）。

一些权威人士认为，美国的中等阶层代表着占统治地位的文化群体，其价值观在美国社会中处于支配地位。这些主要的价值观包括：（1）面向未来的观点；（2）主宰自然的观点；（3）进取的观点；（4）个人主义的观点。

相当多的迹象表明，美籍墨西哥人具有一种符合伦理道德的亚文化，其价值观与上有所不同。这些价值观包括：（1）面向现在，而不是面向未来的观点；（2）从属于自然的；（3）"生存"的观点，而不是进取的观点；（4）从家庭出发的观点，而不是个人主义的观点。研究表明，这些不同的亚文化价值观影响着美籍墨西哥人亚文化成员对闲暇的态度。这一点并不出人意料。

美籍墨西哥人亚文化的观点认为，一个人认识自我主要通过其闲暇与非工作性活动。而中等阶层的英裔美国人亚文化却十分看重工作的作用，认为工作是生活的主要兴趣，主要社会关系之源。美籍墨西哥人就不太会将其工作看作是生活的主要兴趣，而且，其主要社会关系很可能基于闲暇。在中等阶层的英裔美国人亚文化中，由于耶稣教伦理学仍占上风，其成员往往对非生产性的闲暇感到内疚。然而，美籍墨西哥人就很少会因为自己享受了闲暇的乐趣而不安。

这些文化上的区别究竟有什么含意呢？一方面，对于那些信奉耶稣教伦理学，并认为工作即德行的人来说，闲暇活动更可能会负有任务。人们可以发现这些人常把其闲暇时间花在后花园的工作，以及装饰房间，整修顶楼或建造其湖畔别墅上。他们旅游时，既不太可能对某个旅游目的地沿途的消遣活动感兴趣，也不会对一项未纳入计划的目的地或活动的探险性旅行感兴趣。这些人较感兴趣的是带有某种特定目的的旅行。如多目标和多目的地的旅行；迅速抵达某个目的地，并在那儿参加各种度假活动的旅行；节奏很快的旅行，其目的是要行程更长，并尽可能多访问一些名胜古迹。

相反，美籍墨西哥人对闲暇的看法似乎源于古罗马和古希腊，他们强调闲暇是欢乐的时刻。古罗马和古希腊传统认为，工作虽然暂时挤掉了生活中起主要作用的闲暇，但这只是不得已。因此，对美籍墨西哥人来说，旅游显然很少受完成任务，或达到某种目标的需要的限制。

总而言之，在旅游和闲暇中，一种亚文化要寻求的利益不同于占支配地位文化所寻求的利益，这一点似乎是很明确，一个亚文化群体可能为了快乐而寻求快乐；另一些亚文化群体可能给以文化和教育利益以很高的评价；还有一些可能特别重视社会成员间的相互联系，或有利于人们身体健康的各种活动。由于这些区别影响选择闲暇活动和旅游，旅游服务公司在觉察伦理道德及其他亚文化的差异时必须非常敏锐。这在旅游市场中尤其显得重要，因为在这个市场里，迎合某个团体的特别需要是攫取利润最可行的途径。

在许多社会里，体育运动都具有一种内在的文化价值。如果没有意识到体育运动作为娱乐旅游的一个主要项目的重要性日趋增强，那么，任何关于文化价值观怎样影响闲暇与旅游行为的论述都将是不全面的。在许多社会里，体育运动都具有一种内在的文化价值。对体育的积极兴趣，以及想去某地参加体育活动的愿望已经成为许多人的旅游计划的主要动机。

对许多人来说，体育世界是神圣的，甚至上升到宗教的地位。现代体育运动的起源可以追溯到古老的宗教仪式，比如丰收节（即奥林匹克运动的起源）。在比赛前队员们进行祈祷，实在是一件很平常的事。体育书刊就像圣经一样（我们形容那些体育迷是在"虔诚"地阅读着），体育馆是膜拜场所，而体育迷则是信众了，信徒们参加集体活动，参与者依次举起并挥动手臂使得波浪形的运动沿着体育场四周传播开来。

近年来，旅游中增长速度居第二位的活动就是户外消遣。户外消遣不仅仅指垂钓、打猎和野营，还有高尔夫球、网球、滑雪、潜水及其他体育运动。美国的一项调查中发现，被调查者中有百分之四十四的人，每年至少有一次，主要为高尔夫球、网球或滑雪比赛而去旅游。

人们只要注意到最近各种体育运动不断普及的现象，就不会对体育已经成为旅游市场中一个重要因素感到惊讶。

对体育的积极兴趣以及想去某地参加体育活动的愿望，已经成为成千上万人旅游计划的主要动机。体育已经成为旅游市场中一个重要因素。

户外消遣已成为主要的旅游活动。户外消遣不仅仅指垂钓、打猎和野营，还有打高尔夫球、打网球、滑雪、潜水、游泳及其他体育运动。

人们去参加体育活动是为了想作一番个人表演，他们期望一举成名，期望自己的表演会给观众留下深刻的印象，他们期望自己的活动能有一个明确的结果。

同样，人们参加体育活动还期望对选手们精湛的技艺、精彩的比赛产生敬慕，并铭记在心。

为什么敬慕或者去干某些事，接着看看其结果，对个人来说是重要的呢？很简单，这是因为在一个工业化国家里，工作形式已经改变了。每三名工人中有二名以上受雇于服务性行业，如教育、保健、广告、会计、科研等等。在这些行业中，人们看不见自己的产品。还有，大多数的人受雇于一些企业组织，其成果不可能归功于任何个人。因此，个人的贡献即便可能，也很难鉴定。

一百年以前，大多数的人都居住在乡镇。那时，个人很容易见到自己的劳动成果，如收获干草的吨数，钉铁蹄的马匹数，砍到树木的棵数。现在，很少有工人能一个人创造一件完整的产品。现代的工人要说"那是我做的"是很困难的。然而，从心理上说，人们能这样做，能看一看自己的工作成果，并能得知它是不错的，或者似乎是很重要的。因此，人们就利用闲暇来寻找这种满足：完全自己动手做一件事情，认识到它不过如此，并自傲地说："那是我做的"。同样，大家也会投身于体育比赛，作精彩的个人表演，并为之感到喜悦。

于是，体育活动经历属于我们所能获得的最生动、最难忘的经历之列，体育在工业化社会中已经形成如此重要的价值观，故不足为奇了。对于这种文化现象的了解，可能是非常重要的，因为体育活动提供了一个划分旅游市场的有价值的依据，只有这样，才能更好地为旅游消费者服务。

在所有的文化中，馈赠礼品是一项重要的风俗，尽管其功用和结果有时有着很有趣的差别。在中国，馈赠礼物是在生日、春节、婚礼及其他的特殊场合。这个风俗在此引起我们的关注是因为它对旅游业提出了增加更多的旅游服务的要求。

现代工业社会的主要特征之一，就是消费者现在用于服务行业的费用要比用于有形商品上的费用高。结果，把无形的服务作为礼物馈赠已经变得更加普遍。今天，人们赠送或接受诸如去一个矿泉疗养地的资格，戏票或音乐会入场券，饭店的餐券，滑雪胜地的入场券及飞机票等无形服务，这样的礼物已经很平常了。

赠送无形礼物日益普遍。在我们的生活方式中，它似乎已超它本身所起的较大的作用。对于接受者来说，这种无形礼物象征着一种能使礼物的性质的特征符合自己的爱好与需要的机会。例如，某人接受一份礼物，允许有两个人去一家高级餐馆享用一餐。这就是说，此人能选择吃饭的时间、菜肴，以及和谁一同进餐。同样，赠予某人一张去某一旅游胜地的飞机票，他就可以选择去的时候，在那里干些什么，花多少时间，也许还能选择乘哪家航空公司的飞机。

因此，像旅游这样的无形服务作为一种礼物，特别能迎合个人需要，这是显而易见的。接受者可以使礼物满足其特殊的需要、爱好或兴致。这样就减少了礼物与接受者的兴趣、需要，或愿望不一致的风险。正因为如此，接受者就能因受礼而实现最大限度的享受。由于这些原因，旅游就成了一份有诱惑力的礼物。尽管某些旅游组织偶尔做了些尝试，把旅游作为礼物来推销，然而，总的说来，在开发这个尚未打开的市场方面，他们尚未作出重要的、持久的努力。

复习与思考

1. 理解下列概念：

（1）群体；（2）参照群体；（3）旅游角色；（4）家庭；（5）文化；（6）礼仪；（7）时尚；（8）经典；（9）时髦；（10）亚文化。

2. 参考群体有哪些力量？

3. 举例说明一个配有导游的旅游团体为其成员提供的利益。

4. 为什么在旅游活动中，旅游者的行为可能完全区别于他在家时的行为？

5. 以你认识的几个家庭为例，说明他们是怎样作家庭旅游决策的？

6. 为什么一个家庭及其成员的态度和行为随着时间会起变化？

7. 举例说明文化与亚文化群体对旅游行为的影响。

8. 为什么说体育活动提供了一个划分旅游市场的有价值的依据？

9. 为什么说馈赠礼物是经销旅游服务中的一个重要因素？

第三编　旅游企业管理心理

第九章　个体差异与管理

管理心理学是以组织中的人作为特定的研究对象，重点在于对共同经营管理目标的人的系统的研究，以提高效率，在一定成本控制条件下，最大限度地调动人们的积极性和创造性。当今的管理心理学都是以人本思想为前提的。如何达到对人的适当约束和激励，就成为管理心理学的中心内容。在这一编，我们将系统阐述各种经典和现代流派的管理心理学理论，研究个体、群体、领导、组织各层次的行为特征及所蕴涵的心理规律。

人与人之间在生理上、个性上都存在着很大的差别。管理心理学所讲的个体差异，是指人与人之间在个性心理特征上的差别。这些差别包括能力差异、性格差异和气质差异等。旅游企业管理者如果能了解与运用个体差异的规律，就可以有效地开发人力资源，实现人适其职、职得其人、人尽其才、才尽其用，从而提高管理工作的水平。

在这一章，我们首先明确能力的概念，讨论有关智力的理论，了解智力发展的因素，探讨员工能力差异与旅游企业管理的关系。然后，我们考察气质类型与特征，讨论在旅游企业管理中，如何对待员工的气质差异。最后，我们将考虑性格与性格特征，介绍几种常见的性格分类方法，研究性格的形成与发展，阐述员工性格差异与旅游企业管理的关系。

第一节　能力差异与管理

一、能力

能力一词的含义较为笼统，而且常常同很多类似的概念混淆不清。按一般的常识，能力一词包括许多方面。诸如：表现在肢体或动作方面的能力，称为体能或技能；表现在人际关系方面的能力，称为社会或社交能力；表现在处理事物方面的能力，称为才能；表现在吸收知识和运用知识方面的能力，称为智能。心理学所研究的能力，在某种程度上虽然与常识的看法有些相似，但在语意表达上却不尽相同。

能力有两层含义：其一是指个人现在实际"所能为"；其二是指个人将来"可能为"。"所能为"是个人在行为上所表现的实际能力。个人在某方面所表现出的实际能力，是由于他的先天遗传基础，加上后天环境中努力学习的结果。这种实际能力，在心理学上称为"成就"（achievement）。"可能为"是指个人将来有机会学习时，他可在行为上表现出的能力，也就是"潜能"（potentiality）。平常指某人为"可造之才"或者有某方面的"天分"，即为此意。像这种个人的潜在能力，在心理学上称之为"性向"（aptitude）。性向又可分为两类：一类称为"普通性向"，普通性向又称为普通能力（general ability），指包括一般性的潜力；另一类称为"特殊性向"，特殊性向又称为特殊能力（specific ability），指在某一方面的特殊潜力。具有普遍性向的人，将来如果有机会学习历练，可能成为一位通才。具有某方面特殊性向的人，将来如果有机会学习历练，则可能成为某一方面的专才。

人的认知或思维活动是在他从事各种工作或操作中进行的，为了顺利、成功地完成这些活动，重要的心理前提是具备某些能力。例如，熟练地进行操作，准确、无误地完成任务，是饭店客房、餐厅服务员应具备的必要能力；熟练地上好一堂课，内容新颖、讲解透彻、条理清楚、是教师应具备的必要能力；善于鉴别色彩、形象记忆，掌握好线条比例是画家应具备的必要能力；记忆清晰、思维敏捷、反应灵活等，则是为完成各种活动所应具备的一般能力。

要成功地完成一项活动，仅靠某一方面的能力是不够的，必须具有多种综合能力才能获得成功。例如，为了出色完成学习任务，不能仅仅依靠记忆力或仅仅依靠对课文的分析、理解，而必须同时具有观察力、概括力、分析力、理解力等。在完成某项任务时，所需要的各种能力的最完备的结合，能使人迅速地、创造性地完成任务。这时可以认为，这个人具有较强的能力。

人在顺利完成某项任务时，必须具有普通能力，又具有特殊能力。普通能力即智力，是在很多种基本活动中表现出来的能力，如观察力、记忆力、思维力、想像力等。特殊能力是出现在某些专业活动中的能力，如数学能力、音乐能力、专业技术能力等。普通能力与特殊能力在活动中的关系是辨证的统一。一方面，某种普通能力在某种活动领域得到特别的发展，就可能成为特殊能力的组成部分；另一方面，在特殊能力得到发展的同时，也发展了普通能力。

能力是保证活动取得成功的基本条件，但不是唯一的条件。要保证活动顺利地进行并取得成功，往往还涉及人的个性特点、知识技能、工作态度、物质条件、身体状况及人与集体的关系等因素。只不过在这些条件相同的情况下，能力强的人比能力弱的人更能使活动顺利进行，更容易取得成功。

　　和能力有关但又不同的两个概念是知识和技能。知识是概括化的经验系统，技能是概括化的行为模式，而能力则是概括化的心理特征。能力发展到一定程度时就会定型，但知识和技能却可以不断积累。能力和知识、技能的区别对企业管理有重要的启示。尽管人的能力有限，有高低大小之分，但人却可以通过不断学习而获得新的知识和技能。在科学技术、生产水平不断发展的现代社会，不断提高企业的整体文化技术素质，是保证企业生存发展的重要方式之一。因此，许多有战略远见的企业，都重视员工自身素质的培养，把人的素质的提高看成是企业发展的根本前提。

　　能力一词到底是什么意思？在我们的术语中，能力（ability）反映了个体在某一工作中完成各种任务的可能性。这是对个体能够做什么的一种现时的评估。一个人的总体能力可以分为两大类：心理能力和体质能力。

（一）心理能力

　　心理能力（intellectual ability）即从事心理活动所需要的能力。测量心理能力需要心理学上的特别技术，智商测验就是用于确定个人总体的心理能力。此外，大学入学考试如 SAT 和 ACT，各科研究生入学考试如 GMAT（商学院研究生入学考试）、LSAT（法学院研究生入学考试）、MCAT（医学院研究生入学考试），也属于这种类型的测验。一般认为，在心理能力中包括七个维度，即：算术、言语理解、知觉速度、归纳推理、演绎推理、空间视知觉以及记忆力。如表 9-1 所示。

表 9-1　心理能力维度

维度	描述	工作范例
算术	快速而准确进行运算的能力	会计：在一系列项目中计算营业税
言语理解	理解读到和听到的内容，以及词汇之间关系的能力	工厂管理者：推行企业政策
知觉速度	迅速而准确辨认视觉上异同的能力	火灾调查员：鉴别纵火责任的证据和线索
归纳推理	鉴定一个问题的逻辑后果，并解决这一问题的能力	市场调查员：对未来一段时间内某一产品的市场需求量进行预测
演绎推理	运用逻辑评估一项争论价值的能力	主管：在员工所提供的两项不同的建议中作出选择
空间视知觉	当物体的空间位置变化时，能想像出物体形状的能力	室内装饰师：对办公室进行重新装饰
记忆力	保持和回忆过去经历的能力	销售人员：回忆主顾的姓名

不同的工作要求员工运用不同的心理能力。对于需要进行信息加工的工作来说，较高的总体智力水平和言语能力是成功完成此项工作的必要保证。当然，高智商并不是所有工作的前提条件。事实上，在很多工作中，员工的行为十分规范，很少有机会使他们表现出差异。此时，高智商与工作效绩可以说是无关的。然而，一项很严谨的综述报告指出，无论什么水平的工作，在言语、算术、空间和知觉能力方面的测验分数，都是工作熟练性的有效预测指标。因此，可以测量具体维度的智力测验对预测工作绩效是十分重要的。

企业主管人员在使用心理能力测验进行选拔、提升、培训以及其他的人事决策时，遇到的主要问题是：这些测验对某些种族和持有特殊信仰的群体有不利影响。美国的一项调查表明，一般情况下，在言语、算术、空间能力测验中，某些少数民族群体的分数低于白人群体一个标准差。

（二）体质能力

在要求信息加工的复杂工作中心理能力起着极为重要的作用，同理，对于那些技能要求较少而规范化程度较高的工作而言，体质能力（physical ability）对于工作的成功是十分重要的。比如，一些工作的成功要求耐力、手指灵活性、腿部力量以及其他相关能力，因而需要在管理中确定员工的体质能力水平。

研究人员对上百种不同的工作要求进行了调查，最后确定在体力活动的工作方面包括九项基本能力。如表 9-2 所示，表中列出了这些内容。个体在每项能力中，都存在着程度上的差异。而且，这些能力之间的相关性极低。不难理解：一个人在某一项能力中得分高并不意味着在另一项能力中得分也高。如果管理者能确定某一工作对这九项中每一项能力的要求程度，并保证从事此项工作的员工具备这种能力水平，则肯定会提高工作绩效。

表 9-2　九种基本的体质能力

力量因素	
1. 动态力量	在一段时间内重复或持续运用肌肉力量的能力
2. 躯干力量	运用躯干部肌肉（尤其是腹部肌肉）以达到一定肌肉强度的能力
3. 静态力量	产生阻止外部物体力量的能力
4. 爆发力	在一项或一系列爆发活动中产生最大能量的能力
灵活性因素	
5. 广度灵活性	尽可能远地移动躯干和背部肌肉的能力
6. 动态灵活性	进行快速、重复的关节活动的能力
其他因素	
7. 躯体协调性	躯体不同部分进行同时活动时相互协调的能力
8. 平衡性	受到外力威胁时，依然保持躯体平衡的能力
9. 耐力	当需要延长努力时间时，保持最高持续性的能力

二、智力理论

心理学上讨论人类各种不同能力时，认为智力是其中最重要的；讨论能力测验时，也认为智力测验是其中最重要的。智力一词虽然在心理学上备受重视，然而至今尚无统一的定义。历来的心理学家对智力的解释尽管有不同意见，但在基本理念上仍有两点共识之处：1）智力是一种综合能力，而非单一能力；2）个体智力的高低，是他先天遗传与后天环境两种因素交互作用的综合表现。基于这两点共识，可以将智力定义为：智力（intelligence）是以个体遗传条件为基础，在其生活环境中与人、事、物交往时所表现在运用经验，吸收、储存及支配知识，适应变化，解决问题的综合能力。

智力理论是心理学家对人类智力的内涵所作的理论性与系统性的解释。现代心理学上智力理论很多，众说纷纭，莫衷一是。按各家立论的基本取向为准，可将智力理论分为心理计量取向、多维取向以及认知发展取向三类。这里，我们只介绍前两类。

（一）心理计量取向的智力理论

所谓心理计量取向（psychometric approach），系指智力理论的建立乃是以智力测验为工具，采用因素分析（factor analysis）的观念与方法，从测验结果中分析出彼此相关的各个不同因素，然后以分析所得的因素，用以界定智力的性质。因此，这类智力理论都以测量结果的计量资料为立论根据，故而称之为心理计量取向。采用心理计量取向建立智力者，有以下四种理论：

1. 智力二因素论

智力二因素论简称"二因论"（two-factor theory），是由英国心理学家斯皮尔曼（C. Spearman）于 1904 年提出的。按智力二因素论，人类智力的内涵包括两种因素，一为普通因素（general factor），简称 G 因素；另一类为特殊因素（specific factor），简称 S 因素。按斯皮尔曼的解释，人的普通能力得自先天遗传，主要表现在一般性生活活动上，从而显示个人能力的高低。S 因素代表特殊能力，只与少数生活活动有关，是个人在某方面表现的异于别人的能力。一般智力测验所测量的就是普通能力。

2. 基本心能论

基本心能论（primary mental abilities），是由美国心理学家赛斯通（L. L. Thurstone）在 1938 年提出的。根据对实际智力测验分数进行因素分析的结果，赛斯通发现，在智力组成中并没有像斯皮尔曼所说的普通因素，而且也未发现所谓特殊因素。按赛斯通的分析结果，人类的智力组成中，包括了七种基本能力：（1）语文理解（verbal comprehension），简称 V，属理解语文含义的能力；（2）语句流畅（word fluency），简称 W，属迅速语文反应能力；（3）数字运算（number），简称 N，属迅速正确的计算能力；（4）空间关系（space），简称 S，属方位辨识及空间关系判断能力；（5）联想记忆（associative memory），简称 M，属两事联结的机械式记忆；（6）知觉速度（perceptual speed），简称 P，属凭视觉迅速辨别事物异同能力；（7）一般推理（general reasoning），简称 R，属根据经验能作出的归纳推理能力。赛斯通根据因素分析发现的结果来界定智力，而且，他也根据分析发现的七种基本能力编制智力测验，称为基本心理测验（primary mental abilities test），简称 PMAT。

3. 智力结构论

智力结构论（structure-of-intellect theory），是由美国心理学家吉尔福特（J. P. Guilford）于 1959 年提出的一种智力理论。按智力结构论的解释，人类的智力是思考的表现，而在思考的整个心理活动中，则包括了思考的内容（content）、运作（operation），以及思考的产物（product）三个心理维度。由这三个心理维度构成一个立体结构，既智力结构，图 9-1 代表吉尔福特智力结构观念的理论模式。

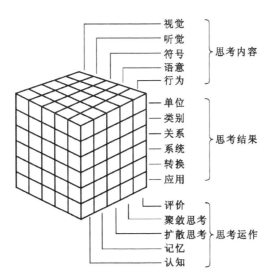

图 9-1　吉尔福特智力结构理论模式（1977）

图 9-1 代表一个由长宽高三个维度构成的立体，每一维度可视为构成智力的要素之一；各要素之间的交互关系，要靠思考来贯穿在一起。如按第一章讨论研究方法时所提到的变量概念，吉尔福特的智力结构论可用以下的概念来解释：(1) 思考内容可视为自变量，这一变量在性质上属于引起思考的刺激。按吉尔福特 1959 年的说法，思考内容的刺激，在性质上分别属于形状、符号、语意、行为四大类。按其新近的解释 (Guilford，1997；1982)，则将原来属于形状的一类，扩大为视觉与听觉两类，使思考内容由四类刺激变为五类刺激。(2) 思考结果可视为因变量，这一变量在性质上属于表现思考的反应，而反应方式又包括单位、类别、关系、系统、转换、应用六种方式。(3) 思考运作可视为中介变量，是介于刺激与反应之间不能直接观察到的，包括评价、聚敛思考、扩散思考、记忆、认知五种。如果将三个维度的交互关系采用长宽高三维度的立体计量方式表现时，按吉尔福特智力结构论的主张，人类的智力结构中包括了 120（＝4×5×6）种不同的能力；若按其新近的主张，则人类的智力结构中，包括了 150（＝5×5×6）种不同的能力。

在吉尔福特的智力理论中，在形式上虽然包括三个维度，实际上真正代表智力高低的是他所指的思考运作。个人针对引起思考的情境，在行为上表现出思考结果之前，所经过的内在思考运作过程，即代表个人的智力。在思考运作中，吉尔福特所列的聚敛思考与扩散思考两个概念，引起心理学家广泛的注意，因此引发了很多研究。所谓聚敛思考 (convergent thinking)，系指个体在思考解决问题时，总是根据已有知识，循逻辑规则去寻求唯一的正确答案。在学校中的知识学习以至智力测验所测的智力，均属聚敛性思考的能力。

至于扩散思考 (divergent thinking)，是指个体思考解决问题时，针对问题情境，可同时想到数个可能的解决方式，不囿于单一答案或钻牛角尖式的探求。像这种超越既有知识、未必遵循常规的思考方式，一般称为创造 (creativity)。有些心理学家为研究创造能力所设计的创造力试验 (creativity test)，就是以吉尔福特理论中的扩散思考为基础的。

4. 流动智力与固定智力理论

美国心理学家卡泰尔 (Cattle) 与霍恩 (Horn)，根据因素分析结果，按心智能力功能上的差异，分别于 1965 年和 1976 年将人类的智力解释为两种不同的形态：一种形态为流动智力 (fluid intelligence)，另一种形态称为固定智力 (crystallized intelligence)。

流动智力是一种以生理为基础的认知能力，凡是新奇事物的快速识别、记忆、理解等能力，均属流动智力。记忆广度在性质上即属流动智力。流动智力的特征是，对不熟悉的事物，能以信息准确的反应判断彼此间的关系。卡泰尔与霍恩以及后来学者的研究发现，流动智力的发展与年龄有密切的关系。一般人在20岁以后，流动智力的发展到达顶峰，30岁以后将随年龄的增长而降低。此外，心理学家们也研究发现，流动智力属于人类的基本能力，在个别差异上，受教育文化的影响较少。因此，在编制适用于不同文化的所谓文化公平测验时，多以流动智力作为不同文化背景者智力比较的基础。

固定智力则是以习得的经验为基础的认知能力。凡是与运用既有知识与学得的技能去吸收新知识或解决问题的能力，均属固定智力。显然，固定智力与教育文化有关，但在个别差异上与年龄的变化没有密切关系。固定智力不因年龄增长而降低，甚至有些人因知识与经验的积累，其固定智力反而有随年龄增长而升高的趋势。

基于以上流动智力与固定智力的说明，对于成年后智力减退的说法，在此可以得到观念上的澄清。新近曾有心理学家以不同年龄的受试者为对象，以常识作为测验题目，要受试者回答世界领袖的姓名、危险物品的标志以及日常生活的知识等问题，结果发现，成年后非但这方面的能力不因年龄增长而减低，甚至显示出70岁以上的人在固定智力表现上反而优于青年人（见图9-2）。

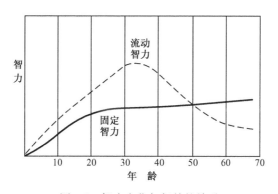

图 9-2 智力变化与年龄的关系

（二）多维取向的智力理论

以上所介绍的心理计量的智力理论，虽然在论点上彼此不同，但在基本取向上是一样的，都是以心理测验为根据，以因素分析为方法，所建立的智力理论。现在要介绍的智力理论，虽然在理论上仍然主张智力由多种能力构成，但他们不同意以心理计量的取向来研究智力。关于多维取向的智力理论，我们只介绍近年来特别受到重视的两种。

1. 智力多元论

智力多元论（multiple-intelligence theory），是由美国心理学家加德纳

(Gardner) 于 1985 年提出的。这一新兴的智力理论在立论取向上既不采取因素分析法以决定智力的构成因素，也不采用智力测验来鉴别智力的高低。加德纳认为，现行的智力测验的内容，因偏重对知识的测量，结果是窄化了人类的智力，甚至曲解了人类的智力。按加德纳的解释，智力是在某种文化环境的价值标准之下，个体用以解决问题与生产创造所需的能力。加德纳认为，智力是由以下七种能力构成的：（1）语文能力：包括说话、阅读、书写的能力。（2）数理能力：包括数字运算与逻辑思考的能力。（3）空间能力：包括认识环境、辨别方向的能力。（4）音乐能力：包括对声音的辨识与韵律表达的能力。（5）运动能力：包括支配肢体以完成精密作业的能力。（6）社交能力：包括与人交往且和睦相处的能力。（7）自知能力：包括认识自己并选择自己生活方式的能力。

　　显然，加德纳的智力多元论对传统的智力观念提出了新的诠释。按其所列出的七种能力，如果以传统的智力理论观点看，只有前面所列的三种能力才算智力，而后面的四种能力，并非智力测验所要测验的项目，加德纳将这些能力综合而为智力，这一点显示出近年来智力理论走向上的新改变。下面所要讨论的另一种新兴理论，在走向上也具有同样的特征。

　　2. 智力三元论

　　对传统智力观念提出挑战性理论主张者，除了前文介绍的加德纳的智力多元论之外，目前更具影响力的智力理论，当推美国耶鲁大学教授斯滕伯格（R. J. Sternberg）于 1985 年提出的智力三元论（triarchic theory of intelligence）。智力三元论的兴起，是受了认知心理学上信息处理论的影响，试图以认识历程的观点，解释认知活动中所需要的能力。按智力三元论的设想，个体之所以有智力上高低的差异，是由于他面对刺激情境时个人对信息处理的方式不同所造成的。因此，设法测量个体在认知情境中信息处理的方式，可以鉴别个体智力的高低。

　　按智力三元论的主张，人类的智力是由连续的三边关系组合的智力统合体。智力统合体的三边，可视为构成智力的三种成分，各边之长度因人而异，也由此形成智力的个别差异。组成智力统合体的三种智力成分分别如下：

　　（1）组合性智力（componential intelligence）：指个体在解决问题的情境中，运用知识分析资料，经由思考、判断、推理以达到问题解决的能力。

　　（2）经验性智力（experiential intelligence）：指个体运用已有经验处理新问题时，统合不同观念而形成的顿悟或创造力的能力。

　　（3）实用性智力（contextual intelligence）：指个体在日常生活中，运用学得的知识经验处理日常事物的能力。

　　显然，斯滕伯格的智力三元论，在理论上已经将传统智力理论上智力的观念扩大。如按传统智力测验的观点来看智力三元论，传统智力测验所测到的智力商数（IQ），只能代表三元论中的组合性能力。因此，自智力三元论问世以来，智商是否等于智力的问题，已经成了心理学上新的争议。按智力三元论的主张，智商不能代表智力。要想以测量的方式鉴别智力上的个别差异，智力测验的传统编制方式显然已不能满足需要。

综合以上多维取向的两种新兴智力理论，大致可以看出近年来心理学上智力理论研究的新方向。这一发展方向，将影响智力测验的发展。直到目前为止，在理论上一般认为传统智力测验的方式势将改变，但在实际上众所期盼的新式智力测验却尚未诞生。

三、影响智力发展的因素

智力的个别差异，虽然是众所周知的事实，但对受何种因素影响而决定个人智力高低的问题，却一直是众说纷纭，莫衷一是。在多年的争议过程中，一般同意，影响智力发展的不外遗传和环境两大因素。

（一）遗传

个体的遗传因素，或称个体的先天素质，是个体与生俱有的某些解剖和生理的特征，主要是神经系统、脑的特性以及感觉器官和运动器官的特性。素质是能力发展的自然前提，离开这个物质基础就谈不上能力的发展。生来或早期聋哑的人难以发展音乐能力，双目失明者无从发展绘画才能，严重的早期脑损伤或脑发育不全的缺陷是智力发展的障碍。

素质是能力发展的自然基础，但不是能力本身。素质作为先天生成的解剖生理机构，不能现成地决定能力。刚出生的婴儿没有能力，只是由于他生来具有一定的解剖生理特点，因而它具有能力发展的一般可能性。只有在以后的生活实践中，解剖生理素质在活动中显露并发展起来，才逐步形成能力这样的心理特征。

（二）环境

环境因素的影响是指个体与其生活的环境中人、事、物等诸因素相互作用时所产生的影响。个体的环境因素很多，这里仅讨论教育和社会实践两个因素对个体智力的影响。

1. 教育

教育不仅在儿童和青少年的智力发展中起着主导的作用，而且对能力的发展同样也起着主导的作用。教育不但使学生掌握知识和技能，而且通过知识和技能的传授、促进能力的发展。例如，教师运用分析概括的方法去讲授课程的内容，并且引导学生把这样的方法作为遇到问题进行思考的手段，把外部的教育方法逐渐转化为内部概括化的思维操作。

儿童、青少年的在校教育，对能力的培养是至关重要的。但当人们走上工作岗位以后，原来已经掌握的知识和技能显得不够用，有些甚至已经过时，尤其是技能更是如此。因此，在职职工的职业教育对现代企业的职工来讲就显得特别重要。他们必须掌握多种知识、多种技能，并能进行综合的运用。

2. 社会实践

在人的能力发展过程中，具有决定性意义的因素是社会实践。事实证明，能力是人在改造客观世界的实践活动中形成和发展起来的。职业和劳动实践对各种特殊能力的发展起着重要的作用。不同职业的社会实践活动制约着人的能力发展的方向。如纺织厂的验布工人，其辨别布面疵点的能力就比一般人高，这是同从事这一职业的特殊要求及其实践分不开的。

不同的实践内容向人们提出不同的要求。人们在实践和完成任务的活动中，不断克服薄弱环节，从而使能力得到相应的发展和提高。

（三）遗传和环境对智力发展的交互影响

回顾心理学的历史，西方哲学家对人性与知识的由来，早就持有不同的看法：理性主义的哲学家们强调先天因素的重要，经验主义的哲学家们则重视后天环境的影响。这种争论持续甚久，在哲学与心理学上，一向称为天性与教养争议（nature-nurture controversy）。显然，如坚持单方面理由去面对此种争论，那是得不到肯定结果的。因此，这一争论演变的结果使心理学家们认识到，对影响智力的因素而言，关键不再是遗传或环境二选一的问题，而是在这两个因素的交互作用中，遗传与环境各自"扮演"什么样的"角色"；或者说，遗传与环境两种因素对决定个人智力商数的高低，分别发生什么作用。

对上述问题，新近的学者提出了新的看法：他们提出了遗传限（reaction range）的理念，用以解释遗传与环境两个因素在决定个体智力高低时分别发生的影响作用。所谓遗传限，是指个体的智力高低基本上是受遗传因素决定的，只是遗传因素所决定的并非是一个定点，而是一段阈限，是从下限到上限之间的一段距离。如改用智商的概念来解释，遗传对个体智商高低所能决定的，并非是他在智力测验上实际表现的 IQ 分数，而是他可能表现的最低到最高的 IQ 距离。这一说法也就是在本章所提到的潜能的概念。每个人的潜能大小未必一样，各人潜能大小不一的原因，正是由于各人遗传限的大小不同。按新近心理学家们的估计除极少数天才与低能之外，一般人的遗传限，如用 IQ 分数表示，大约在 20～30 分点之间。换言之，在个体的遗传限之内，由下限到上限之间的距离，可能包括着 20～30 分变化的可能。影响遗传限内 IQ 分数变化的因素就是环境。试举一个具有中等潜力的人在普通环境生长为例，如他在智力测验上测到的 IQ＝100，他的遗传限可能是在 90～100 之间也可能是在 90～115 之间。当然，个体的遗传限是无法观察到的，只能由测到的 IQ 去推测估计。供作推估计算的参考资料，就是个体生活的环境。图 9-3 中设有三种不同环境，在三种环境中，均设有三个遗传限高、中、低不同（用横条长短表示）的个体，每一横条中的圆点表示该个体 IQ 分数，由图 9-3 即可了解遗传限的概念，以及遗传与环境两种因素对智力发展所产生的交互作用。

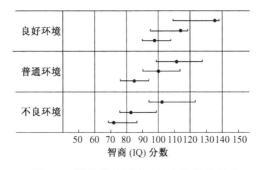

图 9-3 遗传限内环境对智力发展的影响

说明：（1）图中九条横线表示九名智力高低不同个体
　　　　的遗传限，横线愈长其遗传限愈大。
　　　（2）横条上的圆点表示各个体在智力测验上实
　　　　际表现的智商（IQ）分数。

根据图 9-3 所绘的遗传限，可以得出以下三点结论：

（1）个体生长的环境愈好，在智力测验上所表现出的智商，将愈接近其遗传限的上限；反之，个体生长的环境愈差，其智商将愈接近其遗传限的下限。

（2）环境对智力发展的影响是有限度的。再好的环境也无法使智商超越遗传限的上限；再坏的环境也不致影响到使智商低于遗传限的下限。

（3）遗传限的观念除适于用来解释遗传和环境两因素如何交互影响个人智力之外，也适用于用来解释人类（或动物）身心方面的特征。例如：人类寿命长短或身高的变化，均与遗传和环境两因素有关，但环境因素的作用总不会超越个人的遗传限制。

四、能力差异与旅游企业管理

人的能力是有个别差异的，即人与人之间的能力是不同的。从能力水平上看，有人能力水平高，有人能力水平低；从类型上来看，完成同一种活动取得同样的成绩，不同的人可能采取不同的途径或不同能力的结合；从发展上来看，有人能力发展较早，有人能力发展较晚。有的学者把思维能力划分为两种类型：一种叫艺术型，就是说的有人善于形象思维、爱好写文艺作品，这种人讲故事十分生动、形象；另一种是思维型，就是说有的人善于逻辑思维，这种人写文章、讲课逻辑性很强，条理也很清楚。这就是一种能力类型上的差异。

能力是人的一个重要的心理特征，每一个人都有一定的能力。人的个性有差异，人的能力也有不同。因此，作为旅游企业管理者，应该研究能力的个别差异，掌握员工能力的特点，量才使用，使人尽其能。

怎样才能做到合理地使用人力资源，达到人尽其才的目的呢？具体应注意以下几个问题：

1. 能力与工作的匹配

本章主要关心的是解释和预测人们在工作中的行为。在这一节中，我们介绍了不同工作对个体的不同要求以及个体在能力方面所存在的差异。显然，当能力与工作相匹配时，员工的工作绩效便会提高。

高工作绩效对具体的心理能力和体质能力方面的要求，取决于该工作本身对能力的要求。比如，飞行员需要有很强的空间视知觉能力；海上救生员需要有很强的空间视知觉能力和身体协调能力；高楼建筑工人需要有很强的平衡能力；一个缺乏推理能力的记者很难达到最低的工作绩效标准。因此，仅仅关心员工的能力或仅仅关心工作本身对能力的要求都是不够的。员工的工作绩效取决于两者之间的相互作用。

当这种匹配不良时，会出现什么结果呢？如果员工缺乏必需的能力，常常会在工作中失利。比如，如果你被录取为一名文字处理人员，而你的能力达不到键盘打字工作的基本要求，那么无论你的态度多么积极或动机水平多高，最终的工作绩效还是很低，甚至还会感到群体压力，产生焦虑心理。当员工的能力远远超过了工作要求而造成能力与工作要求不匹配时，结果又是另一种情形：工作绩效可能不会存在问题，但同时可能会使组织缺乏效力，员工的满意度降低。员工所得到的薪水反应了个体在工作中的最高技能水平。如果员工的能力远远超过了工作要求，则管理层应付给他更多的薪水。另外，能力水平远远超过工作要求也会降低员工的工作满意度，尤其当员工渴望施展自己的能力时，会因工作的局限性而灰心丧气。

由此看来，一个好的旅游企业管理者，并不在于谋求把能力最强的人聚集在自己周围，而在于根据旅游企业的需要合理地确定所需要的能力结构，并在此基础上聚集与各部门需要相适应的人才。

2. 同一个人不可能适应所有部门的每一项工作

同一个人在不同的条件下，不可能时时事事都保持着同样的成绩。此外，一个人的工作成绩与主观心理环境也有密切的关系，他在感兴趣、心境好的时候，可能会取得最大的成就，而在相反的主观心理环境下就可能一事无成。所以，先进的就不可能时时事事总是先进。一个人的行为是其主观心理环境与客观外界环境相互作用的结果。因此，一个优秀的管理者应该唯物辩证地看待一个人，既要重视合理分配工作，又要注意员工的主观心理状况。

3. 同样聪明的人，不一定适应同一工作

这是因为任何一种工作除了必须具备一般智力水平外，还要求具备某种适应该项工作的特殊能力。各种工作所需要的特殊能力在种类和水平上不尽相同，旅游企业管理人员必须进行职业分析，对各种工作所需要的特殊能力及其水平进行鉴别，并作出明确的规定。与此同时，对执行各种工作的人员，也必须通过各种特殊能力测验，以鉴定他是否适应这项工作。

4. 接受同等教育程度者，能力水平并不相等

知识的掌握并不等于能力的必然发展，知识的增加是能力发展的前提条件之一，但不是唯一的前提条件。在管理过程中，必须分清学历和能力的关系，文凭并不完全标志一个人能力发展的水平，而是意味着他接受过某种文化知识的训练。没有相应文凭的人之中，也不乏佼佼之才。因此，旅游企业在用人时应进行能力鉴定，真正做到量才用人。

5. 针对员工的能力发展水平，实施不同的职业教育和训练

培训是一个包括获取技能、观念、规则和态度以提高员工绩效的学习过程。经济因素、社会因素、技术因素和政治因素都会在很大的程度上影响组织的策略和目标，这些领域内的变化使得今天学会的知识和技能在将来会过时。同时，有计划的组织变化和扩张，也使员工更新知识和技能，或获取新知识和技能成为必然。

培训是提高员工素质和服务水平的关键，已越来越受到旅游企业的重视。旅游企业经营管理的实践证明，针对不同能力的从业人员进行不同层次的职业培

训，是提高旅游企业从业人员的专门技能的行之有效的方法。在培训中，通过测验能力水平，然后根据能力差异分配适当的工作任务。

6. 完善组织机构，确立人才"金字塔"

一般来说，工作能力的高低等于智商与所受教育或训练的乘积。

"智商"是德国心理学家施塔恩（W. Stern）于 1912 年提出来的。所谓"智商"（IQ）就是心理年龄（MA）与实际年龄（CA）之比，再乘以 100，其公式为：

$$IQ = \frac{MA}{CA} \times 100$$

施塔恩认为，智商的标数直接表示一个人智力发展程度，即一个人是聪明还是不聪明。凡是 IQ 等于 100 者，由于实际年龄与心理年龄相等，其智力发展水平是平庸的；凡是 IQ 超过 100 者，由于实际年龄小于心理年龄，所以智力发展水平超常；凡是 IQ 低于 100 者，说明实际年龄大于心理年龄，其智力发展水平是低下的。

应该指出，按照斯滕伯格的智力三元论，智商只能代表组合性能力，并不代表一个人的绝对智力水平。

工作能力高者，应该分配任务重的工作，能力中等者分配中等工作，能力低下者仅能从事一些较简单的工作。任何一个组织，客观上都存在这样三种类型的人，管理者必须使这三部分人紧密配合，才能达到组织的目标。

一般来说，一个好的人才金字塔，塔的坡度不能太陡。否则，智力相差太大。往往影响管理和沟通工作。因为智力差距太大，下级难以理解上级意图和组织目标，妨碍效率的发挥，甚至容易产生误会、曲解。

7. 尽量考虑和培养员工的兴趣，提高他们的专业技术能力

所谓兴趣，就是人们力求认识某种事物或爱好某种活动的心理倾向。当人们认识到某种事物或某种活动与他们的需要有密切关系以后，就会注意认识它并热情而耐心地对待它。这种注意认识和热情耐心对待的心理状态，就是兴趣的表现。例如，在饭店里，一个服务员对餐厅服务工作有兴趣之后，他就会注意一切有关餐饮知识方面的书籍，热情而耐心地去参加各种餐厅服务的学习和实践活动。他的服务操作能力也就在这些活动中发展起来。

兴趣以需要为基础。需要有直接需要和间接需要，因此，兴趣也有直接兴趣和间接兴趣。直接兴趣是由于实践本身的需要而引起的兴趣。间接兴趣则是对于某种事物本身并没有兴趣，只是由于某种实践的间接需要而引起了兴趣。例如，学习外语，有些人对它并不一定感兴趣，有时还会因学习困难而感到烦恼，但是

当考虑到搞好旅游服务工作需要掌握外语时，也会表现出对外语的兴趣，这就是叫间接兴趣。

兴趣与认识和情感相联系。没有对某一事物的深刻认识，就不会对这一事物有浓厚的兴趣；对某一事物没有深厚的情感，也谈不到对这一事物的兴趣。认识越深刻，情感越强烈，兴趣才会越深厚。

第二节　气质差异与管理

一、气质的类型与特征

气质是人的个性心理特征之一，一般人讲的"性情"、"脾气"，是气质的通俗说法。气质（temperament），是指某个人典型的表现于心理过程的强度、心理过程的速度和稳定性，以及心理活动的指向性特点等动力和时间方面的特点。所谓心理过程的强度，指情绪的强弱、意志努力的程度等。所谓心理过程的速度和稳定性，指知觉的速度、思维的灵活程度、注意集中时间的长短等。所谓心理活动的指向性特点，指有的人倾向于外部事物，从外界获得新印象；有的人倾向于内部，经常体验自己的情绪，分析自己的思想和印象。每个人生来就具有一种气质。有某种气质类型的人，常常在内容很不相同的活动中，都会显示出同样性质的动力特点。例如，一个具有活泼、好动的气质特征的服务员，她会在饭店的各种活动中表现出来。一个人的气质特点不以活动的内容为转移，仿佛使一个人的全部心理活动都涂上了个人独特的色彩，表现出一个人生来就具有的特性。

气质具有极大的稳定性。虽然在环境和教育的影响下，气质也会发生某些变化，但是同其他心理特征相比，其变化要迟缓得多。

公元前5世纪，古希腊著名医生希波克拉底（Hippocrates）首先提出了气质学说。他认为，人体内有四种体液：血液、黏液、黄胆汁、黑胆汁；哪种体液成为主导成分，便形成哪种气质，即人的气质分为多血质、黏液质、胆汁质和抑郁质四种类型，见表9-3。虽然四种体液的比例的概念并不合乎现代医学的认识，但以这种象征性名义产生的对人的分类却有合理性，因此这四种气质类型的名称一直沿用到现在。

表 9-3　气质类型及其特征

气质类型	特征
胆汁质 (choleric temperament)	精力充沛，情绪发生快而强，言语动作急速而难于自制，内心外露，率直，热情，易怒，急躁，果敢
多血质 (sanguine temperament)	活泼爱动，富于生气，情绪发生快而多变，表情丰富，思维言语动作敏捷，乐观，亲切，浮躁，轻率
黏液质 (phlegmatic temperament)	沉着安静，情绪发生慢而弱，思维言语动作迟缓，内心少外露，坚毅，执拗，淡漠
抑郁质 (melancholic temperament)	柔弱易倦，情绪发生慢而强，易感而富于自我体验，言语动作细小而无力，胆小，忸怩，孤僻

　　巴甫洛夫通过对高等动物的研究，根据高级神经活动的强度、平衡性和灵活性三个基本特征，把高级神经活动划分为四种基本类型：不可遏制型、活泼型、安静型、弱型。神经系统的基本类型是气质的生理基础，气质是高级神经系统类型的外在表现。四种神经活动类型分别是与胆汁质、多血质、黏液质、抑郁质相对应。见表 9-4。

表 9-4　高级神经系统类型与气质类型

高级神经活动类型				气质类型
强	不平衡	灵活	不可遏止型（兴奋型）	胆汁质
	平衡	灵活	活泼型	多血质
		不灵活	安静型	黏液质
弱	不平衡	不灵活	弱型（抑制型）	抑郁质

　　我国古代学者也有过一些类似的气质分类，如孔子就人分为"狂"、"狷"、"中行"之类。这里孔子所说的"狂"，指狂妄的人；"狷"，指拘谨的人；"中行"，则是指行为合乎中庸的人。孔子认为："不得中行而与之，必也狂狷乎？狂者进取，狷者有所不为也。"也有人按阴阳的强弱把人分为喜静的太阴型、少阴型，好动的太阳型、少阳型，及动静适中的阴阳平型。还有的根据五行学说，把人分为金、木、水、火、土五种类型。

　　不过，在现实生活中，只有少数人是典型纯属于某一气质类型的，大多数人则是接近某种气质而又具有其他气质的某些特征。

二、气质差异与旅游企业管理

气质是个性的重要组成部分,它不仅影响人的外部表现,而且贯穿到心/心理活动的所有方面。气质类型对人的兴趣、爱好等都有重要的影响,是人的能力发展的自然前提。

气质类型无所谓好坏,一般不作道德评价。任何一种气质类型在一种情况下可能具有积极意义,而在另一种情况下,可能具有消极意义。例如,多血质的人情绪丰富,活动能力较强,容易适应新的环境,但注意力不稳定,兴趣容易转移,情绪变化也快。抑郁质的人工作中耐受能力差,容易疲劳,孤僻羞怯,然而感情细微,做事小心谨慎,具有敏锐的观察能力。同样,胆汁质和黏液质的人也各有积极的一面和消极的一面。

气质不能决定一个人活动的社会价值和成就高低。据前苏联心理学家的研究,俄国四位著名作家是典型的四种气质的代表,见表9-5。不同的气质类型并不影响他们在文学上的杰出成就。

表9-5　俄国四位著名作家的气质类型

作家	气质类型
普希金	胆汁质
赫尔岑	多血质
克雷洛夫	黏液质
果戈理	抑郁质

气质虽然对人的实践活动不起决定性的作用,但也有一定的影响,气质影响着活动进行的性质和效率。对于旅游企业管理人员来说,除了认识自己的气质特点,学会掌握和控制自己的气质之外,还应该做到以下几点:

1. 根据员工的气质类型,安排他们适当的工作

旅游企业管理人员要善于掌握和控制所属员工的气质类型和特点,安排他们适当的工作,以便使不同气质的人能够发挥自己气质中积极的一面,而抑制消极的一面。

不同气质的人工作效率是有显著差异的。例如,《水浒传》里的黑旋风李逵脾气暴躁,为人耿直,是典型的胆汁质类型的人。《红楼梦》里的林黛玉多愁善感,柔弱孤僻,她的气质是典型的抑郁质。如果让李逵去卖肉,是轻而易举的,叫林黛玉去卖肉则是强人所难。反之,让林黛玉去绣花,恰如其分,让李逵去绣

花则是故意刁难了。

在旅游企业的各部门人员选择安排上，确定完成某项工作所必需的特殊能力和气质的特点，然后选拔、鉴定适合完成这项工作要求的人，是实现企业目标的一项重要工作。拿饭店的前厅服务工作来说，客人来店时，要对来宾表示问候，帮助客人接拿行李；客人离店时，为客人安排车辆和运送行李等。每天上午都有几百名客人离店，下午又有同样数量的客人进店，还要负责回答客人提出的一些问题，答复有关饭店的情况和当地的情况。这就要求前厅服务员具有迅速灵活反应的能力，对于多血质和胆汁质的人来说，前厅服务就较为适应。此外，多血质的人也适于做公共关系、销售、餐厅引台等工作。像财务、记账等项工作，要求认真、持久、耐心，则黏液质和抑郁质的人来做就较为合适，而胆汁质、多血质的人就较难适应。

2. 在安排工作上，注意不同气质类型人员的适当搭配

在选拔班组成员上，应注意各种气质类型人员的适当搭配，使各种气质可以得到适当的补偿。因为一个集体有各种不同性质的工作，即使是同一工作，也有不同的情况发生。把各种不同气质的人搭配在一起，就可以发挥各种气质的积极因素，而弥补其中消极的成分。可以设想，如果一个班组全部都是由多血质和胆汁质类型的人组成，那么这个班组将活泼有余而严肃不足，而且也容易产生摩擦，不易处理好人际关系。同样，如果一个班组全部由黏液质和抑郁质的人组成，这个班组将毫无生气。所以，如果一个集体里同时具备了这些不同气质类型的人，就比单纯的同一气质类型的人在一起工作，更容易搞好人际关系，所发挥的效率也要高得多。

3. 从员工的气质类型出发，使用不同的教育手段

气质可以影响人的情感和行为，旅游企业管理人员及从事思想政治工作的人员，也要注意针对不同气质类型的员工，采用不同的工作方法。胆汁质的人易于冲动，脾气暴躁且难自制。同他们谈话，就应该冷静理智，努力使他们心平气和，如果一开始就形成剑拔弩张之势就很难收场了。多血质的人反应敏捷，活泼多变，但有时较为轻浮，似乎什么也无所谓。对他们不妨敲一个警钟，如果随便打个哈哈，他可能根本没往心里去。黏液质的人外柔内刚，情绪含而不露，有话爱闷在肚子里。对他们有时不妨稍微刺激一下，使他们倾吐心头之隐。抑郁质的人敏感多疑，自尊心极强，你若稍有损害他的自尊或委屈了他，他就可能从此对你闭上心灵的窗扉。然而，正因为他们羞怯内向、不善言谈，所以当你能处处表现出对他们的理解和尊重时，他们就会把你当成难得的知己，你的话就可能具有极大的说服力。

第三节 性格差异与管理

一、性格与性格特征

(一) 性格

性格是个性中的重要心理特征，人与人之间的个别差异首先表现在性格上。

性格（character）是指一个人对客观现实的态度和习惯化了的行为方式中所表现出来的较稳定的心理特征。人的性格是受一定思想、意识、信仰、世界观的影响和制约的。由于具体的生活道路不同，每一个人的性格会有不同的特征。性格是在一个人生理素质的基础上，在社会实践活动中逐渐形成、发展和变化的。

人的性格个别差异是很大的。例如，有的人活泼、外向，有的人孤寂、内向；在待人方面，有的诚实、和善，有的虚伪、狡诈；在对待生活的态度上，有的乐观进取，有的悲观失望；在情绪上，有的稳定持久，有的忽高忽低；在行动上，有的坚毅、果断，有的谨慎、怯懦。

由于性格是一个极为复杂的问题，对它的研究虽然很多，但尚未形成一套为一般学者所共同接受的理论。各种性格理论，按其主要内容的不同，大体可分为两大类：一类是偏重于研究个人行为的发展与改进的理论；一类是偏重与研究个人生理行为特征的理论。各种理论研究的侧重虽然有所不同，但有一个共同点，都认为性格与行为有密切的关系。要提高对人的行为的预见性和控制力，掌握行为的规律性，不能不对人的性格进行深入的研究。

(二) 性格特征

对性格结构研究的早期工作主要是试图确定和标明一些持久稳定的特点，用以描述个体行为。这些特点包括害羞、进取心、顺从、懒惰、雄心、忠诚、畏缩等，当一个人在不同情境下均表现出这些特点时，我们称其为性格特征（personality traits）。这些特征越稳定，则在不同的情境中出现的频率就越高，在描述个体的行为时也就越重要。

1. 性格特征的早期研究

由于性格特征实在太多，所以分离特征的努力常常受到阻碍。曾有一项研究找出了 17953 种特征。在预测行为时要考虑如此众多的特征，显然是不可能的。因此，人们致力于把这些成百上千的特征缩减到一个可控的数目。

一名研究者曾分离出 171 个特征，但这些特征更多反应了表面特点，因而缺乏描述力。他进一步探查这些特征，并揭示出更为基础的模式，最终确定了 16 种性格因素，称之为主要特征或特征源。如表 9-6 所示，表中列出了这些项目。研究发现这 16 种特征是个体行为稳定而持久的原因。通过权衡这些性格特征与情境的关系可以预测在具体情境中个人的行为。

表 9-6　16 种主要性格特征

1. 孤独	对	外向
2. 迟钝	对	聪慧
3. 情绪激动	对	情绪稳定
4. 顺从	对	支配
5. 严肃	对	乐天
6. 敷衍了事	对	谨慎负责
7. 胆怯	对	冒险
8. 理智	对	敏感
9. 信赖	对	怀疑
10. 现实	对	幻想
11. 直率	对	世故
12. 自信	对	忧虑
13. 保守	对	激进
14. 随群	对	自立
15. 不拘小节	对	自律严谨
16. 心平气和	对	紧张困扰

2. 麦尔斯-布瑞格斯类型指标

麦尔斯-布瑞格斯类型指标（Mysers-Briggs type indicator，MBTI）是最为普遍使用的性格框架之一。这一性格测验包括 100 道问题，用以了解个体在一些特定情境中会有什么样的感觉和什么样的活动。

根据个人的回答，可以把他们区分外向的或内向的（E 或 I）、领悟的或直觉的（S 或 N）、思维的或情感的（T 或 F）、感知的或判断的（P 或 J），在此基础上组合成为 16 种性格类型（注意这与表 9-6 中的 16 种主要特征是不同的）。为了阐述得更清楚，我们举几个例子来说明这一问题。INTJ 型人是幻想者，他们有创造性思维，并有极大的内驱力实现自己的想法和目标。他们的特点是怀疑、批判、独立、决断，甚至常常有些顽固。ESTJ 型人为组织者，他们很现实，很实际，实事求是，具有从事商业和机械工作的天生头脑，擅长组织和操纵活动。ENTP 型人则为抽象思维者，他们敏捷、聪明、擅长处理很多方面的事物。这种人在解决挑战性任务方面资源丰富，但在处理常规工作方面则较为消极。最近出版的一本书描述了 13 位当今企业家，他们均是著名公司的创始人，包括苹果电脑公司、联邦快递公司、本田汽车公司、微软公司和索尼公司，调查发现这 13 个人均为直觉思维型（NT）。这一结果十分有趣，因为直觉思维型人仅占总人数的 5%

仅美国本土每年就有 200 万人接受 MBTI 测验。使用 MBTI 的组织包括苹果电脑公司、美国电话电报公司、施乐公司、通用电气公司、3M 公司，一些医院、教育机构，甚至美国空军也在使用这种测验。

然而具有讽刺意味的是，尚无有力的证据证明 MBIT 是一项有效的性格测量工具。但是，这并未妨碍其在组织中的广泛运用。

3. 五维度模型

性格的五维度模型与 MBTI 情况恰恰相反，近年来，一系列颇具影响力的研究证实，这五项性格维度是所有性格因素的最基础维度，人们常称其为"大五"（big five）。它们分别如下：

（1）外倾性（extraversion）描述一个人善于社交、善于言谈、武断自信方面的性格维度。

（2）随和性（agreeableness）描述一个人随和、合作且信任方面的性格维度。

（3）责任心（conscientiousness）描述一个人的责任感、可靠性、持久性、成就倾向方面的性格维度。

（4）情绪稳定性（emotional stability）描述一个人平和、热情、安全（积极方面）及紧张、焦虑、失望和不安全（消极方面）的性格维度。

（5）经验的开放性（openness to experience）描述一个人幻想、聪慧及艺术的敏感性方面的性格维度。

在五维度的研究中，除了提供总体的性格框架外，还发现这些性格维度与工作绩效之间有着重要关系。研究对以下五类人员进行了调查：专业人员（包括工程师、建筑师、会计师和律师）、警察、管理者、推销员、半熟练和熟练工人。工作绩效用三个指标来界定：绩效评估、培训效果（在培训项目中获得的成绩）以及人事资料（如薪金水平）。调查结果表明，对于所有人员来说，责任感可以预测工作的绩效。对于其他性格维度，其预测力取决于绩效标准和职业群两项因素。比如，外倾性可以预测管理和销售职位的工作绩效。这一点比较容易理解，因为这些职务需要较多的社会交往活动。同样，研究发现经验的开放性在预测培训效果方面也十分重要，这一点也是合乎逻辑的。在这方面尚不清楚的问题是为什么情绪的稳定性与工作绩效无关。凭直觉人们认为平和而有安全感的人会比焦虑而不安全的人工作做得更好。研究者对这一结果的解释是这样的，可能只有那些在情绪稳定方面得分较高的人才会保住自己的工作，而研究样本均选择的是受聘个体，因此，他们之间的差异也非常小。

二、性格的形成

有关性格研究的早期争论主要集中在下面的问题上：一个人的性格究竟是来自于遗传还是来自于环境？也就是说性格是在个体出生时就已经被事先决定了呢？还是在个体与周围环境相互作用的过程中产生的？显然，这之中并无黑白分明的简单答案。性格是两则共同影响的产物。另外，今天我们还提出了影响性格的第三个因素：情境。目前人们普遍认为，一个成人的性格是由遗传和环境两方面因素组成的，同时还受到情境条件的影响。

（一）遗传

遗传指的是那些受胚胎决定的因素。身材、相貌、性别、秉性、肌肉的组成和反射、能量水平以及生物节律等等特点都全部或至少大部分受到了父母的影响，也就是受他们生物的、生理的、内在心理配置的影响。遗传观点认为个体的个性特征可以根据染色体上基因的分子结构得到全面的解释。

这一观点的三种不同研究取向都提供了确凿的证据支持遗传在决定个体的性格特征方面起着十分重要的作用。其一是在幼儿中对人类行为和性情的遗传基础进行的观察；其二是对刚出生就分开的双胞胎进行的研究，其三是对不同情景和时间中工作满意度的稳定性和一致性的研究。

一些对儿童进行的近期的研究极大地支持了遗传观点。研究表明，一些特征如害羞、畏惧、不安在很大程度是由于内在的基因特点决定的。这说明一些性格特征是由与影响我们身高和头发颜色相似的基因编码决定的。

还有一些研究者曾对100多对刚出生就分离开，并在不同地域成长的同卵双胞胎进行了研究。如果遗传在决定性格方面所起的作用很小，那么，在这些分开抚养的双胞胎身上将很难发现相似性。但研究发现他们在很多方面是共同的。比如，一对双胞胎分离了39年，在相距72.4公里的两地成长，但研究者发现他们驾驶型号和颜色完全一样的汽车，抽同一商标的香烟，给自己的狗起相同的名字，而且常常去距离各自2413.9公里以外的海滨度假。研究者发现50%的个性差异来自于遗传，而30%的娱乐和业余兴趣方面的差异来自于遗传。

有关遗传方面的另一支持证据来自于对个体工作满意度的研究。这些研究揭示了一个非常有趣的现象：个体的工作满意度是一个十分稳定的因素。即使自己的主管或企业发生了变化，工作满意度在一个人的一生中也还是比较稳定的。这种现象使我们有理由认为，满意度是由个体的内在因素决定的，而不是由外界的环境因素决定的。

如果性格特征完全由遗传决定，则个体出生就固定下来，并且在成长的过程不会发生任何改变。然而，性格特征并不是完全由遗传决定的。

(二) 环境

对我们的性格形成构成外在压力的因素包括：成长的文化背景；早年的生活条件；家庭、朋友和社会群体的规范；其他方面的经历。总之，我们所处的环境对于性格的塑造起着十分重要的作用。

1. 家庭

家庭是个人最早接触到的学习环境，凡语言、知识、行动、生活习惯，多从父母、兄姐学起。因此，可以说家庭是培育个人性格的摇篮。心理学家认为，儿童成长期间是性格形成的主要阶段。孩子在四岁时的视觉、听力与学习能力，大致已具备了性格向成熟发展的基本智力，正是从本我向自我过渡的时期。因此，学龄前儿童的教育是至关重要的。

大多数心理学家都认为，双亲在训练中所持的一贯教养态度，对儿童性格形成和发展上特别重要。日本心理学家诧摩武俊研究了双亲的教养态度与儿童性格的关系。见表 9-7。

表 9-7　双亲的态度与儿童性格

双亲的态度	儿童的性格
支配的	服从、被动、消极、依赖、温和
照顾过甚的	幼稚、依赖、神经质、被动、胆怯
保护的	缺乏社会性、深思、亲切、非神经质、情绪稳定
溺爱的	任性、反抗、幼稚、神经质
顺应的	无责任心、不服从、攻击、粗暴
忽视的	冷酷、攻击、情绪不稳定、创造力强、社会的
拒绝的	神经质、反抗、粗暴、企图引起别人注意、冷淡
残酷的	执拗、冷酷、神经质、逃避、独立
民主的	独立、爽直、协作、亲切、社交的
专制的	依赖、反抗、情绪不安、自我中心、大胆

从表 9-7 中可以看出，双亲如果采取保护的、非干涉性的、合理的、民主的、宽大的态度，儿童就具有领导的能力、积极性、态度友好、情绪稳定等性格特征。双亲如果采取拒绝的、干涉的、溺爱的、支配的、专制的、压迫的态度，儿童就显示出适应力差、神经质、反抗性、依赖性、情绪不稳定等性格特征。

此外，孩子出生的顺序以及家庭气氛，也影响儿童性格的形成。

2. 学校

儿童一旦入学，即面临着新的环境，承受着新的压力。他不但要学习许多新的知识技能，而且还要学习如何与同学相处，并服从老师的指导。因此，必须加以调整来适应学校的学习条件。学校教育对儿童与青少年的身体、智力、知识以及态度和性格的发展具有十分重要的影响。因此，学校的任务不仅是传授知识与技能，以弥补家庭教育的不足，而且需要帮助儿童及青少年走向社会，懂得正确的自我成长道路和超自我标准。研究表明，教师对学生的态度影响着学生性格的形成，见表 9-8。

表 9-8　教师态度和学生性格

教师态度	学生性格
专制的	情绪紧张，不是冷淡就是带有攻击性，教师在场时毕恭毕敬，不在场时秩序混乱，不能自制
民主的	情绪稳定，积极，态度友好，有领导能力
放任的	无群体目标，无组织、无纪律，放任状态

师生关系也影响着学生的性格的形成。例如，师生关系融洽，喜欢教师的学生说谎少；师生关系紧张，不喜欢教师的学生则常说谎。

3. 文化

文化对人的激励与抑制作用十分强烈。如某些行为受到当地文化的激励，因而会加强个人在这方面的行为表现。如某些行为受到当地文化的抑制，则会削减或消除个人该方面的行为表现。

文化所建构的规范、态度和价值观一代代流传下来，一直保持着稳定性。意识形态也是在一种文化中培养起来的，另一种文化最多只能起到调节作用。比如，北美人在书籍、学校教育、家庭和朋友中始终如一地贯穿着勤奋、成功、竞争、独立以及新教伦理等主题。因而，北美人相比那些在重视他人关系、鼓励合作、强调家庭首位的文化中成长起来的人来说，更容易具有雄心勃勃和进取心等特点。

遗传和环境到底谁是性格的首要决定因素？在对各种争论进行细致考察的基础上我们认为，两者均十分重要。遗传建构了前提条件或外周限制，但个体的总体潜能取决于如何调整自己以适应环境的要求。

(三) 情境

第三项因素，情境，也在遗传和环境对性格的影响中起着一定的作用。一般来说，个体的性格是稳定的和持久的，但在不同的情境下会有所改变。不同情境要求一个人的性格是表现出不同的侧面，因此我们不应该孤立地看待性格模式。

情境因素影响到个体的性格特点，该假设有其内在的逻辑基础，不过，我们尚无法把握各种不同情境类型对性格的具体影响，因此，要对它进行清楚明确地划分还不是时机。显然，我们尚未开发出一套能够准确划分情景因素的系统，从而对性格进行系统地研究。但我们已经知道，在影响性格方面一些情景因素比另一些情景因素所起的作用要大。

西科莱斯特 (Sechrest) 认为，情境似乎与其他影响行为的限制因素有着本质的不同。在某些情境中，如教堂，聘用面试，限制了很多行为；而另一些情境，如公园中的野餐，则相对较少地限制了行为。

另外，尽管在性格方面有一些总体概括，但其中存在着明显的个体差异。我们也看到，在性格研究方面，个体差异的研究得到了越来越多的重视，而这些研究的最终目标又是要找到一个更为普遍、一般化的模式。

三、性格差异与旅游企业管理

(一) 性格特征对组织行为的影响

研究发现，一些性格因素是组织行为的有效预测指标。我们在此对这些性格特征进行更为细致的评估，它们是：控制点、马基雅维里主义、自尊、自我监控、冒险倾向以及 A 型性格。我们先简要介绍一下这些要素，然后总结它们对员工行为的预测与解释能力。

1. 控制点

一些人认为自己是命运的主人；另一些人则认为自己受命运的操纵，认为生活中所发生的一切均是运气和机遇的作用。前者认为自己可以控制命运，被称为内控者 (internals)；后者认为自己被外界的力量所左右，被称为外控者 (externals)。

大量有关内控与外控的比较研究均表明，外控分高的个体相比内控分高的个体而言，对工作更不满意，对工作环境更为疏远，对工作的卷入程度更低，缺勤率也更高。

　　为什么外控者对工作更不满意？原因可能在于，他们感到那些对自己来说很重要的组织结果均是自己无法自己左右的。而面对同样的情境，内控者则把这些组织结果归因于自己的活动。如果自己所处的情境缺乏吸引力，内控者认为除自己之外没有别人可以责备。另外，不满的内控者倾向于离开自己感到不满意的工作，而不是继续留在这里工作。

　　控制点（locus of control）在缺勤方面的影响则十分有趣。内控者认为自己可以养成适当的习惯，有力地保证身体健康，因此他们对自己的健康担负责任，并有良好的健康习惯。这使他们很少生病，因而缺勤率也较低。

　　在控制点与流动之间，未能得到明确的结论。原因在于：一方面，内控者倾向于采取实际行动，因而可能会更迅速地离开并不满意的工作；另一方面，内控者倾向于在工作中做得更为成功，对工作更为满足，这项因素又与较低的流动率相联系。

　　总体来说，内控者在工作上会干的更好，但这一结论在不同的工作中也存在着差异。内控者在决策之前积极搜寻信息，对获得成功有强烈的动机，并倾向于控制自己的环境。而外控者则更为顺从，更乐于遵循别人的指导。因此，内控者在复杂的工作中做得很好，包括绝大多数的管理和专业技能的工作，因为这些工作需要复杂的信息加工和学习。另外，内控者也适合于要求创造性和独立性的工作活动。相反，外控者对于结构明确、规范清楚、只有严格遵从指示才会成功的工作来说，会做得很好。

　　2. 马基雅维里主义

　　马基雅维里主义（Machiavellianism）以尼科洛·马基雅维里的名字命名，此人曾于 16 世纪著有如何获得和操弄权术的专著。高马基雅维里主义的个体重视实效，保持着情感的距离，相信结果能替手段辩护。"只要行得通，就采用它。"这是高马基雅维里主义者一贯的思想准则。

　　大量的研究探讨了有关马基雅维里主义与行为结果的关系。高马基雅维里主义者比低马基雅维里主义者更愿意操纵别人，赢得利益更多，更难被别人说服，却更多地说服别人。但这些结果也受到情境因素的调节。研究发现，高马基雅维里主义者在以下几个方面工作成就显著：（1）当他们与别人面对面直接交往，而不是间接地相互作用时；（2）当情境中要求的规则与限制最少，并有即兴发挥的自由时；（3）情绪卷入与获得成功无关时。

　　高马基雅维里主义者会是好员工吗？这取决于工作的类型以及你是否在评估绩效时考虑其道德内涵。对于需要谈判技能的工作和成功能带来实质效益的工作

（如代理销售商），高马基雅维里主义者会十分出色；而对于以下这些情况，如：结果不能为手段辩护的工作，行为有绝对的规范标准以及上一段中所列出的三个条件不存在时，很难预期高马基雅维里主义者会取得了良好绩效。

3. 自尊

人们喜爱或不喜爱自己的程度各有不同，这一特质称为自尊（self-esteem）。有关自尊的研究为组织行为的研究提供了一些很有趣的证据。比如，自尊与成功预期成直接正相关，自尊心强的人相信自己拥有工作成功所必需的大多数能力，与自尊心弱的人相比，自尊心强的人不太喜欢选择那些传统性的工作。

有关自尊最普遍的发现是，自尊心弱的人对外界影响更为敏感，他们需要从别人那里得到积极的评估。因此，他们更乐于赞同他人的观点，更倾向于按照自己尊敬的人的信念和行为从事。从管理角度来看，自尊心弱的人更注重取悦他人，他们很少站在不受欢迎的立场上。

虽然自尊与工作满意度之间也存在着相关性，大量研究证实自尊心强的人比自尊心弱的人对他们的工作更为满意。

4. 自我监控

近来自我监控（self-monitoring）这一性格特征受到人们越来越多的重视，它指的是根据外部情境因素而调整自己行为的个体能力。

高自我监控者在根据外部环境因素调整自己行为方面表现出相当高的适应性，他们对环境线索十分敏感，能根据不同情境采取不同行为，并能够使公开的角色与私人的自我之间表现出极大差异；而低自我监控者则不能以这种方式伪装自己，倾向于在各种情境下都表现出自己真实的性情和态度，因而在他们是谁以及他们做什么之间存在着高度的行为一致性。

有关自我监控的研究尚处于起步阶段，因此很难作出预测。不过初步的证据认为，高自我监控者比低自我监控者倾向于更关注他人的活动，行为更符合习俗。我们还推断高自我监控者会在管理岗位上更为成功，因为它要求个体扮演多重甚至相互冲突的角色；高自我监控者能够在不同的观众面前呈现不同的"面孔"。

5. 冒险性

人们的冒险意愿各不相同，这种接受或回避风险的倾向性，对管理者作决策所用的时间，以及作决策之前需要的信息量都有影响。比如，一项研究让 79 名管理者进行模拟人事练习，要求他们作出聘用决策。高冒险性的管理者比低冒险性的管理者决策更为迅速，在作出选择时使用的信息量也更少。有趣的是，两组的决策准确性是相当的。

尽管人们一般认为组织中的管理者属于冒险回避型，但在这一维度上仍然存在着个体差异。因此，认识这些差异并且根据工作的具体要求考虑冒险倾向性是很有意义的。比如，对于一名股票经纪人来说，高冒险倾向性可能会导致更高业绩，因为这类工作需要迅速决策；相反，这种性格特性则是可能成为一名从事审计工作的财会人员的主要障碍，最好安排低冒险倾向的人从事这种工作。

6. A 型性格与 B 型性格

你是否知道有些人总愿意从事高强度的竞争活动，并长期有种时间上的紧迫感？这些人就拥有 A 型性格 （type A personality）。A 型性格者总是不断驱动自己要在最短的时间里干最多的事，并对阻碍自己努力的其他人或事进行攻击。在北美文化下，这种特点被高度推崇，而且它与进取心和物质利益的获得有直接的相关。

A 型性格表现如下：（1）运动、走路和吃饭的节奏很快；（2）对很多事情的进展速度感到不耐烦；（3）总是试图同时做两件以上的事情；（4）无法处理休闲时光；（5）着迷于数字，他们的成功是以每件事中自己获益多少来衡量的。

与 A 型性格相对照的是 B 型性格，B 型性格"很少因为要从事不断增多的工作或要无休止地提高工作效率而感到焦虑。"

B 型性格表现如下：（1）从来不曾有时间上的紧迫感以及其他类似的不适感；（2）认为没有必要表现或讨论自己的成就和业绩，除非环境要求如此；（3）充分享受娱乐和休闲，而不是不惜一切代价实现自己的最佳水平；（4）充分放松而不感内疚。

A 型人常处于中度至高度的焦虑状态中。他们不断给自己施加时间压力，总为自己制定最后期限。这些特点导致了一些具体的行为结果。比如，A 型人是速度很快的工人，他们对数量的要求高于对质量的要求。从管理角度来看，A 型人表现为愿意长时间从事工作，但他们的决策欠佳也绝非偶然，因为他们做得太快了。A 型人很少有创造性，因为他关注的是数量和速度，常常依赖过去的经验解决自己当前面对的问题。对于一项新工作，无疑需要专门时间来开发解决它的具体办法，但 A 型人却很少分配出这种时间。他们很少根据环境的各种挑战改变自己的反应方式，因而他们的行为比 B 型人更易于预测。

在组织中 A 型人和 B 型人谁更容易成功？尽管 A 型人工作十分勤奋，但 B 型人常常占据组织中的高层职位。最优秀的推销员常常是 A 型性格，但高级经营管理人员却常常是 B 型性格。为什么？答案在于 A 型性格倾向与放弃对质量的追求，而仅仅追求数量，然而在组织中晋升常常授予那些睿智而非匆忙，机敏而非敌意，有创造性而非仅有好胜心的人。

（二）性格与工作的匹配

前面对性格特征的讨论中，我们已经认识到，在性格特征与工作绩效之间的关系中还有一项中间变量——工作要求，应该重视性格特点与工作要求之间的协调一致。在此方面心理学家约翰·霍兰德（John Holland）提出了性格——工作适应理论（personality-job fit theory）。他指出，员工对工作的满意度和流动的倾向性，取决于个体的性格特点与职业环境的匹配程度。他还划分了六种基本性格类型。

这六种性格类型中的每一种都有与其相适应的工作环境。如表 9-9 所示，表中对六种类型进行了分别描绘，列举了它们的性格特点以及与之匹配的职业范例。

表 9-9   霍兰德的性格特征类型与职业范例

类型	性格特点	职业范例
现实型：偏好需要技能、力量、协调性的体力活动	害羞、真诚、持久、稳定、顺从、实际	机械师、钻井操作工、装配线工人、农场主
研究型：偏好需要思考、组织和理解活动	分析、创造、好奇、独立	生物学家、经济学家、数学家、新闻记者
社会型：偏好能够帮助和提高别人的活动	社会、友好、合作、理解	社会工作者、教师、议员、临床心理学家
传统型：偏好规范、有序、清楚明确的活动	顺从、高效、实际、缺乏想象力、缺乏灵活性	会计、业务经理、银行出纳员、档案管理员
企业型：偏好那些能够影响他人和获得权力的言语活动	自信、进取、精力充沛、盛气凌人	法官、房地产经纪人、公共关系专家、小企业主
艺术型：偏好那些需要创造性表达的模糊且无规则可循的活动	富于想象力、无序、杂乱、理想、情绪化、不实际	画家、音乐家、作家、室内装饰家

霍兰德开发了职业偏好测量表，其中包括了 160 个职业项目。让回答者回答自己是否喜爱这些职业，以这些数据为基础，建构性格剖面图。研究结果有力地支持了图 9-4 的六边形模型：在六边形中两个领域或取向越接近，则两者越一致。临近的类型比较近似而对角线上相对的类型则最不一致。

这一理论指出，当性格与职业相匹配时，则会产生最高的满意度和最低的流动率。社会型的个体应该从事社会型的工作，传统型的个体应该从事传统型的工作，以此类推。一个现实型的人从事现实型的工作比从事研究型的工作更为和

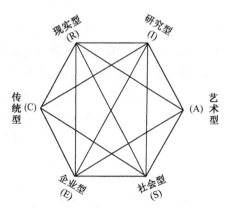

图 9-4　职业性格类型之间的关系

谐,社会型的工作对于现实型的人则可能最不合适。这一模型的关键在于:(1)个体之间在性格方面存在着本质的差异;(2)工作具有不同的类型;(3)当工作环境与性格类型协调一致时,会产生更高的工作满意度和更低的离职可能性。

　　旅游企业要做好人力资源开发与管理,必须注意到所属员工的行为倾向,而性格正是决定这种行为倾向的最重要的心理特征之一。对一个人性格的了解,不仅有助于解释和掌握他现在的行为,而且还可以预见他未来的行为。由此可见,掌握员工的性格对于管理工作的意义主要体现在两个方面:一方面,有助于控制员工的行为;另一方面,有助于创造适宜的工作环境,使之与员工的性格倾向尽量吻合,以利人力资源的开发与管理,尽量避免在管理工作中出现的"不和谐"而引起的"阻抗"作用。

　　旅游企业管理者还应该创造一定的环境条件,使员工的性格朝着健康的方向发展。

　　美国心理学家阿吉里斯(Chris Argyris)长期从事工业组织的研究,以确定管理方式对个人行为及其在工作环境中成长的影响力。他的研究表明,一个人在由不成熟向成熟的转变过程中,性格会发生七种变化。如表 9-10 所示。

表 9-10　性格的发展过程

不成熟	→	成熟
1. 被动	→	主动
2. 依赖	→	独立
3. 少量的行为	→	能产生多种行为
4. 错误而浅薄的兴趣	→	较深与较强的兴趣
5. 时间知觉短	→	时间知觉较长
6. 附属的地位	→	同等或优越的地位
7. 不明白自我	→	明白在自我、控制自我

　　阿吉里斯认为这些改变是持续的,而人的性格便因此由不成熟趋于成熟。这些改变只是一般的倾向,但是这使人们对成熟有了较多的了解。一个人的文化水

平和个性可能使这些改变受到限制，而随着年龄的增长，人的性格总是有日趋成熟的倾向。

阿吉里斯着重研究了管理方式及工作环境对性格成熟的影响。他观察分析了工业界经常见到的工人对工作不努力和对某些事物漠不关心的情况。这种情况的产生是否只是个人性格的问题呢？他认为事实并非如此。在许多情况下，他是因为受管理方式的束缚而使性格不能成熟。在这些组织里，他们被鼓励做一个被动、依赖及附属的人，因此，他们的行为便不易成熟。

阿吉里斯认为，传统的管理组织具有抑制人们成熟的"功能"。因为组织的成立是为了使集体达到某种既定的目标，这些组织的代表通常就是这些建立组织的人。个人是无条件地被安插在工作之中的。先有工作设计，后有个人工作的安排。工作设计的依据是科学化管理的四个概念：专业化、命令、统一领导以及一定的管理制度。管理者为使工人成为"可互相替换的零件"而不断提高并强化组织与管理的效率。

这些组织的权利和权威需要掌握在少数高阶层的人手中。因此，位居下层的人必须受上司或系统本身严密的控制。专业化通常使工作过于简单、重复、固定，不具有挑战性，这就是专制型的、以工作为主的管理方式。在这种情况下，上级是决策者，下级只是执行这些决策而已，因而缺乏主动性。

根据以上情况，阿吉里斯要求管理者提供给员工一种可以成长与成熟的环境，使其在致力于组织成功的过程中亦可以获得需要的满足。应当相信，如果受到适当的激励，人们可以主动自觉地工作，且具有创造力。

阿吉里斯的关于性格的"不成熟——成熟"理论，对今天的企业管理来说，也不无意义。

复习与思考

1. 解释下列概念：

（1）能力；（2）性向；（3）智力；（4）聚敛思考与扩散思考；（5）流动智力与固定智力；（6）遗传限；（7）气质；（8）性格。

2. 阐述心理计量取向的四种智力理论。

3. 结合实例，说明遗传与环境对智力发展的交互影响。

4. 为什么说当能力与工作相匹配时，员工的工作绩效便会提高？

5. 不同气质类型的人有何主要特征？在旅游企业管理中，如何对待员工的气质差异？

6. 如果你知道一名员工有如下特点，你预测他的行为会是怎样的？

a. 外控型控制点　　　　b. 低马基雅维里主义分数

c. 低自尊　　　　　　　　d. A 型性格

7. 什么是麦尔斯-布瑞格斯类型指标?

8. 阿吉里斯关于性格的"不成熟——成熟"理论,对现代旅游企业管理有什么现实意义?

第十章 激 励

激励是管理心理学的核心问题。作为现代企业的管理者，为了实现企业目标，就更加需要激励企业全体成员，以充分调动他们的积极性和创造性。

在这一章，首先，我们考察激励与激励因素，把激励与满意、激励与绩效加以区别。然后，描述和比较几种流行的激励理论，继而建立把激励、绩效和工作满意联系起来的模型。最后，我们将深入探讨激励理论在现代旅游企业管理中的应用。

第一节 激 励

一、激励与激励因素

（一）激励

激励是管理心理学的核心问题。作为现代旅游企业的管理者，为了实现企业的既定目标，就更加需要激励企业全体成员，以充分调动他们的积极性和创造性。

为了理解什么是激励，或许首先应该问什么不是激励。许多人错误地把激励看成是一种个人特征（在英文中，激励和动机是同一个词，所以也可以看成是个人特征）——也就是说一些人具有而其他人没有。实际上，一些管理者把缺乏激励的员工看作懒惰者。这样的标签意味着一个人始终是懒惰的或缺乏动机的。激励的知识告诉我们这是不正确的，激励是个体和环境相互作用的结果。当然，每个个体基本的激励动力是不同的。同一个员工，当让他按压钻孔机的杠杆时，他可能很快就感到厌倦了，而他可能会按压拉斯维加斯赌博机的杠杆几个小时也不觉得厌烦。你或许能在一种环境下一口气读完一本小说，却发现很难连续看 20 分钟的教科书。这当然不是由于你，而是由于环境。所以我们分析激励的概念时，要记住不但个体之间的激励水平不同，而且同一个体在不同时间的激励水平也不同。

我们把激励（motivation）定义为通过高水平的努力实现组织目标的意愿，

而这种努力以能够满足个体的某些需要为条件。尽管一般情况下，激励涉及为实现所有目标所付出的努力，但为了反应我们对于工作有关的行为的兴趣。我们把范围缩小为组织目标。这个定义中的三个关键因素是：努力、组织目标和需要。

努力要素是强度指标。当一个人被激励时，他会努力工作。但是高水平的努力不一定能带来高的工作绩效，除非努力指向有利于组织的方向。因此，我们不仅要考虑努力的强度，还必须考虑努力的质量。指向组织目标并且和组织目标保持一致的努力是我们所追求的。最后，我们把激励看作一个满足需要的过程。如图 10-1 所示。

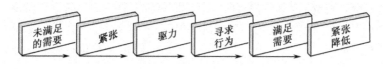

图 10-1　激励过程

需要（need）在我们的专业术语中意味着使特定的结果具有吸引力的某种内部状态。一种未满足的需要会带来紧张，进而在躯体内部产生内驱力。这些内驱力会产生寻求行为，去寻找能满足需要的特定目标，如果目标达到，需要就会满足，并进而降低紧张程度。

所以我们可以说被激励的员工处于一种紧张状态，为缓解紧张他们会努力工作。紧张强度越大，努力程度越高。如果这种努力成功地满足了需要，紧张感将会减轻。但是，由于我们感兴趣的是与工作有关的行为，所以这种减轻紧张程度的努力必须是指向组织目标的。因此，激励的定义中隐含着个体需要必须和组织目标一致的要求。否则，虽然个体也表现出高努力水平，但与组织利益背道而驰。值得说明的是，这种情况并不少见。例如，一些员工常常在上班时间与朋友聊天以满足其社会需要。这也是高水平的努力，只是对组织来说无价值可言。

(二) 激励因素

激励因素是指诱导一个人去取得各种成绩的东西。各种激励反映了各种要求，而这些激励因素又是确定了的报酬或者鼓励，这又加强了满足这些要求的动力。激励也是一种手段，可用来调和各种需要之间的矛盾，或者重点强调某一种需要而使它比另一种需要得到优先的满足。

管理人员还可以建立一种对某些动机有利的环境来大大强化动机。例如，在一个素以优秀和高质量而享有盛名的企业里工作的人们，往往受到一种激励，促使他们为企业的声誉作出贡献。同样，在一个管理上效率高而又取得有效成绩的企业环境里，也会使大多数或所有的管理人员和员工产生一种高质量管理的愿望。

在任何一个有组织的企业里，管理人员必须关心激励因素并创造性地运用它们。人们常常可以通过各种途径来满足他们的欲望。例如，一个人可以通过积极参加社会俱乐部的活动，而不是在企业里来满足他的归属愿望；可以用勉强过得去的工作方式来满足经济上的需要，或者花费时间参与政党工作来满足地位上的需要。当然，管理人员所必须做到的是利用哪些激励因素，以引导人们为雇用他们的企业有效地完成工作。管理人员不能期望去支配员工的全部活动，因为人们总有与企业无关的愿望和动机。但是如果要使公司或其他任何类型的企业成功和有效，必须充分激发并满足每个员工的动机，以保证较好的业绩。

（三）激励与满意

激励是指为满足一种欲望或目标的动力和努力。满意是指当一种欲望得到满足时所体验到的满足感。激励是为取得某种结果的动力，而满意则是已经体验到的结果。如图 10-2 所示。

图 10-2　激励与满意的差异

从管理的观点看，一个人可以对职务有高度的满意，但所受的激励却是低水平的。或者相反的情况也可能存在。这种可能性是能够理解的，一个人受到高度的激励而职务满意度却低，他会另找其他职务。同时，那些满意他们职位的人，如果所得工资大大低于他们的期望或他们认为应得的报酬，也将可能寻找其他工作。

（四）内在激励与外在激励

在讨论人们为什么工作的常识观点时，应该注意激励的来源问题。某些观点主张，人们受到外部环境中的因素（例如严厉监督或工资）的激励；某些观点则主张，在某种意义上说，在没有运用这些外部因素的情况下，人们能够进行自我激励。如有一些工作，人们仅仅是为了完成它们而热情地去做的。还有一些工作，仅仅是为了保住工作或使上级满意才去做的。

管理心理和组织行为方面的专家对内在激励和外在激励之间的区别已有某种认识。但是，应该强调，对这些概念的严格定义并无一致意见，特别是在具体的激励因素是应作为内在因素还是外在因素方面矛盾更多。下述定义和例证多少有助于我们较好地认识这种区别。

1. 内在激励

来自于人们和任务之间的直接联系，通常是自我运用的。完成工作本身产生的成就感、挑战感和胜任感等等可以成为某种内在激励因素，对工作本身的兴趣也是一种内在激励因素。

2. 外在激励

来自于任务外部的工作环境，通常是被某些人而不是被正被激励的人所运用的。工资、附加补贴、公司政策和各种形式的监督是外在激励因素的例子。

显然，并不是所有激励因素都可以像这些定义规定的那样进行简单划分。例如，一次晋升或一句赞语可能取决于上级的意图，但是，也可能是取得成就及胜任工作的显著标志。因此，某些激励因素可能既有外在激励性质，又有内在激励性质。

（五）激励与绩效

在组织环境中我们会发现，有许多人是"高激励的"，但是工作做得并不好。他们工作时间长，并且很努力，但是往往不符合要求。这种现象指出了激励和绩效之间的区别。绩效（performance）是组织成员为实现组织目标所做出的贡献。

考虑员工绩效的一个常用但过分简单的方法是把它看成是能力和激励相互作用的结果，即绩效＝f（能力×激励）。如果有一个因素不合适，绩效就会受到消极影响。这有助于解释，为什么能力平平却非常努力的运动员或学生总是胜过更有天赋但懒惰成性的竞争者。如果我们要准确地解释或预测员工的绩效，除了激励之外，还必须考虑到智力和技能（以"能力"来表示）。但我们还忽略了一点，我们需要在等式中加入表现机会（opportunity to perform），即：绩效＝f（能力×激励×机会）。即使一个能干而且想干的人也可能遇到限制绩效的障碍，如图 10-3 所示。

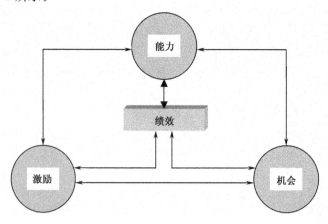

图 10-3　绩效维度

当你试图评价一名员工为什么没有取得你认为他能取得的绩效水平时，不要忘了看一看工作环境是否具有支持性。员工是否有足够的工具、设备、材料和供应；员工是否有愉快的工作环境，能提供帮助的同事，支持性的规则和程序；是否有做出工作决定所需的充分信息，做好工作所需的充分时间，如此等等。如果没有，绩效就会受到影响。

二、激励的功能

激励对于调动人的潜在积极性，出色地去实现既定目标，不断提高工作效率，都具有十分重要的作用。

1. 激励的管理职能

在企业中，有效地组织并充分利用人力、物力和财力资源是管理的重要职能，其中又以人力资源的管理最为重要。在人力资源管理中，又以怎样调动人的积极性最为关键和困难。管理学家们早就能够精确的预测、计划和控制财力和物力，而对于人力资源，特别是对于人的内在潜力，至今无法精确地预测、计划和控制。

激励之所以越来越受到旅游企业及其他企业的重视，是由竞争加剧、激励对象的差异性和需要的多样化所决定的。其表现如下：

首先，在国内外旅游企业竞争加剧的情况下，企业为了生存和发展，就要不断提高自己的竞争力。为此，就必须最大限度地激励全体员工，充分挖掘出内在的潜力。

其次，组织中人员的表现有好、中、差之分。我们通过各种激励办法，就是要不断地使表现好的人继续保持积极行为，使表现一般和较差的人逐步地转变为主动积极为组织多做贡献的人。

第三，激励对象的需要是多方面的，要满足这些需要就必须采取多种激励办法。包括多给金钱、建立友谊和关心尊重他们、创造好的工作条件、安排有趣的和有意义的工作等等。满足每个人的要求就能达到激励员工的目的。

管理者的任务就在于对不同的人选取适合其需要的激励因素和激励措施。

2. 激励与实现组织目标

企业管理实践表明，通过激励可以把有才能的、组织所需要的人吸引过来，并长期为该组织工作。从世界范围看，美国特别重视这一点。它从世界各国吸引了很多有才能的专家、学者，这也是美国之所以在许多科学技术领域保持领先地位的重要原因之一。为了吸引人才，美国不惜用支付高酬金、创造好的工作条件等很多激励办法。

通过激励可以使员工最充分地发挥其技术和才能，变消极为积极，从而保持工作的有效性和高效率。美国哈佛大学的心理学家威廉·詹姆士（William James）在《行为管理学》一书中，阐述在对职工的激励研究中，发现按时计酬的职工仅能发挥其能力的 20%～30%，而受到充分激励的职工，其能力可发挥到 80%～90%。即同样一个人在受到充分激励后，所发挥的作用相当于激励前的 3～4 倍。

3. 激励对员工提高工效的功能

通过激励还可以进一步激发员工的创造性和革新精神，从而大大提高工作的效率。例如，日本丰田汽车公司采用合理化建议奖（包括物质奖励和荣誉奖）的办法鼓励职工提建议。不管这些建议是否被采纳，均会受到奖励和尊重。结果该公司的员工仅 1983 年就提出 165 万条建设性建议，平均每人提 31 条，它所带来的利润为 900 亿日元，相当于该公司全年利润的 18%。再如，我国哈尔滨轴承厂开展的合理化建议大奖赛的效果就很好，仅缩小切断刀口一项建议，每年就可节省钢材 130 多吨，节约资金 70 多万元。随着科学技术的不断进步和生产过程的日趋复杂，单靠机器设备并不能增加生产，而对员工的科学技术素质的要求越来越高。因此，进一步激发员工的创造性和革新精神就显得越来越重要了

第二节　激励的理论

一、早期的激励理论

20 世纪 50 年代是激励理论发展卓有成效的阶段，这一时期形成了三种理论。尽管这些理论受到猛烈攻击，现在看来效度方面也存在问题，但它们可能依旧是对员工激励的最著名的解释。这三种理论分别是需要层次理论、X 理论和 Y 理论、激励-保健理论。尽管我们已建立起对激励更有效的解释，但你仍应该了解这些早期的理论，主要有两个原因：（1）它们提供了当代激励理论得以产生的基础；（2）实际的管理者常用这些理论和专业术语解释员工的激励问题。

（一）需要层次理论

可以说最著名的激励理论当数亚伯拉罕·马斯洛（Abraham H. Maslow）的需要层次理论（hierarchy of needs theory）。在第五章，我们已经讨论了马斯洛的需要层次论，这里再扼要回顾一下。他假设每个人内部都存在着以下五种需要

层次：

　　（1）生理的需要：包括饥饿、干渴、栖身、性和其他身体需要。

　　（2）安全的需要：保护自己免受生理和心理伤害的需要。

　　（3）社交的需要：包括爱、归属、接纳和友谊。

　　（4）尊重的需要：内部尊重因素，如自尊，自主和成就；外部尊重因素，如地位，认可和关注。

　　（5）自我实现的需要：一种追求个人能力极限的内驱力，包括成长、发挥自己的潜能和自我实现。

　　当任何一种需要基本上得到满足后，下一个需要就成为主导需要。如图10-4所示，个体顺着需要层次的阶梯前进。从激励的观点来看，这种理论认为，虽然不存在完全获得满足 的需要，但那些获得基本满足的需要也不再具有激励作用。所以，如果你要激励某个人，根据马斯洛的需要理论，你需要知道他现在处于需要层次的哪个水平上，然后去满足这些需要及更高层次的需要。

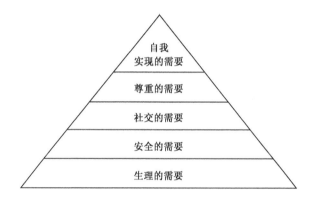

图 10-4　马斯洛的需要层次理论

　　马斯洛把五种需要分为高层次和低层次的。生理需要和安全需要是较低层次的需要（lower-order needs）；社会需要、尊重需要和自我实现需要是较高层次的需要（higher-order needs）。区分这两个层次需要的前提是：较高层次的需要从内部使人得到满足，较低层次的需要从外部使人得到满足（例如，通过报酬、工会合同、任职期得到满足）。实际上，从马斯洛的分类中会自然而然地得出这样的结论：在经济繁荣时期，几乎所有长期被雇用的工人的较低层次的需要都基本上得到满足了。

　　马斯洛的需要理论得到了广泛的认可，尤其是在从事实际工作的管理者中，这可归功于该理论的直觉逻辑和易于理解。遗憾的是，研究未能对该理论提供验证性的支持。马斯洛没有提供实证材料，一些试图验证这个理论的研究也没有为它找到证据。

旧的理论，尤其是那些在直觉上符合逻辑的理论，很显然是不会轻易消失的。一名研究者考察了这种现象，总结出"尽管在社会上很流行，但需要层次理论作为一种理论几乎没有得到实证支持"。这位研究者更进一步指出，"现有的研究应当使人们不再无条件地接受马斯洛的需要理论了"。另一项研究也得出同样的结论。几乎没有证据支持下面这些观点：需要结构是按照马斯洛假设的维度组织起来的，未满足的需要具有激励作用，或者已满足的需要会发展到一个新的层次的需要。

（二）X 理论和 Y 理论

道格拉斯·麦格雷戈（Douglas McGregor）提出两种完全不同的人性假设：一种基本上是消极的，称为 X 理论（theory X）；另一种基本上是积极的，称为 Y 理论（theory Y）。通过观察管理者对待员工的方式，麦格雷戈得出结论：一个管理者关于人性的观点是建立在一组特定的假设之上的，他倾向于根据这些假设塑造自己对待下级的行为。

根据 X 理论，管理者持有以下四种假设：（1）员工天生讨厌工作，尽可能地逃避工作；（2）由于员工讨厌工作，必须对其进行强制、控制或惩罚，迫使他们实现目标；（3）员工逃避责任，并且尽可能地寻求正式的指导；（4）大多数员工认为安全感在工作相关因素中最为重要，并且没有什么进取心。

麦格雷戈描绘的 X 理论可能最清楚地说明了"人们工作是因为他们不得不工作"的观点。

在 X 理论中，有两个重要的激励论据能够支持人们工作是因为他们不得不工作的假定：（1）惩罚的威胁和严密的监督视激励个人的必不可少的条件。例如，一名雇员说，他们的工作进度取决于老板严厉监督的程度。（2）正强化是一种强有力的激励因素。因此，不管人们是否喜欢工作，在没有明显的惩罚或威胁的情况下，人们受到引诱才这样做。需要注意，这两种激励论据都假定激励是"外加于"人们的某些事情。

这两种论据都有一定道理。例如，纳粹分子能够利用武力和恐吓迫使集中营的监禁者为德国法西斯卖力。但是，惩罚和威胁难以解释人们为什么在按规定退休之后还继续工作，人们为什么自愿为公共组织工作，或者为什么一些企业家要开办他们自己的企业。同样，在我们的社会中，钱确实是一种重要的商品，人们买彩票、上班和变换工作都是想得到报酬。但是，如果人们工作主要是为了钱，那么很难解释，某些人在中彩之后为什么还继续工作，或者某些百万富翁为什么每天把 12 小时消耗在办公室里。而且，某些人选择了工资较低的工作而不是工资较高的工作。这些相互矛盾的现象使我们想到，人们工作是因为他们不得不工作的想法不能全面解释激励理论。

与这些关于人性的消极假设相反，麦格雷戈还提出了四个积极假设，他称之为 Y 理论：（1）员工会把工作看成与休息或游戏一样自然的事情；（2）如果员工对工作作出承诺，他能自我引导和自我控制；（3）普通人能学会接受甚至寻求责任；（4）人们普遍具有创造性决策能力，而不只是管理层次的核心人物具有这种能力。

麦格雷戈描绘的 Y 理论似乎明显地与"人们工作是因为他们不得不工作"的假定相反。麦格雷戈的 Y 理论说明了"人们工作是因为他们喜欢工作"的观点。

像 X 理论一样，Y 理论也提出一个和激励有关的论据。麦格雷戈假定工作和休息、娱乐的"性质"一样，主张工作是能够受到内在激励的。换句话说，他假定，人在工作环境中能够运用自身的激励因素，这些因素和严厉监督或金钱一样有力。我们可以将其概括为自我控制或自我激励。

实际上，某些人确实受到所喜欢的工作的激励，并非为了谋生而继续工作的中彩者和百万富翁也许属于这种类型。如果工作确实和休息或娱乐的性质一样，那么，应该有相当多的人会说工作是他们生活中的核心因素。但是，实际情况并非如此。美国进行的一次全国性的调查表明，人们更关心他们的健康、他们的家庭生活和他们的生活水平，而不是他们的工作。另外，在现实社会中，许多工作并没有提供麦格雷戈所说的自我控制和有价值的目标。因此，人们工作是因为他们喜欢工作，这一假定不能作为全面的激励理论的基础。

麦格雷戈显然担心 X 理论和 Y 理论可能被人误解。下面各点将澄清某些误解，从而使这两种假设保持其准确性。

（1）X 理论和 Y 理论假设恰如下面所说，它们仅仅是假设而已。它们不是在管理策略方面的规定或建议。说得更准确一点，这些假设必须经受实际的检验。还有，这些假设只是直觉演绎出来的，并不是根据研究得出的结论。

（2）X 理论和 Y 理论不含有硬的或软的管理方法。"硬的"方法可能引起反抗和敌对，"软的"方法则可能引起在管理上的放任自流，因此，不符合 X 理论和 Y 理论。相反，成功的管理人员不仅承认人的局限性，而且承认人的尊严和才能，并且根据情况的要求来调整他们的行为。

（3）X 理论和 Y 理论并不把 X 和 Y 看成是一个连续阶梯上的两个相反的极端。它们不是程序问题，而是对人的看法完全不同。

（4）Y 理论的讨论不是一个协商一致管理的实例，更不是反对使用权利的辩论。相反，根据 Y 理论，权力被看作管理人员行使领导职能的许多方法之一。

（5）不同任务和情况，要求采取不同的管理方法。有时，权利和机构就某些任务来说可能是有效的。

如上所述，麦格雷戈的两组假设是根本不同的，X 理论是悲观的，静态的和僵化的。控制主要来自外部，也就是由上级强制使下级工作。相反，Y 理论是乐观的、动态的和灵活的，它强调自我指导，并把个人需要与组织要求结合好。无疑，每一组假设都会影响到管理人员履行他们的管理职能和管理活动时的做法。

应该指出的是，某些人工作仅仅是因为他们不得不工作，或者某些人工作是因为他们喜欢工作，这两种简单的解释是不完全的，并且在某种意义上说，是不正确的，因此，需要有全面的激励理论指导我们对工作动机复杂性的理解。任何有效的激励理论都应该涉及到将激励因素运用于激励对象的环境，也应该涉及激励对象自我激励的情况。另外，这种激励理论应该阐明哪一种激励形式可能更有效或更可能发生的条件等。

如果我们接受麦格雷戈的分析，激励的含义是什么呢？答案在马斯洛的框架中得到了最好的表述。X 理论假设低级需要主导个体行为，Y 理论假设高级需要决定个体行为，麦格雷戈自己认为 Y 理论比 X 理论更符合实际。因此，他提出了一些促进员工工作动机的方法，如参与决策过程，提供有责任性和挑战性的工作，建立融洽的群体关系等。

遗憾的是，没有证据证明哪一组假设更有效，也无证据表明在接受 Y 理论的基础上改变员工的行为会使更多的员工受到激励。本章的后半部分将会提供证据，无论 X 理论还是 Y 理论的假设在某一特定环境下都有可能是有效的。

（三）激励-保健理论

激励-保健理论（motivation-hygiene）由心理学家弗雷德里克·赫兹伯格（Frederick Herzberg）提出。他本着这样的信念：个人与工作的关系是一种基本关系，他对工作的态度在很大程度上将决定其成败。赫兹伯格调查了这样一个问题：人们想从工作中得到什么。他让人们详细描述他们感到工作异常好和异常坏时的情形。这些回答被制成表并加以分类。赫兹伯格所做的 12 个调查中影响工作态度的因素 如图 10-5 所示。

从经过分类的回答中，赫兹伯格总结出，人们对工作满意时的回答和对工作不满意时的回答大相径庭。如图 10-5 所示，某些特征总是与工作满意有关（图右边的因素），而其他因素与工作不满意有关（图左边的因素）。内部因素，如工作富有成就感、工作成绩得到认可、工作本身、责任大小、晋升、成长等，看起来与工作满意有关。当被调查者对工作满意时，他们倾向于把这些特征归于自己。另一方面，当他们不满意时，他们倾向于抱怨外部因素，如公司政策及行政管理、监督者、与主管的关系和工作条件等。

赫兹伯格认为，统计资料表明满意的对立面不是不满意，不像通常人们认为的那样。消除工作中的不满意因素并不必然带来工作满意。如图 10-6 所示。赫

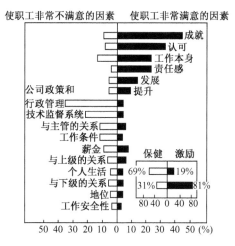

图 10-5 满意因素与不满意因素比较

兹伯格认为，这一发现表明了一个二元连续统一体的存在："满意"的对立面是"没有满意"，"不满意"的对立面是"没有不满意"。

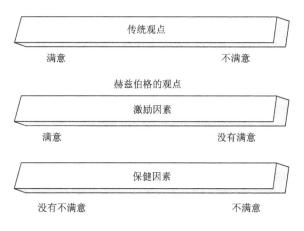

图 10-6 满意与不满意观点的对比

根据赫兹伯格的观点，带来工作满意的因素和导致工作不满意的因素是不相关的和截然不同的。因此，管理者若努力消除带来工作不满意的因素，可能会带来平静，却不一定有激励作用。他们能安抚员工，却不能激励他们。因此，赫兹伯格把公司政策、监督、人际关系、工作环境和工资这样的因素称为保健因素（hygiene factors）。当具备这些因素时，员工没有不满意，但是它们也不会带来满意。如果我们想在工作中激励人们，赫兹伯格提出，要强调成就、认可、工作本身、责任和晋升，这些因素是内部奖励。

　　赫兹伯格所提出的两类因素与马斯洛所提出的理论是有些类似的。见图 10-7。

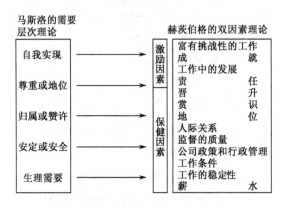

图 10-7　马斯洛及赫兹伯格的激励理论对比

　　激励——保健理论也受到了批评，批评意见如下：

　　（1）赫兹伯格运用的程序受到方法论的限制。当事情满意时，人们倾向于把功劳记在自己身上；相反，把失败归于外部环境因素。

　　（2）赫兹伯格研究方法的信度值得怀疑，既然评价者必须对回答结果作出解释，那么，他们有可能用一种方法来解释这个回答，却用不同的方法来解释另一个相似的回答，这就可能使调查结果失真。

　　（3）这个理论在一定范围内是有效的，它可以解释工作满意度，它不是一个真正的激励理论。

　　（4）没有对满意度进行整体的测量，也就是说，一个人可能讨厌他的工作的一部分，但仍认为工作是可以接受的。

　　（5）这个理论与以前的研究结论不一致。激励——保健理论忽视了环境变量。

　　（6）赫兹伯格假设满意和生产率之间有一定关系，但是他所用的研究方法只考察了工作满意度，没有考察生产率。为了使研究有参考意义，人们必须假设满意和生产率之间有密切关系。

　　尽管有很多批评意见，赫兹伯格的理论仍然广泛流传，并且大多数管理者都熟悉他的观点。20 世纪 60 年代中期以来，日渐风行的垂直拓宽工作，允许工人在计划和控制工作方面有更大的责任，也许在很大程度上要归于赫兹伯格的发现和建议。

二、当代激励理论

早期激励理论虽然广为人知，但遗憾的是经不起严密的推敲。不过他们也不是没有任何可取之处。许多当代理论有一个共同点：每个理论都有相当确凿的支持性材料。当然这并不表明我们将要介绍的理论是无可辩驳的。我们称其为当代理论不是由于它们近期才建立，而是由于它们代表了当前对员工激励艺术的解释状况。

（一）ERG 理论

耶鲁大学的克莱顿·奥德弗（Clayton Alderfer）重组了马斯洛的需要层次使之和实证研究更加一致。经他修改的需要层次称为 ERG 理论（ERG theory）。

奥德弗认为有三种核心需要：生存（existence）、相互关系（relatedness）和成长（growth），所以称之为 ERG 理论。第一种生存需要涉及到满足我们基本的物质生存需要，包括马斯洛称之为生理需要和安全需要的这两项。第二种需要是相互关系，即维持重要的人际关系的需要。要满足社会的和地位的需要就要和他人交往，这类需要和马斯洛的社交需要和尊重需要中的外在部分相对应。最后，奥德弗提出了成长需要——个人发展的内部需要。包括马斯洛的尊重需要的内在部分和自我实现需要的一些特征。

如上所述，奥德弗的需要分类基本上没有违背马斯洛的分类。另外奥德弗赞成马斯洛所说的，当满足了较低层次的需要时，将增加满足较高层次需要的愿望。因此，当生存需要满足时，交往需要即得到激励的力量。奥德弗对此的解释是，当较"具体的"需要得到满足时，人们则开始注意满足不太具体的需要。最后，奥德弗与马斯洛一致的是，最不具体的需要，成长的需要，在它们得到满足时，变得更激发兴趣和更令人追求。

除了以三种需要代替五种需要以外，奥德弗的 ERG 理论和马斯洛的理论还有什么不同？与需要层次理论不同，ERG 理论还证实了：（1）多种需要可以同时存在；（2）如果高层次需要不能得到满足，那么满足低层次需要的愿望会更强烈。

马斯洛的需要层次是一个严格的阶梯式序列；ERG 理论却不认为必须在低层次需要获得满足后才能进入高层次的需要。例如，甚至在生存和相互关系需要没有得到满足的情况下，一个人也可以为成长而工作，或者三种需要同时起作用。

ERG 理论还包括挫折——倒退维度。马斯洛认为，一个人会滞留在某一特定的需要层次直到这一需要得到满足。ERG 理论却认为，当一个人较高层次的需要不能得到满足时，较低层次的需要强度会增加。例如，无法满足社会交往的需要可能会带来对更多的工资或更好的工作条件的需求，所以受挫可以导致倒退到较低层次的需要。

　　总之，ERG 理论像马斯洛的理论一样，认为较低层次需要的满足会带来满足较高层次需要的愿望；但是同时也认为多种需要作为激励因素可以同时存在，并且，满足较高层次需要的努力受挫会导致倒退到较低层次的需要。

　　ERG 理论与我们关于个人差异的常识更一致。诸如教育、家庭背景和文化环境这样的变量可以改变个体拥有的一组需要的重要性或驱动力量。有证据表明，不同文化中的人对需要种类的排列顺序是不一样的，例如，西班牙人和日本人把社会需要放在生理需要前面，这与 ERG 理论是一致的。一些研究证实了ERG 理论，但也有证据表明这种理论在一些组织中是不适用的。总之，无论如何，ERG 理论代表了关于需要层次的一种更为有效的观点。

（二）麦克利兰的需要理论

　　戴维·麦克利兰（David McClelland）及其合作者提出了"三重需要理论"（three needs theory），认为人在生理需要基本得到满足的前提下，还有成就需要（need for achievement）、权力需要（need for power）和归属需要（need for affiliation）三种重要的需要。麦克利兰对检验人们关于这三类需要的方法，已经作了大量的研究，特别在成就的需要方面，麦克利兰和他的同事们已经作了实质性的研究。

　　所有这三种需要都与管理紧密相关，因为人们必须在认识了这三类需要以后，才能使一个组织起来的企业运转良好。因为任何组织起来的企业和企业的任何部门，都视为实现某些目标而在一起工作的个人所组成的集体，所以成就的需要就有首要的意义。

1. 成就的需要

　　有高度成就需要的人，既有强烈的求得成功的愿望，也有同样强烈的失败的恐惧，他们希望受到挑战，爱为自己设置一些有适度困难（但不是无法达到）的目标，并对风险采取现实态度。他们不可能是投机商人，但更喜欢分析和评价问题，能为完成任务承担个人责任，喜欢对他们怎样进行工作的情况得到明确而迅速的反馈，往往不爱休息，喜欢长时间地工作，假如遭到失败也不会过分沮丧，并且喜欢独当一面。

2. 权利的需要

　　麦克利兰和其他一些研究者发现，具有高度权力需要的人对发挥影响力和控制力都特别重视。这种人一般都追求得到领导的职位，他们往往是健谈者，还常常是好议论的人。他们性格坚强，敢于发表意见，头脑冷静和敢于提出要求，而且他们爱教训别人和公开讲话。

3. 归属的需要

有高度归属需要的人通常从受到别人喜爱中得到乐趣，并往往避免被社会群体所排斥而带来的痛苦。作为个人，他们既能关心并维护融洽的社会关系，欣赏亲密友好和理解的乐趣，也能随时抚慰和帮助处境困难的人，并且乐意同别人友好交往。

一些人具有获得成功的强烈动机，他们追求的是个人成就而不是成功的报酬本身。他们有一种使事情做的比以前更好或更有效率的欲望。这种内驱力就是成就需要。通过对成就需要的研究，麦克利兰发现高成就需要者与其他人的区别之处在于他们想把事情做得更好。他们寻求的环境具有下列特点：在这样的情境中，个人能够为解决问题的方法承担责任，及时获得对自己绩效的反馈以便于判断自己是否有改进，可以设置有中等挑战性（难度）的目标。高成就者不是赌徒，他们不喜欢靠运气获得成功。他们喜欢接受困难的挑战，能够承担成功或失败的个人责任，而不是将结果归于运气或其他人的行为。重要的是，他们逃避那些他们认为非常容易或非常困难的任务。他们想要克服困难，但希望感受到成功或失败是由于他们自己的行为。这意味着他们喜欢具有中等难度的任务。

当高成就需要者认为一项任务成功的可能性是 0.5 时，也就是他们估计具有50%成功的机会时，他们的绩效最高。他们不喜欢偶然性高的赌博，因为从偶然的成功中他们得不到任何成就满足感。同样，他们也不喜欢成功的概率过高，因为那样对他们的能力没有挑战性。他们喜欢设置需要他们经过一定努力才能实现的目标。当成功和失败的可能性几乎相等时，是一个人从个人努力中获得成功感和满意感的最佳时机。

权力需要是影响和控制其他人的欲望。具有高权力需要的人喜欢承担责任，努力影响其他人，喜欢处于竞争性和重视地位的环境。与有效的绩效相比，他们更关心威望和获得对其他人的影响力。

麦克利兰提出的第三种需要是归属需要。研究者对这种需要的关注最少。归属需要可比作戴尔·卡内基（Dale Carnegie）的目标——被其他人喜欢和接受的愿望。具有高归属需要的人努力寻求友爱，喜欢合作性的而非竞争性的环境，渴望有高度相互理解的关系。

你怎样才能判断一个人是否是高成就需要者？有许多问卷可以判断这种动机，但是大多数研究使用投射测验，该测验要求被试者对一系列图片作出反应。主试者把每张图片迅速地呈现给被试者，然后要他以图片为基础编写一个小故事。例如，图片上一个男人神情郁闷地坐在桌边，看着放在桌角的一个女人和两个孩子的照片。要求被试者编写一个故事描述正在发生的事，事情会怎样发展，将来会怎样，等等。这些故事实际上成为用来测量无意识动机的投射测验。给每一个故事打分，就可以得到被试者每一种动机的等级。

通过大量广泛的研究，可以在成就需要和工作绩效的关系基础上得出一些有相当可信度的预言。尽管对权力需要和归属需要的研究较少，但也得出了一些一致性的发现。

（1）如图 10-8 所示，具有高成就需要的人更喜欢具有个人责任、能够获得工作反馈和适度的冒险性的环境。当具备了这些特征，高成就者的激励水平会很高。例如，不少证据表明，高成就需要者在创造性活动中更容易获得成功。如，经营自己的公司；管理一个大组织中的一个独立的部门。

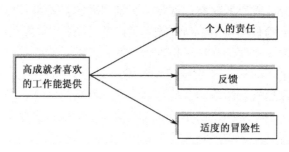

图 10-8　使高成就者与工作相匹配

（2）高成就需要的人不一定就是一个优秀的管理者，尤其是在一个大组织中。高成就需要者感兴趣的是他们个人如何做好，而不是如何影响其他人做好。高成就需要的销售人员不一定必然是优秀的销售管理者，大型组织中出色的总经理并不一定是高成就需要的人。

（3）归属和权力需要与管理者的成功有密切关系。最优秀的管理者有高权力需要和低归属需要。实际上，高权力动机可能是管理有效性的一个必要条件。当然，二者之间什么是因什么是果还有待于确定。有人曾提出，高权力需要可能仅仅是一个人在层级组织中的地位的产物。这种观点认为，一个人在组织中的位置越高，权力动机就越强。结果是，有权利的职位会成为高权力动机的刺激因素。

（4）已经有成功的办法可以训练员工激发自己的成就需要。培训者指导个人根据成就、胜利和成功来思考问题；然后帮助他们学习如何通过寻求具有个人责任、反馈和适度的冒险性的环境并以高成就者的方式行动。所以，如果工作需要高成就需要者，管理者可以选拔具有高成就需要的人，也可以通过成就培训来开发原有的下属。

（三）认知评价理论

20 世纪 60 年代末，一名研究者提出，以前对工作努力采取内部奖励，它是由工作内容本身的乐趣而产生的，现在更多地采用外部奖励，如工资，这种外部奖励的引入可能会降低动机的总体水平。这种观点被称为认知评价理论（cognitive evaluation theory），这种观点引发了广泛的研究，大量的研究结论是支持这种理论的。正如我们所展示的，这种理论的主要意义与组织中人们获得报酬的方式有关。

从历史上来看，激励理论学家普遍的假设是：内部激励因素（如成就、责任和能力）独立于外部激励因素（如高工资、晋升、和谐的上下级关系和愉快的工作环境）。也就是说，二者互不影响。但是认知评价理论却不这么认为。它认为当组织把外部报酬作为对良好绩效的奖励时，来自个人从事自己喜欢做的工作的内部奖励就会减少。换言之，如果我们给予一个从事自己感兴趣工作的人外部奖励，会导致他对任务本身的兴趣的降低。

为什么会出现这样的结果？最常见的解释是这个人失去了对他自己行为的控制能力，所以以前的内部激励就消失了。更进一步，外部奖励的取消会带来一个人关于他为什么从事一项工作的因果关系的看法发生变化，即从外部解释转变为内部解释。如果出于你的文学老师的要求，你每周读一本小说，你会把自己的阅读行为归于外部原因。但是，课程结束后，如果你继续每周读一本小说，你自然会说："我一定喜欢读小说，因为我仍旧每周读一本。"

如果认知评价理论是有效的，应该对管理实践有重大意义。许多年来在薪资专家中流行着这样的话：如果工资或其他外部报酬要成为有效的激励因素，它们必须根据个人的绩效而随机应变。但是，认知评价理论专家会说，这只能降低一个人对从事这项工作所产生的内部满意度。我们已经用外部激励因素代替了内部激励因素。事实上，如果认知评价理论是正确的，其意义在于为了避免内部动机降低，应该使个人的工资不随绩效的变化而变化。

我们在前面提到的大量研究也支持了认知评价理论，但是它们也受到了攻击，尤其是在这些研究运用的方法和对结果的解释方面。这种理论现在的地位如何？我们是否可以说，当组织运用外部激励因素，如工资和晋升，来激励工人的绩效时，要以对目前从事的工作的内部兴趣和动机的降低为代价？答案不是简单的"是"或"不是"。

虽然它需要有进一步的研究来澄清一些目前模糊不清的地方，但事实确实引导我们得出这样的结论：外部奖励和内部奖励的相互依赖关系确实是一种客观事实。但从整体来看，该理论对员工刺激的影响可能远没有我们以前所认为的那样大。

（1）验证该理论的许多研究是以学生为对象的，而不是以受雇的组织员工为对象。研究人员所观察到的是已有的一种奖励取消时学生的行为反应。这一点很有趣，但不能代表典型的工作环境。在现实中，当外部奖励被取消时常常意味着这个人不再是组织的一分子。

（2）事实表明，非常高的内部动机水平可以抵制外部奖励的不良影响，即使一件工作本质上很有意义，依然会存在一个对外部奖励的强有力的规范。在另一个极端情况下，对单调乏味的工作的外部奖励好像可以提高内部激励水平。因此，这个理论对工作组织的应用性是有限的，因为大多数低层次的工作实质上并不是令人满意到能够带来很高的内部兴趣，只有许多管理职位和专业职位可提供内部奖励。认知评价理论可能与那些既不十分单调也不十分有趣的组织工作相适应。

（四）目标设置理论

你自己会常听到："尽最大努力去做。这是每个人都可以做到的。"但是，"尽最大努力去做"意味着什么？我们是否知道自己已实现了那个含糊不清的目标？如果教练员给每一个选手一个明确的目标，他们是否会取得更好的成绩？如果你的父母曾经对你说"在英语课上你应该努力争取比 85％ 以上的同学学得好"，而不是告诉你"尽最大努力去做"，你是否会在英语课上表现得更好呢？关于目标设置理论（goal-setting theory）的研究回答了这个问题。你将会看到，这个理论的发现，给人留下了深刻印象，它探讨了目标具体性、挑战性和绩效反馈的作用。

20 世纪 60 年代末，爱德温·洛克（Edwin Locke）提出，指向一个目标的工作意向是工作激励的主要源泉。也就是说，目标告诉员工需要做什么以及需要做出多大努力。事实有力地支持了目标的价值。更重要的是我们可以这样说：明确的目标能提高绩效；一旦我们接受了困难的目标，会比容易的目标带来更高的绩效；反馈比无反馈带来更高的绩效。

具体的、困难的目标比笼统的目标"尽最大努力"效果更好。目标的具体性本身就是一种内部激励因素。例如，当一个卡车司机决定每周在多伦多市和纽约的布法罗之间跑 12 次时，这种愿望就给他设置了一个要达到的具体目标。我们可以说，在其他条件相同时，有具体目标的卡车司机比没有目标或只有笼统目标"尽最大努力去做"的司机做得更好。

如果能力和目标的可接受性这样的因素保持不变。我们可以说，目标越困难，绩效水平越高。但是，合乎逻辑的假设是目标越容易越可能被接受。不过一旦员工接受了一项艰巨的任务，他就会投入更多的努力，直到目标实现、目标降低或放弃目标。

当人们获得了在朝向目标的过程中做得如何的反馈时，人们会做得更好，因为反馈能帮助认清他们已做的和要做的之间的差距，也就是说，反馈引导行为。但并不是所有的反馈都同样有效。自我反馈——此时员工能控制自己的进度——是比外部反馈更强有力的激励因素。

如果员工有机会参与设置自己的目标，他们会更努力地工作吗？参与目标是否比制定目标更有效？答案并不确定。在某些情况下，参与式的目标设置能带来更高的绩效；在其他情况下，上司指定目标时绩效更高。参与的一个主要优势在于提高了目标本身作为工作努力方向的可接受性。正如我们提到的，目标越困难阻力越大。如果人们参与目标设置，即使是一个困难的目标相对来说也更容易被员工接受。原因在于，人们对于自己亲自参与做出的选择投入程度更大。因此，尽管在可接受性一定的情况下参与式的目标并不比指定的目标有优势，但参与确实可以使困难的目标更容易被接受，并提高采取行动的可能性。

目标设置理论是否有例外情况？或者我们是否可以把它当作普遍真理对待，即明确的并且困难的目标永远会带来更高的绩效？除了反馈，还有其他因素影响目标和绩效的关系：目标承诺、适当的自我效能感和民族文化。目标设置理论的前提假设是每个人都忠于目标，即个人作出决定不降低或放弃这个目标。当目标是当众确定的、个人是内部控制点、目标是自己设置的而不是指定的时，其结果就更有可能发生。自我效能感（self-efficacy）是指一个人对他能胜任一项工作的信心。你的自我效能感越高，你对自己在一项任务中获得成功的能力就越有信心。所以，我们发现，在困难情况下，自我效能感低的人更容易降低努力或干脆放弃；相反，那些具有高自我效能感的人会努力把握挑战。另外，高自我效能感的人对消极反馈的反应是更加努力，而低自我效能感的人面对消极的反馈则可能降低努力程度。最后，目标设置理论是受文化限制的。它适用于部分国家，如美国和加拿大，因为这个理论的关键部分与北美文化相当一致。它假定下属有相当的独立性（在权力距离上得分不太高），管理者和下属寻求具有挑战性的目标（在不确定性规避上的得分低）以及双方都认为绩效重要（在生活数量上得分高）。所以在一些国家，如葡萄牙或智利，不要期望目标设置必然带来员工的高绩效，因为在那里前提条件正好相反。

我们的最后结论是有一定难度的具体目标和工作意图结合起来才是有效的激励力量。在适当的情况下，目标可以带来更高的绩效。但是，没有证据证实这种目标和工作满意度的提高有关。

（五）强化理论

与目标设置理论相对的一个观点是强化理论（reinforcement theory）。目标设置理论是一种认知观点，它假设一个人的目的指引他的行为。强化理论是一种行为主义观点，他认为强化塑造行为。很明显，二者在哲学上是矛盾的。强化理论家把行为看成是由环境引起的，他们认为你不必关心内部认知活动，控制行为的因素是外部强化物（reinforcers），强化物是在行为结果之后马上跟随的一个反应，它提高了该行为被重复的可能性。因此，强化理论家认为行为是其结果的函数。

按照斯金纳（B·F·Skinner）的观点，当人们因采取某种理想行为而受到奖励时，他们最有可能重复这种行为。当这种奖励紧跟在理想行为之后，则奖励最为有效；当某种行为没有受到奖励或者是受到惩罚时，其重复的可能性则非常小。

按照强化理论，管理者可以通过强化他们认为有利的行为来影响员工的活动。但是我们的重点应该在于积极强化而不是惩罚，也就是说，管理者应当忽视，而不是惩罚他不赞同的行为。尽管惩罚措施对于消除不良行为的速度快于忽视手段，但是它的效果经常只是暂时性的，并且可能会在而后产生不愉快的消极影响，如功能失调的冲突行为、缺勤或辞职等。

强化理论的证据无疑对工作行为产生了重大影响，但极少有学者认为它是员工工作积极性存在差异的唯一的影响因素。你在工作中所卷入的行为和你分配给每项任务的努力程度都受到你的行为所带来的结果的影响。如果由于你的产量超过了同事而不断遭到指责，你就可能降低生产率。但是你较低的生产率也可以从目标、不公平和期望方面来解释。

强化理论的致命弱点在于它忽视了情感、态度、期望和其他已知的会对人的行为产生影响的认知变量，仅仅关注一个人采取一定行为时会出现什么结果。因为强化理论没有考虑引发行为的因素，所以严格地说，它不是一种激励理论。但是它确实对控制行为的因素提供了有力的分析工具，正因为如此，人们一般把它当作一种激励理论来讨论。

（六）公平理论

激励中的一个重要因素，是人对报酬结构是否觉得公平。一个人对所得到的报酬是否满意，是通过公平理论（equity theory）来说明的，那就是个人主观地将他的投入（包括诸如努力、经济、教育等许多因素）同某些其他有关的人相比来评价是否得到公平或公正的报酬。美国心理学家亚当斯（J·Stacey Adams）因将公平（或不公平）理论以公式来表示而知名。公平理论的本质可以表示如下：

$$\frac{O_p}{I_p} = \frac{O_o}{I_o}$$

式中：O-outcomes；I-input；p-personal；o-others。

把这个公式用中文来表示即为

$$\frac{个人所得的报酬}{个人的投入} = \frac{(作为比较的) 另一个人所得的报酬}{(作为比较的) 另一个人的投入}$$

一个人和用来同他比较的另一个人的报酬和投入之比应该是平衡的。如果人们觉得他们所获的报酬不适当时，他们可能产生不满，降低产出的数量或质量，或者离开这个组织。如果人们觉得报酬是公平的，他们可能继续在同样的产出水平上工作。如果人们认为个人的报酬比公平的报酬大，他们可能工作得更加努力。这三种情况如图 10-9 所示。

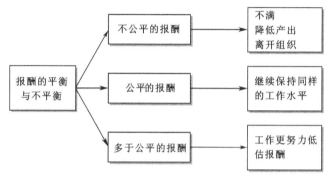

图 10-9 公平理论

在公平理论中，员工所选择的与自己进行比较的参照对象（Reference）是一重要变量，我们可以划分出三种参照类型："他人"、"制度"和"自我"。"他人"包括同一组织中从事相似工作的其他个体，还包括朋友、邻居及同行。"制度"指组织中的薪金政策与程序以及这种制度的运作。对于组织层面上的薪金政策，不仅包括那些明文规定，还包括一些隐含的不成文规定。组织中有关工资分配的惯例是这一范畴中主要的决定因素。"自我"指的是员工自己在工作中付出与所得的比率。它反映了员工个人的过去经历及交往活动，受到员工过去的工作标准及家庭负担程度的影响。

所以员工可能把自己与朋友、邻居、同事或其他组织中的成员相比较，也可以与自己过去的工作经验相比较。员工采取哪种参照对比方式，不仅受到员工所掌握的有关参照人的信息的影响，而且受到参照人的吸引力的影响。我们在这里关注四个中介变量——性别、任职期、在组织中的地位和受教育或职业化程度。研究表明男女员工都倾向于同性别比较。这项研究还表明，从事类似的工作，妇女比男人的报酬低，并且对相同的工作，妇女比男人的报酬期望低。所以，一个妇女以另一个妇女为参照对象易于产生一个较低的比较标准。因此我们可得出结论：从事没有性别区分工作的员工比只有男性或女性工作的员工能够进行更多的跨性别比较。这还意味着，如果说妇女可以容忍较低的工资，这可能要归于她们使用的比较标准。

在当前组织中任期短的员工可能不太了解组织中其他人的信息，所以他们依赖于自己的个人经历。但是，任期长的员工更多的用同事作比较。高层次的员工——受教育程度较高的人员和专业技术人员——可能具有更加全球化的态度，掌握更多的关于其他组织中人们的信息。因此，这些类型的员工进行更多的别人—外部比较。

基于公平理论，当员工感到不公平时，会采取以下六种选择中的一种：(1) 改变自己的投入。如，不再那么努力。(2) 改变自己的产出。如，实行计件工资的员工通过增加产量降低质量来增加自己的工资。(3) 改变自我认知。如，"我曾认为我以中等速度工作，但是现在我意识到我比其他任何人工作都更努力"。(4) 改变对其他人的看法。如，"A 的工作不像我以前认为的那样令人满意"。(5) 选择另一个不同的参照对象。如，"我可能不如我弟弟挣得钱多，但我比我爸爸在这个年龄时做得好的多"。(6) 离开工作场所。如，辞职。

公平理论认为，每个人不仅关心由于自己的工作努力所得到的绝对报酬，而且还关心自己的报酬与他人报酬之间的关系。他们对自己的付出与所得和他人的付出与所得之间的关系做出判断。他们以对工作的付出，如努力程度、工作经验、教育程度及能力水平等为根据，比较其所得，如薪金、晋升、认可等因素。如果发现自己的付出—所得比和其他人相比不平衡，就会产生紧张感，这种紧张又会成为他们追求公平和平等的动机基础。

具体而言，公平理论对报酬分配提出了以下四点建议：

(1) 按时间付酬时，收入超过应得报酬的员工的生产率水平，将高于收入公平的员工。按时间付酬能够使员工产生出高质量与高产量的产品，以增加自己收入—付出比率中的付出额，保持公平感。

(2) 按产量付酬时，收入超过应得报酬的员工比那些收入公平的员工来说，产品生产数量增加不多，而主要是提高产品质量。计件付酬的方式将使员工为实现公平感而加倍付出努力，这将促使产品的质量或数量得到提高。然而，数量上的提高只能导致更高的不公平，因为每增加一个单位的产品导致了未来的付酬更多，因此，理想的努力方向是指向提高质量而不是提高数量。

(3) 按时间付酬对于收入低于应得报酬的员工来说，将降低他们生产的数量或质量。他们的工作努力程度也将降低，而且相比收入公平的员工来说，他们将减少产出数量或降低产出质量。

(4) 按产量付酬时，收入低于应得报酬的员工与收入公平的员工相比，他们的产量高而质量低。在计件付酬中，应对那些只讲产品数量而不管质量好坏的员工，不实施任何奖励，这种方式能够产生公平性。

这些观点得到了普遍支持，但要附加一些辅助的限制条件。第一，在大多数工作环境中，报酬过高带来的不公平看来对行为没有十分显著的影响。很显然，和低报酬带来的不公平相比，人们更能容忍报酬过高带来的不公平，或者说，更能使之合理化。第二，不是所有的人都对公平敏感。例如，一小部分工作人员实际上倾向于自己的产出—投入比低于参照对象。看来，从公平理论得出的预言在那些所谓的仁慈人身上不是十分适用。

同样需要注意的是，虽然大多数关于公平理论的研究着眼于工资，但员工也从组织的其他报酬分配中寻求公平。例如，有证据表明，高社会地位的工作头衔和宽敞、装饰豪华的办公室在一些员工的公平方程中可能起到产出的作用。

最后，近期研究多指向扩展公平或公正的含义。从历史上看，公平理论着眼于分配公平（distributive justice），即个人间可见的报酬的数量和分配的公平。但是公平也应考虑程序公平（procedural justice）——用来确定报酬分配的程序的公平。证据表明，分配公平比程序公平对员工的满意感有更大的影响，相反，程序公平更容易影响员工的组织承诺、对上司的信任和流动意图。所以管理者需要考虑分配的决策过程应公开化，应遵循一致和无偏见的程序，采取类似的措施增加程序公平感。通过增加程序公平感，员工即使对工资、晋升和其他个人产出不满意时，也可能以积极的态度看待上司和组织。

大量研究支持了公平理论的观点：员工的积极性不仅受其绝对收入的影响，而且受其相对收入的影响。一旦员工感知到不公平，他们会采取行动纠正这种情境，其结果可能会降低或提高生产率，改善或降低产出质量，缺勤率或自动离职率提高或降低。

通过以上的讨论，我们发现公平理论也存在一定的问题，该理论在一些关键问题上并不十分明了。例如，员工如何来界定付出与所得？他们对二者又是怎样衡量的？不过，尽管存在诸多问题，公平理论仍不失为一个颇具影响力的理论，它有助于我们进一步深入研究员工的激励问题。

（七）期望理论

最近，广泛被人们接受的对激励的一种解释是维克多·弗鲁姆（Victor Vroom）的期望理论（expectancy theory）。尽管也有批评意见，但大多数的研究支持了这一理论。

期望理论认为，一种行为倾向的强度取决个体对于这种行为可能带来的结果的期望强度以及这种结果对行为者的吸引力。具体而言，当员工认为努力会带来良好的绩效评价时，他就会受到激励进而付出更大的努力；良好的绩效评价会带来组织奖励，如奖金、加薪或晋升；组织奖励会满足员工的个人目标。因此，这个理论着眼于三种联系：（1）努力—绩效的联系。个体感觉到通过一定程度的努力而达到工作绩效的可能性。（2）绩效—奖赏的联系。个体对于达到一定工作绩效后即可获得理想的奖赏结果的信任程度。（3）吸引力。如果工作完成，个体所获得的潜在结果或奖赏对个体的重要性程度，与个人的目标和需要有关。

虽然这些联系看起来有些复杂，其实并不难理解。我们可以将它们归结为以下几个问题：我必须付出多大努力以实现某一工作绩效水平？我真的能达到这一绩效水平吗？当我达到这一绩效水平后会得到什么奖赏？这种奖赏对我有多大吸引力？它是否有助于我实现自己的目标？员工是否愿意从事某种工作，取决于个体的具体目标以及员工对工作绩效能否实现这一目标的认识。

图 10-10　简化的期望模式

图 10-10 为期望理论的一个简化模式，它表现了该理论的主要内容。一个人从事工作的动机强度取决于他认为自己能够实现理想的工作绩效的信念程度。如果这一目标得以实现（达到了一定的绩效水平），他是否会获得组织所给予的充分奖赏？如果组织给予了奖励，这种奖励能否满足他的个人目标？让我们进一步来看一下期望理论中所包含的这四个步骤。

（1）员工感到这份工作能提供什么样的结果？这些结果可以是积极的，如工资、人身安全、同事友谊、信任、额外福利、发挥自身潜能或才干的机会等；也可以是消极的，如疲劳、厌倦、挫折、焦虑、严格的监督与约束、失业威胁等。也许实际情况并非如此，但这里我们强调的是员工知觉到的结果，无论他的知觉是否正确。

（2）这些结果对员工的吸引力有多大？他们的评价是积极的、消极的还是中性的？这显然是一个内部问题，与员工的态度、个性及需要有关。如果员工发现某一结果对他有特别的吸引力，也就是说，他的评价是积极的，那么他将努力实现它，而不是放弃工作。对于相同的工作，有些人则可能对其评价消极，从而放弃这一工作，还有人的看法可能是中性的。

（3）为得到这一结果，员工需采取什么样的行动？只有员工清楚明确地知道为达到这一结果必须做些什么时，这一结果才会对员工的工作绩效产生影响。比如，员工需要明确了解在绩效评估中"干得出色"是什么意思？使用什么样的标准来评价他的工作绩效？

（4）员工是怎样看待这次工作机会的？在员工衡量了自己可以控制的决定成功的各项能力后，他认为工作成功的可能性有多大？

让我们以课堂环境为例看一看个体如何运用期望理论来解释激励问题的。

大多数学生喜欢老师告诉他们这一课程应该做些什么，他们希望知道考试和作业是什么样的，何时需要完成，每项作业和考试占最后总成绩的权重多大。他们还要考虑需要付出多大努力能获得这门功课的学分，自己的努力程度同这门课的所得分数是怎样相关的。假设你是这样一名学生：你所喜欢的课程上课五周后，老师宣布要进行考试。你积极复习准备这次考试。在其他课程的考试中，你的成绩一直是优和良，而且你所花费的精力与这次也差不多。你希望能获得高分，你认为这对于将来毕业时能找到一份好工作来说十分重要。而且，你还有毕业后继续攻读研究生的想法，而课程分数对于你能否进入一所好学校也是很重要的。

现在，考试分数下来了，全班平均77分，10%的学生90分以上得了优。你的分数是55分，及格线为60分。你非常沮丧和受挫，并且你困惑不解，为什么你花费相似的精力可以在其他课程中名列前茅，而这次考试情况却如此糟糕呢？

紧接着你的行为发生了一系列有趣的变化，你不总去上这门课了，你也不再努力学习这门功课了。在听这门课时，你常常坐在教室里做白日梦，结果总是笔记本上空空。此时，说明你对这门课程缺乏学习积极性和学习动机。为什么你的动机水平发生了变化呢？你我都知道，但让我们从期望理论的角度加以解释。

我们可以用图 10-10 解释这一情境：对课程的学习（努力），受到考试过程中问题能否正确回答（绩效）的影响，如果考试能获得高分（奖赏），则将使你获得安全感、荣誉感，有利于将来找到一份好工作（个人目标）。

在这一事例中，奖励结果即高分数的吸引力是很强的。但是绩效与奖赏之间的联系如何呢？你认为这次考试的分数是否真实反应了你的知识水平？换言之，你认为这次考试是否公平的衡量了你的水平？如果回答肯定，那么学习成绩与奖赏之间的联系十分密切；如果回答否定，那么你学习动机水平的降低至少有部分原因在于你认为这次考试没有公平地测出你的水平。如果考试是论文形式，你也许会认为教师的评分方法不可取。也许你认为微不足道的信息却被老师赋予了过高的权重？也许那位教师不喜欢你，并且在给你打分时带有偏见？这些知觉影响了绩效—奖赏之间的联系，从而影响了你的学习动机水平。

另一个降低动机水平的原因可能在于努力——绩效之间的联系。当你考完试后，你觉得虽然自己进行了大量准备，但还是不可能通过这次考试，你的学习积极性因此而降低。可能教师在出考题时认为你们在这一课程方面的背景知识很丰富，也可能学习这门课程必须具备一定的知识基础而你不具备。总之结果是一致的，你不再认为通过努力可以获得优异成绩，你的动机水平降低了，你的努力程度也降低了。

因此，期望理论的关键在于：弄清个人目标以及三种联系，即努力与绩效的联系、绩效与奖赏的联系、奖赏与个人目标满足的联系。作为一种权变模式，期望理论认为没有一种普遍适用的原理能解释员工的激励问题。另外，即使知道员工希望满足何种需要，也不能保证员工能感知到良好的工作绩效可以使他们的需要得到满足。如果你选修一门课程只为了认识更多的人，扩大交往面，而教师却认为你希望成绩优异，那么你在这次考试中的成绩不佳只会引起教师自己的失望。遗憾的是，大多数教师认为自己的评分等级是激励学生学习积极性的强有力手段。事实上，只有当学生重视分数，知道如何做能得到理想分数，并且获得好成绩的可能性较大时，学生才会高度努力。

让我们总结一下期望理论中存在的一些问题。首先，它强调报酬或奖赏，我们需要假设组织所提供的奖赏能够与个体的需要保持一致。这一理论的基础是自我利益，它认为每一名员工都在寻求获得最大的满足感。其次，期望理论强调管理者应知道为什么某些结果对员工有吸引力，而另一些结果则无吸引力。在此基础上我们对员工评价积极的结果给予奖赏。第三，期望理论注重被期望的行为。可是员工知道期望他们的是什么吗？他们如何对此进行评估？最后，期望理论关心的是知觉，而与实际情况不相关，个体对工作绩效、奖赏、目标满足的知觉决定了他们的努力程度，而不是客观情况本身。

(八) 当代激励理论的整合

这一章我们阐述了许多激励理论。事实上，其中许多得到支持的理论只不过使事情变得更复杂了。在描述了许多理论之后，如果发现只有一个理论是有效的，事情就简单多了。但是，这些理论相互之间并不矛盾！因为一个理论的有效性不能自动地使其他理论失去有效性。实际上，本章阐述的许多理论是相互补充的。所以，现在的任务是如何随机地把这些理论联系起来以理解他们的相互关系。

如图 10-11 所示，该模型把我们了解的一些关于激励的知识整合起来了。它的重要基础是图 10-10 所示的期望模型。我们来仔细看一看这个整合模型。

首先应该清楚地认识到机会可能促进也可能妨碍个人的努力。个人努力还受到另外一个因素的影响，这种影响来自于一个人的目标。与目标设置理论一致，这个目标——努力环提醒我们：目标引导行为。

期望理论预言，如果一个员工认为努力——绩效、绩效——奖励、奖励——个人目标的实现之间有密切的联系，那么他的努力程度就会提高。每一种关系也受到一定因素的影响。在努力程度一定的情况下，为了取得高绩效，这个人必须具有工作所需要的能力，而且，衡量个人绩效的绩效评估系统必须被认为是公平

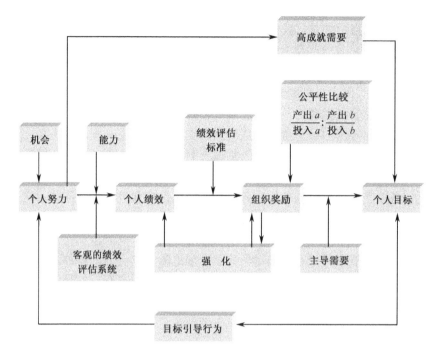

图 10-11 当代激励理论的整合

的和客观的。如果一个人认为受到的奖励是由于绩效（而不是资历、个人爱好或其他标准），那么，绩效——奖励的关系就会更加密切。如果认知评价理论在实际工作中是完全有效的，我们可以预言，以绩效为基础的奖励会降低一个人的内部激励水平。期望理论中最后一个关系是奖励——目标的关系。ERG 理论在这一点上可以发挥作用。激励水平的高低取决于一个人由于高绩效所得到的奖励能够在多大程度上满足与他的个人目标一致的主导需要。

仔细看一下图 10-11 还会发现模型考虑到了成就需要理论、强化理论和公平理论。高成就需要者不是由于组织对他的绩效评估或组织的奖励而受到激励。对那些高成就需要的人来说从努力到个人目标的飞跃就是最好的奖励。记住，只要高成就需要者从事的工作能给他们提供个人责任、反馈和中度的冒险，他们就能从内部受到激励。所以他们不关心努力——绩效、绩效——奖励、奖励——目标的联系。

由于认识到组织的奖励会强化个人的绩效，这个综合模型中也列入了强化理论。如果管理层设计的奖励体系被员工看作是对高绩效的报酬，那么，奖励就会强化和鼓励持续的高绩效。奖励也是公平理论中的关键部分。个人会把自己从投入中得到的产出和其他相关人士的产出——投入比进行比较，不公平会影响他们付出努力的程度。

最后，应该指出的是，我们所学习的激励理论，主要是由美国心理学家建立起来的，并在研究美国产业工人中得到了验证。这些理论需要根据不同的文化背景进行调整。

"自我利益"概念与美国的资本主义和极端崇尚个人主义是并行不悖的。因为本章中所介绍的激励理论，都是以自我利益动机为基础的，他们可能适用于像英国、澳大利亚等国的组织情况，这些国家也重视资本主义和个人主义。而在集体主义占优势的国家（委内瑞拉、新加坡、日本和墨西哥等），个人与组织的联系，是个人对组织或社会的忠诚性，而不是他的自我利益。集体主义文化中的员工，更容易接受以集体为基础的职务设计、群体目标和群体绩效评估。在这样的文化背景下，即便法律允许管理者解雇员工，但依靠害怕被解雇的心理激励员工仍很难奏效。

成就需要的概念是带有美国偏见的激励理论的又一例证。那种认为高成就需要是内部激励因素的观点，预先假设了两种文化特征的存在：一是接受中等程度风险的愿望；二是对绩效的关注。这些特征将排除具有较高不确定性回避倾向和较高生活质量评价的国家。剩下的就只有像新西兰、南非、爱尔兰、美国和加拿大这些国家了。

第三节　激励理论的应用

在第二节里，我们介绍了许多动机激励的理论，它们从不同方面、角度尝试说明人的动机的本性以及如何激励动机。从实务角度而言，如何在具体管理中应用有关的理论，达到更佳的管理效果，即如何在组织中激励员工的动机以提高绩效，无疑是一个重要的问题。在这一节里，我们介绍八种在现代管理中普遍流行的激励技术和方法，并探讨这些技术和方法的理论根源。

一、目标管理

第二节介绍了目标设定理论，并提到了这一理论得到不少研究者的支持。但问题是如何在管理中运用这一理论，具体的做法就是实施"目标管理"。

（一）目标管理的涵义

目标管理（management by objective，MBO）的基本核心是强调组织群体共同参与制定具体的、可行的，且能够客观衡量效果的目标。

目标设定并非现代管理界的发明。早在 40 年前，彼得・德鲁克（Peter Drucker）就提议采用目标设定来激励员工而不是控制员工。今天，当谈及管理的基本观念时，必然要涉及目标管理。

目标管理的重点在于强调将组织的目标层次具体化、明确化，转化为各个部门的目标，转化为各个员工的目标。这是自上而下的目标设定过程。目标管理同时也可以是自下而上的目标设定过程。这两个过程的结合形成了一个环环相扣的目标层级体系。在这个体系中，每一个员工都有确定的绩效目标，每个人的努力成果都在单位的绩效中反映出来。由于明确、可行的目标设定，当每个员工完成自己的目标时，各部门的目标也就完成了，整个组织的目标自然也就实现了。

在目标管理中有四个要素，即目标具体化、决策参与、期限完成、绩效反馈。

目标具体化是指明确、具体的描述预期的成果。例如，不应笼统地说要降低成本，提高产品质量，而应具体的指出"使成本降低 5％"，"次品率控制在 1％ 以下"。

决策参与是指目标并不是由上级单方面制定而由下级部门依从执行的。目标设定要求由涉及目标的所有群体来共同制定，并共同规定如何衡量目标的实现程度。

目标设定要规定目标完成的期限，比如半年、一年等。没有期限的目标等于是毫无意义的目标，也就无所谓"目标"了。

绩效反馈时只要不断向员工指出目标的实现程度或接近目标的程度。使他们能够了解工作的进展，掌握工作的进度，及时进行自我监督和行为矫正，以便能如期完成目标。这种反馈不仅是针对基层的员工，也要针对各级主管人员，以便他们能随时了解部门工作近况，肯定成绩，发现不足，及时采取恰当的措施，确保顺利完成部门的目标。例如，基层员工要知道自己的日产出、次品率，或是销售额、投诉率。部门经理要统计每日、每星期或每月产量或销售额，做出进度报表，了解不同时期的工作业绩，同最终目标进行比较。部门或组织可定期举行工作汇报会，共同总结工作，探讨实现目标的新策略。

（二）目标管理与目标设置理论

目标管理理论认为：（1）困难的目标比简单的目标更容易导致高水平的绩效；（2）具体明确的目标，比没有目标或目标模糊更能导致高绩效；（3）提供绩效反馈会带来更高的绩效。

在具体管理实践中，目标管理主张设定具体的目标和提供绩效反馈。目标管理实际上是使员工认定他的目标是可以达到的。如果设定的目标稍微难一些的话，从理论上讲，目标管理应能有更好的收效。

目标管理与目标设置理论唯一有分歧的地方是在于参与问题，目标管理主张参与决策，而目标设置则认为应由上级指派任务。但从实际操作角度来看，如果采用参与决策，可以有效地诱导员工认定难度较大的目标。

各种资料表明，目标管理是相当流行的管理技术。在西方的大型企业组织中，包括民间和官方企业，有半数正采用正式的目标管理制度或曾经采用过一段时期。

当然，并不能从管理的普及性推断它的有效性。也有不少研究个案显示，目标管理的实施并不符合管理者的期望。不过，仔细分析后发现之所以出现这种情况，问题往往并不在于目标管理本身而是在于其他因素，如对这种管理有不实际的期望，缺乏高级主管的支持，无法或不愿意以目标达成率作为奖酬的依据等。

（三）目标管理的应用

目标管理的应用范围如何？对那些试图回答这个问题的研究所做的考察表明，这是一种受欢迎的技术。你会在许多企业、卫生保健机构、教育机构、政府和非营利组织中发现目标管理方案。

目标管理的流行并不意味着它总是有效的。在一些案例中，虽然运用了目标管理却未能达到管理者的期望。但是，对这些案例的仔细研究发现为题不在于目标管理的基本成分，而在于对结果不切实际的期望，缺乏高层管理者的参与，管理层无力或不愿根据目标完成情况分配报酬等因素。无论如何，目标管理为管理者提供了推行目标设置理论的工具。

二、行为矫正

（一）行为矫正的概念

行为矫正（behavior modification）常被称为组织行为模式（OB Mod）或组织行为矫正，是强化理论在管理实践中的应用。

如图 10-12 所示，典型的组织行为模式的步骤遵循着一个解决问题的五步程序：（1）识别与绩效有关的行为事件；（2）测量：行为发生的最低频率；（3）识别行为的权变因素；（4）开发和实施干预策略；（5）评估绩效改善程度。

一名员工在他的工作中所做的每一件事在绩效产出方面并不是同等重要的。因此组织行为模式的第一步就是识别对员工绩效有重大影响的关键行为。这些 5％～10％的行为可给每个员工带来 70％～80％的绩效。艾默瑞航空货运公司的搬运工尽可能运用集装箱就是关键行为的一个例子。

第二步是要求管理者建立一些基础的绩效数据。这可通过确定已识别出的行为在现实条件下发生的次数而获得。在我们的艾默瑞的例子中，这样做的结果揭

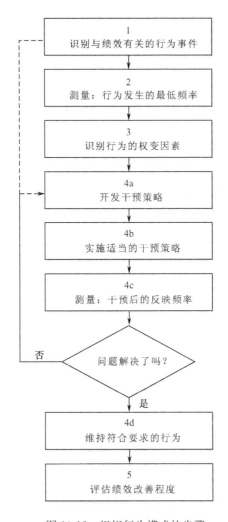

图 10-12　组织行为模式的步骤

示出 45％的船运货物是用集装箱包装的。

　　第三步是通过功能分析，识别行为的权变或绩效结果。这会告诉管理者行为发生的原因和行为结果。在艾默瑞航空货运公司，社会规范和集装箱包装的困难是行为的先前征兆。这就是鼓励工人把物品分别包装。而且，在组织行为学模式策略实施之前，继续这种行为的结果是社会认可和避免增加更多的工作量。

　　一旦功能分析完成，管理者就要准备开发和实施一种干预策略，以强化必要的绩效行为和削弱不必要的行为。适当的策略是改变某些绩效—报酬的关联因素—结构、程序、技术、群体或任务，代之以奖励高水平的绩效。在艾默瑞，工作技术的变化要求提供一个清单，在每天结束的时候，这个清单把集装箱的利用率相加以强化使用集装箱这种所要求的行为。

组织行为模式的最后一步是评估绩效提高程度。在艾默瑞所采取的干预措施下，集装箱使用率的迅速提高证明行为发生了改变。利用率上升到 90％和一直保持在这个水平，进一步证实了学习过程完成了。也就是说员工经历了一个相对持久的行为改变。

（二）组织行为模式与强化理论

强化理论依靠正强化、行为塑造以及确认不同的强化程序对行为产生影响。组织行为模式运用这些观念给管理者提供一种改变员工行为的强有力的、被证明是有效的工具。

（三）组织行为模式的应用

组织行为模式被许多组织用来提高员工生产率，减少失误、缺勤、迟到和事故率。像通用电气（General Electric）、威尔豪瑟（Wegerhauser）、底特律、胡森百货（Hotdson store）和施乐（Xerox）等组织都报告了运用组织行为学模式的显著效果。例如，几年前，施乐公司被顾客的抱怨搞得狼狈不堪，高层管理部门改变了经营人员分红方案的基础，从传统的定额改为以长期的顾客满意为基础。现在这家公司每月调查世界各地的 40 000 名顾客以确定顾客对其产品和服务的满意度。每年年初，高层管理部门考察上一年的情况并设置本年度的目标。在 1989 年，目标是 86％。后来，每一年的目标都在提高，现在是 100％。

西雅图太平洋供应（Seattle Pacific Supply）公司，一个只有 11 名员工的公司，曾运用组织行为学模式极大的提高了员工绩效。每天公司销售额 5 500 美元，所以员工可得到额外半小时的工资。如果日销售额达到 15 000 美元，每个人可另外得到 6 个小时的工资。上一年的销售额成为奖金的基础，每月发奖金一次，奖金每天都在自然增长，最后在某一月每个员工达到 20 个小时的工资。由于太平洋实施的月激励方案有利于每天的绩效评估，所以公司的销售额增长了50％多，流动率几乎降为 0，每周的日销售额目标有 4/5 都达到了。

康威克斯计算机公司（Convex Computer Corporation），一个以得克萨斯为基地、有 1200 名员工的超级电脑生产商，通过认可来强化员工的成就感。每个季度公司的生产副总经理会见那些被其主管提名为其工作"高于或超出职责要求"的个人。每年每个员工都可以提名其同事获得顾客服务奖，包括冒险、创新、降低成本和整体的顾客服务。在部门层次上，认可采取团队或部门 T 恤衫、咖啡杯、旗帜和图片的形式。主管者使用电影票、周五下午的保龄球聚会、带薪休假、现金奖励来认可员工的成就，如三个月无差错装配，五年全勤或提前完成项目。

上海华亭喜来登宾馆在会计部门里采用组织行为模式，改善会计人员的登录准确率。方法是首先由管理人员和会计人员开一次检查会，指出目前的错误率，设定改进目标，并把改进结果定期画直方图。当错误率低于标准时，主管上级给予称赞，并给予物质奖励。结果错误率明显下降。

另外，组织行为学模式背后的哲学似乎影响管理者对待员工的方式——他们给予的反馈的类型和数量、绩效评估的内容以及组织报酬的种类和分配。

尽管组织行为学模式的积极结果已得到证实，但它也受到了批评。它是否是一种操纵人的手段？它是否会降低员工的自由？如果是，他是否是管理者不道德行为的一部分？反馈、认可和表扬这样的非金钱强化因子是否不久会变得不起作用？员工是否开始把它看作只提高生产力却不相应提高其工资的一种管理方法？对这些问题都没有简单的答案。

三、员工参与方案

(一) 员工参与的概念

员工参与已成为一个包含一系列方法的、内容广泛的词。例如，它包括这样的流行观点：员工参与或参与管理，工作场所的民主，授权和员工所有制。我们认为，尽管每一种观点都有其特征，但它们有一个共同的核心——员工参与。

员工参与（employee involvement）的具体含义是什么？我们把它定义为发挥员工所有的能力，并为鼓励员工对组织成功作更多的努力而设计的一种参与过程。其隐含的逻辑是：通过员工参与影响他们的决策和增加他们的自主性和对工作生活的控制，员工的积极性会更高，对组织更忠诚，生产力水平更高，对他们的工作更满意。

这是否意味着参与和员工涉入是一回事？不是。参与的范围更窄一些，它是员工涉入中的一部分。我们阐述的所有员工涉入方案包括员工参与的一些形式，但参与这个词本身是很窄的。

(二) 员工参与方案的形式

在这一部分我们讨论员工参与的四种形式：参与管理，代表参与，质量圈和员工股份所有制方案。

1. 参与管理

东方航空公司曾提出允许作业人员对直接影响他们工作的决策有更多的发言

权的计划。在实施这项决定之后，仅机械技工生产力的提高创造的价值就达5000万美元。

东方航空公司实行的计划就是采用了参与管理（paticipative management）的理论。参与管理就是让下属人员实际上分享上级的决策权。在具体运用上，参与管理有多种形式，如共同设定目标、集体解决问题、直接参与工作决策、参与咨询委员会、参与政策制定小组、参与新员工的甄选等。

参与管理曾一度被认为是提高士气与生产效率的灵丹妙药。有人甚至认为，出于道德的理由，必须实行参与管理。不过，参与管理也不是放之任何组织、工作群体而皆准的法则。若采用这种管理，必须有足够的参与时间，员工参与的事物必须和他们自身的利益有关，员工本身也还必须具有参与的能力（智力、知识、技术、修养和沟通能力）。

为什么管理层愿意与员工分享决策权呢？这有许多原因。（1）当工作变得十分复杂时，管理人员无法了解员工所有的情况和各个工作细节，若允许员工们参与决策，可以让了解更多情况的人有所贡献；（2）现代的工作任务相互依赖程度很高，有必要倾听其他部门的意见，而且彼此协商之后产生的决定，各方面都能致力推行；（3）参与决策可以使参与者对做出的决定有认同感，有利于决策的执行；（4）参与决策可以提供工作的内在奖赏，使工作显得更有趣、更有意义。由于这些特点，参与管理尤其受到年轻一代和高学历员工的重视。

许多研究探讨了参与管理和绩效之间的关系，但研究结果不一致。仔细考察一项研究会发现参与管理对提高员工生产力、士气与工作满足感，只有些许影响。当然，这并不意味着在适当条件下使用参与管理是毫无益处的，它所表达的意思是，参与并不是提高员工绩效的万全之策。

2. 代表参与

几乎西欧的所有国家都有某种形式的立法，都要求公司实行代表参与（representative participation）。也就是，工人不是直接参与决策，而是由一小群工人的代表进行参与。代表参与已被认为是"世界上最广泛的以立法形式出现的员工涉入形式"。代表参与的目的是在组织内重新分配权力，把劳工放在和资方、股东的利益更为平等的地位上。

代表参与最常采用的两种形式是工作委员会和董事会代表。工作委员会（Works Councils）把员工和管理层联系起来。他们是一群被任命的或被选举出来的员工，当管理部门作出人事决策时必须与之协商。例如，在荷兰如果一家荷兰公司被另一家公司接管，必须提前通知原来的工作委员会，并且如果委员会反对，它有30天时间去拿到一个法律禁令以阻止接管。董事会代表（board representatives）是进入董事会并代表员工利益的员工代表。在一些国家，法律要求大公司必须确保员工代表和股东代表在董事会中有相同的席位。

代表参与对员工的整体影响是微乎其微的。例如，有证据表明，工作委员会成员由管理层控制，对员工或组织几乎没有什么影响力。尽管员工参与的这种形式可能会提高这些代表的满意度和激励水平，但对那些被代表者而言却并非如此。总之，代表参与的最大价值只是象征性的。如果一个人对改变员工态度或提高组织绩效感兴趣，代表参与不是一个好的选择。

3. 质量圈

讨论和应用最广泛的、正式的员工参与形式可能就是质量圈。质量圈概念常被看作日本公司以低成本生产高质量产品的一种技术。质量圈最初起源于美国，20 世纪 50 年代传到日本。被日本企业发扬光大，在日本，每九个员工就有一个是质量圈的成员，可见这种形式在日本是普遍流行的。20 世纪 80 年代，质量圈在北美和欧洲风行一时。

所谓质量圈（quality circle），是指由 8 个～10 个员工和监管者组成的共同承担责任的一个工作群体。他们定期会面——常常是一周一次——讨论质量问题，探讨问题的成因，提出解决建议以及实施纠正措施。他们承担着解决质量问题的责任，对工作进行反馈并对反馈进行评价，但管理层一般保留建议方案实施

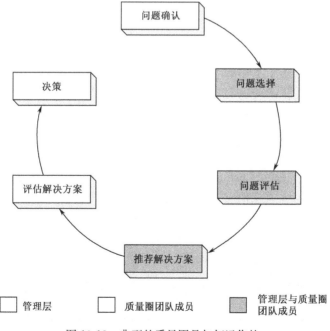

图 10-13 典型的质量圈是如何运作的

与否的最终决定权。当然，员工也并不一定具有分析和解决质量问题的能力。因此，一部分质量圈思想包含给参与的员工讲授群体沟通技巧，各种质量策略，测量和分析问题的技术，图 10-13 描述了一个典型的质量圈程序。

质量圈可以提高员工生产力和满意度吗？有些证据表明质量圈更有可能对生产力产生积极影响。质量圈对员工满意度几乎没有任何影响，并且尽管许多研究得出质量圈对生产力有积极影响的结论，但这些影响并不是一定存在的。许多质量圈方案未能带来预期的效果，从而导致大量方案停止使用。

一个学者甚至这样说，尽管质量圈是 20 世纪 80 年代的管理时尚，但它已"成为一种失败"。他对这种令人沮丧的结果提出了两种可能的解释。

（1）员工参与实际上只有很少的时间。"这些方案最多每周使用一小时，其余的 39 小时没变化，一个人工作的 2.5％ 的变化怎么会带来重大影响呢？"

（2）质量圈实施的简易性常常会削弱其效果。质量圈被看作是一种简单的方法，它的实施几乎不需改变方案以外的任何方面。在许多情况下，管理部门的唯一重大参与是提供资金。所以质量圈成为管理部门推行人员参与的一种简单的方法。然而，不幸的是缺少计划性和高层管理部门的热忱常常会导致质量圈的失败。

4. 员工股份所有制方案

我们讨论的最后一种员工参与方案是员工股份所有制方案（employee stock ownership plans，ESOPs）。

员工所有制意味着很多事情，从持有其所在公司的一些股票的员工到在其拥有并独自经营的公司中工作的人。员工股份所有制方案是公司建立的福利方案，员工获得的股票是福利的一部分。例如，宝利来（Polaroid）约 20％ 的股票为员工所有；联合航空公司（United Airlines）是 55％；而爱维斯（Avis）和威尔顿钢铁公司（Weirton Steel）的股票则 100％ 为员工所有。

典型的员工股份所有制可以带来员工股份所有制信托。公司把股票或购买股票的现金委托给信托部门，然后再把股票分配给员工。虽然员工持有公司股票，但只要他们受雇于公司，他们一般不能获取股份所代表的实物，也不能出售自己的股票。

对员工股份所有制方案的研究表明它们可以提高员工满意度。另外，还常常带来更高的绩效。例如，一项研究对 45 个采用员工股份所有制方案的公司和 238 个传统公司作了比较，在雇工和销售增长方面，采用员工股份所有制方案的公司都要优于传统公司。

员工股份所有制方案具有提高员工工作满意度和工作激励水平的潜力。为使潜力成为现实，员工需要在心理上体验做主人翁的感觉。也就是说，员工除了仅仅具备财务股份外，还需要被定期告知企业的经营状况并拥有对公司的经营施加影响的机会。当具备了这些条件，员工对他们的工作会更满意，对其所在组织中的身份更满意，并积极地去做好工作。

(三) 员工参与方案与激励理论

员工参与方案运用了第二节所讨论的一些激励理论。例如，Y 理论和参与式管理是一致的，X 理论与更传统的专制管理方式相吻合。根据激励-保健理论，员工参与方案通过增加员工在工作中成长的机会、责任和参与工作本身可以为员工提供内部激励。同样，有作出和实施决策的机会，然后看着它们发挥作用，有助于满足员工责任、成就、认可、成长和自尊的需要。所以员工参与和 ERG 理论与刺激员工成就需要的努力是一致的。

(四) 员工参与方案的应用

在欧洲，德国、法国、荷兰和斯堪的纳维亚国家已稳固地建立了工业民主原则，并且其他国家，包括日本和以色列几十年来就在采用某种形式的代表参与。参与式管理和代表参与在北美组织中的推行速度要慢得多。但现在，强调参与的员工参与管理方案已经成为规范。尽管一些管理者继续反对分享决策权，他们面临的压力将迫使其放弃专制的决策方式而扮演一个参与性、支持性和指导性的角色。

质量圈怎么样呢？它们在实践中受欢迎的程度如何？许许多多的公司使用过质量圈，他们可以编成一部公司名人录，如惠普、数据设备、西屋、通用电气、得克萨斯仪器、内大陆钢铁（Inland steel）、施乐、柯达、宝利来、宝洁、控制数据、通用汽车、福特、IBM、马丁·马瑞塔、摩托罗拉、美国航空、TRW 等等。但是正如我们观察到的，质量圈远不是那么成功的。它们在 20 世纪 80 年代风行一时，很大程度上是由于其易于实施。20 世纪 90 年代许多公司放弃了质量圈而以更具综合性的团队结构代替。

员工股份所有制方案情况如何？它们成为最受欢迎的员工所有制形式。它们的使用者从 1974 年的极少数公司发展到现在的约一万个，覆盖超过 1 000 万名员工。许多有名的公司，如安赫瑟-巴士（Anheuser-Busch）、马丁·洛克希德（Martin Lockheed）、宝洁和宝利来都采用过员工股份所有制方案，许多不怎么有名气的公司也推行过这一方案。例如，密苏里的菲尔普斯县银行（Phelps Country Bank）仅雇用了 55 个人，然而银行的员工股份所有制方案已实行了 13 年，员工平均所有的份额超过 70 000 美元。一名年薪不到 20 000 美元的出纳员，通过它的员工股份所有制方案，一年后为银行节省了几乎相当于其年薪三倍的资金。

四、浮动工资方案

(一) 浮动工资方案的概念

计件工资、工资奖励、利润分成、奖金和收入分成都是浮动工资方案 (variable-pay programs) 的具体形式。这些报酬形式与传统方案的区别在于前者不仅仅是根据工作时间或资历决定工资，而是工资的一部分决定于个人或组织的绩效水平。和传统的基础工资方案不同，浮动工资不是一种年金，它是没有保障的，并不因为你去年拿了多少钱今年还会得到这个数目。由于有了浮动工资，报酬随着绩效水平上下波动。

正是由于浮动工资的波动才使之对管理人员有吸引力。它把一个组织的固定劳动成本的一部分转变为可变成本，这样在绩效降低的情况下可以减少费用。另外，把工资与绩效联系起来，使得收入只依赖于贡献的多少，而不在乎头衔的大小。绩效低的人发现他们的工资保持不变，而高绩效者的工资随贡献相应增长。

更广泛使用的浮动工资方案的四种形式是计件工资、奖金、利润分成和收入分成。

(二) 浮动工资方案的形式

1. 计件工资方案

计件工资已存在了近一个世纪，它们作为生产工人的薪资形式一直长盛不衰。在计件工资方案 (piece-rate pay plans) 中，对工人完成的每一个生产单位付给固定报酬。当一名员工没有固定的基本工资，仅仅根据他或她的产量付给报酬时，这是一种纯粹的计件工资方案。许多组织使用一种经过修改的计件工资方案，员工的报酬是基本的小时工资加上计件工资，这种经过修改的方案为员工的收入提供了一个底数，同时也提供了一种生产力的刺激因素。

2. 奖金

奖金可单独付给管理人员或所有员工。例如，数百万美元的年终奖金在美国公司中是司空见惯的。例如，罗伯特·A. 沃森在 1993 年由于成功的启动了西屋的资金运作而得到 1 000 万美元的奖金。奖金方案在组织内日益采取一种更大的网络以便包括更低层次的员工。这些方案更愿意把个体、群体和组织范围的绩效变量结合起来。例如，在美国电话电报公司个人奖金的最大部分是基于公司的整体效益。但是在斯考特造纸公司约 70% 与个人所在部门或分部的效益相连，另外的 30％取决于个人绩效。在斯考特奖金达到基本工资的 10％～25％是很平常的。

3. 利润分成方案

利润分成方案（profit-sharing plans）是组织范围的方案，它是根据公司利润制定的某一特定公式来分配报酬。这些报酬可以是直接的现金支付，也可以是股权，后者尤其针对高层管理人员。高层管理人员像迪斯尼（Disney）的首席执行官迈克尔·艾斯纳（Michael Eisner）的年收入超过二亿美元，其中绝大多数来自基于公司利润的股票收入。

4. 收入分成

这些年来得到最多关注的浮动工资方案无疑是收入分成（gains haring）。这是一个以公式为基础的群体激励计划。群体生产力的提高——从一个阶段到另一个阶段——决定用于分配的工资总量。生产节余的部分在公司和员工之间的分割可有多种比例，但 50：50 是最典型的。

收入分成难道和利润分成不是一回事吗？它们很相似但不是一回事。收入分成是根据生产收入而不是利润，对较少受到外部因素影响的具体行为给予奖励，甚至在公司不盈利的情况下员工也可以得到奖励性报酬。

浮动工资方案有成效吗？它们可以提高激励水平和生产力水平吗？答案是理直气壮的——"是"。例如，曾发现收入分成在大多数情况下可以提高生产力水平并常常对员工态度有积极影响。美国管理协会对实行收入分成计划的 83 个公司的研究发现，平均而言，不满降低了 83％，缺勤降低了 84％，浪费时间的事件减少了 69％。从员工的角度看，浮动工资的不足是不可预见性。有了直接的基本工资，员工知道他们将得到什么，考虑到工作成绩和生活费用，他们能相当准确的预算他们明后年的收入。他们可以根据这些合理的稳定假设购买汽车和房屋。对浮动工资来说这比较难做到。群体的绩效今年可能下滑，或者经济萧条可能降低公司的利润，这些因素会降低你的工资。而且，人们开始把每年的绩效奖金认为是理所当然的。一个重复了三年的 15％～20％的奖金水平会成为第四年的期望水平，如果不能兑现，员工会有不满情绪。

（三）浮动工资方案与期望理论

浮动工资方案可能和期望理论的预测最为一致。尤其是如果要使激励水平达到最高，个人应能看到他们的绩效和报酬之间有密切联系。如果报酬完全由非绩效因素所决定——像资历、职称——员工就可能降低努力水平。

有证据证实这种联系的重要性，尤其是那些采用计件工资制的操作工。例如，一项对 400 家制造业公司的研究发现，那些实行工资奖励方案的公司比没有实行的公司生产力水平高 43%～64%。

群体和组织范围内的奖励能够强化和鼓励员工为部门或组织的最大利益升华个人目标。以群体绩效为基础的奖励也是那些努力形成较强团队意识的组织的一种自然延伸。通过把团队绩效和报酬相联系，员工就会被激励为所在团队的成功作出额外的努力。

（四）浮动工资方案的应用

浮动工资是一个正在迅速代替每年增长的生活费用的概念。原因之一是它具有激励作用，但不要忽视它的潜在成本。奖金、收入分成和其他浮动工资方案避免了持续的工资增长造成的固定费用的增加。

绩效工资作为管理人员的报酬形式流行了 10 多年。新趋势是将其扩展到非管理层的员工。1989 年，44% 的公司对高级管理人员以外的员工也实行绩效工资方案；1991 年增加到 51%。

1993 年对 382 家大中型企业的调查发现，约 3/4 的公司运用浮动工资刺激生产力。另一项调查发现 1993 年美国 14% 的公司用绩效奖金完全代替了每年的加薪，1994 年公司数上升到 21%。

收入分成看来仅仅在大型的有工会的制造企业中受欢迎。现在大约 2000 家公司在使用，包括一些大公司，如贝尔和豪威尔（Bell & Howell）、美国安全须刨（American Safety Razor）、锦标火花塞（Champion Spark Plug）、辛辛纳提米拉康（Cincinnati Milacron）、伊顿（Eaton）、火石轮胎（Firestone Tire）、胡克化工（Hooker Chemical）、米德纸张（Mead Paper）。

在那些还未采用绩效报酬方案的公司中产生了一些共同的问题：管理者被绩效的构成及如何评估所困扰，他们必须消除与生活费用调整相关联的历史性因素以及有义务使员工工资的增长和通货膨胀保持同步的信念。其他的障碍包括工资水平和竞争者的保持一致，主要根据特定的工资级别和相对较小的工资幅度的传统的薪资制度，导致夸大了的评估和期望所有报酬的绩效评估体系。当然，从员工角度来看，主要问题在于可能使收入降低。绩效工资意味着工人不仅从雇主那里得到报酬而且必须分担风险。这恰好可以解释杜邦的纤维制品部门为什么放弃了浮动工资方案。这个部门 1989 年实行浮动工资计划，它的 20 000 名工人同意减少每年的平均加薪，以换取可能得到其工资的 12% 的绩效奖金的机会。第一年的奖金仅为工资的 3%，第二年一点儿没有。员工士气降到新低谷，管理部门急忙在 1991 年取消了这个方案并加薪 4%。

五、技能工资方案

(一) 技能工资方案的概念

技能工资是岗位工资的替代物,技能工资(skill-based pay)不是根据一个人的职称确定他的工资级别,而是根据员工掌握了多少种技能和能做多少工作来确定。例如,在宝利来公司,一名机器操作员最高的收入是每小时 14 美元,实行技能工资方案后,如果机器操作员能拓宽其技术面,掌握像材料计算、设备保养和质量检查这样的技能,他的收入可增加 10%。如果他能掌握一些他的监管者的技能,收入会更高。

技能工资方案的吸引力何在?从管理者的角度来看是其灵活性。当员工的技能可互换时填补职位空缺较容易。在 1990 年许多组织裁员时尤其如此。裁员需要更多的多面手和更少的专业家。技能工资鼓励员工掌握更多的技能。技能工资还有其他的优点:由于人们能更好地理解其他人的工作,所以有利于组织内的沟通,减少了破坏性的"工作区保护"行为。只要存在技能工资的地方,你就不可能听到"这不是我的工作"。技能工资还有助于那些面临最少发展机会的有抱负的员工满足其需要。这些人可以在不提升职称的情况下增加其收入和丰富其知识。最后,技能工资制可以提高绩效水平。对《幸福》杂志 1000 家公司的广泛调查发现,实行技能工资方案的公司 60%的人认为方案在提高组织绩效方面是成功的或非常成功的;只有 6%的人认为是不成功的或非常不成功的。

技能工资方案的缺陷是什么?掌握了方案所要求他们学习的所有技能的员工就能脱颖而出。当员工被一个学习、成长和不断加薪的环境挑战时,易受挫折,技能会过时。这时管理部门应该做些什么?减少员工工资还是继续按不相关的技能支付工资?对那些获得了与本职工作不直接相关技能的员工也存在这个问题。IDS 财务服务公司(Financial Services)发生过这样的情况:公司发现即使员工的新技能几乎没有什么直接用处也要付给其更高的工资。IDS 最后放弃了技能工资方案,实行一项在工作团队中均衡个体的贡献和收入的方案。最后,技能工资方案没涉及到绩效水平。它们只关注某个人是否掌握某些技能。对某些技能而言,如检查质量或领导一个团队,绩效水平是不明确的。尽管评估员工掌握每一项技能的程度如何并且和技能工资方案联系起来是可能的,可这并不是技能工资方案固有的一部分。

(二) 技能工资方案与激励理论

技能工资方案和几种激励理论都是一致的。由于它们鼓励员工学习,扩展其技能和成长，所以和 ERG 理论相吻合。在那些较低层次需要基本得到满足的员工中，经历成长机会可能是一个激励因子。

对提高了技能水平的员工付给更高报酬与关于成就需要的研究结论也是一致的。高成就者具有强烈的把事情做得更好或更有效率的动机。通过学习新技能或提高已掌握的技能的水平，高成就者就会发现他们的工作更富挑战性。

强化理论和技能工资之间也有联系。技能工资方案鼓励员工增强灵活性继续学习，接受多方面培训，成为全才而不是专才，以便和组织中的其他人合作，就管理者希望员工表现出这些行为而言，技能工资应该是一个强化因子。

技能工资还有公平的含义。当员工进行投入-产出比较时，技能比资历或教育之类的因素能提供更为公平的决定工资的投入标准。如果员工能把技能看作工作绩效中的关键变量，运用技能工资就可以增强公平感并有助于提高员工的激励水平。

（三）技能工资方案的应用

许多研究探讨了技能工资的使用情况和效果。这些研究的最终结论是技能工资日益推广，并且一般能带来更高的员工绩效和满意度。

在前面提到的关于《幸福》1000 家企业的研究发现在 1987 年和 1990 年间技能工资方案的使用迅速增加。在 1990 年，51％的美国大企业在至少一部分员工中实行技能工资，三年中增加了 25％。但是在采用技能工资的典型公司中，实施范围仅限于不到 20％的员工。另一项覆盖了更大范围的组织的研究证实了这一趋势。在 1800 家公司中，1993 年有 10％实行技能工资，但是有 25％的公司希望在一年内实行。

对 27 家属于掌握额外技术需要支付额外工资的公司的研究发现，70％～88％具有更高的工作满意度、产品质量或生产力。70％～75％具有低的生产成本或流动率。

另外的研究还发现了一些其他有趣的趋势。在那些面临着强有力的国外竞争者的组织和产品生命周期短、进入市场快的公司中，把技能作为确定工资基础的现象尤为明显。另外，技能工资的使用范围从基层人员发展到白领阶层，有时甚至是管理人员。

技能工资的时代看来到来了。正如一名专家指出的，缓慢地却是必然地，社会正在变成一个以技能为基础的社会。你的市场价值与你能做什么和掌握了什么技能相联系。在这个新世界中，真正重要的是技能和知识，把人们作为有工作者毫无意义。把人们作为掌握特定技能的人并按这些技能付酬才是有意义的。

六、灵活福利

(一) 灵活福利的概念

灵活福利 (flexible benefits) 是指允许员工从众多可能的福利项目中，选择一组适合他们的需要和情况的福利。它改变了传统的使用了 50 年的"一种福利计划适用于所有人"的现象。

在美国按平均而言一般组织提供的福利大约是员工工资的 40%，但是传统的福利方案是为 20 世纪 50 年代的典型员工设计的——一个男人和他的妻子，两个孩子。现在不到 10% 的员工属于这种情况；25% 的员工是单身；1/3 的双收入家庭没有孩子。这样，传统方案便不能满足今天各种员工的需要。而灵活福利却可以满足不同的需要。组织为每个员工建立一个灵活的、通常以他们工资的一定百分比为基础的消费账目，并为每种福利标明价格。选择项目可能包括便易医疗方案，承保项目较少；昂贵医疗方案，承保项目较多；听力、牙齿和眼睛保险；假期选择；一系列的储蓄和养老金方案；生活保险；大学教育费补偿方案；延长的假期。然后员工选择福利项目，直到他们账户中的钱用完为止。

(二) 灵活福利与期望理论

给予员工同样的福利是假设所有的员工有同样的需要。当然，我们知道这个假设是错误的。所以灵活福利是把福利的消费转变为激励因素。

和期望理论的主旨相一致，组织的报酬应该和个人目标相联系。灵活福利通过允许员工选择最能满足他们当前需要的报酬组合 (compensation package)，使报酬个体化。灵活福利可以把传统的单一福利方案转变为激励因素。这一变化在一家公司得到了验证：当实施灵活福利计划时，80% 的员工改变了他们的福利组合。

(三) 灵活福利的应用

1987 年美国有 22% 的大公司采用灵活福利方案，到了 1991 年约 38% 的美国大公司采用灵活福利方案，在员工少于 50 名的公司灵活福利方案甚至成为常规，似乎表明灵活福利制的时代已经到来。

让我们来看一看灵活福利方案的优缺点。灵活性对员工有吸引力，是因为他们可以根据自身需要来确定福利的种类和覆盖的范围。主要缺陷是，从员工角度看是个人福利的成本经常上涨，所能购买的福利总量减少。例如，低冒险性员工使每个人的医疗计划成本保持在较低水平。如果允许他们退出，高冒险性员工占了大部分，医疗福利成本会上升。但从组织角度看，优点是灵活福利能带来节约。许多组织通过实行灵活福利增加保险费。而且一旦实行了，成本的增加要求员工必须基本接受。对组织来说不足之处是这些方案管理部门更难控制，并且实施费用常常很高。

七、可比较价值

（一）可比较价值的概念

两个人从事同样要求的工作，需要相同的教育和培训，承担相近的责任。一个人的工资明显比另一个人高，这公平吗？当然不公平！这类情况实际上并不少见。妇女报酬较低，不公平的根源何在？一些经济学家会认为这仅仅反映了劳动力市场的供需情况；另一种解释——获得日益增多的支持者——这些差异是性别歧视的结果。

女性占主导的工作（如小学教师、护士、图书管理员）的报酬低于男性占主导的工作（如卡车司机、厨师、伐木工），即使前者与后者有同等或更大的可比较价值。这种不公平激发了人们对可比较价值这一概念的强烈兴趣。

可比较价值（comparable worth）认为组织内具有同样价值的工作应支付同等的报酬，不论这些工作的内容是否相同。也就是说，如果秘书和制图员（历史上分别被看作女性工作和男性工作）需要相似的技能，对员工提出类似的要求，那么就应付给相同的报酬，而不考虑外部市场因素。具体地讲，可比较价值认为应根据四个准则对工作进行评估和打分：技能、努力、责任和工作环境。这些标准应进行加权并给定分数，然后用这些分数来评估和比较工作。

可比较价值是一个有争议的观点，它假设完全不同的工作也可以进行精确的比较。基于工作市场供求状况的工资水平常常是不公平的和有偏见的，这样工作等级就可确定并能客观的评分。

（二）可比较价值与公平理论

可比较价值把"同样的工作付给同样的工资"的观念扩展到包括不相同却具有可比性价值的工作。这是对公平理论的直接应用。

只要从事低工资工作的妇女仅仅与其他从事妇女占主导地位的工作的妇女相比较，她们就不可能感到性别带来的不公平，但是当选择其他的参照对象时，不公平常常就很明显了。这是因为所谓的妇女工作被低估了价值。看看下面的例子。你在大学读了六年，取得了图书馆科学硕士学位，并且在过去的四年内在一所公共图书馆作为一名辅助图书管理员承担越来越多的责任。你现在的工资是每月 2 460 美元。你弟弟是一名清洁车司机，他毕业于中等专业学校，没受过大学教育，也工作四年了，他每月工资 2 625 美元。如果你是那位图书管理员，你会把你的工作和你弟弟的相比较并得出你的工资偏低的结论吗？

工作等级反映了传统上的性别歧视并导致报酬不公平，可比较价值提供了一种潜在的解决方法。例如美国的工作等级确实反映了性别歧视。在对华盛顿州工人的研究中，文秘管理人员比化学家得分高，尽管化学家的工资要高 41%；售货员比卡车司机的得分高，但卡车司机的收入要高 30%。对于那些在存在性别歧视的工作等级中工作的妇女，可比较价值的使用应该能减少不公平并提高工作激励水平。

（三）可比较价值的应用

在美国平均来说，男子每收入 1 美元，妇女收入约 75 美分。存在差距的部分原因可归于市场因素。例如，专业工作的准备期男子一般为 4.2 年，妇女只有 0.4 年。男子的任职期一般为 12.6 年，妇女只有 2.4 年。但即使考虑到客观差异，也还存在其他许多差异。这些差异正是可比较价值要研究的。

在美国，可比较价值的问题几乎与公共部门的全部工作有关。20 个州都专门制定法律或政策在州民事服务方面实施可比较价值标准。其他一些州近期也在调查它们劳工中的性别工资不公平现象。在私立部门，加拿大的安大略的活动最为重要和显著。

安大略省（有 900 多万人口）在 1987 年通过了报酬公平法案。它划分了男性和女性的工作等级，确定了工作评估标准，确保公立和私立部门具有可比较价值的工作的报酬公平。考虑到这一方案可能给雇主带来的负担，法律允许有一个 5 年的过渡期。

这项法规的作用不可低估。例如，零售厂商伊顿公司在安大略省的 580 项工作中有 15 000 名员工。评估和比较这些工作需要四名全日制的员工，工资的调整一年要花费几百万美元。加拿大的一个地区批发厂商给采购员——主要是男性——的工资是每年约 30 000 美元，他们所要做的工作就是填写从仓库里取走的货物的单据。从事需要相同技能工作的女打字员的工资只有 18 000 美元。她们的工资将会增加到至少 30 000 美元。

安大略省可能是加拿大众多省中第一个制定私立部门可比较价值法律的。其他省也正朝着类似的方向前进。

由于消除工资不公平的高成本，商业企业并不太赞成可比较价值的观点。当颁布可比较价值法规时，企业管理人员常常组织起来游说反对。他们的观点着眼于允许市场力量决定工资水平的重要性。可比较价值的支持者用统计数据说明，文化力量和社会的工资体系导致了一些工作中的性别歧视，只有法规才能提供直接的解决方法。

八、工作设计

三百六十行，每种工作都有自己的特点。有的工作较为简单、枯燥，有的则较有趣味、富有挑战性。这就势必导致不同工作在人们眼里具有不同的价值。因此，如何改造工作方式、方法成了激励人们工作动机的重要途径之一。

（一）工作设计的概念和形式

（1）工作设计。工作设计（job design）是指将任务组合构成一套完整的工作方案，确定工作的内容和流程安排。几个世纪来，这个课题一直是工程师和经济学家感兴趣的内容。最初，工作设计几乎是工作专门化（job specification）或工作简单化（job simplification）的同义语。1776年，亚当·斯密在《国富论》（Wealth of Nations）一书中指出，把工作划分为一系列小部分，让每个人重复执行其中的一小部分，可以减少工作转化浪费的时间，并提高熟练性和技能，从而提高生产率。这就是所谓的分工效益。

（2）科学管理。20世纪初，泰勒提出了科学管理（scientific management）原则，主张用科学方法确定工作中的每一个要素，减少动作和时间上的浪费，提高生产率。这实际上就是一种工作设计。从经济角度看，这种方法的确效益很高。但这种设计把工作更加机械化，忽视人在工作中的地位，结果使人更加厌倦枯燥的工作，导致怠工、旷工、离职，甚至罢工等恶性事件。人不是机器，不是流水线上的部件，而是有血有肉，有需求的。工作设计必须考虑人性的因素。

（3）工作轮换。工作轮换（job rotation）是让员工在能力要求相似的工作之间不断调换，以减少枯燥单调感。这是早期为减少工作重复最先使用的方法。这种方法的优点是不仅能减少厌烦情绪，而且使员工能学到更多的工作技能，进而也使管理当局在安排工作、应付变化、人事调动上更具有弹性。工作轮换的缺点是使训练员工的成本增加，而且一个员工在转换工作的最初时期效率较低，使组织有所损失。

（4）工作扩大化。工作扩大化（job enlargement）是指在横向水平上增加工作任务的数目或变化性，使工作多样化。这种方法从20世纪50年代起开始流行。例如，邮政部门的员工可以从原来只专门分拣邮件，增加到也负责分送到各个邮政部门。然而工作扩大化的成效并不理想。它只是增加了工作的分类，并没有改善工作的特性。正如一位员工所说："我本来只有一件令人讨厌的工作，工作扩大化后，变成了有三项无聊的任务。"这促使人们开始考虑如何将工作本身丰富化。

（5）工作丰富化。工作丰富化（job enrichment）是指从纵向赋予员工更复杂、更系列化的工作，使员工有更大的控制权，参与工作的规则制订、执行、评估，使员工有更大的自由度、自主权。这一方法从 20 世纪 60 年代兴起，而今已成为组织管理中相当重要的一种概念和手段。

（6）社会技术系统。社会技术系统（sociotechnical systems）是 20 世纪 60 年代创建的另一项工作设计。和工作丰富化一样，这一技术也是针对科学管理把工作设计过细提出的。

社会技术系统与其说是一种工作设计技术，毋宁说是一种哲学观念。其核心思想是，如果工作设计要使员工更具生产力而又能满足他们的成就需要，就必须兼顾技术性与社会性。技术性任务的实施总要受到组织文化、员工价值观及其他社会因素的影响。因此，如果只是针对技术性因素设计工作，难于达到提高绩效的预期，甚至可能适得其反。

（7）工作生活质量。工作生活质量（quality of work life，简称QWL）旨在改善工作环境，使员工需要考虑建立各种制度，使员工分享工作内容的决策权。具体而言，改善工作质量的形式有：增加工作的多样性和自主权，使员工有更多成长与创新的机会；允许参与决策；改善工作团队之间的互动关系；减少监督程度，增加员工自我管理的程度；扩大劳资双方的合作等等。不难看出，这些工作设计的方法符合多种激励理论的主张，包括 Y 理论、激励保健理论、ERG 理论、期望理论。

（二）工作特性模式

每种工作都有其自身特性，这些特性可从五个方面予以描述，而这五个方面的特性就构成此种工作的特性模式（job characteristics model，JCM）。这一模式可作为评估该工作、预测员工士气、绩效、满足感的重要参考。

这五个核心维度如下：

（1）技能多样性程度（skill variety）。为完成工作任务而需要员工具备的才能的程度。例如，汽车维修站的技师往往是多面手，能修理引擎、检查电路、车体整形，并懂得如何同顾客打交道，因而技能多样性程度高。汽车生产流水线上的技工通常只会干单一的活计，如上螺丝、喷漆。

（2）任务的完整性（task identity）。工作是否包括一项任务的完整过程，并明确看到工作结果。例如，一个木匠从一件家具的设计、裁料、制作、上漆及最后的修饰，进行的是完整的工作，并最终看到自己劳动的成果。家具厂的工人则通常只是干一道工序，如制作桌子腿。

（3）任务的重要性（task significance）。工作对其他人的生活或他人的工作有多大的影响意义。例如，医院里的护士对病人有直接的意义，较为重要，而清洁工的工作相对影响较小。

（4）自主性（autonomy）。工作使员工具有多大程度的自由、独立性、裁决权、支配权。如电话安装技工总要外出作业，可以自行安排一天的工作如何进行，决定怎样安装更方便省事，工作时不必受人监督。而电话接线员则须恪守规程，电话一来就必须立刻处理，工作相对受外因支配。

（5）反馈程度（feedback）。工作是否能使员工直接、明确地了解工作绩效。例如，电子设备总安装线上的员工马上就能知道自己套装的收音机是否成功，可线路板焊接车间的员工则只能等测试部门鉴定。

这五个维度决定了工作的特性模式。其中前三者使员工了解工作的意义，而自主性赋予员工责任感，反馈则使员工了解工作成果。员工在这五方面感受越深，工作本身对他提供的内在奖励就越大，其士气、绩效、满足感就越大。因此，可以从这五个方面评估工作的激励程度。方法为

$$激励的强度 = \frac{技能的多样性 + 任务的完整性 + 任务的重要性}{3} \times 自主性 \times 反馈度$$

对这个公式的严格性，准确性有一些争议，但它的确从一定程度上反应了工作特性与激励的关系。

（三）工作设计的应用

工作设计的具体方法主要有使工作丰富化和组织自主性工作团队。

1. 工作丰富化

工作丰富化可以采用以下一些手段实施：

（1）任务组合。把现有零碎的任务结合起来，形成范围较大的工作，增加技能多样性和任务完整性。

（2）构成自然性的工作单元，使员工能从事完整的工作，从而看到工作的成果，看到工作的意义和重要性。

（3）与客户建立联系，从而增加工作的技能多样性、自主性和反馈度。

（4）纵向扩充工作内涵，赋予员工一些原本属于上级管理者的职责和控制权，以此缩短工作的"执行层"与"控制层"之间的距离，增加自主性。

（5）开放反馈渠道，使员工不仅可知道自己的绩效，也可知道是否是进步、退步或没有变化。最理想的是让员工在工作中直接受到反馈，而不是由上级间接转达。这可以增加自主性，减少被监督意识。

2. 组织自主性工作团队

自主性工作团队（autonomous work teams）是工作丰富化在团体上的应用。

自主性工作团队对例行工作有很高的自主管理权，包括集体控制工作速度、任务分派、休息时间、工作效果的检查方式等，甚至可以有人事挑选权，团队中成员之间互相评价绩效。自主性工作团队有三个特性：（1）成员之间工作相互关联，整个团队最终对产品负责；（2）成员们拥有各种技能，从而能执行所有或绝大部分任务；（3）绩效的反馈与评价是以整个团队为对象。

从应用方面看，瑞士沃尔沃（Volvo）汽车公司在 20 世纪 60 年代就采用自主性工作团队，美国通用食品（General Food）公司在 20 世纪 70 年代开始采用。如今，采用这一做法的企业越来越多，如通用汽车公司和丰田汽车公司的合资企业，就是用自主性工作团队的方式制造雪弗莱（Chevralet Novas）和丰田柯罗拉（Toyota Corolla）轿车的。具体方法是，把汽车厂的员工分为一些小团队，规定各个团队的工作，并监督各个团队的生产成效。这些团队有很大的自主权，自己执行每天的质量检查（而过去这是由另一组员工进行的）。通用汽车公司打算把这种制度推广到它的 32 家汽车装配厂中。

从上述的激励策略的论述中可以提取出一个一般性的激励原则：只有受到被激励人的重视和以良好绩效为根据，一个激励因素才有激励作用。这一原则完全适合于学习理论、激励的过程理论和需要理论。而且，不管有关的激励因素是钱还是来自于完成一个令人感兴趣的工作，或是实现一个挑战性的目标的感觉等等，它都是适用的。对于这一原则，有一个简单的推论：必须适当采用激励方法并加以适当管理。把数额微小的钱同绩效挂钩、发给所有员工同等数量的劳绩工资，在表面上使工作丰富化或者设立不实现的目标等等只能破坏激励原则。危害还不仅如此，员工可能认为这种策略错误是傲慢的恩赐或十足的不公正，因而对他们的工作生活质量有严重的消极影响。这样一种结果可能难以吸引和保持一支胜任的和承担义务的工作队伍。

人的工作绩效取决于他的能力和激励水平，即积极性的高低。根据这一点，管理者的重要任务之一，就是要着重研究激励的心理活动过程是怎样进行的。想办法激发动机、强化动机，运用动机的机能，影响员工的行为。把组织目标变成每个员工自己的需要，并把企业的利益与满足员工个人的需要巧妙地结合起来，使人们积极地、自觉自愿的努力工作。这就是激励所要解决的问题。

激励是指引起行为的一种刺激，是促进行为的一种重要手段。在某一特定情况下，受激励的行为将产生一定的结果。激励所研究的问题，就是认识和掌握这种因果关系的规律。

人类生产活动的根本动机是从欲望出发的。形成欲望要具备两个条件：一是缺乏，有不足之感；二是期望，有求足之愿望。两者结合成一种心理现象，就是欲望。人类欲望是具有无限性、关联性、反复性和竞争性等特点。

如果能正确运用人类欲望的特性，在满足员工欲望的同时，又能实现组织目标，就可以使企业与员工双方受益。

在这一章，我们主要讨论和比较了几种流行的激励理论，评价了一些激励技术和方案。如果你作为一名管理者想要激励你的员工，那么你能从这一章的理论中得到哪些具体建议呢？在这方面没有一个简单的、放之四海而皆准的行为指南。但是，以下这些建议会对我们如何激励员工有实质性的帮助。

（1）认清个体差异。几乎所有的当代激励理论都认为每个员工都是一个独特的不同于他人的个体。他们的需要、态度、个性及其他重要的个体变量各不相同。比如，期望理论对内控型人比外控型人预测的更准确。为什么？因为前者认为自己的生活在很大程度上由自己所掌握，这与期望理论中的自我利益假设是一致的。

（2）使人与职务相匹配。大量研究证据表明将个体与职务进行合理匹配能够起到激励员工的作用。比如，高成就需要者应该从事小企业的独立经营工作，或在规模较大的组织中从事相对独立的部门运作，但是如果是在大型官僚组织中从事管理工作，候选人必须是高权力需要和低归属需要的个体。同样道理，不要让高成就需要者从事与其需要不一致的工作，当他们面对中等挑战水平的目标，并且具有自主性和可以获得信息反馈时，能够做的最好。但是记住，不是每一名员工都会因工作的自主性、变化性和责任感而受到激励。这类工作只对高成就需要者具有很强的吸引力和激励作用。

（3）运用目标。目标设定理论告诉我们，管理者应确保员工具有一定难度的具体目标，并对他们工作完成的程度提供反馈。对于高成就需要者来说，外部目标的重要性则比较小，他们靠内部动机激励，但高成就需要者在任何组织中显然都是少数。

目标是应该由管理者单独设定呢，还是应该让员工参与设定？答案取决于你对目标的可接受性和组织文化的认识。如果你预期到目标会受到抵制，那么使用参与做法将会增加目标的可接受性程度。如果参与做法与组织文化相抵触，则应由管理者单独设定目标。因为当两者相抵触时，员工很可能会把参与做法看作被组织所操纵，因而会拒绝这种方式。

（4）确保个体认为目标是可达到的。无论目标是否可以真正达到，如果员工认为目标无法达到，则他们的努力程度就会降低。因而管理者必须保证员工充满自信心，让他们感到只要更加努力，就可以实现绩效目标。对于管理者而言，这意味着员工必须能胜任他的工作，而且他们感到绩效评估系统是可靠而有效的。

（5）个别化奖励。由于每位员工的需要不同，因此对某人有效的强化措施，可能并不适合其他人。管理者应当根据员工的差异对他们进行个别化的奖励，管理者能够支配的奖励措施包括加薪、晋升、授权、参与目标设定和决策的机会。

（6）奖励与绩效挂钩。管理者必须使奖励与绩效相统一，只有奖励因素而不是绩效才能对其他因素起到强化作用。主要的奖励如加薪、晋升应授予那些达到了特定目标的员工。管理者应当想办法增加奖励的透明度，如消除发薪的保密性，代之以公开员工的工资、奖金及加薪数额，这些措施将使奖励更加透明，更能激励员工。

（7）检查公平性系统。员工应当感到自己的付出与所得是对等的。具体而言，员工的经验、能力、努力等明显的付出项目应当在员工的收入、职责和其他所得方面体现出不同。但是，在公平性问题上，存在着众多的付出与所得的项目，而且员工对其重要性的认识也存在差异，因而这一问题十分复杂。比如，一项对比白领、蓝领员工的研究确定出将近 20 项付出与所得项目。研究发现，白领员工将工作质量、工作知识列在付出因素的首位，但蓝领员工却将这些因素列在付出因素的末位，他们认为最重要的付出因素是智力和个人对完成任务的投入，这两个要素对于白领员工的重要性程度却很低。在所得方面，也同样存在着差异，只不过差异不太显著。比如，蓝领员工将晋升放在很高的位置，但白领员工却将它的重要性排在第三位。这些差别意味着对某人具有公平感不一定对其他人也有公平感，所以理想的奖励系统应当能够分别评估每一项工作的投入，并相应给予合适的奖励。

（8）不要忽视钱的因素。当我们专心考虑目标设定、创造工作的趣味性、提供参与机会等因素时，很容易忘记金钱是大多数人从事工作的主要原因。因此，以绩效为基础的加薪、奖励及其他物质刺激在决定员工工作积极性上起着重要的作用。有一篇综述报告概括了 80 项评价激励方式及其对员工生产率影响的研究，其结论证实了这一观点：当仅仅根据生产情况来设定目标时，生产率平均提高了 16%；重新设计激励机制以使工作更为丰富化，生产率水平提高了 8%～16%；让员工参与决策的做法，使生产率水平提高了不到 1%；然而，以金钱作为刺激物却使生产率水平提高了 30%。在这里我们并不是要管理者仅仅注重金钱因素，而只是提供了客观的证据：如果金钱作为一种刺激手段被取消，那么人们就不会在工作中付出更多努力，但是取消目标、丰富化的工作或参与决策这些因素却不会出现这种状况。

复习与思考

1. 解释下列概念：

（1）激励；（2）需要；（3）激励因素；（4）内在激励与外在激励；（5）自我效能感；（6）分配公平与程序公平；（7）质量圈；（8）技能工资。

2. 解释下面的公式：绩效＝f（能力×激励×机会）。

3. 描述和比较马斯洛的需要层次论和奥德弗的 ERG 理论、赫兹伯格的激励-保健理论的异同。

4. 认知评价理论在管理实践中有何作用？

5. 把目标设置理论和目标管理程序联系起来，它们的相似点和区别是什么？

6. 组织行为模式怎样影响员工的激励水平？

第十一章 压 力

在这一章，我们首先描述个体的价值系统，概括态度与行为之间的关系，解释工作满意度的决定因素。然后，考察工作压力的来源和反应。最后，探讨组织应采取什么样的措施来减轻员工的压力感。

第一节 价 值 观

一、价值观

价值观（values）代表一系列基本的信念：从个人或社会的角度来看，某种具体的行为类型或存在状态比与之相反的行为类型或存在状态更可取。这个定义包含着判断的成分，这些成分反映了一个人关于正确和错误、好与坏、可取和不可取的观念。价值观包括内容和强度两种属性。内容属性告诉人们某种方式的行为或存在状态是重要的；强度属性表明其重要程度。当我们根据强度来排列一个人的价值观时，就可以获得一个人的价值系统（value system）。每个人的价值观都是一个层次，这个层次形成了每个人的价值系统。这个系统通过我们赋予自由、快乐、自尊、诚实、服从、公平等观念的相对重要性程度而形成层级。

价值观对于研究组织行为是很重要的，因为它是了解员工态度和动机的基础。同时它也影响我们的知觉和判断。每个人在加入一个组织之前，早已形成了什么是应该的、什么是不应该的思维模式。当然，这些观点不可能与价值观毫无关系，相反，它们包含着对正确与否的解释，而且，它们隐含着一种观念：某种行为或结果比其他行为或结果更可取。因此，价值观使客观性和理性变得含糊不清。

价值观通常影响一个人的态度和行为。假设你加入一个组织时认为以工作效绩作为报酬分配的基础是正确合理的，而以资历作为报酬分配的基础是错误的、不合理的。但是你进入的组织恰恰以资历作为付薪的基础而不是以绩效，你会作出什么反应呢？你很可能感到失望——这会导致你对工作不满意并且决定不付出更多的努力，因为它不可能给你带来更多的收入。如果你的价值观与组织的报酬政策一致，你的态度与行为是否会不同呢？可能性是很大的。

人们的价值系统来自何处？很明显，一部分是遗传的，其余部分受下列因素的影响：民族文化、父母行为、教师、朋友以及其他相似的环境因素。

对分开抚养的双胞胎进行的研究表明,大约 40% 的工作价值观是遗传获得的。所以一个人的亲生父母的价值观在解释他的价值观方面起着重要的作用。但是,价值观的大部分变异是由于环境因素决定的。

当我们还是孩子的时候,父母亲会告诉我们"你吃饭时不应该剩饭"。成功被认为是优良行为,而懒惰被认为是不良行为。为什么会这样呢? 答案在于,在每一种文化中,经过很长时间形成了特定的价值观,这些观念不断地得到强化。成就、和平、合作、公平和民主这些价值观一直是人们所向往的。这些价值观并不是一成不变的,但是,它们的改变非常缓慢。

我们所持的价值观中很大一部分是在早年形成的——从父母亲、教师、朋友们和其他人那里获得的。一个人关于对错的许多早期观点是受父母所表达出来的观点的影响而形成的。回顾一下你小时候关于教育、性别、政治的观点,大部分情况下,它们可能与你父母的观点是相同的。当你长大并接触了其他的价值系统以后,你可能已经改变了你的许多价值观。

有趣的是,价值观是相对稳定和持久的,这是由它自身的遗传成分和获得方式决定的。就第二点来讲,当我们是孩子时就被告知,某种行为或结果总是好的或不好的,没有中间状态。例如,你被告之你应该诚实和有责任感,你从没有被教导过要有一点诚实或有一点点责任感。当这种绝对地、黑白分明地掌握价值观的方式与占有重要部分的遗传因素相结合时,就或多或少地保证了价值观的稳定性和持久性。

当然,我们对价值观提出疑问的过程,可能会导致价值观的变化。我们可能作出决定不再接受这些基本的价值观。但更经常的情况是,对价值观的疑问强化了已经拥有的价值观。

二、价值观的分类

我们能够给价值观进行分类吗? 回答是肯定的。在这一节中,我们介绍两种划分价值类型的方法。

1. 奥尔波特的分类

奥尔波特 (G. Allport) 和他的助手对价值观的分类是该领域中最早的尝试之一。他们划分了六种价值观类型:(1) 理论型:重视以批判和理性的方法寻求真理;(2) 经济型:强调有效和实用;(3) 审美型:重视外形与和谐匀称的价值;(4) 社会型:强调对人的热爱;(5) 政治型:重视拥有权利和影响力;(6) 宗教型:关心对宇宙整体的理解和体验的融合。

奥尔波特和他的助手编制了一份问卷,这份问卷描述了大量的不同环境,答卷者从一系列选项中选出最符合自己的答案。根据被试者的答案，研究人员可以分别界定出这六种价值观对该答卷者的重要程度，并由此确定每一个答卷者的价值观类型。

通过这种方法，人们发现在不同的工作环境下这六种价值观对人有不同的重要性。例如，一个研究是比较教堂牧师、采购代理商和工业科学家的，毫不奇怪，对于宗教领导者而言，宗教价值观是最重要的，而经济价值观是最不重要的。另一方面，经济价值观对于采购决策者是最重要的。

2. 罗克奇价值观调查

米尔顿・罗克奇（Milton Rokeach）设计了罗克奇价值观调查问卷（Rokeach Value Survey，RVS），它包括两种价值观类型，每一种类型有 18 项具体内容。第一种类型，称为终极价值观（terminal values），指的是一种期望存在的终极状态。它是一个人希望通过一生而实现的目标。另一种类型称为工具价值观（instrumental values），这种价值观指的是偏爱的行为方式或实现终极价值观的手段。表 11-1 列出了每一种价值观的范例。

表 11-1 罗克奇价值观调查中的两种类型：终极价值观和工具价值观

终极价值观	工具价值观
舒适的生活（富足的生活）	雄心勃勃（辛勤工作，奋发向上）
振奋的生活（刺激的，积极的生活）	心胸开阔（开放）
成就感（持续的贡献）	能干（有能力，有效率）
和平的世界（没有冲突和战争）	欢乐（轻松愉快）
美丽的世界（艺术与自然的美）	清洁（卫生，整洁）
平等（兄弟情谊，机会均等）	勇敢（坚持自己的信仰）
家庭安全（照顾自己所爱的人）	宽容（谅解他人）
自由（独立，自主选择）	助人为乐（为他人的福利工作）
幸福（满足）	正直（真挚，诚实）
内在和谐（没有内心冲突）	富于想像（大胆，有创造性）
成熟的爱（性和精神上的亲密）	独立（自力更生，自给自足）
国家的安全（免遭攻击）	智慧（有知识的，善思考的）
快乐（快乐的，闲暇的生活）	符合逻辑（理性的）
救世（救世的，永恒的生活）	博爱（温情的，温柔的）
自尊（自重）	顺从（有责任感，尊重的）
社会承认（尊重，赞赏）	礼貌（有礼的，性情好）
真挚的友谊（亲密关系）	责任（可靠的）
睿智（对生活有成熟的理解）	自我控制（自律的，约束的）

一些研究证实了 RVS 价值观在不同的人群中有很大的差异，与奥尔波特的研究发现一致，相同职业或类别的人（例如公司管理者、工会成员、父母、学生）倾向于拥有相同的价值观。例如，一项研究比较了公司经营者、钢铁业工会的成员和社区工作者，结果表明三组人的价值观有很多是重叠的，但是，这三类人群也存在着显著的差异，如表 11-2 所示。社区工作者的价值偏好与其他两种人存在着很大的差异，他们认为平等是最重要的终极价值观，而公司经营者和工会成员却分别将这种价值排在第 14 位和第 13 位。社区工作者将"助人为乐"排在工具价值观类型里第二重要的地位，其他两类人都将它排在第 14 位。这些差异是很重要的，因为经营者、工会成员和社区工作者对公司所做的事情有不同的兴趣。当公司经营者与其他两类人中的股东坐在一起谈判或谈论有关公司的经济和社会政策时，他们可能从各自偏爱的不同的个人价值观出发——在那些个人价值观相当复杂的公司里，要想要对某个具体问题或政策达成一致意见可能是相当困难的。

表 11-2　经营者、工会成员和社区工作者的价值观排列（最高的五种）

经营者		工会成员		社区工作者	
终极价值观	工具价值观	终极价值观	工具价值观	终极价值观	工具价值观
1. 自尊	1. 诚实	1. 家庭安全	1. 负责	1. 平等	1. 诚实
2. 家庭安全	2. 负责	2. 自由	2. 诚实	2. 世界的和平	2. 助人为乐
3. 自由	3. 能干	3. 快乐	3. 勇敢	3. 家庭安全	3. 勇敢
4. 成就感	4. 雄心勃勃	4. 自尊	4. 独立	4. 自尊	4. 负责
5. 快乐	5. 独立	5. 成熟的爱	5. 能干	5. 自由	5. 能干

三、罗宾斯的四阶段模型

美国的管理学家斯蒂芬·P·罗宾斯（Stephen P·Robbins）把最近对工作价值观的大量分析研究整合成一个四阶段模型，试图去把握在美国的劳动力大军中不同的人群或不同时代的人的价值观（我们并没有假设这种框架普遍适用于所有的文化）。表 11-3 描述了雇员可根据他们进入劳动力队伍的不同年代而划分成几个群体。因为大部分人在 18～23 岁之间开始工作，因而这些时代与雇员的年龄有着紧密的联系。

成长过程受到大萧条、第二次世界大战、美国在世界制造业的领导地位、盟国伙伴关系和柏林危机影响的工人，在 20 世纪 40 年代中期至 50 年代末期进入劳动力队伍中，他们相信新教伦理的价值观。一旦被雇用，他们容易忠诚于他们的雇主，根据 RVS 的终级价值观，这些工人很可能认为舒适的生活和家庭安全最为重要。

表 11-3　当今劳动力中占主导地位的价值观

阶段	进入劳动力领域	现在的大概年龄	占主导地位的价值观
1. 新教理论	20 世纪 40 年代中期至 50 年代末期	55～75 岁	努力工作、保守、对组织忠诚
2. 存在主义	20 世纪 60 年代至 70 年代中期	40～55 岁	重视生活质量，不从众，寻求自主，对自己忠诚
3. 实用主义	20 世纪 70 年代中期至 80 年代末期	30～40 岁	成功、成就、雄心勃勃、努力工作、对事业忠诚
4. X 代	1990 年至现在	小于 30 岁	灵活、对工作满意、有闲暇时间、对关系忠诚

在 20 世纪 60 年代至 70 年代中期进入劳动力大军的员工深深地受到约翰·肯尼迪（John F · Kennedy）、人权运动、甲壳虫乐队、越南战争和生育高峰的影响，他们大多接纳嬉皮士道德观和存在主义哲学。他们更关注生活的质量，而不是挣钱的多少和财富积累的多少。他们对自主的向往使得他们对自己忠诚而不是对雇用他们的组织忠诚。根据 RVS，他们把自由和平等看得更高。

在 20 世纪 70 年代至 80 年代末进入工作领域的人反映出社会转向更传统的价值观，但是他们更加强调获得成就和物质的成功。这一代人，受到了里根的保守政策、防御计划、家庭主妇的双重职业、15 万美元起家的影响。出生在生育高峰末期，这些工人都是实用主义者，他们认为结果可以使手段合理化。他们把雇用他们的组织看作是职业生涯的工具。终极价值观中的成就感和社会认同感被他们放在较高的地位。

最后一类人包括现在著名的 X 代，他们的生活受到全球化、经济发展停滞不前、音乐电视、艾滋病和计算机的影响。他们追求灵活性、生活的选择权、工作满意的实现。家庭和关系对这群人是非常重要的，金钱是重要的职业效绩的评判指标，但是，为了获得更多的闲暇时间和扩大生活方式的选择范围，他们宁愿舍弃提薪、头衔、保险和晋升机会。为了寻求生活的平衡，这些新进入劳动力领域的雇员不如他们的上几代人那样，更愿意为了雇主的目标作出个人牺牲。在 RVS 中，他们对真正的友谊、幸福和快乐评价更高。

每一个人的价值观是不同的，但它可反映这个人成长时期的社会价值观，认识到这一点对于解释和预测行为有很大的帮助。例如，30 岁左右和 60 岁左右的雇员比现在的 40 岁左右的同事可能更保守，更容易接受权威。同时，30 岁以下的雇员比其他群体更可能拒绝周末还需要工作的职业，更可能在职业中途离开一项工作而去寻求能够提供更多闲暇时间的其他工作。

四、价值观、忠诚和道德行为

20世纪70年代末期商业道德有衰落的迹象吗？这是个有争议的问题。无论如何，许多人持这种看法。如果说道德标准已经衰落了，大概我们可以通过工作群体价值观的四个阶段（见表11-3）得出合理的解释。毕竟，管理者一直认为他们上司的行为是影响组织中道德行为和不道德行为的最重要因素。根据这个事实，那些中层和高层管理者的价值观应该对组织内的整体道德气氛承担主要责任。

整个20世纪70年代中期，管理阶层是由新教伦理类型（阶段1）的工作价值观所支配的，对这些人来说，忠诚的对象是他们的雇主。当面临道德冲突时，他们的决定是根据如何对他们的组织最有利来制定的。70年代中末期开始，具有存在主义价值观的人进入高级管理层，紧接着实用主义价值观类型的人也进入高层管理层中。20世纪80年代末期，大部分商业组织的中高层管理职位被第2和第3阶段的人所把持。

存在主义和实用主义价值观分别对自己和职业忠诚。他们强调内在，并且首要关心的是"争得第1名"。这种以自我为中心的价值观与道德标准的衰退是一致的。这是否有助于解释70年代末期商业道德的衰退呢？

从这种分析中我们也得到了一个潜在的好消息，即最近进入劳动力领域的新成员和明天的管理者可能会表现出较少的自我中心。因为他们是对关系忠诚，他们更可能考虑自己的行为对周围其他人的道德含义。结果会怎么样呢？我们可以预期在以后10年或20年里，管理层中价值观的变化会带来商业道德标准的回升。

第二节　态　　度

一、态度

在本书第六章已经谈到，态度（attitudes）是关于客观事物、人和事件的评价性陈述——要么喜欢要么不喜欢。它反映了一个人对于某些事物的感受。当我说"我喜欢我的工作"时，我是在表达我对工作的态度。

态度与价值观不同。但是二者有其内在的联系。这一点可以通过考察态度的三种成分来理解。态度的三个组成成分是：认知、情感和行为。

"歧视是错误的"这种信念是一种价值陈述，这样的观点是态度的认知成分（cognitive component of an attitude）。它为态度中更关键部分态度的情感成分（affective component of an attitude）奠定了基础。情感是态度的情绪或感情部分，它可以反映在下面的陈述中："我不喜欢张，因为他歧视少数民族。"最后，情感能够导致行为结果，后面我们将更深入地讨论这个问题。态度的行为成分（behavioral component of an attitude）指对某人或某事以一定的方式行动的倾向。所以，接着上面的例子，因为我对张的厌恶情感以至我可能选择躲避他。

把态度看成是由三部分组成——认知、情感、行为——有助于我们理解它的复杂性和态度与行为之间的潜在联系。但是为了更加明确，请记住，态度主要是指三种成分中的情感部分。

态度，像价值观一样，是从父母、教师、同辈群体那里获得的。我们天生具有某些遗传的素质。在我们小的时候，我们开始模仿我们崇拜的、尊敬的甚至是可能是我们害怕的人的态度。我们观察家庭成员和朋友们的行为方式，然后调整自己的态度和行为以便与他们保持一致。人们也模仿流行人物和那些他们敬仰和尊敬的人的态度。如果喜欢在麦当劳里吃东西是一件"正确的事情"，你很可能会持有这种态度。

与价值观不同，一个人的态度是不太稳定的。例如，广告信息就试图去改变你对某种产品或服务的看法；如果福特公司的人能够使你对他们的汽车产生喜爱感，这种态度就可能导致（对他们）有利的行为——你可能会购买福特的产品。

在组织中，态度很重要，因为它会影响工作行为。例如，如果工人们相信主管、审计员、上司和工作分析工程师都在阴谋使工人在同等或更少工资的条件下更加努力工作，那么，理解这种态度是怎样形成的，它们与实际工作行为的关系，以及它们可能如何改变就非常有必要了。

二、态度的类型

一个人可以有几千种态度，但是管理心理学或组织行为学的注意力集中在数量有限的与工作相联系的态度上。这些与工作有关的态度包括员工持有的对工作环境方面的积极的和消极的评价。管理心理学或组织行为学中的大多数研究集中在这三种态度上：工作满意度、工作参与和组织承诺。

1. 工作满意度

工作满意度指个人对他所从事的工作的一般态度。一个人的工作满意度水平高，对工作就可能持积极的态度；对工作不满意的人就可能对工作持消极态度。当人们谈论雇员的态度时，更多的是指工作满意度。事实上，这两个名词经常交互使用。因此，组织行为学家认为工作满意度是非常重要的，我们将在这一章后面的部分更深入地讨论这种态度。

2. 工作参与

工作参与（job involvement）是管理心理学或组织行为学中较新的概念。尽管对于这一名词的定义尚没有达成一致意见，但是有一个操作定义是：工作参与测量的是一个人在心理上对他的工作的认同程度，认为他的绩效水平对自我价值的重要程度。工作参与程度高的员工对他们所做的工作有强烈的认同感，并且真的很在意他们所做的工作类型。

人们发现，工作参与程度高与缺勤率低和流动率低相联系。不过，相比缺勤率来说，工作参与似乎对流动率提供了更稳定的预测，它可以解释流动率中16％的变异。

3. 组织承诺

我们讨论的第三种工作态度是组织承诺（organizational commitment）。其定义为：员工对于特定组织及其目标的认同，并且希望维持组织成员身份的一种状态。所以，高工作参与意味着一个人对特定工作的认同；高组织承诺则意味着对于所在组织的认同。

与工作参与类似，研究表明组织承诺与缺勤率和流动率呈负相关。事实上，一个人组织承诺的水平是预测流动率的更好指标，虽然人们过多地用工作满意度作为预测指标，组织承诺可以解释流动率中34％的变异。组织承诺之所以是一个更好的预测指标，原因在于它是对组织整体的更全面更长久的反应。一名员工可能对他现在的工作不满意，并认为这是暂时的现象，然而并不对组织的整体感到不满意。但是当不满意蔓延至组织本身时，员工更可能考虑流动。

三、态度对行为的影响

（一）态度与一致性

你是否曾经注意到人们是怎样改变他们所的话，以保持言行一致？可能你的一个朋友一直认为国产汽车的质量达不到进口汽车的质量，并且他只买国外进口的外国产品。但是他父亲送给他一辆最新款式的国产汽车之后，他便突然感到中国车并不是很差。或者，当一名大学新生想加入女生联谊会时，她认为女生联谊会是好的，并相信参加其活动很重要。然而，如果它没有被接纳成为联谊会一员，她可能会说："我觉得女生联谊会并不像人们热衷追求的那样好！"

研究得出的一般结论是，人们总是寻求态度之间的一致性以及态度和行为之间的一致性。这就意味着个体试图消除态度的分歧并保持态度与行为的协调一致，以便使自己表现出理性和一致性。当出现不一致时，个体会采取措施以回到态度与行为重新一致的平衡状态。要做到这一点，要么改变态度，要么改变行为，或者为这种不一致找一种合适的理由。

例如，ABC 公司的一名招聘者，他的工作是走访大学校园，确认合格的求职者，向他们宣传在 ABC 工作的益处。但是如果他自己认为 ABC 公司的工作环境很糟糕，而且对大学生毕业生提供的机会很少，他就会处于冲突状态。随着时间的推移，这名招聘者可能发现他对 ABC 公司的态度正朝积极的方向发展。他可能通过不断地宣传在 ABC 公司工作的优点，而使自己在实际上改变了态度。另一种可能是这名招聘者对 ABC 公司和公司对有前途的应聘者提供的发展机会持消极态度。他原来对公司的热情日益减少，并可能表现出对公司的公开指责。最后一种可能，这名招聘者可能认识到 ABC 不是理想的工作场所，但是考虑到作为职业招聘人员，他又不得不宣传在公司工作的积极一面。他可能进一步合理化：完美的工作场所是没有的，所以，他的工作不是对问题的正反面都进行宣传，而是只宣传公司美好的一面。

（二）认知不和谐理论

我们是否可以假设：如果知道了某人对某种事物的态度，我们就可以根据一致性原理来预测出个人的行为？如果约翰认为公司的报酬水平太低了，那么薪金水平的明显增长是否能改变他的行为，也就是说，使他工作更加努力呢？很遗憾，对于这个问题的答案是比较复杂的，不能简单地用"是"或"否"来回答。

在本书第五章及第六章，我们都讨论了认知不和谐理论，在这里，我们从管理心理与组行为的角度来讨论这一问题。20 世纪 50 年代后期，列昂·费斯廷格（Leon Festinger）提出了认知不和谐理论（theory of cognitive dissonance）。这个理论试图解释态度和行为之间的联系。不协调意味着不一致。认知失调指任何的不和谐，如个体可能感受到的两个或多个态度之间或者他的行为与态度之间的不协调。费斯廷格认为任何形式的不一致都是令人不舒服的，个体将试图去减少这种不协调和不舒服。所以，个体将寻找使不协调最少的稳定状态。

当然，没有人能够完全避免不协调状态。你知道在个人所得税方面的欺骗行为是错误的，但是每年你都逃避一部分税款，并且希望不会被审计出来。或者你要求你的孩子在每餐后刷牙，但是你自己却不这么做。那么，人们是如何处理这样的事情呢？费斯廷格认为降低不协调的愿望由下面三个因素决定：导致不协调的因素的重要性；个人认为他对于这些因素的影响程度；不协调可能带来的后果。

如果导致不协调的因素相对而言不太重要，则改变这种不平衡的压力就比较低。相反，举例来说，假如一名公司管理者——史密斯夫人坚信任何公司都不应该污染空气和水。不幸的是，由于工作的需要，史密斯夫人处在一个矛盾的位置上：为了公司的利益所制定的决策违背了她对于污染的态度。她知道将公司的废弃物倒入当地的河流中（为了讨论方便，假设这种行为是合法的）能使她的公司获得最高的经济效益，她该怎么办？很显然，史密斯夫人面临着高度的认识失调。因为在这个例子中因素的重要性，我们不能期望史密斯夫人忽视这种不一致。她可以采用以下几种途径来处理她所面临的困境：第一种是史密斯夫人可以改变她的行为（停止污染河流）；第二种是她可以认为这种不协调的行为毕竟不太重要，以此来减少不协调程度（"我不得不考虑生存问题，处在公司决策者的位置上，我不得不经常将公司的利益放在环境和社会利益之上"）；第三种途径是史密斯夫人改变她的态度（"污染河流并没有什么错"）；最后一种选择是寻找出其他因素来平衡不协调因素（"我们生产的产品的社会利益要大于河水污染给社会造成的损失"）。

　　个体认为他们对认知因素的影响程度影响到他们对不协调作出反应的方式。如果他们认为这种不协调是一种不可控制的结果——他们没有选择的余地——他们就不太可能去改变态度。例如，如果不协调产生的行为是老板指令的结果，这种减少不协调的压力就将比由于个人自发的行为所带来的不协调要小。尽管失调存在，但它可以被合理化或被辩解。

　　奖赏也影响个体试图减少不协调的动机。当高度不协调伴随着高奖赏时，可以减少不协调所产生的紧张程度。奖赏通过增加个体平衡的一致性来起到减少不协调的作用。

　　这些中介因素表明，仅仅因为个体经历过不协调，并不必定使他们直接寻求一致性，也就是说，朝减少不协调的方向努力。如果不协调带来的问题并不重要，如果个人认为这种不协调是外力强加的并且他个人根本不能控制，或者如果奖赏足够大，可以补偿不协调的损失，个体不会有太大的压力去减小失调。

　　认知不和谐理论对组织有什么意义呢？它有助于预测员工卷入态度和行为改变的倾向性。例如，如果由于工作需要要求人们去说或做与他们的个人态度相冲突的事情，他们将努力改变他们的态度，以便使他们的态度与他们的言行协调一致。而且，这种不协调的程度越大——被重要性、选择和奖赏因素调整以后——减少不协调的压力也就越大。

（三）A—B关系的测量

　　整个这一节我们都提到态度影响行为。关于态度的早期研究假设：态度与行为之间是因果关系，也就是说，人们所持有的态度决定了他们所做的事情。通常的感觉也表明了这种联系。人们所看的电视节目都是他们喜欢的节目，员工都在努力逃避自己讨厌的工作，这些现象不是很符合逻辑么？

然而，20 世纪 60 年代末期，一篇文章综述对这种态度与行为之间假设的关系（A—B）提出了挑战。在对大量调查 A-B 关系的研究报告的评估的基础上，研究者得出结论：态度与行为之间没有联系，或者最多只有很小的联系。最近更多的研究已经证明这种 A-B 关系可能通过考虑中介的权变变量而得到改善。

（1）中介变量。第一个中介变量是使用具体态度和具体行为，可以增加我们发现 A-B 间重要关系的可能性。谈论一个人对于保护环境的态度是一回事，但说到他对废物回收的态度则是另一回事。我们测量的态度越具体，确认的相关行为越具体，就越有可能表明态度和行为（A 和 B）之间的联系。如果你今天问周围的人他们是否关心保护环境，大部分人可能会说"是"。然而，这并不意味着他们会从垃圾箱中挑选出可再利用的物品。这种对是否关心环境保护问题的回答和再利用行为之间的相关可能只有 +0.20 左右。但是如果你问的问题更具体一些，例如，通过问一个人认为挑选出可再利用物品这件事上个人有多大的义务-态度和行为之间的相关可能会达到 +0.50 甚至更高。

第二个中介变量是社会对行为的限制。态度和行为之间的不一致可能是因为社会压力强迫个体按照一定的行为方式行动。例如，群体压力可以解释为什么一名持有强烈反对工会态度的员工会参加亲工会者组织的会议。

第三个中介变量是问题中所涉及的态度的体验。如果要评价的态度针对的是个人有过体验的事情，态度和行为之间的关系可能更强烈。例如，我们大多数人都会对几乎涉及任何问题的问卷作出回答。但是我同情在阿马冲（Amazon）濒临死亡的鱼的态度是否表明我会为拯救这些鱼的基金会捐款呢？可能不是！说明这个问题的一个很好的例子是要求没有工作经验的大学生评价影响他们坚持一份工作的各项因素的重要性，并据此来预测他们实际的流动行为，这样做怎么能反映态度与行为的关系呢？

（2）自我知觉理论。虽然大多数 A—B 研究得出了积极的结果——态度确实影响行为——不过在引入中介变量之前这种关系是很微弱的。但是，要获得有意义的相关，需要具体性、没有社会限制和一定的经验，这就对 A—B 关系的概括化进行了严格的限制。这就促使一些研究人员转向了另一个研究方向——考察行为是否影响态度。这种研究，称之为自我知觉理论（self-perception theory），并已经获得了一些有价值的成果。让我们简要地回顾一下这个理论。

当问一个人关于某事物的态度时，个体首先回忆他们与这种事情有关的行为，然后根据过去的行为推断出对该事情的态度。所以如果一名雇员被问到她在埃克森公司作为一名薪资报表职员的感受时，她可能会想："我在埃克森做这项薪资报表职员工作已经 10 年了，所以我肯定喜欢它！"可见，自我知觉理论认为态度是在事实发生之后，用来使已经发生的东西产生意义的工具，而不是在活动之前指导行动的工具。

　　自我知觉理论得到了广泛的支持。尽管传统的态度-行为之间的关系通常是正向的，但这种关系非常微弱。与之相反，行为-态度之间的关系却相当强。由此我们可以得出什么结论呢？它似乎表明我们擅长于为我们的行为寻找理由，而不擅长于去做有理由应该做的事。

四、态度调查

　　上面的观点不应降低我们利用态度来预测行为的信心。在组织背景下，管理人员想要了解的大多数态度都是员工们有所体验的态度。如果能具体陈述有关态度的问题，管理者可以获得足够的信息，这对制定与员工有关的决策具有相当的指导意义。但是管理者如何获得员工态度的信息呢？最普遍的方法是使用态度调查（attitude surveys）。

　　表 11-4 提供了一个态度调查表的一般形式。典型的态度调查给员工们呈现出一系列陈述或问题。理想情况是这样的，针对管理层希望了解的具体信息而专门设计这些项目。通过把个人问卷中对每一个条目回答的分数相加可以得到一个人的态度分数，以这些分数为基础还可以得到工作群体、部门、整个组织的平均数。

表 11-4　态度调查示例

使用下面的评价标准回答每一个问题。
5＝非常同意　4＝同意　3＝不确定　2＝不同意　1＝强烈反对

问　题	分数
1. 这家公司是非常好的工作场所。	———————
2. 如果我努力的话，我可以在这家公司里出类拔萃。	———————
3. 这家公司的工资水平比其他公司有竞争力。	———————
4. 员工晋升决策都很公平。	———————
5. 我了解公司提供的各项福利待遇。	———————
6. 我的工作能充分发挥我的能力。	———————
7. 我的工作具有挑战性，但负担不重。	———————
8. 我相信并信任我的上司。	———————
9. 我可以随时将我的想法告诉我的上司。	———————
10. 我知道我的上司对我的期望。	———————

　　态度调查的结果经常令管理层十分惊讶。例如，迈克尔·吉利兰德（Michael Gilliland）拥有并经营一家有 12 个食品市场的连锁店。他和他的管理人员开发出一份有 10 个项目的工作满意调查问卷，利用这个问卷他对所有的员工一年调查两次。近来吉利兰德惊讶地发现最糟糕的抱怨来自那些拥有最好的工作条件和最优厚的待遇的商店员工身上，仔细分析结果发现，尽管这家商店的经理相

当受欢迎，但因为他对员工的绩效评估有问题，并且没能解雇一位工作业绩特别差的员工，从而令员工们十分失望。吉利兰德的一个助手说："我们以为这应该是最快乐的一个店，但它不是。"

在 BP 开发公司（BP Exploration）进行的一项全公司范围的态度调查表明：员工不满意他们的直接上级管理他们的方式。作为对调查结果的反应，管理层引进了一种正式的自下而上的绩效评估系统，让公司的 12000 名员工评价他们上司的管理绩效。现在管理者更加注重他们员工的需要，因为员工的态度在组织中对决定管理者的未来起着重大作用。

定期使用态度调查能够为管理者提供关于员工如何感觉他们的工作环境的有价值的反馈信息。与我们在第四章中对知觉的讨论一致，管理层认为客观公正的政策和实践可能被大多数员工或其中一部分员工认为是不公正的。这些误解会导致对组织和工作的消极态度，这对管理层是十分重要的。因为员工的行为是建立在他们知觉基础上的，而不是建立在事实之上。请记住，即使管理层有客观的事实表明一个员工的薪水事实上已相当高了，但是员工自己觉得薪水太低，还是会辞职，这与他因为薪水确实太低而辞职的情况是一样的。定期使用态度调查能够提醒管理层潜在的问题，并且及早了解员工的意图，以便采取行动防止出现消极的影响。

第三节 工作满意度

在这一章的开始部分，我们已经简要地讨论了工作满意度。这里我们要更仔细地剖析这个概念。如何测量工作满意度？今天是不是大多数的工人对他们的工作感到满意？什么因素决定工作满意度？工作满意度对员工的生产率、缺勤率和流动率有什么影响？我们将在这一节逐一解答以上问题。

一、工作满意度的测量

我们在前面把工作满意度定义为个体对他的工作的一般态度。很显然这是一种相当广泛的定义。然而这是概念的内在本质。请记住，一个员工的工作不仅仅是处理文件、接待客人或驾驶卡车这些显而易见的活动。任何工作都要求与同事和上司相互交往，遵循组织的规章制度，符合绩效评价标准，生活在与理想相差甚远的工作环境中等等。这意味着员工对他们的工作满意或不满意的评估是大量独立的工作因素的复杂总和。那么，我们如何测量这个概念呢？

两种应用最广泛的手段是单一整体评估法（single global rating）和由多种

工作要素组成的总和评分法（summation score）。单一整体评估法只是要求个人回答一个问题，例如"把所有的因素考虑在内，你对自己的工作满意吗？"然后被试者就从数字 1-5 中圈出一个合适的数字，这些数字分别代表从"非常满意"到"非常不满意"的程度。另一种方法——工作要素总和评分法——是一种更复杂的方法。它首先要确认工作中的关键因素，然后询问员工对每一个因素的感受。典型的因素包括工作性质、上级主管、目前的收入、晋升的机会和与同事的关系。根据标准量表来评价这些要素，然后将分数相加就产生了工作满意度总分。

这两种测量方法哪一种更优越呢？直觉上看，好像对许多工作要素回答的总和反映能够得出关于工作满意度的更精确的评价。然而，研究结果并不支持这种直觉。这属于极少见的情况之一：简单优于复杂。有人对只有一个问题的整体评估法和更繁琐的工作要素总和法进行了比较，结果表明前者更有效。对这一结果的最好解释是因为工作满意度概念的内涵太广，单个问题实际上成了一种包容性更广的测量方法。

二、工作满意度的决定因素

我们现在来看看这样一个问题：哪些与工作有关的因素决定了工作的满意度？一篇对文献的全面综述表明，决定工作满意度的重要因素是具有心理挑战性的工作、公平的报酬、支持性的工作环境和融洽的同事关系，最后，不要忘记个性与工作的匹配。

1. 心理挑战性的工作

员工更喜欢选择具有心理挑战性的工作：这些工作能够为他们提供机会使用自己的技术和能力，能够为他们提供各种各样的任务，有一定的自由度，并能对他们工作的好坏提供反馈。这些特点使得工作更富有挑战性。挑战性低的工作使人感到厌烦，但是挑战性太强的工作会使人产生挫折和失败的感觉。在中度挑战性的条件下，大多数的员工将会感到愉快和满意。

2. 公平的报酬

员工希望分配制度和晋升政策能让他们觉得公正、明确、并与他们的期望一致。当报酬公正地建立在工作要求、个人技能水平、社区工资标准的基础之上时，就会导致对工作的满意。显然，不是每一个人都只是为了钱而工作。许多人宁愿接受较少的报酬，而在一个自己喜欢的地点工作、或者选择工作要求较少的工作，或者选择有更多自主性和自由支配时间的工作。但是报酬与满意之间的联系关键不是一个人的绝对所得，而是对公平的感觉。同样，员工追求公平的晋升政策与实践。晋升为员工提供的是个人成长的机会，更多的责任和社会地位的提高。因此，如果员工觉得晋升决策是以公平和公正为基础作出来的，他们更容易从工作中体验到满意感。

3. 支持性的工作环境

员工对工作环境的关心既是为了个人的舒适，也是为了更好地完成工作。研究证明，员工希望工作的物理环境是安全的、舒适的，温度、灯光、噪音和其他环境因素不应太强或太弱，例如，太热或太暗。除此之外，大多数的员工希望工作场所离家比较近，干净，设备比较现代化，有充足的工具和机械装备。

4. 融洽的同事关系

人们从事工作不仅仅为了挣钱和获得看得见的成就，对于大多数员工来说，工作还满足了他们社会交往的需要。所以，毫不奇怪，友好的和支持性的同事会提高对工作的满意度。上司的行为也是一个决定满意度的主要因素。研究发现，当员工的直接主管是善解人意的、友好的，对好的绩效提供表扬，倾听员工的意见，对员工表现出个人兴趣时，员工的满意度会提高。

5. 个性与工作的匹配

在第九章，我们已经介绍了霍兰德的个性与工作匹配理论。霍兰德得出的一个结论是员工的个性与职业的高度匹配将给个体带来更多的满意感。他的逻辑基本上是这样的：当人们的个性特征与所选择的职业相一致时，他们会发现自己有合适的才能和能力来适应工作的要求，并且在这些工作中更有可能获得成功；同时，由于这些成功，他们更有可能从工作中获得较高的满意度。对霍兰德的结论进行的一些重复性研究几乎得到了完全支持性的结论。因此，把人格与工作相匹配这个因素加到我们所列出的决定工作满意度的因素当中是很重要的。

三、工作满意度对员工绩效的影响

管理者对工作满意度的兴趣，集中在工作满意度对员工绩效的影响上。研究人员已经认识到这种兴趣，所以，我们发现大量研究的设计意图是用来评价工作满意度对员工的生产率、缺勤率和流动率的影响。让我们看一看目前已有的研究成果。

（一）满意度与生产率

在 20 世纪 50 年代至 60 年代，许多综述报告对几十项研究进行了回顾，这些研究都试图建立满意度和生产率之间的关系。这些综述报告指出并没有发现一致的关系。20 世纪 90 年代，尽管研究远远不够清楚明确，但我们还是能从这些证据中得出一些线索。

关于满意度和绩效关系的早期观点可以基本上概括成一句话"快乐的工人是生产率最高的工人"。在 20 世纪 30 年代至 50 年代，管理者表现出家长式工作作风，就是为了使工人满意，如成立公司保龄球队、建立信用合作社、公司集体出外野餐、为员工提供咨询服务、训练主管对下属所关心问题的敏感性等。但是，快乐工人为主题的信念主要是建立在希望的想法上，而不是确凿的证据上。对有关研究进行的一项细致的考察表明，如果满意与生产力之间有积极关系的话，这种相关也是极低的——微弱到大约 +0.14 左右。但是，引进中介变量后，这种关系就可能改善。例如，当员工的行为不受外在因素控制或限制时，这种相关性将会更高。举例来说，一个从事与机器步调同步工作的员工，其生产率将更多地受到机器速度的影响，而不是他的工作满意度水平的影响。同样，证券经纪人的生产率受到证券市场运行的限制。当股票市场上升和交易量增加时，不管是满意的经纪人还是不满意的经纪人都将收到更多的佣金。相反，当市场不景气时经济人的满意水平也不太可能意味着太多的东西。工作水平似乎也是一个重要的中介变量。对于工作水平较高的员工来讲，满意度和绩效之间的相关比较高。因此我们可以期望对于在专业技术、监督和管理岗位上的人来说这种相关关系更加强烈。

对满意度和生产率问题关注的另一个焦点是因果关系箭头的方向。大多数探讨二者关系的研究所采用的研究设计无法证明哪个是原因、哪个是结果。控制了这种可能性的研究表明：更站得住脚的结论是生产率导致满意感而不是满意感导致生产率。如果你的工作做得很好，你会从内心里感觉良好。另外，假设组织奖励生产率的话，那么较高的生产率会增加你被口头表扬的次数，提高你的收入水平，增加晋升的可能性。反过来，这些收获又会提高你对工作的满意度。

最近的一项研究为最初的满意度和绩效间的关系提供了新的支持。如果在组织整体水平而不是在个体水平上收集满意和生产率的数据，我们发现，拥有高满意度员工的组织比那些低满意度员工的组织更有效。如果其他的研究也能重复得到这个结论的话，那么可以这样讲：我们之所以还没有得到足够的证据支持"满意导致生产率"的结论是因为我们过去的研究集中在个体水平上而不是组织水平上，而且，关于生产率的个体水平上的测量指标未能全面考虑到工作过程的复杂性和交互作用。

（二）满意度与缺勤率

研究发现在满意和缺勤之间存在着一种稳定的消极关系，但是这种相关仅达到中等水平——通常小于 0.40。尽管通常认为不满意的员工更可能缺勤，但是其他因素影响着这种关系，并减小了相关系数。例如，病假工资和健康工资的问题。

关于满意是如何直接导致出勤率的一个出色的例证，是西尔斯和罗巴克（Sears & Roebuck）作的一项研究。在这里，其他因素的影响降低到最小程度。有关满意度的材料是西尔斯从在芝加哥和纽约两个总部工作的员工身上得到的。除此之外，值得一提的是公司的政策：不允许员工因为可以避免的原因而缺勤，否则要受到惩罚。由于芝加哥 4 月 2 日一场反常的暴风雪的发生，为比较在芝加哥工作的员工的出勤率与在纽约工作的员工的出勤率提供了机会。在纽约，天气是相当好的。在这项研究中，一个有趣的维度是暴风雪为芝加哥员工创造了不去工作的借口，大雪使城市的交通处于瘫痪状态，每个人都知道他们今天可以不上班，且不受到任何惩罚。这个自然实验，可以比较两个地区满意和不满意员工的出勤记录：一个地方的员工必须去上班（处于正常的上班压力下），而另一个地方的员工可以自由选择而不会受到惩罚。如果满意感能导致出勤，则在没有外部因素的影响时，在芝加哥有较高满意度的员工应该来上班，而不满意的员工则可能呆在家里。研究发现，4 月 2 号这天，纽约的员工中，满意群体和不满意群体的缺勤率一样高。但是在芝加哥，高满意感的员工出勤率比那些低工作满意感的员工出勤率高得多。这些发现准确地说明了我们认为的满意与缺勤的负相关关系。

（三）满意度与流动率

满意度和流动率之间也是负相关的，而且这种相关比我们发现的满意度与缺勤率之间的相关程度更高。但是其他因素，如劳动力市场的状况，改变工作机会的期望，任职时间的长短，都对是否真正决定离开自己目前的工作岗位起着重要的限制作用。

有证据表明，满意度与流动关系的一个重要中介变量是员工的绩效水平。尤其特别的是，预测高绩效者的流动情况时，满意水平并不重要。为什么呢？一般来讲，组织都会作出相当的努力来挽留这些高绩效的员工。他们给员工提高工资，给予更多的表扬和认同，增加晋升机会等等。而对那些低绩效的员工则采用相反的方式，组织很少会挽留这样的人，甚至可能制造一些微妙的压力鼓励他们辞职。所以，我们可以认为，工作满意度对于低绩效者的影响大于对高绩效者的影响。不管满意度水平如何，高绩效者更可能呆在组织里，因为他们接受到的认可、表扬和其他报酬为他们的驻留提供了更多的理由。

与我们先前讨论的有关个体满意度的稳定性一致，我们毫不奇怪地发现，一个人对生活的一般态度调节着满意度和流动的关系。具体地讲，那些比别人抱怨更多的员工，与那些对生活持更积极态度的员工相比，当他们对工作不满意时更不愿意辞职。所以，当两个员工报告的工作不满意的水平相同时，最可能辞职的人是从总体上对生活抱乐观态度的人。

四、员工对工作不满意的反应

在我们结束有关工作满意度这个问题的讨论之前，还有最后一个要点：员工可以通过各种方式来表达他们的不满意。例如，员工可以抱怨、反抗、窃取组织的财产或者逃避工作中的一部分责任，这些做法比辞职更普遍。图 11-1 为我们提供了两个维度下的四种不同的反应。两个维度是：假设性和破坏性；积极性和消极性。我们定义如下：

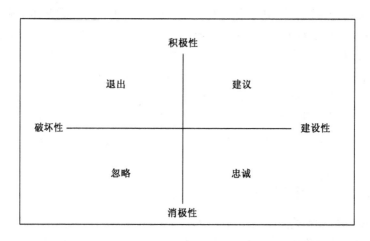

图 11-1　对工作不满意的反应

(1) 退出（exit）。离开组织的行为。包括寻找一个新的职位或辞职。

(2) 建议（voice）。采取积极性和建设性的态度试图改善目前的环境。包括改进的建议，与上级讨论所面临的问题和某些形式的工会活动。

(3) 忠诚（loyalty）。消极地但是乐观地期待环境的改善。包括面临外部批评时为组织说话，相信组织及其管理层会作出正确的事。

(4) 忽略（neglect）。消极地听任事态向更糟糕的方向发展。包括长期缺勤和迟到，降低努力程度，增加错误率。

退出和忽略行为包括了我们的绩效变量——生产率、缺勤和人员流动。但是这一模式涵盖了更多的员工反应，包括了建议和忠诚，这些建设性行为使得个体能够容忍不愉快的情境或者重新回到满意的工作环境中。这有助于我们理解这样的情境，低工作满意度伴随着低流动率，这种情况在工会成员中时有发生。工会成员经常通过抱怨生产过程或通过正式谈判等形式表达他们的不满意。这些呼吁机制允许工会成员继续从事他们的工作，并使他们相信自己能够采取行动去改善环境。

第四节　压　　力

一、压力

(一) 压力

日本人创造了一个词，叫做过劳死，意思是因工作过度劳累引起心脏病发作或中风而暴死。在日本，一天工作 16 小时的人并不罕见。专家估计，每年因工作过度劳累而死亡的日本人有 10 000 人。

1983～1993 年，美国 12 个邮政业务领域发生了 12 起枪击事件，有 34 人丧生，20 人受伤。据说在所有的事件中，工作压力是其中一个重要的原因。邮政服务行业的工会领导人列举了邮政员工的各种压力，如果在机器上以每秒一封信的速度分检信件；根据主管人员确定的速度发送信件；应付独断专行的上司等等。

在北美，大部分大公司正在裁员，没有被解雇的员工则被要求承担起更重的工作量，结果就导致了员工紧张感的增加。

最近对美国 600 名工人进行的抽样调查发现，46％的员工认为他们的工作是高度紧张的；34％的员工说，他们的工作压力太大以至与他们想辞职。

当企业裁员和进行重组时，经理人员经历着商业史上最为严厉的考验。给经理们带来的压力感的还不只是变革的快节奏，真正使他们感到压力的是现在生意场上发生的事情会对他们的日常生活产生影响。生产和销售指数在不断地攀升。但除此之外的其他事情却似乎正在下滑：企业运作费用预算、旅行津贴、花销账目、工资增长、晋升机会等等。最令经理人员痛苦的是，经理人员原来是为了构建组织，增强企业势力而服务的，现在却要他们拆自己的墙角。本来需要增加人员，壮大企业的力量，而现在却恰恰相反，他们正不得不面临裁员的选择。

越来越多的管理者、高级职员以及其他经理人员正遭受着心力交瘁的痛苦。尽管这不是一个医学上的准确定义，心力交瘁有其可辨别的症状，它是长期经受压力的结果。美国的一位精神病专家唐纳德·罗森（Donald E. Rosen）说："这些受害者往往对人冷漠，感到空虚。对原来的自己很满意的事情也不再有什么满意感了。他们对自己所做的工作的价值充满了疑问。"每天，他们都讨厌去上班。这种现象不仅仅发生在某个早上，所有的早上都会发生这种现象。

上面列举的事实表明，工作压力是组织中的一个严重问题。在本节中，我们将考察工作压力的起因与后果，以及员工和组织应采取什么样的措施来缓解工作压力。

在继续探讨之前，有一点要明确，即压力问题在个个层次、群体层次和组织层次上的含义是各不相同的。我们在下面将说明，个体压力会因个体的个性、角色冲突、工作设计等可变因素的影响而得到增强。因此就组织系统而言，工作压力是一个多层次的概念。

压力（stress）是一种动态情境，在这种情境中，个体要面对与自己所期望的目标相关的机会、限制及要求，并且这种动态情境所产生的结果被认为是重要而又不确定的。这个定义很复杂，现在我们来具体地加以分析。

压力本身不一定是件坏事，但一般讨论的是其负面影响，其实它也有积极的、有价值的一面。它意味着潜在的收益机会。举个例子，运动员或舞台演员们在"紧要关头"往往会有超常水平的发挥，如果他们不是利用压力的积极作用来抓住机会，发挥出他们相当或接近最大化的水平，他们就不可能创造出优异的成绩。

一般说来，压力总是与各种限制（constraints）和要求（demands）相联系的。前者会阻碍一个人去做自己想做的事，而后者则会使自己丧失所渴望得到的事物。因此，当你在学校参加考试或在工作岗位上参加全年工作绩效评估时，你会感到有压力。因为你要面对各种机会、限制和要求。好的绩效评定结果可能导致晋升，更大的责任，更高的报酬；相反，如果绩效较差，则可能使你失去提升的机会，很差的绩效结果还可能导致自己被解雇。

潜在压力变成现实压力的两个必备条件是：活动结果具有不确定性，而且这个结果很重要，另外还要具备的条件是，个人不能确定机会能否被抓住，限制因素能否被排除，损失能否被避免。当这个几项条件都具备后，压力才会产生。也就是说，对于自己的成功与失败无法确定的人压力感最强，而认为自己败局已定的人压力感最小，但同时还必须考虑结果的重要程度。如果认为输赢都无所谓，就不会产生压力感。很显然，如果保住职位或得到提拔对你来说无足轻重，你就没有理由为要经受绩效评估而感到压力。

（二）压力来源

哪些因素会致压力感的生产？它会给员工个人带来何种后果？为什么在同样

的条件下，有人压力感很强，有人却很弱？如图 11-2 所示的模型有助于回答这些问题。

该模型确认了三方面潜在的压力源：环境的、组织的和个人的。这几个方面的因素是否会导致现实压力感的形成取决于个体差异，如工作经验与个人认识等等。当个体体验到压力感时，其外化的反应有三类：行为反应、生理反应、心理反应。

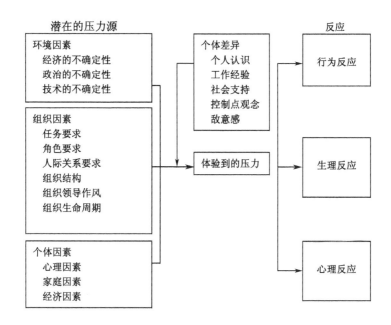

图 11-2 压力模型

图 11-2 的模型显示了三种类型的潜在压力：环境的、组织的和个人的。我们现在来逐个分析潜在的压力因素。

1. 环境

环境的不确定性不仅会影响组织结构的设计，它也会影响组织员工的压力水平。

商业周期的变化会造成经济的不确定性。经济紧缩时，人们会为自己的安全保障而倍感压力。20 世纪 30 年代经济大萧条时期，美国的自杀率达到顶峰绝非偶然。较小的经济衰退同样也会导致压力水平的上升。与经济的下滑相伴随的，往往是劳动力减少、临时解雇人数增多、薪水下调、工作时间缩短等后果。

政治的不确定性在伊拉克这样的国家中，会给工人带来较大压力。即使是在像美国和加拿大这样的国家里，政治变革或政治威胁也总是会诱发压力感。举个例子，加拿大的魁北克省想与政府谈判达成一项协议，使其独特的法式文化的地位得到认可与保护，这就增强了加拿大政治的不确定性。双方未能达成一致协议使得魁北克的独立愿望化为泡影，但是问题尚未全面解决之前，这个难题肯定会使某些加拿大人，尤其是那些居民住在魁北克省内却不懂法语的人压力感增强。

新技术革新使一个员工的技术和经验在很短时间内过时。因此，技术的不确定性，是引发压力感的第三类环境因素。电脑、自动化、机器人及其他形式的技术创新会威胁到许多人，使他们产生压力感。

2. 组织

组织内有许多因素能引起压力感，例如，所做的不是自愿做的事或在有限的时间内完成工作，工作负担过重，同事令人讨厌，难以相处的老板等，都会给员工带来压力。《华尔街日报》就此做了一项调查，其结果如表 11-5 所示。我们从任务要求、角色要求、人际关系要求、组织结构、组织领导作风、组织生命周期这几个方面，对组织因素作了分类。

表 11-5　工作中压力产生的主要原因

因　素	回应百分比*
所做的不是自己愿意做的事	34%
在有限时间内完成工作	30%
工作负担过重	28%
同事令人讨厌	21%
难以相处的老板	18%

　*百分比相加超过 100%，因为一个人可以做多种选择，也就是说，引起一个人压力感的原因有多种。

（1）任务要求。任务要求，是指一些与个人所从事的工作有关的因素，包括个人工作的设计（自主性、任务的丰富性、自动化程度）、工作条件、体力消耗程度等。自动生产线速度过快时，会给员工带来压力；个人工作与其他人的工作之间相互依赖性越强，个人越可能产生压力，但是工作自主性能减轻工作压力。如果工作环境的温度、噪音、污染及其他条件有危险或不受欢迎，会使员工焦虑感增强。如果让员工在一个干扰较多的透明空间或在一个过于拥挤的房间工作，员工焦虑感也会增强。

（2）角色要求。角色要求，是指个人在组织中扮演的特定角色给他带来的压力。角色冲突会带来一些难以协调而且又难以实现的个人预期；员工被要求去做很多事，又得不到足够的时间，他就会产生角色过度负荷感；角色预期不清楚，员工不知道他该做些什么时，就会产生角色模糊感。

（3）人际关系。人际关系要求，是指由于其他员工的缘故而带来的压力，如果个人缺乏同事的社会支持，与同事关系紧张，都会使员工产生相当的压力感，而对于那些社交需要较高的员工来说，这种情况尤为普遍。在组织外部，一个人常常能够停止和不喜欢的人来往。当人们在一起工作的时候，这种选择常常是做不到的。此外，人际关系不相容的压力能够在组织中蔓延。换句话说，人际关系不相容不仅本身正在产生压力，而且能够通过影响工作绩效造成进一步的压力。下属同上级个性不和，可能会使上级给下属作出不好的绩效评定，加大下属的压力。另外，下属可能花费很多时间抱怨领导或者试图"加强防御"，使其实际工作受到损害。显然，组织成员和其他同事、上级及下属的人际关系问题能够从车间一直扩展到管理阶层。

（4）组织结构。组织结构所界定的是，组织层次分化的水平，组织规章制度的效力，决策在哪里进行等等。如果组织规章制度过多，员工缺乏参与决策的机会，员工在工作中就会因此而受到影响。这就是组织结构变量可能成为压力源的例子。

（5）组织领导作风。组织领导作风，是指组织高层管理人员的管理风格。有些公司首席执行官的管理风格会导致一种以员工的紧张、恐惧和焦虑为特征的组织文化，他们会使员工在短期内产生幻觉式压力。他们对员工的控制过度严格，并经常解雇达不到其所要求标准的员工。

（6）组织生命周期。组织的运行是周期的，要经过初创、成长、成熟、最终衰退这四个阶段所组成的生命周期。这个过程会给员工带来许多不同的问题和压力。尤其在初创和衰退阶段，更加是压力重重。初创阶段的主要特点是，新鲜的东西很多，不确定性很强；而衰退阶段一般伴随着生产规模的缩小、解雇员工和另一种不确定性；在成熟阶段，组织的不确定性处于最低点。员工的压力感一般也处于最低水平。

3. 个体因素

上诉两类压力来源，在性质上均属于外在因素。除此之外，属于个人内在心理上的困难，也是形成压力的重要原因。在压力的心理因素方面，挫折与冲突是其中最重要的两项，也是压力的两种本形式。

（1）挫折。所谓挫折（frustration），在心理学上指个体动机性行为遇到障碍或干扰，致使个体动机不能获得满足的情绪和状态。对个体行为发生阻碍作用的，可能是人，可能是物，可能是社会环境或自然环境。个体在挫折情境下会产生烦恼、困惑、焦虑、愤怒等各种负面情绪所交织而成的心理感受，这种复杂的心理感受，称为挫折感。障碍或干扰是刺激，挫折感的反应。心理学家们所要研究的，也就是在挫折情境之下，分析个体因情景对其行为阻碍而产生的挫折感。

根据以上所述挫折之概念，我们可以想像，在日常生活中，随时随地都可能遇到挫折情境，因而产生挫折感。因挫折情境的阻碍，使人的生活目标无法达到，在诸多挫折感的交织之下，自将形成心理压力。

在组织环境中，产生挫折感的因素有以下四点：

1) 拖延。甚至在目标实际达到的时候，许多人由于拖延感到挫折。有些任务本来可以迅速地和轻易地完成，但往往由于组织整体上的设计问题，因为个别人而被拖延。例如你必须等另外一个同事打完了字后才能去打字，或办完一项手续才能办另外一项手续。除了这些例行之事的拖延外，在职业发展中，也有严重的拖延。

每一个组织都存在一个"一级压一级"的等级制度，它要求组织成员先作出某种贡献，然后才能得到晋升。许多素质良好的大学毕业生虽有学历，但没有以所期望的速度在组织中上升，因而感到垂头丧气。

2) 缺乏。个人常常缺乏实现他们的目标所必不可少的物力资源、人力资源和人际资源。一个缺编部门的经理可能发现，在工作繁忙时期难以使单位的工作有效运转。同样，缺乏新型计算机系统的知识和训练的经理，由于没有掌握这方面的工作能力，可能感到挫折和威胁。

3) 丧失。有时，组织成员们丧失了一种技能或资源，使他们在试图实现一个重要的目标方面遇到挫折。许多管理者由于一名非常重要的助手或秘书辞职遭受严重挫折。

4) 失败。组织提供了大量取得成功的机会，但是，它也提供了失败的机会。除了拖延、缺乏和丧失之外，组织成员常常在实现目标的尝试方面遭受挫折。最明显的失败事例是受到其他组织成员注意的事例。报告误期、错过了客户、成绩平定很差或者没有能力获得晋升等等，所有这些在组织中的其他人眼里都体现为失败。另外，当人们设立的个人目标不能实现时，同样会遭受挫折。例如一个人决心通过晚上自学，得到大学文凭，但是他发现工作时间表要求他经常出差，这个目标是不可能实现的。

(2) 冲突。冲突（conflict）一词是心理冲突（mental conflict）的简称。冲突是一种因个体同时具有两个动机但无法兼而获得满足所产生的心理困境。

心理冲突的情况有多种，在第五章第一节中讨论的三种情形是最常遇到的，它们分别是：1) 接近-接近冲突（approach-approach conflict）；2) 接近-回避冲突（approach-avoidance conflict）；3) 回避-回避冲突（avoidance-avoidance conflict）。

在现代社会中，动机的冲突是构成压力的主要原因之一。尽管个人的欲望及生活环境不同，所遇到的冲突内容也各有差异，但由于现代社会环境的共同特征，人们所面临的心理冲突也有共同的特征，具体表现在以下几个方面：

1）竞争与合作的冲突。现代社会里，无论是求学、就职、婚姻、事业或其他社会活动，人人都必须进行激烈的竞争才能取得成功。然而，人们从小所受到的教育又要求大家协力合作、谦让、牺牲。因此，构成内心竞争与合作相互间的冲突。

2）理想与现实的冲突。现代社会的人都有一定的理想和抱负，尤其是青年人，如升学、就职、配偶的选择等。一方面，由于自我估计不足，理想和抱负超出了个人的实际水平，致使理想和抱负不能实现，而产生挫折感；另一方面，一个人的理想抱负往往受到现实的限制，个人往往无能为力，同样会产生压力感。

3）满足欲望与抑制欲望的冲突。由于社会的发达，社会上刺激欲望的物质越来越多，人们对物质生活和精神生活的欲望也不断增强，但另一方面由于经济上或由于传统道德上的理由，必须抑制这些无穷的欲望。

人的生活是多层面的，有家庭的层面，有事业的层面，也有社会的层面。在不同的层面中遇到的问题，都需要个人选择判断。在选择判断时，有的重在感情，有的重在理性，更有的因患得患失而不得不考虑利害关系。如此看来，日常生活中心理冲突的困扰在所难免。甚至我们也可以想像，能力愈高条件愈好的人，在精神上愈可能感受到更多的心理冲突困扰。因为他们比一般人有更多的选择机会，同时，他们比一般人也有较多的动机和追求目标。动机与目标既然较多，在选择上又怎能避免冲突的困扰呢！

4.其他因素

员工每周工作时间一般只在 40～50 小时之间。员工在每周其他 120 多个小时的非工作时间内的经历及所碰到的各种问题也不免影响到员工的工作。因此在考虑工作压力时，除了个体心理因素之外，同时应考虑到员工的个人生活因素。一般来说，这些因素只要有家庭问题、经济问题、员工个性特点等几个方面。

调查表明，人们把家庭和人际关系的地位看得很重。婚姻困境，某种亲密关系的破裂，以及管教孩子中的麻烦事，这些都是人际关系方面出现问题的例子。这些问题会给员工带来压力感，而且使员工在工作时间也对此耿耿于怀。

员工开支过大而出现的经济问题也会给他们带来压力感，并使他们工作时分心。不管收入高低，有些人就是不善于理财，或者他们的开支欲望总是超出他们挣钱的能力。

最近在三个不同组织中进行的研究发现，员工在工作开始前所呈现出的压力症状，与工作九个月后的压力症状差异不大。研究者因此而得出结论，认为有些人天生喜欢注意现实中的负面因素。如果真是这样，那么影响工作压力的一个重要个人因素就是个人的基本性向。也就是说，工作时所呈现的压力症状可能源自员工的个性特点。

考察个体压力因素时，往往会忽略这样一个事实，即压力具有可相加性，压力是逐步积累和加强的。每一个新的持续性的压力因素都会增强个体的压力水平。单个压力因素本身可能无足轻重，但如果加在业已很高的压力水平上，它就可能成为"压倒骆驼的最后一根稻草"。如果要评估一个员工所承受的压力总量，就必须综合考虑他所经受的机会压力、限制性压力和要求性压力。

（三）压力的个体差异

有些人在压力重重的环境中生机勃勃，而有些人则萎靡不振，是什么因素致使人们处理压力的能力有差异呢？哪些个体差异变量调节着潜在压力因素与实际压力感之间的关系呢？我们发现至少有五个因素是与此相关的中介变量：个体认知、工作经验、社会支持、控制点观念和敌意感。

1. 个体认知

员工的反应是基于他们对现实的认识，而不是基于现实本身。因此，个人认识是潜在压力环境与员工反应之间的一个中介变量。公司裁员时，有的员工害怕自己失去工作，而有的却认为这是脱离公司，从而开展自己事业的一个机会。与此相似，同样的工作环境，有的员工认为它富有挑战性，能够使人的工作效率提高；而有的员工却认为它的危险性太大，要求太高。因此，环境、组织、个人因素中潜在压力的产生并不取决于客观条件本身，而取决于员工对这些因素的认识诠释。

2. 工作经验

有人说，经验是一位很好的老师，但同时它也是一种很好的减压器。回想一下你的第一次约会或你进大学的头几天，对于我们多数人而言，这类情景的全新性和不确定性会带给我们压力感。但当我们有了经验以后，那种压力感就消失了或大大减小了。这种规律似乎对工作也适用，也就是说，工作经验与工作压力大致呈反比关系。至于原因，大致有两种观点：第一种是选择性退缩。压力感较重的人更可能会自动流动。因此，在组织中工作时间长的员工是那些抗压素质较高的人，或对于他们所在组织的压力抵抗能力更强的人。第二种观点是，随着时间的推移，人们最终会产生一种抗压力机制。因为这要花费一定的时间，所以组织中的资深成员适应能力更强，压力感也较轻。

3. 社会支持

越来越多的证据表明，社会支持——也就是与同事或上级主管的融洽关系——能够消减压力带来的影响。把社会支持作为中介变量的理论基础是：社会支持可以减轻由于高度紧张工作所带来的负面影响的压力。

对于那些碰到自己的同事不提供帮助，甚至对自己抱有敌意等情况的员工而言，他们缺乏工作中的社会支持。如果员工更多地参与家庭生活、朋友交往以及社区活动，他们也能更多地拥有社会支持（对社交需要强烈的员工更是如此），这样也会使工作压力相对减轻。

4. 控制点观念

在第九章中，我们对控制点作了介绍，我们把它看作是一种个性特征。具有内控观念的人认为，自己可以控制自己的命运。而具有外控观念的人则认为，自己的命运由外部力量主宰。有事实证明，持内控与持外控观念的人相比，前者更容易认为，他们的工作压力较轻。

当内控者和外控者面对相似的情境时，内控者更倾向于认为自己可以对行为后果产生较大影响。因此，他们采取行动以控制事件的发展。外控者则更多地倾向于消极防守，他们不是采取行动来减轻压力，而是屈服于压力的存在。因此，处于紧张气氛中的外控者不仅易于产生无助感，也易于产生压力感。

5. 敌意感

20 世纪 70 年代至 80 年代大部分时间中，对 A 型性格的研究十分盛行。事实上，在整个 20 世纪 80 年代，它是最常用的与压力感有关的中介变量。

在第九章中我们已指出，A 型性格的主要特点是，总是有一种时间紧迫感和过分的竞争驱动力。一个具有 A 型性格的人总是积极地投入到长期的、不停的斗争中，以越来越少的时间，获得越来越多的成绩，而且如果需要，就与别人的反对意见对着干。

直到最近，研究者才认为，A 型人无论是在工作中还是在工作外，都更容易产生压力感。具体说来，大家普遍认为，A 型人更容易患心脏病。但对于研究资料的深层次分析则得出了新的结论。通过考察 A 型性格的各种构成因素，人们发现，只是与 A 型行为相联系的敌意感和愤怒情绪才真正与心脏病有关。情绪长期处于愤怒状态、多疑、对别人不信任的人更容易得心脏病。

同时，如果一个人是工作狂，缺乏耐心，竞争心较强，这并不意味着他必然易患心脏病，或受到其他压力负面因素的影响。相反，那些易怒、对事物持有敌意感、对别人老是持怀疑态度的人，才更容易患心脏病，受到压力负面因素影响的可能性也较大。

二、压力的反应

在下面,我们将考察组织中体验到压力的个人可能出现的反应。这些反应可以分为行为的、生理的和心理的三个方面。

(一) 压力的行为反应

对压力的行为反应是指受到压力的个人在克服压力的意图方面进行的公开活动,包括问题解决、退缩和运用添加物。

1. 问题解决

问题解决是对压力的最典型的反应。一般来说,问题解决以消除压力因素或减少它的影响为目标,它并不以在短期内使个人感觉稍好为目的。问题解决是注重现实的,如果不能有效消除压力因素,则会表现出灵活性和及时运用反馈。因此,如果一种尝试性的问题解决方案不能生效,那么,人们会试验另一种方法。对压力作出问题解决反应的大多数事例是不显著的,因为一般说来,问题解决是一种较平常的、可见的、明显的方法。如:

(1) 分配。一名任务繁重的管理者通过把某些任务分配给有能力的下属,以减轻产生压力的工作负担。

(2) 时间管理。一名感到时间紧张的经理制定了一张日常时间表,规定他的下属事先申请正式谈话的时间,并且指示他的秘书有限制地筛选电话。

(3) 搞清问题。一名因为同非工程师的上级沟通效果差,体验到压力的专业工程师下决心同这名上级坐在一起,找出关于某项计划中的一致点。

(4) 请求帮助。一名担心公司完成订货有困难的推销员,请求生产经理现实地估计一下可能的交货日期。

(5) 另外选择。一名感到工作单调而产生压力的车工,申请调到一个工资一样但比较感兴趣的岗位上工作。

这些反应在减少压力方面是否有效取决于环境。一般来说,问题解决显然不仅对个人有利,而且对组织也有利。

2. 退缩

避开压力因素是对压力的最基本的反应之一。在组织中,这种反应往往采取缺勤和离职的方式。与对压力的问题解决反应相比较,缺勤没有直接对抗压力因素。确切地说,缺勤者仅仅试图短时间地减轻压力因素引起的忧虑。当他返回到工作中时,压力仍然存在。从这一点来看,不管对个人还是对组织来说,缺勤都是一种不好的压力反应。当一个人仅仅为了躲避压力，一时冲动辞去一个有压力的工作时，这种离职反应对个人和组织都无益处。但是，一个人经过慎重考虑，为了谋求另一个压力比较小的工作而辞职，这种情况可能要好一些。这实际上是一种问题解决的反应。从长远的观点看，它既有利与个人又利于组织。到目前为止我们还不能确定有多少缺勤离职是由于压力产生的退缩。但是，某些证据表明，容易产生压力的操作工作更可能造成缺勤。另外，上诉讨论的某些压力因素（沉重的工作负担、角色模棱两可和偏低使用的可能性）和缺勤、辞职有一定联系。

3. 运用添加物

对个人和组织来说，吸烟、喝酒和服药是在压力之下作出的最不令人满意的行为反应。这些活动不能消除压力，它们严重影响雇员的体力和智力，使之难以完成他们的工作。新闻发言人和广告管理人担任的边界角色职务的压力是造成他们酗酒的原因。这种压力反应的事例很多。实验证明，烟瘾和酗酒与工作中的压力有联系。

（二）压力的生理反应

工作中的压力对人有害吗？显然，这个问题对组织很重要，对在工作中感受到过分压力的个人来说甚至更重要。对压力的生理反应的大多数研究集中于心血管系统，特别集中于可能引起心脏病发作的各种危险因素方面。例如，有证据表明，工作压力与心电图不规则、高血压、高胆固醇和脉搏快有联系。无论如何，在比较各种职业中不同的压力因素和各种危险因素的发生率方面，大多数研究实质上是一种相关研究。但相关原因并不能揭露出主要原因。很有可能，有高度心脏病危险的人选择从事某种特定职业。在这种情况下，特定职业似乎确实增加有害生理反应，但是，主要原因在于它们把有危险病症的候选人吸引了过来。

有一项对压力的生理反应的研究是令人感兴趣的，因为它进一步证实了一种直观的看法，空中运输管理人员承受较高的工作压力，因而对身体健康有不利影响。空中运输管理人员的血压较高、糖尿病和胃溃疡患病率较高。空中运输管理工作是否吸引有危险病症的人——研究表明，在管理人员当中，在运输较频繁的航空站，高血压和胃溃疡的发生更为普遍。这使我们认识到，产生压力的工作要求，确实造成有害的生理反应。

（三）压力的心理反应

压力能导致不满意。与工作有关的压力能导致工作不满意感，工作不满意实际上是压力感的"最简单、最明显的心理影响后果"。但压力感的心理症状还有其他表现形式，例如紧张、焦虑、易怒、情绪低落等。

有关事实表明，当工作对于个人的要求很多，而且又相互冲突，或者任职者的工作责任、权限及内容不明确时，员工的压力感和不满意感都增强。与此相似，对工作的速度越是缺乏控制能力，压力感和不满意感就越强。虽然这种关系还有待于近一步研究，但有关事实表明，如果一个人的工作内容单调，重要性、自主性低，工作反馈机制不健全，工作同一性差，任职者的压力感就会增强，工作满意感就会下降，对工作的投入程度也会降低。

对压力的心理反应主要指情感和思想过程，而不是指公开活动，尽管这些反应常常在个人的言行中表现出来。对压力的最普通的心理反应是防御机制（defense mechanism）的作用。防御机制是减少压力引起的忧虑的心理意向。需要注意，根据定义，防御机制只是减少忧虑，而不是实际对抗或处理压力因素，防御机制的运用通常是自动的和无意识的；个人一般没有意识到自己的防御机制在起作用。但是，在某些情况下，个人可能会注意到这种机制或者有意识地运用它。某些普遍的防御机制包括如下：

（1）文饰，指把一个人的行动归因于社会认可的理由和动机，使这些行动至少对本人来说，似乎是合理的和明智的。所谓"酸葡萄心理"，即是这种防御形式。例如，当知道自己不能被提升为主管人后，一名男护士十分恼怒，大发牢骚，他可能宣称护士长歧视男人，证明他的愤怒是合理的。

（2）投射，指把自己不合需要的思想和动机归因于其他人，使他们具有肯定性质。例如，一名向政府官员行贿而处于心里矛盾中的推销管理人员可能推想，那名官员是腐败堕落的人。

有的心理学家认为被害妄想是存在于自己内心的攻击动机的一种投射。

（3）转移，指把愤怒的感情发泄到一个"安全"对象上而不在可能遭受惩罚的地方表现出来。例如，一名因为做工粗劣而受到工长严厉批评的建筑工人回到家中，狠踢他家中的狗。

（4）反向，指以一种与个人真实感觉相反的方式表现自己的意向，而不冒使自己的真正立场遭到否定反应的危险。例如，群体中一名地位不高的成员在一个重要问题上按多数人的意志投票，而不表明他的真正立场，使自己遭受攻击。

（5）补偿，指在某一领域中运用自己的技能弥补在另一领域中的失败。例如，一名不能出研究成果的大学教师可能决心成为一名杰出的中学教师。

（6）抑制，指防止自觉意识到可能发生的威胁，以便回避压力因素。例如，觉得工作机械但是又不得不去，因而感到压力的装配线工人忘记给闹钟上弦，结果睡过了头不能去上班。

防御机制的反应是好是坏？在偶然用来暂时减少忧虑时，它们似乎是一种有用的反应。例如，建筑工人把侵犯转移到他家中的狗身上，没有攻击使他遭受挫

折的工长，然后，他可能会冷静下来，第二天返回岗位工作，并且同工长一起
"搞清楚问题"。（请注意，这是一种问题解决的反应。很可能他也将给狗以补
偿！）因此，偶然运用防御机制作为暂时减少忧虑的因素，对于个人和组织都是
有利的。事实上，那些"防御机制虚弱"的人可能被忧虑弄得萎靡不振，并且求
助于退缩或添加物来减轻忧虑。

但是如果把防御机制作为对压力的经常性的反应，情况则完全不同。问题来
自于防御机制的真正特性——它们并不改变客观存在的压力因素，基本冲突或挫
折仍然存在，短暂的减轻忧虑后，基本问题仍然没有解决。事实上，压力可能有
增无减。另外，像上面的例子所说明的，所有防御机制都在一定程度上和现实的
压力分离。当处在层层防御之中时，个人可能越来越难以准确判断引起他们忧虑
的真正原因。在这种情况下，他们越来越不可能明智的对压力因素做出问题解决
的反应。

三、压力应对策略

（一）压力与工作绩效

对压力与工作绩效二者关系方面的研究很多。人们研究最广泛的是二者的倒
U 型关系模型。如图 11-3 所示。

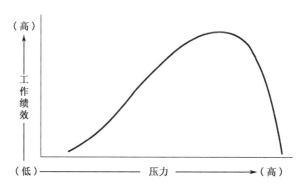

图 11-3　压力与工作绩效之间的倒 U 关系模型

倒 U 模型的理论基础是，压力感低于中等水平时，它有助于刺激机体，增
强机体的反应能力。这时候，个体的工作会做得更好、更快、并且个体也更具有
工作热情。对个体施加过大压力，对员工提出过多要求和限制时，会使员工绩效
降低。这种倒 U 型结构，也可以描述个体在较长时间内，对压力和压力感强度
变化的反应。也就是说，持续性的压力强度会拖垮个人并将其能量资源耗殆尽。

长此以往，即使压力水平处于中等水平，也会给员工的绩效带来负面的影响。例如，一个运动员可以利用压力的积极影响在秋季每周六的比赛中发挥出更高的水平；一个销售经理会因其代表公司参加全国性的年会而精神振奋。但如果是长时间地经受中等水平的压力，就会像城市大医院急救室的员工一样导致绩效水平的降低。这也许正是这种急救室员工需要经常轮换的原因。很少有人让自己的毕生的职业生活在这种环境中度过。事实上，如果真这样做，这个人就有被工作榨干吸尽的危险。

尽管倒 U 型理论很热门并且很有吸引力，但实证支持并不多。从这个角度说，管理人员不要认为，这个模型可以准确的描述压力与工作绩效之间的关系。

（二）压力应对策略

从组织角度讲，员工压力感低于中等水平时，管理者们可能并不在意。因为，我们前面已指出过，低于中等水平的压力感有助于员工提高绩效。但如果压力感水平过高，或者即使压力水平较低，但持续时间过长，都会使员工绩效降低。因此也需要管理人员采取行动。

尽管一定的压力感有助于员工提高绩效，但他们自己并不这样看。从员工个人角度来讲，即使压力感水平很低，也是令人不快的。那么，工作压力感多大才好呢？管理人员和员工个人的观点是有所不同的。管理人员认为"对肾上腺良好运转起积极推动作用"的压力感，在员工看来，就过分沉重了。我们在讨论员工个人和组织在应对压力问题的方法时，应记住这一点。

1. 员工个人减少压力的策略

员工个人通过承担责任能够减轻自己的压力感。有效的个人策略包括：实行时间管理法，增强体育锻炼，进行放松训练，扩大社会支持网络。

（1）实行时间管理法。很多人不善于管理自己的时间。如果他们能够恰当地安排好时间，那么他们在既定的每天或每星期时间段内所必须完成的任务就不至于落空。井然有序的员工就像井然有序的学生一样，与无序者相比，在相同的时间段内，能够完成无次序者两倍或三倍的任务。因此，理解并学会应用基本的时间管理原则有助于员工更好的应付工作要求带来的压力感。大家所熟悉的时间管理原则如下：1）列出每天要完成的事情；2）根据重要程度和紧急程度来对事情进行排序；3）根据优先顺序进行日程安排；4）了解自己的日常活动周期状况，在自己最清醒、最有效率的时间段内完成工作中最重要的部分。

（2）增强体育锻炼。一般认为，锻炼身体可以减少压力，并且可以抵消某些压力的有害的生理影响。保健专家们推荐了以下非竞技性的活动，来作为对付较高水平压力感的方法，例如增氧健身法、散步、慢跑、游泳、骑自行车等，这些形式的生理锻炼有助于增强心脏功能，降低心率，使人从工作压力中解脱出来，并提供了员工用于发泄不满的渠道。

（3）进行放松训练。通过各种放松技巧，如自我调节、催眠、生物反馈等方法，员工自己可以减轻紧张感。进行放松活动的目标是达到深呼吸状态，员工从中可以体会到自己身体彻底放松了，在某种程度上脱离了周围环境，也没有了身体的紧张感。每天进行 15 分钟或 20 分钟的深呼吸练习，有助于减轻紧张感，使人感到平和。尤其重要的是，达到较深的放松状态后，心跳、血压及其他生理状况也会有所改善。

（4）扩大社会支持网络。我们在本章前面已经指出，压力感过强时，通过与朋友、家人、同事聊天提供了一个排遣压力的途径。因此，扩大自己的社交网络是减轻压力的一种手段。这样，在你有问题时，就会有人来倾听你的心声，并帮助你对问题进行客观的分析。研究还表明，社会支持有助于调节压力感——精神崩溃之间的关系。也就是说，较多的人际交往能够减轻因工作压力过大而累垮的可能性。

2. 组织减少员工压力的策略

几种导致工作压力感的因素，尤其是任务要求和角色要求及组织结构，是由管理人员控制的。这样，就可以对它们进行调整和改变。管理人员可以用来减轻员工压力感的方法有：加强人事甄选和工作安排；设置实现可行的目标；工作再设计；提高员工的参与程度；加强与员工作正式的组织沟通；设立公司身心健康项目等等。

（1）加强人事甄选。我们知道，某些工作比其他工作更容易使人产生压力感。但同时，不同的员工对同一压力情境的反应也是不同的。例如，工作经验少、持外控观念的人压力倾向一般较强，进行甄选和安置决策时，应把这些因素考虑在内。很显然，工作经验丰富、持内控观念的人，能更好的适应压力较强的工作，并能高效的做好这类工作。但是，管理人员也不可能只雇佣这类员工。

预先说明工作现状是使员工对压力有所准备的一种方法。组织在招聘一个人之前应明确地向他说明未来工作的性质。招聘人员有时出于热情，倾向于掩饰工作的消极方面，包括引起压力的可能性。如实说明工作情况将允许那些感到不能应付压力的人知难而退，或者在事先进行适当警告的情况下开始工作。尽管这种方法已经表明有利于工作满意和减少离职，但是，还需进一步研究它们对压力的影响。这种方法也可使晋升或内部调动的候选人了解在新工作中可能存在的压力因素。

（2）设置实现可行的目标。我们在第十章已经讨论过目标设定的问题。基于大量的研究，我们得出结论认为：员工的目标比较具体又富有挑战性，而且能及

时得到有关情况反馈时，他们会做得更好。利用目标设定可以减轻工作压力，增
强员工的工作动机。如果目标比较具体，而员工又认为目标可以达到时，这就有
助于他们明确自己的绩效预期。另外，如果工作中反馈及时，这就有助于降低员
工实际工作绩效的不确定性。这样，能够相应地减轻员工的受挫感、角色模糊感
和压力感。

（3）工作再设计。重新设计工作可以给员工带来更多的责任，更有意义的工
作，更大的自主性，更强的反馈，这样就有助于减轻员工的压力感。因此这些因
素可以使员工对工作活动有更强的控制力，并降低员工对他人的依赖性。但我们
在讨论工作设计时已指出，并非所有的员工都愿意使自己的工作内容更丰富。那
么对于那些成就需要较低的员工而言，进行工作设计时，应使他们承担较轻的工
作责任，同时还应增加具体化的工作。如果员工更乐意做例行性和结构化的工
作，那么降低工作技能的多样化要求，就能相应地降低工作中的不确定性和压力
水平。

（4）提高员工的参与程度。角色压力存在范围较广。因为员工对于工作目
标、工作预期、上级对自己如何评价这类问题可能会有种不确定感。这些方面的
决策能够直接影响员工的工作绩效，因此如果管理人员让员工参与这方面的决
策，就能够增强员工的控制感，帮助员工减轻角色压力。从这个角度说，管理人
员应提高员工参与决策的水平。

（5）加强与员工正式的组织沟通。强化与员工正式的组织沟通，有助于减轻
角色的模糊性和角色冲突，从而减少不确定性。尽管在压力感-员工反应这对关
系中，员工个人认知是一个很重要的中介变量，但管理人员可以运用有效的沟通
作为改变员工个人认知的手段，记住，员工所划分的各种任务要求、威胁、机
会，都仅仅是他们对现实的一种诠释。而管理人员与员工的沟通所采取的符号和
举措能够影响到这种诠释。

（6）设立公司身心健康项目等等。我们最后一个建议是，为员工提供组织支
持的身心健康方案（wellness programs）。这些项目应从改善员工的身心状况着
眼。例如，组织一般都提供各种活动以帮助员工戒烟、控制饮食量、减肥、改善
饮食状况、培养良好的锻炼习惯。实施这种福利举措的理论假设是，员工应该对
自己的身心健康负责，组织只是提供他们达到目的地手段。

复习与思考

1. 解释下列概念：
（1）价值观；（2）态度；（2）工作满意度；（4）压力；（5）挫折；（6）冲突。
2. 什么是认知失调？它与态度有什么联系？

3. 什么是自我知觉理论？它怎么样提高我们对行为的预测能力？

4. 工作满意度对员工绩效有何影响？

5. 试论潜在压力感的三个来源，其中哪一个可被管理者所控制？

6. 在组织中，产生挫折的因素有哪些？

7. 什么是压力的行为反应？压力的行为反应有哪几种？

8. 什么是防御机制？对压力的心理防御机制包括哪些内容？

9. 组织可以采取哪些措施来减轻员工的压力感？

第十二章 劳动心理

心理学以自己的方法，解决劳动人道主义化的任务。根据劳动者的心理特点，采取使社会环境和身体环境合理化等实际措施，可以实现对不同的个性特征的人合理地安排和使用，使劳动者在劳动中维持最佳状态。

在这一章，我们将主要考察劳动心理中的疲劳和工作环境两个方面的问题。首先，我们明确疲劳的定义，讨论如何根据员工的疲劳心理行为，合理组织劳动和休息。在这之后，我们将考虑饭店工作环境，分析员工的工作环境对工作效率的影响，以维护员工的心理健康，提高员工的工作效率。

第一节 疲 劳

一、人与职业环境

劳动心理学是研究人在劳动过程中，伴随活动与人际协作而产生的生理心理变化的规律，它的根本任务就是使劳动人道主义化和提高劳动效率。劳动的人道主义化是指过度疲劳和职业病的预防、生产性伤残和个性职业性变形的预防等内容，为劳动者的全面发展创造条件，充分发挥劳动者的才智。

心理学用自己的方法，解决劳动人道主义化的任务。如职业的心理学选择，改进职业培训与考核。根据劳动者的心理特点，采取使社会环境和身体环境合理化等实际措施，可以实现对不同的个性特征的人合理地安排和使用，使劳动者在劳动中维持最佳状态。

劳动心理学的一个主要的研究课题就是人与职业之间的协调关系，也就是研究"劳动主体——职业环境"系统中动力平衡问题。而人和劳动对象及工作（职业环境）之间的协调问题，又是调动个性潜力和个体发展的最主要条件。

在"人-职业环境"系统中，职业环境是指劳动对象、劳动工具、职业任务、自然环境和社会环境等。

人、物、环境是现代企业管理的三要素，人与物、人与环境、人与人构成这三要素的三种关系。人是居于主导地位的。研究人的劳动心理，对激励人的积极性，提高工作效率和经济效益，有重大的意义。

二、疲 劳

所谓疲劳，是指人在劳动和活动过程中，由于能量消耗而引起的机体的生理变化。也就是在连续劳动一段时间以后，劳动者自感不适和劳累，从而使劳动机能减退的现象。疲劳也是人的机体为了免遭损坏而产生的一种自然的保护反应。

一般来说，可以将疲劳分为生理疲劳和心理疲劳两种。

(一) 生理疲劳

工作疲劳表现在生理方面叫做生理疲劳。由于人们从事工作的性质不同，生理疲劳又可以分为体力疲劳和脑力疲劳。

(1) 体力疲劳。是指由于肌肉持久重复地收缩，能量减弱，因而工作能力降低以至消失的现象。体力疲劳产生的原因是肌肉关节过度活动，体内新陈代谢的废物——二氧化碳和乳酸——在血液中积聚并造成人的体力衰竭的结果。人的肌肉不可能在这些化学物质积聚的情况下，继续有效地活动。

(2) 脑力疲劳。是指用脑过度、大脑神经活动处于抑制状态的现象。人的大脑是一个复杂而精密的组织，它既有巨大的工作潜力，也容易受到损伤。大脑重量约 1400 克，只占全身重量的 2%，却整个浸沐在血液之中，拥有心脏流出血液的 20%。人在从事紧张脑力工作时，耗血量更大。如果供血情况中止 15 秒钟以上，人会立即神智昏迷；中止 4 分钟以上，大部分的脑细胞受到破坏而无法恢复。人们在进行脑力劳动时，肌肉同样有所反应，那些细微的变化与体力劳动是属于一个类型。例如，看书时眼肌收缩；头和颈以及身体其他部位也有相应的反应；竭力集中思考时，往往紧握钢笔、搔头皮或皱眉头，这些毫不相干的动作也引起肌肉紧张。实验证明，人们在进行心算时，语肌的活动量将随着题目难度的增加而增加。这说明肌肉的紧张程度与持续注意有关。注意力越集中，肌肉越紧张，消耗的能量也越大。在脑力劳动疲劳的情况下，许多在不疲劳时能够解决的问题，这时却不能解决。

因而，体力疲劳和脑力疲劳是相互影响、紧密相关的。极度体力疲劳不但降低直接参与工作的运动器官的效率，而且首先影响到大脑活动的工作效率。例如，大量的手工操作，不但使人手臂痉挛，而且使人昏昏欲睡。这说明极度体力疲劳使脑力活动的能力减弱或消失。同样，极度的脑力疲劳也会造成精神不集中、神志混乱、全身疲倦无力，从而影响一个人的感知速度和动作的准确性。

(二) 心理疲劳

心理疲劳是一个较难把握的概念。一般是指人体肌肉工作强度不大，但由于神经系统紧张程度过高或长时间从事单调、令人厌烦的工作而引起的疲劳。它表现为感觉体力不支、注意力不集中、思维迟缓、情绪低落，并往往伴有工作效率低、错误率上升等现象产生。心理疲劳的持续发展，将导致头痛、眩晕、心血管和呼吸系统功能紊乱、食欲下降、消化不良以及失眠等。因此，了解心理疲劳的产生及发展过程，进而达到消除或推迟心理疲劳的产生，在工作中是有实际意义的。

三、疲劳时的状态

疲劳问题早就引起了研究人员，其中包括生理学家和劳动心理学家的注意。研究疲劳问题具有重要的实际意义，因为疲劳是对劳动效率发生重要影响的最为普遍的因素之一。

随疲劳而出现的是作业量的减低。疲劳是一系列复杂纷繁现象的综合体。疲劳的完整内涵不仅仅由生理的、而且还由心理的、劳动环境的以及社会的因素所决定。

心理学家注意研究疲劳，正是把疲劳看成特殊的、独特感受的心理状态，认为疲劳是多种感受的体验。其中包括：

（1）无力感。甚至当劳动效率还没有下降的时候，员工已经感到劳动能力有所下降，这就是疲劳反应。劳动能力下降表现为特殊的、难忍的紧张造成的难受感觉和缺乏信心，员工感觉到无法按照规定的要求继续工作下去。

（2）注意的失调。注意是最容易疲劳的心理机能之一。在疲劳情况下，注意容易分散，少动或者相反，产生杂乱好动，游移不定。

（3）感觉方面的失调。在疲劳的影响下，参与活动的感觉器官功能就会发生功能紊乱。如果一个人不间歇地长时间读书，那么他会说眼前的字行"开始变得模糊不清"；听音乐时间过长，高度紧张，会丧失对曲调的感知能力；手工操作时间过长，会导致触觉和动觉敏感性的减弱。

（4）动觉方面的紊乱。表现为动作节律失调，动作滞缓或者忙乱，动作不准确、不协调，动作控制程度减低。

（5）记忆和思维故障。与工作相关的领域都会直接出现这些故障。在过度疲劳的情况下，员工可能忘记技术规程，把自己的工作环境弄得杂乱无章；与此同时，对于与工作无关的东西却熟记不忘。脑力劳动造成的疲劳，尤其有损于思维过程。然而在体力劳动造成疲劳的情况下，员工也经常抱怨自己理解能力降低和头脑不够清醒。

（6）意志衰退。疲劳状况下，人的决心、耐性和自我控制能力减退，缺乏坚持不懈的精神。

（7）睡意。过度疲劳能够引起睡意，这种情况下睡意是保护性抑制的反应。人工作得疲惫不堪，睡眠的要求变得强烈，以致任何姿势下（如坐着）也能入睡。

上面历数了疲劳的心理学表现，它们随疲劳的强度而改变。轻度疲劳状态下，人的心理无明显变化，只是警告人们必须采取措施，预防劳动能力的降低。人过度疲劳，劳动能力急剧减低，劳动效率也就随之下降，因而过度疲劳是有害的。

疲劳可以分成不同阶段。疲劳的第一个阶段，倦怠感相对轻微，劳动效率并没有降低或者稍有降低。可是不能认为，如果疲劳感——主观感受尚未造成劳动效率的下降，那么它就是毫无意义的。一个人进行着繁重的工作，主观上觉得自己精力还很充沛的时候，疲劳感往往已经产生。浓厚的工作兴趣、工作的特殊刺激、意志的冲动构成了自我感觉精力充沛的原因。人处于这种抗疲劳状态，在一些情况下他确实战胜了疲劳，同时没有减低劳动效率。而在另一些情况下，这种抗疲劳状态能够造成过度疲劳的独特形式的迸发，这种迸发对人的劳动能力起着强烈的破坏作用。

疲劳的第二个阶段，劳动效率的下降已经为人所察觉，并且下降趋势愈演愈烈。不过这一下降只涉及工作的质量，而不是工作的数量。

倦怠感强烈并以过度疲劳的形式出现是第三阶段的特点。工作曲线或是急剧下跌，或是"忽高忽低"，后者表明人正在试图维持作业的规定进度。在第三阶段中，工作进度可能加快，但不能稳定下来。最终动作发生紊乱，人感到一种病态而无法继续工作。

个体的易倦性是一个有意义的问题。许多研究人员都认为，个体的易倦性确实存在。疲劳的发展过程和疲劳的极限量，主要取决于劳动者个人的特点，如机体发育和健康状况、年龄、兴趣和动机、性格的意志特征等。这些个体特点还决定着一个人对疲劳的感觉程度，以及在疲劳的不同阶段上如何克服疲劳。

四、疲劳的生物学意义及产生疲劳的因素

生理疲劳是一种保护性反应，是由于刺激量超过大脑所能承受的程度时而引起的超限抑制。人们在持续的强刺激下，因为工作能量消耗太多，使大脑细胞受到破坏。因此而产生的保护性抑制，使大脑神经细胞的活动和肌肉收缩被迫减慢直至停止工作，以便减少人体的能量消耗、保证营养物质的储存和氧代谢的正常状况，而有利于调节心、肺和神经系统的功能，为新的工作储备力量。生理疲劳是赢得充沛精力、保证未来工作效率的必然阶段。诚然，服务员在餐厅里紧张地干了一天活，会觉得肌肉紧张，四肢软弱无力，腰酸背痛。但是只要睡一觉或好

好休息一下，使身体有机会把积蓄的二氧化碳和乳酸等废物排泄出去，积蓄起一定的营养物质和氧以供应血液，肌肉便会重新获得正常的工作能力，并且感到呼吸通畅、舒适和精神振作。

(一) 产生疲劳因素的主要理论

关于产生疲劳的因素，心理学家们有着不同的见解。但归纳起来，主要有如下四种理论：

(1) 疲劳物质积累论。认为疲劳是由劳动中人体内废物质过多引起的。如正常人血液中的葡萄糖占 0.1%，而体力劳动后下降到 0.07% 左右，大部分氧化而成为乳酸，乳酸积多就产生疲劳。

(2) 能量消耗论。认为人们在劳动中消耗过多的能量就产生疲劳。

(3) 物理化学变化协调论。认为疲劳是人体内物质的分解与合成过程产生不协调所致。

(4) 中枢神经论。认为疲劳是中枢神经失调引起的。

最后一种理论比较受到重视。

(二) 产生生理疲劳的主要因素分析

劳动心理学的研究表明，产生生理疲劳的主要因素是紧张而持续的作业。具体可以从下面几点来分析：

(1) 作业强度和持续时间。作业强度是决定疲劳出现早迟以及疲劳积累程度的主要因素。作业强度越大，疲劳出现越早；持续时间越长，疲劳积累的程度越高。

(2) 作业速度。过于快的作业速度，很容易产生疲劳。只有采取"经济速度"，才能减少疲劳和提高效率。

(3) 作业环境。恶劣的环境会使作业者加速疲劳。温度、湿度、照明、噪声、灰尘、震动等处理不好都会引起疲劳。

(4) 肌肉的不合理活动也会产生疲劳。像全面的肌肉劳动，局部肌肉的长时间劳动，以及静态的肌肉劳动等，也都容易产生疲劳。

(5) 工作时间。研究表明，人的工作效率在一天的 24 小时中，有一定的周期性。图 12-1 是一张有关周期性的参考图。从图上看到，一个人在夜里的工作效率大大不如白天，所以夜班作业比白天作业疲劳产生得快，大约作业时间为白天的 80% 就会疲劳。

从工作曲线还可以看出，白班工作过程的效率大体上可以划分成三个不同阶段。

第一阶段：开工渐进阶段。

员工开始操作，一般需要 10 分钟左右的时间来适应工作条件。这是因为员工由其他活动转入操作活动时，需要意志的努力，使自己的心理（如注意、记忆、思维等）集中于工作。因而员工通常应提前 10 分钟到班熟悉工作情况，做好心理适应。

在适应了工作条件之后，由于工作开始时，情绪饱满，精力充沛，所以动作越来越熟练，效率越来越高。工作效率上升的状态，可以持续到 11：00 左右。这个达到最高产量前的时期，称为开工渐进阶段。

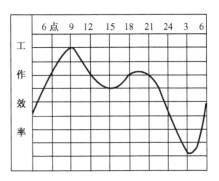

图 12-1　一天工作时间周期与工作效率的关系

第二阶段：疲劳发作时出现的工作能力下降。

随着疲劳的增加，工作能力从最高点开始下降，意志紧张的强度发生波动。在意志减弱的时候，工作效率下降；在意志增强的时候，工作效率上升。同时，随着疲劳的发展，注意分散的次数增多。操作者在工作中"出乱子"，往往是由于注意力分散的结果。因此，培养兴趣、增强意志、减少疲劳是加强注意、防止事故、保持最优工作效率的先决条件。

第三阶段：预知工作时间行将结束时的完工突进。

坚强的意志和良好的情绪，在一定的范围内能克服疲劳的不利影响，从而在最后阶段使工作效率再度提高。这就像精疲力竭的长跑运动员，看到终点在即的时候，就会动员全身的力量，奋力冲向终点。

每个阶段的时间长短由许多因素来决定，因此难于定出一个到处适用的数值。这里有个体因素的影响，也有作业难易程度和作业特点的影响等。

有关疲劳的研究还表明，一个人的工作能力在一个星期之内，以及在一年之内也不是恒定不变的。一般来说，一个人在一个星期之内的工作能力以星期三为最高，而在一年之内，工作能力的最大值是在冬季，最小值则在夏季。

上面已经有意识地在忽略掉个体因素的情况下，介绍了人的机体固有的工作能力的自然变化。现在必须把这个很重要的问题予以补充说明。假设一个人以最大的工作能力工作了一段时间，这时他的疲劳逐渐积累起来，它的自然工作能力正在降低。换句话说，机体要求减少产量，但人被工作所吸引，尽量不去这样做。在不长的一段时间疲劳之后，他可以在一些时间里相当轻易地保持先前的水平。这就是所谓的"充分补偿阶段"。工作在继续进行着，人同先前一样，保持着最大的能力。但是往下越来越难，因为疲劳情况越来越严重。此时，机体真正要求减低效率，劳动者已经不能以自己的意志力来补偿自己的疲劳，因而不管他是否愿意，效率在不断下降。不过在这种情况下，效率的降低，根据机体的自然状态，还没有降低到可能达到的极限。这就是"不稳定补偿阶段"。对这种现象有种种的解释，但不管怎样，起着主导作用的是各种个人因素。

或许还可能出现这种情况，这工作并不是员工所喜欢干的，他今天只是"心不在焉"地干着。因此，他的效率会极低，甚至在机体允许他取得最大成绩的时候还是这样。

此外，在一项对饭店员工所进行的工作是否符合他们的精神需要和他们的体力可能的研究中发现，在认为这项工作是有趣的人中，大约80％的人都认为他们体力上能够胜任；在认为此项工作完全不符合自己兴趣的人中，大约占70％的人说，这项工作是他们力不从心的。

（三）心理疲劳产生的主要因素

心理疲劳的产生，主要与消极情绪、单调感及厌烦感等因素有关。

1. 消极情绪

在饭店各部门里有时难免碰到这样一些员工，他们总感到全身疲乏，精神萎靡不振，休息后也难以恢复，或稍一活动就出虚汗，感到疲惫不堪，这种现象称为病态疲劳。它是一种既有生理因素也有心理疲劳的表现。如果不是病后虚弱的话，它说明体内潜伏着某种失调，或即将爆发某种疾病。

然而有些人什么病也查不出来，却仍是无精打采，注意力不集中，情绪消沉，或狂躁，或抑郁。这可能是由于工作、学习、生活不顺心，可能是受到他人打击和遭遇某种不幸，因而心烦意乱；也可能是由于一种需求得到了满足，失去了对行为的激励；或者是合理的需求得不到满足，产生了郁闷消极的情绪。消极情绪对人的行动有减力的作用，有消极情绪的人，工作缺乏动力，对工作表现冷漠甚至厌烦，遇到困难也不能自觉地以坚强的意志来克服。忧虑郁闷的情绪，使人的能力和技能不可能很好地发挥。人的悲伤、恐惧、委屈、痛苦、不满、嫉妒等消极情绪使人失去心理上的平衡，因而动作软弱无力、姿态反常、面色苍白、心率改变、呼吸频率加快，甚至肌肉颤抖。在这种状态下工作，工作效率必然降低，甚至出现别别扭扭、摔摔打打、拿东西撒气、甩手不干等抵制工作的现象。生理疲劳经过睡眠休息易于消除，恢复工作能力，而要消除心理疲劳就不那么容易。可见心理疲劳对工效的影响比生理疲劳更大。要消除员工的心理疲劳，就需要加强思想工作，增加员工的工作兴趣，满足员工的合理需求，使员工从消极的思想情绪转变为积极的思想情绪。

2. 单调感和厌烦感

在现代旅游企业里由于分工过细，因而使员工感到单调、乏味、厌倦。随着工作时间的增加，这种感觉会越来越严重。从事持续单调操作的员工，大多数在上午上班后一小时和下午上班后半小时就开始进入心理疲劳状态，工作效率逐步下降。而这两个时间正是员工的一天工作中体力最佳的时间。这说明，持续单调操作给员工心理上造成的疲劳和对工效的影响，远远先于和大于生理疲劳所带来的影响。一般说来，员工做单调的工作比做变化多、兴趣大的工作能量消耗多。

五、疲劳的消除

尽管生理性疲劳具有防护性作用，但人在疲劳过程中会出现注意力涣散、操作速度变慢、动作的协调性和灵活性降低、误差及损耗增多、事故频率升高等等现象。这些现象无疑会降低员工的工作效率。因此，有必要对消除疲劳的措施进行探讨。

一般来说，消除疲劳常用的措施有以下几项：

1. 合理安排休息

人疲劳后必须休息。但是，休息应科学地安排。具体地说，如何根据工作和疲劳的情况确定休息时间的长短、休息的频率以及什么时候开始安排休息，不是一件简单的事。工作与休息的合理安排对于提高工作效率、保证操作者健康至关重要。

如何确定合理的休息时间长短，这一问题曾引起许多研究者的兴趣。这里介绍一个较有代表性的研究（K. F. H. Murrell，1965）。研究者以工作活动过程中平均能量消耗的限度作为确定休息时间长短的依据，认为如果指定特定的能耗值为平均能耗的上限，那么，它意味着一旦某一特殊活动的能耗超出了这一上限就必须进行休息，以补偿超额的能耗。与这一观点相对应，研究者还提出了估算任何给定工作活动所需总休息时间的公式：

$$R = \frac{T(K-S)}{K-6.3}$$

上式中，R是所需要的总休息时间，T是总活动时间，K是活动中的平均能耗率，S是指定的平均活动能耗上限值。分母中的6.3则为休息时的近似能耗值。这样，如果我们以16.8千焦/分为平均活动能耗的上限，那么活动1小时（60分钟）所需要的总休息时间应为

$$R = \frac{60(K-16.8)}{K-6.3}$$

对于休息与活动时间的配置，一般应根据疲劳积累规律和活动状况（强度和环

境条件）加以考虑。在活动初始阶段，操作者的工作能力逐渐上升，这时一般不需要进行休息。不适当的休息反而会延迟操作者达到最大工作能力状况的时间。在进入最大工作能力阶段后，操作者的疲劳逐渐积累，这时应开始安排休息。安排休息的原则应为"先少后多"，即起先少休息几次，休息时间也可较短，以后慢慢增多。如果没有安排足够的休息致使工作过程提早进入下一阶段，即工作能力下降阶段，这时即使给予很多休息也往往无法使操作者完全恢复到最大工作能力。操作活动强度大，环境条件差，操作者的疲劳积累较快，这种场合下应在活动的较早阶段就开始安排休息以缓和疲劳的积累。

另外，操作者的工作能力还存在随工作日、星期和月份发生变动的特点。在一天中，上午（特别是9～10点钟）的工作能力较高。在一星期中，工作能力呈倒U型，即星期三、四的工作能力较高而周初和周末工作能力较低。在一年中，冬季的工作能力最高，夏季的工作能力最低。所以根据日、星期、月份的变化，适当地安排休息时间具有一定的意义。

2. 提供足够的睡眠

提供足够的睡眠是消除疲劳，恢复操作者工作能力的最重要方法之一。通过睡眠，可以将操作者在一天中消耗的能源物质重新储备起来，将积累的代谢产物清除掉，只要不是过度疲劳，通过足量的睡眠，操作者完全可以恢复到活动前的状态。

3. 合理设计工作环境

在工作环境的设计上，除了消除温度、噪音、粉尘等因素的不利影响外，工作台、工作座椅的合理设计对消除疲劳也是十分重要的。工作台过高或过低、工作座椅设计不合理，往往会造成操作者处在一种不舒适的姿势下工作，从而引起局部肌肉疲劳。例如，操作时如果工作座椅的高度过低，则操作者的双腿将处于一种持续紧张的状态而引起疲劳。此外，让操作者在工作过程中变换姿势，使工作负荷由不同肌肉轮流承担，也是一种减轻疲劳的有效方法。

4. 变换工作类型

不同类型的活动对操作者施加压力的形式是不同的。有些操作活动须由双手来承担，而另一些活动则可能需由身体其他部位来承担；有些活动是纯体力的操作活动，而另一些活动则可能是纯智力、心理的活动。所以合理地安排操作者工作轮换，或者将各种类型的活动混合起来并交替进行，可使操作者机体的不同部位（或机构）得到必要的休息。

5. 工作内容丰富化

使工作丰富化是用以减少单调感、厌烦感，调动员工积极性的重要方法。它可以使工作成为员工本身的一种享受和需要，从而具有内在的激励作用。

工作丰富化就是尽可能地使员工的劳动丰富多彩，其主要之点是在工作中增加更有兴趣和更有挑战性的内容。在计划和控制工作中，给予员工更多的自主权，通过工作发展个人的成就感和创造力。实行工作丰富化之后，能消除工作设计上的错误，员工能够马上了解到自己的工作成果，感到工作是一种学习提高的机会。这样，工作中的单调感和厌烦感便会减少。

企业吸收员工参加管理和制订规划，使员工的本职工作与企业联系在一起，让员工有更多的机会发挥自己的聪明才智。这样做的一个重要作用就是可以增强员工对工作的责任感和进取心，发挥员工的自觉性、积极性。企业领导坦率地与员工研讨改进工作的办法，允许员工参与决策，有益于激励员工不断取得新的成就。

6. 自我心理训练

自我心理训练，也叫自我心理调节。这是运用思维、情绪等心理因素的作用，对自己进行良好的心理暗示，使大脑产生美好的想像，抑制大脑的紧张状况，有利于消除疲劳，强身健体，提高工效。

自我心理训练的主要方法是：闭目养神，脑子里思想意识集中，想像自己认为是最美好的事物，想着想着就会面带笑容，产生美好愉快的体验；或者以意领气，采用自我调节呼吸的方法，吸气时默念"静"，呼气时默念"松"，以这种"静"、"松"的意念来缓慢地调节呼吸。经过几次练习之后可使头脑入静，全身放松，全身的血液循环和呼吸系统的功能得到改善。运用自我心理训练入静之后，大脑的兴奋自然的转入抑制，常可入睡，而使人得到休息。

第二节　饭店工作环境研究

饭店员工的活动始终离不开特定的环境。员工在有利于身心健康和劳动操作的环境中，工作效率和服务质量就可能提高；而在不适宜的环境中工作或学习，不仅不能提高工效，有时甚至会影响健康和安全。因此，创造一个良好的工作环境，将有助于保障员工的身心健康，提高工作效率和服务质量。

在员工的作业活动中，人是活动的主体，而环境就是作业的条件。工作环境的好坏直接影响到员工的心理状况。在饭店各部门中，组成工作环境的因素很多，但主要是指光、声、电、磁、力等物质运动时所产生的一些现象。如照明、温度、噪声、振动、压力、缺氧等。对环境设计不仅要考虑工作上的需要，而且还要考虑到对人的身心健康的影响。工作环境按其适应的程度可分为以下四种：不能容忍的工作环境，不舒适的工作环境，舒适的工作环境，最舒适的工作环境。研究工作环境的目的在于创造良好的工作条件，对人身采取劳动保护。饭店各部门中，员工必须有一个良好的工作环境，这是保护员工身体健康，提高工作效率，从而获得良好经济效益的重要条件之一。

一、照 明

人反映外界刺激的五种感觉（视、听、嗅、味、肤）中，尤以视觉最为敏感。人的眼睛无论看什么东西，看远或看近，都需要适宜的光线。

光有两种，即天然光与人工光。天然光就是阳光。建筑学上利用天然光的技术叫做"采光"，是通过门窗解决白天室内利用阳光的问题。人工光主要是指由电光源发出的光，用在夜间或白天弥补天然光之不足。利用人工光的技术叫"照明"。在饭店，采光和照明往往同时使用，光线太强或太弱都不利于眼睛看清目的物。照明强度过高不仅会降低可见度，而且会加剧眼肌的紧张和疲劳，从而影响员工的工作效率和服务质量。

人的眼睛对光照具有很强的适应能力。例如，人既能在阳光下看东西，也能在月光下看东西。太阳光相当于 100 000 勒克斯。勒克斯（lx）是照度的单位，照度是均匀地投射到一个物体平面的光通量密度。光通量是最基本的光度量，它是单位时间内通过的光量，是用 CIE（国际照明组织）规定的标准人眼视觉特性（光谱光效率函数）来评价的辐射通量，单位为流明（lm）。月亮光相当于

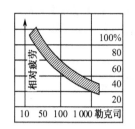

图 12-2　光源与疲劳关系

0.2lx。月光、阳光两者照度的比是 1：500 000。有这样的适应能力，使得人们在得不到充分光照的地方也竭力想看到东西。这样眼睛就会很快地疲劳，甚至造成错误动作。根据试验，疲劳现象是随着照度的增加而减少的，图12-2反映了这种关系。

当照度为100lx时，由80％的试验者在接受试验后出现明显的疲劳现象。而照度约 2 000lx 时，出现的疲劳就极少。

根据照明收效递减律，过高的照明水平对作业绩效的改善并无多大帮助，而对能源却会带来不应有的浪费。照明水平太高，甚至还会由于眩光效应对视觉作业产生不良的副作用。如图 12-3 所示，600lx 以上的照明水平所带来的眩光影响使仪表的检查反应错误率上升。在高照明水平时，由于消除了由被观察物体阴影所形成的"视觉梯度"，会减弱视觉信息的线索，影响对物体的觉察（Logan，

1961)。可见高强度的照明并非总是有益的。

　　综上所述，对于视觉作业选择一个合理的照明水平是非常重要的。为此，世界各国都制定了种种照明标准。表 12-1 是我国 1979 年颁发的工业企业照度设计标准中规定的若干照明数据。

　　合理的照明水平还有助于降低视觉疲劳。有人以眼的调节辐合时间、亮度辨别力和视觉疲劳主观评价等指标，测定了不同照明水平对视觉疲劳的影响。证明低照明水平下视觉疲劳要明显高于高照明水平。有人对中小学课桌照明水平的研究也得到了类似的结果。此外，照

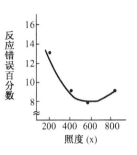

图 12-3　不同照度仪表检查反应

明水平的提高也能使操作人员的主观满意感有所提高。有人用 7 点量表请办公室工作人员对作业照明水平的满意度进行主观评价。结果，当照明从 538lx 提高到 1614lx 时，主观满意度从 3.5 分提高到 5.0 分（Hughes　1978）。视觉疲劳的降低和满意感的提高都将间接地促进作业效绩的提高。

表 12-1　生产车间工作面上的最低照度值*

识别对象的最小尺寸 d（毫米）	视觉工作分类		亮度对比	最低照度（勒克斯）	
	等	级		混合照明	一般照明
d≤0.15	Ⅰ	甲	小	1 500	—
		乙	大	1 000	—
0.15＜d≤0.3	Ⅱ	甲	小	750	200
		乙	大	500	150
0.3＜d≤0.6	Ⅲ	甲	小	500	150
		乙	大	300	100
9.6＜d≤1.0	Ⅳ	甲	小	300	100
		乙	大	200	75
1＜d≤2	Ⅴ			150	50
2＜d≤5	Ⅵ				30
d＞5	Ⅶ				20
一般观察生产过程	Ⅷ				10
大件储存	Ⅸ				5
有自行发光材料的车间	Ⅹ				30

　　* （1）一般照明的最低照度一般是指距墙 1 米（小面积房间为 0.5 米）、距地为 0.8 米的假定工作面上的最低照度；

　　（2）混合照明的最低照度是指实际工作面上的最低照度；

　　（3）一般照明是指单独使用的一般照明。

二、噪声

在我们的周围既有和谐的音乐，也有机器的轰鸣、吱吱嘎嘎的摩擦声。前者乐音使人心旷神怡，精神振奋；后者噪声令人心烦意乱，忐忑不安。而绝对无声的环境又使人孤寂难熬，甚至失去理智。这说明声音过强或过弱都影响人的听觉，使肌体产生不良反应。

心理学上把人们的不需要的声音视为噪声。例如，你在专心看书，隔壁放起了音乐，虽然音响设备很高级，曲子也很优美，但此时你并不希望它出现，这时它对你来说就是噪声。但当你心情愉快地置身于大自然时，潺潺流水声听起来是那样的悦耳。所以一个声音是否是噪声，是与人的主观因素相联系的。噪声已被公认为是一种看不见的"空气污染"，它影响了人们的正常生活，成了重大的公害之一。国际标准化组织（ISO）将噪声污染列为环境污染的首位。噪声的评价和控制问题已受到人们的普遍关注。

噪声是一种使人感到烦躁、不舒服或者有害于听觉的声音。它对人具有各种程度的危害，轻则干扰听觉，降低语言的清晰度；重则损害听觉，包括：立即受损——大于 150 分贝（dB）的噪声，听力损失——永远不能恢复，听力疲劳——暂时的听力衰退。此外，还可能影响睡眠，造成失眠与神经衰弱，影响人的新陈代谢，使消化器官退化与血管硬化等。在工作中，噪声使人容易烦恼与疲劳，降低劳动效率，能够干扰讯号，容易引起事故。因此，劳动心理学要研究劳动环境的噪声问题。

为了对声响有一定的认识，下面列出某些声源和声响水平表，如表 12-2 所示。

表 12-2 某些声源和声响水平表

声 源	声响水平（dB）
轻声翻书声	10～18
安静的家庭花园、树叶簌簌声	20～25
低声广播	40
具有很少交通噪声的街道	50
交谈、房间内大强度的广播	50～60
大声交谈、电视、打字机	70～75
闹钟、狗吠	80
街道上的交通活动	80～90
尖声的刹车、机械的旋转	95
纺织车间、冲压车间	105
混凝土振捣器、柴油机车、锅炉厂	115
汽笛、飞机喷嘴	150

（一）噪声允许值范围

我国著名声学家马大猷教授总结了国内外现有各类噪声的危害和标准，提出了以下建议：

1）为了保护人们的听力和身体健康，噪声的允许值在75～90dB。

2）为保障交谈和通讯联络，环境噪声的允许值在45～60dB。

3）在睡眠时间，环境噪声建议在35～60dB。

ISO在1971年提出了听力保护和环境噪声标准：

（1）听力保护标准。ISO在1971年提出的8小时噪声暴露的听力保护标准为连续等效A声级85～90dBA。若时间减半，则允许声级提高3dB，见表12-3。

（2）环境噪声标准。1971年ISO提出的ISO R1996环境噪声标准是：住宅区室外噪声标准为35～45dB A。不同时间应按表格12-4修正，不同地区按表12-5修正，室内按表12-6修正。室内噪声一般根据窗户条件由户外噪声标准导出。声源性质不同也须进行修正，一般含有纯音峰值的噪声或脉冲噪声应减少5dB A。

非住宅区的室内噪声标准见表12-7。

表 12-3 1971 年 ISO 噪声标准

连续噪声暴露时间	8 小时	4 小时	2 小时	1 小时	0.5 小时	最高限
允许等效连续声级（dB A）	85～90	88～93	91～96	94～99	97～102	115

表 12-4 不同时间环境噪声修正表

时间	修正值（dB A）
白天	0
晚上	−5
深夜	−15 — −10

表 12-5 不同地区环境噪声标准修正表

地 区	修正值（dB A）
乡村住宅、医院疗养区	0
郊区住宅、小马路	＋5
市区	＋10
工商业区和交通混合区	＋15
城市中心	＋20
工业地区	＋25

表 12-6 室内噪声标准修正表

窗户条件	修正值（dB A）
开窗	−10
单层窗	−15
双层窗	−20

表 12-7 非住宅区室内噪声标准

场所	标准（dB A）
办公室、商店、小餐厅、会议室	35
大餐厅、带打字机的办公室、体育馆	45
大的打字机室	55
车间（根据不同用途）	45～75

（二）控制噪声的措施

要达到上述标准，必须对噪声进行控制，一般可以从下列三个方面采取措施：

（1）降低声源的噪声辐射。防护噪声对员工危害最根本的方法是使噪声来源减弱。如对噪声大的设备进行修理和改造，甚至停止使用，或者限制使用时间；或者加用消声器，使机器所辐射的噪声在一定范围内很快地衰减；或者将机器封闭或遮蔽，限制噪声大量向外辐射；或者给机器加上防震措施减少由震动发出的噪声。

（2）控制噪声的传播途径。如在机器的布置上使得噪声不直接向工作人员辐射；或者让声源尽可能离员工远一点，使噪声衰减；用吸声材料吸收辐射而来的噪声。

（3）对噪声接受者采取防护措施。如适当调换工作时间或轮流工作，或者使用耳塞等。

（三）功能音乐

许多人都喜欢在做家务或简单的操作时放音乐，有的人甚至在从事较复杂的脑力劳动时也喜欢边工作边放音乐。音乐往往可使人精神振奋、心情愉快，从而对枯燥的工作不感到厌烦。音乐在许多情形下能促进人的工作效绩，我们称这时的音乐为功能音乐。

音乐为何能提高人的工作效率？心理学研究表明，人不可以生活在绝对安静的环境中，否则会导致各种神经症甚至精神病。如果剥夺任何感觉，人会处于昏睡中。一定的噪声能使人的大脑维持一定的兴奋水平。

许多研究者对噪声对工效的影响进行了实验与理论探讨，提出了一些理论解释，其中的唤醒模型也许能解释功能音乐的作用。此模型认为，低噪声对工作效绩有利是因为唤醒水平恰当，高噪声导致过度唤醒，所以对效绩有不利影响。唤醒与效绩之间存在着倒 U 字形关系。事实上，此模型指出的"漏斗形注意"也部分地解释了音乐对简单操作的促进作用。因为这时有利于人把注意力集中在作业上而忽视其他无关信息。

不同的作业，其所需的唤醒水平是不同的。所以，不同操作应选择何种音乐才能使工效最高，是一个有待研究的课题。美国心理学家詹姆斯认为，不管何种操作，音乐所达到的唤醒水平应使人有反应但又没有意识到音乐的存在，即所谓背景音乐。有调查表明，商店播放节奏缓慢的、强度低的音乐，能使顾客既心平气和地挑选商品，又不至于驻足去欣赏音乐而忘了购买。事实上，不同的人，甚至同一人的不同时期，所需的功能音乐也是不同的。许多人有这样的体验，做同样一件事，有时觉得音乐存在能提高效率，有时却觉得是一种干扰。这就说明功能音乐的课题中还应考虑人在不同时间的基础唤醒水平。

根据音乐对人的心理功能作用和影响，饭店的一些工作场所可以播放欢快活泼、轻盈流畅、优雅柔和的轻音乐，使员工感到轻松愉快、舒适安逸。但播放时间不宜太长，时间过长也是产生噪声的一个因素。一般来说，每首曲子播完之后应有一段间歇时间为宜。

三、色彩

不同波长的可见光作用于人类视觉系统，可产生各种不同的颜色感觉。不同的颜色对人的心理和生理起着不同的刺激作用。

一些亮度高而鲜艳的暖色，如红、橙、黄等颜色，给人以热烈、辉煌、兴奋的感觉，同时也容易引起人的疲劳。红色会增加人眼的压力；在红色的长期作用下，人的听力几乎成倍地下降；鲜红色的墙壁，会使人心跳加速。

一些亮度低而柔和的冷色，如青、绿、蓝等颜色，给人以清爽娴静的感觉，使人感到轻松愉快。绿色会降低人眼的压力，能提高人的听力，还能增强人的肌肉活动能力。这些因一种感觉而引起另一种感觉的心理现象叫联觉。一般情况下，人对不同的颜色会产生不同的联觉现象。

红色——兴奋、温暖、富丽；
橙色——温暖、华美、动人；
黄色——愉快、幻想、诱惑；
绿色——安静、寒冷、快乐、安慰；
蓝色——寒冷、高尚、尊严、体面；
紫色——镇定、哀悼、神秘；
淡调——快活、年轻、活泼、柔弱；
暗调——沉着、端庄、安息。

对员工的工作环境，如果能巧妙的发挥色彩的积极作用，使周围环境的墙壁、走道、地板、设备、工作台、甚至工作服装等，都配以恰当的、受人欢迎的色彩，就可以创造一个符合心理要求的色彩环境，提高工作效率。一些重要设备应该用鲜明的色彩加以突出，以便于识别。还可以把相同的设备涂成一种颜色，以区别于另外的一些设备。表 12-8 是各种设备的标志色彩。

在饭店安全方面，颜色也有其特殊的作用。讯号装置、危险部位都可以应用专门的色彩，以引起人们的注意。

表 12-8　设备的标志颜色

类别	主要标志颜色	文字颜色	中文代字
消防设备	红色	白	消防
危险物料	黄色	黑	危险
安全物料	绿色	黑	安全
防护物料	浅蓝色	白	防护

四、温度

人体总是要保持一个稳定的温度，一般是 37℃。这个温度稍有变化就会使人感到不舒服，降低工作效率，甚至产生病理变化。人体通过食物的消化，持续地产生热量，又将多余热量不断地向周围散发，以保持体内的稳定温度。人体是靠对流、辐射、传导、蒸发四种方式散发热量的。一些研究资料表明，一个坐着从事轻度工作的人每小时散发的热量约为 418 000J。热量的散发与周围的温度、湿度有关系。温度过高会使人体的热量无法向外散发，于是体温上升，心脏活动增大，人的作业行动减退，差错增加，在工作上表现为效率和质量下降。温度太低，则人体的热量大量向四周围散发，使关节变硬，活动不灵便，注意力减退，工作效率下降。当温度高、湿度过大时，人体的汗蒸发太多，又很难发散，感觉闷热，口干舌燥，很不舒服。可见工作场地的气温对工作效率有直接影响。什么样的温度和湿度才能使人工作起来适宜，效率提高呢？考虑到人的工作性质不同，人对冷热的感觉有差异，以及人们的衣着不同等，对于最适宜的温度和湿度只能给出一个范围，如表 12-9 所示。

表 12-9　工作场地适宜的温度和湿度范围

工作性质	温度℃		湿度%
	夏天	冬天	
脑力劳动或轻体力劳动	20～26	18～23	40～70
站着轻工作或坐着重工作	19～24	17～21	40～70
站着重工作或轻负荷运输	17～23	15～20	30～70
重体力劳动或重负荷运输	16～22	14～19	30～60

表 12-9 中的温度为有效温度。所谓有效温度，就是指湿度为 10%，空气完全处于静止状态的温度。

为了保证饭店员工有良好的环境温度条件，须在饭店建筑设计时充分考虑这个问题。在建筑设计中处理好门、窗、天窗的设置，考虑到房间的日照，阳光的辐射，以及空气调节设备来创造合适的温度和湿度条件。

复习与思考

1. 解释下列概念：

（1）劳动心理学；（2）疲劳；（3）生理疲劳；（4）心理疲劳；（5）照明；（6）噪声；（7）功能音乐。

2. 阐述疲劳的心理学表现。

3. 生理疲劳和心理疲劳的产生主要与哪些因素有关？试具体说明这些因素。

4. 举例说明消除疲劳常用的措施。

5. 结合自己在饭店实习经历，谈谈饭店工作环境对员工身心健康、工作效率，以及服务质量的影响。

6. 如果你是一家饭店的主要管理人员，你将在哪些场所使用功能音乐？你将如何设计这些功能音乐？为什么？

第十三章 群体行为的基础

管理心理学主要是研究个体心理、群体心理、领导心理和组织心理四个部分，而群体心理是这四部分发生有机联系的中间环节。群体既是组织实现其功能的媒介，又是领导发挥作用的基础，还对个体行为产生巨大的影响。

在第八章，我们已明确了群体的定义。在这一章，首先，论述组织中的正式群体和非正式群体，讨论影响群体形成的因素，比较群体发展的两种模型，探讨群体结构的特性，以及这些特性对群体成员的影响，继而研究群体决策的优点和存在的问题，以及群体的凝聚力对群体生产率的影响。最后，详尽介绍团队的概念及其对管理者的意义。

第一节 群 体

在群体一词的前面，可以插入许多形容词来详细说明它的类型和性质。某些群体的成员资格可以对任何感兴趣的人开放，某些群体则对所有人封闭，而且几乎没有什么选择余地。在某些群体中，成员资格是自愿取得的，（例如教会歌唱队），而在某些群体中，成员资格的取得是非自愿的（例如家庭中的子女）。从管理心理学和组织行为学的目的来看，主要研究正式群体和非正式群体。

一、正式群体

正式群体（formal group）是为了有利于实现组织目标而由组织建立的群体。它们通过有意识地安排而把个人努力引导到一个合适的方向上来。在大多数组织中，正式群体有几种基本类型。最普遍的类型叫做指挥群体（command group）或称命令群体，由组织结构规定。一个指挥群体由一名上级和听命于他的下属组成。例如，在一家医院中，一个指挥群体可能由一个护士长和12个被她监督的护士所组成。又如，在一家公司中，一个指挥群体由生产经理和六名倒班组长所组成。依此类推，以倒班组长为首的指挥群体由其本人和各自的下属所组成。因此，多数组织的等级制度是一系列相互衔接的指挥群体。

还有一种类型叫做任务群体（task group），也是由组织结构决定。它是指为完成一项工作任务而在一起工作的人。但任务型群体的界限并不仅仅局限于直接的上下级关系，还可能跨越直接的命令关系。例如，如果一个在校大学生违反了校规，那么就需要在教务主任、学生处处长、保卫处处长、学生辅导员之间进行协调和沟通。这些人员就组成了一个任务型群体。应该指出，所有的命令型群体都是任务型群体，但因为任务型群体可以由来自组织各个部门、各个层次的人组成，因此，任务型群体不一定是命令型群体。

在多数组织中，正式群体还有另外几种普遍类型，其中包括特殊任务组和委员会。特殊任务组是临时组织起来的群体，它们成立是要实现特殊的目标或解决特殊的问题。它们常常从组织中的各个固定岗位上抽调成员组成。例如，一个改善工作条件的特殊任务组由一名生产工人、一名工会干事、生产经理和人事经理所组成。委员会通常是永久性的群体，它处理一般的指挥群体结构范围外的经常性的任务。例如，一所商学院可能成立一个由各个系的教学行政人员组成的委员会，专门研究毕业计划政策。

二、非正式群体

除了由组织为了实现组织目标批准的正式群体外，在所有组织中，还存在非正式的群体构成。非正式群体（informal group）是在组织成员对共同利益的反应方面自然形成的群体。它们极少得到组织批准，它们的成员资格常常和正式群体相交叉，使非正式群体产生发展的共同利益一般包括自我防御、工作帮助和友谊等等。

非正式群体常见的一种类型叫做利益群体（interest group）。那些属于或不属于命令群体和任务群体的人，都可能加入利益群体。在利益型群体中，大家是为了某个共同关心的特定目标而走到一起来的。比如，公司中有些员工为了修改休假日程，或为了帮助一个被解雇的伙伴，或为了增加福利，而结合在一起，组成一个群体，以实现他们的共同利益。

还有一种非正式群体往往是由于其成员具有某些共同的特点而形成的，我们把这种基于成员共同特点而形成的群体称为友谊群体（friendship group）。这种群体往往是在工作情境之外形成的，他们所赖以形成的共同特点可能是年龄相近、支持某个球队、同一所大学毕业、观点相同，等等。

非正式群体通过满足其成员的社会需要而发挥着重要的作用。由于工作场地的接近和任务联系的密切而导致交往比较频繁，我们可以看到员工在一起打球、一起上下班、一起吃午餐、一起度过工休时间。应该认识到，即使员工之间的这种相互作用是非正式的，它们对员工的行为和绩效的影响也是深远的。

在许多情况中，确实存在一股很强的力量，使组织成员常常形成非正式的群体来防止自身遭受到实际所感知的威胁或不平等的损害。因此，工人们可能团结在一起，要求改变加班分配程序，要求恢复一个被解雇的同事的工作，或者要求注意不安全的工作条件。有时，非正式群体的自然形成是为了在工作绩效方面对个人有所帮助。最后，非正式群体在组织中形成的最经常的因素是友谊。

应该强调，非正式群体中的利益群体是一个以工作为目的的正式组织的自然结果。就这一点而论，这种群体的存在在本质上分不出好或坏。为了自我防御而形成的非正式群体，可能是一个使组织苦恼的事物，但是它们也可能表明组织中存在不公平的现象，这样就能够使问题易于解决而不是留下隐患。同样，在帮助完成工作方面形成非正式联盟的现象是非常普遍的，如果它们魔术般地突然消失，许多组织想正常运转是不可能的。例如，在一家工厂中，要求卡车司机从铸工车间到机床车间往返运送铸件。从技术上考虑，认为司机能够自己装卸铸件，但是，铸件非常沉重，这样做实际上是不可能的。因此，司机们发展非正式的关系谋求车工的帮助，即使车工的工作说明书并没有要求这种活动。另一方面，这种群体构成可能会有助于个人完成他们的工作，但是却牺牲了组织的整体目标。最后，以简单的友谊为基础形成的群体可以加强正式的任务合作并提高工作满意度，减少缺勤和离职。相反，我们所有的人也观察到过这种情况，同事之间只顾畅叙友情，以致没有抓紧时间完成任何工作。

总之，仅对非正式群体的存在考察，不能使我们了解到它们对组织运转的影响。在本章，我们将会看到，这种影响取决于非正式群体的附加性质。

至于个人加入群体的动机，不是列举一两种原因就能解释清楚的。由于大多数人同时属于多个群体，显而易见，对个人来说，不同群体为其成员提供不同的利益，满足个人不同的需要。表 13-1 总结了个人加入一个群体的最常见的原因。

表 13-1　为什么人们会加入群体中

安全需要

通过加入一个群体，个体能够减小独处时的不安全感。个体加入到一个群体之后，会感到自己更有力量，自我怀疑会减少，在威胁面前更有韧性。

地位需要

加入一个被别人认为是很重要的群体中，个体能够得到被别人承认的满足感。

自尊需要

群体能使其成员觉得自己活得很有价值。也就是说，群体成员的身份除了能够使群体外面的人认识到群体成员的地位之外，还能够使群体成员自己感受到自己存在的价值。

情感需要

群体可以满足其成员的社交需要。人们往往会在群体成员的相互作用中／感受到满足。对许多人来说，这种工作中的人际相互作用是他们满足情感需要的最基本的途径。

权力需要

权力需要是单个人无法实现的，只有在群体活动中才能实现。

实现目标的需要

有时，为了完成某种特定的目标需要多个人的共同努力，需要集合众人的智慧、力量。在这种时候，主管人员就要依赖正式群体来完成目标。

第二节　群体的形成与发展

一、影响群体形成的因素

什么因素决定一个随机的个体集合有可能呈现和保持一种群体的特性？我们在前面已经对这一问题作了某些尝试性的回答，在这一节将进行更系统的考察。在正式群体的问题上，我们的兴趣在于了解组织形成指挥群体、特殊任务组和委员会的条件。在非正式群体的问题上，我们关心在正式工作环境中促使其自然形成的因素。

（一）相互作用的机会

相互作用的机会增加了群体形成的可能性。当人们同其他人相互作用时，能够认识到，他们可以通过相互依靠来达到共同目标。影响相互作用机会的一个关键因素是邻近性或身体距离。在其他条件相同的情况下，在一定时期内身体位置互相接近的人，更有可能互相吸引并形成群体。因此，在像一个办公室的工作人员、一架民航客机的机组人员等各种各样的工作人员中，工作岗位的邻近性是预见非正式群体形成的一个有效因素。

有时，身体距离和相互作用之间的关系受到所谓的心理距离的制约。换句话说，某种因素能够增加或减少同事之间可以感觉到的或者表面上的距离，因此在一定程度上影响了相互作用。这些因素之一是社会职位。心理距离也受到建筑障碍的影响。例如，一堵位置有决定性作用的不透明的墙壁或者玻璃屏障可以出人意料地减少仅仅以个人之间的距离为基础的相互作用。

回过头来，让我们看一看正式群体。经理们知道，只有其成员的相互作用达到一个必要的程度，群体才能变成并保持为一个真正的群体。因此，在正式群体中经常"引进"相互作用的手段，最经常的是加强群体成员的身体邻近性。组织也采用电话会议和面对面的会议缩短群体成员之间可能存在的身体或心理距离。但是，有时最好的加强相互作用的计划也会受到阻碍。例如，有一家富有创新精神的油漆厂，其安全规定要求建立一堵防爆墙把油漆填充和包装任务分隔开，这使既负责填充又负责包装的包装组成员常常抱怨这个有形障碍给班组工作带来的麻烦。正式的班组工作成员之间的相互作用受到必不可少的建筑障碍的限制。

（二）目标完成的可能性

即使当个人之间相互作用的机会很充分时，如果缺少有利于目标完成的可能性，群体关系也不会发展或持久。在非正式的群体关系方面，你不可能同工作中相互作用的每一个人成为朋友。同样，在最终达到目的时或认为不可能达到目的时，像特殊任务组或委员会等正式工作群体可能会被解散。可以把群体目标划分为下列几种类型：

1. 物理目标

物理目标揭示了群体形成和维持的最明显的动机。当两个史前人发现他们一起行动能够移动一块独自一人不能移动的石块时，就已经认识到，群体成为一种成倍增加人力的有效手段。一个单独行动的人绝对不能建立起一座摩天大楼或者扑灭一场大火。利用群体完成物理目标的一个附带效果是社会助长效应。这是一种人们在其他人面前比单独一人时更能精神焕发地完成一项他熟练掌握的任务的倾向。因此，一名手持凿岩机的操作工在同事面前比他们单独工作的时候干得更起劲。虽然有时"其他人"可能仅仅是旁观者而不是群体成员，但是，可以想到，社会助长效应的产生是因为行动者对"其他人"关于其绩效可能作出的评价十分敏感。在正常的工作环境中，这种评价特别可能来自于直接的工作群体的成员。因此，群体成员资格对目标完成既有直接的，又有间接的效果，前者通过努力的加倍，后者通过社会助长效应发生作用。

2. 智力目标

通过共同努力完成智力目标的可能性也是群体形成的一个因素。与"两个人的智慧胜过一人"的观念相一致，人们常常组织成群体来解决面临的问题和完成决策任务，例如决定政治策略、设计桥梁或者审查借贷申请等。在某些情况下，必须通过群体努力才能完成一个智力目标。例如，一个人不可能完全掌握设计一台复杂的计算机所必需的全部智力技能。而在另外一些情况下，达到一个智力目标不一定需要群体努力，但有可能利用群体努力可以提供思想火花或者得到对某一选择方案的赞助。例如，一名合格的建筑设计师不用帮助也有能力设计出一个切实可行的桥梁建筑方案。但是，成立设计组可以提出一个更有创造性的、第一流的方案，并且使组员确信它完美无缺。

3. 社会情感目标

取得社会情感目标的机会也影响群体的形成。这是一些同马斯洛的需要层次理论中的中间类型的需要——安全、归属和尊重——相联系的目标。如上所述，大多数人与他人交往的愿望很强烈，形成非正式的友好群体，能够使他们实现这一目标。

在安全需要层次方面，大量证据表明，当环境存在压力或存在威胁时，可能会形成群体，例如，在自然灾害期间，平素互不讲话的邻居会自发形成有效地救援和保护受难者的群体。在组织方面，罢工委员会的形成和工会组织的发展，都可以证实非正式群体的形成是压力和威胁的产物。战争期间在军事人员中形成的密切的、发自内心的友好群体也是一个典型例子。

除人们仅仅由于纯粹的恐惧或感到压力倾向于结成群体外，进一步思考提出了更合理的动机。首先，有压力的情境是过去未遇到过的、令人慌乱的情境，那些感到压力的人可能拿不准应如何反应——即，什么样的情绪是适当的。当这种情况发生时，处于同样困境中的其他人可以提供某些有用的信息（"敌人将在黎明时刻到达这座山头，我的战友很镇静，因此，我也应该镇静"）。另外，在对压力的反应方面，非正式的群体成为一种实际对抗压力来源的社会结构。例如，由于工厂倒闭的传闻而感到受到威胁的雇员，可能会联合起来弄清事实，并向他们的代表谋求帮助。

群体成员资格可以取得的另一个社会情感目标是自尊。在许多情况下，这种成员资格能够使群体成员借助群体的力量或声望提高自己。"我们改变了董事会的意见"或"我们队总是夺取大学生联谊赛冠军"等等，这些说法都是通过群体力量得到自我尊重的表现。同样，一个警察宣称"我的小队总是使大多数罪犯插翅难逃"，他以自己是一个有威望的群体中的成员得到了自我尊重。无论哪一种情况，群体成员资格都可以使人们得到从个人身上难以得到的社会情感报酬。甚至最不入门的新手也能从和其同事的联系中享受到自豪。

社会情感目标也可以在正式的群体发展中起作用。例如，一名银行行长坚持主张，所有高额贷款申请都要由银行集体审查，这可以在决策失误的情况下，提供一定程度的心理安全感。同样，组织善于利用特殊标记和服装提高自我尊重和工作群体的一致性。

（三）成员的个性

除了相互作用和目标实现的机会外，个人特性是否有助于群体形成和维持？换句话说，是不是"物以类聚，人以群分"？是不是"同性相斥，异性相吸"？当然，与这类题目相联系的民间谚语举不胜举，它们大多数是从对友谊和婚姻形式的偶然观察中得到的。

首先，让我们明确个性意味着什么。我们已经确定，在实现物理的、智力的和社会情感的目标方面，特殊的共同利益常常促使群体形成。但是，仍然存在一个问题，即态度和个性特征等更抽象的特性是否影响群体形成。

关于态度方面的证据是相当明显的——人们易于对那些具有类似态度的人发生兴趣，特别是当这些态度和他们所处的社会环境有关的时候。因此，对其工作不满的工人可能互相吸引，并且更喜欢在一起工作。

关于个性特征和群体形成的证据较为复杂。首先，和态度与群体形成之间的关系一样，个性特征的相似有助于结成群体。因此，有高层次需要的推销员可能特别感兴趣和有类似特性的其他人交往。但是，在个性范围中也有"异性相吸"的例子。例如，个性很强的人可能要寻找顺从的人作为同伴，反过来也是如此。同样，内在控制型和外在控制型的人有时彼此之间会相互吸引。因此，个性特征和群体的形成以及维持之间的关系取决于具体特性和发生相互作用的环境。

为什么态度和个性特征对相互吸引及群体的形成和发展有影响？首先，人们会遇到思想、行为、感觉与自己的方式相同的人。这种相似性告诉我们，不管我们如何孤僻，我们在世界上并不是孤立的。其次，相互吸引和相互作用可能表明，他们有具体的共同目标，这种目标可以通过建立一种关系来实现。例如，高层次需要的推销员之间有可能相互提供有助于提高工作绩效的销售诀窍或忠告。又如，在支配型和顺从型的同事之间保持发展相互作用的关系，有可能使双方都能满足重要的个人需要。

态度和个性特征也和正式群体的形成和保持有关。经理们常常利用关于个性或态度方面的判断把类似的成员分配到某一个群体中，认为这样做能够使群体存在一致性。当然，群体中人员配置也可以利用他们态度和个性方面的差异。在一个由公司成立的、研究新产品开发的特殊任务组中，组长可能寻找一个精打细算、讲究实际的会计和一个容易冲动的、有创造力的营销代表取得平衡。可以料想，这两个人的技能能够互相补充。

二、群体发展的阶段

近20多年以来，我们一直认为，大多数群体的发展遵循一种特定的顺序，而且我们了解这种顺序。事实上，最近的研究表明，群体的发展没有什么标准模式可言。下面，我们就对大家比较熟悉的群体发展阶段模型和最近的研究发现——间断-平衡模型进行评述。

1. 五阶段模型

从20世纪60年代中期起，人们大都认为，群体的发展要经过五个阶段的标准程序，如图13-1所示。这五个阶段包括：形成阶段、震荡阶段、规范化阶段、执行任务阶段、中止阶段。

第一阶段：形成（forming），其特点是，群体的目的、结构、领导都不确定。群体成员各自摸索群体可以接受的行为规范。当群体成员开始把自己看作是群体的一员时，这个阶段就结束了。

第二阶段：震荡（storming），是群体内部冲突阶段。群体成员接受了群体

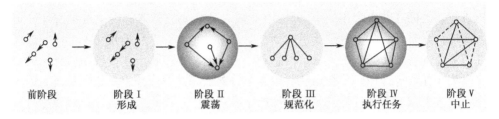

图 13-1 群体发展的阶段

的存在，但对群体加给他们的约束，仍然予以抵制。而且，对于谁可以控制这个群体，还存在争执。这个阶段结束时，群体的领导层次就相对明确了。

第三阶段：规范化（normal），在这个阶段中，群体内部成员之间开始形成亲密的关系，群体表现出一定的凝聚力。这时会产生强烈的群体身份感和友谊关系，当群体结构稳定下来，群体对于什么是正确的成员行为达成共识时，这个阶段就结束了。

第四阶段：执行任务（performing），在这个阶段中，群体结构已经开始充分地发挥作用，并已被群体成员完全接受。群体成员的注意力已经从试图相互认识和理解转移到完成手头的任务上。

第五阶段：中止阶段（adjourning），对于长期性的工作群体而言，执行任务阶段是最后一个发展阶段，而对暂时性的委员会、团队、任务小组等工作群体而言，因为这类群体要完成的任务是有限的，因此，还有一个中止阶段。在这个阶段中，群体开始准备解散，高绩效不再是压倒一切的首要任务，注意力放到了群体的收尾工作。这个阶段，群体成员的反应差异很大，有的很乐观，沉浸于群体的成就中，有的则很悲观，惋惜在共同的工作群体中建立起来的友谊关系，不能再像以前那样继续下去。

五阶段模型的许多解释者都带有这样的假设：随着群体从第一阶段发展到第四阶段，群体会变得越来越有效。虽然这种假设在一般意义上可能是成立的，但使群体有效的因素远比这个模型所涉及的因素来得复杂。在某些条件下，高水平的冲突可能会导致较高的群体绩效。所以，我们也可能会发现这样的情况：群体在第二阶段的绩效超过了第三和第四阶段。同样，群体并不总是明确地从一个阶段发展到下一个阶段。事实上，有时几个阶段同时进行，比如震荡和执行任务就可能同时发生。群体甚至可能回归到前一个阶段。因此，即使是这个模型的最强烈的支持者，也没有假设所有的群体都严格地按照五阶段发展或者四阶段总是最可取的。

在理解与工作有关的行为时，五阶段模型的另一个问题是它忽视了组织环境。例如，一项关于飞机驾驶员的研究发现，三个陌生人被指定同时驾驶一架飞机飞行，他们在首次合作的 10 分钟内就成为高绩效的群体。促使这种群体高速发展的因素是环绕着飞机领航员的强烈的组织环境。这个环境提供了群体完成任务所需要的规则、任务的定义、信息和资源。他们不需要五阶段模型所预测的那些过程，如形成计划、分配角色、决定和分配资源、解决冲突、建立规范。因为组织中大多数的群体行为发生在强烈的组织环境中，因此，五阶段发展模型对于我们理解工作群体很可能没有多少实用价值。

　　2. 间断——平衡模型

　　研究人员在对十多个任务型群体进行了现场和实验室研究之后认为，群体的发展并非都经历相同顺序的发展阶段。但在群体的形成和变革运作方式的时间阶段上是高度一致的。应该特别指出的是，研究发现：（1）群体成员的第一次会议决定群体的发展方向；（2）第一阶段的群体活动依惯性进行；（3）在第一阶段结束时，群体发生一次转变，这个转变正好发生在群体寿命周期的中间阶段；（4）这个转变会激起群体的重大变革；（5）在转变之后，群体的活动又会依惯性进行；（6）群体的最后一次会议的特点是，活动速度明显加快。这些发现如图13-2所示。

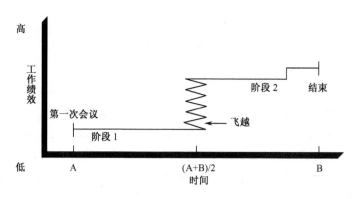

图 13-2　间断-平衡模型

　　群体成员的第一次会议决定群体的发展方向。在第一次会议上，群体成员完成其项目所要求的行为模式和假设的基本框架。这种框架在群体存在的最初几秒钟之内就可能出现。

　　一旦这种框架确定，群体的方向就变成了白纸黑字，而且在群体寿命周期的前半阶段不太可能重新修订。这一阶段是依惯性进行群体活动的阶段，也就是说，群体倾向于静止，或者被锁定在一种固定的活动上。即使获得对初始模式和假设形式挑战的新创意，群体也不可能在第一阶段实施这些创意。

在这些研究中，一个更有趣的发现是，每个群体都在其寿命周期的同一时间点上发生转变——正好在群体的第一次会议和正式结束的中间阶段——尽管有些群体完成一个项目只用一个小时，而有些群体要用 6 个月。看起来，好像每个群体在其存在时间的中间阶段都要经历中年危机。这个危机点似乎起着警钟的作用，促使群体成员认识到，时间是有限的，必须迅速行动。

这个转变标志着第一阶段的结束，其特征是集中于迅速的变革，抛弃旧的模式，采纳新的观点。转变调整了第二阶段的发展方向。

第二阶段是一个新的平衡阶段，或者说又是一个依惯性运行的阶段。在这个阶段中，群体开始实施在其转变时期创造出来的新计划。

群体的最后一次会议以迅速的活动来完成工作任务为特征。

假如你有过参加学生群体的经历，我们可以用这种模型来描绘你的经历。在第一次会议上，基本的时间表就能制定出来。群体成员进行相互了解，并一致同意，完成项目的全部时间为九个星期。群体成员对教师的要求进行讨论和辩论。从这时起，群体成员开始定期相聚，以保证活动的顺利进行。但是，大约在项目进行到第四和第五周时，问题出现了。群体开始重视批评意见，讨论变得更加开放，群体重新定位，并采取一些积极的行动，试图进行变革。如果群体进行了正确的变革，那么在接下来的四五周中，群体完成项目的水平肯定是一流的。群体的最后一次会议，一般在项目将近结束时召开，会议时间比平时的会议时间都要长。在这次会议上，群体成员就最后的所有遗留问题进行讨论，并作出决定。

总之，群体的间断——平衡模型的特点是，群体在其长期的依惯性运行的存在过程中，会有一个短暂的变革时期，这一时期的到来，主要是由于群体成员意识到他们完成任务的时间期限和紧迫感而引发的。如果运用群体形成的五阶段模型的术语，那就是，群体通过其形成和规范化阶段的结合而开始存在，接着经历一个效率较低的执行任务阶段，随后是震荡阶段，然后是一个高绩效阶段，最后，是结束阶段。

第三节　群体行为模式

一、群体行为模式

为什么有些群体比另一些群体更容易成功？这个问题的答案是很复杂的，但它包括以下变量，如群体成员的能力，群体的规模，冲突的水平，群体成员为了遵循群体规范而承受的压力。图 13-3 列出了决定群体绩效和群体成员满意度的几个主要因素。它可以帮助你确定关键变量，并明确它们之间的相互关系。

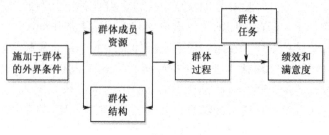

图 13-3　群体行为模型

　　工作群体不可能孤立存在，它们是更大的组织的一部分。例如，一家公司产品部的一个研究小组，必须遵从本部门和公司总部的规章制度和政策。因此，每个工作群体都要受到施加于群体的外界条件的影响，但工作群体本身蕴藏着由群体成员决定的各种资源。这包括群体成员的智慧才能和工作动机等等。群体本身还有一个决定其成员角色和群体规模的内部结构。这些因素——群体成员所带来的资源和群体结构——决定着群体内部的相互作用模式和其他过程。最后，群体的相互作用过程与绩效和满意度之间的关系，受群体所承担的任务类型的影响。在下面的章节中，我们将对图 13-3 中所示的每项因素加以详细分析。

二、群体的外部环境条件

　　要理解工作群体的行为，就应把它们看作是大系统中的子系统。也就是说，如果我们把群体看作是大的组织系统中的一个部分，我们就能从它所属的组织的解释中抽取出对群体行为的解释。

　　1. 组织战略

　　一个组织的整体战略，通常是由组织的高层管理人员制定的，它规定着组织的目标以及组织实现这些目标的手段。例如，组织战略可能引导组织朝着降低成本，提高质量，扩大市场份额，或收缩其总体作业规模的方向发展。在任何时候，一个组织所追求的战略都会影响到组织中工作群体的权力，反过来，这又将决定组织的高层管理人员希望分配给工作群体用以完成任务的资源。比如，如果一个组织通过出售或关闭其主要业务部门，来实现其紧缩战略，就会缩减其工作群体的资源，增加群体成员的焦虑感及引发群体内部冲突的可能性。

　　2. 权力结构

　　每个组织都有其权力结构，规定谁向谁汇报工作，谁有权决策，把哪些决策权力授予个人或群体。这种结构通常决定着一个工作群体在组织权力结构中的位置，决定着群体的正式领导和群体之间的正式关系。虽然群体可能由群体内的一个非正式领导控制，但组织的正式领导——由组织管理人员任命——仍然具有群体内其他成员所没有的权力。

3. 正式规范

组织通常会制定规则、程序、政策以及其他形式的规范来使员工的行为标准化。因为麦当劳公司对填写菜单的格式、烹调汉堡包和灌装饮料的方法都设有标准的工作程序，因此，麦当劳公司的工作群体自己制定独立的行为标准的余地是很有限的。组织对员工施加的正式规定越多，组织中工作群体成员的行为就越一致，就越容易预测。

4. 组织资源

有些组织规模较大，而且利润丰厚，资源丰富。例如，它们的员工可能拥有高质量的工具和设备来完成工作任务。而有些组织可能就没有这么幸运了。如果一个组织资源有限，那么它的工作群体所能拥有的资源当然也就比较有限。一个工作群体所能做的事情在很大程度上取决于其资源条件。各种资源，比如资金、时间、原材料、设备是由组织分配给群体的，这些资源是富裕还是短缺，对工作群体的行为有着巨大影响。

5. 人员甄选过程

工作群体的成员首先是这个群体所属的组织的成员。比如，波音公司一个降低成本任务小组的成员首先必须是波音公司的员工。因此，一个组织在甄选员工的过程中所使用的标准，将决定这个组织工作群体中成员的类型。

6. 绩效评估和奖酬体系

另一个影响每个员工的组织变量是组织的绩效评估和奖酬体系。组织能够给员工制定具有挑战性的、具体的绩效目标吗？组织对于成功地完成任务的个人或工作群体能够给予奖励吗？由于工作群体是较大组织系统的一部分，因此，组织进行绩效评估的方式，以及组织对于哪种类型的行为给予奖励，都会影响群体成员的行为。

7. 组织文化

每个组织都有其不成文的文化，这种组织文化规定着哪些行为是可以接受的，哪些行为是不可以接受的。员工在进入组织几个月之后，一般就能了解其所在组织的文化。他们能够知道，上班时应该如何着装，组织的规章制度是否都应该严格地遵从，哪些类型的出格行为会使自己遇到麻烦，哪些则没有多大关系，在组织中诚实和正直等品质是否很重要，等等诸如此类的事情。虽然许多组织中存在亚文化——通常以工作群体为中心产生——从而存在组织正式规章制度之外的一些规则，但这类组织中仍然是由主导文化向所有的组织成员表明，组织所重视的价值观是什么。如果工作群体的成员想得到组织的承认，就必须接受组织主导文化所蕴涵的价值标准。

8. 物理工作环境

最后，我们来考察物理工作环境这个变量。我们认为由外部条件作用于群体的物理工作环境对群体行为有重要影响。一般来说，建筑师、工业工程师、办公室设计人员决定着员工工作场所的外观、设备的安排、照明水平以及是否需要隔音设备来减小噪音干扰。这些因素既可以成为工作群体互动的障碍，又可以为群体成员的交往提供机会。如果员工的工作场所相距较近，没有间隔物，而且直接上司在46米之外的封闭办公室中，显而易见，员工之间的相互对话或流言蜚语的传播就容易多了。

三、群体成员资源

一个群体可能达到的绩效水平在很大程度上取决于群体成员个人给群体带来的资源。在这里，我们将考察两种引起人们最大关注的变量：个体能力和性格特征。

1. 能力

我们可以通过评价个体成员与工作有关的能力和智力水平来部分地预测群体的绩效。当然，我们有时会读到这样的新闻：一支队员水平居于中游的球队，由于教练有方，队员意志坚强，配合默契，击败了队员水平远远高于他们的球队。但这种事情成为新闻正是由于其偶然性。正如古语所说：赛跑不总是最快的赢；战争不总是最强的赢。但这是一种赌博。一个群体的绩效水平不仅仅是其成员个人能力的总和，但其成员的能力使我们得以间接地判断群体成员在群体中能够做什么，工作效果如何。

对于群体成员的能力和群体绩效，我们可以作出哪些推断？首先，事实证明，一个人如果拥有对于完成工作任务至关重要的能力，这个人更愿意参与群体活动，一般来说贡献也更多，成为群体领导的可能性也比较大，如果群体能够有效地利用他们的能力，他们的工作满意度会更高。其次，群体成员的智力和与工作任务相关的能力都与群体绩效有关，但相关度不高，这说明其他因素，比如群体的规模，所从事的工作任务类型，群体领导的行为方式，群体内部的冲突水平，都对群体绩效具有一定影响。

2. 个性

大量研究探讨了个性特征与群体态度和群体行为之间的关系。一般的结论是，具有积极意义的个性特征对群体生产率、群体士气和群体凝聚力有积极的影响，这些个性特征主要包括：善于社交、自我依赖、独立性强。相反，那些具有消极意义的个性特征，如独断、统治欲强、反传统性等，对群体生产率、群体士气、群体凝聚力有消极影响。这些个性特征通过影响群体成员在群体内部的相互作用方式，而影响到群体的绩效。

了解群体成员某一方面的个性特征就能很好地预测群体行为吗？答案是否定的。任何单一的个性特征的影响力都是很小的，但是，把个性特征放到一起来考察，对群体行为的影响就有重要意义了。

四、群体互动过程

我们所要讨论的下一个群体行为模型的成分是工作群体内发生的互动过程。

为什么群体互动过程对于理解群体行为非常重要呢？要回答这个问题，我们应回顾一下社会惰化现象。我们已经发现，1＋1＋1 不一定等于 3。在群体任务中，如果每个成员的贡献难以衡量，个体就可能会降低他们的努力程度，换种说法，社会惰化现象证实了群体可能带来的损失。但群体互动过程也可能带来积极结果，也就是说，群体整体的产出可能大于群体成员个人产出的总和。图 13-4 列举了群体互动过程通过哪些途径可以影响群体的实际工作效果。

图 13-4　群体过程的影响

1. 协同效应

协同效应（synergy）是一个生物学术语，它是指由两种以上的物质相互作用所产生的效果不同于单一物质作用的总和。我们可以借用这个概念来更好地理解群体互动过程。

例如，社会惰化现象所代表的是负协同效应。群体互动的结果小于个体努力累加之和。另一方面，在研究实验室里经常使用研究小组来完成工作任务，因为研究小组可以利用小组成员的多种技能，从事研究者个人无法单独从事的一些研究。也就是说，他们的协同效应是正向的。他们相互作用过程的所得大于所失。

还有一个方面的研究，有助于我们加深对群体互动过程的理解，这就是社会促进效应。你是否曾经注意到，在别人面前进行某种操作会对你产生一些积极或消极的影响。例如，几个星期以来，你在自己家游泳池里私下反复练习某个复杂的跳水动作，然后在一群朋友面前表演，而在他们面前，你比自己练习时跳得更好。再举个例子，你私下反复练习一次演讲，而且准备得非常充分，但当你站到听众面前时，却又放弃了。

2. 社会促进效应

社会促进效应（social facilitation effect）是指，在别人面前，绩效水平提高或降低的一种倾向。虽然这种效应不完全是一种群体现象——人们可以在别人在场时表现出这种现象，但不是这个群体中的一员——但在群体情境下却更可能提供社会促进效应发生的条件。有关社会促进效应的研究告诉我们，别人在场时从事简单的、常规性的任务，个体的操作会更快、更精确。但如果从事的是复杂的、需要高度集中注意力的工作，别人的出现可能会对绩效产生消极影响。那么，有关社会促进效应的研究对于管理群体过程有什么意义呢？其意义与员工的学习和培训有关。如果一个人对于某项任务非常熟悉，别人在场时他可能会做得更好；反之，对于不太熟悉的任务，别人在场会降低他的操作水平。因此，通过集体训练员工完成某项简单任务，单独培训员工完成某项复杂任务，群体的相互作用过程会带来最大收益。

五、群体任务

试想一下，在一家大型石油公司中有两个群体，第一个群体的任务是选择新炼油厂的厂址。他们的决定会影响到公司许多领域的员工——生产领域、工程领域、销售领域、派送领域、人事领域、采购领域、公司房地产开发等领域。因此，这些领域的负责人就需要为决策提供有关信息。第二个群体的任务是，在厂址选定、设计作出、预算安排好之后，负责协调各方面的力量，把炼油厂建起来。群体效果方面的研究告诉我们，完成第一项任务的群体规模应该大一些，完成第二项任务的群体规模应该小一些，原因是：大型群体有利于信息的收集。对一个目的是解决问题的委员会而言，增加多样化的观点通常会增加群体的收益。但如果群体的任务是协调和执行决策的话，群体规模的增大，可能弊大于利。增加一个成员所带来的损失远大于其收益。从这个角度说，群体规模与绩效的关系受群体任务要求的影响。

上述结论可以拓展一下：群体互动过程对群体绩效和群体成员满意度的影响，也受到群体所从事的任务的影响。证据表明，群体任务的复杂性和相互依赖性影响群体的有效性。

我们可以把群体任务简化为两类：简单任务和复杂任务。复杂任务是指那些新颖而又非常规性的任务。简单任务是指常规性的、标准化的任务。我们可以假设，任务越复杂，群体从成员对各种方法的讨论中得到的收益就越多。如果工作任务很简单，群体成员则不需要进行工作方法方面的讨论，他们可以按照标准化的操作程序来执行任务。同样，如果群体成员必须完成的任务相互之间依赖性较强群体成员就需要更多的相互作用。因此，如果工作任务的相互依赖性较强，有效的沟通和最低水平的冲突就有助于提高群体绩效。

这些结论与我们知道的信息加工能力和信息处理过程中的不确定性是一致的。不确定性较高的工作任务——复杂性强、相互依赖性强的工作任务——需要较强的信息加工能力，这反过来又会加强群体互动过程的重要性。因此，如果一个群体沟通不良，领导不力，冲突水平较高，不能说明这个群体的绩效一定很糟糕。如果这个群体的任务很简单，对群体成员相互依赖的要求也很低，这个群体仍然是有效的。

第四节　群体结构

群体之间常常有所不同，最明显的不同可以包括成员之间相互作用的方式、成员对群体的感觉以及群体如何活动等等。对这些相互作用、感觉和绩效方面的不同追根溯源，常常有可能回归到如何把群体组织起来的问题上。

群体结构是指群体稳定的社会组织的特性。就这一点而论，它指群体被"结合起来"的方式。群体随之变化的最基本的结构特性是规模。其他的结构特性包括成员们对相互行为所持有的期望（规范），关于在群体中"谁做什么"的协定（角色）以及给予不同的群体成员的报酬和声望（地位）。

一、群体规模

我们可以确信，最小的群体是由两个人组成的。两人群体被称为二分体，大多数和组织行为有关的二分体涉及的是一名上级和一名下属之间的关系。至于构成群体规模的最高的限度是什么，有可能要进行许多理论上的论证。实际上，大多数指挥群体、特殊任务组和委员会所包括的成员通常在3～20名之间。

群体规模能够影响群体的整体行为吗？答案很明确：能，但其影响力取决于你所考察的变量。

　　事实表明，小群体完成任务的速度比大群体快。但是，如果群体参与了解决问题的过程，则大群体比小群体表现得好。把这个结论转换成数字可能多少有点风险，但我们可以利用一些参数，12 个人以上的大群体更善于吸收多种不同的观点。因此，如果群体的目标是调查事情的真相，那么应该是大群体更有效。相反，小群体善于完成生产性任务。因此，成员在七人左右的群体在执行任务时，更为有效。

　　一个与群体规模有关的最重要的发现是社会惰化（social loafing）。所谓社会惰化是指一种倾向，一个人在群体中工作不如单独一个人工作时更努力。这个发现使下面的逻辑遇到了挑战：即群体作为一个整体的生产力，至少等于群体成员个体生产力的总和。

　　一般人对群体的刻板印象是，群体精神会激励其成员更加努力地工作，从而提高群体的整体生产力。20 世纪 20 年代末，德国心理学家瑞格尔曼（Ringelmann）在拉绳实验中，比较了个人绩效和群体绩效。他原来认为，群体绩效会等于个人绩效的总和，也就是说，三个人一起拉绳的拉力是一个人单独拉绳时的三倍，八个人一起拉绳的拉力是一个人单独拉绳时的八倍。但是，研究结果没有证实他的期望。三人群体产生的拉力只是一个人拉力的 2.5 倍，八人群体产生的拉力还不到一个人拉力的四倍

　　其他一些用相似的任务重复瑞格尔曼的研究基本上支持了他的发现。群体规模的增大，与个人绩效是负相关。就总的生产力来讲，四人群体的整体生产力大于一人或两人的生产力，但群体规模越大，群体成员个体的生产力却降低了。

　　是什么原因导致了这种社会惰化效应呢？也许原因是群体成员认为其他人没有尽到应尽的职责。如果你把别人看作是懒惰或是无能的，你可能就会降低自己的努力程度，这样你才会觉得公平。另一种解释是群体责任的扩散。因为群体活动的结果不能归结为具体某个人的作用，个人投入与群体产出之间的关系就很模糊了。在这种情况下，个人就会降低群体的努力。换言之，当个人认为自己的贡献无法衡量时，群体的效率就会降低。

　　工作群体中这种社会惰化效应对于组织行为学来说，意义是重大的。如果管理人员想借助群体的力量，来强化士气和工作团队，他们就必须提供衡量个人努力程度的手段。否则，管理人员就应该权衡一下群体可能带来的生产率的下降程度是否可以接受。但是，这种结论带有西方的偏见，它与个人主义文化是并行不悖的，像美国和加拿大这样的国家是由个人主义支配的，个人主义主宰一切，社会惰化现象可能比较突出。在个人主要受群体目标激励的集体主义社会里，这种结论就不一定适用了。比如，一项关于美国员工和中国、以色列员工的比较研究发现，中国员工和以色列员工没有卷入社会惰化的倾向。事实上，中国员工和以

色列员工参与到集体中时，工作绩效比单独工作时的绩效要高。

有关群体规模的研究可以让我们得出另外两个结论：（1）成员为奇数的群体似乎比成员为偶数的群体更受欢迎；（2）五人或七人群体在执行任务时，比更大一些的群体或更小一些的群体，都更有效。群体成员为奇数，在投票时就能降低发生僵局的可能性。而且，由五个人或七个人组成的群体足以形成大多数，允许发表各种不同意见。同时，又可以避免与大群体相关一些弊端，如少数人占据统治地位，发展小团体，禁止某些成员参与决策，在决策时拖延时间等等。

二、群体规范

你是否曾经注意，在高尔夫球场上，当一方的合作伙伴上场时，他们不能相互交谈；在公共场合，雇员不能批评他们的老板。为什么呢？答案是：规范。

所有群体都形成了自己的规范（norms）。所谓规范，就是群体成员接受的一些行为标准。群体规范让群体成员知道自己在一定的环境条件下，应该做什么，不应该做什么。从个体的角度看，群体规范意味着，在某种情境下群体对一个人的行为方式的期望。群体规范被群体成员认可并接受之后，它们就成为以最少的外部控制影响群体成员行为的手段。不同的群体、社区，群体规范也不同，但不管怎样，所有的群体都有自己的规范。

群体的正式规范是写入组织手册的，规定着员工应遵循的规则和程序。但组织中大部分规范是非正式的，比如，你用不着别人告诉你就知道，在公司总部老板来视察时，不能扔纸飞机，也不能无休止地和同事闲聊。同样，我们都明白，在参加求职面试时，谈到自己对以前的那份工作不满意的地方时，有些事情不应该谈（如，在工作中难以与同事和上司处好关系），但有些事情谈起来就比较合适（缺乏发展的机会，工作不重要或者没有多大意义）。事实证明，即使是高中生也知道，在这种面试中，有些答案比其他答案更符合社会期望。

（一）规范的一般类型

一个工作群体的规范就像一个人的指纹一样，每一个都是独一无二的。但就大多数工作群体而言，规范还是可以划分出一般的类型。

第一类群体规范大多与群体绩效方面的活动有关。群体通常会明确地告诉其成员：他们应该多努力地工作，应该怎样去完成自己的工作任务，应该达到什么样的产出水平，应该怎样与别人沟通等等。这类规范对员工个人的绩效有巨大的影响。他们能够在很大程度上调整仅仅根据员工的能力和动机水平所作出的绩效预测。

第二类群体规范是群体成员的形象方面的，包括如何着装，对群体或组织表现出忠诚感，在何时应该忙碌，何时可以聊聊天。有些组织制定了正规的着装制度，有些则没有，但即使是没有这类制度的组织，组织成员对于上班时该如何着装，也有些心照不宣的标准。个人表现出对群体或组织的忠诚感是很重要的。比如，在许多组织中，尤其是对专业技术人员和高层经营管理人员，公开寻找另一份工作，被看作是不合适的。

第三类群体规范为非正式的社交约定。这类规范来自于非正式群体，主要用来约束非正式群体内部成员的相互作用。比如，群体成员应该与谁一起吃午饭，上班时和下班时应该与谁交友、社交游戏等等，都受这些规范的制约。

最后一类群体规范与资源的分配有关。这类规范主要涉及到员工报酬，困难任务的分配，新型工具和设备的分发等等。

（二）规范的形成

规范所起的最重要的作用是提供行为的准则和预示。规范所规定的行为的一致性提供了重要的心理安全感，并使我们极有条理地从事我们的日常事务。

群体规范是怎样形成的？为什么它们能够发挥作用？回顾一下有关这方面的研究，我们就能回答这些问题。

一般来说，群体规范是在群体成员掌握使群体有效运作所必需的行为的过程中逐步形成起来的。当然，群体中的一些关键事件可能会缩短这个过程，并能迅速强化新规范。大多数群体规范是通过以下四种方式中的一种或几种形成起来的：

（1）群体成员所做的明确的陈述，这名群体成员通常是群体的主管或某个有影响力的人物。例如，群体领导可能具体地强调，在上班时不得打私人电话或者喝咖啡，休息的时间不得超过10分钟。

（2）群体历史上的关键事件。这种事件通常是群体制定某种重要规范的起因。比如，在工作中，一个旁观者离机器太近而受了伤，从这之后，群体就有了这样的规范，群体成员应时刻注意，除操作者之外，任何人不得进入离机器五英尺之内的地方。

（3）私人交谊。群体内部出现的第一个行为模式，常常就为群体成员的期望定下了基调。比如，学生中的友谊群体的成员在第一次上课时，就坐在一起。如果以后上课时，有人坐了"他们"的位子，他们就会感到恼怒。

（4）过去经历中的保留行为。来自于其他群体的成员在进入一个新群体时，会带来在原群体中的某些行为期望。这就可以解释，为什么工作群体在添加新成员时，喜欢吸收那些原来的背景和经验与群体相近的成员，因为这种新成员所带来的行为期望，与现在群体中业已存在的行为期望可能比较一致。

不过，群体并不是为每一种可能出现的情境都制定规范，群体主要制定一些对自己很重要的规范。那么，是哪些因素决定着一种规范的重要性呢？

（1）如果它能促进群体的生存。群体当然不愿意失败，因此群体着力于强化那些能够增加成功机会的规范。这就意味着，他们要尽力保护自己不受其他群体或个人的干扰。

（2）如果它能增加群体成员行为的可预测性。能够增加预测性的规范，可以使群体成员相互预测彼此的行为，从而能够作出适当的反应。

（3）如果它能够减少群体成员中令人尴尬的人际关系问题。一种规范如果能够保证群体成员的满意感并尽可能防止人际摩擦，这种规范就是重要的。

（4）如果它允许群体成员表达群体的中心价值观，澄清代表群体身份的标志，那么规范就能够鼓励群体价值观和群体身份的表现，将有助于强化和维持群体的存在。

三、角色

莎士比亚说：世界是一个大舞台，所有男人和女人不过是舞台上的演员。运用同样的比喻方法，可以说，所有的群体成员都是演员，每人都扮演一种角色（role）。我们这里运用角色这个词，是指人们对在某个社会性单位中占有一个职位的人所期望的一系列行为模式。如果我们每个人都只选择一种角色，并可以长期一致地扮演这种角色，对角色行为的理解就简单多了。但是很不幸，不管上班时，还是下班时，我们都要被迫扮演多种不同角色。正如我们看到的，要理解一个人的行为，关键是弄清他现在扮演什么角色。

例如，比尔·派特森（Bill Patterson）是凤凰城（Phoenix）一家大型电子设备生产企业电子工业公司的一名工厂经理。在工作中，他要扮演多种角色，比如，电子工业公司的雇员，公司的中层管理人员，电子工程师，公司在本社区的主要发言人。下班后，他要扮演的角色就更多了：丈夫，父亲，天主教教徒，扶轮国际成员，网球选手，乡村俱乐部的会员等等。其中的许多角色是相互兼容的，有些则是相互冲突的，比如，比尔的宗教信仰，会不会影响到他作为一个管理人员去作出裁减雇员的决策？会不会影响到他向政府部门提供准确的信息？最近公司的一项新任务要求他调往别处，但其家人却非常希望他留在凤凰城。他的工作角色要求，应该在丈夫和父亲角色要求面前让步吗？

应该弄清楚的是：像比尔一样，我们每个人都需要扮演多种不同的角色，我们的行为随着我们所扮演的角色的不同而不同。比尔在星期天早晨去教堂的行为与他同一天下午在高尔夫球场上的行为是不一样的。也可以说，不同的群体对个体的角色要求不同。

（一）角色准备

承担某种角色可能非常容易，也可能极为困难。在一定期间内，许多社会经验可以为个人以后承担某种角色做好准备。文化背景给儿童逐渐积累了一系列使他们容易地转化为成年角色的经验。当得不到这种经验时，角色承担就十分困难。例如，未成年的孩子通常对父母的角色毫无准备。

在组织中，对指定群体成员承担某种角色的工作有严格的管理。公司副总经理的角色不会考虑让刚毕业的 25 岁的企业管理硕士生来承担。确切地说，组织要对这些学生认真培养多年，让他们在得到一个"重要角色"的机会之前先经历一系列中间角色。同样，一个无经验的新手通过较长的学徒期的学习后才能承担管理电工的角色。当这种人最终承担这些工作角色时，看起来他们像是在某方面有天生才能的人。所有这些观点是为了说明组织成员常常具有一种高度的角色准备，具有一种接受与新角色联系在一起的规范的意愿和能力。

尽管角色准备很普遍，但是，个人常常在角色承担方面遇到困难。在这一点上，如果我们把现实生活中的角色同那些演员们在电影和戏剧中所扮演的角色做一下比较是很有启发的。演员们是幸运的，他们通常在一个时刻中只扮演一名角色。现实世界远为复杂，因为我们必须同时满足多种角色的要求。例如，许多管理角色的承担者相对于其上级来说也履行一名下属的角色。另外，演员的幸运还在于他们有一个剧本和一名明察秋毫的导演。正如我们将看到的那样，某些组织角色缺少这种清楚的剧本和认真的导演。最后，演员可以拒绝承担不适合于他们个性或职业计划的角色，而许多组织角色则不可能有这种选择自由。现在，让我们更系统地考虑这些问题。

（二）角色同一性

角色同一性（role identity）是指，对一种角色的态度与实际角色行为的一致性。人们如果清楚地认识到环境条件需要他们作出重大改变，他们就能够迅速地变换自己所扮演的角色。例如，当工会的办事员得到提升，成为基层管理人员时，他们的态度在随后的几个月中，就会发生变化，从亲工会转向亲公司的管理阶层。但如果后来形势发生变化，他们又降到原来的位置，那么他们的态度也会改变，又开始亲工会。

（三）角色知觉

一个人对于自己在某种环境中应该作出什么样的行为反应的认识，就是角色知觉（role perception）。我们作出某种行为反映，是以我们对于别人希望我们怎样做的解释为基础的。

我们的这些认知是从哪里得来的？应该说，来自于我们周围的多种刺激：我们的朋友、书本、电影、电视。现在美国的刑警侦探人员是通过阅读约瑟夫·沃姆巴夫（Joseph Wambaugh）的小说或者观看《肮脏的哈瑞》（*Dirty Harry*）之类的电影而学会他们的角色行为的。明天的律师将会受到辛普森双重谋杀案审讯中陪审团的行为的影响。当然，在贸易和专业领域设立学徒制度，目的就是让初学者观察一位专家，从而学会按照别人所期望的方式行动。

（四）角色期待

角色期待（role expectation）是指，别人认为你在一个特定的情境中应该作出什么样的行为反映。你的行为方式在很大程度上由你作出行为反应的背景所决定。通常，美国人认为美国参议员地位优越、举止高贵；而橄榄球队的教练则富有进取精神，灵活机动，善于激励自己的球员。在同样的文化背景中，如果人们听说邻居的牧师在酒吧兼做招待员，他们肯定会很惊讶，因为美国人对于牧师和酒吧招待员的角色期待差别太大了。当角色期待集中在一般的角色类别上时，就成为角色定式或角色刻板印象了。

在工作场合，心理契约（psychological contract）这个概念，有助于我们更好地考察角色期待这个主题。在雇主和雇员之间，存在一种不成文的约定。这种心理契约规定了双方的期待，也就是雇主对雇员，以及雇员对雇主的期待。事实上，正是这种心理契约规定了每个角色的行为期待。一般来说，雇员期待雇主公正地对待雇员，给他们提供可以接受的工作条件，清楚地表达一天的工作任务，对员工的工作好坏给予反馈。雇主期待雇员工作态度认真，听从指挥，忠于组织。

如果心理契约中蕴涵的角色期待没得到满足，会发生什么事情呢？如果是雇主没能满足雇员的角色期待，雇员的绩效和工作满意度就会受到消极影响。如果是雇员没能满足雇主的角色期待，结果可能是：受到某种形式的纪律处罚，甚至被解雇。

心理契约应该被看作是组织行为的权威决定者。这句话准确地表明双方的角色期待的重要性。在第十八章中，我们将讨论，组织为了使雇员按照组织期待的方式去行动，是怎样对雇员进行社会化的。

（五）角色冲突

当个体面临多种角色期待时，就可能会产生角色冲突（role conflict）。如果个体服从一种角色的要求，那么就很难服从另一种角色要求，这就产生了角色冲突。在极端情况下，可能包含这样的情境：个体所面临的两个或更多的角色期待是相互矛盾的。

　　我们前面讨论的比尔·派特森所扮演的多种角色中，就有一些是相互冲突的。比尔试图调和他作为丈夫和父亲的角色期待与作为公司主管的角色期待。一方面前者强调家庭稳定，关心妻子和孩子，希望留在当地的愿望很强烈；另一方面，电子工业公司期望员工服从公司的需要以及满足他所担任的工厂厂长的角色要求，使他应该到外地去。这样，他作为丈夫和父亲的角色期待与他作为公司主管的角色期待就发生了矛盾。虽然从比尔的财务收入和职业兴趣来说，他愿意服从公司的需要，调往别处，但现在他面临的问题是家庭角色期待和事业角色期待之间的冲突。

　　所有的人都经历过，而且还要继续经历角色冲突。从我们的立场看，关键问题是，组织内部不同的角色期待带来的角色冲突，是怎样影响组织行为的。当然，角色冲突会增强个人内部的紧张感和挫折感。面对角色冲突，个体可以作出多种行为反应。比如，个体可以采取一种正规的、官僚式反应。这样，角色冲突就可以依靠能够调节组织活动的规章制度来解决。例如，一个员工面临饭店销售主管和饭店总经理给予他的多种角色期待之间的冲突，他决定按自己顶头上司的要求做事。此外，个体还可以采取其他行为反应，比如退却、拖延、谈判，或如我们在第 11 章中讨论不协调时提到的重新定义事实或情况，使他们趋于一致。

（六）津巴多的模拟监狱实验

　　一个相当具有说服力的角色实验是由斯坦福大学（Stanford）的心理学家菲利普·津巴多（Philip Zimbardo）和他的同事所完成的。他们在斯坦福大学的心理学系办公大楼地下室里建立了一个"监狱"，他们以每天 15 美元的价格雇用了 24 名学生来参加实验。这些学生情绪稳定，身体健康，遵纪守法，在普通个性测验中，得分属正常水平。实验者对这些学生随意地进行了角色分配，一部分人为"看守"，另一部分人为"罪犯"，并制定了一些基本规则。然后，实验者就躲在幕后，看事情会怎样发展。

　　两个礼拜的模拟实验刚刚开始时，被分配做"看守"的学生与被分配做"罪犯"的学生之间，没有多大差别。而且，做"看守"的人也没有受过专门训练如何做监狱看守员。实验者只告诉他们"维持监狱法律和秩序"，不要把"罪犯"的胡言乱语（如"罪犯"说，禁止使用暴力）当回事。为了更真实地模拟监狱生活，"罪犯"可以像真正的监狱中的罪犯一样，接受亲戚和朋友的探视。但模拟看守八小时换一次班，而模拟罪犯除了出来吃饭、锻炼、去厕所、办些必要的其他事情之外，要日日夜夜地呆在他们的牢房里。

　　"罪犯"没用多长时间，就承认了"看守"的权威地位，或者说，模拟看守调整自己，进入了新的权威角色之中。特别是在实验的第二天"看守"粉碎了"罪犯"进行反抗的企图之后，"罪犯"们的反应就更加消极了。不管"看守"吩咐什么，"罪犯"都唯命是从。事实上，"罪犯"们开始相信，正如"看守"所经常对他们说的，他们真的低人一等，无法改变现状。而且每一位"看守"在模拟实验过程中，都作出过虐待"罪犯"的事情。例如，一位"看守"说，"我觉得自己不可思议……我让他们互相喊对方的名字，还让他们用手去擦洗厕所。我真的把'罪犯'看作是牲畜，而且我一直在想，'我必须看住他们，以免他们做坏事'。"另一位"看守"补充说，"我一到'罪犯'所在的牢房就烦，他们穿着破衣服，牢房里满是难闻的气味。在我们的命令面前，他们相对而泣。他们没有把这些只是当作一次实验，一切好像是真的，尽管他们还在尽力保持自己原来的身份，但我们总是向他们表明我们才是上司，这使他们的努力收效甚微。

这次模拟实验相当成功地证明了个体学习一种新角色是那么迅速。由于参加实验的学生在实验中表现出病态反应，在实验进行了六天之后，研究人员就不得不终止了实验。应该注意，参加这次实验的人都是经过严格挑选的神智正常、情感稳定的人。

你从这个监狱模拟实验中能得出什么结论呢？参加这次实验的学生，就像我们大多数人一样，是通过大众传播媒介和自己的亲身经历，如在家庭（父母与孩子），在学校（老师和学生），以及在其他包含有权和无权关系的场合，学习到了关于罪犯和看守的角色定式的内容。在这个基础上，这些学生就能够不费力地、迅速地进入到与他们原来的个性迥然不同的假设角色中。在这个例子中，我们可以看到，个性正常、没经过新角色要求训练的人，也会非常极端地表现出与他们所扮演的角色一致的行为方式。

四、从 众

作为群体的一个成员，你肯定渴望被群体接受，这样，你就会倾向于按照群体的规范做事。大量事实表明，群体能够给予其成员巨大压力，使他们改变自己的态度和行为，与群体标准保持一致。

个体是不是接受所有他们所在的群体给予他们的从众压力呢？很明显，答案是否定的。因为人们通常参加多个群体，而这些群体的规范是不相同的。在有些情况下，这些规范还可能互相矛盾。那么，个体该怎么办呢？答案是，他们遵从自己认为重要的群体的规范，这些群体可能是他们现在已经参与的，也可能是他们希望以后能够参与的。这种个体认为很重要的群体，是参照性群体，其特点是：个体了解群体中的其他人；个体认为自己是这个群体的一员或者渴望成为这个群体的一员；个体感到群体中的成员对自己很重要。从参照群体的定义也可以看出，不是所有的群体都能给予其成员相同的从众压力。

群体对于其成员的从众（conformity）压力，对于群体成员个人判断和态度的影响，在阿希（Solomon Asch）的经典实验中得到了充分证明。阿希将七八个被试者组成一个小群体，并让他们都坐在教室里，要求他们比较实验者手中的两张卡片。一张卡片上有一条直线，另一张卡片上有三条直线，三条直线的长度不同。这三条直线中有一条线和第一张卡片上的直线长度相同。如图 13-5 所示，线段的长度差异是非常明显的。在通常条件下，被试者判断错误的概率小于 1%，被试者只要大声说出第一张卡片上的那条直线与另一张卡片上三条直线中的哪一条长度相同就可以了。但是，如果群体成员开始时的回答就是错误的，会发生什么情况呢？群体要求从众的压力，会导致不知情的被试者（USS）改变自己的答案，以求与群体其他成员一致吗？阿希想知道的就是这一点。为此，他做了这样的安排：让群体其他成员都作错误回答，而这一点是不知情的被试者所不知道的。而且，阿希在安排座位时，有意让不知情的被试者坐在最后，最后作出回答。

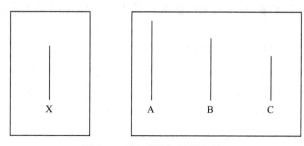

图 13-5　阿希研究所用卡片

　　实验开始后，先做了几套类似练习。在这些练习中，所有被试者都作出了正确回答。但在做第三套练习时，第一个被试者作出了明显错误的回答，比如，图 13-5 中的 C 线段与 X 一样长。下一个被试者也作出同样错误的回答，再下面的人都是如此，直到不知情被试者为止。不知情被试者知道，B 与 X 长度相同，但别人都说是 C，他面临的选择形势是：自己可以公开地说出与群体中其他成员不同的答案吗？或者，为了与群体中其他成员的反应保持一致，而作出一个自己坚信是错误的答案？

　　阿希所获得的结果表明：在多次实验中，大约有 35% 的被试者选择了与群体中其他成员的回答保持一致，也就是说，他们知道自己的答案是错误的，但这个错误答案与群体其他成员的答案是一致的。

　　从这个实验中，我们可以得出什么结论呢？阿希实验的结果表明，群体规范能够给群体成员形成压力，迫使他们的反应趋于一致。我们都渴望成为群体的一员，而不愿意与众不同。我们可以把这个结论进一步展开：如果个体对某件事情的看法与群体其他人的看法很不一致，他就会感到有很大的压力，驱使他与其他人保持一致。

五、地位

地位（status）是指别人对群体或群体成员的位置或层次的一种社会性的界定。它渗透在社会的各个角落，已经穿透了中学的院墙。对上面那位学生的话，我们完全可以这样理解：在由地位和等级秩序构成的生活中，没有什么是无关紧要的。我们生活在一个充斥着等级秩序的社会中，尽管我们已作了很大努力，但我们在追求无等级社会的征途上步履维艰。即使是很小的群体也有自己的角色、权力、仪式方面的规范，以便与其他成员区别开来。在理解人类行为时，地位是一个重要的因素，因为，它是一个重要的激励因素，如果个体认识到，自己的地位认知与别人对自己地位的认知不一致，就会对个体的行为反应产生巨大影响。

（一）正式地位和非正式地位

地位可以是群体正式给予的，也就是说，组织通过给予个体某种头衔或某类令人愉快的东西，而使个体获得某种正式地位。标以"重量级世界锦标赛"的桂冠或被选为"年度优秀教师"都是地位。我们都对组织中高级地位的外在标志比较熟悉，如宽敞明亮的大型办公室，令人眼花缭乱的头衔，丰厚的薪水，灵活的工作安排等等。不管组织的管理阶层是否认识到了地位等级的存在，很明显的一点是，组织中存在着一些不是所有的人都能得到的令人愉快的东西，因此它们具有地位标志的作用。在更多的情况下，我们是在非正式的意义上对待地位问题的。地位可以通过教育、年龄、性别、技能、经验等特征而非正式地获得，如表13-2所示。任何东西只要被其他群体成员看作是与地位有关的，它就具有地位价值。应该记住，非正式地位不一定不如正式地位重要。

表 13-2 职业地位：美国工作排序（基于对 740 种工作的调查）

前 30 种职业

1. 内科医生	11. 飞行员	21. 注册护士
2. 外科医生	12. 精神病学家	22. 高中老师
3. 大学校长	13. 牙医	23. 陆军少校
4. 宇航员	14. 大法院的法官	24. 会计师
5. 大城市的市长	15. 牧师	25. 空中交通指挥员
6. 律师	16. 工程师	26. 职业运动员
7. 大学教授	17. 董事会成员（大型公司）	27. 电子工程师
8. 建筑师	18. 部长	28. 公立学校的老师
9. 环保科学家	19. 药剂师	29. 汽车制造厂总经理
10. 生物学家	20. 制造性企业的所有者	30. 气象学家

维廉姆·怀特（William F. Whyte）在他的经典性的饭店研究中，表明了地位的重要性。他认为，在一个群体中，如果行为是由地位高的人向地位低的人发起的，那么他们在一起能够合作得比较愉快。他发现，如果某种行为是由地位低的人最先做起，在正式和非正式地位系统之间就会引起冲突。他引用的一个例子是：以前，顾客的菜单由饭店侍者直接递交给结账人员，这意味着，地位低的侍者在交往中占了主动地位。后来，饭店把菜单上装了铝线，这样，菜单就可以挂起来用钩子钩，结账人员觉得必要时，才把菜单用钩子钩过来，这样结账人员就居于主动地位了。

怀特还注意到，在厨房中，那些把菜单交给厨师，然后把做好的菜端出去的服务人员，又是一个低技能人员在相互作用过程中处于主动地位的例子。无论服务人员明确或不明确地催促厨师"加快速度"，在他们之间都会产生冲突。但是，怀特发现，有一个交菜单的人与厨师几乎没有发生冲突，因为他要先把菜单交给厨师，然后告诉厨师，菜做好后就叫他过去端菜，这样还是厨师处于主动地位。怀特在他的研究中还提出了一些建议，告诉饭店管理人员，进行哪些方面的改变会使工作程序与人们的实际地位等级更相符合，而且会极大地改善员工之间的关系和工作效率。

（二）地位和规范

许多研究表明，地位对群体规范的效力和给人们带来的从众压力会产生有趣的影响。比如，与群体其他成员相比，一个地位较高的群体成员具有较大的偏离群体规范的自由。他们比地位低的同伴能够更好地抵制群体规范施加给他们的从众压力。如果一个群体成员很为群体中其他人所看重，而他又不在乎群体给予他的社会性报酬，那么在一定程度上，他就可以漠视群体的从众规范。

这种发现能够解释，为什么许多明星运动员、著名演员、一流的推销员、杰出的学者，对约束着他们同事的一些社会规范不屑一顾。作为一个地位较高的人，他们的自主范围比较大。但是，只有高地位人的活动不会严重妨碍群体目标的实现时，这一切才能成为现实。

（三）地位公平

很重要的一点是让群体成员相信群体中的地位等级是公平的。如果群体成员认为群体中存在不公平现象，就会引起群体内的不均衡，并带来各种各样的修正性行为。

我们在第九章中讨论的公平概念，同样适用于地位问题。人们都期望自己的报酬与投入相符。例如，如果 A 和 B 是医院中竞争护士长这个位置的最后两个人选，而 A 的资历更深，晋升的条件更充分，B 就会认为，提升 A 是公平的；

相反，如果 B 因为是医院主任的儿媳妇而获得晋升，那么，A 就会认为这是不公平的。

与正式地位相对应的外在标志对于维持公平感也是很重要的因素。如果我们觉得一个人的地位与组织赋予他的地位标志不公平时，就会有地位矛盾产生。这种例子很多，比如，组织中一个低层次员工的办公室条件更优越；再如，公司为子公司经理人员支付加入乡村俱乐部的经费，但对公司副总裁却没有给予这种待遇。在保险行业，工资报酬与地位的矛盾一直是一个问题，在这个行业，顶尖推销员的收入比公司高级经营管理人员多二到五倍。结果，保险公司很难吸引保险代理人进入管理阶层。我们的观点是，员工都期望一个人的所有和所得与其地位相一致。

在群体内部，通常有一致的地位标准，因此，群体成员的地位等级比较一致。但在群体之间就不一样了。当人们从一个群体进入另一个群体时，他们可能会面临冲突情境，因为这个群体的地位标准不同，或者群体成员具有不同的背景。例如，企业主管人员可能用个人收入或公司的发展速度作为衡量个人地位的决定因素；政府官员的标准则可能是预算规模；专业人员的标准可能是执行工作任务时的自由度；蓝领工人的标准可能是资历年限；学术研究人员可能用获得课题资助的数量或发表论文的数量作为标准。如果让由来自不同背景的人组成的群体，或由来自不同背景的群体互相依赖，由于彼此的地位标准不同，在合作和保持不同级别的一致性中就可能产生冲突。我们在本章第六节将会看到，当管理人员让来自不同组织部门的人组成工作团队时，这一点就会成为突出的问题。

六 、群体构成

大多数群体活动需要具备多种技术和知识，才能顺利进行。就这一点来说，我们可以得出这样的结论：异质性群体——由不同的个体组成的群体——更可能拥有多种能力和信息，运行效率会更高。有关研究证实了这个结论。

如果一个群体在性别、个性、观点、能力、技能和视野方面是异质的，就会增加群体有效地完成任务所需要的特征。这样的群体可能冲突较多，由于设置了多种职位，可能不太容易随机应变。但事实证明，在执行任务时，这种异质性群体比同质性群体更有效。

但是，种族或民族差异带来的多样性会产生什么后果呢？有证据表明，这种多样性有时会干扰群体的相互作用过程，至少在短期内是这样。在执行需要多种观点的任务时，文化多样性似乎是一种优势，但文化异质的群体在学习相互合作和解决问题的过程中，会遇到更多困难。值得庆幸的是，这种困难会随时间的推移而消失。虽然新形成的文化多元化群体的绩效比新形成的文化同质性群体要差，但这种差异大约在三个月后即消失。原因在于，异质性群体需要一定的时间来学习如何相处，如何对待不同意见和解决问题的方式，这种学习过程结束之后，异质性群体在共同工作和解决问题的过程中所遇到的困难，也就消失了。

最近，有关群体构成问题的一个分支领域受到群体研究者的广泛注意。这个问题就是群体成员在多大程度上具有人口统计方面的一些特征，如年龄、性别、种族、教育水平和在组织内的服务年限，以及这些特征对员工离职率的影响。我们把这个变量叫做群体人口统计学（group demography）。

在这里，我们将在群体背景下来考虑个体的人口统计因素。也就是说，现在我们考察的，不是一个人是男性还是女性，或者一个员工在这个组织中服务年限是一年还是 10 年的问题，而是个体的特征与他所要共事的人的特征的关系。我们先来分析一个群体人口统计的逻辑，回顾一下所获得的证据，然后再考虑它们的含义。

群体和组织由同类者（cohorts）构成，我们这里所说的同类者，就是具有共同特征的个体。例如，所有出生于 1960 年的人年龄都相同。这意味着他们拥有一些共同的经历。因此，人口统计学理论认为，像年龄和某个人加入某个特定群体或组织的时间这样一些特征，能够帮助我们预测员工的离职率。值得特别指出的是，在那些经历不同的人组成的群体中，由于群体成员之间沟通比较困难，因此，这种群体中的员工离职率较高。在这种群体中，冲突和权力之争一旦开始，就可能难以控制。在群体冲突越来越激烈的过程中，群体对其成员的吸引力就越来越小，他们离职的可能性就越来越大。同样，在权力之争中，失败者更容易自动辞职，或被迫辞职。

为了验明这种理论的正确性，学者们做了多次研究，研究结果是令人振奋的。举个例子，如果一个部门和工作群体的成员中，有一大部分是同时加入这个群体的，那么这些同类者之外的群体成员离职率较高。同样，如果同类者之间隔阂较深，他们的离职率也会升高。如果人们是在同一时间或大致同一时间进入某个组织的，那么他们就很可能愿意彼此加强联系，对群体或组织持相似的观点，愿意留在组织中。相反，如果群体成员进入这个群体的时间很不一致，群体内部的流动率可能会升高。

上述研究的意义在于，就预测群体成员的离职率这一点来说，群体的构成成分可能是一个重要的变量。差异本身也许不能预测群体成员离职率的高低，但一个群体内部存在巨大差异，就会导致群体成员离职率升高。在一个群体中，如果每个人都与其他人存在一定差异，他们就不会有很强的局外人之感。因此，群体成员在某些方面的差异大小，而不是他们在某些方面的水平高低，才是最重要的。

我们可以认为，群体内部其他方面的差异，与群体成员进入群体的时间这一点相比，更可能造成群体成员之间的不平衡并使某些员工离职。这些差异主要是指：社会背景方面的差异，性别差异，教育水平差异等等。进一步说，一个群体成员为女性，这一点对预测离职率并不重要。但如果一个群体共 10 个人，九个人为女性，一个人为男性，我们可以预测，这位男性员工离职的可能性较大。但在管理阶层中，女性较少，因而她们流动的可能性就较大。

第五节 群 体 决 策

很久以来，北美和其他国家法律体系的一个基础信念是：两人智慧胜一人，这在这些国家的陪审团制度中表现得最为明显。现在，这种信念已经扩展到一个新的领域：组织中的许多决策是由群体、团队或委员会作出的。在本节中，我们就来评价群体决策问题。

一、群体决策与个体决策

在组织中，群体决策的应用范围很广，但这是否意味着群体决策一定比个人单独决策优越呢？对这个问题的回答取决于多个因素。现在，我们就来看看群体决策的利与弊。

（一）群体决策的优点

群体决策和个体决策各有其优势，但都不是可以适用于任何环境的。与个体决策相比，群体决策有下面一些主要优点：

（1）更完全的信息和知识。通过综合多个个体的资源，我们可以在决策过程中投入更多的信息。

（2）增加观点的多样性。除了更多的投入以外，群体能够给决策过程带来异质性。这就为多种方法和多种方案的讨论提供了机会。

（3）提高了决策的可接受性。许多决策在作出之后，因为不为人们接受而告夭折。但是，如果那些会受到决策影响的人和将来要执行决策的人能够参与到决策过程中去，他们就更愿意接受决策，并鼓励别人也接受决策。这样，决策就能够获得更多支持，执行决策的员工满意度也会提高。

（4）增加合法性。北美和许多资本主义社会重视民主的方法。群体决策过程与民主理想是一致的，因此，被认为比个人决策更合乎法律要求。如果个人决策者在进行决策之前没有征求其他人的意见，决策者的权力可能会被看成是独断专行。

（二）群体决策的问题

当然，群体决策也不是没有缺点的。其主要不足如下：

（1）浪费时间。组织一个群体需要时间。群体产生之后，群体成员之间的相互作用往往是低效率的，这样，群体决策所用的时间与个人决策所用时间相比，就更多一些，从而就限制了管理人员在必要时作出快速反应的能力。

（2）从众压力。前面我们已经指出，群体中存在社会压力。群体成员希望被群体接受和重视的愿望可能会导致不同意见被压制，在决策时使群体成员都追求观点统一。

（3）少数人控制。群体讨论可能会被一两个人所控制，如果这种控制是由低水平的成员所致，群体的运行效率就会受到不利影响。

（4）责任不清。群体成员对于决策结果共同承担责任，但谁对最后的结果负责呢？对于个人决策，责任者是很明确的。对于群体决策，任何一个成员的责任都会降低。

（三）效果与效率

群体决策和个体决策孰优孰劣？这取决于你衡量决策效果的标准。就准确性而言，群体决策更准确。证据表明，群体决策比个人决策质量更优。但就速度而言，个体决策优势更大。如果你认为创造性最重要，那么群体决策比个人决策更有效。如果你的标准是最终方案的可接受性，那么还是群体决策好。

在考察决策效果时不能不考虑决策效率。就效率这一点来说，群体决策总是劣于个体决策。就同一个问题而言，群体决策所用时间总是比个体决策所用时间多，而且很少有例外。例外的情况是指，进行一种决策需要了解多方面的信息，在这种情况下，如果是采用个体决策形式，决策者就要花费大量时间来查阅资料，向别人咨询。由于群体可以包括来自多个领域的成员，他们了解多方面的信息，这样，寻求信息所花费的时间就可以大大减少。但正如我们已经指出的，群体决策在效率方面的优势，毕竟是例外情况。一般情况下，群体不如个体效率高。因此，在决定是否采用群体决策形式时，应权衡一下群体决策在决策效果上的优势能否超过它在效率上的损失。

总之，群体为决策制定过程的许多步骤提供了出色的工具，它使所收集的信息在深度和广度上有很大的优势。如果群体成员来自于不同背景，他们就能想出更多办法，作出更深刻的分析。当最后决策作出时，会得到更多人的支持，有更多的人来执行这个决策。但是，群体决策这些优势可能被消耗的时间所抵消，比如，群体决策浪费时间，容易引发内部冲突和导致从众压力，压制不同观点。表13-3简要列出了群体决策的利与弊。当你在个体决策还是群体决策之间进行选择时，这个表可以帮助你评价在特定情境下不同方法的优势与劣势。

表 13-3　群体决策的利与弊

利	弊
信息来源广	浪费时间
信息具有多样性	群体从众压力
决策结果易被接受	少数人控制局面
决策过程更为合法	责任不清

二、群体思维和群体转移

群体决策的两个副产品受到了组织行为研究者们的高度重视。这两种现象可能潜在地影响群体客观地评估各种方案和达成高质量决策的能力。现在我们来详细地考察这两种现象。

（一）群体思维

第一种现象为群体思维（group think），与群体规范有关。它是指这样一些情况，群体对于从众的压力使群体对不寻常的、少数人的或不受欢迎的观点得不出客观的评价。群体思维是伤害许多群体的一种疾病，它会严重损坏群体绩效。

你有过这样的经历吗？在会议上、课堂里或非正式群体中，你很想说出自己的看法，但最终还是放弃了。这样做的一个原因可能是害羞，但也可能是由于群体思维所害。这种现象一般发生在群体成员都追求群体意见一致性的情况下，群体中寻求一致性的规范使群体无力采取行动来客观地评估待选方案，不落俗套的、少数人的和不受欢迎的观点难以充分地表达出来。群体思维的牺牲者所描述的现象是指由于群体压力的作用，使个体的心智效率、对事实的认识、道德判断发生了腐化。

群体思维现象有多种症状，表现如下：

（1）群体成员把他们所作出假设的任何反对意见合理化。不管事实与他们的基本假设的冲突多么强烈，成员的行为都是继续强化这种假设。

（2）对于那些时不时怀疑群体共同观点的人，或怀疑大家信奉的论据的人，群体成员对他们施加直接压力。

（3）那些持有怀疑或不同看法的人，往往通过保持沉默，甚至降低自己看法的重要性，来尽力避免与群体观点不一致。

（4）好像存在一种无异议错觉，如果某个人保持沉没，大家往往认为他表示赞成。换句话说，缺席者就被看作是赞成者。

对历史上美国外交政策决策过程的研究表明，在不成功的政府决策中，这些症状处处可见，比如，1941年毫无准备的珍珠港事件，美国入侵朝鲜事件，猪罗湾入侵事件和越南战争事件。尤其重要的是，在成功政策的群体决策过程中，看不到群体思维的这四个特征，比如古巴导弹危机和马歇尔计划的形成。

群体思维现象似乎与阿希的比较线段实验的结论完全一致。如果个人的观点与处于控制地位的大部分群体成员的观点不一致，在群体压力下，他就可能屈从、退缩或修正自己的真实感情或信念。作为群体的一员，我们会发现，与群体保持一致，即成为群体中积极的一分子，比成为干扰力量对我们更有利，即使这种干扰对于改善群体决策效果是必须的。

所有的群体都容易受群体思维之害吗？事实证明，不是这样。研究者们的注意力放在三个中介变量上：群体凝聚力、群体领导者的行为、与外部人员的隔离。但研究结果不一致。就这一点来说，我们所能作出的最有效的结论如下：(1) 凝聚力强的群体内部讨论较多，能够带来更多信息，但这种群体是否不鼓励群体成员提出反对意见，尚难确定；(2) 如果群体领导公正无私，鼓励群体成员提出自己的意见，群体成员会提出更多的解决问题的方法，并进行更多的讨论；(3) 群体领导在讨论初期，应该避免表现出对某种方案的偏爱，因为这样做会限制群体成员对这个问题提出批评性意见，使群体很可能把这种方案作为最终的选择方案；(4) 群体与外界的隔离会使内部可选择和可评价的不同的方案减少。

(二) 群体转移

群体转移 (group shift)，它是指这样一种情况，在讨论可选择的方案、进行决策的过程中，群体成员倾向于夸大自己最初的立场或观点。在某些情况下，谨慎态度占上风，形成保守转移。但是，在大多数情况下，群体容易向冒险转移。

在比较群体决策与群体内部成员个人决策时，事实证明，二者之间存在差异。在有些情况下，群体决策比个体决策更保守。更多情况下，群体决策倾向于冒险。

在群体讨论中，往往会出现这种现象，即群体讨论会使群体成员的观点朝着更极端的方向转移，这个方向是讨论前他们已经倾向的方向。因此，保守的会更保守，激进的会更冒险。群体讨论会进一步夸大群体的最初观点。

事实上，群体转移可以看作是群体思维的一种特殊形式。群体的决策结果反映了在群体讨论过程中形成的占主导地位的决策规范。群体决策结果是变得更加保守，还是更加激进，取决于在群体讨论之前占主导地位的讨论规范。

对于为什么会出现冒险转移现象，人们有多种解释。比如，有些学者认为，在群体讨论中，群体成员相互之间变得更加熟悉了，随着他们之间的融洽相处，他们会变得更加勇敢和大胆。另一种看法是，人们敬慕那些敢于冒险的人，群体讨论激励成员向别人表明自己至少与同伴一样愿意冒险。不过，最有道理的一种说法是，群体决策分散了责任。群体决策使得任何一个人用不着单独对最后的选择负责任，因为没有一个成员能够承担全部责任，即使决策失败。所以会更冒险。

那么，你如何来运用群体转移这些方面的发现呢？你应该认识到，群体决策容易夸大每个群体成员最初的观点，朝着更冒险的方向转移。群体决策究竟转移到更保守还是更冒险，取决于群体成员个人在讨论前的倾向。

三、群体决策技术

群体决策的最常见形式发生在面对面的互动群体（interacting groups）中。但我们在讨论群体思维时已经指出，互动群体会对群体成员个人形成压力，迫使他们达成从众的意见。脑力激荡法、名义群体法、德尔菲法以及电子会议法是一些能够减少传统的互动群体法固有问题的有效方法。下面，我们将一一加以讨论。

（一）脑力激荡法

脑力激荡法（brain storming），或称头脑风暴法，是为了克服阻碍产生创造性方案的从众压力的一种相对简单的方法。它利用一种思想产生过程，鼓励提出任何种类的方案设计思想，同时禁止对各种方案做任何批评。

在典型的脑力激荡会议中，一些人围桌而坐。群体领导者以一种明确的方式向所有参与者阐明问题。然后成员在一定的时间内"自由"提出尽可能多的方案，不允许任何批评，并且所有的方案都当场记录下来，留待稍后再讨论和分析。

但是脑力激荡法仅是一个产生思想的过程，而后面两种方法则进一步提供了取得期望决策的途径。

（二）名义群体法

名义群体在决策制定过程中限制讨论，故称为名义群体法（nominal group technique，NGT）。如参加传统委员会会议一样，群体成员必须出席，但他们是独立思考的。具体来说，它遵循以下步骤：

（1）成员集合成一个群体；但在进行任何讨论之前，每个成员独立地写下他对问题的看法。

（2）经过一段沉默后，每个成员将自己的想法提交给群体。然后一个接一个地向大家说明自己的想法，直到每个人的想法都表述完并记录下来为止（通常记在一张活动挂图或黑板上）。在所有的想法都记录下来之前不进行讨论。

（3）群体现在开始讨论，以便把每个想法搞清楚，并作出评价。

（4）每一个群体成员独立地把各种想法排出次序，最后的决策是综合排序最高的想法。

这种方法的主要优点在于，使群体成员正式开会但不限制每个人的独立思考，而传统的会议方式往往做不到这一点。

NGT 在各种组织环境中得到了运用，包括企业和卫生保健领域等等。它的主要缺点似乎是组成一个面对面相互影响的群体所需要的时间和资源。在一定程度上，利用德尔菲技术可以克服这个问题。

（三）德尔菲法

德尔菲法（Delphi technique）是一种更复杂、更耗时的方法，它的名字取自以预告未来著称于世的希腊德尔菲神谕。德尔菲法除了并不需要群体成员列席外，它类似于名义群体法。这是因为德尔菲法从不允许群体成员面对面在一起开会。以下步骤描述了德尔菲法的特征：

（1）确定问题。通过一系列仔细设计的问卷，要求成员提供可能的解决方案。

（2）每一个成员匿名地、独立地完成第一组问卷。

（3）第一组问卷的结果集中在一起编辑、誊写和复制。

（4）每个成员收到一本问卷结果的复制件。

（5）看过结果后，再次请成员提出他们的方案。第一轮的结果常常是激发出新的方案或改变某些人的原有观点。

（6）重复（4）、（5）两步直到取得大体上一致的意见。

像名义群体法那样，德尔菲法隔绝了群体成员间过度的相互影响。它还无须参与者到场。故像美能达公司（Minolta）可以用此方法询问它在东京、香港、巴黎、纽约、多伦多、墨西哥城和墨尔本的销售经理，有关本公司一种新相机的最合理的世界范围的价格情况。这样做避免了召集主管人的花费，又获得了来自美能达公司的主要市场的信息。当然，德尔菲法也有其缺点，它太耗费时间了，如表 13-4 所示，当需要进行一个快速决策时，这种方法通常行不通。而且，这种方法不能像互动群体或名义群体那样，提出丰富的设想和方案。由于群体成员之间热烈的相互作用而激发创意的情况，使用德尔菲法的时候，是不会出现的。

表 13-4　一个典型的德尔菲实施计划

活　动	预计最低限度的完成时间
1）拟订德尔菲问题	1/2 天
2）选择并接触回答者	2 天
3）选择取样范围	1/2 天
4）拟定♯1 调查表并实验	1 天
a. 打印和寄送	1 天
b. 回答时间	5 天
c. 提醒时间	3 天
5）分析♯1 调查表	1/2 天
6）拟定♯2 调查表并实验	2 天
a. 打印和寄送	1 天
b. 回答时间	5 天
c. 提醒时间	3 天
7）分析♯2 调查表	1 天
8）拟定♯3 调查表并实验	2 天
a. 打印和寄送	1 天
b. 回答时间	5 天
c. 提醒时间	3 天
9）分析♯3 调查表	1 天

（四）电子会议法

最近的一种群体决策方法是名义群体技术与尖端的计算机技术相结合，我们称之为电子会议法（electronic meetings）。

只要技术条件具备，这个概念就很简单了。50 人左右围坐在马蹄形的桌子旁，面前除了一台计算机终端之外，一无所有。问题通过大屏幕呈现给参与者，要求他们把自己的意见输入计算机终端屏幕上。个人的意见和投票都显示在会议室的投影屏幕上。

电子会议法的主要优势是，匿名、可靠、迅速。与会者可以采取匿名形式把自己想表达的任何想法表达出来。参与者一旦把自己的想法输入键盘，所有的人都可以在屏幕上看到。与会者可以老老实实地表现自己的真实态度，而不用担心受到惩罚。而且这种决策方法决策迅速，因为没有闲聊，讨论不会离开主题，大家在同一时间可以互不妨碍地相互"交谈"，而不会打断别人。

专家们认为，电子会议法比传统的面对面的会议快 55%。例如，佛尔普斯·道奇采矿公司（Phelps Dodge Mining）运用这种方法，使它们的年度计划会议从几天缩短到 12 小时。但这种方法也有缺点。那些打字速度快的人，与口才好但打字速度慢的人相比，能够更好地表达自己的观点；想出最好建议的人也得不到应有的奖励；而且这样做得到的信息也不如面对面的沟通所能得到的信息丰富。虽然这种方法现在正处于幼年阶段，但未来的群体决策很可能会广泛地采用电子会议法。

上述各种方法如何能胜过传统的互动群体？我们往往可以看到，每种方法都有其优势和劣势。选择哪一种方法取决于你所强调的标准。比如，如表 13-5 所示，互动群体法有助于增强群体内部的凝聚力，脑力激荡法可以使群体压力降到最低，德尔菲技术能够使人际冲突趋于最小，电子会议法可以较快地处理各种观点。因此，哪一种决策方法最好，取决于你用来评价群体决策效果的标准。

表 13-5　群体决策效果的评价

效果标准 ＼ 决策方法	互动群体	脑力激荡法	名义群体技术	德尔斐技术	电子会议法
观点的数量	低	中等	高	高	高
观点的质量	低	中等	高	高	高
社会压力	高	低	中等	低	低
财务成本	低	低	低	低	高
决策速度	中等	中等	中等	低	高
任务导向	低	高	高	高	高
潜在的人际冲突	高	低	中等	低	低
成就感	从高到低	高	高	中等	高
对决策结果的承诺	高	不适用	中等	低	中等
群体凝聚力	高	高	中等	低	低

第六节　群体凝聚力

通常，人们认为有效的工作群体凝聚力高。在本节中，我们要来看看，作为群体的一个特征，凝聚力高是否是好事。更具体些说，管理人员是否应该创造凝聚力高的工作群体呢？

凭直觉，我们会认为，在完成相同的任务时，那些内部冲突较多、群体成员之间缺乏合作精神的群体，在完成工作任务时，不如那些群体成员协调一致、群体成员相互喜欢的群体有效。检验这种直觉的研究主要集中在群体凝聚力（cohesiveness）的概念上。所谓群体凝聚力是指群体成员之间相互吸引并愿意留在群体中的程度。接下来，我们就来考察影响群体凝聚力的几个因素，以及群体凝聚力对群体生产率的影响。

一、影响凝聚力的因素

什么因素能决定群体成员之间是否会相互吸引呢？凝聚力主要受下列因素的影响：群体成员在一起的时间、加入群体的难度、群体规模、群体成员的性别构成、外部威胁、以前的成功经验。

1. 群体成员在一起的时间

如果你很少有机会看见别人，或没有机会与他们交往，那么你多半就不会被别人所吸引。因此，人们在一起的时间长短，影响相互之间的凝聚力。如果人们在一起的时间比较多，他们就会更加友好。他们会自然而然地相互交谈，作出反应，相互打招呼，并进行其他交往活动。而这些相互作用通常又会使他们发现大家共同的兴趣，增强相互之间的吸引力。

群体成员在一起的机会取决于他们之间的物理距离。我们能够想像得出，与住宅距离较远的群体成员相比，住宅距离较近的群体成员之间关系更加密切。住在同一个街区，同在一个停车场停车，共用一个办公室的人更容易形成凝聚力较高的群体，因为他们之间的物理距离最小。例如，研究发现，同一个组织的文秘人员中，任何两个人之间相互交往的多少完全取决于他们办公桌之间的距离。

2. 加入群体的难度

加入一个群体越困难，这个群体的凝聚力就可能越强。要进入一所一流的大学，就要经过激烈的竞争，这种竞争就导致这所大学一年级学生班级的凝聚力很强。为了进入这所大学，他们具有一些共同的经历：申请、书面考试、面试、等待最后的结果。正是这些共同经历增强了他们之间的凝聚力。

3. 群体规模

如果说群体凝聚力随着群体成员在一起的时间的增多而增强，那么群体规模越大，群体凝聚力就应越小。因为群体规模越大，群体成员之间进行相互作用就越难。各种研究也证实了这一点。随着群体规模的增大，群体成员之间的互动变得更困难，群体保持共同目标的能力也相应减弱。毫不奇怪，随着群体规模的增大，群体内部产生小集团的可能性相应增大。群体内部再产生小集团通常会降低群体的整体凝聚力。

4. 外部威胁

群体的形成常常是为了完成社会情感目标。因此，任何增强这些群体目标重要性的因素都将提高内聚力。对群体生存的外部威胁证明可在各种各样的情境中增强内聚力。在这种情况中，突出强调安全的社会情感目标，可以合理说明面临进攻的军队何以会有强烈的内聚力。我们还可以以一个争吵不休的公司董事会为例，它们很快形成一个联合阵线来公开反对一个吞并该公司的企图。

同其他群体开诚布公地竞争，也能够提高内聚力。这种情况使自我尊重的社会情感目标成为群体的注意目标。显然，争夺世界杯的球队即属于这种情况。

为什么在对威胁或竞争的反应方面，群体常常变得更有内聚力呢？它们可能感到，需要改进沟通和协调，以便能够更好地应付现有的情境。群体成员现在认为群体是更有吸引力的，因为他们认为惟有群体能够阻止威胁或夺取胜利。

虽然在受到外部威胁时群体通常会变得凝聚力更强，这种现象并不是无条件的。如果群体成员认为他们的群体无力应付外部攻击，群体作为安全之源的重要性就会下降，群体凝聚力就很难提高。另外，如果群体成员认为外部攻击仅仅是因为群体的存在引起的，只要群体放弃或解体就能终止外部攻击，群体凝聚力就可能降低。

5. 以前的成功经验

如果群体一贯有成功的表现，它就容易建立起群体合作精神来吸引和团结群体成员。一般来说，成功的企业与不成功的企业相比，更容易吸引和招聘到新员工。对于成功的研究小组、知名大学和常胜运动团队也同样如此。最近很成功的公司，像微软公司，就很容易招聘到最好、最出色的员工。

二、凝聚力对群体生产率的影响

我们在前面已经指出，一般来说，如果群体成员在一起的时间比较多，进入群体比较困难，群体规模比较小，群体外部存在威胁，群体以前一直有成功的表现，那么群体凝聚力会提高。但是，从管理的角度来看，群体凝聚力高一定对群体有利吗？也就是说，群体凝聚力提高有助于提高群体生产率吗？

研究表明，一般来说，凝聚力高的群体比凝聚力低的群体更有效，但凝聚力与群体效率的关系比较复杂，我们不能简单地说凝聚力高就好。首先，凝聚力高既是高生产率的起因，又是其结果；其次，二者的关系受群体绩效规范的影响。

　　群体凝聚力与群体生产率是相互影响的。群体成员之间的友好关系有助于降低紧张情绪，提供一个顺利实现群体目标的良好环境。但正如我们前面所指出的，顺利地实现群体目标以及群体成员作为成功群体的一分子的感受，有助于提高群体成员对群体的忠诚感。例如，篮球队教练是有名的喜欢团队工作的人，他们相信，如果团队要赢得比赛，成员必须学会合作。教练中流行的术语包括"这个队没个人"；"我们同生死，共命运"。这种观点的另一方面是取胜会强化友谊关系，提高凝聚力。也就是说，成功的绩效导致成员之间吸引力的提高。

　　更重要的是，现在我们已经认识到，凝聚力与群体生产率的关系取决于群体的绩效规范。群体的凝聚力越强，群体成员就越容易追随其目标。如果群体的绩效规范比较高（比如，高产出，高质量，积极与群外员工合作），那么凝聚力高的群体就比凝聚力低的群体生产率高。但如果一个群体的凝聚力很高，绩效规范却很低，群体生产率通常比较低。如果群体凝聚力低。但绩效规范高，群体生产率水平中等，不过比不上凝聚力和绩效规范都高的群体。如果凝聚力和绩效规范都低，群体生产率肯定低于一般水平。上述结论体现在图 13-6 中。

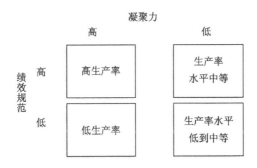

图 13-6 群体凝聚力、绩效规范与生产率的关系

第七节　团　　队

一、团队与群体

　　25 年前，当沃尔沃（Volvo）、丰田汽车、通用食品（General Foods）等公司把团队引入它们的生产过程中时，曾轰动一时，成为新闻热点，因为当时没有几家公司这样做。现在，情况截然相反了，不采用团队方式的企业可以成为新闻热点了。随便翻开一本商务期刊，你都会读到，在通用电气公司、美国电话电报公司、惠普公司（Hewlett-Packard）、摩托罗拉公司、苹果电脑公司、联邦快递

公司（Federal Express）、克莱斯勒公司、萨波公司（Saab）、3M 公司、强蒂尔公司（John Deere）、得克萨斯仪器公司（Texas Instruments）、澳大利亚航空公司（Australian Airlines）、强生公司、德堂虎森公司（Dayton Hudson）、神南道人寿保险公司（Shenandoah Life Insurance Co.）、佛罗里达电力与照明公司（Florid a Power & Light）、爱默生电子公司（Emerson Electric）等企业中，团队方式都是它们的主要运作形式。甚至世界驰名的圣迭戈动物园（San Diego Zoo）也以团队方式来进行组织重构。

团队如此盛行，原因何在？事实表明，如果某种工作任务的完成需要多种技能、经验，那么由团队来做通常效果比个人好。团队是组织提高运行效率的可行方式，它有助于组织更好地利用雇员的才能。管理人员发现，在多变的环境中，团队比传统的部门结构或其他形式的稳定性群体更灵活，反应更迅速。团队的优点是：可以快速地组合、重组、解散。

但是，团队还有另一方面的作用不可忽视，那就是它们在激励方面的作用。我们在第十章曾经讨论过员工参与能起到激励的作用，团队也能起到同样的作用。团队能够促进雇员参与决策过程。例如，在强蒂尔公司（John Deere），一些生产线上的员工同时又是销售团队的成员，这些员工比传统的销售人员更了解产品特性。通过在外出旅行中与农场工人交谈，这些钟点工开发了新的技能，对工作更加投入。因此，团队如此盛行的另一种解释是：它们有助于管理人员增强组织的民主气氛，提高工人的积极性。

群体与团队不是一回事。在本节中，我们就来定义和澄清工作群体和工作团队的差异。

在这一章中，我们把群体定义为：两个或两个以上相互作用和相互依赖的个体，为了实现某个特定目标而结合在一起。在工作群体（work group）中，成员通过相互作用，来共享信息，作出决策，帮助每个成员更好地承担起自己的责任。

工作群体中的成员不一定要参与到需要共同努力的集体工作中，他们也不一定有机会这样做。因此，工作群体的绩效，仅仅是每个群体成员个人贡献的总和。在工作群体中，不存在一种积极的协同作用，能够使群体的总体绩效水平大于个人绩效之和。

工作团队（work teams）则不同，它通过其成员的共同努力能够产生积极协同作用，其团队成员努力的结果使团队的绩效水平远大于个体成员绩效的总和。图 13-7 明确展示了工作群体与工作团队的区别。

这些定义有助于澄清为什么现在许多组织围绕工作团队重新组织工作过程。管理人员这样做的目的，是通过工作团队的积极协同作用，提高组织绩效。团队的广泛适用为组织创造了一种潜力，能够使组织在不增加投入的情况下，提高产

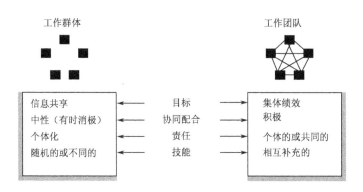

图 13-7 工作群体与工作团队的对比

出水平。不过，应该注意，我们说的是"潜力"。建立团队不是变戏法，并不能保证一定产生积极的协同作用。仅仅把工作群体换种称呼，改称工作团队，不能自动地提高组织绩效。

在这一节，我们将论证，成功的或高绩效的工作团队具有一些共同特征，如果管理人员希望通过运用工作团队来提高组织绩效，就要先保证他们的工作团队具有这些特点。

二、团队的类型

根据团队的存在目的，可以对它们进行分类。在组织中，有三种类型的团队比较常见：问题解决型团队、自我管理型团队、多功能型团队，如图 13-8 所示。

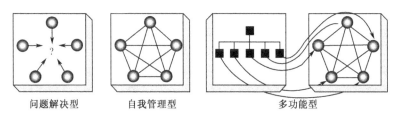

图 13-8 团队的三种类型

（一）问题解决型团队

大约是 20 年前，团队刚刚盛行，大多数团队的形式很相似。这些团队一般由来自同一个部门的 5～12 个钟点工人组成，他们每周用几个小时的时间来碰碰头，讨论如何提高产品质量、生产效率和改善工作环境。我们把这种团队称为问

题解决型团队 (problem-solving teams)。

在问题解决型团队里，成员就如何改进工作程序和工作方法互相交换看法或提供建议。但是，这些团队几乎没有权力根据这些建议单方面采取行动。

21 世纪 80 年代，应用最广的一种问题解决型团队是质量圈。我们在第十章已经描述过，这种工作团队由职责范围部分重叠的员工及主管人员组成，人数一般在 8～10 人。他们定期相聚，来讨论他们面临的质量问题，调查问题的原因，提出解决问题的建议，并采取有效的行动。

（二）自我管理型团队

问题解决型团队的做法行之有效，但在调动员工参与决策过程的积极性方面，尚嫌不足。这种欠缺导致企业努力建立新型团队，这种新型团队是真正独立自主的团队，它们不仅注意问题的解决，而且执行解决问题的方案，并对工作结果承担全部责任。

自我管理型团队 (self-managed work teams) 通常有 10～15 人组成，他们承担着以前自己的上司所承担的一些责任。一般来说，他们的责任范围包括控制工作节奏、决定工作任务的分配、安排工间休息。彻底的自我管理型团队甚至可以挑选自己的成员，并让成员相互进行绩效评估。这样，主管人员的重要性就下降了，甚至可以被取消。例如，设在宾西法尼亚洲哥罗夫（Grove）城的通用电气公司机车发动机厂大约有 100 个团队，他们负责进行工厂的大多数决策：有权安排检修工作；决定工作日程；常规性地控制设备采购。如果一个团队不打报告就花掉 200 万美元，工厂经理也不会担惊受怕。

在克利夫兰 L-S 电子电镀公司，整个工程是由自我管理型团队经营的，他们制定自己的工作日程表，自己轮换工作，设置生产目标，建立与能力相关的薪资标准，解雇同事，聘用员工。工厂总经理说："不到他们正式上班的时间，我从来不会见到一个新员工。"

施乐公司、通用汽车公司、高斯。布莱温公司（Coors Brewing）、百事可乐公司、惠普公司、恒奈威尔公司（Honeywell）、马氏公司（M&M/Mars）、爱纳人寿保险公司（Aetna Life）是我们比较熟悉的推行自我管理型工作团队的几个代表。现在，美国大约 1/5 的公司采用了这种团队形式。专家们预测，在本世纪末，40%～50% 的美国工人可以通过这种团队形式来管理自己。

近来，美国商业期刊上充斥着描述成功地运用自我管理型团队的文章。比如，得克萨斯仪器公司的武器部因为推行自我管理型团队而获得麦克姆·百尔最国家质量奖（Malcolm Baldrige National Quality Award），并使公司在减少员工 25% 的情况下保持了原来的销售水平。路德教友互助会（Aid Association for Lutherans），是美国最大的保险和金融服务公司之一，其管理人员声称，自我管理型团队的主要责任是提高员工的满意度，使公司在四年的时间里裁员 15％，而业务量增加了 50％。印第安纳州福特威恩市（Indiana, Fort Wayne）的爱地牌冰激凌厂（Edy's Grand Ice Cream）在 1990 年引进自我管理型团队后，成本降低了 39％，生产率提高了 57％。完全食品超市（Whole Foods Market）是一家保健食品连锁店，管理人员认为，公司销售额能够在 1989 年至 1992 年间翻一番，同期超市连锁店的销售毛利平均为 2.6％，而完全食品超市的毛利达 3.7％，主要原因在于自我管理型团队的作用。

尽管这些故事很诱人，但我们认为仍然需要提醒读者，有些组织采用了自我管理型团队，但结果令人失望。例如，道格拉斯航空公司的员工在面临大规模的解雇形势时，就集合起来反对公司采用自我管理型团队形式。他们把赞同实行这种团队形式的人看作是支持管理者的。对自我管理型工作团队效果的总体研究表明，实行这种团队形式并不一定带来积极效果。比如，在这种团队中，员工的满意度的确有所提高。但是，与传统的工作组织形式相比，自我管理型团队成员的缺勤率和流动率偏高。这些发现的具体原因尚不清楚，需要深入研究。

（三）多功能型团队

波音飞机公司的高级管理人员已经决定，在以后的飞机设计中，不再采用公司传统的军事等级式做法，而采用能够自我调节、相互约束的工作团队来取而代之。

对于这个决定，这里有个恰当的例子。波音公司新型 777-200 双引擎飞机的设计开发涉及到许多员工的互相合作，如设计人员、生产专家、维修人员、顾客服务人员、财务人员，甚至顾客。这些人 8～10 人组成一个个的小团队，从头开始负责飞机设计、生产的完善问题。公司这样做的目的是：让每个团队都把飞机的设计、生产看作是一个有机整体，有新想法就马上付诸行动，而不需要像在控制链的约束下那样，要三思而后行。

波音公司过去的做法是，设计生产时，从头到尾，按顺序进行。首先，由设计人员提出建议，然后是生产人员，再后是顾客服务人员，依此类推。在这个过程中，进行滚雪球式的项目改进完善工作。糟糕的是，在设计完成之后，生产过程开始之前，成本就已经很高了。这种低效率的体制导致了生产率的降低，成本的升高。

在 777 项目中，公司通过采用团队形式，降低了成本。具体来说，公司在正式开始生产飞机之前，能够考虑到可能出现的问题，并做好准备。举个例子，新型 777 飞机翼尾折叠式设计有一大不足：愿意使用传统的直翼飞机的客户，就不愿订购这种折翼飞机。项目开始时，波音公司声明，公司尽最大努力所能提供的是翼尾折叠，但可以固定的机翼。按照波音以前的作风，这些客户就只好忍受翼尾固定所带来的飞行阻力增大之苦，因为公司传统的官僚系统把飞机设计人员与制造人员分割开了。但现在情况变了，设计人员与生产人员密切合作，创造出了一种新的生产方式，使生产人员能够利用同一套工具制造折翼和直翼。在整个生产过程中，公司的客户代表提出了 1000 多种改进建议。同样，公司的维修人员也提出了近 100 种建议，从而使得 777 飞机更便宜，质量也更高。

波音公司在 777 项目上作出的努力，证明了团队概念在现实中的最新应用。波音公司采用的就是多功能形团队（cross-functional teams）。这种团队由来自同一等级、不同工作领域的员工组成，他们来到一起的目的是完成一项任务。

许多组织采用跨越横向部门界线的形式已有多年。例如，在 20 世纪 60 年代，IBM 公司为了开发卓有成效的 360 系统，组织了一个大型的任务攻坚队，攻坚队成员来自于公司多个部门。任务攻坚队（task force）其实就是一个临时性的多功能团队。同样，由来自多个部门的员工组成的委员会（committees）是多功能团队的另一个例子。

但多功能团队的兴盛是在 20 世纪 80 年代末，当时，所有主要的汽车制造公司——包括丰田、尼桑、本田、宝马、通用汽车、福特、克里斯勒——都采用了多功能团队来协调完成复杂的项目。

摩托罗拉公司的铱项目论证了为什么如此众多的公司采用多功能团队形式。这个项目是开发一个能够容纳 66 颗卫星的大型网络。"一开始我们就认识到，要以传统形式来完成规模如此巨大、工程如此复杂的项目，并能准时完成任务是不可能的。"项目总经理说。在项目的第一年一直到项目进行到一半时，由 20 个摩托罗拉员工组成的多功能团队每天早晨聚会一次。后来，这个团队的成员扩展到包括其他十几个公司的专家，如道格拉斯公司的专家、马丁马瑞塔公司的专家、通用电气公司的专家、亚特兰大科技公司的专家、俄罗斯克兰尼切夫公司的专家等等。

总之，多功能团队是一种有效的方式，它能使组织内（甚至组织之间）不同领域员工之间交换信息，激发出新的观点，解决面临的问题，协调复杂的项目。当然，多功能团队的管理不是管理野餐会，在其形成的早期阶段往往要消耗大量的时间，因为团队成员需要学会处理复杂多样的工作任务。在成员之间，尤其是那些背景不同、经历和观点不同的成员之间，建立起信任并能真正地合作也需要一定时间。在本章后面，我们将讨论一些方法，有助于管理者促进和建立成员间的信任关系。

三、塑造高绩效团队

(一) 塑造高绩效团队

在这一章，我们介绍了一些基本的群体观念，在这些介绍的基础上，现在我们来谈谈有关群体过程的知识，这些知识对于塑造更有效或高绩效团队有何帮助。

1. 工作团队的规模

最好的工作团队规模一般比较小。如果团队成员多于 12 人，他们就很难顺利开展工作。他们在相互交流时会遇到许多障碍，也很难在讨论问题时达成一致。一般来说，如果团队成员很多，就难以形成凝聚力、忠诚感和相互信赖感，而这些却是高绩效团队所不可缺少的。所以，管理人员要塑造富有成效的团队，就应该把团队成员人数控制在 12 人之内。如果一个自然工作单位本身较大，而你又希望达到团队的效果，那么可以考虑把工作群体分化成几个小的工作团队。

2. 成员的能力

要想有效地运作，一个团队需要三种不同技能类型的人。(1) 需要具有技术专长的成员；(2) 需要具有解决问题和决策技能，能够发现问题，提出解决问题的建议，并权衡这些建议，然后作出有效选择的成员；(3) 团队需要若干善于聆听、反馈、解决冲突及其他人际关系技能的成员。

如果一个团队不具备以上三类成员，就不可能充分发挥其绩效潜能。对具备不同技能的人进行合理搭配是极其重要的。一种类型的人过多，另两种类型的人自然就少，团队绩效就会降低。但在团队形成之初，并不需要以上三方面的成员全部具备。在必要时，一个或多个成员去学习团队所缺乏的某种技能，从而使团队充分发挥其潜能的事情并不少见。

3. 分配角色以及增强多样性

在第九章中，我们举例证明了人们的个性特征各有不同，如果员工的工作性质与其个性特征一致，其绩效水平容易提高。就工作团队内的位置分配而言，也是如此。团队有不同的需求，挑选团队成员时，应该以员工的个性特点和个人偏好为基础。

高绩效团队能够给员工适当地分配不同的角色。例如，长期使球队保持赢势的篮球教练知道如何挑选富有前途的队员，识别他们的优势和劣势，并把他们安排到最适合他们才能的位置上，使他们能为球队作出最大贡献。这种教练们能够认识到，一个取胜的球队需要具有多种技能的成员，如控球手、强力得分手、三分球球手、投篮阻挡手等等。成功的球队具有能够胜任关键位置的球员，并能在了解球员技能和爱好的基础上，把他们配置到各个位置上。

一系列研究已经证明，在团队中人们喜欢扮演九种潜在团队角色，如表 13-6 所示。现在我们就来简要描述这九种角色位置，并考察它们对于塑造高绩效团队的意义。

表 13-6　九种团队角色

1. 创造者—革新者：产生创新思想
2. 探索者—倡导者：倡导和拥护所产生的新思想
3. 评价者—开发者：分析决策方案
4. 推动者—组织者：提供结构
5. 总结者—生产者：提供指导并坚持到底
6. 控制者—核查者：检查具体细节
7. 支持者—维护者：处理外部冲突和矛盾
8. 汇报者—建议者：寻求全面的信息
9. 联络者：合作与综合

（1）创造者—革新者。一般来说，这种人富有想像力，善于提出新观点或新概念，他们独立性较强，喜欢自己安排工作时间，按照自己的方式、节奏进行工作。

（2）探索者—倡导者。他们乐意接受、支持新概念。在创造者—革新者提出新创意之后，他们擅长利用这些新创意，并找到资源支持新创意。他们的主要弱点是，他们不一定总是有耐心和控制才能来使别人追随新创意。

（3）评价者—开发者。他们有很高的分析技能。在决策前，如果让他们去评估、分析几种不同方案的优劣，是再合适不过了。

（4）推动者—组织者。他们喜欢制定操作程序，以使新创意成为现实。他们会设定目标，制定计划，组织人力，建立起种种制度，以保证按时完成任务。

（5）总结者—生产者。与推动者—组织者相似，他们也关心活动成果。但他们的着眼点主要在于：坚持必须按时完成任务，保证所有的承诺都能兑现。他们引以为荣的事情是：自己生产的产品合乎标准。

（6）控制者—核查者。这种人最关心的事情是规章制度的建立和贯彻执行。他们善于核查细节，并保证避免出现任何差错。他们希望核查所有事实和数据，希望保证"i 上的．没有漏掉"、"t 上的-没有漏掉"。

（7）支持者—维护者。这种人对做事的方式有强烈的信念。他们在支持团队内部成员的同时会积极地保护团队不受外来者的侵害。他们对团队而言非常重要，因为他们能够增强团队的稳定性。

（8）汇报者—建议者。他们是很好的听众，而且不愿把自己的观点强加于人。他们愿意在作出决策之前得到更多的信息。因此，他们在鼓励团队作决策之前充分搜集信息，而不是匆忙决策方面，起着非常重要的作用。

（9）联络者。最后一种角色与其他角色有重叠，上述八种角色中的任何一种都可以扮演这种角色。联络者倾向于了解所有人的看法，他们是协调者，是调查研究员。他们不喜欢走极端，而是尽力在所有团队成员之间建立起合作关系。他们认识到，其他团队成员可以为提高团队绩效作出各种不同的贡献，尽管可能存在差异，他们会努力把人和活动整合在一起。

如果强迫人们去承担以上各种角色，大多数人能够承担得起任何一种角色，但人们非常愿意承担的通常只有两三种。管理人员有必要了解个体能够给团队带来贡献的个人优势，根据这一原则来选择团队成员，并使工作任务分配与团队成员偏好的风格相一致。通过把个人的偏好与团队的角色要求适当匹配，团队成员就可能和睦共处。开发这种框架的研究者认为，团队不成功的原因在于具有不同才能的人搭配不当，导致在某些领域投入过多，而在另一些领域投入不够。

4. 对于共同目的承诺

是否每个团队都具有其成员渴望实现的有意义的目的？这种目的是一种远见，比具体目标要宽泛。有效的团队具有一个大家共同追求的、有意义的目标，它能够为团队成员指引方向、提供推动力，让团队成员愿意为它贡献力量。

例如，苹果电脑公司中设计开发麦金塔什计算机的团队成员几乎都承诺要开发一种用户适用、方便可靠的机型，这种机型将给人们使用计算机的方式带来一场革命。土星公司的生产团队的推动力和凝聚力来自于这样一种共同目的，即制造出一种美国汽车，在质量和价格上都能与最好的日本汽车进行成功的竞争。

成功团队的成员通常会用大量的时间和精力来讨论、修正和完善一个在集体层次上和个人层次上都被大家接受的目的。这种共同目的一旦为团队所接受，就像航海学知识对船长一样——在任何情况下，都能起到指引方向的作用。

5. 建立具体目标

成功的团队会把他们的共同目的转变成为具体的、可以衡量的、现实可行的绩效目标。我们在第九章介绍过，目标会使个体提高绩效水平，目标也能使群体充满能力。具体的目标可以促进明确的沟通，它们还有助于团队把自己的精力放在达成有效的结果上。例如，在1990年秋，瑟茂斯公司（Thermos Corp）组织了一个多功能团队，其具体任务是设计、制造一种新型烤肉架。团队达成协议，这种烤肉架外形要美观，像一件家具，不需要使用木炭之类的会带来污染的燃料。烤出来的食物要美味可口。完成这项任务的期限定得很死。他们想赶在1992年8月举行的大型国家五金博览会之前完成任务，这样，他们实际上只有不到两年的时间进行计划、设计和制造新产品。他们顺利完成了任务，他们发明制造的瑟茂斯电子烤肉架已获四项设计奖,而且成了公司历史上开发得最成功的新产品。

6. 领导与结构

目标决定了团队最终要达到的结果。但高绩效团队还需要领导和结构来提供方向和焦点。例如,确定一种大家认同的方式,就能保证团队在达到目标的手段方面团结一致。

在团队中,对于谁做什么和保证所有的成员承担相同的工作负荷问题,团队成员必须取得一致意见。另外,团队需要决定的问题还有:如何安排工作日程,需要开发什么技能,如何解决冲突,如何作出和修改决策。决定成员具体的工作任务内容,并使工作任务适应团队成员个人的技能水平。所有这些,都需要团队的领导和团队结构发挥作用。有时,这些事情可以由管理人员直接来做,也可以由团队成员通过扮演探索者—倡导者、推动者—组织者、总结者—生产者、支持者—维护者、联络者等角色自己来做。

7. 社会惰化和责任心

在本章第三节,我们已经了解到,个人可能会隐身于群体中,他们在集体努力的基础上,可以成为社会惰化的一员,因为他们的个人贡献无法直接衡量。高绩效团队通过使其成员在集体层次和个人层次上都承担责任,来消除这种倾向。

成功的团队能够使其成员各自和共同为团队的目的、目标和行动方式承担责任。团队成员很清楚:哪些是个人的责任,哪些是大家共同的责任。

8. 适当的绩效评估与奖酬体系

怎样才能使团队成员在集体和个人两个层次上都具有责任心呢?传统的以个人导向为基础的评估与奖酬体系必须有所变革,才能充分地衡量团队绩效。

个人绩效评估、固定的小时工资、个人激励等等与高绩效团队的开发是不一致的。因此,除了根据个体的贡献进行评估和奖励之外,管理人员还应该考虑以群体为基础进行绩效评估、利润分享、小群体激励及其他方面的变革,来强化团队的奋进精神和承诺。

9. 培养相互信任精神

高绩效团队的一个特点是,团队成员之间相互高度信任(trust)。也就是说,团队成员彼此相信各自的正直、个性特点、工作能力。但是,从个人关系中不难知道,信任是脆弱的,它需要很长时间才能建立起来,却又很容易被破坏,破坏之后要恢复又很困难。另外,因为信任会带来信任,不信任会带来不信任,要维持一种信任关系就需要管理人员处处留意。

最近的研究为信任这个概念区分了五个维度，如图 13-9 所示。（1）正直（integrity）：诚实、可信赖； （2）能力（competence）：具有技术技能与人际知识；（3）一贯（consistency）：可靠、行为可以预测；在处理问题时，具有较强的判断力；（4）忠实：愿意为别人维护和保全面子；（5）开放（openness）：愿意与别人自由地分享观点和信息。

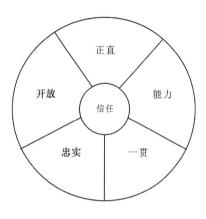

图 13-9　信任的维度

就团队成员之间的信任关系而言，研究发现，这五个维度的重要程度是相对稳定的，通常其顺序如下：正直＞能力＞忠实＞一贯＞开放。而且，正直程度和能力水平是一个人判断另一个人是否值得信赖的两个最关键的特征。一般人把正直看得很重，因为如果对别人的道德性格和基本的诚实缺乏把握，信任的其他维度就没有意义了。能力水平也被看得很重，原因大概是，团队成员为了顺利地完成各自的任务，需要与同伴进行相互作用。

（二）如何培养信任感

管理人员和团队领导对于团队的信任气氛具有重大影响。因此，管理人员和团队领导之间首先要建立起信任关系，然后才是团队成员之间的相互信任关系。下面总结了可以用来培养信任感的方法。

（1）表明你既是在为自己的利益而工作，又是在为别人的利益而工作。我们每个人都关心自己的利益，但是，如果别人认为你利用他们，利用你的工作，利用你所在的组织为你个人的目标服务，而不是为你的团队、部门、组织利益服务，你的信誉就会受到损害。

（2）成为团队的一员，用言语和行动来支持你的工作团队。当团队或团队成员受到外来者攻击时，维护他们的利益，这样做会说明你对你的工作群体是忠诚的。

（3）开诚布公。人们所不知道的和人们所知道的都可能导致不信任。如果你开诚布公，就可能带来信心和信任。因此，应该让人们充分了解信息，解释你作出某项决策的原因，对于现存问题则坦诚相告，并充分地展示与之相关的信息。

（4）公平。在进行决策或采取行动之前，先想想别人对决策或行动的客观性与公平性会有什么看法。该奖的就奖，在进行绩效评估时，应该客观公平、不偏不倚。在分配奖励时，应该注意其平等性。

（5）说出你的感觉。那些只是向员工传达冷冰冰的事实的组织管理人员与团队领导，容易遭到员工的冷漠与疏远。说出你的感觉，别人会认为你是真诚的、有人情味的，他们会借此了解你的为人，并更加尊敬你。

（6）表明指导你进行决策的基本价值观是一贯的。不信任来源于不知道自己面对的将是什么。花一定的时间来思考你的价值观和信念，让它们在你的决策过程中一贯地起到指引作用。一旦你了解了你的主要目的，你的行动相应地就会与目的一致，而你的一贯性能够赢得信任。

（7）保密。你信任那些你可以信任和依赖的人。因此，如果别人告诉你一些秘密，他们必须确信你不会同别人谈论这些秘密，或者说，不泄露这些秘密。如果人们认为，你会把私人秘密透露给不可靠的人，他们就不会信任你。

（8）表现出你的才能。表现出你的技术和专业才能以及良好的商业意识，能引起别人的仰慕和尊敬。应该特别注意培养和表现你的沟通、团队建设和其他人际交往技能。

（三）塑造团队选手

现在，我们已经充分证明了团队非常重要，而且日益盛行。但许多人并非生来就是合适的团队选手，他们是些孤独者，或者是些希望自己的个人成就得到承认的人。另外，还有许多组织在历史上一向重视培养个人成就感。在它们创造出的竞争激烈的工作环境中，只有强者可以生存。如果这些组织采用工作团队，它们怎样对付那些它们塑造出来的自私的"我为自己而工作"的员工呢？最后，不同国家在个人主义和集体主义维度上的得分不同。团队可能适合于比较重视集体主义的国家。但如果一个组织想把团队形式引入到这样一个工作群体中——这个工作群体由那些生长于高度重视个人主义的国家中的个体组成，这个组织应该怎样做呢？一个作家对团队在美国社会中的地位有精彩的描述："美国人生来不是学习如何在团队中生活的，在学校里，我们从来没接受过团队报告，没听说过多那些跟随哥伦布到达美洲的水手的名字。"这种局限性在加拿大人、英国人、澳大利亚人以及来自其他高度重视个人主义社会的人们中也存在。

1. 挑战

上面几点的意思是说，采用团队形式的一大障碍是个人阻力。一个员工成功与否不再由他的个人绩效所决定。要成为一名优秀的团队成员，个体必须学会与别人进行公开、坦诚的沟通；学会面对个体间的差别并解决冲突；学会把个人的目标升华为团队的利益。对于许多员工来说，这是一项困难的，甚至是无法完成的任务。

在下面两种情况下，塑造团队成员是很困难的：（1）民族文化是高度个人主义的；（2）要把团队形式引入到高度重视个人成就感的既定组织中。比如，现在美国电话电报、福特、摩托罗拉以及其他大型的美国公司面临的正是这种困难形势。这些公司是通过雇用和奖励公司明星人物而获得繁荣昌盛的，而公司创造了一种竞争气氛来鼓励员工的个人成就和对个人的承认。在这种公司中，员工会因为公司突然转向重视团队而震惊。有家大型公司的一个老员工，一向是独个儿工作，而且干得非常出色，他描述了自己加入团队之后的感受："我在总结经验教训。20年来，在绩效评估中，我现在第一次出现了绩效不佳的记录。"

相反，如果要在员工具有强烈的群体观念的国家引入团队形式，如日本、墨西哥、或采用团队形式作为自己的最初结构形式的新建组织中引入工作团队形式，管理人员面临的挑战就相对较小。例如，土星公司是通用汽车公司下属的一家美国组织。但在公司创始之初，其结构形式就是围绕团队建立起来的。土星公司的每一个员工在被雇用之初就得知，他们的工作主要是在团队中进行。所有应聘员工必过的一关是，他们必须具备成为优秀团队成员的基本素质。

2. 塑造团队选手

下面几种方案可供那些要把员工塑造成为团队选手的管理人员参考。

（1）选拔。有些人已经具备成为有效团队成员的人际技能。在挑选团队成员时，除了要考虑被选者是否具备工作所需技术才能之外，还要考虑他们是否具备扮演团队成员角色所必须具备的其他才能。

但许多应聘者不具备成为团队成员的必备技能。对于那些在重视个人贡献的背景中生活了很长时间的人尤其如此。面对这类应聘者时，管理人员通常有三种选择。第一，对他们加以培训，使他们具备成为合格团队成员的必备技能。如果没有条件这样做，或这样做不奏效，另两种选择是，把他们转聘到组织中没有采用团队形式的单位（如果存在这种可能性的话），或者不聘用这样的人。在决定围绕团队进行工作再设计的组织中，管理人员应该预见到，有些雇员不愿加入团队，而且对他们进行培训也不起作用。不幸的是，组织采用团队形式时，这种员工一般就成为牺牲品。

（2）培训。从乐观的一面将，在重视个人成就的背景中成长起来的大部分人，通过培训可以成为合格的团队选手。培训专家会通过种种练习让员工体会到团队工作带来的好处。专家们通常是让员工参加培训班，帮助员工解决问题，与员工沟通、谈判、处理冲突并指导他们技能等。员工们还要学习我们在本章第二节描述过的群体形成五阶段模式。例如，在大西洋贝尔公司（Bell Atlantic）培训者集中关注团队在最终形成前要经过几个阶段，公司提醒员工耐心的重要性，因为团队坐决策所用的时间比员工个人决策的时间要长。

例如，设在密苏里州的爱默生公司的电机专业部，已经相当成功地使其650名员工不仅接受，而且欢迎团队培训。公司外聘了一些咨询专家，来培养员工们进行团队工作所必备的实际技能。经过不到一年的时间，员工们就积极地接受了团队工作的价值观念。

（3）奖酬。组织的奖酬体系应有变革以鼓励员工共同合作，而不是增强员工之间的竞争气氛。例如，马丁空间发射系统公司（Martin Marietta's Space Launch System Company）在其1400名员工中实行了团队工作形式。公司的奖酬制度规定，在公司利润增额中拿出一定比例的数额奖励那些团队绩效目标完成得较好的团队的成员。

组织中的晋升、加薪和其他形式的认可，应该给予那些善于在团队中与其他成员合作共事的个人。这并不意味着忽视个人贡献，而是使那些对团队作出无私贡献的个人得到其应有的报酬。应该给予奖励的员工行为很多，如帮助、指导新同事，与团队伙伴共享信息，帮助解决团队冲突，主动掌握那些团队需要的新技能等等。

最后，不要忘记，员工能够从团队工作中得到内部奖励。团队能够给个人提供同志式的友爱。作为成功团队的一员是令人振奋和满意的。对于员工来说，在团队中能够得到个人发展的机会，能够帮助伙伴们成长，这是令人非常满意的经历和奖励。

四、团队管理中现存的问题

在下面内容里，我们论述团队管理中的三个问题：（1）团队对于实行全面质量管理有何促进作用？（2）劳动力多元化对团队绩效有何意义？（3）管理人员如何激活停滞不前的团队？

（一）团队与全面质量管理

全面质量管理（TQM）的一个主要特征是采用工作团队进行日常运作。为什么团队是全面质量管理不可缺少的一个组成部分呢？

全面质量管理的实质是工作过程的改进，而员工的参与是改进工作过程的关键。换句话说，全面质量管理要求管理人员鼓励员工共享观念，并根据他们的建议去行动。正如一位学者所言："离开工作团队，各种各样的全面质量管理工作过程和技术都无法发挥作用。这些技术和过程需要高水平的沟通与交流、响应和接受、协调安排。一句话，它们需要的环境条件，只有优秀工作团队才能提供。"

工作团队能够很自然地为员工提供共享观点、实施改善的工具。正如麦道公司（Mc Donnell Douglas）的一位全面质量管理专家吉尔·摩萨德（Gil Mosard）所说："你的测评系统告诉你过程失控时，你需要工作团队来有系统地解决问题。并非所有的人都应该了解怎样去制作各种花哨的绩效控制图表，但每个人都应该知道他的工作进程，这样他才能判断自己是否有所进步。"福特公司和阿曼纳制冷公司（Amana Refrigeration，Inc.）的例子表明了团队在全面质量管理项目中是如何发挥作用的。

福特公司在 20 世纪 80 年代初期就以团队为基本的组织机制来推行全面质量管理。"因为全面质量管理太复杂，不采用团队形式，你就无法对它施加影响。"一名福特公司管理人员解释说。在设计解释质量问题的团队时，福特公司的管理层确定了五个目标：（1）团队应该尽量小，以便提高其运作的效率和效果；（2）在团队成员必备的技能方面，进行适当的培训；（3）给予团队足够的时间去解决它们打算解决的问题；（4）给予它们解决问题和采取正确行动的权力；（5）给每个团队指定一个"冠军"，让他帮助团队解决团队工作中可能出现的问题。

在阿曼纳制冷公司，运用多功能团队来解决跨越部门界限的质量问题，这些任务团队由来自公司不同层次的员工组成。每个任务团队都负责解决一个单独领域的问题。比如，这个团队负责产品出厂之前的问题，那个团队负责产品出厂之后的问题，另外一个团队则具体负责原料供应问题。阿曼纳制冷公司声称，这些团队改善了公司上下左右的沟通状况，并大大地减少了不合格的产品。

（二）团队和劳动力多元化

管理团队的多元化是一项平衡的艺术，如表 13-7 所示。一般来说，多元化会就某一问题提供新鲜观点，但同时使团队难以团结一致，达成共识。

当团队卷入解决问题和决策任务时，工作团队多元化的优势就表现出来了。多元化团队能够在讨论中提出多种观点，从而会增加团队发现创造性强的或灵活性高的解决办法的可能性，使问题解决的技能更高。另外，多样化的解释，通常又意味着多元化

表 13-7 多元化的优势与劣势

优势	劣势
多种观点	模棱两可
对新观点的开放性更大	复杂性
多样化的解释	混淆
创造性强	沟通混乱
灵活性高	难以达成统一的协议
问题解决技能高	难以对具体行动达成一致意见

团队要花费大量时间来讨论问题，这说明对新观点的开放性更大，这样就可以减少选中不利方案的机会。但是，应该记住，多元化对决策团队的积极作用无疑会随时间的延长而消减。我们在上一章已经指出过，多元化的群体成员难以对具体行动达成一致意见，难以达成统一协议。但随着时间的延长，这个问题会得到解决。可以预料，随着团队成员相互了解的加深，团队凝聚力的不断提高，多元化

团队的优势也会越来越明显。

有关研究告诉我们，凝聚力强的团队，其成员满意度高，缺勤率低，群体的内耗较低。但在多元化团队中，凝聚力一般较弱。因此，多元化还有一个潜在的消极作用：它有损于群体凝聚力。不过，我们还需要回顾一下本章第五节的内容：我们已发现，群体凝聚力和群体生产率的关系受群体绩效规范的影响。我们认为，如果团队规范支持多元化的存在，这个团队就能更好地发挥异质性的优势，同时获得高凝聚力的优势。这一点有力地证明，对团队成员进行多元化培训是很有益处的。

（三）重新激活成熟团队

一个团队一时业绩良好，并不能保证它会继续保持这样的业绩。有效的团队也可能会陷入停滞不前的状态，最初的热情可能会为冷漠所代替。随着时间的推移，团队内部凝聚力增强，多元化团队能够带来多样性观点的优势就可能随之消失。

就本章第二节介绍过的群体形成五阶段模型而言，团队不会自动地停留在"执行任务阶段"。在团队中，熟悉往往会滋生冷漠，成功则往往会导致自满，成熟会带来对新观点和革新思想的保守、封闭态度。

成熟的团队很容易遭受群体思维之害，团队成员开始相信他们能读懂每个人的心态，因此，便假设自己知道别人在想什么。结果，他们就不愿意再发表自己的看法，也不愿意再进行相互挑战。

成熟团队问题的另一个来源是，它们早期的成功往往是由于它们所承担的工作任务比较简单。很自然，新建团队往往从最容易处理的问题入手来开展工作，但随着时间的流逝，简单的问题解决完了，团队就不得不面对更困难的问题。但在这个时候，团队一般已经形成了既定的活动模式，其成员也就不愿意改变自己已经建立起来的"完美体制"，由此带来的后果往往是灾难性的。团队内部活动过程不再平稳地运作，成员之间的沟通不通畅，因为问题的解决办法不是那么显而易见，会使团队内部的冲突增多，由此，团队绩效可能会一落千丈。

如何来重新激活成熟的团队呢？我们提供四个建议：

（1）使团队成员做好对付成熟问题的准备。提醒团队成员，他们不是独一无二的，所有成熟的团队都会面临成熟的问题。在最初的安乐生活逝去，冲突表面化的时候，他们不应该沮丧或失去信心。

（2）进行新型培训。在团队陷入困境时，团队可在以下几个方面给予团队成员以培训：在沟通、解决冲突的技能方面；在团队互动过程方面。这些培训有助于问题的解决，有助于团队成员重新获得自信，增强彼此间的信任。

（3）进行高级培训。对付简单的问题卓有成效的技能在复杂问题面前可能就远远不够了，因此，对成熟团队成员进行高级培训，有助于团队成员培养更强的解决问题、人际交往能力和技术技能。

（4）鼓励团队把它们的发展看作是一个不断学习的过程。像全面质量管理一样，团队应该把自己的发展看作是不断寻求完善的一部分。团队应该千方百计地寻求改善的方式，面对团队成员的担心和挫折，把冲突作为一个学习的机会。

复习与思考

1. 解释下列概念：

（1）正式群体；（2）非正式群体；（3）社会惰化；（4）群体思维；（5）群体转移；（6）群体凝聚力。

2. 对比指挥型、任务型、利益型、友谊型群体的异同。

3. 哪些因素可能会激发你加入一个群体？

4. 如何利用间断——平衡模型来更好的理解群体行为？

5. 群体规模对群体成员有哪些影响？

6. 群体规范是怎样形成的？

7. 怀特的饭店研究有何意义？

8. 地位和规范有何关系？

9. 团队和群体有何区别？

10. 管理型和多功能型团队的异同。

11. 列举并说明九种团队角色。

12. 信任概念的五个维度是什么？

13. 如何培养信任感？

14. 对比团队多元化的利与弊。

第十四章 沟　　通

沟通是影响群体行为的一个重要因素，也是群体管理中的一个极其重要的内容。现代管理理论非常重视信息和沟通。管理心理学研究沟通，主要是探讨沟通中的心理因素，找出其中一般的心理规律。

在这一章，我们首先确定沟通的定义，介绍一个沟通过程模型，说明沟通的重要性。然后，论述沟通的形式和沟通的网络。之后，我们将研究沟通的障碍。讨论几种改进沟通的方法和技能。最后，探讨在激烈变革时期有效的员工沟通问题。

第一节　沟　　通

一、沟通

沟通是影响群体行为的一个重要因素，也是群体管理中的一个极其重要的内容。从某种意义上来讲，企业本身就可以看作是一个信息处理和决策系统，尤其是现代企业组织的规模日趋庞大，与外界环境的关系也日益复杂，对内必须了解并统一各方面的意见，对外则需引进各方面的资料，这些都与信息沟通有密切的关系。同时，良好的人际关系的建立、维持与发展，或改变员工的态度等，也都有赖于信息的沟通。一个组织或群体的工作效率和发展水平，在很大程度上取决于对信息的吸收和利用程度。现代管理理论非常重视信息和信息沟通。管理心理学研究沟通，主要是探讨沟通中的心理因素，找出其中一般的心理规律。

对管理者来说，有效沟通不容忽视，这是因为：管理者所做的每件事中都包含着沟通。管理者没有信息就不可能作出决策，而信息只能通过沟通得到。一旦作出决策，又要进行沟通。否则，将没有人知道决策已经作出。最好的想法，最有创见的建议，最优秀的计划，不通过沟通都无法实施。因此，管理者需要掌握有效的沟通技巧。当然，这并不是说仅拥有好的沟通技巧就能成为成功的管理者，但是我们可以说，低效的沟通技巧会使管理者陷入无穷的问题与困境之中。

沟通包含着意义的传递。如果信息或想法没有被传送到，则意味着沟通没有发生。也就是说，说话者没有听众或写作者没有读者都不能构成沟通。因此，哲学问题"丛林中的一棵树倒了却无人听到，它是否发出了声响？"在沟通的背景下，其答案是否定的。

但是，要使沟通成功，意义不仅需要被传递，还需要被理解。如果写给一个不懂葡萄牙语的人的一封信使用的是葡萄牙语，那么不经翻译就无法称之为沟通。所谓沟通（communication），指的是两个或两个以上的个体或群体，通过一定的联系渠道传递和交换各自的意见、观点、思想、情感与愿望，从而达到相互了解、相互认知的过程。概括地说，沟通是意义的传递与理解。完美的沟通，如果其存在的话，应是经过传递之后被接受者感知到的信息与发送者发出的信息完全一致。

另外需要注意的是，良好的沟通常常被错误地解释为沟通双方达成协议，而不是准确理解信息的意义。如果有人与我们意见不同，不少人认为此人未能完全领会我们的看法，换句话说，很多人认为良好的沟通是使别人接受我们的观点。但是，我可以非常明白你的意思却不同意你的看法。当一场争论持续了相当长的时间，旁观者往往断言这是由于缺乏沟通导致的，然而详尽的调查常常表明，此时正进行着大量的有效沟通。每个人都充分理解了对方的观点和见解。问题是人们把有效的沟通与意见一致混为一谈了。

在深入讨论之前还需说明一点，本章我们关心的是人际沟通（interpersonal communication）：即存在于两人或多人之间的沟通方式，其对象是人而不是物体。组织范围中的沟通，包括组织沟通的流程，沟通网络，管理信息系统的改进等，则属于信息控制系统讨论的内容。

二、沟通过程

沟通发生之前，必须存在一个意图，我们称之为要被传递的信息（message）。它在信息源（发送者）与接受者之间传送。信息首先被转化为信号形式（编码，encoding），然后通过媒介物（通道，channel）传送至接受者，由接受者将收到的信号转译回来（解码，decoding）。这样信息的意义就从一个人那里传给了另一个人。

图14-1描述了沟通过程（communication process）。这一模型包括七个部分：(1) 信息源；(2) 信息，连接各个部分；(3) 编码；(4) 通道；(5) 解码；(6) 接受者；(7) 反馈。此外，整个过程易受到噪声（noise）的影响。这里的噪声指的是信息传递过程中的干扰因素（图14-1中以霹雳线表示）。典型的噪声包括难以辨认的字迹，电话中的静电干扰，接受者的疏忽大意，以及生产现场中设备的背景噪声。记住，所有对理解造成干扰的因素——无论是内部的（如说话人或发送者的声音过低），还是外部的（如同事在临近的桌旁高声喧哗）——都意味着噪声。噪声可能在沟通过程的任何环节上造成信息的失真。外部噪声对沟

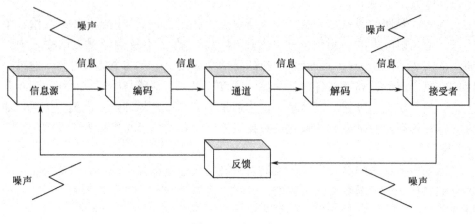

图 14-1　沟通过程

通有效性的影响显然是不言而喻的，所以我们这里主要来看看在沟通过程中造成信息失真的潜在内部原因。

1. 编码

信息源把头脑中的想法进行编码（encoding）而生成了信息，被编码的信息受到四个条件影响：技能、态度、知识和社会—文化系统。

教科书的作者能够成功地把信息传递给学生，这依赖于教科书作者的写作技巧。如果教科书作者缺乏必要的技能，则很难用理想的方式把信息传递给学生。另外，成功的沟通要求一个人具备听、说、读及逻辑推理技能。我们在第六章中指出，个体的态度影响着行为。我们对许多事情有自己预先定型的想法与态度，这些态度影响着我们的沟通。沟通活动还受到我们在某一具体问题上所掌握的知识范围的限制。我们无法传递自己不知道的东西，反过来，如果我们的知识极为广博，则接受者又可能不理解我们的信息。也就是说，我们关于某一问题的知识量影响着我们要传递的信息。最后，与态度影响行为类似，我们在社会—文化系统中所持的观点和见解也影响着行为。我们的信仰和价值观均是文化的一部分，它们都影响到作为沟通信息源的我们。

2. 信息

信息（message）事实上是经过信息源编码的物理产品。当我们说的时候，说出的话是信息；当我们写的时候，写出的内容是信息；绘画的时候，图画是信息；做手势的时候，胳膊的动作、面部的表情是信息。信息受到三个因素的影响：用于传递意义的编码或信号群；信息本身的内容以及我们对编码和内容的选择与安排。

3. 通道

通道（channel）是指传送信息的媒介物。它由信息源选择。信息源必须确定何种通道是正式的，何种通道是非正式的。正式通道有组织建立，它传递那些与工作相关的活动信息，并遵循着组织中的权力网络；另一种信息形式，如个人或社会的信息，在组织中通过非正式通道传递。

4. 解码

接受者是信息指向的客体。但在信息被接受之前，接受者必须先将通道中加载的信息翻译成他理解的形式，这就是对信息的解码（decoding）。与编码者相同，接受者同样受到自己的技能、态度、知识和社会—文化系统的限制。信息源应该擅长于写或说，接受者则应擅长于读或听，而且两者均应具备逻辑推理能力。一个人的知识、态度和文化背景不仅影响着他传送信息的能力，同样也影响着他接受信息的能力。

5. 反馈环

沟通过程的最后一环是反馈环（feedback loop）。如果沟通信息源对他所编码的信息进行解码，如果信息最后又返回到信息源，这就意味着反馈。反馈对信息的传送是否成功以及传送的信息是否符合原本意图进行核实，它可以确定信息是否被理解了。

6. 噪声

应该指出，沟通经常受到"噪声"（noise）的干扰。无论是在发送者方面，还是在接受者方面，噪声就是指妨碍信息沟通的因素。（1）噪声或受到限制的环境，可能会妨碍一种明确思路的形成；（2）由于使用模棱两可的符号，可能造成编码错误；（3）传送可能在传送渠道中受静电干扰，如可能会遇到电话连接状况很差的情况；（4）因漫不经心而可能造成错误的接收；（5）因用词不当和错用符号而可能造成译码差；（6）各种成见可能妨碍理解；（7）因害怕变化可能产生的结果而致使预期的变化可能无从实现。

三、沟通的功能

沟通的功能就是把有组织的活动统一起来的手段。还可以解释为，沟通功能就是把社会各种输入信号注入社会系统的手段，它也是一种改变行为、实现变革、使信息发挥积极作用和达到目标的手段。无论是家庭，还是工商企业，个人之间的信息传递都是绝对必要的。

心理学家注重在信息的发送、传递和接收的沟通过程中所发生的人的行为问题。他们致力于识别影响信息顺利沟通的障碍，特别是那些人际关系方面的障碍。

广义而言，一个企业中沟通的目的就是要实现变革，即对有助于企业利益的活动施加影响。由于沟通把各项管理职能联成一体，所以它对企业内部职能的行使是必不可少的。

在群体或组织中，沟通有四种主要功能：控制、激励、情绪表达和信息。

1. 控制

沟通可以通过几种方式来控制员工的行为。员工们必须遵守组织中的权力等级和正式指导方针。比如，他们要首先与直接上级主管交流有关工作方面的不满和抱怨，要按照工作说明书工作，要遵守公司的政策法规等第，通过沟通可以实现这种控制功能。另外，非正式沟通也控制着行为。比如，当工作群体中的某个人工作十分勤奋，并使其他成员相形见绌时，其他人会通过非正式沟通的方式控制该成员的行为。

2. 激励

沟通通过下面的途径来激励员工：明确告诉员工做什么，如何来做，没有达到标准时应如何改进。我们可以在第十章对目标设置和强化理论的介绍中看到这一点，具体目标的设置、实现目标过程中的持续反馈以及对理想行为的强化这些过程都有激励作用，而这些过程又都需要沟通。

3. 情绪表达

对很多员工来说，工作群体是主要的社交场所，员工通过群体内的沟通来表达自己的挫折感和满足感。因此，沟通提供了一种释放情感的情绪表达机制，并满足了员工的社交需要。

4. 信息

沟通的最后一个功能与决策角色有关，它为个体和群体提供决策所需要的信息，使决策者能够确定并评估各种备选方案。

这四种功能无轻重之分。要使群体运转良好，就需要在一定程度上控制员工，激励员工，提供情绪表达的手段，并作出决策。你可以认为在群体或组织中几乎每一次沟通都能实现这四种功能之中的一种或几种。

第二节 沟通的形式和方向

一、沟通的形式

(一) 正式沟通和非正式沟通

1. 正式沟通

正式沟通（formal communication）是指在组织系统内，依据一定的组织原则所进行的信息传递与交流。例如组织与组织之间的公函往来，组织内部的文件传达、召开会议，上下级之间定期的情报交换等。正式沟通也可能发生在两位职员之间，他们为了完成顾客的一份订单必须相互交流来协调他们的工作。另外，群体所组织的参观访问、技术交流、市场调查等也在此列。

正式沟通的优点是，沟通效果好，比较严肃，约束力强，易于保密，可以使信息沟通保持权威性。重要的消息和文件的传达，组织的决策等，一般都采取这种方式。其缺点是由其优点派生出来的：因为依靠组织系统层层传递，所以很刻板，沟通速度很慢。

2. 非正式沟通

非正式沟通（informal communication）指的是正式沟通渠道以外的信息交流和传递，它不受组织监督，自由选择沟通渠道。例如群体成员私下交换看法，朋友聚会，传播谣言和小道消息等都属于非正式沟通。非正式沟通是正式沟通的有机补充，现代管理理论对此极为重视。美国著名管理学家西蒙（H. Simon）指出：在许多组织中，决策时利用的情报大部分是由非正式信息系统传递的。同正式沟通相比，非正式沟通往往能更灵活迅速地适应事态的变化，省略许多繁琐的程序；并且常常能提供大量的通过正式渠道难以获得的信息，真实地反映员工的思想、态度和动机。因此，这种信息往往能够对管理决策起重要的作用。

非正式沟通的优点是，沟通形式不拘，直接明了，速度很快，容易及时了解到正式沟通难以提供的"内幕新闻"。非正式沟通能够发挥作用的基础，是群体中良好的人际关系。其缺点表现在，非正式沟通难以控制，传递的信息不确切，易于失真、曲解，而且，它可能导致小集团、小圈子，影响人心稳定和群体的内聚力。

此外，非正式沟通还有一种可以事先预知的模型。国外心理学研究表明，非正式沟通的内容和形式往往是能够事先被人知道的。它具有以下几个特点：（1）消息越新鲜，人们谈论得就越多；（2）对人们工作有影响者，最容易招致人们谈论；（3）最为人们所熟悉者，最多为人们谈论；（4）在工作上有关系的人，往往容易被牵扯到同一传闻中去；（5）在工作上接触多的人，最可能被牵扯到同一传闻中去。对于非正式沟通的这些规律，管理者应该予以充分注意，以杜绝起消极作用的"小道消息"，利用非正式沟通为组织目标服务。

在现代西方管理理论中，还提出了一个新概念，叫做"高度的非正式沟通"。它指的是利用各种场合，通过各种方式，排除各种干扰，来保持人们之间经常不断的信息交流，从而在一个群体、一个企业中形成一个巨大的、不拘形式的、开放的信息沟通系统。国外的一些企业家在这方面动了不少脑筋。在美国沃特·迪斯尼制片公司，上至董事长，下至一般职员，都佩戴一个只有名字的标记，让大家彼此直呼其名，以减少在交谈时因身份不同而造成的等级感。在美国明尼苏达采矿公司，凡属职工人数达十名左右的部门，都发起举办俱乐部，其目的是促使成员有机会进行高度的非正式沟通，以解决一些实际问题。

实践证明，非正式沟通一方面可以满足员工的社交需要，另一方面它还能改进组织的绩效，因为它能产生一种替代的、通常是快速和有效的信息沟通渠道。

（二）书面沟通和口头沟通

1. 书面沟通

书面沟通是指用书面形式所进行的信息传递与交流。在组织内书面沟通有备忘录、简报、文件、书面通知、刊物、调查报告等。对外则有市场调查问卷、广告、员工招聘启事及发布新闻等。

书面沟通的优点是：它可以长期保存下来，具有一定的严肃性与规范性，不容易在传递过程中被歪曲；书面沟通也能促进政策和程序的一致，在有些情况下还能减少费用。在表达方式上，它往往比口头表达更为详细，接收者可以按照自己的速度详细阅读，以求理解。其缺点在于书面沟通的时效有限，不能及时提供信息反馈，适应情况的应变能力差，往往难以达到预期的效果。

2. 口头沟通

口头沟通就是运用口头表达来进行的信息传递与交流。在组织内有面对面的谈话，各种会议，教育培训中心的授课、演讲，电话联系等。对外则有街头宣传、推销访问、口头调查、与其他组织间的洽商会议、向外发表演说等。

口头沟通的优点是：能够充分、迅速地交换意见，人们可以提问并澄清疑点，并可马上获得对方的反应，具有双向沟通的好处，且富有弹性，可以随机应变；沟通双方可以进行情感交流，增加亲切感，提高沟通效果。口头沟通的缺点主要表现在：沟通范围有限，尤其是在群体沟通场合使用起来有困难；由于沟通双方缺乏深思熟虑而且口头沟通的随机性较强，使得发送者和接收者有时会提出一些不应提的问题，传递一些"多余的"信息而影响效率；此外，沟通双方采取的是面对面的方式，这也会增加彼此的心理压力，造成心理紧张，影响沟通效果。

书面沟通与口头沟通形式不是固定不变，而是可以相互转换的。书面通知用电话传达到基层，就变成了口头沟通，而电话通知一旦记录在电话登记本上就成了书面沟通。

传统的管理方式比较重视对物的控制，而忽视人的因素，因此，一般比较强调书面沟通。而在现代管理中，口头沟通的作用得到了重视。因为利用适当的口头语言，面对面地交换意见，不仅可以及时地传递信息，而且可以联络感情，融洽人际关系，此外还可以确保信息的准确性。管理心理学的研究表明，就效果而言，口头沟通与书面沟通混合使用的效果最好，口头沟通次之，书面沟通最差。

（三）非言语沟通

一些极有意义的沟通既非口头形式也非书面形式，而是非言语沟通（nonverbal communication）。刺耳的警笛和十字路口的红灯都不是通过文字而告诉我们信息的。教师上课时，当看到学生们的眼神无精打采或者有人开始翻阅校报时，无需言语说明，学生们已经告诉她（他），他们厌倦了。同样，当纸张沙沙作响，笔记本开始合上时，所传达的信息意义也十分明确，该下课了。一个人所用的办公室和办公桌的大小，一个人的穿着打扮都向别人传递着某种信息。不过，非言语沟通中最为人知的领域是体态语言和语调。

1. 体态语言

体态语言（body language）包括手势、面部表情和其他身体动作。比如，一副咆哮的面孔所表示的信息显然与微笑不同。手部动作、面部表情及其他姿态能够传达诸如攻击、恐惧、腼腆、傲慢、愉快、愤怒等情绪或性情。

2. 语调

语调（verbal intonation）指的是个体对词汇或短语的强调。下面我们举例说明语调如何影响信息的意义。假设学生问教师一个问题，教师反问道："你这是什么意思?"反问的声调不同,学生的反应也不同。轻柔、平稳的声调与刺耳尖利、重音放在最后一词所产生的意义完全不同。大多数人会觉得第一种语调表明某人在寻求更清楚的解释;而第二种语调则表明了此人的攻击性或防卫性。

任何口头沟通都包含有非言语信息,这一事实应引起极大的重视。为什么?因为非言语要素有可能造成极大的影响。一名研究者发现,在口头交流中,信息的55%来自于面部表情和身体姿态;38%来自于语调;而仅有7%来自于真正的词汇。我们都知道动物是对我们怎样说作出反应的,而不是对我们所说的内容作出反应,人类与此并无太大差异。

(四) 电子媒介

当今时代我们依赖于各种各样复杂的电子媒介传递信息。除了极为常见的媒介(电话及公共邮寄系统)之外,我们还拥有闭路电视、计算机、静电复印机、传真机等一系列电子设备。将这些设备与言语和纸张结合起来就产生了更有效的沟通方式。其中发展最快的应该算是电子邮件(electronic mail)了。只要计算机之间以适当的软件相连接,个体便可通过计算机迅速传递书面信息。存贮在接受者终端的信息可供接受者随时阅读。电子邮件迅速而廉价,并可同时将一份信息传递给多人。它的其他优缺点与书面沟通相同。

二、沟通的方向

沟通的方向可以是单向的,也可以是双向的,可以是垂直的,也可以是水平的。垂直维度还可以进一步划分为自上而下和自下而上两种。

(一) 单向沟通和双向沟通

1. 单向沟通

单向沟通指的是信息发送者背向或以命令方式面向接收者,一方只发送信息,另一方只接收信息,双方无论在语言上还是感情上都不需要信息反馈。发指示、下命令、作报告等都属于单向沟通。

2. 双向沟通

双向沟通指的是信息的发送者以协商和讨论的姿态面对接收者,信息发出以后,还要及时听取反馈意见。必要的时候,发送者和反馈者还要进行多次重复交流,直到双方共同明确为止。与员工谈心、开座谈会、听取情况汇报等都属于双向沟通。

　　单向沟通与双向沟通各有利弊。管理心理学家哈罗德 J. 利维特（Harold.
J. Leavitt）曾就意见沟通的方向问题做
过实验研究，以比较哪一种方向沟通的
效率高。实验用两种不同的指示方法，
要求受试者在纸上画下一连串的长方
形，长方形的连接法有一定的限制，其
接触点必须在角尖处或中点，其连接的
角度则为 90 度或 45 度，如图 14-2 所
示。受试者必须遵照主试者的指示一个

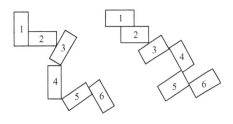

图 14-2　单向沟通与双向沟通的实验

接一个地把长方形画下去，如同主管向部属说明复杂的工作内容及指示工作程
序。指示方法如下：

　　单向沟通：（1）主试（发送者）背向被试（接收者），避免视觉上的沟通；
（2）不准提出疑问，或发出笑声、叹气等任何表达收受状态的反应；（3）发送者
以尽快的速度说明长方形连接的模式。

　　双向沟通：（1）主试者面向被试者，可以看到他们的表情，了解他们接收信
息的状态；（2）接收者可以随时打断发送者的描述，提出任何质询，要求发送者
解答；根据实验，利维特将单向沟通与双向沟通进行比较，得出以下的结论：

　　（1）从速度上看，单向沟通比双向沟通快。

　　（2）从内容的正确性来看，双向沟通比单向沟通准确。

　　（3）从表面的秩序来看，单向沟通显得安静规矩，而双向沟通则较吵闹、无
秩序。

　　（4）在双向沟通中，接收信息的人对自己所作的判断比较有信心，对自己的
行为有把握。

　　（5）在双向沟通中，发送信息的人所感到的心理压力较大，因为随时可能受
到接收者的批评和挑剔。

　　（6）如果从信息发送者在沟通过程中或沟通进行前所需准备的条件来说，单
向沟通需要较多的计划，要事先编好一套能自圆其说的内容，选择适当的词句。

　　因为单向沟通有如唱片一开始就不停地唱到完，事先如果缺少系统的计划，
则无法顺利进行。双向沟通则因随时可能遇到各种质询，容易遇到干扰而无法预
先做出一套定型的计划，信息发送者需要当场做出很多的判断及决策。因此，发
送者必须是一个有关方面的专家，要有随机应变能力。

　　（7）双向沟通的最大优点是，能够做到确实的沟通，可以从多方面的反应来
重新估计事情的状况，从不同的角度观察问题的所在；同时，透过双方的意见表
达，可以增进彼此的了解，建立良好的人际关系。

单向沟通中的信息发送者因得不到反馈，无法了解对方是否真正收到信息。接收者因无机会核对其所接受的资料是否正确，又无法表达接收时所遭受的困难，内心有一种不安与挫折感，容易产生抗拒心理与埋怨情绪。因此，单向沟通并不是真正的意见沟通，而是一方把话告诉另一方。意见沟通有如以箭射靶，不但要把箭头射出，同时要击中靶子，单向沟通只管把箭头射出去，而不问中靶与否。双向沟通则可以借着接收者的反应做出反馈、了解射程、位置等中靶的情形，作为修正沟通关系的依据。

根据上述情况，在管理中采取那种沟通方式较为适宜，必须因人因场合而定。

（1）如果只重视信息传递的快捷与成员的秩序，采用单向沟通系统较为适宜。

（2）大家熟悉的例行公事，向下级的命令传达，可采用单向沟通。

（3）如果要求工作的正确性高，重视成员的人际关系则宜采用双向沟通。

（4）处理新问题和上级组织的决策，双向沟通效果较好。

（二）纵向沟通和横向沟通

1. 纵向沟通

纵向沟通可分为下行沟通和上行沟通。

（1）下行沟通。

下行沟通（downward communication）主要是指组织中的上级对下级所进行的沟通。例如将组织目标、计划、方针、措施等传达到基层，发布任免事项，对一些具体问题提出处理意见等。

下行沟通的优点是，它可以使下级主管部门和群体成员及时了解组织的目标和领导意图，增加群体的向心力与成员的归属感。它也可以协调组织内部各个层次的活动，加强组织原则和纪律性，使组织机器正常地运转下去。下行沟通的缺点是，如果这种渠道使用过多，会在下属中造成高高在上、独裁专横的印象，使下属产生心理抵触情绪，影响群体的士气。此外，由于来自最高决策层的信息需要经过层层传递，容易被耽误、搁置，有可能出现信息遗漏或信息曲解、失真的情况。

（2）上行沟通。

上行沟通（upward communication）主要是指群体成员和基层管理人员通过一定的渠道与管理决策层所进行的信息交流。它有两种表现形式。一是层层传递，即依据一定的组织原则和组织程序逐级向上反映，例如基层单位的情况通报就是从班组开始，经过车间、分厂再到总厂逐级反映的。二是越级反映。这指的是减少中间层次，让决策者和团体成员直接对话。例如职工在"厂长接待日"直接反映情况或写成书面意见投入"厂长信箱"等就是如此。

上行沟通的优点是：职工可以把自己的意见向上级反映，获得一定程度的心理满足；管理者也可以利用这种方式了解企业的经营状况，与下属形成良好的关系，提高管理水平。上行沟通的缺点是：在沟通过程中，下属因级别不同造成心理距离，形成一些心理障碍；害怕"穿小鞋"，受打击报复，不愿反映意见。同时，上行沟通常常效率不佳。有时，由于特殊的心理因素，经过层层过滤，导致信息曲解，出现适得其反的结局。这种沟通经常受到沟通环节上的主管人员的障碍，他们不把所有信息，特别是不利的消息向有关方面传送。

就比较而言，下行沟通比较容易，居高临下，甚至可以利用广播、电视等通讯设施；上行沟通则困难一些，它要求基层领导深入实际，及时了解情况，做细致的工作。一般来说，传统的管理方式偏重于下行沟通，管理风格趋于专制；而现代管理方式则是下行沟通与上行沟通并用，强调信息反馈，增加员工参与管理的机会，提高管理水平。

2. 横向沟通

横向沟通（lateral communication）指的是在组织系统中层次相当的个人及群体之间所进行的信息传递和交流。在企业管理中，横向沟通义可具体地划分为四种类型。（1）企业决策阶层与工会系统之间的信息沟通；（2）高层管理员之间的信息沟通；（3）企业内各部门之间的信息沟通与中层管理人员之间的信息沟通；（4）一般员工在工作和思想上的信息沟通。横向沟通既可采取正式沟通的形式，例如组织内部的调度会、联席会议等；也可以采取非正式沟通的形式。通常是后一种方式居多，尤其是在正式的或事先拟订的信息沟通计划难以实现时，非正式沟通往往是一种极为有效的补救方式。

横向沟通具有很多优点：（1）它可以加速信息的流动，使办事程序、手续简化，节省时间，提高工作效率；（2）它可以使企业各个部门之间相互了解，有助于培养整体观念和团结合作精神，并为实现组织的目标而协调各方面的努力；（3）它可以增加员工之间的互谅互让，培养员工之间的友谊，满足员工的社会需要，使员工提高工作兴趣，改善工作态度。其缺点表现在，横向沟通头绪过多，信息量大，易于造成混乱；此外，横向沟通尤其是个体之间的沟通也可能成为职工发牢骚、传播小道消息的一条途径，造成涣散团体士气的消极影响。

实际上，在横向沟通中，大量的沟通工作并不是按组织的职权层次进行的，而是在指挥系统中横向流动。

第三节　沟通的网络

在沟通的过程中，信息传递者直接将信息传给接受者，或中间经过某些人才传递到接受者，这就产生了沟通渠道的问题。由各沟通渠道所组成的结构形式称为沟通网络（communication networks）。许多关于沟通网络的研究结果是在实验室中得到的，因此，由于人为的因素它们只能局限于很小的范围内使用。不同的网络沟通既可能影响群体工作效率，又可能影响群体成员的心理效应和群体心理气氛。

一、正式沟通网络

正式沟通网络一般可划分为五种基本类型：链式信息沟通网络、环式信息沟通网络、Y式信息沟通网络、轮式信息沟通网络和全通道式信息沟通网络。如图14-3所示。

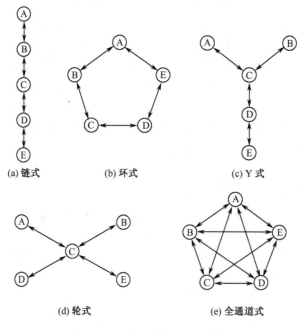

图 14-3　五种经典信息沟通网络

1. 链式沟通网络

从图 14-3 中可以看出，链式网络代表的是五个垂直层次的结构，在这种情况下沟通只能向上或向下进行。这种情况可以发生在一个只有直线型权力关系而没有任何其他关系的组织中。比如，负责工资的职员向工资主管报告，而他又向会计主管报告，会计主管向企业财务总管报告，而他又向总经理报告。这样五个人的关系代表了一种链型网络。

在一个组织系统中，该网络相当于一个纵向沟通网络。在这种网络中，信息经过层层传递，层层筛选，容易出现信息漏失和失真的现象。各个信息传递者所接受的信息差异很大，平均满意程度差距较大。这种网络如果稍作变化，也可表示组织中主管人员和下级部属间中间管理者的组织系统，属控制型结构。如图 14-4 所示。

在管理中，如果因组织系统过于庞大，需要实行分层授权管理，则利用链式的信息沟通网络为佳。

2. Y 式沟通网络

这是一个纵向沟通网络。在企业组织中，这一网络大体相当于从企业领导、秘书班子，到基层主管部门或一般员工之间的纵向关系。在这种信息沟通网络中，只有 C 是沟通中心（见图 14-3）。因此，集中化程度高，解决问题速度也快，但群体成员的满意程度，除 C 以外都比较低。

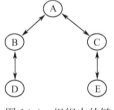

图 14-4　组织中的链
式沟通网络

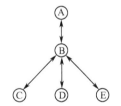

图 14-5　组织中颠倒
的 Y 式沟通网络

如果将这个网络颠倒过来，并稍做改动，就成为图 14-5 的模式。它表示一个组织中主管人员 A 通过第二级层次 B（例如秘书），与三个下级发生沟通联系。这种现象在组织中十分常见。即秘书由于处于沟通核心，获得了最多的情报信息，往往掌握着控制组织的真正权力，导致"秘书专政"，而主管人员则成为形同虚设的傀儡人物。

在组织中，如果管理者的工作任务十分繁重，需要有人帮助选择信息，提供必要的决策资料，减少时间的浪费，而且又要求对组织实行有效的控制，那么采取这种渠道是较好的办法。但是这种网络人为地设立了一些中间层次，信息经过层层筛选，可能会导致曲解和失真，而且会拉开上、下级之间的距离，使彼此难以理解对方的意图和想法。此外，这种网络还拉开了群体成员心理满足的距离，影响群体士气，因而会阻碍群体工作效率的提高。

3. 环式沟通网络

该网络可以看成是链式网络的一个封闭式控制结构。这种模式既可以看作五个人之间依次联络沟通，也可以被看成是一个具有三级层次的组织结构。环式信息沟通网络可采用的沟通渠道不多，群体成员满意程度较为一致。因此，群体士气高昂。

如果需要在群体和组织中创造出一种高昂的士气来实现群体目标，那么采用环式沟通网络是一种行之有效的措施。不过在一个庞大的组织系统中，要使所有人员都做到平等获得各种情报信息是不太可能的，也是不必要的。因此，可以考虑在企业决策层之类的小群体中采用这种环式沟通网络。

4. 轮式的沟通网络

这种网络属于控制网络。在企业中，它的图形大体类似于一个主管领导直接管理几个部门的权威控制系统，它的集中化程度高，解决问题的速度快。

在管理中，如果需要加强组织控制、争时间、抢速度的话，那么轮式沟通网络是一个有效办法。但是在这种网络中，只有处于核心地位的人才了解全面情况，其他成员之间消息闭塞，平行沟通少，很难达到心理满足，影响群体士气，也影响群体工作效率。

5. 全通道式沟通网络

这种网络是一个开放式的系统。在此系统中，每个成员之间都有联系。在企业中，一个民主气氛很浓或合作精神很强的群体的组织结构一般都采取这种沟通网络。

在这种信息沟通网络中，可能采取的沟通渠道很多，群体的集中化程度很低。但每个沟通者之间全面开放，使得群体成员的平均满意程度很高，各个成员之间满足程度的差距很小，群体士气高昂，合作气氛浓厚。

全通道式信息沟通网络，既有助于增强群体合作气氛，解决复杂问题，又有助于提高群体士气，达到个体高度的心理满足。不过，这种网络沟通渠道太多，易于造成混乱，而且很浪费时间，影响工作效率。

表14-1概括出了各种网络的效率，所用的标准是：速度、准确性、形成领导的可能性和成员间的士气。从表14-1一眼就可以看出，没有一个网络是在任

何情况下都是最好的。

表 14-1　沟通网络和评价标准

标　准	沟　通　网　络				
	链式	Y 式	轮式	环式	全通道式
速　度	中	中	快	慢	快
准确性	高	高	高	低	中
领导者的涌现	中	中	高	无	无
士　气	中	中	低	高	高

如果速度最重要，那么轮式和全通道式是最好的。链式、Y 式和轮式在准确性上非常高。轮式结构容易形成一种权威或产生一位领导。环式和全通道式可以增加员工的满足感。

二、非正式沟通网络

群体中信息的沟通不仅可以通过正式渠道进行，有些消息往往又是通过非正式渠道传播的。

（一）小道消息

小道消息（grapevine）是存在于任何组织中的非正式的沟通网络。从这一点上说，小道消息常常与管理部门承认的正式的沟通路线相交叉。

戴维斯（K. Davis）曾在一家皮革制品公司采取顺藤摸瓜的方法对小道消息的传播进行了研究，发现存在四种传播的方式，如图 14-6 所示。

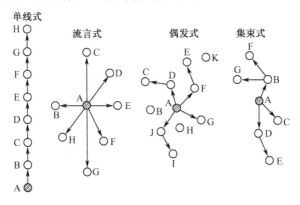

图 14-6　正式信息沟通网络（A 是首先传播者）

单线式传播方式是通过一连串的人把消息传播给最终的接受者。流言式是一个人主动把小道消息传播给其他人。偶发式是按偶然的机会传播小道消息。集束式是把小道消息有选择地告诉自己的朋友或有关的人。

戴维斯的研究结果表明，小道消息传播的最普遍形式是集束式。戴维斯进一步研究了组织中传播小道消息的人数比例，发现只有 10% 的人是小道消息的传播者，而且小道消息的传播者往往是固定的一些人。

（二）小道消息的特点

通过观察，可提出小道消息系统的几个特点：

（1）一般认为，小道消息是通过口头交谈沟通信息的。无论如何，文字性的便函和电报通讯等也有助于信息传递。

（2）组织常常有几个小道消息系统，其中某些可能松散地联系着。例如，一名秘书属于"办公室小道消息"的范围，他可能把信息传给一名邮递员，这名邮递员再把它扩散为"仓库的小道消息"。

（3）小道消息既可以传递与组织工作有关的信息，也可以传递与个人有关的流言蜚语。在许多时候，这两种情况很难区分。

小道消息的准确程度如何？一名专家计算的结果表明，小道消息所传播的与组织有关的信息至少 75% 是正确的。有关私人的信息和带有情绪色彩的信息则有可能失真。

小道消息的信息并不是有规则的通过 A 只告诉 B、B 只告诉 C 等整齐的链条在组织中传递的，也不是由每一名传递者告诉 6～7 名其他人，这些其他人又各自把信息传递给另外的 6～7 人。确切地说，总有一部分接收到小道消息的人继续传播它，最后的结果是"知道的人"比"告诉的人"多。

从组织的角度来看，小道消息并不是完全不合乎需要的。某些管理部门在这方面十分松弛，以至小道消息经常取代正式的沟通。小道消息也能在不用做出正式表示赞成的情况下，测验员工对拟议中的变革的反应。有的管理部门通过小道消息故意把一些想法"透露"出去，以便试探潜在的接受程度。最后，参与小道消息可能给工作环境增加一点兴趣和消遣。

当小道消息变成谣言的一种经常性的传播途径时，它则成为组织的一个问题。谣传是一种处于不断循环中的、无法证实的消息。在这里，无法证实是一个关键性的字眼——虽然某一谣传可能是真实的，但是，当它通过小道消息散布时，它不可能保持真实性。因为不能准确查证消息，谣传在从一个人传到另一个人时难免以讹传讹。

对谣传的歪曲可能有两种方式。某些谣传被每一个传送者添油加醋，变得更长、更复杂。某些谣传为便于沟通通过复述被简化了。当发生这种情况时，不熟悉的、难以记忆的细节一般被省略，而令人感兴趣的细节将被添油加醋。例如，某一谣传开始是：因为安装了新的自动化设备，某某被解雇了。当它结束时可能变成：据说自动化会裁减这里许多工作，迫使某些人离开。

当信息特别模棱两可的时候，当谣传内容对那些所涉及的人很重要的时候，当接受者被弄得情绪激动时，谣传似乎传的最快、最远。

第四节 沟通的障碍

一、沟通的障碍

沟通障碍是管理人员最关注的问题之一，因为沟通障碍往往是那些深层次问题的征兆。例如，计划工作不当，也许就是企业发展方向捉摸不定的原因；同理，一个设计糟糕的组织结构也不可能理顺各种组织关系；模糊不清的业绩衡量标准使得主管人员对其预测要求心中无数，难以定夺。因此，有见识的管理人员首先去寻找沟通发生问题的原因，而不是处理表面现象。障碍可能存在于发送者方面，或存在于传递过程中，或在接受者方面，或在于信息反馈方面。下面介绍几种信息沟通的障碍。

1. 缺乏计划

良好的沟通极少是偶然发生的。人们对信息传送的目的，往往首先未经思考、计划和说明，就开始议论和写文章论述起来，影响了有效的沟通。不过，对一个下达的指令说明理由，选择最合适的沟通渠道和适宜的时间，就能大大增进对信息的理解，并减轻抵制变化的阻力。

2. 过滤

过滤（filtering）指发送者有意操纵信息，以使信息显得对接受者更为有利。比如，一名管理者告诉上级的信息都是上级想听到的东西，这名管理者就是在过滤信息。这种现象在组织中经常发生吗？当然！当信息向上传递给高层经营人员时，下属常常压缩或整合这些信息以使上级不会因此而负担过重。在进行整合时，个人的兴趣和自己对重要内容的认识也加入进去，并因而导致了过滤。通用电气公司的前任总裁曾说过：由于通用电气公司每个层级都对信息进行过滤，使得高层管理者不可能获得客观信息，因为"低层的管理者们以这种方式提供信息，他们就能获得自己想要的答案。这一点我很清楚，我曾经也在基层工作过，也曾使用过这种手段。"

过滤的主要决定因素是组织结构中的层级数目。组织纵向上的层级越多，过滤的机会就越多。

3. 选择性知觉

本书曾多次提到选择性知觉（selective perception），在此处又出现这一概念是因为在沟通过程中，接受者会根据自己的需要、动机、经验、背景及其他个人特点有选择地去看或去听信息。解码的时候，接受者还会把自己的兴趣和期望带进信息之中。如果一名面试主考认为女职员总是把家庭放在事业之上，则会在女性求职者中看到这种情况，无论求职者是否真有这种想法。在第三章中我们说过，我们不是看到事实，而是对我们所看到的东西进行解释并称之为事实。

4. 不善聆听意见及过早的评价

能说会道的人很多，而耐心的听众却很少。有些人用毫不相干的话题插进别人的讨论而自发一通议论。究其原因就是这些人正在沉思自己的问题，为维护他们以我为中心的地位。聆听时不全神贯注和自我约束，常常对他人的发言过早地进行评价。对别人所说的急于进行判断，表示赞成或不赞成，而不是试图去理解谈话者的基本内容。以上这些都不利于信息沟通。聆听意见而不予草率地评判，能使整个企业更有效率、效果更好。例如，以同情的态度聆听意见，能缓和劳资关系，更好地解决生产问题。简言之，抱着设身处地的态度聆听意见，能够减轻组织生活中某些常见的挫折，并能造成较好的信息沟通。

5. 情绪和态度

在接收信息时，接受者的感觉也会影响到他对信息的解释。不同的情绪感受会使个体对同一信息的解释截然不同。极端的情绪体验，如狂喜或悲痛，都可能阻碍有效的沟通。这种状态常常使我们无法进行客观而理性的思维活动，代之以情绪性的判断。

态度是行为的诱因，或者是在某种状态下不采取行动。态度是一种以肯定或否定的方式估价某些事物或事态的心理定位。显然，倘若我们已经认定了什么，那么，就不可能客观地倾听别人的意见。

6. 信息超负荷

有人也许认为，比较多的、不受限制的信息流动，会有助于克服信息沟通中产生的问题，但是不受限制的信息流动会导致信息过量。人们以多种方式对付信息超负荷问题。

（1）他们可以无视某些信息。一个人收到的信件太多，干脆就把应该答复的信件也置之不顾了。

（2）一旦人们被过多的信息搞得晕头转向，在处理中就会出差错。例如，人们可能会把信息所传送的"不"字（否定之意）忽略了，从而使意愿颠倒。

（3）人们既可能会无限地拖延处理那些信息，也可能放在日后迅速处理。

（4）人们会对信息进行过滤。如果首先处理那些最紧迫的也是最重要的信息，再接着处理那些不太重要的信息，那么信息过滤工作是很有用的。

（5）人们干脆从沟通工作中脱身，以此对待信息超负荷的情况。换言之，由于信息超负荷，人们会把信息束之高阁或者根本不进行沟通。

可以采取适应性策略，有时也可采用功能性策略来对待信息超负荷问题。例如，在信息量下降之前，延缓处理信息，这可能是有效的做法。另一种处理信息超负荷问题的方法是减少信息需求量。在一个企业内部，可坚持只处理关键性信息，诸如处理严重偏离计划的信息，以减少信息需求量。减少来自企业外部的信息需求量通常比较困难，因为对于这些信息需求量主管不太能够控制住。

7. 语言

同样的词汇对不同的人来说含义是不一样的。词汇的意义不存在于词汇中，而存在于我们这些使用者中。年龄、教育和文化背景是这方面的三个最主要因素，它们影响着一个人的语言风格以及他对词汇的界定。闲聊艺术家斯诺普·多吉·多哥（Snoop Doggy Dogg）和政治分析家兼作家小威廉·巴克利（Willian F. Buckly Jr）两人同说英语，但他们所使用的语言却十分不同。事实上，一个走在大马路上的普通人对他们两人所使用的词汇都存在着一定程度上的理解困难。在一个组织中，员工常常来自于不同的背景，有着不同的说话风格。另外，部门的分化使得专业人员发展了各自的行话和技术用语。在大型组织中，成员分布的地域也十分分散（有些人甚至在不同国家工作），而每个地区的员工都使用该地特有的术语或习惯用语。下面我们还将对工作语言进一步展开讨论。

你我可能同说一种语言，但我们在语言的使用上却并不一致。如果我们能知道每个人如何修饰语言，将会极大地减少沟通障碍。问题在于，组织中的成员常常不知道他所接触的其他人与自己的言语风格不同，发送者自认为自己使用的词汇或术语与接受者使用的相同。但这往往是不正确的，而且导致了不少沟通问题。

8. 国际环境中的信息沟通障碍

由于语言、文化和礼节的不同，国际环境中的信息沟通则显得更为棘手。广告用语的翻译就大有风险。例如，埃克森石油公司的广告用语"把老虎放进你的油箱里"（Put a tiger in your tank），风行美国，而在泰国这则是一句侮辱别人的话。在不同的文化中，颜色也有不同的涵义。许多西方国家通常把黑色同死亡相联系，而在远东国家则用白色表示哀悼。在美国商业性交易中，见面时，互报本人名字，是十分普遍的，但在大多数国家，特别是那些制度等级森严的文化背景中，人们一般都互道姓氏。

沟通的另外一些障碍，是信息的发送者和接收者双方之间的地位和权力上的差异。还有，在信息已经通过组织等级制度中的数道层次时，也往往会遭到歪曲。

二、工作语言

(一) 言语的工作语言

在许多工作、职业和组织中，我们会看到一种用于相互沟通的特殊语言或行话的发展。OB 对于管理学教授来说意味着组织行为学（organization behavior），而对医生来说意味着产科（obstetrics）。虽然这种词对一个未入门的人来说，听起来莫名其妙，但是它揭示出环境如何塑造我们的语言及我们如何常常运用这种被承认的语言。

音节越少，在传递中错误越少。因此，这种行话的运用不仅限于某一行业中。在对一家大的股份公司的研究中，发现经理有一种鼓励运用"共同词汇"的意图。其目的是便于地理位置上经常分离、互不了解、通过传真或便函"联系"的雇员进行沟通。共同词汇为实际上陌生的人相互了解、相互影响奠定了基础。另外，经理们对共同词汇做了他们自己的非正式的补充。

众所周知，高等院校的教师也有自己的行话。例如，管理学教师在课堂上讲课时常常使用许多首字母缩略语；MBA——工商管理硕士；JDS——工作诊断调查法；PAQ——职位分析调查表；LBDQ——领导行为种类调查表；JDI——工作种类指标。对冗长的、使用不便的言词所进行的转换表明了同具有同样知识的听众进行交流的行话的价值。

虽然，行话是和同行进行交流的有效手段并且对那些掌握它的人来说保证了一种接触状态，但是，它也有可能成为一种和他人沟通的障碍。例如，新的组织成员可能感到行话的运用使他茫然不解和不知所措。同样，行话对销售和工程技术等部门之间进行畅通无阻的沟通也会造成一种障碍。

运用行话的第二个严重问题是对组织外部或专业外部的人造成的沟通障碍。当行话被用来和那些外部人员进行交谈时，特别可能出现这种情况。例如，商学院的教师运用分类学、启发式决策、认知风格、组合理论、B 模型、数据反馈干预、合作价值、组织定向干预、角色模棱两可等行话，会降低同企业实际工作人员沟通的效力。当然，如上所述，企业在这方面也会有自己的过错。研究共同词汇的人发现，男管理者的妻子们能够形成 103 个为其丈夫所运用的与工作有关的陌生的名词和词组。这样一种情境有助于对配偶做什么及工作如何严重影响家庭生活有一个大致的了解。

（二）非言语的工作语言

你有没有过这种经历，当你听到一件事时，却相信所说语言的相反方面？教师们常常听到学生反映，他们理解了一种概念，但是不知怎么又觉得不是。学生们常常听教师说："任何时候都可以到我的办公室来。"但是，学生们不知怎么知道教师并不是这个意思。当一个学生走进教师的办公室时，尽管教师口称欢迎，他却感到并不受欢迎。我们应如何说明这些透过所听到的言语而接收到的信息？答案常常是非言语的沟通。

非言语的沟通指通过某些媒介而不是讲话或文字来传递信息。如上所述，在言语只是一种烟幕的时候，非言语的信息常常能够非常有力地传达"真正的本质"。扬扬眉毛、有力地耸耸肩膀或者突然离去，能够交流许多具有很大价值的信息。激动人心的会议备忘录（甚至一字不漏的正式文本）使人读起来十分枯燥，因为它们被抽去了非言语的线索。这些例子包括利用所谓的身体语言传递信息。以下我们考虑作为非言语沟通的主要形式的身体语言和物体操纵。

1. 身体语言

身体语言是利用发送者的身体移动，或发送者和接受者有关的身体位置进行的非言语的沟通。虽然通过身体语言能够交流各种信息，但是其中有两种重要的信息反映出传送者对接收者有好感和有兴趣的程度，及发送者对传送者和接收者相对地位的看法。

一般来说，在下列时刻发送者交流对接收者的好感和兴趣：（1）他们的身体位置向接收者靠近；（2）在相互影响期间碰触接收者；（3）眼睛保持注视接收者；（4）在相互影响期间身体前倾；（5）躯干直接面向接收者。

我们可以看到，其中每一种行为都表现出发送者在真诚地考虑接收者的观点。

感到自身地位高于接收者的发送者，比那些感到自身地位低于接收者的发送者行为较为随意。这种随意性表现如下：

（1）胳膊和腿随便地、不对称地放置；（2）半躺半坐的姿势；（3）没有坐立不安和拘谨的举动。

换句话说，双方之间的随意性越大，他们相互之间地位差异的交流越多。

如上所述，当在语言行为和身体语言之间存在矛盾时，我们倾向于更多地依赖通过身体语言传出的信息。例如，某位宣称关心下属问题的上级穿过房间，眼睛没有注意下属，身体远离下属，这种上级发出的信息无疑都是缺少兴趣的信号。

上述讨论的身体语言的形式是无意识的、无计划的、没有涉及技术问题。讲话似乎是用于技术协作的更令人喜欢的方式。但是，某些工作条件可能使言语沟通非常无效，一种半正式的非言语的手的信号系统可能会被发展来加强工作协作。在铁道工人中以及起重机操作者和其地面上的助手之间，这种系统很常见。当（1）工作环境嘈杂；（2）工作地点之间的距离很长；（3）任务是高度机械化的因而要求迅速、准确地进行沟通的时候，手的信号系统可能会得到最大限度地发展。在一个英国人的哥伦比亚锯木厂中，加拿大研究者发现了总共157个信号，它们是以每小时315次的令人难以置信的速率做出的，而且，这些信号并不局限于技术问题。工人们有时也开非言语的玩笑，进行非言语的闲谈。

2. 物体的操纵

除了运用身体语言外，人们也能通过运用手头之物、人工制品和服装等各种物体进行非言语的沟通。下面是一个很自然地利用手头之物表明一个非言语的观点的例子：

一家饭店的客房部经理在和领班讲话的时候，心不在焉地拾起一小块碎纸。他刚一离开，领班就命令全体人员清理卫生。实际上，客房部经理并没有提到"清理卫生"这几个字。

我们大多数人可能不如这名客房部经理有创造力，因而倾向于利用较为固定的物体进行沟通。例如，请考虑人们装饰和布置其办公室的情况。这种装饰和布置能够使访问者了解到一些有关办公室主人的事情吗？它传出了任何有用的信息吗？一位观察者认为：

无论如何，一个人通过装饰、私人用品、布置、选用的家具、爱好等等对其周围环境的影响越大，他关于本人特点的信息提供得就越多。一名访问者能够相当快地得到他和房屋主人的相同点和不同点的信息，这有助于建立一种新的关系，因为它提供给访问者可对房屋主人抱有多少实际期望的较多的数据，并且在对房屋主人一无所知的时候，它比访问者如果置身于一个无个性特征的地方，更能刺激访问者探求有关房屋主人的信息。

如果一个人办公室的个性化可以交流有关其主人个性的某些事情，另外一名观察者提出，在她研究的公司中，秘书比其上级更明显：

秘书们给工业用品股份公司的办公场所增添了个人格调。专业人员和管理人员的办公室一般是严肃的：在规模和颜色方面普遍一致，除了少量家庭照片或抽象的艺术品外没有任何装饰。但是秘书们在办公室被鲜艳的颜色、特殊的陈列品、挂在墙上的来自朋友或上级的明信片、宣传画、标题生动有趣的广告画、用计算机打印出的印有秘书黑体字名字的纸张所包围。

认真的研究进一步证实了办公室的装饰和布置能够传递非言语的信息。一项典型的研究发现，当教师的办公室是：（1）整洁的；（2）用广告画和植物装饰起来的；（3）办公桌靠着墙而不是横在学生和教师之间时，学生们将感到在教师的办公室中更受欢迎和更轻松自在。一个简洁的办公室显然发出了这样一种信号，这名教师是很有条理的，并且有时间和他们交谈。或许个人装饰标志着"我是一个人"。当办公桌靠着墙时，处于双方之间的有形障碍被移开了。

戏剧和电影最初几分钟常常没有对白。尽管缺少言语沟通，我们常常依靠剧中人的服装了解到有关他们许多事情。在正常的环境中，适当的服装传送出清楚的信息——"我是一个自以为是的英国男仆"；"我是一个贫困的少女"；"我是一个蛮横的匪徒"。不言而喻，在组织环境中，人们所穿的服饰也传送非言语的沟通。

美国的一位服装设计师对公司客户进行了广泛的研究，调查在企业环境中对各种穿戴的反应。他认为，组织成员所穿的服装传送出关于他们的能力、严谨和进取性的清楚的信号。换句话说，接收者无意识地给各种服装归结了某些定型的含义，然后按照这种认识对待穿戴者。例如，这位服装设计师坚持说，黑色雨衣会给有抱负的男管理者带来不利影响。他声称，黑色雨衣标志着"较低的中等阶层"，而米色雨衣在公司内外会得到"管理者"的待遇。出于同样理由，他强烈反对女管理者穿厚运动衫。

他谨慎地强调，服饰适当并不能弥补抱负、智力和见识的不足。确切地说，他主张，服装不适当将妨碍这些特性被人察觉。出于这一目的，他详细地描述"企业服"。男雇员的服装稳重大方，女雇员身穿镶边的衣服和罩衫。

当对这位服装设计师的研究的正确性难以评价时，有一点很清楚，人们首先从他人穿戴的服装上看到某种信息。

第五节　有效的沟通

在本章开始部分所介绍的沟通过程模型（见图 14-1），可以帮助我们认识沟通过程中的一些关键因素。在每个阶段，如在发送者信息编码时，在信息的传递过程中，或在接收者对信息译码和理解时，都可能发生沟通断裂。在这个过程的每个阶段，肯定有噪声来干扰有效的沟通。

有各种方法可用来改善沟通。首先，是要进行沟通的检查，然后把检查中发现的问题作为组织变革与制度变革的基础。应用信息沟通技术，其重点是改善人际关系和聆听意见。

一、沟通检查

改进组织中信息沟通的方法之一，就是进行信息沟通检查。它是检查沟通政策、沟通网络以及沟通活动的一种方法。可以把组织中的信息沟通看成是与组织目的相关的一组沟通因素。如图 14-7 所示。

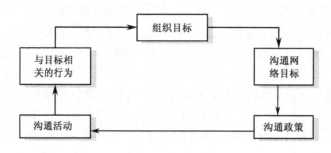

图 14-7　通因素与组织目标间的关系

这一模型令人感兴趣的是，把信息沟通看成是实现组织目标的一种手段，而不是为沟通而沟通。这个事实有时被那些只关心人际关系的人所遗忘。在这个模型中，沟通系统是与管理的计划、组织、人事、领导和控制等职能结合成一体的。除此之外，信息沟通的另一个职能也很重要，即它把企业同其环境连结起来。

需要加以检查的四大信息沟通网络如下：（1）属于政策、程序、规则和上下级关系的管理网络，或同任务有关的网络；（2）包括解决问题、会议和提出改革建议等方面的创新活动网络；（3）包括表扬、奖赏、提升，以及联系企业目标和个人所需事项在内的综合性网络；（4）包括公司出版物、布告栏和小道新闻在内的新闻性和指导性网络。

另外，信息沟通检查是一种工具，用来分析许多关键性管理活动中的沟通。这种方法不仅用于出现问题之际，也可用于事前防范。检查程序有多种，可以采取观察、问卷调查、会晤访谈以及对书面文件的分析等等。即使对信息沟通系统的初次检查感到满意，但是仍需要继续进行检查，并定期提出报告。

二、克服沟通障碍

因为不论是管理人员，还是非管理人员，都是为实现企业共同目的的工作者。所以，进行有效沟通是组织中所有人的职责。信息沟通是否有效，可用预期的效果来评价。以下的建议可以帮助我们克服沟通中的障碍。

1. 运用反馈

很多沟通问题是直接由于误解或不准确造成的。如果管理者在沟通过程中使用反馈回路，则会减少这些问题的发生。这里的反馈可以是言语的，也可以是非言语的。

当管理者问接受者："你明白我的话了吗？"所得到的答复代表着反馈。但反馈不仅仅包括是或否的回答。为了核实信息是否按原有意图被接受，管理者可以询问有关该信息的一系列问题。但最好的办法是，让接受者用自己的话复述信息。如果管理者听到的复述正如本意，则可增强理解与精确性。反馈还包括比直接提问和对信息进行概括更精细的方法。综合评论可以使管理者了解接受者对信息的反应。另外，绩效评估，薪金核查以及晋升都是反馈的重要形式。

当然，反馈不必一定以言语的方式表达。行动比言语更为明确。比如，销售主管要求所有下属必须填好上月的销售报告，当有人未能按期上交此报告时，管理者就得到了反馈。这一反馈表明销售主管对自己的指令应该阐述得更清楚。同理，当你面对一群人演讲时，你总在观察他们的眼睛及其他非言语线索以了解他们是否在接受你的信息。

2. 简化语言

由于语言可能成为沟通障碍，因此管理者应该选择措辞并组织信息，以使信息清楚明确，易于接受者理解。管理者不仅需要简化语言，还要考虑到信息所指向的听众，以使所用的语言适合于接受者。记住，有效的沟通不仅需要信息被接收，而且需要信息被理解。通过简化语言并注意使用与听众一致的语言方式可以提高理解效果。比如，医院的管理者在沟通时应尽量使用清晰易懂的词汇，并且对医务人员传递信息时所用的语言应和对办公室工作人员不同。在所有的人都理解其意义的群体内的行话会使沟通十分便利，但在本群体之外使用行话则会造成无穷问题。

与前面反馈的讨论一致，在传递重要信息时，为了使语言问题造成的不利影响减少到最低程度，可以先把信息告诉不熟悉这一内容的人。比如，在正式沟通之前让接受者阅读演讲词是一种十分有效的手段，其有助于确认含混的术语、不清楚的假设或不连续的逻辑思维。

3. 积极聆听

当别人说话时，我们在听（hearing），但很多情况下我们并不是在聆听（listening）。聆听是对信息进行积极主动的搜寻，而单纯的听则是被动的。在聆听时，接受者和发送者双方都在思考。

我们中的不少人并不是好听众。为什么？因为做到这一点很困难，而且常常当个体有主动性时才会做得更为有效。事实上，积极聆听（active listening）常常比说话更容易引起疲劳，因为它要求脑力的投入，要求集中全部注意力。我们说话的速度是平均每分钟 150 个词汇，而聆听的能力则是每分钟可接受将近 1 000 个词汇。二者之间的差值显然留给了大脑充足的时间，使其有机会神游四方。

通过发展与发送者的移情，也就是让自己处于发送者的位置，可以提高积极聆听的效果。不同的发送者在态度、兴趣、需求和期望方面各有不同，因此移情更易于理解信息的真正内涵。一个移情的听众并不急于对信息的内容进行判定，而是先认真聆听他人所说。这使得信息不会因为过早而不成熟的判断或解释而失真，从而提高了自己获得信息完整意义的能力。下一节我们会仔细讨论积极聆听的技能。

4. 抑制情绪

如果认为管理者总是以完全理性化的方式进行沟通，那太天真了。我们知道情绪能使信息的传递严重受阻或失真。当管理者对某件事十分失望时，很可能会对所接受的信息发生误解，并在表述自己信息时不够清晰和准确。那么管理者应该如何行事呢？最简单的办法是暂停进一步的沟通直至恢复平静。

5. 注意非言语提示

我们说行动比言语更明确，因此很重要的一点是注意你的行动，确保它们和语言相匹配并起到强化语言的作用。非言语信息在沟通中占据很大比重，因此，有效的沟通者十分注意自己的非言语提示，保证它们也同样传达了所期望的信息。

三、积极聆听技能

作为一名有效的听众应具备的能力常常被认为是理所当然的。我们常常把听到和聆听混为一谈。听（hearing）主要是对声波振动的获得；聆听（listening）则是弄懂所听到的内容的意义，它要求对声音刺激给予注意、解释和记忆。

（一）主动聆听与被动聆听

有效的聆听是积极主动的而非被动的。在被动聆听时，你如同一台录音机一样接收传给你的信息。只有当说话者提供的信息清楚明了，生动有趣从而吸引你的注意力时，你才可能会接受说话者传递的绝大部分信息。而积极的聆听则要求你的投入，使你能够站在说话者的角度上理解信息。因此，积极的聆听是一项辛苦的劳动，你需要精力集中，需要彻底理解说话者所说的内容。运用积极聆听技术听课的学生，一堂 50 分钟的课下来，会和教师一样疲惫，因为他们在聆听时所投入的精力与教师讲课时投入的精力一样多。

积极的聆听有四项基本要求：（1）专注；（2）移情；（3）接受；（4）对完整性负责的意愿。

前面提到，人的大脑容量能接受的说话速度，是一般人说话速度的六倍，这使得聆听时大脑有相当多的时间闲置未用。积极的聆听者精力非常集中地听说话人所说的内容，并关闭了其他成百上千混杂在一起、容易分散注意力的念头（如金钱、性别、职业、聚会、朋友、待修的轿车等等）。那么，在大脑的空闲时间里积极的聆听者干什么呢？概括和综合所听到的信息，不断把每一个细微的新信息纳入到先前的框架中。

移情要求你把自己置身于说话者的位置上。你应努力去理解说话者想表达的含义而不是你想理解的意思。注意，移情要求说话者的知识水平和你的灵活性两项因素。你需要暂停自己的想法与感觉，而从说话者的角度调整自己的所观所感，这样可以进一步保证你对所听到的信息的解释符合说话者的本意。

积极的聆听表现为接受，即客观地聆听内容而不作判断。这不是件容易的事。说话者所说的话常常导致了我们的分心，尤其当我们对其内容存有不同看法时，这是很自然的。当我们听到自己不同意的观点时，会在心里阐述自己的看法并反驳他人所言。显然，这样做时我们会漏掉余下的信息。积极聆听者的挑战就是接受他人所言，而把自己的判断推迟到说话者说完之后。

积极聆听的最后一项要素是对完整性负责。也就是说，听者要千方百计地从沟通中获得说话者所要表达的信息。达到这一目标最常用的两种技术是，在聆听内容的同时聆听情感以及通过提问来确保理解的正确性。

（二）开发有效的积极聆听技能

综观积极聆听的文献，我们发现有效的聆听者表现出八种具体行为。在阅读这些行为时，考察一下你自己的聆听实践在多大程度上与此一致。如果你至今尚未使用这些技术，那么从现在开始改进再好不过了。

1. 使用目光接触

当你在说话时对方却不看你，你的感觉如何？大多数人将其解释为冷漠和不感兴趣。"你用耳朵聆听，他人却通过观察你的眼睛判断你是否在聆听。"这实在有点滑稽。与说话的人进行目光接触可以使你集中精力，减少分心的可能性，并能鼓励说话的人。

2. 展现赞许性的点头和恰当的面部表情

有效的聆听者会对所听到的信息表现出兴趣。如何表示？通过非言语信号。赞许性的点头、恰当的面部表情与积极的目光接触相配合，向说话人表明你在认真聆听。

3. 避免分心的举动

表现出感兴趣的另一做法是避免那些表明思想走神的举动。在聆听时，注意不要进行下面这类活动：看表、心不在焉地翻阅文件、拿着笔乱写乱画等等。这会使说话者感觉到你很厌烦或不感兴趣。另外，这也表明你并未集中精力，因而很可能会遗漏一些说话者想传递的信息。

4. 提问

批判性的聆听者会分析自己所听到的内容，并提出问题。这一行为提供了清晰度，保证了理解，并使说话者知道你在聆听。

5. 复述

复述（paraphrase）指用自己的话重述说话者所说的内容。有效的聆听者常常使用这样的语句："我听你说的是……"或"你是否是这个意思？"为什么要重述已经说过的话呢？有两个原因：（1）它是核查你是否认真聆听的最佳监控手段。如果你的思想在走神或在思考你接下来要说的内容，你肯定不能精确复述出完整的内容。（2）它是精确性的控制机制。用自己的语言复述说话者所说的内容并将其反馈给说话的人，可以检验自己理解的准确性。

6. 避免中间打断说话者

在你作出反应之前先让说话者讲完自己的想法。在说话者说时不要去猜测他的想法，当他说完时你就会知道了。

7. 不要多说

大多数人乐于畅谈自己的想法而不是聆听他人所说。很多人之所以聆听仅仅因为这是能让别人听自己说话的必要付出。尽管说可能更有乐趣而沉默使人不舒服，但我们不可能同时做到听和说。一个好听众知道这个道理并且不会多说。

8. 角色转换

对于在报告厅里听讲的学生，可能比较容易在头脑中形成一个有效的聆听结构。为什么呢？因为此时的沟通完全是单向的，教师在说而学生在听。但教师—学生这样的双向固定角色并不典型。大多数工作情境中，听者与说者的角色在不断转换。有效的聆听者能够使说者到听者，以及听者再回到说者的角色转换十分流畅。从聆听的角度而言，这意味着全神贯注于说者所表达的内容，即使有机会也不去想自己接下来要说的话。

四、反馈技能

如果询问管理者他们给下属提供的反馈，你很可能会得到一个不够全面的回答。如果反馈是积极的，很可能会迅速而积极地提供，而消极反馈的对待方式则十分不同。与你我一样，大多数管理者都不很情愿成为坏消息的传递者，他们害怕冒犯或面对接受者的防卫心理，本节内容是要帮助你明确积极反馈与消极反馈具备同样的重要性，并为你提供具体的技术以使反馈更有成效。

（一）积极反馈与消极反馈

我们说过管理者对待积极反馈和消极反馈的方式不同，接受者也是如此。你需要了解这一事实并相应调整你的沟通风格。

对积极反馈的感知比消极反馈更快更准，而且，积极反馈几乎总是被接受，消极反馈则常常遭到抵制。为什么呢？符合逻辑的解释是这样的：人们希望听到好消息而讨厌坏消息。积极反馈正是大多数人希望听到的，并且人们总认为自己确实如此。

是否这意味着你应避免提供消极反馈呢？不！这意味着你应认识到这种潜在的抵触，并学会在最易于接受的情境下使用消极反馈。研究表明，当消极反馈来自于可靠的信息源或其形式客观时，最容易被接受，而只有当消极反馈来自于地位很高或很值得依赖的人时，主观印象才会有分量。这表明，为硬数据所支持的消极反馈（如数字、具体实例等等）很有可能被接受。对于有经验的管理者，尤其是那些在组织中地位很高、赢得员工尊重的管理者来说，主观性的消极反馈可以成为一种有效手段。而对于那些经验较少、在组织中地位不高、或威信尚未树立起来的管理者来说，主观性的消极反馈显然不太可能被很好地接受。

（二）开发有效的反馈技能

下面的六项具体建议能帮助你更有效地提供反馈。

1. 强调具体行为

反馈应具体化而不是一般化。我们要避免下面这样的陈述："你的工作态度很不好。"或"你的出色工作留给我深刻印象。"它们过于模糊。在提供这些信息时，你并未告诉接受者足够的资料以改正"他的态度"，或你以什么基础判定他完成了"出色的工作"。

如果你这样说："鲍勃，我对你的工作态度很感忧虑。昨天的员工会议你迟到了半个小时，并告诉我你还没来得及阅读我们正在讨论的初步报告。今天你又要提前走 3 个小时去看牙医。"或者说："简，你对我们的客户菲利普公司所做的工作让我很满意。上个月他们在我公司的购买总额提高了 22%。几天前我接到丹·菲利普先生打来的电话，称赞你对于 MJ—7 规格的变化回答得极为迅速。"这两个陈述均针对于具体行为，它们告诉接受者你因何批评或赞扬。

2. 使反馈不针对个人

反馈，尤其是消极反馈，应是描述性的而不是判断或评价性的。无论你如何失望，都应使反馈针对于工作，而永远不要因为一个不恰当的活动而指责个人，说某人"很笨"、"没能力"等等常常会导致相反的结果，它会激起极大的情绪反应，这种反应很容易忽视了工作本身的错误。当你进行批评时，记住你指责的是工作相关行为，而不是个人。你可能很冲动地想说某人"无礼且迟钝"（也许这是真的），但这于事无补。最好这样说："你三次打扰了我，都是因为不紧急的事情。而你又知道我正在与苏格兰的客户通长途电话。"

3. 使反馈指向目标

不应该把反馈完全"倾倒"或"卸载"到别人身上。如果你不得不说一些消极的内容，应确保其指向接受者的目标。问问你自己希望通过反馈帮助何人。如果答复是"我把我心里想说的话都说出来了"，那么你会自食其苦果。这类反馈降低了你的信誉，并会减弱以后反馈的意义与影响。

4. 把握反馈良机

接受者的行为与获得对该行为的反馈相隔时间非常短时，反馈最有意义。比如，当新员工犯了一个错误时，最好紧接在错误之后或在一天工作结束时就能够从主管那里得到改进的建议，而不是要等到几个月后的绩效评估阶段才获得。如果你需要花时间重新回想当时的情境和恢复某人的记忆，那么你所提供的反馈很可能是无效的。另外，如果你尤其注重塑造员工的行为，拖延对不当行为的反馈则会降低反馈能起到的预期效果。当然，如果你尚没有获得充足的信息，或者你很恼火，或者情绪极为低落，此时仅仅为了快速的目的而匆忙提供反馈则会适得其反。在这些情况下，反馈的"良机"意味着"一定程度的推迟"。

5. 确保接受者理解

你的反馈是否以清楚、完整、使接受者能全面准确地理解你的意思？别忘了每一次成功的沟通都需要信息的传递与理解。为了使反馈有效，应确保接受者理解它。与倾听技术一样，应该让接受者复述你的反馈内容以了解你的本意是否被彻底领会。

6. 使消极反馈指向接受者可控制的行为

让他人记住那些自己无法左右的缺点毫无意义。消极反馈应指向接受者可以改进的行为。比如，责备员工因为忘记给钟表上闹铃而上班迟到是有价值的。但要责备她因为每天上班必乘的地铁出了电力故障，使她在地铁里整整呆了一个半小时因而迟到则毫无意义，这种情况是她自己无法改变的。

另外，如果消极反馈强调接受者可以控制的方面，则尤其可以指明如何做能够改进局面。这不但减弱了批评造成的伤痛，并且给那些知道自己存在问题却苦于不知如何解决的接受者提供了指导。

五、改进书面沟通的一些建议

书面沟通中的普遍性问题是：书写者在报告中省略结论，或把结论搞得含糊其辞；行文拖沓，语法不通，句子结构混乱以及单词拼写错误等。遵循以下几条准则，也许可以改进书面信息沟通：(1) 使用简明的词和词组；(2) 使用短且熟悉的词汇；(3) 使用人称代词（如"你"）只要合适即可；(4) 提供图解和实例，使用图表；(5) 使用短语和短的段落；(6) 使用及物动词；(7) 避免使用不必要的词。

约翰·菲尔登（John Fielden）提出，书写文体应该符合想要实现的情景和作用。具体来说，他建议一个拥有权力的书写者，其文风要有说服力，措辞应该彬彬有礼而又坚决有力。当书写者的地位比信息接收者的地位低时，以采取平铺直叙的文体书写为宜。如果传递好消息和要求采取措施的说服请求，则可以采取私函文体，而传递反面消息通常则以非私函的文体为妥。撰写好消息、广告以及推销函件，适宜于采取生动活泼又花哨有趣味的文笔。另外，书写常用的业务往来信函，可以采取平铺直叙的公函格调，不必那么文采飞扬。

六、改进口头沟通的几点建议

对于一些人来说，包括一些行政管理人员，作个演讲如同噩梦一般。然而演讲很有乐趣，而且这种艺术可以学得到。一个人怎样学到和人交际的艺术的最典型例子是希腊政治家达莫森（Demosthenes），在他的第一次演讲失败后，他通过实践、再实践而终于成为最伟大的演讲家之一。

管理人员需要领导并与群众交流。对一个领导人来说，不但需要将观点明确表达出来，而且应通过了解职工的价值，使这些观点能够激励公司的职员，并充满信心地把个人目标表达出来。

许多促进书面交流的方法同样适用于口头交际，但这还不够，理性的陈述还应该具有感情色彩，这种信息必须通过一种能够使职员接受的方式传递。提出以下几点对口头交际的建议：（1）将任务用一种平等的肯定价值和观念的方式交代出来；（2）将组织群体的利益与企业的目标结合起来，阐述这些目标的时候可以据理说明；（3）说明这种任务的重要性及其原因和公司能够顺利完成任务的预想；（4）用容易理解的语言讲话。例如：比喻，类推，例子；（5）结合口头沟通及时得到反馈信息；（6）显示你对公司的热忱和感情。

第六节　有关沟通的当前问题

一、在激烈变革时期有效的员工沟通

前面已经谈到，世界各地的组织为了缩减经费开支和提高竞争力都在进行重组和调整。比如，几乎所有的《幸福》100家企业，这几年都通过自然缩减和临时解雇的办法对劳动力进行裁员。

近期一项研究调查了十家在重大调整项目上获得成功的典范企业，主要考察他们声誉颇佳的内部沟通程序。研究者想知道这些不同的企业中，是否有一些共同因素决定了沟通的效果。另外，他们坚信在重大组织变革期间的工作效果是对沟通有效性的真正检验，因此特意选择了这些经历过调整和重组的公司作为调查对象。

研究者发现这十家企业中，有八个特点与有效的员工沟通有关。由于调查的公司组织环境各不相同，又分属于不同的行业，所以我们可以认为这八个特点适用于各种不同类型的组织。

这八个特点是在调查基础上总结出的行动指南，它有助于管理者决定怎样与员工沟通最为成功。下面我们分别来看看这些特点。

(一) 首席执行官必须承认沟通的重要性

成功的员工沟通方案中最重要的因素是首席执行官（CEO）的领导。他必须从思想到行动上认可这样一种观念：与员工进行沟通对实现组织目标十分重要。如果组织中的首席执行官通过他的言行认可了沟通，这种观念会逐渐渗透到组织的其他部门中。

除了在思想上拥护和赞成员工沟通之外，首席执行官还必须是一个熟练而鲜明的角色榜样，并且自己很乐于交流重要信息。本研究中的首席执行官们都花了大量时间与员工进行交谈，解答他们的问题，倾听他们的需要，并传达公司的前景规划。其中最重要的是，他们倾向于亲自去做这些事情，而不是把这项任务委托给别人去做。由于亲自倡导沟通活动，他们减弱了员工对正在实施的变革的恐惧并为其他管理者作出了榜样。

(二) 管理者言行一致

与首席执行官的支持和参与密切相关的另一个因素是管理层的活动。前面已经指出，行动比语言更响亮。如果管理者传递的隐含信息与正式沟通渠道传递的官方信息相矛盾，那么管理者就会在员工中丧失信誉。员工会倾听管理层关于公司如何变革和如何发展的论述，但这些言语必须要得到相应行动的支持。

(三) 保证双向沟通

自上而下占主导地位的沟通程序效果是不佳的。成功的程序是自上而下与自下而上的沟通达到平衡。

企业如何激发自下而上的沟通，鼓励员工的沟通呢？很多公司采取以下做法保证双向沟通：运用交互式广播电视系统允许员工提出问题，并得到高层管理者的解答；公司内部刊物设立有问必答栏目，鼓励员工提出自己的疑问；开发申诉程序使员工的不满能很快得到处理；对管理者的反馈技能进行培训，并鼓励他们在工作中使用这种技术。

(四) 重视面对面的沟通

在变革与动荡（这是实施重大调整与重组时的典型特点）时期，员工内心充满了畏惧和担忧。他们的工作会受到威胁吗？他们需要学习新技能吗？他们的工作群体要解散吗？与前面对通道丰富性的讨论一致，这些信息通常是非常规的而且是模棱两可的。面对面的沟通可以最大限度地传递信息。本研究的企业都经历过重大变革，他们的执行官们都走出办公室，亲自和员工们交流信息。坦诚、开放、面对面的沟通使员工们觉得领导者理解自己的需要和关注，他们同呼吸共患难。

（五）共同承担沟通的责任

高层管理者提供总体规划（公司向何处发展），基层管理者将这一总体规划与工作群体或员工个体联系起来。每一名管理者都有责任确保员工充分理解这些信息。当这些信息沿着组织层级向下传递时，变革的意义也变得越来越具体了。

人们都希望从上级那里，而不是从同事或小道消息那里，了解到变革会对自己有什么影响。这就要求高层管理者要及时向中低层管理者全面通报变革的规划，而中低层管理者也要及时向他们的工作群体传递信息，这样做可以最大限度地减少模棱两可的信息。

（六）处理坏消息

拥有有效沟通的组织并不害怕面对坏消息。事实上，它们面对的坏消息所占的比例常常多于好消息。这并不意味着这些公司存在更多的问题，只是因为他们不处罚坏消息的报告者。

任何组织都会不时遇到产品失败、运货拖延、顾客抱怨及其他类似情况。问题在于在交流这些信息时，人们的感觉如何。在组织中应该创设这样的氛围：坦率报告坏消息后，人们并不惧怕真实消息，当然好消息更会得到赞赏。

（七）根据听众调整信息

在组织中不同的人对信息的要求亦不同。对基层主管来说非常重要的东西并不一定对中层管理者同样重要。同样，产品设计者感兴趣的信息可能对财会人员毫无意义。

个体和群体到底希望知道什么信息？什么时候他们需要知道这些信息？在什么环境下得到这些信息最好（在家里、公司期刊上、电子邮件上或团队会议中）？员工需要的信息类型十分不同，获得信息最有效的途径也不相同。管理者需要认识到这一点，并相应设计他们的沟通方案。

（八）把沟通视为一个持续的过程

这些典范企业把沟通作为关键的管理过程，在这方面他们有五种共同的活动。

1. 详尽解释管理决策

如果变革十分频繁且前景并不明朗时，员工们非常希望知道决策和变革背后的根本原因。为什么要发生变革？变革会对自己有什么影响？

在传统的社会契约中，员工只要忠诚就可获得稳定的工作，但这种时代已成为历史，如今的管理层对员工有了新的期望。在终身聘用的时代里，详细解释管理决策对员工来说并不重要，因为无论发生了什么变化，他们的工作是稳定安全的。但对于新的契约，员工们感到自己对工作担负了更大责任，因而需要了解更多信息以便作出明智的职业选择。他们要从管理者那里找到一些证据以弥补他们过去从事的工作与现在从事的工作之间的不同，信息便是其中之一。

2. 及时沟通

管理者要在员工想知道某一信息的时候告诉他这一信息，这一点十分重要。员工们不希望管理者像对待孩子一样对待自己，总是一点一点地给出支离破碎的信息；或者因为害怕产生误解而避开不谈这些信息。在恰当的时候应立刻告诉他们事实，这种方法可以减弱小道消息的力量，提高管理层的信誉。不及时进行信息沟通是以不满、愤怒和丧失信任为代价的。

3. 持续沟通

沟通应该是不间断的，尤其在变革和危机时期。当员工们需要信息却得不到它们时，则会通过非正式渠道寻求它们，即使这些渠道提供的都是一些缺乏根据的小道消息。如果管理层致力于保持信息沟通的持续性，组织中的员工会更体谅偶然出现的失误或缺欠。

4. 长期规划与短期规划相结合

真正有效的沟通并不是要等到员工理解了长远规划对自己和工作的影响之后才发生。经济改革、行业竞争以及组织内部的竞争这些信息都必须被每一个领域、每一个部门、每一个个体所理解，这项工作常常落在了直接负责员工的基层主管肩上。

5. 不强制员工对信息的反应

人们都不希望别人告诉自己该如何解释变革和感受变革。"新变革真是激动人心"或"你们会逐渐喜欢这种重新组织的部门"，这些说法并不能增进信任和坦诚，它们常常只能激起对抗性的反应。

在沟通中明确指出"谁、什么、何时、何地、为什么、怎么做"，最后让员工自己得出结论的方式会更有效。

二、有关沟通的当前问题

下面主要阐述四个问题：如何改进跨文化沟通？电子技术如何改变组织中的沟通？为什么男性与女性之间存在沟通障碍？委婉恰当的沟通活动在组织中有什么意义？

（一）跨文化沟通

很多跨文化因素显然增加了沟通困难的潜在可能性。一位研究者指出，在跨文化沟通中有四个具体方面与语言问题有关。

1. 语义造成的障碍

前面已经指出，不同人所理解的词汇意义是不同的，对于来自不同民族文化的人们来说尤其是这样。例如，有些词汇无法在两种文化中进行互译。理解 sisu 一词的意思有助于和芬兰人进行交流，但这个单词却很难被翻译成英语。它的意思有点像厚颜无耻、坚持不懈的意义。同样，俄罗斯的新兴资本家也很难与英国、加拿大的竞争对手相互交流，因为英语中的效率、自由市场、规则等词汇很难直接翻译成俄语。

2. 词汇内在的含义造成的障碍

在不同语言中，词汇的意义也不相同。例如，美国和日本的经营人员在商业谈判中存在很多困难，因为日语中"Hai"被翻译为"是"，但它的意思是"是，我正在认真听"，而不是"是，我很同意"。

3. 语调差异造成的障碍

有些文化的语言是规范的，另一些文化的语言却是不规范的。在一些文化中，语调的变化取决于交谈的环境：在不同环境中，如在家里，在社交情境中，在工作环境中，人们说话的方式也是不同的。在一个应该使用正式风格的情境中使用非正式的风格或个人风格是令人尴尬且不合时宜的。

4. 认知差异造成的障碍

使用不同语言的人实际上看待世界的方式也不一样。爱斯基摩人对雪的认识与我们非常不同，因为在他们的周围到处都是雪。同样，泰国人对 No 的认识显然与美国人十分不同，因为前者的词汇库中并没有这个词。

当你和来自不同文化的人进行沟通时，为了减少错误的认知、解释和评价，你能做些什么呢？下面四条原则会对你有所帮助。

（1）在没有证实相似性之前，先假设有差异。大多数人常常自认为别人与自己非常相似，但实际情况并不如此。来自不同国家的人常常是非常不同的。因此，在未得到证实之前，应先假定你们之间有差异，这样做会减少犯错误的可能性。

（2）重视描述而不是解释或评价。相比描述来说，对某人言行的解释和评价更多是在观察者的文化和背景基础上进行的。因此，你要留给自己充分的时间根据文化因素调整你的角度进行观察和解释，在此之前不要急于作出判断。

（3）移情。传递信息之前，先把自己置身于接受者的立场上。发送者的价值观、态度、经历、参照点是什么？你对他的教育、成长和背景有什么了解？试着根据别人的原本面貌认识他。

（4）把你的解释作为工作假说。当你对新情境提出一种见解，或站在对方异国文化的角度上思考问题时，把你的解释作为假设对待，它还有待于更进一步的检测。仔细评价接受者提供的反馈看看它们能否证实你的假设。对于重要决策，你还可以与文化背景相同的同事一起分析检查，以保证你的解释是准确的。

（二）电子沟通

近年来，技术上的"飞跃"为组织中的沟通带来的影响之巨大，是过去任何时候无法相比的。本世纪初，电话的出现大大减少了面对面的沟通。20 世纪 60 年代末，复印机的使用为复写纸敲响了丧钟，并使文件复印方便而迅速。然而，从 20 世纪 80 年代初开始，我们感受到了来自新型电子技术的强大攻势，它极大地改变了组织中的沟通方式。这些技术手段有：BP 机、图文传真机、录像会议、电子会议、电子邮件、便携式移动电话、语音信箱及手掌型个人通信装置。

电子沟通使我们不必总去工作单位或坐在办公桌前。无论你是在开会，还是在吃午饭，无论你是在城里客户的办公室里，还是周日早上的高尔夫球场中，BP 机、便携式移动电话以及个人通信装置都能和你保持联系。员工的工作生活与非工作生活之间的界限被打破了，从理论上说，在电子时代每一位员工可以一天 24 小时待命。

电子沟通使得组织的界限变得越来越不重要了。为什么？因为计算机网络（在相互联网的计算机之间进行沟通）使员工在组织中可以跨越纵向层级工作，可以在家里或其他地方而不必非在组织提供的场所中工作，可以与其他企业的员工相互交流。如果一个市场调查员想与管市场工作的副总裁（比他所在的层级高出三级）讨论某个问题，那么可以越过中间层级的人直接给副总裁发出电子邮件。如此一来，传统的地位等级（在很大程度上取决于层次等级和是否可以接近）变得名存实亡了。这名市场调查员还可以住在拉丁美洲的一个小岛上，每天通过电信设备工作，而不用去公司的芝加哥办公室上班。如果员工的计算机与供给商和用户的计算机相连，那么组织之间的界线就更模糊了。比如，成百上千的供应商与沃尔玛商店的计算机联网，这使得列维·施特劳斯公司（Levi Strauss）的员工能够监控沃尔玛商店中列维牛仔裤的库存量，并在需要的时候随时更换商品，此时列维公司与沃尔玛商店的员工之间的界限也是很模糊的。

尽管电话早已使人们能够迅速传递口头信息，但直到最近书面信息才能以同样速度传递。20世纪60年代中期，绝大多数组织依靠办公室之间的备忘录进行内部信息传递，利用有线服务系统和邮政系统进行外部信息传递。而后，邮政昼夜快递业务和传真设备出现了。今天，几乎所有的组织都引进了电子邮件，并在网络中给员工提供大量的访问入口。书面信息的传递速度可以和电话一样快了。

电子沟通从根本上改变了信息在即时输出和即时回收方面的能力。遗憾的是，这种速度的实现也是有一定代价的。电子沟通不能像面对面的会议那样提供非言语沟通线索，电子邮件也不能像电话交谈那样传递言语意义的同时传递细腻的感情差别。另外，人们注意到传统的会议还可以为另外两个人们不易察觉的目标服务：（1）满足群体归属需要；（2）作为一个任务完成情况的仲裁机构。录像会议和电子会议都能提供工作支持，但它们不能满足归属需要。对于在社会交往方面有较高需要的人来说，过分依赖电子沟通可能会导致较低的工作满意度。

（三）男性与女性之间的沟通障碍

黛柏拉·泰南（Deborah Tannen）博士的研究为理解男女沟通风格的差异提供了重要见解，她的观点尤其有助于我们解释两性之间经常出现的口头沟通障碍。

泰南研究的实质是，男性通过交谈来强调地位，女性则通过交谈来发生联系。她指出，沟通是一种持续稳定的活动，需要熟练的技巧才能解决亲密性和独立性之间的冲突。亲密性强调融洽和共性，独立性则强调不同和差异。女性使用的语言是建立联系和亲密性的语言，男性使用的语言是建立地位和独立性的语言。对于大多数男性来说，交谈主要是保护独立性和维持自己在社会格局中等级地位的手段。而对于大多数女性来说，交谈则是寻求亲密关系的谈判，每个人在谈判中都付出承诺与支持。有不少例子支持泰南的观点。

男性常常抱怨女性总在不断谈论自己的问题，女性则责备男性从不认真倾听。事实上是这样的：当男性听到一个问题时，他们常常要维护自己的独立性，并通过提供解决办法来维持自己的控制能力。然而，很多女性却把提出问题作为一种加强亲密感的手段。女性提出问题是为了获得支持和联系，而不是为了获得男性的建议。相互理解是一种平等关系，但提供建议却是不平等关系——它使提供建议的人处于上位，因为他更有知识，更符合情理，也更有控制力。这导致了男性与女性在沟通中存在很大差异。

在交谈中，男性常常比女性更直截了当。男性可能会说："我想你在这一点上是错的。"女性则可能会说："你看过市场部在这一问题上的调查报告吗？（言下之意是这份报告会指出你的错误所在）"男性常常把女性的不直接视为"偷偷摸摸"或"鬼鬼祟祟"，女性则不像男性那样直接表现出对地位和高人一等的关心。

男性还常常批评女性无时无刻不在道歉。男性把"我很抱歉"这句话视为一种缺点，他们认为这句话意味着女性在接受责备，即使她根本不必受责备。女性也知道自己不必受责备，但她们常常用"我很抱歉"来表达遗憾："我知道你肯定对此事感到难过，我也是一样。"

（四）委婉恰当的沟通

你使用什么词汇描述一个坐在轮椅上的同事？你使用什么词汇称呼一位女性顾客？你怎样和一个与自己不同的新职员进行沟通？你的答案可能意味着是否失去一名下属、一名主顾、一份工作，是否会引起一次法律纠纷或受到严厉的指责。

绝大多数人都知道如何委婉恰当地修饰词汇。比如，很多人回避使用残废、瞎子、老头这样的词汇，而代之以身体残疾、视力障碍、长者的称呼。再比如，《洛杉矶时报》允许记者使用"老年人"一词，但警告他们说，老年人的界限因人而异，因此70岁以上的人并不一定就是老年人。

我们必须对他人的情感非常敏感，一些词汇确实产生了刻板印象，并威胁和冒犯到他人。面对越来越多样化的劳动力队伍，我们必须了解哪些词可能冒犯到他人。但是，委婉恰当的沟通也存在副作用，它使得我们可以使用的词汇越来越少，因而人们之间的交流也越来越难。比如，你对"死"和"女人"这两个词应该不陌生，但这两个词都冒犯了一些人，于是它们被这样的词语所取代："消极的治疗结果"和"女性同胞"。但问题在于，这些代替词可能不如原词那样传递了一种明确的意义。你我都知道"死"的意思，但你能肯定"消极的治疗结果"总是死的同义词吗？不！它还意味着住院时间比意料的时间更长，或保险公司拒付你的医药费用。

出于幽默的目的，一些批评家把委婉恰当的沟通推向了极端。如果我们对那些因毛发稀疏而常常被称为秃顶的人称其为"毛发残疾"，那确实太可笑了。下面我们来看看委婉恰当的语言对有效沟通构成了哪些新的障碍。

在沟通时词汇是主要手段，如果在使用词汇时要除去那些不够委婉的词汇，也就减少了我们以最清楚、最准确的方式表达信息的可能。大多数情况下，发送者和接受者使用的词汇越多，信息传递的精确性概率就越高。如果从词汇库中删去某些词汇，则加大了准确沟通的难度。如果进一步用那些意义不易于理解的新术语替代这些词汇，则信息符合原意的可能性就更低了。

我们必须要注意自己使用的词汇是否会冒犯他人，但同时还应注意，不要把语言的清理工作推向极端，以至于阻碍了沟通的准确性。我们还没有一种简单的办法来处理这种两难困境。但你应该认识到二者之间保持协调性的重要性，并要找到一种恰当的协调做法。

复习与思考

1. 解释下列概念：
(1) 沟通；(2) 正式沟通；(3) 非正式沟通；(4) 沟通网络。

2. 对比编码和解码过程。

3. 举例说明沟通的功能。

4. 列举沟通的形式，并说明它们各自的优点和缺点。

5. 常见的沟通网络有几种？试比较不同网络的利弊。

6. 举例说明小道消息对企业管理的影响。

7. 如何开发有效的积极倾听技能？

8. 指出在跨文化沟通中与语言障碍有关的四个具体问题。

第十五章　冲　突

我们在第十一章中把个人冲突（个人内心的冲突）看作是一种压力形式。在这一章，我们注意到人际冲突——在个人或群体之间的冲突。人际冲突是一种在组织中自然发生的常见现象。一项调查表明，中上层经理要花费 20％的时间来处理人际冲突。

在这一章，首先，我们明确人际冲突的定义，了解冲突观念的演变，描述冲突的过程，讨论处理冲突的五种方法。然后，探讨与冲突有密切关系的两个主题：谈判和群体间行为。

第一节　冲　突

一、人际冲突

有关人际冲突的定义多种多样，对冲突的性质也有不同的看法。心理学意义上的人际冲突（interpersonal conflict），是在一个人或一个群体阻挠了另一个人或另一个群体的目标实现时发生的一种对抗过程。阻挠和对抗行为是对立的双方在资源匮乏时为取得资源而发生的。这些资源包括财产、地位、权力、工作、时间等。需要注意的是，冲突可能存在于个人之间也可能存在于群体之间。博物馆馆长可能同财务处长在购买某一艺术品方面发生冲突。同样，博物馆展览部全体人员可能同全体财会人员在削减创收资金方面发生冲突。

冲突包括对抗和目标受到妨碍，这两种情况会同时发生，对抗不仅涉及态度而且涉及行为。在态度方面，冲突双方可能产生相互厌恶、认为对方不讲道理并对其形成否定定型。对抗行为可能包括不礼貌的称呼、破坏活动甚至人身侵犯。目标受到挫折常常表明冲突双方不是在目标实现方面互相帮助，而是每一方都把对方的损失看作是自己的收获。因此，冲突带有相互间高对抗和低帮助的特性。

有人认为冲突应仅限于有意的行为，即阻挠行为是预谋的。但当实际的行为引起矛盾时，无论它原初是否有意，实质上都已构成冲突。还有人认为，冲突应特指公开的行为，即只有产生外在的对抗才构成冲突。然而，当出现观念上的对抗时，问题已经存在，外部行为只不过是冲突所采取的一种表现形式而已。看来两种意见都有道理，应是具体情形而论。

冲突究竟在群体或组织中扮演什么角色？或者它的作用和意义是什么？对此一问题，人们的观念有一个经"传统观念"到"人际关系观念"再到现代的"相互作用观念"的演变过程。

恰当的说，人们对冲突在群体和组织中的作用也是"相互冲突的"。一种观点认为必须避免冲突，因为它的出现表明群体内的功能失调，我们称其为传统观念；另一种观点认为冲突是任何群体与生俱来的、不可避免的结果，但它并不一定是坏的，它有着对群体工作绩效产生积极影响的潜在可能性，我们称其为人际关系观点；第三种观点代表着当代思想，它认为冲突不仅可以成为群体内的积极动力，实际上某些冲突对于有效的群体工作来说是必不可少的，我们把这种思想称为相互作用观点。下面具体介绍这三种观点。

1. 传统观点

冲突的早期观点认为所有的冲突都是不良的、消极的，它常常作为暴乱、破坏、非理性的同义词。在这里，冲突是有害的，是应该避免的。

在20世纪30年代至40年代，这种冲突的传统观点（traditional view of conflict）占优势地位，它代表了大多数人的态度。人们认为冲突是功能失调的结果，它出现的原因来自这样几个方面：沟通不良，人们之间缺乏坦诚和信任，管理者对员工的需要和抱负不敏感。

认为所有冲突都不好的观点给我们提供了一种简单的办法来对待引起冲突的个人行为。为了要避免所有冲突，提高组织和群体的工作绩效，我们就必须仔细了解冲突的原因，并着手纠正这些组织中的功能失调。尽管当代大量研究都提供了强有力的证据驳斥这种认为冲突水平的降低会导致群体工作绩效提高的观点，但我们中的很多人依然在使用这种老掉牙的标准来评估冲突情境。

2. 人际关系观点

冲突的人际关系观点（human relations view of conflict）认为对于所有群体和组织来说，冲突都是与生俱来的。由于冲突无法避免，人际关系学派建议接纳冲突，使它的存在合理化。认为冲突不可能被彻底消除，有时它还会对群体的工作绩效有益。20世纪40年代末至70年代中叶，人际关系观点在冲突理论中占据统治地位。

3. 相互作用观点

人际关系观点接纳冲突，而冲突的相互作用观点（interactionist view of conflict）则鼓励冲突。这一理论观点认为，融洽、和平、安宁、合作的组织容易对变革的需要表现出静止、冷漠和迟钝。因此，它的主要贡献在于：鼓励管理者维持一种冲突的最低水平，这能够使群体保持旺盛的生命力，善于自我批评和不断创新。

从相互作用观点可以看出，认为冲突都是好的或都是坏的看法显然并不恰当也不够成熟。冲突是好是坏取决于冲突的类型。具体而言，我们有必要对功能正常和功能失调的冲突进行区分。

相互作用观点并不是说所有的冲突都是好的。一些冲突支持群体的目标，并能提高群体的工作绩效，它们是具有建设性的、功能正常的冲突（functional conflict）。但也有一些冲突阻碍了群体的工作绩效，它们是具有破坏性的、功能失调的冲突（dysfunctional conflict）。

当然，知道冲突可以有价值只是问题的一个方面，问题的另一个方面则是告诉管理者如何区别功能正常和功能失调的冲突。遗憾的是，二者之间的分界并不清楚明确。没有一种冲突水平对所有条件都适合或都不适合。某种冲突的类型与水平可能会促进某一群体为达到目标而健康、积极地工作；但对于另外的群体，或同一群体的不同时期，则可能是功能失调的冲突。

区分冲突是功能正常的还是功能失调的指标是群体的工作绩效。群体之所以存在是为了达到一定的目标。决定冲突功能的标准是它对群体的影响，而不是它对任何群体成员的影响。当然，冲突对个体的影响与它对群体的影响两者之间并不是毫无关系的。因此，个体所感觉到的冲突方式可能会影响冲突对群体产生的效果。但是，情况并不必定如此。当情况不是这样时，我们的注意力应主要放在群体身上，也就是说，不管群体中的个人认为某种冲突是积极的还是消极的，都并不重要。例如，一名群体成员可能认为某项活动是功能失调的，因为其结果令他不满意。然而，从我们的分析看，如果这项活动促进了群体目标的实现，它就是功能正常的。

二、冲突的过程

我们可以把冲突过程（conflict process）划分为五个阶段：潜在的对立或不一致，认知和个性化，行为意向，行为及结果。图 15-1 描绘了这一过程。

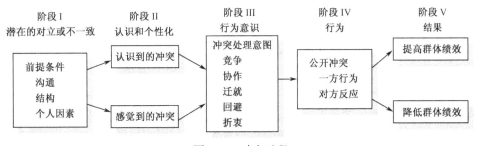

图 15-1　冲突过程

（一）阶段 I：潜在的对立或不一致

冲突过程的第一步存在可能产生冲突的条件。这些条件并不必定导致冲突，但它们是冲突产生的必要条件。为了简化起见，可以把这些条件（人们常常也把它们视为冲突源）概括为三类：沟通、结构和个人因素。

1. 沟通

我们中的很多人常常有这样一种虚构观念，即认为沟通不良是冲突的原因："如果我们相互能很好地交流，就能消除我们之间的差异。"这种说法并不是毫无道理的，因为我们每个人确实都要用一部分时间进行沟通，而且，有大量证据表明沟通过程的问题导致了合作延迟和误解产生。但显然，不良沟通并不是所有冲突的原因。

一篇研究综述指出，语义理解的困难、信息交流的不够充分以及沟通通道中的"噪音"这些因素都构成了沟通障碍，并成为冲突的潜在条件。具体而言，研究表明，培训的方面不同、选择性知觉、缺乏有关他人的必要信息这些方面会产生语义理解方面的困难。研究进一步指出：沟通过少和过多都会增加冲突的潜在可能性。当沟通达到一定程度时，效果是最佳的，继续增加冲突则会过度，其结果增加了冲突潜在的可能性。另外，沟通通道也影响到冲突的产生。人们之间传递信息时会进行过滤，来自于正式的或已有的通道中的沟通偏差都提供了冲突产生的潜在可能性。

2. 结构

这里使用的"结构"概念包括了这样一些变量：规模，分配给群体成员的任务的专门化程度，管辖范围的清晰度，员工与目标之间的匹配性，领导风格，奖励系统，群体间相互依赖的程度。

研究表明群体规模和任务的专门化程度可以成为激发沟通的动力。群体规模越大，任务越专门化，则越可能出现冲突。另外，有人发现任职时间和冲突成负相关。如果群体成员都十分年轻，并且群体的离职率又很高时，出现冲突的可能性最大。

由谁负责活动的模糊性程度越高，冲突出现的潜在可能性就越大。管辖范围的模糊性也增加了群体之间为控制资源和领域而产生的冲突。

组织内不同群体有着不同目标。比如，采购部关注的是及时以低价购进原料；市场部关注的是产品出售和获得收益；质量控制部关注的是提高产品质量，保证产品符合标准；生产部关注的是维持稳定的生产流程和有效的操作。群体之间目标的差异是冲突的主要原因之一。当组织中不同群体追求的目标不同时，其中一些部门如波兰德家具市场的销售部和信贷部就会发生意见分歧，从而增加了冲突出现的可能性。

领导风格也起到一定影响，通过严密监督来控制员工行为的领导风格增加了冲突的潜在可能性，但有关这方面的证据并不强有力。过于依赖参与的领导风格也会激发冲突。研究表明，参与风格与冲突之间成高相关，这显然是因为参与方式鼓励人们提出不同意见。研究还发现，如果一个人获得的利益是以另一个人丧失利益为代价的，这种报酬系统也会产生冲突。最后，如果一个群体依赖于另一个群体（而不是二者相互独立）或群体之间的依赖关系表现为一方的利益是以另一方的牺牲为代价的，都会成为激发冲突的力量。

3. 个体因素

你是否曾经遇到过第一眼你就不喜欢的人，他的很多观点你都不赞同？而且，即使是一些很细微的特点，比如，说话的声音，微笑的神态及其他个性方面的特点都会令你讨厌。我们每个人都遇到过这种人。当你和这种人共事时，常常可能会发生冲突。

最后一类潜在的冲突源是个人因素。前面已指出，这之中包括个人的价值系统和个性特征，它们构成了一个人的风格，使得他不同于其他人。

有证据表明某些个性类型（如十分专制教条的人，缺乏自尊的人）是冲突的潜在原因。但在社会冲突的研究中，有一个非常重要却又常被人们忽视的因素：价值观的差异。价值观的差异能很好解释很多问题：如偏见，个人对群体的贡献与应得报酬之间的不一致，对一本书的评价等等。比如，一名员工认为他每年应得 35 000 元薪水，但他的老板却认为他只应得 30 000 元；一个人认为这本书非常有趣，而另一个人则认为它是废纸一堆，这些都是价值观的判断。价值观系统的差异是导致冲突的一个重要原因。

（二）阶段 II：认知和个性化

如果阶段 I 中提到的条件对某一方关心的事情有一定程度的消极影响，则潜在的对立或不一致在第二阶段中就会显现出来。只有当一方或多方认识到冲突或感觉到冲突时，前面所说的条件才会导致冲突。

在冲突的定义中我们强调，必须要有知觉存在。也就是说，一方或多方必须意识到前面所说的条件的存在。然而，认识到的冲突（perceived conflict）并不意味着它就个性化了。换句话说，A 可能认识到 B 与 A 之间意见十分不一致……但这并不一定会让 A 感到紧张或焦虑，也因而不一定会影响到 A 对 B 的感情。而在情感上的冲突（felt conflict）中，当个体有了情感上的投入，双方都会体验到焦虑、紧张、挫折或敌对。

这里有两点需要记住：

（1）阶段 II 之所以重要是因为此时冲突问题变得明朗化了。在这一过程中，双方决定冲突将是什么性质，这一点非常重要。因为定义冲突的方式极大地影响到冲突的可能解决办法。比如，我把薪水上的不一致界定为一种零总和的情境（即如果增加了你的薪水，那么我所得到的薪水就会减少），那么，我当然不乐意妥协。但如果我把冲突界定为一种潜在的双赢情境（即薪水总额是可以提高的，因此你我都可以获得自己希望的加薪），则会增加折中方案的可能性。可见，冲突的界定非常重要，它勾勒出解决冲突的各种可能办法。

（2）情绪对知觉的影响有着重要作用。比如，研究发现消极情绪会导致过于简单地处理问题，降低了信任感，对对方的行为也会作出消极的解释。相反，积极情绪则增加了在问题的各项因素中发现潜在联系的可能性，以更开阔的眼光看待情境，所采取的解决办法也具有创新性。

（三）阶段 III：行为意向

行为意向（intentions）介于一个人的认知、情感和外显行为之间，它指的是从事某种特定行为的决策。

为什么要把行为意向作为独立阶段划分出来？你只有判断出一个人的行为意向之后，才能知道他会作出什么行为。很多冲突之所以不断升级，主要原因在于一方对另一方进行了错误归因。另外，行为意向与行为之间也存在着很多不同，因此一个人的行为并不能准确反映他的行为意向。

图 15-2 表明了处理冲突的主要行为意向。图中根据两个维度，其一是合作程度（一方愿意满足对方愿望的程度），其二是肯定程度（一方愿意满足自己愿望的程度），确定出了五种处理冲突的行为意向：竞争（自我肯定但不合作），协

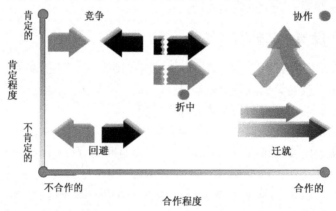

图 15-2　冲突处理行为意向的维度

作（自我肯定且合作），回避（不自我肯定且不合作），迁就（不自我肯定但合作），折中（合作性与自我肯定性均处于中等程度）。

1. 竞争

竞争（competing）指的是一个人在冲突中寻求自我利益的满足，而不考虑他人的影响。这方面的例子有：试图以牺牲他人的目标为代价而达到自己的目标；试图向别人证实自己的结论是正确的，而他的则是错误的；出现问题时试图让别人承担责任。

2. 协作

协作（collaborating）指的是冲突双方均希望满足两方利益，并寻求相互受益的结果。在协作中，双方的意图是坦率澄清差异并找到解决问题的办法，而不是迁就不同的观点。这方面的例子有：试图找到双赢的解决办法，使双方目标均得以实现；寻求综合双方见解的最终结论。

3. 回避

回避（avoiding）指的是一个人可能意识到了冲突的存在，但希望逃避它或抑制它。这方面的例子有：试图忽略冲突；回避其他人与自己不同的意见。

4. 迁就

如果一方为了抚慰对方，则可能愿意把对方的利益放在自己的位置之上。换句话说，迁就（accommodating）指的是为了维持相互关系，一方愿意作出自我牺牲。这方面的例子有：愿意牺牲自己的目标使对方达到目标；尽管自己不同意，但还是支持他人的意见；原谅某人的违规行为并允许他继续这样做。

5. 折中

当冲突双方都放弃某些东西，而共同分享利益时，则会带来折中（compromising）的结果。在折中中没有明显的赢者或输者。他们愿意共同承担冲突问题，并接受一种双方都达不到彻底满足的解决办法。因而折中的明显特点是，双方都倾向于放弃一些东西。这方面的例子有：愿意接受每小时 10 元的加薪，而不是自己提出的 20 元加薪；承认在某些看法上是共同的；对于违规问题承担部分责任。

行为意向为冲突情境中的各方提供了总体的行为指南，它界定了各方的目标。但人们的行为意向并不是固定不变的。在冲突过程中，由于重新认识或对对方行为的情绪性反应，它可能发生改变。不过，研究表明，人们在处理冲突时要采取何种方式总有一种基本的倾向。具体而言，在上述五种处理冲突的行为意向中，各人有各人的偏好，这种偏好是稳定而一致的，并且，如果把个人的智力特点和个性特点结合起来，可以有效的预测到人们的行为意向。因此，更恰当的说，五种处理冲突的行为意向是相对稳定的，而不是一个人为了适应恰当的环境而进行的选择。也就是说，当面对冲突情境时，有些人希望不惜一切代价获胜，有些人希望发现一种最佳的解决方式，有些人希望逃避，有些人希望施惠于人，还有一些人则希望共同分担。

（四）阶段 IV：行为

大多数人在考虑冲突情境时，倾向于强调阶段 IV，为什么？因为在这一阶段中冲突是明显可见的。行为阶段包括冲突双方进行的说明、活动和态度，也就是说，一方有行为，对方如何反应。

冲突行为是公开地试图实现冲突双方各自的愿望。但这些行为带有刺激的性质，这种刺激常常与愿望无关。由于判断错误或缺乏经验，有时外显的行为会偏离原本的意图。

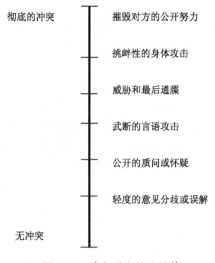

图 15-3　冲突强度的连续体

如果把阶段 IV 看作一个动态的相互作用过程，会有利于我们的理解。比如，你向我提出要求，我进行争辩，你威胁我，我也反过来还击你，如此下去。图 15-3 形象化地表述了冲突行为，所有的冲突都处于这个连续体的某一位置上。在连续体的下端，冲突以微妙、间接、节制为特点，表现为轻度的意见分歧或误解。学生在课堂上针对教师所讲的内容提出问题就是这方面的例子。如果冲突上升到连续体的最顶端则具有极大的破坏性，这时双方做摧毁对方的公开努力。罢工、骚乱和战争显然都位于这一连续体的最顶端位置。大多数情况下，处于连续体顶端位置的冲突常常是功能失调的。功能正常的冲突一般来说位于冲突连续体的较低水平上。

对于功能失调的冲突，冲突双方可以做些什么来降低冲突水平呢？反过来，当冲突水平过低需要提高时，冲突双方又应采取哪种做法？冲突管理（conflict management）技术带给了我们这些知识。表 13-1 列出了主要的冲突解决技术和激发技术，它能使管理者控制冲突水平。要注意有些解决技术与前面冲突处理的行为意向相同，这一点不足为奇。在理想情况下，一个人的行为意向应该转变为相应行为。

表 15-1　冲突管理技术

解决冲突的技术	
问题解决	冲突双方直接会晤，通过坦率真诚的讨论来确定问题并解决问题。
目标升级	提出一个共同的目标，该目标不经冲突双方的协作努力是不可能达到的。
资源开发	如果冲突是由于资源缺乏造成的，那么对资源进行开发可以产生赢—赢解决办法。
回避	逃避或抑制冲突。
缓和	通过强调冲突双方的共同利益而减弱它们之间的差异性。
折中	冲突双方各自放弃一些有价值的东西。
官方命令	管理层运用正式权威解决冲突，然后向卷入冲突的各方传递它的希望。
改变人的因素	运用行为改变技术（如人际关系训练），改变造成冲突的态度和行为。
改变结构因素	通过工作再设计、工作调动、建立合作等方式改变正式的组织结构和冲突双方的相互作用模式
激发冲突的技术	
运用沟通	利用模棱两可或具有威胁性的信息可以提高冲突水平
引进外人	在群体中补充一些在背景、价值观、态度和管理风格方面均与当前群体成员不同的个体。
重新建构组织	调整工作群体，改变规章制度，提高相互依赖性，以及其他类似的结构变革以打破现状。
任命一名吹毛求疵者	任命一批批评家，他总是有意与组织中大多数人的观点不一致。

（五）阶段 V：结果

冲突双方之间的行为—反应相互作用导致了最后结果，图 15-1 的模型表明，这些结果可能是功能正常的，即冲突提高了群体的工作绩效；也可能是功能失调的，即冲突降低了群体的工作绩效。

1. 功能正常的结果

冲突作为一种动力是怎样提高群体工作绩效的？很难想像一种公开的或激烈的敌对情境是功能正常的。但是，有大量事实使我们预期，较低或中等水平上的冲突是有可能提高群体的有效性的。由于人们常常在理解冲突具有建设性方面存在一定困难，让我们首先来看看这方面的实例，然后再综述有关这方面的研究证据。

如果冲突能提高决策的质量，激发革新与创造，调动群体成员的兴趣与好奇，提供问题公开、紧张解除的渠道，培养自我评估和变革的环境，那么这种冲突就是建设性。有证据表明，由于冲突允许百家争鸣，使得一些不同寻常的或由少数人提出的建议会在重要决策中增加权重，并因此提高了决策质量。冲突还是集体决议的矫正方法，它不允许群体以消极的、不加考虑的方式赞同下面这些决策：建立在不堪一击的假设基础上的决策，未充分考虑其他意见的决策，以及各种有其他弊端的决策。冲突向现状提出挑战，并进一步产生了新思想，促使人们对群体目标和活动进行重新评估，提高了群体对变革的迅速反应力。

在不同环境下进行的研究结果进一步证实了冲突的功能，下面我们具体来看看。

因缺乏功能正常的冲突而使公司遭受损失的例子很多，例如，美国的西尔斯公司、罗伯克公司（Roebuck）和通用汽车公司，在 20 世纪 70 年代至 80 年代困扰这些公司的很多问题都可以追溯到缺乏功能正常的冲突上。他们聘用并提升那些"点头称是"的人，这些人对组织忠诚到极点，以至于从不对公司的任何活动提出质疑。组织中的大多数管理者，都是保守的盎格鲁-撒克逊白人男性，在美国的中西部成长，他们抵制变革，更愿意回忆过去的成功而不是面对新的挑战。并且，这几家公司都把他们的首席执行官们分别保护在芝加哥和底特律的总部办公室里，他们听不到任何他们不愿意听到的消息，并且远离了变革的世界。事实上，这个世界在零售业和汽车业上正发生着巨大变革。

在情境中有一定程度的冲突不仅会导致更多更好的决策，还有证据表明冲突与生产率之间也存在正相关。在群体中，当成员之间存在冲突时，比他们总是意见一致更能促进工作效率的提高。调查者观察到这样一个现象，当群体分析了由群体成员个人作出的决策时，高冲突群体中的平均改进效果比低冲突群体的改进效果高出 73%。还有人也发现了类似结果：由兴趣不同的成员组成的群体相比同质群体来说，对各种问题的解决质量更高。

上面的证据可以使我们推断出：提高劳动力的文化多元化会为组织带来效益。确实，在这方面有研究证实了这一点。研究表明，在群体和组织中，成员的异质性能提高创造力，改进决策质量，促进变革。比如，美国的研究者对比了完全由盎格鲁美国人组成的群体和包括了亚洲人、拉丁美洲人、美国黑人在内的群体，发现种族不同的群体工作效率更高，思维更灵活，想法更独特。

同样，对专业技术人员（调查对象为系统分析专业人员和研究与开发方面的科学家）进行的研究也支持了建设性冲突的价值。一项研究对 22 个系统分析专家的工作团队进行了调查，发现群体中的一致性越低，工作效率可能越高。对研究与开发方面的科学家进行的调查也发现，当其中存在一定数量的知识冲突时，他们的工作效率越高。美国的一项研究考察了政府机构与革新之间的关系，发现冲突鼓励了人们采用革新的解决办法。这一点应该是不足为奇的。另外，缺乏冲突导致了一种消极的环境，使现状得到进一步巩固。

以上这些发现都表明，群体内的冲突意味着优势，而不是传统意义上的欠缺。

2. 功能失调的结果

冲突对群体或组织绩效的破坏性结果已经广为人知了。下面我们客观的总结一下这方面的内容：不加控制的对立带来了不满，导致共同关系的解除，并最终会使群体灭亡。有大量文献阐述了功能失调的冲突是如何降低群体有效性的，比较明显的不良结果有沟通的迟滞、群体凝聚力的降低、群体成员之间的明争暗斗成为首位而群体目标降到次位。在极端情况下，冲突会导致群体功能的停顿，并可能威胁到群体的生存。

这方面的讨论又把我们带回到这样一个问题上，哪些冲突是功能正常的，哪些冲突是功能失调的。越来越多的证据表明，群体活动的类型是决定冲突功能的重要变量。群体任务的非常规化程度越高，内部冲突具有建设性的可能性也越高。对于那些需要用创新方法处理问题的群体（如从事研究、广告设计或其他专业技术活动的群体）来说，比那些从事高度常规化工作的群体（如汽车生产流水线的工作团队）会从冲突中得到更大受益。

3. 激发功能正常的冲突

我们在冲突过程的第 IV 阶段中简要地介绍了一下激发冲突。激发冲突相对来说是一个非常年轻的课题，而且带有一定程度的反传统性。你可能想知道，如果管理者接受冲突的相互作用观点，他们能做些什么工作来激励组织中功能正常的冲突呢？

众所周知，激发功能正常的冲突是一件很艰难的工作，尤其是在美国的大型企业中。美国的一名企业顾问曾这样说："高层管理者中有很大一部分人是冲突的回避者，他们不喜欢听反面意见，不喜欢从相反方面谈论或思考问题。他们之所以能升到高层位置正是因为他们常常不去激怒上司的做法和行动。"另一名顾问也指出，当自己的意见与上司的不一致时，北美企业中至少有 70% 的人会保持沉默，即使他们知道自己的想法更好，也会给上司留犯错误的机会。

这种抑制冲突的文化过去还行得通，但在今天激烈的环球经济竞争中却是绝对不可行的。在 20 世纪 90 年代，那些不支持、不鼓励不同意见的组织将无法生存下去。让我们来看看组织在激励员工挑战现有系统并开发新思想上的一些做法。

惠普公司对持有不同意见的人进行奖励，即使他们的想法最后未被管理层采纳。何曼米勒（Herman Miller Inc）公司是一家办公设备生产厂，该公司有一个员工可以评判和批评自己上司的正式系统。IBM公司也有这样一个鼓励提出不同意见的正式系统。员工们可以通过它向上司提出质疑，而不受到处罚。如果意见仍得不到解决，该系统将提供第三方进行调解。

皇家荷兰壳牌（Royal Dutch Shell Group）、通用电气公司、安霍伊塞-布希公司（Anheuser Busch）都在决策过程中引进了吹毛求疵的提意见者。比如，安霍伊塞-布希公司的政策委员会在考虑一项重大措施时（如是否涉足某一行业或进行一项大笔投资），常常把对问题持各种意见的人组织到一个群体中，这一过程常常导致公司采取过去没有想到的决策与方案。

成功的激发了功能正常冲突的组织都有一个共同特点，他们奖励持异议者而惩罚冲突的回避者。伊诺维斯交互技术公司（Innovis Interactive Technologies）的总裁曾解聘过一名拒持异议的首席执行官。他说："这个人是个十足的好好先生，在我们的组织中，我没钱给那些只听我意见的人。"然而，对管理者来说，真正的挑战是当他们听到了自己不想听到的信息的时候。尽管这些信息会使他们感到怒发冲冠或者希望破灭，但他们不能表现出来。管理者需要学会以平常心对待坏消息，不激烈指责，不讽刺挖苦，不爱理不理，不咬牙切齿，而是心平气和地问到："你能详细谈谈所发生的事吗？"或"你认为我们该怎么办？"真诚的表达"感谢你让我注意到这一点"，可能会减少今后再出现类似沟通问题的可能性。

第二节　谈　判

一、谈判

谈判几乎渗透到组织和群体中每一个的相互作用之中。有一些谈判是很明显的，如劳资双方进行的谈判；有一些谈判不那么明显，如管理者与上下级、同事之间的谈判，销售员与顾客之间的谈判，购买代理与供应商之间的谈判。还有一些谈判十分微妙，如一个工人在很短时间内权衡前后利益后，决定接一个同事的电话。在今天以团队为基础的组织中，成员们越来越发现自己与共同工作的同事之间没有直接的权力关系，他们之间也没有一个共同的上司进行领导，此时谈判技能就变得十分关键了。

我们把谈判（negotiation）定义为，双方或多方互换商品或服务并试图对他们的交换比率达成协议的过程。

本节中，我们主要对比两种谈判策略，提供谈判过程的模型，考察阻碍有效谈判的决策偏见，确定个性特征在谈判中的作用，总结文化差异对谈判风格的影响，并简要介绍第三方谈判。

二、谈判策略

谈判有两种基本方法——分配谈判与综合谈判。两者的区别如表 15-2 所示。

表 15-2　分配谈判与综合谈判

谈判特点	分配谈判	综合谈判
可能的资源	被分配的资源 数量固定	被分配的资源 数量可变
主要动机	我赢，你输	我赢，你赢
主要兴趣	相互对立	相互融合或相互一致
关系的焦点	短时	长时

(一) 分配谈判

你在报纸上看到一则旧车出售的广告，车似乎是你一直想要的那种。你去看了车，发现很合意，因而想买下来。车主报了卖价，可你不想花那么多钱，于是你们二人对价格开始进行协商。你所运用的这种谈判策略称为分配谈判（distributive bargaining）。其最明显的特点是，在零总和条件下运作。也就是说，我所获得的任何收益恰恰是你所付出的代价，反之亦然。以前面所说的旧车为例，你从卖主那里讲下来的每一块钱都节省了你的开支；相反，卖主多得的每一元钱都来自于你的花费。因此，分配谈判的本质是，对于一份固定利益谁应分得多少进行协商。

在分配谈判中最长引用的例子是劳资双方对工资的谈判。一般情况下，工人代表在谈判桌前总是想从资方那里尽可能多的得到钱。由于在谈判中工人每一分钱的增加都提高了资方的开销，因而谈判双方都表现出攻击性，并把对方视为必须击败的敌手。

图 15-4 描绘了分配谈判的实质。A，B 代表谈判双方。每一方均有自己希望实现的目标点，也有自己的抵制点，抵制点表明最低可接受的水平，如果在此点以下人们会中止谈判而不会接受不利于自己的和解。每个人目标点与抵制点之间的区域为愿望范围。如果在他们的愿望范围中有一定的重叠，就会存在一个解决范围使双方的愿望均能实现。

进行分配谈判时，你的战术主要是试图使对手同意你的具体目标点或尽可能

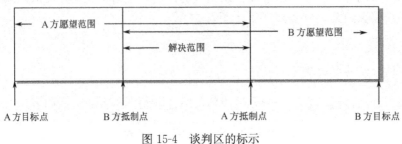

图 15-4　谈判区的标示

接近它。下面是几个使用这一战术的例子：劝说你的对手到达他的目标点毫无可能性，而在接近你的目标点上达成和解则是明智的；申辩你的目标是公正的，而对手的则不是；试图激发对手感情用事使他觉得应对你慷慨，从而使达成的协议接近于你的目标点。

（二）综合谈判

一名妇女运动服生产厂的销售代表与一位小型服装零售商谈好了一宗 15000美元的订货，销售代表按照程序打电话给厂里的信用贷款部门。但她被告知，这名主顾过去曾有拖延付款的记录，因此厂里不同意他的赊购。第二天，销售代表与厂里的信贷经理一起讨论这个问题。销售代表不想失去这笔买卖，信贷经理也是一样，但他同样不希望被收不回来的欠款所困扰。双方开诚布公地考察了他们有可能的所有选择。经过细致严谨的讨论，最后认可的解决办法满足了双方的需求：信贷经理同意这笔买卖，但服装商需要提供银行担保，如果 60 天内不付款可以保证得到赔偿。

销售员与信贷经理之间的谈判就是综合谈判（integrative bargaining）的例子。与分配谈判相比，综合谈判是基于这样的假设解决问题的，即至少有一种处理办法能得到双赢的结果。

在组织内的行为中，当其他方面情况相同时，综合谈判比分配谈判更为可取。为什么？因为前者建构的是长期的关系并推进了将来的共同合作。它将谈判双方团结在一起，并使每个人在离开谈判桌时都感到自己获得了胜利。相反，分配谈判则使一方成为失败者，它倾向于建构憎恨，并使得那些需要不断发展共同合作的人隔离的更远。

那么，为什么在组织中我们看不到太多的综合谈判呢？答案在于这种谈判要取得成功必须具备一些条件。这些条件包括：信息的公开和双方的坦诚；一方对另一方需求的敏感性；信任别人的能力；双方维持灵活性的愿望。但在组织中这些条件常常是达不到的，因此，谈判通常建立在为获胜而不惜任何代价的动力基础上也就不足为奇了。

三、谈判过程

图 15-5 是谈判过程的简化模型，它表明谈判有五个阶段组成：（1）准备和计划；（2）界定基本规则；（3）阐述和辩论；（4）讨价还价和解决问题；（5）结束与实施。

1. 准备和计划

谈判开始前，你需要做一些必要的准备工作。冲突的性质是什么？导致这场谈判的发展过程上怎样的？谁参与谈判？他们是怎样理解冲突的？

你想从谈判中得到什么？你的目标是什么？假设你是戴尔计算机公司（Dell Computer）的购买部经理，你的目标是对供应商提供的键盘进行大幅度压价。你要确保这个目标不被其他问题所遮盖，它是你谈判的中心。把你的目标写下来，并规定一个许可的范围从最希望达到的目标到可接受的最低限度，这样做有助于你把精力集中在它上面。

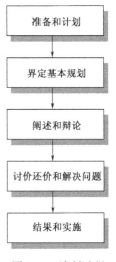

图 15-5　谈判过程

你还要评估对方对你的谈判目标有什么想法。他们可能会提出什么要求？他们坚守自己立场的程度？对他们来说有哪些无形的或隐含的重要利益？他们希望达成什么样的协议？如果你能预期到对手的立场和观点，你就能用事实和数字支持你的观点，反击对方的观点。

运用你积累的信息提出一种策略。在象棋比赛中，有经验的棋手都有自己的策略，他们事先就知道在具体情境下应作出何种反应。作为谈判策略的一部分，你还应确定你自己与对方达成谈判协议的最佳方案（BATNA）。你的 BATNA 决定了在谈判协议中你可接受的最低价值水平。只要你所得到的任何提议高于你的 BATNA，谈判就不会陷于僵局。反过来说，如果你的提议不能让对方感到比他的 BATNA 更有吸引力，你就不能期望你能获得谈判的成功。如果你在进入谈判时对对方的 BATNA 有比较清楚的了解，即使你不能满足他们的要求，你也可能使对方作些改变。

2. 界定基本原则

制定出计划并设计出战略后，你就可以和对方一起就谈判本身界定其基本规则和程序。谁将进行谈判？谈判在哪里进行？谈判限制在多长时间里（如果有时间限制的话)？谈判要受到哪些方面的约束？如果谈判陷入僵局，应遵循什么具体程序？在这一阶段中，双方将交流他们的最初提议和要求。

3. 阐述和辩论

相互交换了最初观点后，你和对方都会就自己的提议进行解释阐明、澄清、论证和辩论。这一阶段不一定非是对抗性的，它可以是双方对下面这些问题交换信息的机会：为什么这些问题很重要？怎样才能使双方达到最终的要求？此时，你会给对方提供所有支持你观点的材料。

4. 讨价还价和解决问题

谈判过程实际上是一个为了达成协议而相互让步的过程，谈判双方毫无疑问都需要作出让步。下面的"从概念到技能"中干脆把谈判描述为：为了增加达成有利协议的可能性，你所应该采取的活动。

5. 结束与实施

谈判过程的最后一步是将已经谈成的协议正规化，并为实施和监控执行制定出所有必要的程序。对于一些重要谈判（包括各种劳资谈判、租约条款谈判、购买房地产谈判、提供高层管理职位的谈判）需要在订立正式合同时敲定各种细节信息。不过，在大多数情况下，谈判过程的结束只不过是握手告别。

四、提高谈判技能的建议

如果你已经评估了自己的目标，思考过对方的目标与兴趣，并提出了一种谈判战略，你就可以真正开始谈判了。下面几项建议可以提高你的谈判技能：

（1）以积极主动的态度开始谈判。研究表明，让步倾向于得到回报并最终达成协议。因此，以积极主动的态度开始谈判--也许只是一个小小的让步，但它会得到对方同样让步的酬答。

（2）针对问题，不针对个人。着眼于谈判问题本身，而不针对对手的个人特点。当谈判进行得十分棘手时，应避免攻击对手的倾向。你不同意的是对手的看法或观点，而不是他个人。应做到把事与人区分开来，不要使差异人格化。

（3）不要太在意最初的报价。把最初的报价仅仅看作是谈判的出发点。每个人都有自己最初的观点，它们可能是很极端、很理想化的，仅仅如此。

（4）重视双赢解决方式。没有经验的谈判者常假定他们自己的获益必定来自对方的牺牲。我们已经看到，在综合谈判中情况并不一定如此。经常可以找到双赢的解决办法。但是，零总和的观念则意味着失去了双方都要获益的谈判机会。

因此，如果条件许可，最好寻求综合的解决办法。按照对手的兴趣建构选择，并寻求能够使你和对手均成功的解决办法。

（5）建构开放和信任的气氛。有经验的谈判者是个好听众，他们更多询问问题，更直接地关注对方的提议，更少防卫性，并避免使用能够激怒对手的词汇（"慷慨的报价"，"公平的价格"，"合理的安排"）。换句话说，他们善于建构必要的开放、信任气氛，以达到综合解决方法。

第三节　群体间关系

从第十三章开始到现在，我们讨论的大部分概念都是处理群体内活动的。比如，本章前面的内容强调的是个人之间和群体内部的冲突以及个人之间的谈判。但是，我们不仅需要了解群体内部的关系，还需要了解群体之间的关系。本节关注的内容就是群体之间的关系，它是连接两个不同组织群体的桥梁。你会发现，群体间关系的效果和质量会显著影响到一方甚至双方的群体工作绩效以及成员的工作满意度。

一、影响群体间关系的因素

成功的群体间工作绩效受到一系列因素的影响。而其中有一个关键概念贯穿于所有因素中，这就是协作。下面讨论的每个因素都会影响到在协作方面的努力。

（一）相互依赖性

首先我们要问第一个重要问题：群体真的需要协作吗？这一问题的答案来自于群体之间相互依赖程度的确定。也就是说，群体之间是不是需要相互依赖？如果是，其依赖程度有多大？在相互依赖关系中有三种主要的类型：联营式、顺序式、互惠式。三种类型所要求的群体相互作用程度是逐步提高的，如图 15-6 所示。

当两个群体的功能相对独立，但它们共同的产品会为组织的总体目标作出贡献时，就属于联营式相互依赖关系（pooled interdependence）。比如，在苹果电脑公司中，我们可以把产品开发部和发货部之间的关系看作是联营式

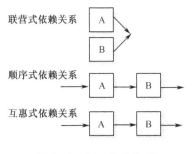

图 15-6　相互依赖类型

关系。如果苹果公司希望开发新产品，并把这些产品送到客户手中，显然两个部门都是必不可少的，但两个部门又是各自独立的，且相互之间非常不同。在其他条件同等时，群体间联营式的相互依赖关系，相比顺序式和互惠式来说，对协作的要求更少。

苹果公司的购买部和零件组装部之间为顺序式相互依赖关系（sequential interdependence）。一个群体（零件组装部）依赖于另一个群体（购买部）的投入，但这种依赖性是单向的。也就是说，购买部并不依赖于零件组装部提供投入。在顺序式相互依赖关系中，如果提供投入的群体不能够正常完成工作，那么依赖于第一方的群体就会受到严重影响。我们还以苹果公司为例，如果购买部未能提供组装过程要求的一个重要元件，则会导致零件组装部的减产或暂时停产。

互惠式相互依赖关系（reciprocal interdependence）最为复杂。在这里，群体之间交换他们的投入和产出。在苹果公司中，销售部与产品开发部就是互惠式相互依赖关系。销售员与顾客进行接触，了解到他们未来的需求信息，然后，销售部把这些信息反馈给产品开发部以使他们能生产新型的计算机产品。如果产品开发部提供的新产品总不能令潜在的顾客感到满意，久而久之，销售人员就得不到顾客的订单。可见，他们之间存在着高度的相互依赖关系：产品开发部需要从销售部那里得到顾客的需求信息，以便成功地开发新产品；而销售部也依赖于产品开发部开发出新产品，这样他们才能卖得更好。这种高度的相互依赖性可以转化为更多的相互作用和更高的协作要求。

（二）任务不确定性

在协作方面的第二个问题是：群体从事的是什么类型的工作？为了简化起见，我们可以把群体从事的工作视为一个从高度常规化到常规化程度低的任务连续体，如图 15-7 所示。

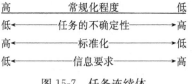

图 15-7　任务连续体

高度常规化的任务很少发生变化。群体成员面对的问题非常容易分析，很少出现例外情况。这种群体活动适合于标准化的操作程序。比如，轮胎工厂的生产任务就是高度规范化的任务，任务连续体的另一端是常规化程度低的任务。这些活动是无结构的，很难进行分析，并且存在着很多例外情况。市场研究部和产品开发部中遇到的大量任务都属于这一类。当然，大多数群体工作任务介于常规化程度高低之间的任务连续体的中间某处位置。

　　任务不确定性（task uncertainty）的关键在于非常规的任务要进行更多的信息加工，而低不确定的任务则是规范化的。另外，从事规范性工作的群体不必与其他群体进行很多相互作用。相反，从事高不确定性工作的群体要对自己面对的问题作出随机应变的反应，这反过来又需要得到更多更好的信息。我们可以预期，固特异轮胎与橡胶生产厂（Goodyear Tire & Rubber）市场调查部的人相比生产部的人来说，与其他部门和人员（如市场部、销售部、产品设计部、轮胎零售商、广告代理等第）进行了更多的相互接触。

（三）时间与目标取向

　　不同群体在成员的背景和思考方式方面有多大不同？这是与群体间协作程度有关的第三个问题。研究表明，在工作的时间与目标取向基础上，不同群体对于"哪些方面重要"的认识各不相同，这一点使得具有不同认识的群体之间很难共事。

　　为什么工作群体会有不同的时间和目标取向？这是因为，高层管理者过去往往把固定的任务分配给固定的功能群体，并给这些群体设置具体的目标。然后，让拥有必要的背景和技能的群体成员来完成任务，帮助群体达到目标。任务的分工以及专业人员的聘用使得群体内的协作活动十分容易，但同时也增加了群体之间相互协作的难度。

　　我们举例来说明工作群体之间在时间取向上有什么不同。制造人员关注的是短期目标，他们考虑的是当天的生产安排和本周的生产率。相反，研究与开发部的人则注重长期目标，他们致力于开发的新产品可能需要好几年才生产出来。同样，工作群体的目标取向也常常是不同的。本章前面指出，销售员希望卖出所有的产品，他们的目标集中在销售量、收入和市场占有率上。顾客是否有能力支付他们购买的东西对销售员来说并不重要。但是信贷部的人则希望保证只向那些信誉良好可靠的顾客销售产品。这些目标上的差异常常使销售员和信贷员之间很难沟通，当然他们之间的相互协作就更难了。

二、管理群体间关系的方法

　　在管理群体间关系方面，可以采取哪种办法？你有很多办法可以选择。我们这里介绍其中最常使用的七种方法，如图 15-8 所示。根据付出代价的多少可以把这七种方法排列在一个连续体上。排在连续体越上端的方法功能性越强，下端的办法不能代替上端的办法。在大多数组织中，位置处于低端的简单方法常常和位置处于高端的复杂方法结合起来使用。比如，管理者在运用工作团队来调节群

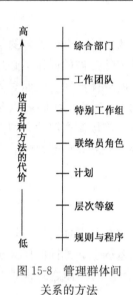

高

使用各种方法的代价

低

—— 综合部门

—— 工作团队

—— 特别工作组

—— 联络员角色

—— 计划

—— 层次等级

—— 规则与程序

图 15-8　管理群体间
关系的方法

体间关系的同时，也可能会同时使用规则与程序。

1. 规则与程序

在管理群体间关系上，最为简单、花费也最低的办法是：事先构建一系列正规的规则与程序来具体说明群体成员之间应该怎样相互作用。比如，在大型组织中，标准的操作程序有可能具体说明了下面这种情况：任何部门需要补充终身雇员时，应该首先向人力资源部填写"新员工申请表"；人力资源部拿到申请表后，要根据规范过程来满足要求。要注意，这些规则与程序把部门或工作群体之间流动的信息和相互作用的需要减少到最低程度。这种做法的主要缺点是，只有当人们事先预期到群体间的活动，并充分认识到建构的规则和程序确实能处理他们的问题时，它才能工作良好。在动荡和变革条件下，仅仅有规则和程序并不能充分保证群体之间的有效协作。

2. 层次等级

在管理群体间关系时，如果程序与规则不足够充分，那么组织中层次等级的使用就会成为首选办法。这种方法指求助于组织中更高层次的主管解决问题，从而获得协作关系。这种方法的最大局限在于，它增加了上级主管花费的时间。如果所有的问题都用这种方法解决，组织中的首席执行官无疑会陷于解决群体间问题的汪洋大海之中，再没有时间处理其他事。

3. 计划

连续体中的第三个方法是运用计划促进协作。如果每个群体都有自己负责的具体目标，那么每个群体都会知道自己应该做什么。群体之间工作所产生的问题可以通过确定每个群体的目标和贡献得到解决。在一个机动车辆办公室中，包括不同的工作小组：测试与考核组、驾驶执照组、车辆注册组、出纳（财务部门）组等等，每个小组都有一系列的目标定义了自己的责任范围以及减少群体间冲突的条例。但是，当工作团队没有清晰界定的目标时，或群体之间密切联系在一起时，靠计划作为协作手段起不了什么作用。

4. 联络员角色

联络员是一个很特殊的角色，它是为了促进两个相互依赖的工作单元之间的沟通而专门设计的。比如，某个组织中财会人员与工程技术人员之间有很长的冲突历史了，因此管理层聘用了一名既有 MBA 学历，又有几年公共会计经历的工程人员。这个人能够使用两个部门的语言，理解两个部门的问题。这名新的联络员角色被确立后，过去由于财会部门与工程部门之间的冲突而造成的难于合作的局面有了很大改观。这种协作机制的最大局限性是，在处理相互作用群体之间的信息时，联络员的个人能力是有限的，尤其在大型群体中和相互作用相当频繁的群体中更是如此。

5. 特别工作组

特别工作组是一个临时性的群体，它由来自不同部门的代表组成，它的存在时间取决于问题得以解决的时间。一旦问题获得解决，特别工作组的成员又会返回各自的部门中。

如果相互作用的群体数目不止两三个，那么特别工作组是一种协同活动的最佳手段。比如，奥迪公司曾接到了众多的顾客抱怨，说他们的车把变速器装反了，即使驾驶员的脚紧紧踩住刹车闸，汽车依然在加速。公司立刻组建了一个特别工作组来评估这一问题，并开发解决办法。来自设计、生产、律师、工程部门的代表共同工作，解决问题。问题得到解决之后，特别工作组也就解散了。

6. 工作团队

当工作任务更为复杂时，在实施的过程中又会出现很多另外的问题。此时，前面的各种协作手段就显得力不从心了。如果在决策方面需要的时间很长，沟通的范围又很广时，高层管理者就不得不花费更多时间在工作现场，此时使用永久性的工作团队是最佳做法。它们常常是针对那些经常发生的问题设计的，团队成员既与他过去所在的功能部门保持联系，又与工作团队保持联系。当团队的任务完成时，每一个成员又可以用全部时间处理他的职能部门的工作。

波音公司就运用这种交叉功能型团队对飞行事故进行协同调查。当波音飞机发生意外事故时，公司立刻派出一个由不同部门成员组成的工作团队（包括设计部、生产部、律师部、公共关系部的成员）赶赴现场。每当事故发生，这个团队的成员会立刻扔掉手里当前职能部门分配的工作直奔现场，和其他团队成员一同开始调查工作。

7. 综合部门

当群体间的关系过于复杂，以至于通过计划、特别工作组和工作团队等方式都无法协调时，组织就应该构建综合部门。它们是永久性的部门，成员正式由共同完成任务的两个或多个群体组成。这种永久性的群体维持起来代价很高，但是，当组织中很多群体的目标相互冲突时，非常规的问题很多时以及群体间的决策对组织的总体运行有着相当大的影响时，应该使用这种方法。如果组织要长期进行经费削减，使用这种方法管理群体间的冲突也是最佳的。当组织不得不削减规模时（目前大量企业中都存在这种情况），削减如何分配，越来越少的资源又该如何分配，这些都是当今主要的两难困境。在这种情况下综合部门的使用是管理群体间关系的有效手段。

三、冲突与部门绩效

　　从有效性角度上来思考管理群体间关系的方法对我们非常有帮助。研究者认为群体间关系的有效性可以从功效和质量两个方面进行评估。功效指的是，组织需要付出多大代价可以使群体间的冲突变为群体意见统一的活动。质量指的是，其结果导致了一个良好、稳定的一致意见的程度，根据这种定义，本节介绍的七种方法，其顺序是从功效高到低排列的，也就是说，暂且不管结果如何，规则与程序的实施比层次等级付出的代价要小，以次等级又比计划的代价要小，依此类推。当然，减少代价只是考虑的一个方面。有效性的另一个因素是质量，即这种协作手段在促进相互作用、降低功能失调的冲突方面的效果如何。前面指出，代价最低的选项可能并不足以解决问题，因此管理者在管理群体间关系时需要采用多种方法进行处理，它们的作用是累加的。当你在图 15-9 的连续体中选择的方法位置越高，它们的代价也就越高。因此，最有效的协作机制是能够达到稳定的相互作用，同时又是位于连续体中最低位置的选项。

　　本章内容表明，冲突对群体或组织单元的作用可以是建设性的，也可以是破坏性的。如图 15-9 所示，冲突的水平可能会过高或过低，任何一种极端情况都阻碍了工作绩效。当冲突达到最佳水平时，它可以阻止迟滞，解除紧张，激发创造力，培养变革的萌芽。但冲突过高会导致群体分裂并且合作受阻。

　　过高或过低的冲突水平都会阻碍群体或组织的有效性，使群体成员的满意水平降低，流动率和缺勤率提高，并最终导致生产率下降。但是，当冲突达到最佳水平时，则会使组织中的自满和冷漠减少到最低程度。通过营造富有挑战性、充满生机的问题情境，使员工感到工作更有趣味，并进而提高动机水平。而且，组织中也需要一定数量的流动率来摆脱不合适者和不称职者。

　　当管理者面对的冲突水平过高需要降低其水平时，我们可以提供哪些建议？不要误以为某种冲突的处理意向是放之四海皆准的！你应该选择一种最符合当前情境的意向。下面具体提供一些行为指南：

　　（1）运用竞争。当迅速果断的活动极其重要时（在紧急情况下）；当你需要实施一项不受人欢迎的重大措施时（缩减开支，强调一项不受人欢迎的规章制

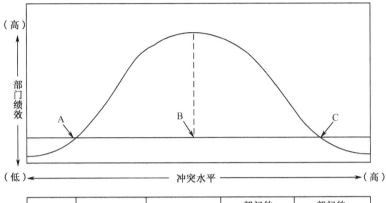

图 15-9　冲突与部门绩效

情境	冲突水平	冲突类型	部门的 内部特征	部门的 绩效水平
A	低或无	功能失调	冷漠 迟钝 对变化反应慢 缺乏新观念	低
B	最佳	功能正常	生命力强 自我批评 不断革新	高
C	高	功能失调	分裂 混乱无秩序 不合作	低

度，惩罚）；当该问题对组织福利极为重要，而你又知道自己是正确的，为了对付那些从非竞争性行为中受益的人。

（2）运用协作。当你发现两个方面都十分重要并且不能进行妥协或折中时；当你的目的是为了学习时；当你需要融合不同人的不同观点时；当你需要把各方意见合并到一起而达到承诺时。

（3）运用回避。当问题微不足道，或还有更紧迫、更重要的问题需要解决时；当你认识到不可能满足你的要求和关心时；当问题解决后带来的潜在破坏性将超过它能获得的利益时；当收集信息比立刻决策更重要时；当其他人能更有效地解决冲突时；当这一问题与其他问题无关或是其他问题的导火索时。

（4）运用迁就。当你发现自己是错的，希望倾听、学习一个更好的观点，并能表现出自己的通情达理时；当该问题对别人比对你更重要，并可以满足别人和维持企业时；为了对以后的事情建立社会信任时；当别人胜过你，而造成的损失最小时；当融洽与稳定至关重要时；当你允许下属从错误中得到学习从而发展时。

（5）运用折中。当目标十分重要，但不值得采用更为自我肯定的做法造成潜在的破坏性时；当对手拥有同等的权力能为共同的目标作出承诺时；当为了对一个复杂问题达成暂时的和解时；当时间十分紧迫需要采取一个权宜之计时，它可以作为合作和竞争都不成功时的备用方案运用。

谈判被表明是一种一直存在于群体和组织中的活动。分配谈判能够解决争端，但它常常对谈判的一方或多方的满意度产生消极影响，因为它看重的是短时效果，而且是对抗性的。相反，综合谈判倾向于提供满足谈判各方的结果，并建构了持久的关系。

群体间冲突也会对组织绩效造成影响，在这方面主要关注的是功能失调的冲突，以及对它们的管理办法。当组织绩效取决于有效的群体关系，并且群体之间的相互依赖性十分密切时，管理层就要保证实施恰当的综合机制。然而，与冲突的相互作用观点一致，没有理由认为所有的群体间冲突都是功能失调的。一定程度的冲突可以促使群体成员严谨思考，使群体对变革的需要作出更快的反应，并有助于群体和组织绩效水平的提高。

复习与思考

1. 解释下列概念：
（1）人际冲突；（2）功能正常的冲突；（3）功能失调的冲突。

2. 冲突具有哪些积极方面？哪些消极方面？

3. 功能正常的冲突与功能失调的冲突之间有何差异？冲突的功能是由哪些因素决定的？

4. 描述一个你亲身经历过的功能失调的冲突情境，再描述一个你亲身经历过的功能正常的冲突情境。现在分析一下，在功能正常和功能失调的冲突中，冲突另一方是如何解释情境的。

5. 在哪些条件下冲突会对群体有益？

6. 冲突的过程模型中有哪些要素？根据你的亲身经历，举例说明某一个冲突是怎样经历五个阶段的。

7. 管理者如何在他的部门中激发冲突？

8. 在分配谈判中，哪些因素界定了和解区间？

9. 为什么综合谈判在组织中并未得到广泛应用？

10. 为了提高你的谈判效果，你应做些什么工作？

11. 如何评估群体间关系的效果？

第十六章　人际关系

人际关系是影响群体心理的一个重要因素，也是决定企业成败的重要因素之一。因此，现代管理学者都非常重视人际关系的研究。

在这一章，首先，我们明确人际关系的定义，讨论群体中人际关系类型，以及人际关系在管理中的意义。然后，我们考察社会知觉，介绍三种社会知觉常见的形式，论述解释社会知觉现象的归因理论。在这之后，我们考虑人际吸引和人际关系需求类型。最后，阐述人际关系调节的原则和方法。

第一节　人际关系

一、人际关系

人们在一定的群体中学习、工作、生活，必定会结成各种各样的人际关系，就是人与人的相互交往和联系。人际关系（interpersonal relation）的外延十分广泛，从个人之间的关系、家庭关系到集体关系与社会关系，都属于人际关系的范畴。不过在管理心理学中，主要是探讨在一个群体中成员与领导者之间、成员与群体之间以及成员与成员之间的相互交往关系。

人际关系是影响群体心理的一个重要因素，也是决定企业成败的重要因素之一，对于旅游企业管理有着重大的作用。因此，现代管理学者都特别重视人际关系的研究，努力寻求合理正确的方针、政策、方法、方式，以调动全体人员的积极性，达到企业的组织目标。

社会主义条件下的人际关系是新型的社会关系，它直接影响到社会主义精神文明的建设。对于一个群体来说，人际关系良好，成员之间相互关心，感情融洽，则精神文明程度高；反之，则精神文明程度低。一个群体精神文明的程度也直接影响到群体的士气和工作效率的高低，以及群体成员和自我完善的程度。

在现代管理学发展史上，有一个人际关系学派。20 世纪初，泰勒（W·Taylor）科学管理学说的广泛传播以及泰勒制的实际运用，大大提高了劳动生产率，但也引起了工人的强烈不满。因为这种制度使工人的劳动变得紧张而又单调，工人每天在机器前疲于奔命，成了机器的奴隶。这种现象引起了管理者和心理学家的高度重视。1924 年 11 月，在美国西部电气公司的霍桑工厂里进行了一项实验。实验的目的是想论证照明条件对生产效率的影响。这个实验持续了三年，但是，未获成功。1927 年冬，以哈佛大学著名心理学家梅约（George Elton Mayo）为首的一批心理学家另辟蹊径，在"人"身上打主意，经过驻厂五年的实验和研究，他们得出了一个重要结论：照明、作息时间以及工人的薪水同劳动生产率并无多大的关系；劳动生产率的高低主要取决于工人的心理因素，如工人的情绪、工作满足感以及相互之间的人际关系等。他们还发现了非正式群体在管理中的至观重要的意义。在 1932 年出版的《工业文明中的人性问题》一书中，梅约详细阐述了这个结论。他的理论既丰富了现代管理学的原理，又成为管理心理学的一个重要理论基础。到了 20 世纪 50 年代，对企业中的人际关系的研究出现了新的高潮，并发展为群体对策研究，如企业内的沟通交往对策，调查士气以及伴随而来的提高士气对策，提建议制度，参与管理制度等。在日本，人际关系学说演变成为一种新的管理风格和一种新的管理理论体系，美国学者称之为"Z理论"，在现代管理学和管理心理学的研究中有重要的影响。

二、群体中人际关系类型

人与人通过不同的交往形式，可以结成多种多样的人际关系。在群体中，人际关系主要有：领导和成员之间的关系，成员和群体之间的关系以及成员与成员之间的关系。这些关系的形成与调整，对群体士气和群体效益会产生不同程度的影响。

1. 领导和成员之间的关系

在一个正式群体中，领导处于核心地位。他负责提出和制定群体的目标，执行上级指令，进行决策，并对群体活动进行组织、管理和控制。领导有职有权，他的行为和作风对群体成员有很大影响。成员情绪的高低，能力的发挥，需要的满足，期望的实现等都与此密切相关。一般来说，在群体中，领导职能的发挥和领导对成员的影响力，主要取决于领导者和成员在心理上是否一致以及一致的程度如何。一致的程度越高，关系就越融洽，相互肯定性的反应也就越高。反之，就会使领导和成员难以接近，产生成见，出现冷淡、敌视等对立反应，形成心理冲突，恶化人际关系。

在调整领导和成员的人际关系时，领导一般处于主导地位。要使相互关系得到和谐一致的发展，领导必须注意：（1）提出符合大多数成员利益的、切实可行的团体目标；（2）发挥每个成员的主观能动性，尊重和信任他们；（3）有公正民主的领导作风；（4）切实关心成员的生活，一切为成员着想。

2. 成员与群体之间的关系

这里所说的群体是指正式群体，它有明确的任务和目标，有严格的组织系统和规章制度，也有群体认同和群体舆论。社会心理学认为，要了解一个人，最好从他所属的群体去了解；要改变一个人，最好用群体力量去改变；要使个体充分发展，也必须通过群体活动去实现。人们只有在群体中、在一定社会组织中才能彼此认识，结成密切的关系。因此，群体不仅影响个体的行为，而且也影响个体之间的相互关系。

群体有良好的，也有不良的。它们都会影响成员的心理及其相互关系。一般说来，良好的群体对人际关系有积极的影响。由于取得了一定的成就，社会声誉较高，群体成员有一种自豪感，可以产生较强的内聚力，因而，在这样的群体中，成员能获得共同的心理感受，达到彼此的心理相容，结成融洽的人际关系。不良的群体则对人际关系产生消极作用，因为它没有明确的方向、共同的目标和严格的纪律，成员之间矛盾重重，关系紧张，问题不断，从而破坏了良好的人际关系的建立。

3. 成员之间的人际关系

这是指在群体内通过个体之间的交往而形成的人际关系。人与人之间的相互关系的形成，有很多复杂的因素，我们将在下面专门讨论。

三、人际关系在管理中的意义

组织中人际关系的好坏，不仅影响着人与人之间的交往；而且对组织的社会实践效果也产生很大的影响。一个组织具有和谐友好的人际关系，是实现组织目标的重要条件，也是管理者实现目标的重要环节；同时对组织的两个文明建设也有着深刻而广泛的影响。

（1）良好的人际关系有利于组织团结。人际关系的性质，反映出组织团结的好坏。良好的人际关系是组织团结的基础。一个组织只有成员与成员之间、领导与被领导之间、成员与组织之间人际关系搞好了，该组织才可能成为团结战斗的集体。

（2）良好的人际关系有利于工作效率的提高。一个组织人际关系好，成员之间相互帮助、相互支持、协调一致，有利于集体力量的发挥。同时，人与人之间的感情融洽，心情舒畅，士气高涨，更容易激发大家的积极性与创造性。相反，人际关系紧张，互相猜疑，勾心斗角，互不协作，势必降低工作效率。

（3）良好的人际关系有利于心理健康。人际关系对人的心理健康有重大影响。人的心理适应，最重要的就是对人际关系的适应，对人际关系适应不良，就会引起身心疾病。原始人主要与自然搏斗，人际关系简单，所以心理疾病很少；而在人际关系十分复杂的文明社会里，心理疾病就会成为引人注意的问题，在企事业单位，建立良好的人际关系，对职工的身心健康具有重要影响作用。

（4）良好的人际关系有利于精神文明建设。一个组织人际关系好坏程度反映了该组织精神文明建设的水平。良好的人际关系，体现出团结友爱的精神，互相帮助，相互信任，为他人服务的思想蔚然成风，这些会将组织的社会主义精神文明建设推向更高的水平。

第二节　　社　会　知　觉

一、社会知觉

对于研究群体管理来说，社会知觉是非常重要的内容。所谓社会知觉（social perception），是指在社会关系中，以人与群体为对象的知觉，有时又称作人际知觉。人与人之间的相互关系，常常是以社会知觉的结果为基础的。因此，要想建立良好的人际关系，首先必须具有正确的社会知觉。

对人的知觉不同于对物的知觉。对于物的知觉直接诉诸对象的具体特征。对人的知觉不仅涉及人的各种外在特征，尤其涉及人的行为。而要认识人的行为，根本的一点就是要了解行为的原因。因此，说明行为与人的内在心态的关系、说明行为的原因，便是研究社会知觉的核心。

在具体的社会知觉中有一些常见的形式，它们已成为人际判断的基本习惯和手段。但按照这些形式作出的人际判断并不是任何时候都正确无误，有时可能会歪曲知觉，导致知觉偏差。

（一）第一印象

大家都会有同样的经验，在你面对某人而有必要须了解他的时候，在第一次见面时所获得的印象是最重要的。因此，心理学家们在研究人际知觉时，就不能不研究人与人初次见面时的第一印象。所谓第一印象（first impression），是指观察者在第一次与对方接触时，根据对方的身体相貌及外显行为所得的综合性与评鉴性的判断。在我们日常生活中，随时随地都有机会对人产生第一印象。例如某教授第一次上课，凭他衣着、谈吐、见解、对学生态度等有限资料，就会构成学生们对他的第一印象；同理，老师与某学生第一步谈话，也将根据该学生的谈吐应对而形成老师对他的第一印象；尤其谋职应征者，第一步会晤面谈，更是给人关键性第一印象的时刻。

对人的第一印象，其形成的主要根据是人的表面特征。虽然有句俗语说："不能根据一本书的封面评定其内容"，但不幸的是，人际知觉中第一印象的形成，确有偏重外表而忽视内涵的倾向。然而足以影响观察者第一印象的。究竟有些什么心理因素？根据心理学家研究发现，人的相貌和性格两类因素，对第一印象的形成会发生不同的影响。

管理心理学认为，第一印象至关重要，人与人之间的交往关系，总是以第一印象为媒介进行，而且对以后的人际知觉起着指导性的作用，它在很大程度上决定着人们的态度和行为。

第一印象的作用本质上体现了一种优先效应。当不同的信息结合在一起时，人们总是倾向前面的信息，即使人们同样也注意了后面的信息，但也会认为后面的信息是"非本质的"、"偶然的"。当人们接受了前面的信息后，就会按照这样的信息来解释后面的信息，即使后面的信息与前面的信息不一致，也会屈从与前面的信息，从而形成整体一致的印象。

第一印象的形成与人的知觉恒常性有关。当人的知觉条件在一定范围改变了的时候，知觉的印象仍保持相对不变，这就是知觉的恒常性。人们总是在已有的知识经验的基础上知觉客体的，并按照已有的印象解释当前变化的客体，所以知觉对象能保持不变。人们初次相见，往往没有任何有关的信息可以参照，但以后的交往人们就会自觉地按照过去得到的有关信息，尤其是初次印象来解释当前的知觉信息。如果没有初次印象的话，那就等于人们总是在与陌生人打交道了。因此，尽管第一印象难免对以后的知觉带来偏差，然后又是人们相互之间认识所不可缺少的基本信息来源，这就是第一印象得以存在的理由。

在企业管理中，第一印象具有实际意义。例如，在提拔干部时，有的领导者无视群众的呼声，一锤定音，凭的就是第一印象。有些员工对领导察言观色，投其所好，目的就是希望在领导着那里建立好的印象。在这种情况下，有的人则可能因给别人的第一印象不佳而被埋没，一蹶不振。这些情况应当引起管理者的注意。一方面，它要求管理者上任伊始，就应该给员工留下一个好印象，以便利用这种心理效应开展日后工作；另一方面，又要求管理者在接触和了解员工时，做深入细致的调查研究，全面客观地看问题，避免第一印象的干扰。

（二）晕轮效应

晕轮效应（halo effect）有称月晕效应。他是指在人际知觉时，人们常常从对方所具有的某个特征而泛化到其他一系列有关的特征，也就是从所知觉到的特征，泛化推及到未知觉到的特征，从局部的信息而形成一个完整的印象。

晕轮效应的极端化就是推人及物。从喜爱一个人的某个特征推及到喜爱他整个人，又进而从喜爱他这个人，泛化到喜爱一切与之有关的事物，即所谓"爱屋及乌"。

晕轮效应的成因，首先与人的知觉整体有关。人们在知觉客观事物时，并不是对知觉对象的个别属性或部分孤立地进行感知的，而是倾向于把具有不同属性、不同部分的对象知觉为一个统一的整体，这是因为知觉对象的各种属性和部分有机地联系成一个复合刺激物的。其次，对人知觉的晕轮效应，还在于内隐人格理论的作用。人们普遍认为，人的各项品质之间是有其内在联系的。例如，热情的人往往对人比较亲切友好，富于幽默感，肯帮助别人，容易相处；而冷淡的人较为孤僻、古板、自我中心、不愿求人，也不愿帮助别人。对某人只要有了"热情"或"冷淡"的一个核心特征印象，人们就会自然而然地去补足其他关联的特征，产生晕轮效应。再次，人们往往把一个人的性格特征与他的外部表现联系在一起。例如，人们一般认为具有勇敢正直、不畏强暴的性格特征的人，往往还表现在处世待人上襟怀坦白，不弄虚作假，敢作敢为，不欺上瞒下，且端庄大方，恳切自然。一个具有自私自利、欺软怕硬性格特征的人，则还会在其他方面表现出虚伪阴险，表里不一，对人只知利用、不愿帮助，或阿谀奉承，或骄横跋扈。于是人们既可从外表知觉内心，又可从内在性格特征泛化到外表的评价上。

在企业管理中，晕轮效应现象的存在，往往使管理者难以真正地了解和公正地评价人，从而挫伤员工的自尊心和工作积极性，造成管理者与员工之间的对立情绪，妨碍集体团结，影响人际关系。例如，一家饭店在评先进、树典型时，总是千方百计地给"先进人物"身上加上优点，有的甚至将别人的优点移植过来，把他们打扮成一个个"完人"。又如，有的人有些小毛病或者犯了点小错误，领导便把他看的一无是处，甚至把别人的缺点都加在他身上，使他难有"出头之日"。由于晕轮效应的影响，有的人办错了一件事，可能被认为好心办错事，而另外的人办错了一件事，可能被认为是动机不纯或思想有问题。此外有些领导找员工谈心，了解情况。往往凭自己对对方的印象，或者凭别人反映的情况，主观臆断，先在脑子里形成"思维定势"，给对方的思想状况和心理活动定调。这些现象给人际关系造成了一定的不良影响。

（三）刻板印象

所谓刻板印象（stereotyping），是指在人们头脑中存在的关于某一类人的比较固定概括而笼统的印象。刻版刻板印象的形成过程就是按照预想的类型把人分成若干类别，然后按照这些类别贴上固定特征的标签。于是，在人际知觉中，就往往按照某个人的一些容易辨别的类别特征，如年龄、性别、民族、职业、文化等特征，把他归属为某类成员，然后又把属于这类成员所共有的典型特征归属到他身上，并以此为根据去知觉和判断他。这实际上是对社会上各种各样人物的一种"角色期待"。如过去人们一提及教授，脑海里便立即浮现出一个印象：文质彬彬、白发苍苍、思想深邃、风雅清高。这个印象符合相应的角色期待。这种职业印象就是刻版印象，也就是人际知觉偏差。

刻板印象的产生与知觉的选择性有密切的关系。我们周围的客观事物是纷繁复杂的，它们每时每刻都作用于我们的感觉器官。但是，在一定时间内人们并不感知所有的对象，而仅仅感受能够引起注意的少数刺激。人总是有选择地以少数事物作为知觉的对象，对它们只觉得格外清晰，而对于其余的事物则反映得比较模糊，知觉的这种特性就是知觉的选择性。

刻板印象普遍存在于人们的意识之中。人们不仅对曾经接触过的人具有刻板印象，即使对未见过面的人，也会根据间接的资料与信息而产生刻板印象。于是，人们总是带着一定模式有选择的知觉人的各个特征，发现与期待的模式相吻合的特征，而舍弃不符合的特征。

在某些条件下，刻板印象有助于对他人作概括性的了解。但是，它又是一种简单的认识，尤其是当这种刻板不符合客观事实，或认知对象具有特殊性时，就会对他造成错误的判断，影响良好人际关系的建立。因此在企业管理中，管理者既要把握人们所属群体的一般特征，又要注意每个人的特殊性，进行具体的分析。

二、对行为的归因解释

社会心理学家海德（Fritz Heider）在 1958 年提出了归因理论（attribution theory），用来解释人际知觉现象。按照归因理论的基本要义，人对他人或自己所表现的行为，就其感受与经验对该行为发生原因予以解释的心理过程，称为归因（attribution）。

对别人的行为予以归因解释时，一般不外两大原则：其一，认为别人行为的发生是由于情境因素所致，这叫做情境归因（situational attribution）。因为情境属个人自己之外的因素，故而又称情境归因为外向归因（external attribution）。其二，将别人行为发生的原因归之于其个人性格或其所具条件，这叫做性格归因（dispositional attribution）。因为性格属个人的自身因素，故而又称性格归因为内向归因（internal attribution）。在平常的情形之下，一般人在解释别人的行为表现时，比较倾向于内向归因而较少使用外向归因。换言之，在解释别人行为时，一般人比较重视个人的性格因素而忽略了情境因素。此种偏重"对人"而忽略"对事"的归因心理取向，很可能造成归因误差：因而对别人行为的原因给予错误的解释。像这种只重视性格因素而忽视情境因素而造成对行为解释的偏颇倾向，心理学家称之为基本归因误差（fundamental attributional error）。

在我们日常生活中,一般人在解释别人的行为时,很容易发生基本归因误差。商品广告设计者,经常利用观众基本归因误差的心理倾向,以不实的广告技术推销商品。例如,当你看到一个身材健美的运动员,在电视上手持一罐某品牌的饮料,一再重复该饮料可使身材健美的语句,你对他的行为将如何解释?假如你认为他说的是实话,那你所采用就是性格归因原则。假如你认为他说的未必是实话,他如此说的原因,一方面是他收了厂家的金钱报酬,另一方面是他借此在电视上作秀以宣传自己,你这种看法就是情境归因。单就这一则广告的目的而言,显然设计者是希望你采用性格归因来解释。如果是,你有相当大的可能犯了基本归因误差。当然,电视宣传广告未必就不真实,像某种疾病流行时请医师上电视告诉大家注意事项,就算医师收取报酬,你也不致将他的行为给予情境归因。

归因只是对别人行为原因的推理解释;推理解释未必符合事实。归因能否符合事实,关系到很多因素,其中人际关系就是一个重要原因。例如,一位丈夫忘记了妻子的生日,你猜想他妻子对丈夫的行为如何归因?以下两种归因都有可能:(1)妻子怀疑丈夫对她冷淡;(2)妻子猜想那是由于丈夫工作太忙所致。显然,前者是性格归因,后者是情境归因。由这两种不同归因趋向,可了解夫妻间不同的感情关系。

如果把归因的理念扩大到也用来解释个人自己的行为,心理学家发现了一个相当普遍的心理现象:一般人在解释别人的行为时,倾向于性格归因,而在解释自己行为时,却倾向于情境归因。显然,这两种归因倾向,都有可能导致归因误差。人为什么会有此种心理,心理学家们认为有两个原因:其一,个人对自己知道的较多,对别人知道的较少;个人不能设身处地站在别人立场看别人的行为,故而只能笼统地解释说其行为原因乃是出于对方本身。其二,由于注意焦点不同,观察别人行为时,注意焦点多落在对方本人身上;在个人自己表现某种行为时,自己注意的焦点往往落在环境上。

以上介绍的,主要是海德归因论的基本理念与其后学者的研究。社会心理学家凯莱(Kelley,1971)对一般人在解释别人行为时所采取的归因取向提出一种补充理论。按凯莱的解释,在面对别人的行为表现时,只要按三个标准去考虑,即可确定宜于采取何种归因方式。凯莱以见到女生玛利观赏电影时大笑为例,提出三个标准如下:

(1)特殊性(distinctiveness)指该行为只在特殊情况下发生,还是在一般情境下经常发生。玛利只是看到这个电影时大笑,还是她每次看电影时都会大笑?

(2)共同性(consensus)指该情境下是否引起大家同样的行为。玛利看电影时大笑,是她在大家都笑时跟着一起笑,还是别人不笑而只她一人大笑?

（3）一致性（consistency）指某人该种行为在类似情境之下是否重复出现。玛利每看此类电影都会大笑吗？

表 16-1 的内容，即表示归因的三种标准与归因取向的关系。

表 16-1　归因标准与归因取向的关系

归因标准 归因取向	归因标准					
	特殊性		共同性		一致性	
	高	低	高	低	高	低
宜采取性格（内向）归因		√		√	√	
宜采取情境（外向）归因	√		√		√	

不妨举例说明以上三个标准如何作为归因的重要依据。假设有一份工作，以前任职的人绩效差异很大，有的干得好，有的干得很差——共同性很低。有一位女职员以往的工作表现很普通，没有什么突出的成就——低特殊性。现在她担任了这份工作，并且工作表现很稳定——一致性很高。该如何评价她的工作？一个平常人担任一份并不是任何人都干得很出色的工作，而且工作表现很稳定，应该说这是合理的结果，可以认为她已凯兢兢业业、恪尽职守了。归因理论的重要价值就在于，它说明了解释行为的依据和复杂性，说明对同一行为可以有不同的解释。比如，一个向来工作出色的职员出现了失误，领班会不以为然，认为这只是偶然现象，外因所致——情境归因，不至于影响队这职员的总体评价。但若一名平素表现较差的员工犯了同样的过失，则往往会被认为是本性所致——性格归因。

第三节　人际吸引和人际关系需求类型

一、人际吸引

人际吸引是人与人之间建立感情关系的第一步；一个人如果毫无吸引别人之处，就不能引起别人的注意，如果两人之间不能彼此吸引，也建立不起亲密的感情关系。所谓人际吸引（interpersonal attraction），是指人与人之间彼此注意、欣赏、倾慕等心理上的好感，并进而彼此接近以建立感情关系的过程。根据多年来心理学家们研究发现，构成人际吸引的因素有以下几种：

(一) 接近且相纳

由于人与人之间在活动空间内彼此接近，因而有助于人际关系的建立，这是一种最自然的现象。邻居、同学、同办公室、同车上下班等，都是使人接近的机会。因接近机会多而相识，因相识而彼此吸引，进而建立友谊。由空间上的接近而影响人际吸引的现象称为接近性 (proximity)。美国心理学家费斯汀格 (Festinger) 等人，曾以麻州理工学院已婚学生眷属宿舍的居民为对象，研究他们之间的邻居友谊与空间远近的关系。该眷舍共 17 栋两层楼房，每栋上下两层，每层 5 户，共计 170 户。在学年开始搬入眷舍时，彼此各不相识。过一段时间之后，研究者调查每户举出在眷村中新交的三位朋友。结果发现，他们所交的新朋友，几乎离不开四个接近性的特征：(1) 是他们的近邻；(2) 是他们同层楼的人；(3) 是他们信箱靠近的人；(4) 是走同一个楼梯的人。由此看来，经常见面是友谊形成的一个重要因素。

当然，人与人空间上彼此接近，未必一定彼此吸引，也可能接近久了彼此生厌。因此，人际间的接近性，只能视为人际吸引的必要条件，不能视为充分条件：从无接近机会，彼此间不能吸引；有了接近机会，彼此间的吸引力也未必产生。只能说"近水楼台先得月"，却不能说近水楼台"必"得月。在接近的条件下要想进一步与人建立良好的人际关系，彼此互相接纳，无疑是另一个重要因素。所谓接纳 (acceptance)，是指接纳对方的态度与意见，接纳对方的观念与思想；对他的为人处事的方式，不但感到兴趣，而且表示适度的赞许。只有在接近的条件上彼此接纳，才会继续来往沟通。有沟通，才会彼此相知；彼此相知，才会成为莫逆之交。

国外管理者很重视接近因素的作用，他们对员工的工作场所进行设计和安排时，常常将人际交往的因素也考虑进去。这样，即便于员工之间相互交往，有利于形成协调一致的关系，又可防止因空间上的距离而产生的与整体利益不一致的小圈子。其次，人与人之间的交往频率也影响人际关系的建立。在群体中，成员之间接触越多，了解时间越长，使越容易形成良好的人际关系。

(二) 相似或相补

中国有两句成语："惺惺相惜"与"刚柔相济"；前者指才智相似的人会彼此爱怜，后者指两个性情极端不同的人，却能和谐相处。像前一种情形，两人间之所以彼此吸引的原因，称为相似性 (similarity)；像后一种情形，两人间之所以彼此吸引的原因，则称为相补性 (complementarity)。

人于人之间的相似处很多，诸如年龄、学历、兴趣、嗜好、态度、宗教信仰、政治理念等等，都可能彼此相似。由于某些方面相似，而可能彼此投契，可能情投意合，从而形成亲密关系。从心理学的观点看，相似有助于相交，其理由可作为以下两点解释：（1）具有相似兴趣与态度者，多趋于参加同类的活动自然增加彼此认识沟通的机会，从相识而相知，进而建立进一步的感情。（2）凡是年龄、学历、兴趣、信仰等各方面相似者相交往时，彼此间的意见容易沟通；而在意见沟通交流的过程中，有于个人的见解引起对方共鸣，因而在"知音难遇而遇"的情境下，格外觉得珍重。

至于相补性之所以构成人际吸引条件者，除两性之间自然相补之外，在个人兴趣、专业、特殊才能等方面，多数人都会有希望自己所缺者由别人补足的心理倾向。因为人在追求成长时，不可能掌握到所有的机会，因而顾此失彼的遗憾总是难免。因此，遇到自身所缺少而对方所擅长的某种特征时，就会不期而然地对之表示好感。例如：学理工的人，可能爱好文艺但失去学习文艺的机会，如在人际关系中交到长于文艺的朋友，分享其在文艺上的心得与快乐，就可使他对失去的缺憾得到补足。

（三）相悦因素

所谓相悦，主要是人与人之间情感上的相互接纳和肯定。

在日常生活中不难发现，期待能得到说话者喜欢和赞赏的人，往往与对方靠得较近。如果是在一个群体之中，那些靠近说话者最近的人，往往就是期望对方对自己最友好感的人。同样，说话者也能够察觉到，那些靠近自己最近的人正是喜欢自己得人。人们的相悦会在举止言谈中不知不觉地表现出来，彼此都感到对方能接纳自己和喜欢自己时，就会产生最大的相互吸引力，极易建立良好的人际关系。

人们常常很敏感地从他人的评价和态度来体会自己是否被他人接纳和肯定。希望得到他人的良好评价和称赞，应该说是一种正常的心理现象。人们往往从别人良好的评价中，了解自己在群体中或在别人心目中的地位，树立自己的自尊，产生一种被承认和被接纳的满足感。于是，人们能从对方的友好态度中感到愉快，这样相互之间就产生了建立良好的人际关系的基础。在许多情况下，人们也能心悦诚服的接受他人善意而合理的批评，这也同样出于别人接纳和喜欢自己的内心。

就一般心理活动而言，人们并非总是喜欢别人的称赞。首先，人们需要的是恰如其分的称赞，从中可以了解到自己哪些是该保持的优点，也需要是恰如其分的批评，从中可以了解到自己应注意克服的缺点。其次，人们也并非受到别人的称赞越多就越喜欢对方。这里存在着一种"得失效应"，老生常谈的赞扬话不能使其增值就显得贬值了。当一个人处境不利，缺乏自信或不为他人所接纳和称赞时，他最需要的是得到肯定性的评价和支持。这时恰当的"鼓励和称赞"，就如

"雪中送炭"。而当一个人得到众多交誉时，多一个人的"锦上添花"未必能使他感到喜欢。如果他是个明智的人，就会更欢迎中肯的批评。因此，人际交往的相悦因素不是基于相互间的捧场，而应该是基于相互间能互相帮助，共同提高。

（四）性格与能力

性格与能力不仅是应聘工作或从事职业的成功要素，就是在人际关系上，性格与能力也是引人注意与令人欣赏的重要条件。大家可能都会曾经验过，而且也会同意，一个人如果具有诚恳、坦率、幽默等性格，在人际交往中比较能够吸引别人注意，也获得别人赞赏。

按一般的看法认为，能力是人的优越条件，能力愈高，成就愈大，他获得的评价自然也就愈好。这种常识性看法，就"就事论事"的观点而言，可能是对的。例如运动比赛的冠军，大家都会对他投以羡慕的眼光，表示衷心的赞赏。只是这种常识性看法用于"就人论人"的情形时，却未必尽然。根据心理学家研究发现，最为人所欣赏者，并非全能的人，而是精明中带有缺点的人。以下的实验研究，正说明这一"就人论人"的心理倾向（Aronson 1980）。

该项实验研究，是将不同的四卷访问录影带，分别播放给四组受试者观赏，让他们凭主观的感觉评分，以表示他们对被访者喜欢的程度。录影带的内容，都是访问员与受访问者面谈，受访问的身份是大学生。四卷录影带中的人物，都是一样的，只是访问员事先介绍以及访问过程各不相同。第一卷录影带的内容是，访问员在介绍受访问者的时候，将他描述成一个能力杰出的大学生：他是荣誉学生，是校刊编辑，是运动健将。在访问过程中，尤其表现杰出，对访问员提出的所有问题，能毫不费力地答对。如此，受访者给人的印象是完美无缺的人。第二卷影带的内容与第一大同小异。访问员的介绍相同，受访者回答的方式及表现也相同。其中唯一的不同，是在访问过程中加了一段小插曲；受访者表现有点紧张，不小心将面前的咖啡打翻，弄脏了一身新衣服，形成相当尴尬的局面。第三卷录影带的内容是，访问员将受访者说成是一个普通大学生。在访问过程中，受访者也只有普通的表现。第四卷录影带的内容，与第三卷大同小异；小异之点与第二卷中的插曲相同。实验者将四卷人物相同而能力表现各异的录影带，分别播放给不同的受试者去观赏，并要他们凭主观感受对受访者评定以表示他们喜欢的程度。经分析评定结果发现：按四卷录影带内四位受访者（实际上是一人）的顺序，大家最喜欢的是第二卷中的受访者，其次是第一卷，再次是第三卷，最不喜欢的是第四卷中的受访者。

以上研究发现所显示的意义是：才能平庸者固然不会受人倾慕，而全然无缺点的人，也未必讨人喜欢。最讨人喜欢的人物是精明而带有小缺点的人。为什么在行为表现上略带瑕疵的人反而会讨人喜欢？按心理学的解释，此种现象称为出丑效应（pratfall effect），意指精明人不经心中犯点小错，不仅是瑕不掩瑜，反而更使人觉得他具有和别人一样会犯错的缺点。不过，此种缺点发生在精明人的身上，反而成了优点。一般人为什么会有此种心理现象？按原研究者解释，一般人与全然无缺点的人相处时，总难免因己不如人而感到不安。如一旦发现精明人也和自己一样的有缺点，就会因为他也具有平凡一面而使己身感到安全。

由人际吸引而人际交往，再由人际交往进而建立亲密的人际关系，显然都是两方面的事。有些人虽为别人所吸引，在心理上好生倾慕，但因自己缺少足以吸引对方的条件，甚至在与对方接近时遇到冷落或排斥，这时自然难免感受到孤独寂寞的痛苦。寂寞（loneliness）是现代都市生活中，日处熙攘人群而彼此漠不关心情形下的一种相当普遍的心理现象，只是程度上有所差异而已。

二、人际关系需求类型

需要是人们相互交往的根本原因。心理学家舒兹认为，每个人都需要别人，因此都具有人际关系的需求。但每个人需求的内容和方式不同。在工作实践中，每个人都会逐渐形成对人际关系的基本倾向，也称人际反应特征。对人际反应特征的了解，能预测人与人之间的交往中可能发生的交往反应。

舒兹把人际关系的需求类型分为三种：

（1）包容需求。包容需求是人们为了谋求一定的社会的、物质的和精神的生活条件而建立起来的一种人际需求关系。每个人都希望与人来往、结交、想同别人建立并维持和谐的关系，基于这种动机而产生的人际行为特征即为交往、沟通、归属、参与等，他们在任何时刻都喜欢与人相处在一起，要求归属于某一组织。与此相反的人际反应特征即是孤立、退缩、疏远、排斥、对立等。不管在什么历史条件和时代背景条件下，在人成长的不同阶段和不同的工作岗位上，人们都需要交往，都有被自己称为朋友的人，只是交往的密切程度、时间长短不同而已。

（2）控制需求。控制需求是人们为了满足支配欲与依赖心理而建立起来的一种人际关系需求。支配欲望人人都有，只是因为环境和能力的差异造成了支配欲的强弱不同，其行为特征表现为运用权力、权威、威望来影响、控制、支配或领导他人。与此相反的人际反应特质是依赖即追随他人、模仿他人、受人支配。同样，由于环境和能力的差异，每个人依赖心理的强弱也不相同。这样支配欲较强者往往支配那些依赖心理较强的人，从而形成一种支配与被支配的控制关系。

（3）感情需求。感情需求就是人们为了满足爱的需要而建立起来的人际关系需求。每个人都存在感情上他人建立维持良好的关系的愿望，其行为特征表现为喜爱、亲密、同情、友善、热情、照顾等。与此相反的人际反应特征是冷漠、反感、疏远、厌恶、仇视、憎恨等等。爱具有动力作用和平衡作用，它可以活化人的感情，振奋人的精神，也可以使人保持心情的愉快，促进人的心理健康发展，从而形成健全的人格。如果爱的需要得不到满足，这种积极的情绪体验不能形成，就会产生孤独、焦虑、忧郁、恐惧的消极体验，久之将导致人格异常。人的这种感情需求在人的心理发展过程中自始至终存在，只是在不同的年龄阶段，需要不同的爱而已。因此，在工作过程中，要建立良好的上下级关系，各级领导一定要关心群众的疾苦，倾听群众的呼声，保护群众的利益。

舒兹认为，一个包容动机很强的行为主动者（E1），一定是一个性格外向，喜欢与他人交往，积极参与各种社会活动的人。如果他的感情动机也很强（EA），则不但喜欢与人相处，同时也关心别人，爱护别人，必能左右逢源，受人爱戴，赞美。

舒兹不仅区分了人际关系需求的三种类型，而且又进一步将人们的行为分为两种：（1）积极的表现者（以 E 为代表）；（2）被动的期待他人的行动者（以 W 为代表），从中分出六种基本的人际关系的倾向，如表 16-2 所示。

表 16-2　基本人际关系倾向

行 为 表 现　　类型　需求	以 E 为代表　主动性	以 W 为代表　被动性
I　包容	主动与他人来往	期待别人接纳自己
C　支配	支配他人	期待别人引导自己
A　感情	对他人表示亲密	期待别人对自己表示亲密

主动型和被动型的人在三个特征上分别形成三对互补关系，就比较容易协调。如果是同一类型的，有时反而会难以相处。

需要的相补也是形成良好人际关系的重要条件。在现实生活中，需要的相补可以发展成密切的友谊。脾气暴躁的人和脾气随和的人往往能友好相处；独断专横者与优柔寡断者会成为好朋友；活泼好动的人与沉默寡言的人相得益彰。在相互交往中，成员之间通过互取其长，互补其短，可以结成亲密友好的人际关系。

第四节　人际关系的调节

一、人际关系的障碍及影响因素

人际关系是一种对立统一关系。人与人之间既有相互依存、相互吸引的一面，也有相互排斥的一面。当相互依存占支配地位的时候，就表现为人际吸引；当相互分离占支配的时候，就表现为人际排斥，引起人际排斥的各种因素就是人际关系的障碍。研究并消除人际关系障碍，是增强人际关系吸引，改善人际关系的必要条件。

造成人际关系障碍的因素有主观因素和客观因素两大类。

1. 主观因素

（1）性格因素。良好的性格会使人建立起广泛而和谐的人际关系，但不良的性格却是发展人际关系的严重障碍。自私、贪婪、虚伪、骄横、阴冷、冷酷、顽固等等，都是不良性格，这是产生人际关系排斥的主要根源。

（2）认识因素。认识障碍是由于人们认识上的分歧而产生的人际排斥。人们对客观事物的认识不可能完全一致，认识上的分歧越大，态度的相似性就越小，自尊的需要就越发不能得到满足，彼此之间就会相互疏远、相互排斥。

（3）情感因素。情感是建立人际关系的基础，是联结人际关系的纽带。积极的情感加深了人际吸引，但消极情感却是建立在良好的人际关系的障碍。淡漠、厌恶、嫉妒等等，都会引起他人的反感，形成相互排斥，严重破坏人际关系。

2. 客观因素

（1）社会因素。人际关系是社会关系的反应，它受着各种社会条件的制约。阶级对立、行政限制、旧的传统习惯等构成了人际关系健康发展规律的严重障碍。

（2）阶级因素。阶层是一种普遍的社会现象，每个人都归属于一定的社会阶层之中。从行政关系来讲，有官民之异；从经济关系来讲，有贫富之分；如此等等。阶层差距越大，相互交往就越少。职务高者在职务低的人面前往往庄重一些，职务低的人在职务高的人面前往往拘谨一些。所以，在组织当中，为了消除这种阶层障碍，组织领导应注意上下沟通。

（3）职业因素。现代化生产的高度分工与协作，使人们长期局限于特定的社会领域进行独特的工作，个人交往受到很大限制。脑力工作者，特别是科研工作者，由于工作的独立性和连续性，社会交往的时间和方式受到严格的限制。而企业经营者、文艺工作者，由于工作需要，则和社会各个方面建立广泛的联系。同时，职业不同，人们相互之间往往就缺乏共同的理想和语言，交往自然发生困难。而职业相同，在竞争条件下又会产生对立，这些都构成了人际关系健康发展的障碍。

（4）年龄因素。人际吸引力一般来说随着年龄差别的扩大而减弱。人们的生理制约着人们的心理，年龄差别过大，就会导致心理差别过大。人们的社会角色和社会经验都与年龄有关，年龄差别过大，就意味着社会角色和社会经验的差别过大。青年人朝气蓬勃、向往未来、追求明天；老年人情系往昔、缅怀昨天，他们的思想情趣、思维能力方式和行为有很大的差别，这就构成了两代人之间的隔膜与冲突。当然，年龄差别并不是不可逾越的障碍，人们的思想情绪、思维方式和行为方式并不仅仅是由年龄或生理状况所决定的。事业的共同需要和认识上的一致性不仅可以保证老中青团结奋斗，还可以促进老少之间的"忘年交"。

二、人际关系的调节

组织中人际关系的好坏直接影响着人们的工作情绪和积极性，影响着组织效能的发挥和个人身心的成长；因此，对于组织中人际关系障碍要及时改善和调节。

（一）人际关系调节的原则

（1）情感性原则。所谓情感性原则是指建立人际关系必须以情感的融洽性为基础。人际关系不同于其他社会关系的根本特点就在于它是建立在人们的好恶情感基础之上的。建立在良好的人际关系，不能靠政治制度、工作规范、工作纪律的强制性，更重要的是要真心实意地尊重、热爱、体贴别人。

（2）主体性原则。主体性原则是指建立人际关系的主动性和主导性。每个人都应该去主动亲近别人、协调关系，如果谁也不愿迈出第一步，要想建立良好的人际关系是根本不可能的。各级领导应充分发挥自己的主动性和主导性，打破办公室、会议室的禁锢，主动与广大群众建立良好的人际关系，并用自己正确的认识、健康的情绪和适合的行为引导交往的健康发展。

（3）事业性原则。良好的人际关系并不是一团和气、相互吹捧，所谓事业性原则是指建立人际关系必须以提高工作效率，实现共同目标为根本目的。为保持一团和气而降低工作效率，为个人利益而以私人感情亲疏建立人际关系都是不健康的。组织中的各级领导干部一定要克服好人主义和宗派主义倾向，按照有利于事业发展的原则建立人际关系。

（二）人际关系调节的方法

人际关系的调节，包括工作环境因素的改善和个性心理修养两个方面。

首先，从工作环境的改善来讲，调节方法如下：

（1）建立一个坚强且善于协调处理人际关系的领导班子，一个组织中领导班子的作风直接影响着组织中人际关系。领导班子办事公道，密切联系群众，就能促进友好和谐的人际关系建立。因此，在对管理者进行选拔的过程中，要求他们不仅懂得本行业、本学科的业务知识，还必须懂得管理，这是管理者更应该具备的一种组织处于一个"人和"环境之中。

（2）建立合理高效的组织机构。组织结构合理，人员精干，上下左右信息畅通，每位成员各得其所，各司其职，各负其责，各尽其能，各展其才，人际关系自然良好；相反，组织机构重叠，人浮于事，衙门作风，相互推诿责任，则整体功能必定很差，效率低下，内耗严重，人际关系随之受到严重影响。

（3）推行参与管理。凡是人们亲自参与的事情，会产生一种主人翁感，会从中体会到自己的价值和责任，从而提高满足感。让职工参与管理，有利于沟通意见，增加相互之间的理解与信任，使管理者与被管理者之间的人际关系改善，使管理措施的执行具有较可靠的基础。职工参与管理对于被管理者来说可以更多地了解管理者的思想和措施而引起的不满，主动配合管理者，共同努力实力组织的目标。

（4）加强意见沟通。每个组织都有奋斗目标及达到目标的措施，只有全体成员都了解这些目标和措施，才能齐心协力去实现目标。一个组织内部、为了建立协调的人际关系，必须使意见得到充分交流，增进彼此的了解，增强团结，领导者更要善于听取下属的意见，鼓励职工发表意见，特别是建设性的意见和批评意见。

（5）提高人际关系的技巧。根据第七章介绍的相互作用理论，人的个性一般由三种心理状态构成，这就是"父母状态"、"成人状态"以及"儿童状态"。它们对人际关系的形成和发展有重大影响。所谓，"父母状态"是以权威和优越感为标志，通常表现为统治人、训斥人的家长专制风。"儿童状态"是一种自然冲动，表现为服从和任何人摆布，喜怒无偿，与儿童无异。"成人状态"注重事实资料的收集与客观理智的分析，不受"父母"和"儿童"心理状态的干扰。人们在发生相互作用时，有时是平行的关系，如"父母——父母"、"儿童——儿童"、"成人——成人"；有时是交叉的关系，如"父母——成人"、"父母——儿童"、"成人——儿童"。在人际交往中，合理地运用相互作用分析，乃是一门高超的艺术。一般说来，在平行作用时，两个人之间的"对话"会无限制地继续下去；而在交叉作用时，信息沟通往往会出现中断。理想的相互作用应该是"成人"刺激和"成人"反应。所以，采用相互作用分析的技术，可以使管理者和团体成员理解人们在相互交往时的心理状态，融洽人际关系。一个人只要明白自己和对方都有种种心理状态，同时能配合这些状态进行交流沟通，那么，他便能正确分析对方的谈话，并作出适当的反应。相互作用分析的重点之一，是不但使自己确立成人的心理状态，尽可能控制自己，用成人的思想、用成人的语调来对待别人，同时也要鼓励和引导对立确立成人的心理状态，尽可能用"成人"态度来处理问题。这样一来，人际关系就会建立在一种较稳固的基础之上。

　　采用相互作用分析的技术，可以使管理者和群体成员理解人与人在相互交往时的心态，一个人只要明白自己和对方都有种种心理状态，同时能配合这些状态进行交流沟通，他便能正确地分析对方的谈话，并做出适当的反应。

　　其次，从个性心理修养上方面看，调节方法有：

　　(1) 感受性训练。感受性训练旨在提高人们的自我认识与社会认识能力的心理修养。良好的人际关系是良好的自我认识和社会认识的产物。通过感受性训练，人们可以加深对各种情绪，如不安、焦虑、厌烦、恐惧、羞愧、愤怒等的体验，可以了解各种心理形成的过程以及各种行为的心理原因，从而调整自身的情绪与行为。

　　感受性训练可以通过两种途径来进行。一种是自然条件下的自我训练，一种是在受控条件下的自我训练。自我训练是在提高心理修养的自觉性的基础上，自觉地对自己的心理活动进行监视、评价、分析和调节。自我训练应当是组织领导进行感受性训练的主要途径。受控条件下的感受性训练，是由实验主持人设置某种特定的环境与事件，使受试者产生某种典型的情绪状态，如焦虑和愤怒，并及时回忆、记录、分析与评价。总之，通过感受性训练，可以提高心理感受能力和自我表现调节能力，从而为建立良好的人际关系创造有利条件。

　　(2) 角色扮演。在人际交往的过程中，假如每个人都能站在别人的立场，多替别人着想，势必可以减少很多不必要的误会和冲突，维持和谐的人际关系。角色扮演法就是把人们从人们交往的主体角色转变为客体角色，通过体验客体角色的心理感受从而调节自己的心理行为，使人际关系不断改善。如在领导活动中，领导者承担主体角色，他召集会议、布置工作、督促检查、实行奖惩等，这种活动方式势必给领导者的心理带来消极影响，使领导干部滋生唯我独尊的心理，成为建立良好人际关系的障碍。消除这种障碍的有效方法，就是让领导者变为被领导者，接受官僚主义领导作风的刺激，使之产生种种不愉快的情绪，从而体会到被领导者同样也有谋求尊重的需要，进而改进自己的领导作风。领导与被领导、医生与病人、营业员与顾客、教师与学生等，都是这种互为主体和客体的关系。

　　(3) 人格修养。恶劣的人品是破坏人际关系的主要障碍。一个人心胸开阔、性格开朗、严于律己、宽以待人，为搞好人际关系提供了良好的心理条件；相反，心胸狭窄、性格怪僻、嫉妒心强、性格暴躁就直接损害着人际关系，妨碍着人际关系调节方法的一切有效实施。所以，改善人际关系的基本途径是进行人格修养，人格修养的主要任务是树立正确的人生观和价值观。

复习与思考

　　1. 解释下列概念：

　　(1) 人际关系；(2) 社会知觉；(3) 第一印象；(4) 晕轮效应；(5) 刻板印

象；（6）归因；（7）基本归因误差；（8）人际吸引。

2. 概述人际关系在管理中的意义。

3. 社会知觉有哪些常见的形式？为什么说按照这些形式作出的判断并不是任何时候都正确无误，有时可能会歪曲知觉，导致知觉偏差？

4. 为什么一般人在解释别人的行为时，倾向于性格归因，而在解释自己的行为时，却倾向情境归因？归因理论的重要价值是什么？

5. 构成人际吸引的因素有哪些？举例说明这些因素。

6. 概述人际关系调节的原则和方法。

第十七章 领　　导

在影响事业成败的诸多因素中，领导是一个关键的因素。

在这一章，首先，我们明确领导、领导者的定义，阐述正式领导者和非正式领导者的基本功能，论述领导理论的发展过程。然后，介绍有关领导中的一系列最新问题。最后，考察领导功效与领导者影响力，讨论领导者的心理素质。

第一节 领　　导

一、领导

(一) 领导与领导者

领导，是人类所独有的一种特殊社会现象，无论是在原始部落，还是在现代社会，凡有以群集方式共同活动的地方必定有领导存在，领导是人类社会的伴生物。群体活动所必需的人际合作、协调和统一运作是领导现象存在的前提。

19世纪工业革命前的自然经济是一种缺乏生产分工的综合劳动体系，各种不同具体劳动统一在一个经济主体——农业劳动者身上，以宗法关系为纽带而结成的家庭作坊、手工工场等经济单位都是独立经营、生产的，社会化仅仅表现为一种自发的协作，没有建立起社会关系网络。各种经济单位往往与血缘组织、亲缘组织或地缘组织相结合，多为家庭的同质放大，经济单位内的社会关系直接为自然所决定，其地位和权利的获得并非取决于自身的能力，而是由血缘、种姓等非个性因素所赋予的。因此，在这种经济体制下，领导就是家长或工场主，其本质为世俗权力的象征、权威的神圣偶像和至高无上的"天然尊长"，并非真正意义上的领导者。而工业革命正是对自然经济的叛逆，它把科学和技术融合于直接的生产过程，使劳动过程的社会结合方式发生了根本变化，由自给自足的自然经济的劳动转变为专业化分工劳动，由区域性生产转变为社会化生产，创造一个依赖于科学技术而生存发展的经济模式，一个超越自然地域，产生出巨大的社会生产力的经济模式。劳动结构的变化反映在具体企业，表现为在更短的时间内生产出更多的产品，获得更多的剩余价值，从而导致市场不断扩大，生产规模随之扩大。在这种情况下，要求企业具备周密的组织、有力的领导，防止整个生产陷入无政府状态。因此，领导是决定事业成败的关键。具有良好心理素质的领导者，能促使集体成员共同努力，推动组织的良性运作；相反，心理素质低劣的领导者自身就构成组织运行和发展的障碍。

关于领导的概念，众说纷纭。一位管理学家说，有多少管理学家为领导下定义，就有多少个领导的定义。在这里我们使用的是领导的广义定义，它包含了目前有关这一主题的所有观点，即：领导（leadership）是指引和影响他人或群体在一定条件下实现某种目标的行为过程。在这个过程中，承担指引任务或发挥影响作用的个人称为领导者（leader）。

领导既是一门科学，又是一门艺术。首先，领导是一门科学，是探索领导者、被领导者、环境三要素如何相互作用的科学。其次，领导是一种艺术，是寻求如何达到领导者、被领导者、环境三要素和谐统一的艺术。

领导者是领导过程三个要素中的核心，是在正式组织或非正式组织履行职责时，必须产生的一种社会角色。领导者用角色行为支配或强化被领导者的行为，而被领导者则在角色知觉和角色期望的基础上，把领导者的行为作为群体行为的楷模。因而领导者是领导过程中，各种人际关系以及人与情境相互作用的核心，领导者的素质与领导水平是企业成败的关键。

（二）正式领导者和非正式领导者

领导者可分为正式领导者和非正式领导者两种。他们的基本功能既有共同的地方，也有一些差别。

正式领导者拥有组织结构中的正式职位、权利与地位。其主要功能是建立和达成如下组织目标：（1）制订和执行组织的计划、政策与方针；（2）提供情报、知识、技巧与策略，促进和改善群体工作绩效；（3）授权下级分担任务；（4）对组织成员实行奖惩；（5）对外代表群体负责协调、处理群体与组织、群体与群体之间的种种矛盾；（6）对内代表组织，沟通组织内上下的意见，协调与处理群体内的人际关系和各种其他问题，满足群体成员的需要；（7）代表群体形象，统一群体行为，为群体提供理想、价值等观念。

正式领导者的功能是组织给予的，能实现到何种程度，要看领导者的能力，以及领导者本身是否为其部属所接受而定。

非正式领导者虽然没有组织所给予他的职位与权力，但由于其个人的条件优于他人，如知识、经验丰富，能力技术超人，善于关心别人，或具有某种个性上的特点，使其他群体成员佩服，因而对成员具有实际的影响力，从这个意义上来看，也可称为实际的领导者。其主要功能是能满足员工的个别需要：（1）协助成员解决私人的问题（家庭的或工作的）；（2）倾听成员的意见，安慰成员；
（3）协调与仲裁成员间的关系；（4）提供各种资料情报；（5）替员工承担某些责
任；（6）引导成员的思想、信仰及对价值的判断。

非正式领导者，因他对成员具有实际的影响力。如果他赞成组织目标，则可
以带动成员执行组织的任务；反之，他亦可能引导成员阻挠任务的执行。

一个正式的领导者要制定政策，提供知识与技术等，当然需要适量的智慧与
智力。但领导行为主要是人际关系的行为，因此必须具有较高的被组织内的员工
所接受的感情，才能发挥其领导的效果。多年来，许多学者一直想给有作为的领
导者下一定义，想找出具有哪些特征的人担当领导者才能发挥最大的效率，所得
出的结论有如下几点：（1）敏感性。善于体贴别人，精于洞察问题；（2）个人的
安全感。有安全感的人，情绪稳定，做事庄重，让人觉得可靠，可以依赖；
（3）适量的智慧。领导者需要某种程度的智慧，才能处理许多事物，但也不需要
太高的智慧，因而智慧太高者往往容易恃才傲物，不能体谅一般人。

由此可见，一个真正的有作为的领导者，他同时应具有正式领导者与非正式
领导者的功能，既能实现组织的目标，也能满足员工的个别需要，也就是他必须
同时将工作领袖与情绪领袖两种角色集于一身。但这种标准或理想的领导者是不
可多得的。通常的领导者皆偏向于工作领袖的性质，因此他们容易忽略部属的社
会性及情绪。在这种情况下，员工中较善于体谅别人者，便逐渐变成大家的精神
领袖，担负起安慰、鼓励、仲裁及协调等功能的作用。

（三）领导与管理

领导与管理之间是否有区别？这一问题尤其成为近年来的热点话题，很多专
家在这方面有着不同的看法。

比如，哈佛商学院的亚伯拉罕·扎莱兹尼克（Abraham Zaleznik）指出，管
理者和领导者是两类完全不同的人，他们在动机、个人历史及想问题做事情的方
式上存在着差异。他认为，管理者如果说不是以一种消极的态度，也是以一种非
个人化的态度面对目标的；领导者则以一种个人的、积极的态度面对目标。管理
者倾向于把工作视为可以达到的过程，这种过程包括人与观念，二者相互作用就
会产生策略和决策；领导者的工作具有高度的冒险性，他们常常倾向于主动寻求
冒险，当机遇和奖励很高时尤其如此。管理者喜欢与人打交道的工作，他们回避
单独行为，因为这会引起他们的焦虑不安，他们根据自己在事件和决策过程中所
扮演的角色与他人发生联系；而领导者则关心的是观点，以一种更为直觉和移情
的方式与他人发生联系。

同在哈佛商学院的约翰·科特（John Kotter）却从另一角度指出了管理与
领导的差异。他认为，管理主要处理复杂的问题，优秀的管理通过制定正式计

划、设计规范的组织结构以及监督计划实施的结果而达到有序而一致的状态。相反，领导主要处理变化的问题，领导者通过开发未来前景而确定前进的方向，然后，他们把这种前景与他人进行交流，并激励其他人克服障碍达到这一目标。科特认为要达到组织的最佳效果，领导和管理具有同等的重要性，二者缺一不可。但是大多数组织总是过于强调管理而忽视了领导的重要性，因此我们应更加注重开发组织中的领导的作用。因为，今天的主管过于着重按时完成工作任务，不超过经费预算，昨天干了什么工作，然后在过去的基础上仅提高5%。

如果比较领导与管理两概念的含义，两者的相同之处是都属于一种动态的行为过程，两者的差别是领导的概念要比管理的概念广泛得多。管理是指一种特殊的领导，是指引和影响个人或组织在一定条件下实现组织目标的过程。换句话说，管理的最高目标就是实现组织目标。领导虽然也同个人与群体共同来实现目标，但是这些目标不一定就是组织目标，它可能包括个人目标、小集体目标或者组织目标。

如果比较领导者与管理者的含义，两者的共同之处是都属于非直接生产人员，两者的差别是管理者的范围要大于领导者的范围。如在现代企业中，凡是从事行政、生产、经营管理和群众团体工作的干部，均称为管理者。凡具有领导地位，并指引群体达到既定目标的人都成为领导者。因此，可以说领导者是一种特殊的管理者，管理者的范围要大于领导者的范围。

二、领导心理的产生和发展

社会存在决定社会意识。领导心理作为一种复杂的社会心理现象，是在有意识、有目的的领导实践中产生的。领导者、领导实践、领导心理的产生具有共时性。领导者进行领导实践活动的过程，也就是领导心理发生、发展的过程。在领导者同被领导者、领导环境的相互作用过程中，被领导者、领导环境作用于领导者的感官和神经中枢就产生了领导者的观察、记忆、想像、思维等智力因素和领导者的情感、兴趣、意志等非智力因素，并在具体的领导实践中产生了具体的领导心理。

事实上，领导心理早在原始社会就已经产生了，他的最初存在形式是酋长和首领心理。酋长和首领是原始社会的氏族和部落中被推选出来的最有经验、最有才能的权威领导，他们负责处理本氏族、本部落的日常事务。那时的领导工作主要是安排生产和指挥战争。首领安排生产主要是决定何时播种、何时收获以及生产的规模等，这就产生了最初的决策心理。首领在率领群体对外作战时，还要任命将领，他必须对下属的才能有所认识，于是就产生了首领的用人心理。但首领心理带有直观性和随意性特征，其思维服从于习惯逻辑。

　　领导心理作为人类社会的一种心理现象已经历了三个发展阶段但就领导者个体而言，其心理发展经历了四个阶段。

　　(1) 领导个体心理发展的预备阶段或期望阶段。每一个领导者在成为领导之前，大都有充当领导者的要求和愿望，但当官的动机不一：有的可能羡慕权势，光宗耀祖，抬高身价；有的凭借权利舞台，显示自己的才能，以展宏图；但更多的人是为了承担责任，履行义务，报效祖国。

　　(2) 领导个体心理发展的初级阶段或震荡阶段。一旦这些人的愿望变成现实，成为正式的领导者，他们就会立即感到能力、观念、素质及其他方面的极大的心理不适应，因为复杂的领导工作远远不像他们想像得那么简单，这就是所谓"心理—现实错位现象"。

　　(3) 领导个体心理的发展阶段或适应阶段。随着领导者在领导岗位上的时间的增加和领导空间领域的拓展，他们的工作经验得到了不断的积累，其情绪逐渐趋于稳定，其领导工作能力和心理素质基本适应工作的需要和各种环境。这种心理上的适应性叫做"心理—现实正位现象"。

　　(4) 领导个体心理发展的成熟阶段或完善阶段。随着领导实践的进一步发展，领导者的个体心理发展到了比较高的水平，能够自如地应付各种场面，适应多种环境，自觉地、有效地控制和调节自己的心理与行为。

第二节　领导理论

　　有关领导的文献相当众多，而其中相当一部分是相互冲突和矛盾的。为了能在这一丛林中认清方向，我们主要介绍四种观点来看看哪些方面能造就一个有效的领导者。第一种尝试是了解领导者与非领导者相比具备哪些个性特质。第二种尝试是试图根据个体所采取的行为解释领导。由于前两种尝试均以不正确的和过于简单化的领导概念为基础，因此常常被称为"错误的开始"。第三种观点运用权变模型弥补了先前理论的不足，并将各种研究发现综合在一起。直到最近，人们的注意力又回到特质上来，但从另一角度上看待这一问题，这就是第四种观点。研究者试图确定那些被公认为领导者的个体身上所隐含的一系列特质。这一思路表明领导者更像是一种风格，它不但强调领导者的实质，也强调领导者的外在表现。在本章，我们分别指出四种观点的优点和不足，并介绍和评价与领导概念有关的大量当代问题，从而使实践中的管理者受益。

一、特质理论

领导的特质理论（trait theories of leadership）是所有领导理论中最古老的一种理论。这种理论着重研究理想的领导者的特质，并以此为标准来预测什么样的人当领导者最合适。

玛格丽特·撒切尔（Margret Thatcher）执政英国首相时期，她的领导风格非常引人注目，人们常常这样描述她：自信、铁腕、坚定、雷厉风行……这些特点均指的是特质。无论是撒切尔首相的拥护者还是批判者，都认为她具有这些特质，无疑，他们也都成为特质理论的拥护者。

早在 20 世纪 30 年代，心理学家们就进行了大量研究希望发现领导者与非领导者在个性、社会、生理或智力因素方面的差异。在 1949 年以前，对领导的研究主要是力图分析领导人所具备的品质。"伟人"论认为领袖是天生的而不是造就的，这种信念可追溯到古代希腊人和罗马人，以此为出发点，研究人员试图辨析不同的领袖在身体、精神和个性方面的品质。"伟人"论随着心理学行为学派的兴起而大大丧失了它的可接受性。行为学派强调人除了得自遗传的身体特征外，没有天生的品质，也许只具有一些健康的素质。

不少学者已经做过各种品质问题的研究。拉尔夫．M. 斯托格迪尔（Ralph M. Stogdill）发现，各类研究人员明确了与领导才能有关的五种体质特征（诸如精力、外表和身高）、四种智力与才干特征、16 种个性特征（诸如适应性、进取性、热情和自信心）、六种与任务有关的特征（诸如追求成就的干劲、坚持不懈和首创精神）以及九种社会性特征（诸如合作精神、人际交往能力和行政管理能力）。

埃德温·吉塞利（Edwim Ghiselli）发现，领导工作的效果与智力、监督管理能力、首创精神、自信心以及工作方式方法中的个性化有着明显的相关关系。同时，领导者的智力极高或极低都会削弱领导效果。换句话说，领导者的智力水平同下属的水平不应该是过于悬殊。但是，总的说来，把领导者品质的研究成果用来解释领导行为，不能说是一种非常富有成效的研究方法，并非所有领导人都具备这一切品质，并且许多非领导人也可能具备其中大部分品质或全部品质。还有，品质研究方法对个人应该具备的任何品质达到多大程度，没有加以指明。再说，已完成的几十项研究对哪些品质是领导品质并不一致，或者对品质同实际的领导情况是什么关系也不一致。大多数所谓的品质实际上是行为方式。

众多分离领导特质的研究努力以失败告终。比如，一份研究综述概括了 20 篇研究报告，并列出了近 80 项领导特质，其中至少在四篇文章中共同的因素仅有五项，也就是说，人们并未找到一些特质因素总能对领导者与下属以及有效领导者与无效领导者进行区分。可能尚还乐观的是，大多数人相信对于所有成功的领导者来说，都具备一系列一致而独特的个性特点，不论他们在什么样的企业中工作。

不过，在确定与领导关系密切的特质方面的研究，得到的结果却相当瞩目。比如，研究发现领导者有六项特质不同于非领导者，即：进取心，领导意愿，正直与诚实，自信，智慧和与工作相关的知识。另外，最近的研究表明，个体是否是高自我监控者（在调节自己行为以适应不同环境方面具有很高的灵活性）也是一项重要因素，高自我监控者比低自我监控者更易于成为群体中的领导者。总之，大半个世纪以来的大量研究使我们得出这样的结论：具备某些特质确实能提高领导者成功的可能性，但没有一种特质是成功的保证。

为什么特质论在解释领导行为方面并不成功呢？我们认为至少四个原因：(1) 它忽视了下属的需要；(2) 它没有指明各种特质之间的相对重要性；(3) 它没有对因与果进行区分（如，到底是领导者的自信导致了成功，还是领导者的成功建立了自信？）；(4) 它忽视了情景因素。这些方面的缺欠使得研究者的注意力转向其他方向。因此，虽然在过去的 10 年中研究者对特质理论表现出复苏的兴趣，但从 40 年代开始，特质理论就已不再占据主导地位了。20 世纪 40 年代末至 60 年代中期，有关领导的研究着重于对领导者的偏爱的行为风格的考察。

二、行为理论

由于在特质论的矿山中未能挖掘到金子，研究者开始把目光转向具体的领导者表现出的行为身上，希望了解有效领导者的行为是否有什么独特之处。比如，美国航空公司（American Airlines）总裁罗伯特·科兰多尔（Robert Crandall）和桑比姆-奥斯特公司（Sunbeam-Oster）前总裁保罗·凯扎伦（Paul B. Kazarian）都成功地领导各自公司度过了艰难时期，而他俩的领导风格也是共同的——严厉、强硬和专制。这是否表明专制行为被大多数领导者所偏爱？为了回答这一问题，我们在此介绍四种不同的行为理论。不过，我们先来看看行为观点在实践中的意义。

如果领导的行为理论（behavioral theories of leadership）成功，它所带来的实际意义将与特质论截然不同。如果特质论成功，则提供了一个为组织中的正式领导岗位选拔"正确"人员的基础；如果行为研究找到了领导方面的关键决定因素，则可以通过训练使人们成为领导者。特质理论与行为理论在实践意义方面的差异源于二者深层的理论假设不同：如果特质理论有效，领导从根本上说是天生造就的，你要不就是要不就不是一个领导者；相反，如果领导者具备一些具体的行为，则我们可以培养领导，即通过设计一些培训项目把有效的领导者所具备的行为模式植入个体身上。这种思想显然前景更为光明，它意味着领导者的队伍可以不断壮大。通过培训，我们可以拥有无数有效的领导者。

（一）俄亥俄州立大学的研究

最全面且重复最多的行为理论来自于 20 世纪 40 年代末期在俄亥俄州立大学进行的研究，研究者希望确定领导行为的独立维度，他们收集了大量的下属对领导行为的描述，开始时列出了 1000 多个因素，最后归纳出两大类，称之为结构维度和关怀维度。

（1）结构维度（initiating structure）指的是领导者更愿意界定和建构自己与下属的角色，以达成组织目标。它包括设立工作、工作关系和目标的行为。高结构特点的领导者向小组成员分派具体工作，要求员工保持一定的绩效标准，并强调工作的最后期限。罗伯特·科兰多尔和保罗·凯扎伦的行为都表现出高结构特点。

（2）关怀维度（consideration）指的是领导者尊重和关心下属的看法与情感，更愿意建立相互信任的工作关系。高关怀特点的领导者帮助下属解决个人问题，他友善而平易近人，公平对待每一个下属，并对下属的生活、健康、地位和满意度等问题十分关心。西南航空公司（Southwest Airlines）的现任总裁赫伯·凯勒尔（Herb Kelleher），被人们认为具有高关怀的特点。他的领导风格非常员工取向，充分重视友谊与授权。

以这些概念为基础进行大量研究发现，在结构和关怀方面均高的领导者（"高—高"领导者）常常比其他三种类型的领导者（结构低，关怀低，或二者均低）更能使下属取得高工作绩效和高满意度。但是，高—高风格并不总能产生积极效果。比如，当工人从事常规任务时，高结构特点的领导行为会导致高抱怨率、高缺勤率和高离职率，员工的工作满意水平也很低。还有研究发现，领导者的直接上级主管对其进行的绩效评估等级与高关怀性成负相关。总之，俄亥俄州立大学的研究表明，一般来说，"高—高"风格能够产生积极效果，但同时也有足够的特例表明这一理论还需加入情境因素。

（二）密执安大学的研究

与俄亥俄州立大学的研究同期，密执安大学调查研究中心也进行着相似性质的研究：确定领导者的行为特点，以及它们与工作绩效的关系。

密执安大学的研究群体也将领导行为划分为两个维度，称之为员工导向和生产导向。员工导向的领导者（employee-oriented leader）重视人际关系，他们总会考虑到下属的需要，并承认人与人之间的不同。相反，生产导向的领导者（production-oriented leader）更强调工作的技术或任务事项，主要关心的是群体任务的完成情况，并把群体成员视为达到目标的手段。

密执安大学研究者的结论对员工导向的领导者十分有利。员工导向的领导者与高群体生产率和高工作满意度成正相关；而生产导向的领导者则与低群体生产率和低工作满意度联系在一起。

（三）管理方格论

布莱克（R. R. Blake）和莫顿（J. S. Mouton）二人发展了领导风格的二维度观点，在"关心人"和"关心生产"的基础上提出了管理方格论（managerial grid），它充分概括了俄亥俄州立大学的关怀与结构维度以及密执安大学的员工导向和生产导向维度。

管理方格如图17-1所示。这是一个衡量领导者行为倾向的态度模型，由于通俗、实用，促进了行为理论的流行。

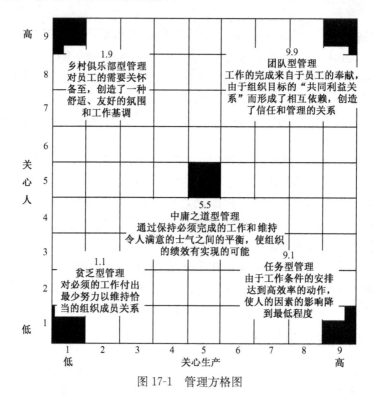

图 17-1　管理方格图

图中，横坐标表示管理者对生产的关心程度，纵坐标表示管理者对人的关心程度。这样图中有81个方格，分别代表了81种不同的领导风格，每种领导风格就用它的横坐标和纵坐标数值来表示。评价管理人员时就按照这两方面的行为，在图上找出交叉点，这个交叉点便是他的类型。

布莱克和莫顿强调，他们使用"对……关心"这句话的涵义是要表明管理人员"怎样"关心生产，以及他"怎样"关心人，而不是关心从一个群体中得到"多少"产量之类的事。

"关心生产"是指一名监督管理人员对各类事项所抱的态度，诸如对政策决议的质量、程序与过程，研究工作的创造性，职能人员的服务质量，等等。同样，"关心人"也有广泛的解释，包含了诸如个人对实现目标的承诺程度、工人对自尊的维护、基于信任而非基于服从来授予职责、提供良好的工作条件和保持令人满意的人际关系等内容。

布莱克和莫顿在提出管理方格图时，还列举了下列四种极端的管理方式：

（1）1.1型管理。可称之为"贫乏型管理"。这种管理对生产任务的关心和对员工的关心都做的最差，管理人员实质上已放弃自己的职责，只是无所事事或者只充当将上级的信息向下属传达的信使。它是管理者和整个企业的失败，但一般很少出现这种情况。

（2）9.1型管理。有时被称为"任务型管理"。这种管理只注重生产任务的完成，而不注重人的因素，员工都变成了机器。这种管理者是一种专制式的管理者，下级只能奉命行事，一切都受到上级的监督和控制，使员工失去进取精神，不肯用创造性的方法去解决各种问题，并且不愿施展他们所学到的本领。最后，管理者同员工可能转向"1.1型管理"。

（3）1.9型管理。有些人称之为"乡村俱乐部型管理"。这种管理同偏重任务的管理遥遥相对，管理人员很少甚至不关心生产，而只关心人，他们促成一种人人得以放松，感受友谊与快乐的环境，而没有人关心去协同努力以实现企业的目标。他们的论点是，只要员工精神愉快，生产成绩自然很高。他们认为不管生产成绩好不好，都要首先重视员工的态度和情绪。这种管理的结果可能是很脆弱的，万一和谐的人际关系受到了影响，工作效率就会随之降低。

（4）9.9型管理。又称"团队型管理"。这种管理对生产的关心和员工的关心都达到了最高点。这种管理工作发扬了集体精神，员工都运用智慧和创造力进行工作，人际关系和谐，任务完成得出色。这种管理可获得以下良好结果：①增加了企业的竞争能力和赢利能力。②改善了各单位之间的相互关系。③充分发挥了集体精神的管理。④减少了员工的摩擦，增进了员工间的相互了解和谅解。⑤促进了员工的创造力和对工作的责任感。

在"9.9型管理"的情况下，员工在工作方面希望相互依赖，共同努力去实现企业的组织目标；领导者诚心诚意地关心员工，努力使员工在实现组织目标的同时，满足个人的需要。

以这四种极端的管理类型作为基点，就能够把各种管理技术、方法和方式置于方格图中的某个位置。显而易见，5.5 类型的管理人员对生产和人的关心都是适中的，他们得到充分的士气和适当的产量，但不是卓越的。他们并不制定过高的目标，对人则很可能是相当开明的专断态度。这种管理虽比 1.9 型管理和 9.1 型管理强些，但由于企业固守传统的习惯和产品的一般标准，从长远的观点看，会使企业逐渐落位。因此，5.5 型管理又称之为 "中庸之道型管理"。

布莱克和莫顿根据自己的研究得出结论，9.9 风格的管理者工作效果最佳。但遗憾的是，方格论只是为领导风格的概念化提供了框架，未能提供新信息以澄清领导方面的困惑，并且，也缺乏实质证据支持所有情境下的 9.9 风格都是最有效的方式。例如，有人对此提出异议，他们用战争实例、救火实例来证明 "9.1 型管理" 最有效。

总之，方格理论主要表明的并不是得到的结果，而是为达到这些结果领导者应考虑哪些主要因素。

(四) 斯堪的纳维亚学者的研究

前面介绍的三种行为观点都是在 20 世纪 40 年代末至 60 年代初提出来的。这些观点是在世界发展较为稳定且可预测的背景在提出的，一些研究者认为它们未能很好反映当今变化极快的现实，于是芬兰和瑞典的研究者再次提出是否在把握领导行为的实质方面只存在两个维度。他们的基本假设是：在变化的世界中，有效的领导者应该表现出发展导向的行为。这些领导者重视尝试的价值，寻求新方法，发动和实施变革。

斯堪的纳维亚研究者重新考察了俄亥俄州立大学的原始实验数据，他们发现俄亥俄的研究者们包括了发展因素，如 "做事总愿意采用新方法"，"运用新观点解决问题" 及 "鼓励下属采取新活动"。但是，这些项目在当时并不能很好地解释有效的领导。斯堪的纳维亚研究者认为，这是因为在那个时代里，开发新观点和实行改革并不是十分重要的。然而，在今天的动态环境中，情况发生了根本改变。所以，这些学者进行了新的研究，以考察是否还有第三个维度——发展维度——与领导的有效性有关。

初步的证据是十分积极的，研究者采用了一些芬兰和瑞典领导者的样本，有力支持了应该把发展导向的领导行为作为一个分离和独立的维度的观点。也就是说，传统上只重视两类领导行为的观点在 20 世纪 90 年代似乎并不十分适当。另外，尽管在传统结论中缺乏确凿证据，但也表现出具有发展导向的领导者（development-oriented leader）更令下属满意，被下属评价为更有能力。

以上我们介绍了从行为角度上解释领导的几种最重要的尝试。总体来说，研究者在确定领导行为类型与群体工作绩效之间的一致性关系上仅获得了有限的成功。行为理论所欠缺的是，对影响成功与失败的情境因素的考虑。比如，罗伯特·科兰多尔和赫伯·凯勒荷都是航空行业中的卓越领导人，但二者却风格迥异。为什么会出现这种情况？原因在于美国航空公司与西南航空公司十分不同，他们面对的市场不同，手下工作的劳工队伍也相当很大，但行为理论却未考虑到这一点。再比如，杰西·杰克逊（Jessy Jackson）是 20 世纪 90 年代当之无愧的黑人领袖，但如果他生于 1890 年，其领导风格还能同等有效吗？很可能不会！情景变化时，领导风格也应发生相应变化。遗憾的是，行为理论观点却未能看到这些情境的变化。

三、权变理论

鲍勃·奈特（Bob Knight）是美国印第安纳大学男子棒球队的教练，他一贯严格的、任务取向型的领导方式令队员、官员、新闻媒介以及学校主管望而生畏。但是，他的风格对于这支他自己招募的球队却十分有效，他是校际棒球队教练中战绩最佳的人物之一。但是，鲍勃的领导作风同样可以运用于联合国安理会吗？或者可以为微软公司的软件设计博士小组的项目经理所采纳吗？很可能不行。这些事例使得研究者开始探索在领导方面更为切实可行的观点。

人们越来越清楚地认识到，为了预测领导成功而对领导现象进行的研究其实比分离特质和行为更为复杂。由于未能在特质和行为方面获得一致的结果，使得人们开始重视情境的影响。领导风格与有效性之间的关系表明，X 风格在 A 条件下恰当可行，Y 风格则更适合于条件 B，Z 风格更适合于条件 C。但是，条件A，B，C 到底是什么呢？这说明了两点：（1）领导的有效性依赖于情境因素；（2）这些情境条件可以被分离出来。

对影响领导效果的主要情境因素进行分离的研究很多。在权变理论的发展过程中，人们经常使用的中间变量如下：工作的结构化程度；领导者—成员关系的质量；领导者的职位权力；下属角色的清晰度；群体规范；信息的可得性；下属对领导决策的认可度；下属的工作士气等。

在分离主要的情境变量中，一些做法被证明比另一些做法更为成功，也因此而获得了广泛认可，我们主要介绍其中的五种：费德勒模型；赫塞和布兰查德的情境理论；领导者—成员交换理论；路径—目标理论和领导者—参与模型。

（一）费德勒模型

第一个综合的领导模型是由弗莱德·费德勒（Fred Fiedler）提出的。费德勒的权变模型（Fielder contingency model）指出，有效的群体绩效取决于以下两个因素的合理匹配：与下属相互作用的领导者的风格；情境对领导者的控制和影响程度。费德勒开发了一种工具，叫做最难共事者问卷（least preferred coworker questionnaire，LPC），用以测量个体是任务取向型还是关系取向型。另外，他还分离出三项情境因素——领导者—成员关系、任务结构和职位权力，他相信通过操作这三项因素能与领导者的行为取向进行恰当匹配。从某种意义上说，费德勒的模型属于过了时的特质理论，因为 LPC 问卷只是一份简单的心理测验。然而，费德勒走得比忽视情境的特质论和行为论远得多，他将个性评估与情境分类联系在一起，并将领导效果作为二者的函数进行预测。

　　以上关于费德勒模型的描述显得过于抽象，下面我们从更为具体的角度来了解这一模型。

　　1. 确定领导风格

　　费德勒相信影响领导成功的关键因素之一是个体的基础领导风格，因此他首先试图发现这种基础风格是什么。为此目的，他设计了 LPC 问卷，如表 17-1 所示。问卷由 16 组对照形容词构成（如快乐—不快乐，高效—低效，开放—防备，助人—敌意）。费德勒让作答者回想一下自己共事过的所有同事，并找出一个最难共事者，在 16 组形容词中按 1～8 等级对他进行评估。费德勒相信，在 LPC 问卷的回答基础上，可以判断出人们最基本的领导风格。如果以相对积极的词汇描述最难共事者（LPC 得分高），则回答者很乐于与同事形成友好的人际关系，也就是说，如果你把最难共事的同事描述得比较积极，费德勒称你为关系取向型。相反，如果你对最难共事的同事看法比较消极（LPC 得分低），你可能主要感兴趣的是生产，因而被称为任务取向型。另外，有大约 16% 的回答者分数处于中间水平，很难被划入任务取向型或关系取向型中进行预测，因而下面的讨论都是针对其余 84% 的人进行的。

表 17-1　菲德勒的 LPC 问卷

快　乐——	8	7	6	5	4	3	2	1	——不快乐
友　善——	8	7	6	5	4	3	2	1	——不友善
拒　绝——	1	2	3	4	5	6	7	8	——接　纳
有　益——	8	7	6	5	4	3	2	1	——无　益
不热情——	1	2	3	4	5	6	7	8	——热　情
紧　张——	1	2	3	4	5	6	7	8	——轻　松
疏　远——	1	2	3	4	5	6	7	8	——亲　密
冷　漠——	1	2	3	4	5	6	7	8	——热　心
合　作——	8	7	6	5	4	3	2	1	——不合作
助　人——	8	7	6	5	4	3	2	1	——敌　意
无　趣——	1	2	3	4	5	6	7	8	——有　趣
好　争——	1	2	3	4	5	6	7	8	——融　洽
自　信——	8	7	6	5	4	3	2	1	——犹　豫
高　效——	8	7	6	5	4	3	2	1	——低　效
郁　闷——	1	2	3	4	5	6	7	8	——开　朗
开　放——	8	7	6	5	4	3	2	1	——防　备

费德勒认为一个人的领导风格是固定不变的，我们一会儿就会看到，这意味着如果情境要求任务取向的领导者，而在此领导岗位上的却是关系取向型领导者时，要想达到最佳效果，则要么改变情境，要么替换领导者。费德勒认为领导风格是与生俱来的，个人不可能改变自己的风格去适应变化的情境。

2. 确定情境

用 LPC 问卷对个体的基础领导风格进行评估之后，需要再对情境进行评估，并将领导者与情境进行匹配。费德勒列出了三项维度，他认为这是确定领导有效性的关键要素。它们是领导者—成员关系（leader-member relations）、任务结构（task structure）和职位权力（position power），具体定义如下：（1）领导者—成员关系：领导者对下属信任、信赖和尊重的程度；（2）任务结构：工作任务的程序化程度（即结构化或非结构化）；（3）职位权力：领导者拥有的权力变量（如聘用、解雇、训导、晋升、加薪）的影响程度。

费德勒模型的下一步是根据这三项权变变量来评估情境。领导者—成员关系或好或差，任务结构或高或低，职位权力或强或弱。他指出，领导者—成员关系越好，任务的结构化程度越高，职位权力越强，则领导者拥有的控制和影响力也越高。比如，一个非常有利的情境（即领导者的控制力很高）可能包括：下属对在职管理者十分尊重和信任（领导者—成员关系好），所从事的工作（如薪金计算、填写报表）具体明确（工作结构化高），工作给他提供了充分自由来奖励或惩罚下属（职位权力强）。相反，如果一个资金筹措小组不喜欢他们的主席则为不够有利的情境，此时，领导者的控制力很小。总之，三项权变变量总和起来，便得到八种不同的情境或类型，每个领导者都可以从中找到自己的位置。

3. 领导者与情境的匹配

了解了个体的 LPC 分数并评估了三项权变因素之后，费德勒模型指出，二者相互匹配时，会达到最佳的领导效果。费德勒研究了 1200 个工作群体，对八种情境类型的每一种，均对比了关系取向和任务取向两种领导风格，他得出结论：任务取向的领导者在非常有利的情境和非常不利的情境下工作更有利。如图17-2 所示，也就是说，当面对 Ⅰ，Ⅱ，Ⅲ，Ⅶ，Ⅷ 类型的情境时，任务取向的领导者干得更好。而关系取向的领导者则在中等有利的情境，即Ⅳ，Ⅴ，Ⅵ型的情境中干得更好。

如何将费德勒的观点应用于实践？我们可以寻求领导者与情境之间的匹配。个体的 LPC 分数决定了他最适合于何种情境类型。而情境类型则通过对 3 项情境变量（领导者—成员关系，任务结构，职位权力）的评估来确定。但要记住，

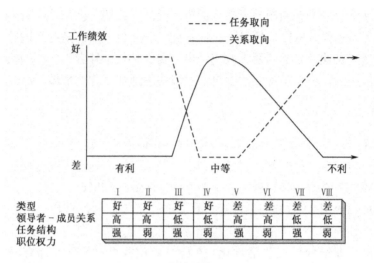

图 17-2　费德勒模型的发现

按照费德勒的观点，个体的领导风格是稳定不变的，因此提高领导者的有效性实际上只有两条途径：

（1）你可以替换领导者以适应环境。在棒球比赛中，教练可以根据击球手的情境特点而决定起用左手投球手还是右手投球手，从而获得比赛的胜利。再比如，如果群体所处的情境被评估为十分不利，而目前又是一个关系取向的管理者进行领导，那么替换一个任务取向的管理者则能提高群体绩效。

（2）你可以改变情境以适应领导者。通过重新建构任务或提高或降低领导者可控制的权力因素（如加薪、晋职和训导活动），可以做到这一点。假设任务取向的领导者处于第Ⅳ类型的情境中，如果该领导者能够显著增加他的职权，即在第Ⅲ类型的情境的活动，则该领导者与情境的匹配十分恰当，会因此而提高群体绩效。

总体来说，大量研究对费德勒模型的总体效度进行了考察，并得出十分积极的结论。也就是说，有相当众多的证据支持之一模型。但是，该模型目前也还存在一些缺欠，可能还需要增加一些变量进行改进和弥补。另外，在 LPC 量表以及该模型的实际应用方面也存在一些问题。比如，LPC 量表的逻辑实质尚未被很好地认识，一些研究指出回答者的 LPC 分数并不稳定。最后，项权变变量对于实践者进行评估来说也过于复杂、困难，在实践中很难确定领导者—成员关系有多好，任务的结构化有多高，以及领导者拥有的职权有多大。

1987 年费德勒及其助手乔·葛西亚（Joe Garcia）重新定义了先前的理论以处理"一些重要的、需要引起注意的疏漏之处"。具体来说，他们想解释领导者通过什么而获得了有效的群体绩效这一过程。他们将这一重新界定的概念称为认知资源理论（cognitive resource theory）。

这一理论基于两个假设：（1）睿智而有才干的领导者相比德才平庸的领导者能制定更有效的计划、决策和活动策略。（2）领导者通过指导行为传达了他们的计划、决策和策略。在此基础上，费德勒和葛西亚阐述了压力和认知资源（如经验、奖励、智力活动）对领导有效性的重要影响。

新理论可以进行下面三项预测：（1）在支持性、无压力的领导环境下，指导型行为只有与高智力结合起来，才会导致高绩效水平；（2）在高压力环境下，工作经验与工作绩效之间成正相关；（3）在领导者感到无压力的情境中，领导者的智力水平与群体绩效成正相关。

费德勒和葛西亚承认他们所得到的数据还十分有限，不足以从根本上支持认知资源理论。而这些证明该理论的有限研究证据所得到的结果也较为混乱。显然，这方面还需要进行更进一步的研究，但是，从费德勒原有的领导理论对组织行为学的影响，新理论与原有模型之间的关系以及新理论把领导者认知能力的引入作为领导有效性的重要影响因素三方面来看，认知资源理论应不会被人们所忽视。

（二）赫塞和布兰查德的情境理论

保罗·赫塞（Paul Hersey）和肯尼斯·布兰查德（Kenneth Blanchard）开发的领导模型称为情境领导理论（situational leadership theory），它被广大的管理专家们所推崇，并常常作为主要的培训手段而应用。如《幸福》500 家企业中的北美银行（BankAmerica），卡特皮拉公司（Carterpilar），IBM 公司，美孚石油公司，施乐公司等都采用此理论模型，此外，它还为所有的军队服务系统所承认。尽管该理论的效度尚未受到深入的考察，但由于其广泛的接受性和很强的直观感召力，我们还是将其纳入进来给以介绍。

情境理论是一个重视下属的权变理论。选择正确的领导风格可以获得领导的成功，在这一点上，赫塞和布兰查德认为下属的成熟度水平是一权变变量。在进一步讨论之前，首先我们要澄清两个问题：第一，为什么要重视下属？第二，成熟度这个术语是什么意思？

在领导效果方面对下属的重视反映了这样一个事实：是下属们接纳或拒绝领导者。无论领导者做什么，其效果都取决于下属的活动。然而这一重要维度却被众多的领导理论所忽视或低估。

对于成熟度，赫塞和布兰查德将其定义为：个体对自己的直接行为负责任的能力和意愿。它包括两项要素：工作成熟度与心理成熟度。前者包括一个人的知识和技能。工作成熟度高的个体拥有足够的知识、能力和经验完成他们的工作任务而不需要他人的指导。后者指的是一个人做某事的意愿和动机。心理成熟度高的个体不需要太多的外部鼓励，他们靠内部动机激励。

　　情境领导模式使用的两个领导维度与费德勒的划分相同：任务行为和关系行为。但是，赫塞和布兰查德更向前迈进了一步，他们认为每一维度有低有高，从而组合成四种具体的领导风格：指示、推销、参与和授权。具体描述如下：

　　（1）指示（高任务—低关系）：领导者定义角色，告诉下属干什么、怎么干以及何时何地去干，其强调指导性行为；（2）推销（高任务—高关系）：领导者同时提供指导性行为与支持性行为；（3）参与（低任务—高关系）：领导者与下属共同决策，领导者的主要角色是提供便利条件与沟通；（4）授权（低任务—低关系）：领导者提供极少的指导或支持。

　　赫塞和布兰查德理论的最后部分定义了下属成熟度的四个阶段：

　　R1——这些人对于执行某些任务既无能力又不情愿。他们既不胜任工作又不能被信任。

　　R2——这些人缺乏能力，但却愿意从事必要的工作任务。他们有积极性，但目前尚缺乏足够的技能。

　　R3——这些人有能力却不愿意干领导者希望他们做的工作。

　　R4——这些人既有能力又愿意干让他们做的工作。

　　图 17-3 概括了情境领导模型的各项要素。当下属的成熟度水平较高时，领

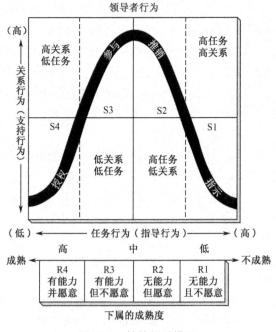

图 17-3　情境领导模型

导者不但可以减少对活动的控制，还可以减少关系行为。在 R1 阶段中，下属需要得到明确而具体的指导。在 R2 阶段中，领导者需要采取高任务和高关系行为。高任务行为能够弥补下属能力的欠缺，高关系行为则试图使下属在心理上"领会"

领导者的意图。在 R3 阶段中出现的激励问题运用支持性、非指导性的参与风格可获最佳解决。最后，在 R4 阶段中，领导者不需要做太多事情，因为下属既愿意又有能力承担责任。

敏锐的读者可能注意到，赫塞和布兰查德的四种领导风格与管理方格中的 4 "角"极为相似，指示型风格等同于 9，1 领导者；推销型风格等同于 9，9 领导者；参与型风格等同于 1，9 领导者；授权型风格等同于 1，1 领导者。是否情境理论与管理方格论大体相同，二者的主要差异只是将 9，9 型的内容（一种适合于所有情况的风格）做了改动，认为"正确的"风格应与下属的成熟度相联系？赫塞和布兰查德否认了这种看法。他们认为方格论强调的是对生产和员工的关注，是一种态度维度，而情境领导模式却相反，强调的是任务与关系的行为。尽管赫塞和布兰查德这样辩驳，但它们之间的差异确实很小。如果认为情境领导理论是在方格论基础上的改进，它反映出了下属成熟度的四个阶段，则更易于对它的理解。

最后，我们再回到一个重要问题上来：是否有证据支持情境领导理论？前面已指出，这一理论很少被研究者所重视。就目前的研究资料来看，对来自这一理论的结论应该比较谨慎。一些研究者认为有证据部分地支持这一理论，另一些人却指出没有发现这一假设的支持证据。因此，在这种时候任何热情的认可都应十分慎重。

（三）领导者—成员交换理论

我们在此介绍的大多数领导理论都基于这样一个假设：即领导者以同样方式对待所有下属。但请你回想一下，在群体中你是否注意到领导者对待不同下属的方式非常不同？是否领导者对自己的圈内人士更为优惠？如果你回答"是"，那么就会认可乔治·格里奥（George Graeo）和他助手们的发现，这就是领导者—成员交换理论的基础。

领导者—成员交换理论（leader-member exchange theory，LMX）指出，由于时间压力，领导者与下属中的少部分人建立了特殊关系。这些个体成为圈内人士，他们受到信任，得到领导更多的关照，也更可能享有特权；而其他下属则成为圈外人士，他们占用领导的时间较少，获得满意的奖励机会也较少，他们的领导—下属关系是在正式的权力系统基础上形成的。

该理论指出，当领导者与某一下属进行相互作用的初期，领导者就暗自将其划入圈内或圈外，并且这种关系是相对稳固不变的。领导者到底如何将某人划入圈内或圈外尚不清楚，但有证据表明领导者倾向于将具备下面这些特点的人员选入圈内：个人特点（如年龄、性别、态度）与领导者相似，有能力，具有外向的个性特点，如图 17-4 所示。LMX 理论预测，圈内地位的下属得到的绩效评估等级更高，离职率更低，对主管更满意。

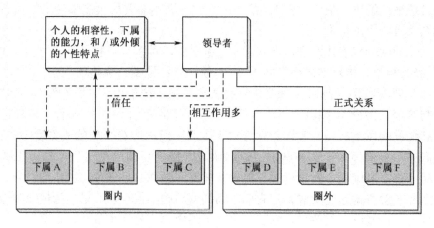

图 17-4　领导者—成员交换理论

对 LMX 理论进行的考察总体上提供了支持性证据。这方面的理论和研究尤其提供了十分明显的证据—领导者对待下属的方式是有差异的。但这种差异绝不是随机的。另外，圈内和圈外的不同地位与下属的绩效和满意度有关。

（四）路径—目标理论

路径—目标理论（path-goal theory）已经成为当今最受人们关注的领导观点之一，它是多伦多大学的罗伯特·豪斯（Robert House）开发的一种领导权变模型，这一模型从俄亥俄州立大学的领导研究和激励的期望理论中吸收了重要元素。

该理论的核心在于，领导者的工作是帮助下属达到他们的目标，并提供必要的指导和支持以确保他们各自的目标与群体或组织的总体目标相一致。"路径—目标"的概念来自于这种信念，即有效的领导者通过明确指明实现工作目标的途径来帮助下属，并为下属清理路程中的各种路障和危险从而使下属的这一"旅行"更为顺利。

按照路径—目标理论，领导者的行为被下属接受的程度，取决于下属将这种行为视为获得满足的即时源泉，还是作为未来获得满足的手段。领导者行为的激励作用在于：（1）它使下属的需要满足与有效的工作绩效联系在一起；（2）它提供了有效的工作绩效所必需的辅导、指导、支持和奖励。

为了考察这些陈述，豪斯确定了四种领导行为，它们包括：指导型领导行为，支持型领导行为，参与型领导行为以及成就取向型领导行为。

（1）指导型领导让下属知道期望他们的是什么，以及完成工作的时间安排，并对如何完成任务给予具体指导，这种领导类型与俄亥俄州立大学的结构维度十分近似。

（2）支持型领导十分友善，并表现出对下属需求的关怀，这种领导类型与俄亥俄的关怀维度十分近似。

（3）参与型领导与下属共同磋商，并在决策之前充分考虑下属的建议。

（4）成就取向型领导设置有挑战性的目标，并期望下属实现自己的最佳水平。

与费德勒的领导行为观点相反，豪斯认为领导者是弹性灵活的，同一领导者可以根据不同的情境表现出任何一种领导风格。

如图 17-5 所示，路径—目标理论提出了两类情境或权变变量作为领导行为与结果之间关系的中间变量，它们是下属控制范围之外的环境（任务结构，正式权力系统以及工作群体），以及下属个性特点中的一部分（控制点、经验和感知到的能力）。要想使下属的产出最多，环境因素决定了作为补充所要求的领导行为类型，而下属的个人特点决定了个体对环境和领导者的行为特点如何解释。这一理论指出，当环境结构与领导者行为相比重复多余或领导者行为与下属特点不一致时，效果均不佳。

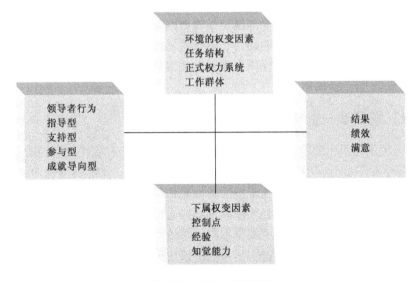

图 17-5 路径—目标理论

以下是由路径—目标理论引申出的一些假设：

（1）与具有高度结构化和安排完好的任务相比，当任务不明或压力过大时，指导型领导会带来更高的满意度。

（2）当下属执行结构化任务时，支持型领导会带来员工的高绩效和高满意度。

（3）对于能力强或经验丰富的下属，指导型的领导可能被视为累赘多余。

（4）组织中的正式权力关系越明确、越官僚化，领导者越应表现出支持型行为，降低指导型行为。

（5）当工作群体内部存在激烈的冲突时，指导型领导会带来更高的员工满意度。

（6）内控型下属（即相信自己可以掌握命运）对参与型领导更为满意。

（7）外控型下属对指导型领导更为满意。

（8）当任务结构不清时，成就取向型领导将会提高下属的期待水平，使他们坚信努力必会带来成功的工作绩效。

对诸如这些假设的验证性研究的结果通常是十分积极的。这些证据支持了理论背后的逻辑实质。也就是说，当领导者弥补了员工或工作环境方面的不足，则会对员工的绩效和满意度起到积极的影响。但是，当任务本身十分明确或员工有能力和经验处理它们而无须干预时，如果领导者还要花费时间解释工作任务，则下属会把这种指导性行为视为累赘多余甚至是侵犯。

虽然路径—目标理论没有受到严厉批评，但是有一点应当提到，这一理论在对下属的工作满意和下属对领导人认可的预测方面似乎比在对下属绩效的预测方面更有效。部分原因可能是准确地测定绩效有困难。无论如何，这一理论本身在这一方面有错误。例如，从事明确的、常规性工作的雇员可能也会感激支持型的领导，而指导型的领导可能对任何工作的完成都是有必要的，因为任务本身似乎并不具有内在的激励作用。

（五）领导者—参与模型

1973年维克多·弗罗姆（Victor Vroom）和菲利普·耶顿（Phillip Yetton）提出了领导者—参与模型（leader-participation model），该模型将领导行为与参与决策联系在一起。由于认识到常规活动和非常规活动对任务结构的要求各不相同，研究者认为领导者的行为必须加以调整以适应这些任务结构。弗罗姆和耶顿的模型是规范化的——它提供了根据不同的情境类型而遵循的一系列的规则，以确定参与决策的类型和程度。这一复杂的决策树模型包含七项权变因素（可通过"是"或"否"选项进行判定）和五种可供选择的领导风格。

弗罗姆和亚瑟·加哥（Arthur Jago）最近又对该模型进行了修订。新模型包括了与过去相同的五种可供选择的领导风格，但将权变因素扩展为 12 个，其中 10 项按 5 级量表评定，表 17-2 列出了这 12 项变量。

表 17-2　修订的领导者—参与模型的权变变量

QR：质量要求
这一决策的技术质量有多重要？

1	2	3	4	5
不重要	不太重要	中等重要	比较重要	非常重要

CR：承诺要求
下属对这一决策的承诺有多重要？

1	2	3	4	5
不重要	不太重要	中等重要	比较重要	非常重要

LI：领导者的信息
你是否拥有充分的信息作出高质量的决策？

1	2	3	4	5
没有	可能没有	拿不准	可能有	有

ST：问题结构
问题是否结构清楚？

1	2	3	4	5
不是	可能不是	拿不准	可能是	是

CP：承诺的可能性
如果是你自己作决策，你的下属肯定会对该决策作出承诺吗？

1	2	3	4	5
不是	可能不是	拿不准	可能是	是

GC：目标一致性
解决此问题所达成的组织目标是否是下属所认可的？

1	2	3	4	5
不是	可能不是	拿不准	可能是	是

CO：下属的冲突
下属之间对于优选的决策是否会发生冲突？

1	2	3	4	5
不是	可能不是	拿不准	可能是	是

SI：下属的信息
下属是否拥有充分的信息作出高质量的决策？

1	2	3	4	5
不是	可能不是	拿不准	可能是	是

TC：时间限制
是否因为时间紧迫而限制了你包含下属的能力？

1				5
不是				是

CP：地域的分散
把地域上分散的下属召集到一起的代价是否太高了？

1				5
不是				是

续表

MT：激励—时间

在最短的时间内作出决策对你来说有多重要？

1	2	3	4	5
不重要	不太重要	中等重要	比较重要	非常重要

MD：激励—发展

为下属的发展提供最大的机会对你来说有多重要？

1	2	3	4	5
不重要	不太重要	中等重要	比较重要	非常重要

该模型认为对于某种情境而言，五种领导行为中的任何一种都是可行的，它们是：独裁Ⅰ（AI），独裁Ⅱ（AII），磋商Ⅰ（CI），磋商Ⅱ（CII）和群体决策Ⅱ（GII），具体描述如下：

AI：你使用自己手头现有的资料独立解决问题或作出决策。

AII：你从下属那里获得必要的信息，然后独自作出决策。在从下属那里获得信息时，你可以告诉或不告诉他们你的问题。在决策中下属的任务是向你提供必要信息而不是提出或评估可行性解决方案。

CI：你与有关的下属进行个别讨论，获得他们的意见和建议。你所作出的决策可能受到或不受下属的影响。

CII：你与下属们集体讨论有关问题，收集他们的意见和建议，然后你所作出的决策可能受到或不受到他们的影响。

GII：你与下属们集体讨论问题，你们一起提出和评估可能性方案，并试图获得一致的解决方法。

弗罗姆和加哥运用计算机程序简化了新模型的复杂性。不过，如果这其中不存在"灰色带"（即变量十分清晰，能够以"是"或"否"准确回答），没有严格的时间限制，并且下属在地域上也不分散时，管理者依然可以运用决策树来选择他们的领导风格。图 17-6 描述了其中一种决策树。

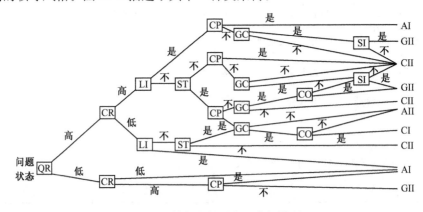

图 17-6　修订的领导者—参与模型

[QR] 质量要求：这一决策的技术质量有多重要？

[CR] 承诺要求：下属对决策的承诺有多重要？

[LI] 领导者的信息：你是否拥有充分的信息作出高质量的决策？

[ST] 问题结构：问题是否结构清楚？

[CP] 承诺的可能性：如果是你自己作决策，你的下属肯定会对该决策作出
承诺吗？

[GC] 目标一致性：解决此问题后所达成的组织目标是否是下属所认可的？

[CO] 下属的冲突：下属之间对于优选的决策是否会发生冲突？

[SI] 下属的信息：下属是否拥有充分的信息作出高质量的决策？

对最初版本的领导者—参与模型进行的考察得到的结果十分积极，由于修订的模型新近出现，其效果还有待于评估。不过新模型是 1973 年版本的直接扩充，它与我们目前对该模型价值的认识应是一致的。所以，在此我们有充分理由相信修订后的模型对于帮助管理者在不同情境下选择最适当的领导风格提供了非常有效的指导。

在这里需要提醒大家注意两点。首先，修订后的领导者—参与模型十分复杂、繁琐，以至于本书中不可能进行更细致的介绍。不过，表 17-2 中提供给大家的这些变量会使我们了解到在选择你的领导风格时应考虑哪些权变变量。其次，领导者—参与模型进一步证实领导研究应指向情境而非个体，也许称为专制和参与的情境要比称为专制和参与的领导更讲得通。与豪斯的路径—目标理论相同，弗罗姆、耶顿和加哥都反对把领导者的行为看作固定不变的，他们认为，领导者可以根据不同的情境调整他的风格。

在领导领域中，如果我们认为个体领导风格的范围很窄，如费德勒的观点，那么为了领导成功，就必须把他设置在恰当的情境中。但还有另一种可能性：如果豪斯和弗罗姆等人是对的，个体领导者首先评估情境的可行性，再相应调整自己的风格。到底我们应该调整情境以适应个体呢，还是应该调整个体以适应情境？答案可能取决于领导者本身，尤其是领导者在自我监控方面的程度。我们知道，个体在行为的灵活性程度上存在差异。一些人很容易调整自己的行为以适应外部情境；另一些人则不管情境如何均表现出行为的高度一致性。高自我监控者一般可以调整自己的领导风格以适应变化的情境。

以上我们共讨论了五种权变模型，按照权变的精神，在此我们可以断定：认为任何情境下领导行为都有效的看法可能并不正确。领导并不总是重要的。不少研究资料表明：在许多情境下，领导者表现出什么样的行为是无关紧要的。某些个体、任务和组织变量可能成为"领导"的替代因素，或者使领导者对下属的影

响无效。

无效因素使领导者的行为对下属的工作产生不了影响，它使领导者的影响失效。而替代因素则不仅使领导者产生不了影响，而且没必要产生这种影响，它可以代替领导者的影响。比如，当下属的特点为有经验、受过培训、专业取向或对组织奖励十分淡然时，则可以替代或抵消领导的效果。这些特点可以替代为了进行结构化和降低任务模糊性而需要来自领导方面的支持和能力。同样，当工作本身十分明确、规范（高结构化任务的特点）或本身能满足个体需要时，对领导变量的需要也大大减少。最后，某些组织特点，如正式明确的目标，严格的规章和程序，或内聚力高的工作群体，都可以替代正式的领导活动，如表 17-3 所示。

表 17-3　领导的替代因素和无效因素

特点	关系取向领导	任务取向领导
个体		
经验/培训	无影响	替代
专业	替代	替代
对奖励的淡然态度	无效	无效
工作		
高结构化任务	无影响	替代
提供自身反馈	替代	无影响
满足个体需要	替代	无影响
组织		
正式明确的目标	无影响	替代
严格的规章和程序	无影响	替代
内聚力高的工作群体	替代	替代

领导者并不总对下属的结果产生影响，这种最近的认知并不该令你感到吃惊。前面我们介绍了大量的变量、如态度、个性、能力、群体规范，都会对个体的工作绩效和满意度造成影响。而领导理论的支持者们在解释和预测行为时，却忽视了这些变量，仅单纯考虑到领导者行为对下属实现目标的影响。因此，明确认识到领导是组织行为总体模型中的自变量之一这一点非常重要。在某些情境下，它有利于解释员工的生产率、缺勤率、离职率和工作满意度，但在另一些情境下，它的贡献寥寥。

以上介绍了三种领导理论，不难看出，有关领导方面显然不缺乏理论。但从一个更宏观的角度上看，这一切意味着什么？我们来看看各种领导理论中的共同点，以及它们在组织中实际应用的价值。

深入的调查揭示，有两个概念贯穿于大多数理论中，这就是"任务"和"人员"。这两个概念常常被表达为各种不同形式，但其实质意义是相同的。任务维度是费德勒的称呼，俄亥俄的研究者们称其为"结构"维度，路径—目标理论的支持者称其为"指导型领导"，密执安的研究者称其为"生产导向"，布莱克和莫顿称其为"关心生产"。人员维度也同样，它还被称为"关怀"维度、"员工导向"、"支持型"、"关系取向型领导"。除了斯堪的纳维亚学派以外，其他研究者都倾向于把领导行为划分为这两个维度，在这方面存在的差异是：这种取向是一个连续体的两个极端（你或者在这方面高或者在那方面高，但不可能二者均高），还是两个独立的维度（在两个方面可以同时高或低）。

一位知名学者曾经提出每一种领导理论都与"领导者在决策中授予下属多大权限联系在一起"。虽然情境领导理论和领导者参与模型涉及到这一方面，但这一论点却欠缺充分的支持性证据。任务—员工的二分观点看起来概括面要大得多。

领导理论学家们在领导风格是固定的还是灵活的这一问题上意见并不统一。比如，费德勒持第一种观点，弗罗姆、耶顿和加哥特持第二种观点。前面已经提到，我们认为二者可能都是正确的——它取决于领导者的个性。高自我监控者比低自我监控者更可能调整自己的领导风格以适应变革的情境。因此，似乎仅仅对于低自我监控者来说，为了改进领导者与情境之间的匹配性需要调整情境以适应领导者。

如何解释本章所介绍的各种发现呢？经过时间的检验，证实了一些特质对领导的有效性有一定的预测力。但是，知道一名管理者拥有智力、自信、进取心等等特点并不意味着能保证他的下属生产率更高、也更有满足感。这些特质在领导成功方面的预测力并不很强。

早期的任务—人员观点（如俄亥俄、密执安、管理方格论）缺乏实质性的发现。在这些理论基础上最有力的论点是，人员取向方面评估高的领导者会有满意感的员工。这方面的研究主要是将员工的生产率以及任务取向型中员工的生产率和满意度混杂在一起，因此预测效果并不理想。

费德勒模型最重要的贡献可能在于它创设了一种更为严谨的调查方法来确定领导的权变变量。虽然这一模型不再是领导理论的分水岭，但费德勒早期提出的情境变量依然在当代权变理论中体现出来。

赫塞和布兰查德的情境领导理论十分直截接了当，从直观上看很有吸引力也很重要，因为它明确认识到下属的能力和动机是领导成功的关键。尽管这一理论为实践者广为接受，但至少目前在综合性的证据方面，更多的是假设而不是实证。

领导者—成员交换理论从另一个角度考察了领导。它强调的是圈内和圈外。大量证据表明圈内地位的员工比圈外地位的员工有更高的工作绩效和工作满意度，如果我们知道员工属于圈内还是圈外，则这一理论在预测领导者行为方面很有价值。

对弗罗姆-耶顿最初版本的领导者模型进行的考察得到了支持性结果。由于修订后的弗罗姆-加哥版本是在原模型基础上更复杂的扩充，我们预期其效果会更佳。但该模型的复杂性成为其使用受到限制的主要原因之一。实践中的管理者很难把五种风格和12项权变变量作为日常指南应用。尽管领导和决策是个复杂问题，也需要复杂的过程，但人们都希望利用简单而有效的模型进行思考，在这方面的重要结论似乎是，如果发现领导者遵从这一模型，我们就会发现他有生产率高且满意感高的下属。

最后，路径—目标理论在坚实的实证基础上，提供了解释和预测领导效果的框架。它指出领导者的成功取决于两个因素：（1）领导者为了适应他所在的情境而对他的风格进行调整；（2）追随者的个性特点。在一定范围内，目标—路径理论验证了其他领导理论中提出的权变变量。比如，它对任务结构的强调与费德勒的权变模型和弗罗姆-加哥的领导者——参与模型（是否记得其中有一道题：问题是否结构清楚？）一致；它对个性特点的看法又与赫塞和布兰查德对下属的经验和能力的强调相一致。

四、关于领导理论的最新观点

在这一主题中我们列出了三种观点来概括领导理论的最新看法：领导的归因理论，领袖魅力的领导理论，以及交易型和变革型领导。这些观点有一个共同之处，即它们都减少了理论的复杂性，而从普通人的角度看待这一主题。

（一）领导的归因理论

在第十六章中我们已讨论有关知觉的归因理论，事实上，归因理论还可以用于解释领导的知觉。

你应还记得，归因理论主要用于了解原因与结果之间的关系。当一件事发生时人们总愿意将它归因于某种原因。在领导情境下，归因理论指的是，领导主要是人们对其他个体进行的归因。运用归因理论的框架，研究者发现人们倾向于把领导者描述为具有这样一些特质，如智慧、随和的个性、很强的语言表达能力、进取心、理解力和勤奋。并且，人们发现高—高领导者（即在结构和关怀维度方面均高）与人们对好领导具有哪些因素的归因相一致。也就是说，不论情境如何，人们都倾向于将高—高领导者知觉为最佳。在组织层面上，归因理论的框架说明了为什么人们在某些条件下使用领导来解释组织结果。这些组织效绩常是极端情况。当组织中的绩效极端低或极端高时，人们倾向于把它们归因于领导。这一点有助于解释当组织承受严重的财政危机时，首席执行官们的敏感性，无论他们是否与此事有关；它还说明为什么这些首席执行官都会因为极好的财政状况而赢得人们的好评，不管实际上他们的贡献大小。

在领导的归因理论（attribution theory of leadership）文献中，有一个十分有趣的现象，人们常常认为有效的领导者所作的决策前后连贯或坚定不动摇。有证据表明，人们认为"伟人式"的领导者是从困难或不寻常入手，通过决心和毅力，最终彻底获得成功的人。

（二）领袖魅力的领导理论

领袖魅力（charismatic leadership）的领导理论是归因理论的扩展。它指的是当下属观察到某些行为时，会把它们归因为伟人式的或杰出的领导能力。大部分领袖魅力的领导研究是确定具有领袖气质的领导者与无领袖气质的对手之间的行为差异，被公认为具有领袖魅力的领导人有弗兰克林·罗斯福、约翰·肯尼迪、马丁路德·金和沃尔特·迪斯尼等人。

一些研究者试图确认具有领袖魅力的领导者的个性特点。罗伯特·豪斯（以路径—目标理论而著名）确定了三项因素：极高的自信，支配力以及对自己信仰的坚定信念。瓦伦·本尼斯（Warren Bennis）研究了 90 位美国杰出和最成功的领导者，发现他们有四种共同的能力：有令人折服的远见和目标意识；能清晰地表述这一目标，使下属明确理解；对这一目标的追求表现出一致性和全身心的投入；了解自己的实力并以此作为资本。不过，在此方面最新最全面的分析是由麦吉尔大学的康格（Conger）和凯南格（Kanungo）进行的。他们的结论是，领袖魅力的领导人具有如下特点：他们有一个希望达到的理想目标；为此目标能够全身心的投入和奉献；反传统；非常固执而自信；是激进变革的代言人而不是传统现状的卫道士。表 17-4 总结了区别有领袖魅力的领导者与无领袖魅力的领导者的关键特点。

表 17-4　领袖魅力的领导者的关键特点

1. 自信。领袖魅力的领导者对他们的判断和能力充满信心
2. 远见。他们有理想的目标，认为未来定会比现状更美好。理想目标与现状相差越大，下属越有可能认为领导者有远见卓识
3. 清楚表述目标的能力。他们能够明确的陈述目标，使其他人都能明白。这种清晰的表达表明了对下属需要的了解，然后，它可以成为一种激励的力量
4. 对目标的坚定信念。他们被认为具有强烈奉献精神，愿意从事高冒险性的工作，承受高代价。为了实现目标能够自我牺牲
5. 不循规蹈矩的行为。他们的行为被认为是新颖的、反传统、反规范的。当获得成功时，这些行为令下属们惊诧而崇敬
6. 作为变革的代言人出现。他们被认为是激进变革的代言人而不是传统现状的卫道士
7. 环境敏感性。他们能够对需要变革的环境加以限制和对资源进行切实可行的评估

近期的研究试图确定领袖魅力对下属造成了哪些实质性的影响。这一过程的第一步是领导者清晰的描述宏伟前景。这一前景将组织的现状与更美好的未来联系在一起，使下属有一种连续的认识。而后，领导者向下属传达高绩效期望并对下属达到这些期望表现出充分的信心。这样做提高了下属的自尊和自信水平。接下来，领导者通过言语和活动传达一种新的价值观体系，并以自己的行为为下属设立了效仿的榜样。最后，领袖魅力的领导人可以作出自我牺牲和反传统的行为来表明他们的勇气和对未来前景的坚定信念。

领袖魅力的领导者对下属有什么影响呢？有关这方面越来越多的研究表明，领袖魅力的领导与下属的高绩效和高满意度之间有着显著的相关性。为领袖魅力的领导人工作的员工受到激励而付出更多的工作努力，而且，由于他们喜爱自己的领导，也表现出更高的满意度。

既然领袖魅力如此理想，人们是否可以学到做领袖魅力的领导者呢？抑或领导魅力的领导人天生具有这些气质？尽管仍有少数人强调领袖魅力不可能被习得，大多数学者专家认为个体可以经过培训而展现领袖魅力的行为，并因而享受到"领袖魅力领导者"所自然得到的效益。比如，一群研究者指出一个人可以通过以下三个阶段的学习变成领袖魅力的领导者。首先，个体要保持乐观态度。使用激情作为催化剂激发他人的热情，运用整个身体而不仅仅是言语进行沟通。通过这些方面可以开发领袖魅力的氛围。其次，个体通过与他人建立联系而激发他人跟随自己。第三，个体通过调动跟随者的情绪而开发他们的潜能。研究者利用这种方法使商业专业的在校大学生成功地"扮演"了领袖魅力的角色。他们指导学生清晰地表述一个极高的目标，向下属传达高绩效的期望，对下属达到这些目标所具备的能力表现出充分的信心，重视下属的需要；学生们练习表现出有力、自信和动态的形象，并使用富有魅力的迷人语调。为了进一步捕捉领袖魅力的动态和生动特征，研究者还训练这些学生使用领袖魅力的非言语特点，他们或者坐在自己的办公桌上，或者在桌边漫步，身体向前倾向下属，保持直接的目光接触，呈现放松的姿态和生动的面部表情。研究者发现，这些学生学会了如何展现领袖魅力，并且，这些领导者的下属表现出更高的工作绩效，对工作任务的适应性，以及对领导和群体的适应性。

有关这一主题的最后一点是：领袖魅力的领导对于员工的高绩效水平来说并不总是必须的。当下属的任务中包含观念性要素时，它最为恰当。这可以解释为什么领袖魅力的领导者更多出现于政治、宗教以及战争期间，或在一个引入重要新产品或面临生存危机的企业中出现，因为在这些情况下十分注重观念。富兰克林·罗斯福在经济大萧条中给美国人指出了光明的前景；斯蒂夫·乔布斯（Steve Jobs）在20世纪70年代末80年代初提出了个人电脑必将极大改变人们的日常生活前景，从而在苹果公司赢得了技术员工坚定的忠诚和承诺。施瓦茨克普夫将军（Gen. Schwarzkopf）耿直而充满激情的风格，他对自己军队的绝对自信以及全面击败伊拉克的信念，使他在 1991 年的沙漠风暴行动之后成为自由世界的英雄人物。然而，当危机和剧烈变革的需要减退时，领袖魅力的领导人事实上可能成为组织的负担。为什么？因为领袖魅力的领导人过分的自信常常导致了许多问题。他们不能聆听他人所言，受到有进取心的下属挑战时会十分不快，并对所有问题总坚持自己的正确性。比如，菲利普·凯恩（Phillipe Kahn）就是一位具有领袖魅力风格的领导者，在波兰德全球软件公司（Borland International）最初的创业时期，他立下了汗马功劳。然而，在公司的成熟时期，这为首席执行官却成为企业的负担，他独断的风格、自负而鲁莽的决策使公司的未来前景陷入危机之中。

（三）交易型领导与变革型领导

在此我们涉及的最后一个方面是最近对变革型与交易型领导差异的兴趣。你会发现，由于变革型领导也具有领袖魅力，因此这一主题与前面对领袖魅力领导的讨论有一定重复之处。

本章中介绍的大多数领导理论——如俄亥俄州立大学的研究，费德勒的模型，路径—目标理论，领导者—参与模型——都讲的是交易型领导（transactional leaders）。这些领导者通过明确角色和任务要求来指导或激励下属向着既定的目标活动。但是还有另一种领导类型，他们鼓励下属为了组织的利益而超越自身利益，并能对下属产生深远而不同寻常的影响。他们是变革型领导者（transformational leaders），这其中包括有限零售连锁店的莱斯立·韦克斯纳（Leslie Wexner）和通用电气公司的杰克·威尔士（Jack Welch）。他们关怀每一个下属的日常和发展需要；他们帮助下属以新观念看待老问题从而改变了下属对问题的看法；他们能够激励、唤醒和鼓舞下属为达到群体目标而付出更大的努力。表 17-5 概括了两种类型的领导者在四个方面的不同特点。

表 17-5　变革型领导者与交易型领导者的特点

交易型领导
　　权变奖励：努力与奖励相互交换原则，良好绩效是奖励的前提，承认成就
　　通过例外管理（主动）：监督、发现不符合规范与标准的行为，把它们改正为正确行为
　　通过例外管理（被动）：只有在没达到标准时才进行干预
　　自由放任：放弃责任，回避决策
变革型领导
　　领袖魅力：提供远见和使命感，逐步灌输荣誉感，赢得尊重与信任
　　感召力：传达高期望，使用各种方式强调努力，以简单明了的方式表达重要意图
　　智力刺激：鼓励智力、理性活动和周到细致的问题解决活动
　　个别化关怀：关注每一个人，针对每个人的不同情况给予培训、指导和建议

　　我们不应该认为交易型领导与变革型领导采取截然对立的方法处理问题。变革型领导是在交易型领导的肩膀上形成的，它导致的下属努力水平和绩效水平比单纯的交易观点好得多。此外，变革型领导也更具领袖魅力。单纯领袖魅力的领导仅仅是想让下属适应领袖魅力的世界就足够了，而变革型领导则试图逐步培养下属的能力，使他们不但能够解决那些由观念产生的问题，而且完全能解决那些由领导者提出的问题。

　　有相当多的证据支持变革型领导优于交易型领导。比如，对美国、加拿大和德国的军队官员进行大量研究发现，在每个水平上，对变革型领导者的评估都比交易型对手更好。在联邦快递公司中，那些被下属评估为更具变革型领导的管理者，被他们的直接上级主管评估为有更高成就的人和更应晋职的人。总之，所有证据表明，变革型领导与低离职率、高生产率和高员工满意度之间有着更高的相关性。

五、有关领导的当前问题

　　男性与女性依赖不同的领导风格吗？如果是，是否某一种风格优于另一种风格？授权的普遍使用如何影响到管理者的领导？如果领导者无追随者就称不上领导者，那么管理者为了使下属成为更有效的追随者应该做哪些工作？国籍文化如何影响到领导风格的选择？领导有生物基础吗？

　　在此，我们简单介绍在领导方面这五个当前问题。

（一）性别：男性与女性的领导方式不同吗

　　在性别与领导方面进行的大量研究得出两个结论：首先，男性与女性的相似性多于差异性；其次，在差异性方面，女性似乎采用更为民主的领导风格，男性则对指导型风格感到恰当。

　　男性与女性领导者之间的相似性不应令人感到诧异。有关这一问题几乎所有的研究都把管理作为领导的同义词。在这些研究中，并没有发现性别差异的明显证据。为什么？原因来自于个人对职业的选择和组织选拔两方面。选择法律工作或城市工程工作的人有很多共同点，选择管理职业的人也同样。对于具备下面这些领导特质的人，如智力、自信、社交能力，更可能被知觉为领导者，也更受到鼓励去追求可以实施领导的职业。同样，组织也将具有领导特质的人选拔和招募到领导岗位上来。其结果是，无论性别如何，在组织中正式领导岗位上的个体倾向于更为相似而不是不同。

　　当然，也有一些研究表明在潜在的领导风格方面男性与女性存在差异。女性倾向于采用更为民主型的领导风格，她们鼓励参与，与下属共享权力和信息，并努力提高下属的自我价值。她们通过包容而进行领导，并依赖她们的领袖魅力、专业知识、人际交往技能来影响他人。男性则更乐于使用指导型、命令加控制型的风格，他们以自己岗位所赋予的正式权利作为影响基础。但是，与我们前面的结论一致，这些发现是有其限定条件的，在男性掌管的工作中，女性领导者更为民主的倾向性减弱了。显然，此时的群体规范和男性领导者角色的刻板印象大大超过了个人偏好，因而女性在这些工作中放弃了她们本质的风格而以更为专制的风格采取行动。

由于男性在传统中一直处于组织中的主要领导岗位，因此人们可能会认为男性与女性的差异必定对男性更为有利，但事实并不尽然。在今天的组织中，灵活性、团队工作、信任和信息共享的特点迅速取代了僵化的结构、竞争的个体主义、控制和保密这些特点。最好的管理者认真聆听下属的意见，充分激励和支持他们的下属，他们实行鼓励和影响而不是控制。很多女性做这些事似乎比男性更为出色，比如，目前组织中越来越多地使用交叉功能型的团队，这意味着有效的管理者必须成为高水平的谈判者。女性的领导风格使她们在谈判方面更为有利。她们并不象男性那样过分看中输赢和竞争，而是在持续关系的背景下进行谈判——她们努力使对方从自己的角度上看自己也是个成功者。

（二）通过授权而领导

近 10 年来一个重要发展趋势对领导有重大意义，这就是在管理者中推行授权（empowerment）工作。具体而言，专家们向管理者建议，有效的领导者与下属共享权力和责任。授权的领导者角色是：表现信任，展示前景，清除阻碍绩效提高的障碍，为员工提供鼓励、激励和辅导。率先迈进"授权浪潮"的国际知名公司有通用电气公司、英特尔公司、福特公司、土星公司、斯堪的纳维亚航空集团等。另外，还有更多的公司在实施全面质量管理时把授权活动作为努力的一个方面。

如果你对领导的权变观点非常重视，那么这种大范围的授权运动是否会令你感到有些陌生？如果是，那就对了。为什么？因为授权运动的支持者一直倡导的是领导的非权变观点，即将指导型、任务取向型和专制型的领导方式废除，代之以授权方式。

目前授权运动的问题在于，它忽视了领导可以共享的程度以及领导共享的有效性条件。一些因素如精简机构、员工技能的提高、组织对继续培训的承诺、全面品质管理项目的实施、自我管理团队的引入，毫无疑问使得运用授权进行领导的情境数量增加，但绝不是所有情境！对授权运动毫无保留的接受，或把它作为领导的通用观点，绝不是最佳流行的方法。

（三）追随者的情况如何

曾经有人说过，成为优秀领导者的条件是有"一流的追随者"。这句话虽然听上去有些讽刺意味，但事实上有它的道理。我们都知道许多管理者无法"牛不喝水强按头"，但事实上，也有许多下属并不跟随队伍。

直到最近我们才认识到，成功的组织除了要有能够统领的领导者，还需要有能够追随的跟随者。事实上，任何组织中下属的数目远远多于领导者，因此可以说，无效的追随者比无效的领导者会对组织造成更大障碍。

有效的追随者应具备什么样的品质？一个研究者概括出四个方面：

（1）他们能够很好地管理自己。他们能够自我思考，独立工作，不需要具体指导。

（2）他们能够对目标作出承诺。有效的追随者除了思考自己的生活之外，还会对一些事情做出承诺，如一个目标，一件产品，一个团队，一个组织，一种想法。大多数人都喜欢和除了体力投入之外还有情感投入的同事合作。

（3）他们建构自己的能力并为达到最佳效果而付出努力。有效的追随者掌握那些对组织很有用的技能，他们对自己设置的绩效目标比工作要求和工作群体的要求更高。

（4）他们诚实，有勇气，值得信赖。有效的追随者是独立而判断性的思考者，他们的知识和评价均值得信赖。他们有很高的道德标准，信誉良好，敢于对自己的错误承担责任。

（四）民族文化是一项附加的权变变量

从对领导的讨论中我们得出这样的结论：有效的领导者并不仅仅使用单一风格。他们根据情境调整自己的风格。虽然我们在每个理论中没有明确强调国籍文化，但它显然是确定何种领导风格最为有效的重要情境因素之一，你应把它作为另一个权变变量。

国籍文化通过下属来影响领导风格。领导者不能凭主观意愿选择他的风格，他们在很大程度上受限于下属期望的文化条件。比如，操纵或专制风格适合于高权力距离的文化，而阿拉伯、远东和拉丁美洲这些国家的权力距离分数较高。权力距离指标同时也是员工是否乐于接受参与式领导的有效预测指标。在低权力距离的文化中，如在挪威、芬兰、丹麦和瑞典等国，参与式领导可能最为有效。显然，这可以解释下面几个问题：（1）为什么大量的领导理论（以密歇根大学的研究和领导者—参与模型最为明显）都支持参与式或员工取向型风格；（2）为什么由斯堪的纳维亚的研究者们提出了发展取向型领导者概念；（3）北美最近掀起的授权运动热潮。请记住，绝大多数的领导理论是北美研究者在北美被试的基础上得到的，而美国、加拿大、斯堪的纳维亚等国的权力距离分数相对较低。

（五）领导有生物学基础吗

领导者的行为是否可能来自于身体的荷尔蒙或大脑的神经介质方面的原因？有关这方面的研究把领导研究从行为实验室中请进化学实验室中进行研究，越来越多的证据表明领导有其生物学根源。

越来越多的研究指出，最优秀的领导者不一定是群体中最聪明、最强壮或最有进取心的人。而是有能力处理社会关系的人，这一发现并不令人吃惊。但研究者进一步发现，有效的领导者所拥有的独特的荷尔蒙和脑化学物质的生化混合物能帮助他们建构社会交往关系和处理压力。

人们对两种化学物质给予了最多注意：5-羟色胺和睾丸甾酮。前者水平越高越表现出社会交往力和控制攻击的能力；后者水平越高越表现出竞争能力。

以猴子进行的研究发现：（1）占统治地位的猴子，即领导者（无论性别）比其他猴子的羟色胺的水平更高；（2）当群体中更换领导者时，新当选的领导者5-羟色胺的水平显著增加。研究者相信高水平的5-羟色胺可以控制攻击性和反社会性冲动，并可以控制对无关或次要压力的过度反映，从而提高了领导地位。然而，二者之间的因果关系尚不清楚，即到底是高水平的5-羟色胺能够激发领导还是领导导致了5-羟色胺水平的提高？

睾丸甾酮似乎也在领导中起着重要作用。通过对狒狒的研究发现，当领导者的合法地位受到威胁时，其睾丸甾酮水平会突然升高。对于下属，当危机来临时，其睾丸甾酮的水平会下降。

在猴子方面有了充分研究，但对于人类来说情况怎样？对一个大学生联谊会的研究发现，处在最高领导地位的男性5-羟色胺水平也是最高的。对网球运动员的研究发现在竞争性比赛之前睾丸甾酮水平升高。这种高水平似乎使运动员更具有攻击性，更有动机去争取成功。也有人发现，获得了地位提高的成就（如赢得晋升或获得学位）后，睾丸甾酮的水平也提高了。职业女性的荷尔蒙较高。

从实验室走入实际这一步也并不像你所想像的那样遥远。比如，目前越来越普遍使用的抗抑郁新药 Prozac，就能使服用者的5-羟色胺水平提高。5-羟色胺是神经介质的一种，它通过使大脑神经细胞中的化学物质重复使用，可以放松心情，缓解紧张。Prozac 使服用者的5-羟色胺水平提高，并使他们的社交能力提高。同样，膏药——与那些试图戒烟的人所使用的药物类似—现在也可以用来提高睾丸甾酮的水平。虽然我们还不能建议通过药物手段增加成为领导的机会，但这种可能性无疑会激发人们的进一步思考。

第三节　领导功效和领导者影响力

一、领导功效

所谓领导功效就是指领导行为的成功性和有效性。

如果一个领导者试图对他人或群体的行为产生某种影响以期达到预期的目标，称这种影响为"试图的领导"。其结果可能是成功的，也可能是失败的。但成功的领导不一定都是有效的。人们所需要的领导应是成功而又有效。

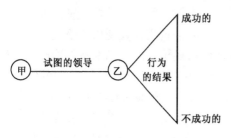

图 17-7　成功的与不成功的领导

如果领导者甲试图影响群体乙去做某事，从表面上看乙完成了这件事，可以说甲的领导行为是成功的；若乙没有完成这件事，可以说甲的领导行为是不成功的。但是深入一步来看，却没有说明乙是在什么动机支配下去完成这件事的，如图 17-7 所示。那么怎样来看甲的领导即是成功的又是有效的呢？

从行为科学角度讲，所谓有效或无效，主要表现在乙做这件事是心悦诚服的，还是迫于某种压力的。如果乙去做这件事是由于甲的位置权力——如甲掌握的奖励和惩罚的权力使乙不敢不去做，那么对于甲领导来说，可以被认为是成功的但不是有效的，如图 17-8 所示。

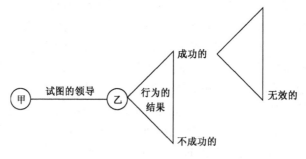

图 17-8　成功而无效的领导

如果甲加强与乙的信息沟通，事先向乙说明这件事的必要性与可能性，并虚心听取乙的意见，将做这件事变为乙的自觉行动。即甲的领导方式符合乙的心理愿望，乙认为在这个活动中可以直接或间接地达到自己的目标，从而按要求完成了这件事。这时可以说甲的领导是成功的而且有效的，如图 17-9 所示。

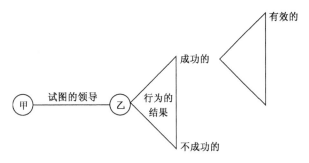

图 17-9　成功而有效的领导

　　成功是一项硬指标，它与一个人或一个群体的行为有关，是以工作绩效来衡量的。而有效性则是一项软指标，它描述了个人或群体的状况或倾向，因而是一种态度上的观念，是以个人或群体的态度来衡量的。

　　如果一个领导者只以成功为念，则他倾向于强调位置和权力，并使用严密的监督和控制。如果他既想成功而又讲效率，他不仅依靠位置权力，而且也会尊重别人，给人以自我实现的机会，他采用的监督和控制手段也是一般性的。

　　管理工作的实践表明，一个成功而无效的领导者只能在短期内影响别人的行为。久而久之，下级会与他产生对立情绪，甚至会团结起来反对他。因此，这种领导者如果不进行自我改造和自我更新，是无法继续担任领导工作的。成功而有效的领导者不仅能在短期内影响别人的行为，而且由于获得了下级的理解和信任，又为未来工作的顺利展开奠定了坚实的基础。因而这种领导者的领导行为是有长期效益的。

二、领导者的影响力

　　领导者要实现其领导功效，一个极其重要的因素就是领导者必须具有影响力。所谓影响力，就是指一个人在与他人交往中所表现出来的影响和改变他人心理状态和行为的能力。

　　任何一个领导者都拥有两种不同的影响力，即强制性影响力和自然性影响力。

（一）强制性影响力

　　强制性影响力，又称权力性影响力。权力既是一种控制力，又是一种影响力。权力是构成一切正式组织的必要条件。一个组织的领导如不执有某些合法权力，就不能称之为领导，也不能维持正式组织并发挥其作用。所谓权力影响力，就是合法权力所产生的效果，合法权力是一切权力的基础，而由影响力所产生的种种权力，只是合法权力的派生物，合法权力可以由国家的法律、法令和主管部门的决议、命令等直接规定，也可能是参观有关内容精神而做出的规定。

领导职位要求它的承担者在一定的职权范围内有规划、决策、指挥、控制的权力，以推进它所负责的工作。没有这种权力影响力，也就无法行使自己的领导职能。

权力影响力在于它对人的影响带有强迫性、不可抗拒性。它对人在心理和行为上所产生的影响作用主要表现在以下两个方面：

（1）控制权。如决策权、指挥权、人事任免权、财务审批权、物资分配权等等。而这些权利，又是领导者进行控制活动的经常而又必要的手段。

（2）奖惩权。当被领导者严格按照领导的意图而行动并取得预期的成效时，领导者有权奖励他，使他感到愉快和满足。当被领导者违抗领导的意图或拒绝接受其命令时，领导者有权实施某些惩罚性手段。奖惩权是相辅相成的，二者的目的也是一致的。

强制性影响力的构成因素，主要有以下几个方面：

（1）传统因素。传统因素是指人们对领导者的一种由历史沿传而来的传统观念。历史学家研究指出，传统首先来源于恐惧，其次是社会服从，从恐惧到服从经过不断的制度化，深入到社会的各个阶级结构与意识形态，从而成为人类社会一种特殊的影响力量。现实生活中常会看到这样一种现象，有的人对领导的服从可能出于尊敬他的高明之处，但有的人却是盲目地认为掌权者都是对的，因而对领导者就产生一种服从感。

服从领导是人类社会得以发展的基本条件。一个组织的成员，只有服从领导，才能在满足组织需要的同时，也满足个体的需要。正因为有"服从"，个体才能与社会相适应，成功地占据社会结构中的某一特殊位置，并扮演与之相适应的角色。被领导者不仅把领导者看作自己各方面信息的主要承载者，而且也把领导者视为团体的代言人。这种观念的不断强化，赋予领导者一种特殊的魅力，这就是传统因素的力量。

（2）职位因素。只要一个人承担了某一个职务，他就掌握了这个职务所提供的法定权力。社会心理学认为，社会权力是形成领导影响的基础。权力是一种制度化的力量。权力就是在个人或集团的双方或多方发生利益冲突或价值冲突的形式下执行强制性控制。在现实生活中，权力往往表现为一种"位置"或"地位"的力量，即"职权"。由于他们担任不同的职务，就执有不同程度的控制权。现代社会所有的组织结构，几乎都有一个完美的金字塔形式，每个人按位置顺序置于一个特有的位置上。权力和控制是从金字塔的顶端逐渐向下延伸的，而服从和负责是从金字塔最基层由下而上的。

总之，权力因素是领导影响力的重要构成因素，是实施领导的重要手段。任何领导都必须合理地恰当地运用它。否则，滥用权力，将会事与愿违。

（3）资历因素。领导者影响力的大小，与他自身的资历是密切相关的。领导人物的光荣历史、非凡经历，往往能使被领导者产生一种敬重感。资历是资格和经历的合称。在一定程度上能够反映出一个人的实践经验和能力。所谓经验，一般是指人们在社会实践中得来的知识和技能。它既包含直接接触客观外界所得到的局部的感性认识，又包含把感性条理化、系统化以后又升华为具有普遍意义的理性认识；既包含现实的经验总结，也包含历史证明了的结论。由于人们的学习情况、工作性质和活动范围不同，他们的经历各不相同，所积累的经验也具备特色，于是在人们心目中，形成了充任某种"社会角色"的资格。

由于"资历"与一个人的实践经验有关，因而是构成领导强制性影响的又一重要因素。

强制性影响力来源于领导者的职位权力。一个人掌握了这个职务所提供的法定权力，他的一言一行就与普通人有差别，就会比普通人的言行具有更大的影响力。这种影响力具有强制性，下级几乎是被动地接受影响，其影响持续的时间以该领导者居于领导者职位的时间为限。

（二）自然影响力

自然影响力，又称非权力性影响力。它与权力性影响力不同的是，它不是外界赋予的那种奖励和惩罚别人的手段，而是来自于个人的自身因素。其中包括领导者的道德品质、文化知识、工作才能和交往艺术等等。正因为它不是仰仗社会所赋予领导者的职务、地位权力而获得的，而是领导者本身主观努力和自身行为所造就的。所以，它与强制性影响力不同，不仅仅属于社会结构中居于领导者角色地位的人。例如，在一个企业的车间里，一位受尊敬的老师傅的话往往会比班组长甚至车间主任还管用，其原因在于他所具有的自然影响力。

自然影响力的特点在于：它对别人所产生的心理和行为影响是自然的，是建立在信服和敬佩的基础上的，它不是靠社会权利而使被领导者被动地服从，而是以领导者自身思想修养、作风、才华去激励群众的自觉性、积极性。它可以汇集群体所有成员的潜能，巩固彼此之间的团结，形成巨大的向心力。从而使人感到可爱、可敬、可信，使人言听计从，心悦诚服，在行动上表现为自愿、主动。因此，自然影响力是领导影响力中更重要的一个方面。

自然影响力的构成因素包括品格因素、能力因素、知识因素和感情因素。

（1）品格因素。领导者的品格因素主要是指领导者的道德、品行、个性、作风等，它反映在领导者的一切言论和行为之中。优秀的品格会给领导者带来巨大的影响力，能使人产生由衷的敬重感。例如，身先士卒的将领，廉洁奉公的上司，都会给人们表率的形象；而领导者的品格上出现了毛病，不管他的职位多高，权利力大，他也会在人们心目中出现"信任危机"。因此，领导者只有注意加强品德修养，光明正大，大公无私，全心全意为人民服务，才能成为广大群众真正拥戴的领导人。

（2）才能因素。一个成功的领导者固然要有崇高的思想品德，但决定事情成败的关键，还在于其能力素质。曾经有人以这样的公式来表示效果、动机和能力的关系。即活动效果＝动机×能力。这就说明在其他条件相同的情况下，从事相同的活动，能力高的人总比能力低的人取得更好的效果。才能总是通过实践活动表现出来，一个无能力的领导者，即使品格再高尚，其在群众中的威望也是不会高的。如果德高望重，加上智多识广，做到德才兼备，自然就会对工作产生加倍的影响力。在现实生活中，群众十分佩服那些才华横溢的领导者，而且十分乐意在其领导下工作，这样也增加了集体的向心力。

（3）知识因素。知识就是力量，就是财富。谁掌握了知识，谁就拥有了认识和改造世界力量，谁就可以为社会创造更多的财富。心理学研究表明，一个人所具有的能力和他所掌握的知识、技能是互相联系、互相制约。一方面，知识、技能是能力形成的基础。任何人在某一方面所具有的才能或天才，都是经过刻苦的学习与训练获得的。而且，一个人所获得的知识，还能促进其能力的发展。另一方面，人们掌握知识和技能，要以一定的能力为前提，即掌握知识、技能的难易和速度依赖能力本身的发展。因此，作为一个领导者，如果他在科学文化或技术方面具有专长或某种特殊能力，就会对他人产生种种影响力。我们党一直要求领导者年轻化、知识化和专业化，目的就是提高领导者的自然性影响力。

（4）感情因素。领导活动本身就是领导者与被领导者相互交往、相互作用、相互影响的过程。在这个过程中，领导者能否把全体成员团结在一起，共同为实现组织的目标而奋斗，除了与他自身的道德品质、学识才干等因素密不可分外，领导者与被领导者之间的感情因素，也是极其重要的。"感情"之所以重要，主要是由于它能成为人们行动的动力：一个科学工作者，只有对科学怀有满腔的热情，才能鼓舞他在攀登高峰的崎岖小道上，不畏艰险，勇往直前；一个无产阶级的战士，只有对祖国和人民充满无限的热爱，才能为大多数人的幸福，在枪林弹雨中冲锋陷阵，不惜付出生命代价。人的感情是多种多样的，常常表现为肯定和否定的两极。它可能成为人们积极行动的动力，也可能成为人们消极行动的力量。在领导活动中，当群众对领导者及其行为产生亲密的感情，并把他引为知己时，二者之间就会发生心理上的"共鸣"，从而使领导者的意志和决策比较容易地变成下属的决心和行动，否则，就会造成双方的心理距离，产生排斥力、对抗力。因此，领导者要密切与群众的感情，加强心理协调，因人而异，见机行事。

同时，经常调整自己的心理状态，以便适应各种类型的对象，找到感情默契的途径。

自然影响力是来源于领导者个人的特质。这种影响力是领导者依靠自己的以身作则和才干形成的。因而这种影响力的实现过程是一个极其自然的过程。在这个过程中，下级是在崇敬诚服的心理基础上自觉地接受领导者的影响的，其持续的时间往往不是以领导者是否掌握法定权力为界限。

领导者影响力的构成，以及影响力发生影响的途径，可以用图 17-10 来描述。

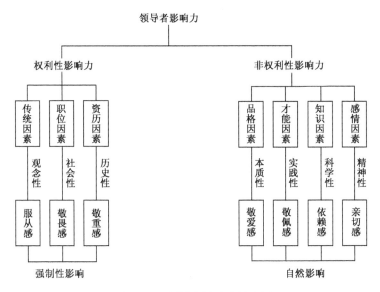

图 17-10　领导者影响力构成图

一般来说，任何一个领导者都同时拥有两种影响力，但对不同领导者来说，究竟哪种影响力占主导地位，却各不相同。对于那些成功而有效的领导来说，他不仅拥有两种不同的影响力，而且非权利性影响力占主导地位。而对于那些不成功的领导者而言，可能他所具备的两种影响力都不足以构成对他人或群体的影响，或者这两种影响力发挥得不适当。

第四节　领导者的心理品质

作为领导者，如何行使自己的领导职责，如何做一个合格的领导者，很大程度上取决于领导者素质的高低。而且，领导者素质与领导效能有着密切的关系，是决定领导效能的一个重要因素。

一、领导者的基本技能和条件

一个企业经营管理的成败，关键在于领导者。

领导者的范围较为广泛。纵向看，由高层领导者、中层领导者、基层领导者等不同层次之分；横向看，有业务领导者、群众团体领导者、行政领导者等不同部门、不同职能之分。这些不同层次、不同职能的领导岗位因工作对象与具体情景不同，对任职者的要求也有一定的差异。但是他们作为领导者，都肩负着组织、指导人们去实现组织目标的共同职责，因而存在着一个普遍适用的衡量领导者的基本标准。

罗伯特·卡茨（Robert Katz）提出了三种基本管理技能：技术技能、人际关系技能和观念技能。

（1）技术技能（technical skills），包括应用专门知识或技能的能力。领导者必须学习和掌握自己领域的专门知识和技能，能够胜任特定任务的领导，善于把专业技术应用到管理中去。这是领导和管理现代企业所必须具备的能力。所有的工作都需要一些专门的知识和技能，通过广泛的正规教育，人们掌握了自己领域的专门知识和技能，许多人的技术技能是在工作中形成的。

（2）人际关系技能（human skills），是指无论是独自一个人还是在群体中与人共事、理解别人、激励别人的能力。许多人在技术上是出色的，但在人际技能方面却有些欠缺。例如，他们可能不善于倾听，不善于理解别人的需要，或者在处理冲突时有一定困难。由于领导者是通过别人来做事，所以，他们必须具有良好的人际技能，才能实现有效的沟通、激励和授权。一般认为，人际技能比聪明才智、决策能力、工作能力等更为重要。

（3）观念技能（conceptual skills）。它是指领导者必须了解整个组织及自己在该组织中的地位和作用，了解部门之间相互依赖和相互制约的关系，了解社会群体及政治、经济、文化等因素对企业的影响；具备良好的个人品德和素质，有高度的事业心和进取精神；善于创新和把相关科学知识运用到企业管理中去。有了这种认识可使领导者能按整个组织的目标行事。领导者可能在技术和人际技能方面都很出色，但若不能理性的加工和解释信息，他照样会失败。

由于领导职位高低的不同，对以上三种技能的学习和掌握的要求也不同。当一个人从较低的领导层上升到较高的领导层时，他所需要的技术技能相对地减少，而需要的观念技能则相对地增加。较低管理层的领导者因接触生产和技术较多，他们需要相当的技术技能，而高层的领导则不必过多地了解某些具体技术上的问题，而特别需要能够将这三种技能的相互结合运用，发挥各方面的力量，实现整个组织目标。如图 17-11 所示。

技术技能和观念技能可随领导层的不同而有所变化，但人际关系技能则能对每个层次的领导者都具有重要的意义。

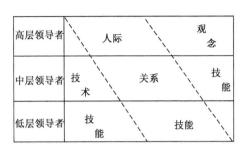

图 17-11 企业不同的领导层所需的管理技能

密执安大学的行为学家利克特（R. Likert）对企业领导者行为进行了长期的研究。他在《管理的新模式》一书中，提出了一个优秀的领导者必须具备的条件：

（1）优秀的领导者虽然对组织负全部责任，但并不单独作出所有的决策。他要善于引导群体内的意见交流，虚心听取各种不同意见，由此获得有助于决策的情报资料、技术性知识及各种事实和经验。

（2）优秀的领导者在无法等待群体讨论而必须临时作出某种决策时，必须能预测到此种决策能够获得员工的支持，使群体迅速采取一致的行动。

（3）优秀的领导者首先要特别注意营造一种群体成员相互合作支持的气氛，上下一致，为实现统一的组织目标而努力。

（4）优秀的领导者必须能承担起组织上交给自己的职责，但对于部属的影响应尽可能减少使用位置权力，即少利用其正式领导的地位与权力去指挥部属，而多利用自己的为人去指导与影响部属。

（5）优秀的领导者应具有善于同组织中的其他群众联系的能力。他能将本群体的见解、目标、价值及决策反映给别的群体，以收到影响其他群体的效果；同时，也能将其他群体的各种见解、目标等告知本群体，促进双方意见交流与相互影响。

（6）优秀的领导者必须善于处理群体所面临的技术问题，并随时将专门知识提供给群体，必要时可请技术专家或其他专家给予协助。

（7）优秀的领导者不仅是一位"以群体为中心的管理者"，而且还要善于激发群体旺盛的士气，努力促使群体成员对组织也产生责任感与连带感。

（8）优秀的领导者应具有敏锐的感受性，能洞察问题的所在，了解成员的需要和情感，并随时伸出支援之手。

（9）优秀的领导者必须能适应外部环境的变化，引导群体在环境中生存与发展。

（10）优秀的领导者要善于规划群体的目标，并引导各单位及个人依据群体的总目标设置分目标，并努力去实现各自的目标。

二、领导者的心理品质

在现代管理中，领导者不仅应具有一定的个人素质，还应具有一定的心理素质特征。领导者的心理素质是指在特定时空条件下，在其领导行为中所表现出来的一般的、典型的心理品质。领导者的心理素质特征直接关系到事业的兴衰或成败。现代管理者应具有以下几个基本心理品质：

1. 良好的认知品质

领导认知就是领导者对其工作对象的看法和理解。良好的认知心理品质是领导者了解情况、获得信息、正确决策的基础。为此，领导者必须具有良好的观察、记忆、想像和思维等心理品质。领导观察是领导者从一定目的和任务出发，有计划、有组织地对某一对象的知觉过程。领导观察是一项能动、积极的感知活动，它不限于知觉，而是在思维和语言的参与下进行的，是一种"思维的知觉"。观察敏锐，才能及时捕捉多种信息；观察准确，才能获得正确的信息；观察全面，才能保证信息的完整性；观察深刻，才能把握信息的本质，从而及时、准确地为决策提供可靠的证据。记忆是信息的输入、储存、编码和提取的过程。记忆准确性和记忆的备用性是两项极为重要的记忆品质。记忆的准确性使信息得到准确无误地贮存，记忆的备用性使领导者的决策和其他管理活动所需要的信息能及时的提取出来，从而保证决策等管理活动的顺利进行。想像是人的心理活动中的创造性因素，丰富的想像力使领导者能对所获取的信息，从各个角度、各个侧面进行加工、改组、产生丰富的联想，形成各种新颖独特的决策构想和领导方案。思维能力是智力结构的核心。领导思维是领导者对客观事物的本质及其规律的间接、概括的反映，是领导者认识中最为复杂的心理活动。领导思维对客观事物的反映不是凭感觉直接把握，而是借助于媒介和头脑的思维加工实现的，它所反映的不是客观事物的现象和个别属性，而是其本质属性和规律性。领导思维过程是由分析与综合、比较与分类、抽象概括与具体化等环节有机地构成的，这个过程贯穿在领导者发现问题、研究问题和解决问题的复杂的脑力劳动过程中。凡是在事业上有成就的人，都具有这些品质，特别是在他们分析问题、解决问题的实践中得到了充分的体现。

2. 要有开拓创新的进取精神

领导者能否打破成规旧俗和一切束缚人们前进的旧传统、旧观念，能否适应新情况，解决新问题，是决定领导者能否客观有效领导的一个重要问题。具有开拓创新精神是对领导者的基本要求。要创新，必须扩大视野。（1）要突破传统的小生产的狭隘眼界，树立面对现代化、面向世界、面向未来的全新的战略眼光；（2）要高瞻远瞩，要和因循守旧、思想僵化决裂，勇于进取。

3. 当机立断的胆识和魄力

当机立断的魄力是领导者胆量和见识的综合表现，也是时代强者的表现。在竞争激烈的今天，现代领导者面临着许多新问题，必然要运用他的知识和智慧，纵观全局，把握时机，作出抉择，这就是当机立断的魄力，如果优柔寡断，就会错过良机。要做到这一点，首先要敏捷而准确地发现问题的症结；其次，通过现象把握本质，权衡利弊得失；最后认准目标，当机立断，拍板定案。

4. 较强的组织管理能力

一个组织、一个企业的各种不同层次的职能部门要为实现共同的组织目标而有效地运转，这要求领导者有较高的组织能力，正确处理好各个部门之间的关系。使之成为一种相互配合的有机整体。决策作出之后，领导者就要善于组织并激励被领导者为实现组织目标而努力实践。善于授权分工，明确责任；善于统筹兼顾，全面安排；善于综合人力、物力、财力，协调、沟通人与人之间的关系，从而使整个工作步步衔接，有序运转。

5. 广泛的兴趣

领导者要有广泛的兴趣。不仅要有对本企业各部门工作的兴趣，而且还要对国内外企业管理工作的兴趣。这样才可能获得有关企业和科学管理的广泛知识，掌握党的方针政策和现代化科学管理的理论和方法，了解国内外企业发展动向与趋势，才能防止或克服专业知识老化、管理混乱、缺乏政策观念等倾向。

6. 情绪乐观而稳定

企业经营管理过程中，往往会出现令人不愉快的事情，领导者应对此保持乐观而稳定的情绪。情绪急躁、忽冷忽热，不仅影响领导者自身的工作效率，而且会对广大员工的积极性带来不利影响。

除此之外，领导者还要具有高尚的道德品质与健康水平。道德品质包括公正无私、原则性、尊重人和善于团结人、以身作则、言行一致、谦虚谨慎和心胸宽广等；健康水平指的是健康的体魄和旺盛的精力。

复习与思考

1. 解释下列概念：

（1）领导；（2）领导者；（3）管理；（4）管理者；（5）领导功效；（6）领导者影响力。

2. 你认为领导的实质是什么？

3. 阐述领导理论的发展过程。

4. 为什么研究领导的特性理论成为引起争论的问题？

5. 你能否解释管理方格图作为培训工具为什么这样受欢迎？

6. 什么是菲德勒的领导理论？把它应用于你所了解的领导者身上进行分析，你是否认为这个理论是正确的？

7. 赫塞和布兰查德是如何定义成熟度的？其他领导权变理论中是否也包括了这一权变变量？

8. 举一个实例具体运用路径—目标理论。

9. 描述领导者—参与模型。它包括哪些权变变量？

10. 什么时候领导者无关紧要的？

11. 对比交易型领导和变革型领导。

第十八章　组　　织

管理和组织是相互依存的，管理中有组织问题，组织中也有管理问题。研究人在组织中的心理活动，是管理心理学的任务之一。

在这一章，首先明确组织的定义，考察组织结构设计，探讨组织结构对员工行为的影响。在这之后，我们将组织视为一种文化进行研究，并说明如何创建和维系组织文化。最后，详尽讨论组织变革与组织发展。

第一节　组　　织

一、组　织

对人、财、物等资源的管理，是依靠一定的组织进行的。管理和组织是相互依存的，换句话说，管理中有组织问题，组织中也有管理问题。研究人在组织中的心理活动，是管理心理学的任务之一。

组织心理的研究内容大体上包括以下几个方面：

（1）组织中的个体心理和行为。包括工作动机、价值观与态度、组织中的社会化、个体决策过程、创造性与革新以及激励工作动机的途径等。

（2）群体心理和行为。包括群体内人与人之间和群体之间的心理、行为。如个人与群体之间的关系、团结心理、群体决策、信息沟通、矛盾的解决、权利的行使等。

（3）领导心理和行为。包括领导的职责、领导的素质、领导者与被领导者之间的关系、衡量领导成绩的尺度、领导的选择及领导行为的理论等。

（4）组织的发展和变革。包括对组织结构的设计、组织与环境之间的关系、组织的效能和发展等问题的研究，目的是解决组织中的问题，增加组织的效能和应变力。

组织心理的研究在很多国家都受到重视，其现实意义主要是：促进人的潜力的发挥，强调重视个人需要与组织目标之间的联系，提高领导艺术以发挥组织效能和保证组织目标的实现。

我国的组织心理研究起步较晚，大约是从 20 世纪 70 年代后期开始的。目前主要是翻译介绍国外这方面的著作。同时，也在逐步开始运用组织心理学探讨、解决现代管理中的问题，以建立以人为中心的现代化管理体系。

传统的或古典的组织理论认为，组织是为了达成某一特定的共同目标，通过各部门的劳动和职务的分工合作，将不同等级的权利与责任制度化，有计划地协调一群人的活动。这一定义认为组织的实质作用是协调人的活动，而不是着眼于完整的人。现代组织理论对组织的定义是：组织指的是结构性和整体性活动，即在相互依存的关系中人们共同工作或协作。管理心理学讲的"组织"（organization）是指由许多目标相同、功能相关的群体，为了完成一定任务而组织起来的有机整体。组织是具有复杂的内部结构的系统，它有如下特征：

（1）组织必须有一个共同的目标。人们为了实现共同目标，完成共同任务而协调组织成员的活动。没有共同的组织目标，不会有协调的活动，就不是真正的组织。

（2）组织包括不同层次的分工合作。组织目标单靠个人无法实现，必须分工合作，由不同层次结构的群体来实现。有分工，就有权利和职责，在一个企业组织中，各车间、班组、科室有各自不同的权力和职责范围。组织的层次结构是组织区别于小群体的重要特征之一。

（3）组织的功能作用在于协调人们的活动去实现共同的目标。协调指统一所有成员的思想和行动，调动各层次人员的积极性、主动性和创造性。

（4）组织的基本任务是规定每个人的责任，明确组织成员之间的关系，协调组织内每个成员的行动。

现代的组织理论把组织看成是一个开放的社会技术系统。现代组织有以下几个特征：

（1）组织的开放性。组织是结合人群，运用人力与物力，应付内外环境的一种机构。组织与社会环境不断进行材料、能源和信息的交换，从而使组织不断地变革与发展。

（2）组织的复杂性。组织不仅包括结构层次、技术等静态结构，而且包括心理、社会和管理等动态结构。

（3）组织是个完整的结构系统。组织系统建立在各个子系统相互依存的基础上，它离不开与环境的相互作用。因此，组织整合了各个子系统与外界环境的关系，组织的本质是领导和支配人力的机构，并且是以整体性的人力聚集和理想目标的实现作为组织的信念，组织目标的实现是一个集体智慧和能力的结晶。

二、正式组织与非正式组织

根据不同的标准可以把企业里的组织分为不同种类，但一般说来可以把组织分为正式组织与非正式组织两大类。

1. 正式组织

正式组织的组织结构、成员的义务和权利，均由管理部门所规定，其活动要服从企业的规章制度和组织纪律。一个正式的组织通常具有以下一些特点：(1) 经过有计划的设计而不是自然形成的，组织结构的特征反映出设计者的管理信念；(2) 有明确的目标，或为追求利润，或为提供服务，或包括多种目标；(3) 角色任务明确，分工专业化；(4) 讲求效率，要求工作协调以最经济有效的方式达成目标；(5) 权威体制与组织中的层次息息相关，上级的正式权利是由组织赋予的，下级必须服从上级，以便贯彻执行命令和沟通目标；(6) 制定各种规章制度，用以约束个人的行动，达成组织的一致性；(7) 正式组织内的个人职位可以互相替换，不重视组织成员的个性和个体差异。

总之，正式组织只关心个人对于达成目标所表现的活动和扮演的角色。马克思·韦伯 (Max Weber) 称此种正式组织为逻辑理性社会体系。在此体系中，个人只是听从于组织的安排，力求适合组织与工作的规范，以达成组织的最终目标。

布劳 (Blau) 和司考特 (Scott) 以受益对象为标准将正式组织分为四种：(1) 互益组织。重视组织内各分子的利益，如工会，俱乐部，政党，教会，职业团体等；(2) 商业组织。以所有者及经营者的利益为主，如旅行社、饭店、工厂、商店、银行、保险公司等；(3) 服务组织。以顾客的利益为主要目标，如医院、学校、社会福利团体等；(4) 公益组织。以公众的利益为第一，如警察、消防队、国防部及政府机关等。

2. 非正式组织

非正式组织并不是管理部门建立或所需要的，而是由于人们互相联系而自发形成的个人和社会关系的网络。

管理学的经典著作《总经理的职能》的作者切斯特·巴纳德 (Chester Barnard) 认为，任何没有自觉的共同目的共同活动，即使是有助于共同的结果，也是非正式组织。因此，午饭时的棋友们所形成的非正式关系可能有助于实现组织的目标。就一个组织上的问题求助于你认识的人，即使他可能在另一个部门，也要比求助你只是在组织图上知道的人容易多。

非正式组织具有以下特点：(1) 人与人之间有共同的思想感情，彼此吸引与相互依赖，是自发形成的群体，没有什么条文规定；(2) 最主要功能是满足个人不同的需要，自觉地互相帮助，从而获得社会与心理的满足；(3) 非正式组织一经形成，即产生各种行为的规范，控制成员互相的行为。它可以促进也可以抵制正式组织目标的达成；（4）非正式组织中的人员也有其不同的地位和权利体系，也就是说，非正式组织有自己的领袖、活跃成员、边缘成员和外围成员；（5）非正式组织的领袖并不一定具有较高的地位与权力，他们或是能力较强、经验较多，或是善于体谅别人。但他们具有实际的影响力。

　　管理心理学的研究表明，非正式组织往往在下述情况下发生：（1）正式组织的规模和目标与成员的基本需求不甚一致；（2）正式组织不能有效地达成目标；（3）正式组织缺乏合理的领导机构，包括主要领导者不称职。

　　图 18-1 表明了组织中存在的正式和非正式两种组织类型。

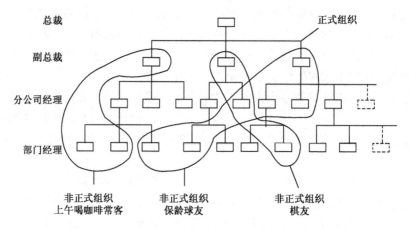

图 18-1　正式组织和非正式组织

第二节　组织设计

一、组织结构

　　组织结构（organizational structure）是指，对于工作任务如何进行分工、分组和协调合作。

　　组织结构使组织成员处于相对于组织的不同位置上。这种相对关系会影响到成员的工作满足感，影响到组织行为。因此，研究组织结构是十分必要的。

　　组织结构包括三个要素：（1）复杂性（complexity）：这是指任务分工的层次、细致程度；（2）规范性（formalization）：这是指使用规则和标准的处理方式以规范工作行为的程度。3，集权度（centralization）：这是指决策权的集中程度。这三个要素可以构成三个描述性维度，把他们结合起来，便可以说明一个组织的结构面貌。

1. 复杂性

组织结构的复杂度有三个表现形式：水平分化、垂直分化、空间分化。

（1）水平分化。水平分化（horizontal differentiation）是指部门横向分工的细致程度。水平分工越多，表明组织需要各种拥有专业知识与技能的人才，分化度就越高。这种组织由于具备各种专业部门，能处理精细的工作，但横向协调也比较困难。

（2）垂直分化。垂直分化（vertical differentiation）是指组织层极的深度或阶数。从最高管理层到最低作业层之间的层极越多，结构就越复杂。复杂的垂直分化适应于庞大的组织，以便适当分权，但高层与低层间相对隔离，也造成信息沟通上的困难，容易产生信息歪曲、失真。

（3）空间分化。空间分化（spatial differentiation）指组织的实体设施在地理上的分散程度。比如现在的跨国公司，空间分化就极高。当空间分化度增大时，组织各部门之间沟通、协调、控制的难度都加大。

2. 规范化

规范化指组织中的工作是否标准化。越是标准化的工作，从事该工作的人员对于该做什么，怎样做，什么时候做就越明确，越需照章行事，自己做主的余地就越小。组织的正规化通常以文字的形式明确下来，要求所有成员都了解这些书面规范。这些标准化规范不仅降低了成员从事其他工作行为的可能性，甚至成员也不必去思考是否有其他形式的工作可选择或替代。这种情形无疑会影响到成员对工作的态度和工作满意程度。

当然，不同组织，规范化的程度不同，即使同一组织内部，不同部门或职务，规范化的程度也可以不同。

3. 集权度

集权度是指组织中权力分散或集中的程度，也就是指权力分配的方式。不同组织权力分配方式不同，有的采用高度集权制，高层经理决定一切，其他人只是奉命行事；有的组织将决策权分散给各个职能部门的经理，这也可以叫做分权制。

集权度只针对组织中的正式的权力而言。在集权制中，高层主管垄断决策权，但也须对决策负责，决策风险大，同时下属因没有参与权，一是容易有不满情绪，二是容易养成漠不关心的习惯。在分权制中，决策迅速，处理问题及时，在这种参与形态下，一方面上层主管可以获得更多的信息，另一方面，员工不会感到与管理阶层的强烈对比和疏离，容易培养参与意识和主人翁态度。

二、组织结构设计的关键因素

管理者在进行组织结构设计时，必须考虑六个关键因素：工作专门化、部门化、命令链、控制跨度、集权与分权、正规化。表 18-1 表明了这些因素对重要的结构问题可能提供的答案。下面，我们将对这六个结构要素分别加以介绍。

表 18-1　在设计适当的组织结构时管理者需要回答的六个关键问题

关键问题	答案提供
1. 把人物分解成各自独立的工作应细化到什么程度？	工作专门化
2. 对工作进行分组的基础是什么？	部门化
3. 员工个人和工作群体向谁汇报工作？	命令链
4. 一位管理者可以有效地指导多少个员工？	控制跨度
5. 决策权应该放在哪一级？	集权与分权
6. 应该在多大程度上利用规章制度来指导员工和管理者的行为？	正规化

（一）工作专门化

本世纪初，亨利·福特（Henry Ford）通过建立汽车生产线而富甲天下，享誉全球。它的做法是，给公司每一位员工分配特定的、重复性的工作，例如，有的员工只负责装配汽车的右前轮，有的则只负责安装右前门。通过把工作分化成较小的、标准化的任务，使工人能够反复地进行同一种操作，福特利用技能相对有限的员工，每 10 秒钟就能生产出一辆汽车。

福特的经验表明，让员工从事专门化的工作，他们的生产效率会提高。今天，我们用工作专门化（work specialization）这个术语或劳动分工这类词汇来描述组织中把工作任务划分成若干步骤来完成的细化程度。

工作专门化的实质是：一个人不是完成一项工作的全部，而是先把工作分解成若干步骤，每一步骤由一个人独立去做。就其实质来讲，每个人专门从事工作活动的一部分，而不是全部活动。

20 世纪 40 年代后期，工业化国家大多数生产领域的工作都是通过工作专门化来完成的。管理人员认为，这是一种最有效地利用员工技能的方式。在大多数组织中，有些工作需要技能很高的员工来完成，有些则不经过训练就可以做好。如果所有员工都参与组织制造过程的每一个步骤，那么，就要求所有的人不仅具备完成最复杂的任务所需要的技能，而且具备完成最简单的任务所需要的技能。结果，除了从事需要较高的技能或较复杂的任务以外，员工有部分时间花费在完成低技能的工作上，由于高技能员工的报酬比低技能的员工高，而工资一般是反映一个人最高的技能水平的，因此，付给高技能员工高薪，却让他们做简单的工作，这无疑是对组织资源的浪费。

通过实行工作专门化，管理层还寻求提高组织在其他方面的运行效率。通过重复性的工作，员工的技能会有所提高，在改变工作任务或在工作过程中安装、拆卸工具及设备所用的时间会减少。同样重要的是，从组织角度来看，实行工作专门化，有利于提高组织的培训效率。挑选并训练从事具体的、重复性工作的员工比较容易，成本也较低。对于高度精细和复杂的操作工作尤其是这样。例如，如果让一个员工去生产一整架飞机，波音公司一年能造出一架大型波音客机吗？最后，通过鼓励专门领域中进行发明创造，改进机器，工作专门化有助于提高效率和生产率。

20 世纪 50 年代以前，管理人员把工作专门化看作是提高生产率的不竭之源，或许他们是正确的，因为那时工作专门化的应用尚不够广泛，只要引入它，几乎总是能提高生产率。但到了 20 世纪 60 年代以后，越来越多的证据表明，好事做过了头就成了坏事。在某些工作领域，达到了这样一个顶点：由于工作专门化，人的非经济性因素的影响（表现为厌烦情绪、疲劳感、压力感、低生产率、低质量、缺勤率上升、流动率上升等）超过了其经济性影响的优势，如图 18-2 所示。在这种情况下，通过扩大而不是缩小工作活动的范围，可以提高生产率。另外，许多公司发现，通过丰富员工的工作内容，允许他们做完整的工作，让他们加入到需要相互交换工作技能的团队中，他们的产出会大大提高，工作满意度也会增强。

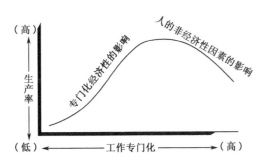

图 18-2 工作专业化的经济性和非经济性

现在，大多数管理人员并不认为工作专门化已经过时，也不认为它还是提高生产率的不竭之源。他们认识到了在某些类型的工作中工作专门化所起到的作用，以及使用过头可能带来的问题。例如，在麦当劳快餐店，管理人员们运用工作专门化来提高生产和售卖汉堡包、炸鸡的效率。大多数卫生保健组织中的医学专家也使用工作专门化。

(二) 部门化

一旦通过工作专门化完成任务细分之后，就需要按照类别对他们进行分组以便使共同的工作可以进行协调。工作分类的基础就是部门化（departmentalization）。

对工作活动进行分类主要是根据活动的职能。制造业的经理通过把工程、会计、制造、人事、采购等方面的专家划分成共同的部门来组织其工厂。当然，根据职能进行部门的划分适用于所有的组织。只有职能的变化可以反映组织的目标和活动。一个医院的主要职能部门可能有研究部、护理部、财会部等；而一家饭店则可能设财会部、人力资源部、营业及后勤部门等。这种职能分组法的主要优点在于，把同类专家集中在一起，能够提高工作效率。职能性部门化通过把专业技术、研究方向接近的人分配到同一个部门中，来实现规模经济。

工作任务也可以根据组织生产的产品类型进行部门化。例如，在美国太阳石油产品公司（Sun Petroleum Products）中，其三大主要领域（原油、润滑油和蜡制品、化工产品）各置于一位副总裁统辖之下，这位副总裁是本领域的专家，对与他的生产线有关的一切问题负责，每一位副总裁都有自己的生产和营销部门。这种分组方法的主要优点在于提高产品绩效的稳定性，因为公司中与某一特定产品有关的所有活动都由同一主管指挥。如果一个组织的活动是与服务而不是产品有关，每一种服务活动就可以自然地进行分工。比如，一个财会服务公司多半会设有税务部门、管理咨询部门、审计部等等，每个部门都会在一个产品或服务经理的指导下，提供一系列服务项目。

还有一种部门化方法，即根据地域来进行部门划分。例如，就营销工作来说，根据地域，可分为东、西、南、北四个区域，分片负责。实际上，每个地区是围绕这个地区而形成的一个部门。如果一个公司的顾客分布地域较宽，这种部门化方法就有其独特的价值。

过程部门化方法适用于产品的生产，也适用于顾客的服务。例如，如果你到机动车辆管理办公室去办驾驶执照，你必须跑好几个部门。因为办理驾驶执照必须经过几个步骤，而每个步骤由一个独立部门负责。

最后一种部门化方法是根据顾客的类型来进行部门化。例如，一家销售办公设备的公司可下设三个部门：零售服务部、批发服务部、政府部门服务部；比较大的法律事务所可根据其服务对象是公司还是个人来分设部门。根据顾客类型来划分部门的理论假设是，每个部门的顾客存在共同的问题和要求，因此通过为他们分别配置有关专家，能够满足他们的需要。

大型组织进行部门化时，可能综合利用上述各种方法，以取得较好的效果。例如，一家大型的日本电子公司在进行部门化时，根据职能类型来组织其各分部；根据生产过程来组织其制造部门；把销售部门分为七个地区的工作单位；又在每个地区根据其顾客类型分为四个顾客小组。但是，20 世纪 90 年代有两个倾向较为普遍：

（1）以顾客为基础进行部门化越来越受到青睐。为了更好的掌握顾客的需要，并有效的对顾客需要的变化作出反应，许多组织更多的强调以顾客为基础划分部门的方法。例如，施乐公司已取消了公司市场部的设置，把市场研究的专家排除在这个领域之外。这样使得公司能更好地了解谁是他的顾客，并更快的满足他们的需要。

（2）坚固的职能性部门被跨越传统部门界限的工作团队所替代。正像我们在第十三章所描述的，随着工作内容日益复杂，所需要的技术日趋多样化，管理人员开始将注意力转向多功能型团队。

（三）命令链

20 年前，命令链的概念是组织设计的基石，但今天他的重要性大大降低了。不过在决定如何更好地设计组织结构时，管理者仍需考虑命令链的意义。

命令链（chain of command）是一种不间断的权利路线，从组织最高层扩展到最基层，澄清谁向谁报告工作。他能够回答员工提出的这种问题："我有问题时，去找谁？""我对谁负责？"

在讨论命令链之前，应先讨论两个辅助性概念：权威和命令统一性。权威（authority）是指管理职位所固有的发布命令并期望命令被执行的权利。为了促进协作，每个管理职位在命令链中都有自己的位置，每位管理者为完成自己的职责任务，都要被授予一定的权威。命令统一性（unity of command）原则有助于保持权威链条的连续性。它意味着，一个人应该对一个主管，且只对一个主管直接负责。如果命令链的统一性遭到破坏，一个下属可能就不得不穷于应付多个主管不同命令之间的冲突或优先次序的选择。

时代在变化，组织设计的基本原则也在变化。随着电脑技术的发展和给下属充分授权的潮流的冲击，现在，命令链、权威、命令统一性等概念的重要性大大降低了。

现在一个基层雇员能在几秒钟内得到 20 年前只有高层管理人员才能得到的信息。同样，随着计算机技术的发展，日益使组织中任何位置的员工都能同任何人进行交流，而不需要通过正式渠道。而且，权威的概念和命令链的维持越来越无关紧要，因为过去只能由管理层作出的决策现在已授权给操作员工自己作决策。除此之外，随着自我管理团队、多功能团队和包含多个上司的新型组织设计思想的盛行，命令统一性的概念越来越无关紧要了。当然，许多组织仍然认为通过强化命令链可以使组织的生产率最高，但今天这种组织越来越少了。

（四）控制跨度

一个主管可以有效的指导多少个下属？这种有关控制跨度（span of control）的问题非常重要，因为在很大程度上，他决定着组织要设置多少层次，配备多少管理人员。在其他条件相同时，控制跨度越宽，组织效率越高，这一点可以举例证明。

假设有两个组织，基层操作员工都是 4096 名，如图 18-3 所示，如果一个控制跨度为四，另一个为八，那么控制跨度宽的组织比控制跨度窄的组织在管理层次上少两层，可以少配备 800 人左右的管理人员。显然，在成本方面，控制跨度宽的组织效率更高。但是，在某些方面宽跨度可能会降低组织的有效性，也就是说，如果控制跨度过宽，由于主管人员没有足够的时间为下属提供必要的领导和支持，员工的绩效会受到不良影响。

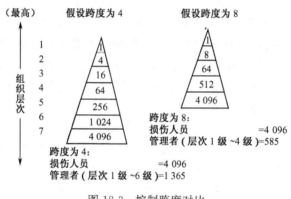

图 18-3　控制跨度对比

控制跨度窄也有其好处，把控制跨度保持在 5-6 人，管理者就可以对员工实行严密的控制。但控制跨度窄主要有三个缺点：（1）正如前面已指出的，管理层次会因此而增多，管理成本会大大增加；（2）使组织的垂直沟通更加复杂。管理层次增多也会减慢决策速度，并使高层管理人员趋于孤立；（3）控制跨度过窄容易造成下属监督过严，妨碍下属的自主性。

近几年的趋势是加宽控制跨度。例如，在通用电气公司和雷诺金属公司这样的大公司中，控制跨度已达 10～12 人，是 20 年前的 2 倍。汤姆·斯密斯是卡伯利恩公司（Carboline Co.）的一名地区经理，直接管辖 27 人，如果是 20 年前，处于他这种职位的人，通常只有 12 名下属。

加宽控制跨度，与各个公司努力降低成本、削减企业一般管理费用、加速决策过程、增加灵活性、缩短和顾客的距离、授权给下属等的趋势是一致的。但是，为了避免因控制跨度加宽而使员工绩效降低，各公司都大大加强了员工培训的力度和投入。管理人员已认识到，自己的下属充分了解工作之后，或者有问题能够从同事那里得到帮助时，他们就可以驾驭宽跨度的控制问题。

（五）集权和分权

在有些组织中，高层管理者制定所有的决策，底层管理者只管执行高层管理者的指示。另一种极端情况时，组织把决策权下放到最基层管理人员手中。前者是高度集权式的组织，而后者是高度分权式的组织。

集权化（centralization）是指组织中的决策权集中于一点的程度。这个概念只包括正式权威，也就是说，某个位置固有的权利。一般来讲，如果组织的高层管理者不考虑或很少考虑基层人员的意见就决定组织的主要事宜，则这个组织的集权化程度较高。相反，基层人员参与程度越高，或他们能够自主作出决策，组织的分权化（decentralization）程度就越高。

集权式和分权式组织在本质上是不同的。在分权式组织中，采取行动、解决问题的速度较快，更多的人为决策提供建议，所以，员工与那些能够影响他们的工作生活的决策者隔膜较少，或几乎没有。

近年来，分权式决策的趋势比较突出，这与使组织更加灵活和主动作出反应的管理思想是一致的。在大公司中，基层管理者更贴近生产实际，对有关问题的了解比高层管理者更翔实。因此，像西尔斯和盘尼（J. C. Penny）这样的大型零售公司，在库存货物的选择上，就对他们的商店管理人员授予了较大的决策权。这使得他们的商店可以更有效地与当地商店展开竞争。与之相似，孟特利尔银行把它在加拿大的 1164 家分行组合成 236 个社区，即在一个有限地域内的一组分行，每个社区设一名经理，他在自己所辖各行之间可以自由巡视，各个分行之间最长距离不过 20 分钟的路程。他对自己辖区内的问题反应远远快于公司总部的高级主管，处理方式也会更得当。IBM 的欧洲总监瑞纳托·瑞沃索采取类似的办法把欧洲大陆的公司分成 200 个独立自主的商业单位，每个单位都有自己的利润目标、员工激励方式、重点顾客。"以前我们习惯于自上而下的管理，像在军队中一样。"瑞沃索说，"现在，我们尽力使员工学会自我管理。"

如果你是一位主管，欲把某些权利授予其他人，该如何做？下面概括了你可以遵循的基本步骤：

（1）明确任务要求。从一开始就要决定要授什么权，给谁授权，授予它哪些权利。为此你要找出最合适的人，然后考虑它是否有时间和愿意接受权利，去完成任务。

假如你已物色到了一个能干而且愿意干的下属，你就有责任为他提供清楚的信息，告诉他，你将授予他哪些权力，你期望达到何种效果，完成任务的时间期限，绩效标准。

除非在具体方法上有特定限制，在授权时，只能规定应该做些什么和你所希望达到的最后结果是什么。至于完成任务的手段，则让下属自己去决定。

（2）规定下属的权限范围。任何授权都伴随着限制条件。授予行使的权力，但这种权力不是无限制的。所授权力只应在限制条件下行使。你应对下属明确这些限制条件，以使下属明确无误地认清自己处理问题的权限范围。

（3）允许下属参与。完成一项任务需要多大权力？负责该项任务的人最清楚。如果允许下属参与决定授权的范围，为完成一向特定任务授予多大权力，目标的完成该达到何种标准，这样有助于增强员工的工作积极性、工作满意感，以及对工作负责的精神。

（4）把授权之事公之于众。授权不是发生在真空里，在授权过程中，不仅你和下属需要知道具体的授权内容和权限范围，所有受到授权影响的其他人，也应该知道给谁授予了什么权力以及权力的大小。

（5）建立反馈机制。建立反馈机制以督察下属完成任务的状况，如果有严重的问题就可能被及早发现，可以保证如期完成任务，并达到所期望的标准。例如，你和下属确定完成任务的具体时间期限，然后与下属约定他向你汇报工作完成情况及工作中出现重大问题的时间，这样，再配以定期检查，就能保证权利不被滥用，组织的规章制度能得到遵循，正常的运营过程能得以保证。

（六）正规化

正规化（formalization）是指组织中的工作实行标准化的程度。如果一种工作的正规化程度较高，就意味着做这项工作的人对工作内容、工作时间、工作手段没有多大自主权。人们总是期望员工以同样的方式投入工作，能够保证稳定一致的产出结果。在高度正规化的组织中，有明确的工作说明书，有繁杂的组织规章制度，对于工作过程有详尽的规定。而正规化程度较低的工作，相对来说，工作执行者和日程安排就不是那么僵硬，员工对自己工作的处理权限就比较宽。由于个人权限与组织对员工行为的规定成反比，因此工作标准化程度越高，员工决定自己工作方式的权利就越小。工作标准化不仅减少了员工选择工作行为的可能性，而且使员工无须考虑其他行为选择。

组织之间或组织内部不同工作之间正规化程度差别很大。一种极端情况是，众所周知，某些工作正规化程度很低，如推销新书的出版商代理人，工作自由权限就比较大，他们的推销用语不要求标准划一。在行为约束上，不过就是每周交一次推销报告，并对新书出版提出建议。另一种极端情况是那些处于同一出版公司的职员和编辑位置的人。他们上午8点要准时上班，而且，他们必须遵守管理人员制定的一系列详尽的规章制度。

三、一般组织设计形式

下面，我们介绍三种常用的一般组织设计形式：简单结构、官僚机构、矩阵结构。

（一）简单结构

一家小型零售店，一个白手起家的企业家经营的公司，一家小餐馆，一家处于全员罢工风潮种的航空公司有那些共同点？也许答案是，他们的组织都是一种简单结构（simple structure）。

简单结构型组织的最大特点在于他不是什么，而不在于他是什么。他不复杂，部门化程度很低，控制跨度宽，权利集中在一个人手中，正规化程度较低。简单结构是一种扁平式组织结构形式，通常仅有 2－3 层垂直层次，员工之间的联系比较松散，决策权利集中在一个人身上。

简单结构在小型企业中最常见，在这种组织里，经营者与所有者为同一个人。这种组织设计的一个范例，如图 18-4 所示。这是一家小餐馆的组织结构图。老板拥有并管理

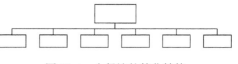

图 18-4　小餐馆的简化结构

这家餐厅。虽然他雇佣了二名厨师，三个全日制的服务员，一名现金出纳员，以及节假日工作的其他员工，但经营管理权集中在他一个人手里。

简单结构的优势就在于他的简单。他简便易行、反应敏捷、费用低廉、责任明确。其主要弱点是，主要适用与小型组织。随着组织的扩展，这种组织形式由于正规化程度低，高度集权导致的信息滞积于上层，使他难以适应组织的扩展需要。随着组织规模的扩大，如果高层主管还企图独掌决策大权，组织决策就会日渐迟缓，甚至停滞，这往往会导致许多小型企业的倒闭。如果一个组织的员工人数在 50～100 人之间，企业就很难包揽所有的决策。如果组织结构还不加以改变，使之更加复杂，这个企业就难免失去不少发展机会，最终是要倒闭的。简单结构的另一个不足在于它的风险性：一切都取决于一个人。事实上，一次心脏病发作就足以破坏整个组织的信息与决策中心。

简单结构型组织不仅仅适用于小型企业，只不过在大型组织中，这种结构形式难以有效地运作。但美国的纽考（Nucor）公司采用这种组织结构形式获得了成功。纽考公司是一家拥有 23 亿美元资产的钢铁公司，在印第安纳（Indiana）、阿肯色州（Arkansas）都设有小型工厂。其总部设在北卡罗来纳州的查路特（Charlotte），仅雇佣了 24 人，公司总裁与员工之间仅有三个组织层次。这种组

织形式使纽考公司成为美国利润率最高的钢铁生产企业。

（二）官僚结构

标准化，这是所有官僚结构组织的关键概念。看看你去开支票账户的银行，你买衣服的百货商店，征收你的个人所得税、加强卫生保健、提供消防服务的政府部门，就不难了解这种组织结构了。这些组织都依靠标准化的工作程序来进行协调和控制。

官僚结构（bureaucracy）的特点是：通过职务专门化，制定非常正规的制度和规则；以职能部门划分工作任务；实行集权式决策，控制跨度狭窄；通过命令链进行经营决策，来维持日常的组织运营顺利进行。

官僚结构型组织的主要优势在于，他能够高效地进行标准化活动操作。把同类专家配置在同一个职能性部门，能够实现规模经济，使人事和机器的重复设置降到最低限度，员工也有更多的机会和自己的同事进行兴趣相投的交流。而且，这种结构形式对中低层的管理人员的要求较低，因此可以节约成本。规章制度在组织中的渗透在某种程度上使管理人员处理问题比较容易。实行标准化操作和高度正规化经营，使决策可以集权化。因此，对中、低层管理人员创新能力、决策、工作经验的要求不高。

官僚结构型组织的一个主要不足是工作专门化导致了各个分部门之间的冲突，职能部门的目标有时会凌驾于组织的整体目标之上。

官僚结构的另一个不足是我们在生活中或多或少都有过的经历：和官僚部门的人打交道。对于在官僚结构型组织工作的人来说，即使事实和规则不完全相符，也要遵守规则，根本没有变通的余地。只有在员工们面临他们熟悉的问题，而且问题解决方法已有程序性规定时，这种结构的效力才能发挥出来。

官僚结构性组织盛行于 20 世纪 50 年代至 60 年代。例如，那时候世界上的大公司，像 IBM 公司、通用电气公司、大众汽车公司（Volkswagen）、松下公司（Matsushita）、皇家荷兰壳牌集团，都采用这种组织形式。到了 20 世纪 90 年代，这种组织形式已经过时。批评家认为这种结构形式对于变革的反应速度太慢，压抑了员工的创造性和积极性。但是多半大型组织仍具有官僚结构的基本特点，尤其是专门化和高度正规化这两点。但在控制跨度上，大都有所拓宽，集权式经营决策向分权式经营决策转变，功能齐全的部门和多功能团队共同发挥作用。现在的另一种趋势是，把官僚结构分解小型的、职能较少的官僚结构单位，这种单位一般拥有 150 个－260 个员工，每个单位有自己独立的经营宗旨和利润目标。据估计，大约 15% 的大型公司正在采用这种做法。

（三）矩阵结构

另一种流行的组织设计方案是矩阵结构（matrix structure）。在广告公司、航空公司、研究开发实验室、建筑公司、医院、政府机关、大学、管理咨询公司、娱乐服务公司中，都可见到这种结构形式的存在。实质上，矩阵结构是对两种部门化形式（职能部门化和产品部门化）的融合。

职能部门化的主要优势在于把同类专家组织在一起，使所需人员降到最少，使生产不同产品时可以实现特殊资源的共享。其主要不足在于，要协调好各种专家之间的关系，否则，他们在资金预算范围内完成任务是比较困难的事。相反，产品部门化的优势和劣势和职能部门化的优势、劣势正好不同，他有利于专家的协调，在预算范围内及时完成任务，而且，他为各种活动规定了清晰的职责。因此，可以与职能部门化实现互补，矩阵结构试图把二者融合在一种组织结构中，扬二者之长，避二者之短。

矩阵结构最明显的特点是突破了控制统一性的框框。矩阵结构组织中的员工有两个上司——职能部门经理和产品项目经理，因此，其命令链是双重的。

图 18-5 是一所工商管理学院的矩阵结构组织图。学术部门的系科，如会计学、市场学等，都是职能性单位。另外，特定项目（即产品）则与职能部门相交织。这样，矩阵结构的成员就具有双重任务：职能部门和产品小组的任务。例如，一位负责教授本科会计课程的教师，就处于本科生部主任和会计系主任的双重领导之下。

项目学术系科	本科教学	硕士教学	博士教学	研究	管理开发	社区服务
会计学						
行政管理学						
财政学						
信息与决策科学						
市场学						
组织行为学						
定量方法						

图 18-5　工商管理学院的矩阵结构

矩阵结构性组织的优势在于，在组织的各种活动比较复杂，又相互依存时，它有助于各种活动的协调。随着组织的扩展，其信息处理能力可能会趋向饱和。在官僚结构组织中，复杂性会导致正规化程度的提高。在矩阵组织中，各种专家可以通过经常接触，更好地进行交流，使组织比较灵活，并且使信息的传递比较迅速。另外，矩阵结构还有利于减少官僚主义现象，双重权威可以避免组织成员只顾保护本部门的利益而忽视组织整体目标的现象发生。

矩阵结构还有一个优点，便于专家的高效配置。专家们各自处于职能性部门或生产小组中时，他们的才能被垄断，难以得到充分发挥。矩阵组织则通过为组织提供最好的资源，并有效地配置人、财、物资源，实现规模经济，提高组织运行效率。

矩阵组织的主要不足在于，它会带来混乱，使组织增生争权夺利的倾向，并给员工带来较大压力。命令统一性消除后，模糊性就大大增加了，这样就容易导致冲突。例如，谁向谁汇报工作常常不清楚，产品经理常为得到出色的专家而展开争斗。混乱和模糊还可能播下争权夺利的种子。官僚组织通过指定工作规则而减少了权利斗争的可能性。而在矩阵组织中，这些规则富有弹性，因此职能部门主管和生产部门主管之间的斗争就不可避免。对于渴望安全感，却因工作中的模糊性而得不到安全感的员工来说，这种工作环境会产生压力。员工向多个上司汇报工作会带来角色冲突，模糊不清的角色期待会导致角色模糊。官僚组织中一切都可预测的安全感不见了，取而代之的是不安全感和压力增加。

四、新型组织设计方案

从 20 世纪 80 年代开始，有些组织的高级主管为加强组织的竞争力，开始设计新型组织结构。在以下内容中，我们将描述四种新的组织结构设计方案：团队结构、虚拟结构、无边界结构、女性化结构。

(一) 团队结构

正如第十三章所介绍的，现在团队已成为组织工作活动的最流行的方式。当管理人员动用团队作为协调组织活动的主要方式时，其组织结构为团队结构（team structure）。这种结构方式的主要特点是，打破部门界限，并把决策权下放到工作团队员工手中，这种结构形式要求员工既是全才又是专才。

在小型公司中，可以把团队结构作为整个组织形式。在大型组织中，团队结构一般作为典型的官僚结构的补充，这样组织既能得到官僚结构标准化的好处，提高运行效率，又能因团队的存在而增强灵活性。例如，为提高基层员工的生产率，像摩托罗拉公司、施乐公司这样的大型组织都广泛采用着自我管理的团队结构。但是，当波音或惠普公司需要设计新产品或协调主要项目时，他们将根据多功能团队来组织活动。

(二) 虚拟结构

可以租借，何必拥有？这句话道出了虚拟结构（virtual organization）的实质。虚拟组织是一种规模较小，但可以发挥主要商业职能的核心组织，用结构理论术语来讲，虚拟组织决策集中化的程度很高，但部门化程度很低，或根本就不存在。

像耐克（Nike）、戴尔计算机公司（Dell Computer）这样的公司在美国有成千上万家。它们发现，没有自己的生产设备，也可以赚到大笔钱。例如，戴尔计算机公司，没有生产工厂，只是从别的公司买来零部件进行组装。美孚石油公司把自己的精炼厂移交给别的公司经营。

这样做的目的是什么？它们追求的都是最大的灵活性。这些虚拟组织创造了各种关系网络，管理人员如果认为别的公司在生产、配送、营销、服务方面比自己更好，或成本更低，就可以把自己的有关业务出租给它们。

虚拟结构和官僚结构截然不同，官僚组织垂直管理层次较多，控制是通过所有权来实现的，研究开发工作主要在实验室中进行，生产环节在公司的下属工厂中完成，销售工作由公司自己的员工去做。为保证这些工作顺利进行，管理层不得不雇佣大量的额外人员，包括会计人员、人力资源专家、律师等。与之相反，虚拟组织从组织外部寻找各种资源，来执行上述职能，而把精力集中在自己最擅长的业务上。

图 18-6 是一幅虚拟组织图，从中可以看到，管理人员把公司基本职能都移交给了外部力量，组织的核心是一小群管理人员，他们的工作是，直接督察公司内部的经营活动，协调为本公司进行生产、分配及其他重要职能活动的各组织之间的关系。图 18-6 中的箭头表示这些关系通常是契约关系。实质上，虚拟组织的主管人员主要是通过计算机网络联系的方式，把大部分的时间是用于协调和控制外部关系上。

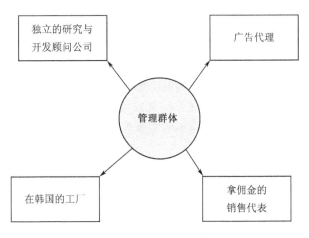

图 18-6 虚拟组织形态

虚拟组织的主要优势在于其灵活性，例如，它能使善于创新但又缺乏资金的人，如迈克尔·戴尔（Michael Dell）和他的戴尔计算机公司成功地与 IBM 这样的大公司进行竞争。这种结构的主要不足是，公司主管人员对公司的主要职能活动缺乏强有力的控制。

（三）无边界组织

通用电气公司总裁杰克·威尔奇（Jack Welch）创造了无边界组织（boundaryless organization）这个词，用来描述他理想中的通用公司的形象。威尔奇想把他的公司变成一个年销售额达 600 亿美元的家庭式杂货店。也就是说，尽管公司体积庞大，威尔奇还是想减少公司内部的垂直界限和水平界限，消除公司和客户及供应商的外部障碍。无边界组织寻求的是减少命令链，对控制跨度不加限制，取消各种职能部门，代之以授权的团队。

尽管通用电气公司还没有达到这种无边界状态——也许永远不会，但它在这方面已取得了巨大进展。其他公司，像惠普公司、美国电话电报公司、摩托罗拉公司也是如此。现在我们来看看无边界组织是个什么样子，想达到这种组织状态的公司采取了哪些有效行动。

管理人员通过取消组织垂直界限而使组织趋向扁平化，等级秩序作用降到了最低限度，个人身份和头衔地位也一落千丈，组织看上去更像一个粮仓筒而不是金字塔，最上层的谷粒和最下层的谷粒差别不大，通用电器公司用来取消组织垂直界限的做法有：引入跨等级团队（由高级主管、中级主管、基层主管和员工组成）；让员工参与决策；360 度绩效评估（员工的绩效由他的同事及其上、下级共同评定）。

组织的水平界限是由职能部门的存在而形成的，因此消除这种界限的方法是，以多功能团队取代职能性部门，围绕公司的工作流程来组织活动。例如，施乐公司现在通过多专业交叉的团队参与整个工作流程的工作，而不是围绕狭窄的职能任务来开发新产品，他们要参与整个过程。与此相似，美国电话电报公司的部分下属单位进行年度预算时也不再基于职能部门进行，而是建立在提供世界性通讯网络服务这样的过程上。管理人员可以用以消除水平障碍的另一种途径是，进行各部门间的人员横向调动或在不同职能领域的工作轮换，这样有助于专才变成全才。

充分发挥无边界组织的职能，有助于打破组织与客户之间的外部界限和地理障碍。取消外部界限的方法包括：经营全球化，实行公司间的战略联盟，建立顾客和组织之间的固定联系，这些方式都有助于清除组织外部界限。例如，可口可乐公司把自己看作是一个全球性公司，而不是美国或亚特兰大的公司。像日本电气公司（NEC）、波音飞机公司、苹果电脑公司这类大型公司，都与几十家公司存在战略上的联盟或合伙关系。由于员工都是在为共同的项目而工作，因此，这些联盟也就模糊了各组织的界线。在美国电话电报和西北航空公司（Northwest Airlines），已经开始允许顾客行使以前由管理人员所行使的职能。例如，美国电话电报公司的一些下属部门的红利分发是建立在顾客对给他们提供服务的团队评估结果的基础上的。西北航空公司每年发出 10 张（每张 50 美元）奖励卡给他的常客，并告诉这些顾客，如果他们认为哪位员工干得出色，就给他一张卡。事实上，这种做法是让公司的顾客参与员工的绩效评估。最后，我们认为远程办公方式能模糊组织界限，如在美国的蒙大拿州自己的农场中，为麦瑞尔·林奇（Merrill Lynch）从事安全分析的人，或在科罗拉多州博尔得市自己的家中为旧金山的一家公司进行软件设计的人，就是现在上百万个在自己老板管辖地域之外为公司工作的两个小例子。

　　使无边界组织能够得以正常运行的技术原因之一是计算机网络化，这类工具使人们能超越组织内外的界限进行交流。例如，电子邮件使成百上千的员工可以同时分享信息，并使公司普通员工可以直线和高级主管进行交流。现在组织间的网络，使商品供应商可以及时查看自己经营的商品在商店的存货情况。如沃尔玛的供应商宝洁公司和列维·施特劳斯公司可以分别监控商店中肥皂和牛仔裤的存货水平，因为宝洁和列维的计算机系统与沃儿玛的系统相连的。

（四）女性化组织

　　一个更有争议的组织设计方案是关于性别问题的：性别差异是否导致了女性对女性化组织的偏爱。

　　20 世纪 80 年代初，一些组织理论学家开始探索女性的价值观与组织结构之间的关系。他们最主要的发现是，女性偏爱那些重视人际关系和人际交往的组织。根据这些理论学家所说，这是由女性社会化方式决定的："很少有人能够怀疑，在很大程度上，女性的社会化角色是家庭主妇的角色，女性要支持别人，照顾别人，要维系长期的家庭关系，要让家庭中每一个人都有成就感，并尽可能使个人的利益和大家的利益协调起来。"

　　组织社会学家乔伊斯·露丝查德（Joyce Rothschild）对女性化组织方面的有关研究进行了归纳和发展，建立了具有六个特点的女性化组织（feminine organization）模型。

　　（1）重视组织成员的个人价值。组织成员被当作个体看待，承认他们有自己的价值和需要，而不是把他们看作是组织角色的扮演者。

　　（2）非投机性，组织成员之间的关系被看作是成员自身价值的体现与维持，而不仅仅是实现组织目标的手段。

　　（3）事业成功与否的标志是为别人提供了多少服务。在官僚组织中，成员事业成功的标志是晋升，获得权力，增加薪水。而在女性化组织中，则以为别人提供了多少服务来判断一个人成功与否。

（4）重视员工的成长。女性化组织为其成员提供广泛的个人成长的机会，这种组织不强调培养专家或开发狭窄的专业技能，而重视拓展成员的技能，增强员工的多种能力。组织不断地为员工提供新的学习机会，从而达到上述目的。

（5）创造一种相互关心的社区氛围。女性化组织成员的社区感很强，彼此关系较密切，很像生活在小城镇中的居民，他们相互信任并彼此照顾。

（6）分享权利。在传统官僚组织中，信息和决策权是大家都渴望拥有的，要通过等级秩序加以分配。而在女性化组织中，信息资源大家共享，所有可能受一项决策影响的人都有机会参与这项决策。

露丝查德认为，在由女性加以管理并为女性服务的组织中，女性化组织模式运作效果可能很好。比如，这可能包括下列组织，当然不仅限于这些组织：暴力危机救援中心；专注于女性市场产品销售的企业和小型公司，像玛丽·凯化妆品公司（Mary Kay Cosmetics）。露丝查德研究了几例"新潮"职员工会，它们由女性领导，成员主要是女性。她发现：（1）其组织结构更接近女性化组织结构模式而不是官僚组织结构模式；（2）它们成功地实现了对女性职员及服务员的组织，而官僚的 AFL—CIO 工会在这一方面都失败了。

五、机械模型与有机模型

在前面的内容中，我们介绍了许多组织设计方案，其中有高度结构化、标准化的官僚组织，也有松散无定型的无边界组织，在这两个极端形态之间还有其他几种组织形式

图 18-7 是这两种极端组织设计模型的结构示意图，重现了我们前面的讨论。我们把其中一个极端称为机械模型（mechanistic model），它与官僚机构大致是同义词。其特点是僵化的部门制；高度正规化；有限的信息网络（主要指自上而下的明确的命令链）；基层员工参与决策的机会很少，即集权化。另一个极端被称为有机模型（organic model），这个模型看起来像无边界组织，其结构扁平，工作多运用多功能、跨等级的团队来进行，组织正规化程度较低，信息自由流通（不仅有横向的，还有纵向的双向沟通），员工参与决策程度较高，即分权化。

考察了这两种模型，现在我们来看两个问题：为什么有的组织选择机械结构式而有的选择有机结构式？影响这种选择的因素有哪些？下面我们就来看一看，是哪些因素决定着一个组织的结构形式。

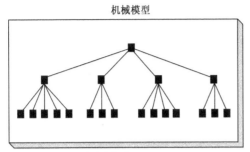

机械模型

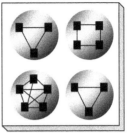

有机模型

- 高度专门化
- 僵化的部门制
- 明确的命令链
- 控制跨度窄
- 集权化
- 高度正规化

- 多功能的团队
- 跨等级的团队
- 信息自由流通
- 控制跨度宽
- 分权化
- 低度正规化

图 18-7　机械模型和有机模型

1. 战略

组织结构是管理人员用来达到目标的一种手段。由于组织目标是由组织的总体战略决定的，因此，组织战略和组织结构的关系很密切。具体一些说，组织结构应该服从组织战略。如果组织战略发生了重大变化，组织结构也应做相应的调整，以支持组织战略的变化。现在，大多数组织战略集中在三种战略的选择上：创新、成本最小化、模仿。在进行组织结构设计时，就出现了三种联合组织战略的形式。

一个组织在多大程度上引进主要的新产品和服务方式就是他的创新战略（innovation strategy）。它不是指简单的、表面上的战略变化，而是注重有意义的、独特创新的战略形式。显然，并非所有的公司都追求创新。这种战略可能很好地概括 3M 公司的特征，但却不是《读者文摘》（*Reader's　Digest*）杂志社所追求的战略。

奉行成本最小化战略（cost-minimization strategy）的组织对成本加以严格地控制，限制不必要的发明创新和营销费用，压低销售基本产品的价格。储藏公司（Office Depot）、普通日用品销售公司一般实行这种战略。

奉行模仿战略（imitation strategy）的组织试图充分利用上述两种战略的优势，它追求的是风险最小化，利润最大化。在一种新产品或新市场的开发潜力被创新组织证明之后，他们才进行大胆投资。他们采纳革新者的成功思想并进行模仿。那种剽窃时装设计师的风格、进行时装规模生产的厂家奉行的正是此种战略。像 IBM 和履带拖拉机公司这样有名的大公司也可能采用这种战略，他们基本上追求那些较小的、富有创新精神的竞争者的脚步，只在竞争对手证明了市场的存在后，再以优质的产品争夺市场。

表 18-2 描述了与每种组织战略相对应的最佳的组织结构选择。创新战略需要有机结构的灵活性；成本最小化战略要求机械结构的效率和稳定性；而模仿战略所适用的组织结构是这二者的融合。运用机械结构可以实现严格的控制并降低目前活动的成本。同时，创设有机结构单位，便于组织进行创新活动。

表 18-2　战略-结构理念

战略	结构方案
创新战略	有机结构：结构松散，工作专门化程度低，正规化程度低，分权化
成本最小化战略	机械结构：控制严密，工作专门化程度高，正规化程度高，高度集权化
模仿战略	有机——机械结构：松紧搭配，对于目前的活动控制较严，对创新活动控制较松

2. 组织规模

浏览一下我们日常生活中接触到的组织，不难得出这样一个结论：组织规模（organizational size）对组织结构有一定的影响。例如，员工超过 80 万人的美国邮政服务公司（the U. S. Postal Service），不可能简单地把所有的员工都装入一栋大楼内，也不可能把他们分配到几个部门，由几个管理人员来监督。很难想像，对这 80 万人有什么其他方式能把他们组织起来呢？唯一的办法是大量实施工作专门化和部门化，同时制定大量的程序和规则来保证统一的行动，实施高度的分权化决策。但对于仅雇佣 10 个员工，年营业额不足 300 万美元的地方邮政服务公司而言，就不必实行分权决策或明确规定程序与规则了。

大量证据支持这样的思想：组织规模对组织结构的影响很大。例如，大型组织，一般员工在 2000 人以上，工作专门化、部门化的程度较高，垂直层次较多，规章制度也较多，但规模与结构之间并非简单的线形关系；相反，呈递减的趋势。随着组织的扩大，规模的影响会渐渐减小。为什么？因为，假如一个组织拥有 2000 名员工，其机械性已经较强，再增加 500 名员工，影响也不大。但对于仅有 300 人的组织而言，再增加 500 人可能会导致组织的机械化程度大大增强。

3. 技术

技术（technology）是指组织把投入转化为产品的手段。每个组织都至少拥有一种技术，从而把人、财、物等资源转化为产品或服务。例如，福特公司主要是应用生产线来生产汽车。而大学则可能拥有大量的指导性技术，如正规授课方法、案例分析法、实验法、程序学习法等，用来培养学生。在这一节，我们来讨论组织结构如何适应其技术特点。

有关技术——结构关系的研究很多，具体情况比较复杂，我们直接来考察一些最基本的东西，然后就我们所了解的进行归纳总结。

对技术进行区分的一个常用标准是他们的常规性程度，也就是说，技术是常规性的还是非常规性的。常规性的技术是指技术活动是自动化、标准化的操作，非常规性的技术则是指技术活动内容根据要求而有不同的活动，包括像家具组装、传统的制鞋业和遗传学研究之类的活动。

技术和结构之间存在什么关系呢？我们发现虽然二者关系并非高度相关，但常规性的任务与层次繁杂和部门化的结构有关，技术与正规化程度相关。多种研究一致表明：常规性技术任务通常与各种操作规则、职务说明及其他正规文件分不开。最后，技术与集权化的关系很有趣。在逻辑上，似乎常规性技术应与集权化结构相关，而非常规性技术，因为更多地依赖专家的知识，应与分权化结构相关。这种推理得到了一定的支持。但是，一般的结论认为，技术与集权化之间的关系受正规化程度的影响。正规的制度程序与集权化经营决策都属控制机制，二者可以相互取代。如果组织中规章制度很少，常规性技术就与集权相联系了，但是，如果正规化程度很高，常规性技术则可以伴随分权化控制机制。因此，只有在正规化程度较低时，常规性技术才能导致集权化。

4. 环境

一个组织的环境（environment）是由组织外部可能影响组织绩效的多种机构和因素构成的，主要包括供应商、顾客、竞争者、政府管理机构、公众压力群体等。

为什么环境会影响组织结构？因为环境是不确定的。有些组织所面临的环境相对静止，环境中的因素基本上没有变化，如，它们没有新的竞争对手，或现有的竞争对手在技术上没有重大突破，公众压力群体对组织的影响很小，而有些组织所处的环境则是动态的，如，不断变化的政府规章制度影响企业的业务活动，新的竞争者不断出现，获得原材料的难度，顾客对产品口味的变化。静止环境给管理者造成的不确定性要小的多，由于不确定性会危害组织的有效性，因此，管理人员会努力减少它的影响。减少环境的不确定性的方法之一是调整组织结构。

最近一些研究有助于澄清环境不确定性的含义。任何组织环境都有三个关键维度：环境容量、稳定性、复杂性。下面就从这三个维度来考察环境对组织的影响。

环境容量是指环境可支持组织发展的程度。丰富和不断成长的环境可带来丰富的资源，这可以使组织面临资源短缺时有缓冲的余地。例如，丰富的容量为组织提供了改正错误的机会，而容量短缺就做不到这一点。1995 年多媒体软件业务公司所处的环境容量相对比较丰富。相反，依靠提供全方位服务的经纪人事业面临的环境容量就很小。

环境的稳定性反映在稳定维度上。当环境中不可预测的变化太多时，环境处于动态中，管理人员就很难对各种决策意见的未来结果进行准确预测，决策也就比较困难。与此相对的是稳定的环境，现在这种组织环境较少存在了。东欧的巨变和冷战的结束对 20 世纪 90 年代初国防工业产生了巨大影响，这使得许多国防企业，像麦克唐纳·道格拉斯、通用动力等所面临的环境从静态变成了动态，从相对稳定变成了变幻莫测。

最后，还要考虑环境的复杂性，即环境要素的异质性和集中性状况。简单的环境是同质的、单一的。这可以描述烟草工业的情况，因为烟草业中经营商较少，烟草行业的公司就可以密切地关注竞争状态的变化。相反，异质性强、分散程度较高的环境则为复杂环境。如今计算机数据处理服务行业的公司即面临这种环境，几乎每天都有新竞争对手出现，已有的公司不得不作出应对措施。

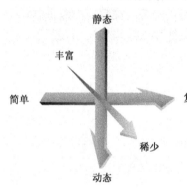

图 18-8 环境的三维度模型

图 18-8 是对我们的三维度环境定义的总结。图中箭头表示向更高程度的不确定性方向移动。因此，在稀少，动态、复杂环境中运作的组织面临的不确定性最大。为什么？因为他们容易失误，环境中的因素不可预测性较强，环境的制约因素较多。需要密切关注环境中的大量因素的变化。

在这种三维度环境定义的基础上，我们可得出一些普遍性结论，事实表明，环境的不确定性与组织结构有关。具体地说，环境的稀少性、动态性、复杂性越强，就越应该采用有机式组织结构；环境的丰富性、静态性、简单性越强，就越可以考虑实行机械式组织结构。

至此，我们已经表明四个变量——战略、组织规模、技术、环境是决定组织结构为有机式还是机械式的主要因素。现在我们就用以上的分析资料，来解释组织结构设计在本世纪的发展演化。

工业革命带来了经济规模的扩大、现代大型公司的出现。起初，公司组织为简单结构式。随着组织的发展，他们的机械性和官僚倾向日益增强。从 20 世纪 20 年代至 70 年代，官僚结构渐渐发展成为工业国家占主导地位的组织结构形式，原因主要在于三点：(1) 这段时间中环境相对稳定。大型公司垄断市场，国际竞争对手又很少，这使环境的不确定性降到了最低限度；(2) 经济规模化，竞争性较弱，使各种公司可以引进高度常规性的技术；(3) 大多数大型公司奉行成本最小化和模仿战略，把创新空间留给了小公司。把这些战略和公司规模、常规技术相对丰富、稳定和简单的环境结合起来考虑，就不难解释官僚组织结构兴起并走上主导地位的原因了。

20世纪70年代事情发生了变化,环境的不确定性大大增强了。1973年,石油价格在一夜之间上涨到原来的四倍。1978年和1979年,通货膨胀率上升到两位数,计算机技术有了突飞猛进的发展,价格在不断降低,而功能更强的计算机使规模优势逐渐减弱。当然,竞争进入了全球性时代,为了更有效地进行竞争,高级管理人员开始重构自己的组织。有的选择了矩阵组织,以给公司带来更大的灵活性;有的则增加了团队结构,以便对变化作出更迅速的反应。现在,大型公司的高层管理人员大都在改变组织的官僚结构,通过裁员、削减垂直层次、分权等手段来使组织更加有机化。促使他们这样做的原因主要是组织环境的不确定性程度越来越高。管理人员认识到,在一个动态的、不断变化的环境中,如果组织缺乏灵活性,就会走向破产的境地。

六、组织设计与员工行为

在本章开头,我们提出,组织结构对于员工行为有深刻的影响,下面我们来考察一下这种影响。

回顾一下组织结构与员工绩效、工作满意度的关系。可以得出这样的结论:没有一种一致的关系,并非每个人都喜欢有机结构带来的自由和灵活性。有些人在机械结构中,也就是工作任务标准化程度很高,且比较明确时,绩效最高,工作满意度也是最佳状态。因此,在讨论组织设计对员工行为的影响这一问题时,必须考虑到个体差异。为了证明这一点,我们来考察一下员工对工作专门化、控制跨度、集权程度的喜好程度。

证据表明,工作专门化会导致员工生产率的提高,但以工作满意度降低为代价。这个结论是在不考虑员工个体差异和工作类型的情况下得出的。

我们在前面已经指出,工作专门化并非是提高生产率的不竭之源,人们从事重复单调性的工作会导致非经济性因素的增长超过经济性因素的增长,这也会影响到生产率的提高。现在,由于越来越多的劳动力受过高等教育,他们渴望工作具有内在的激励性。因此,与过去的几十年相比,工作专门化更容易导致生产率的下降。

毫无疑问,现在由于工作领域过于狭窄而失业的年轻人比他们的父辈或祖父辈要多。尽管如此,我们不能忽视这样的事实:仍有一部分人偏爱常规性强和高度专门化的重复性工作。这些人希望工作对智力的要求低一点,能够提供一种安全感,对于他们来说,高度的工作专门化是工作满意感之源。当然,问题是,这样的人有多少?占劳动力的2%,还是52%?有些人喜欢自己选择职业,我们不难得出结论,对于那些渴望个人成长,希望工作多样化的个人来说,从事工作专门化程度高的专业技术工作只会降低他们的工作满意度和生产率。

　　控制跨度和员工绩效的关系，尚无定论。凭直觉，我们可以这样设想，控制跨度宽可能会带来员工的高绩效。因为控制跨度宽意味着员工的工作环境比较宽松，有更多的机会发挥个人的主观能动性，但现在尚无充分证据来证明这一点。在这个问题上，很难说哪一种控制跨度对于提高下属绩效和工作满意度效果最佳，原因可能主要在于员工个体之间的差异。也就是说，有些人喜欢独处，有些人则喜欢上司随时加以指点。与我们在第十七章讨论领导的权变理论相一致，我们认为，在说明控制跨度的宽窄对员工绩效和工作满意度的影响这一问题时，应该考虑到员工的经历、能力、工作任务结构等因素的作用。不过，有些事实表明，管理人员所监督的下属增多时，他的工作满意感会增强。

　　我们发现，集权化和工作满意度的相关度很高。总的来说，集权程度低的组织，员工参与决策的程度就比较高。有事实表明，员工参与程度和工作满意度呈正相关，但是，这个问题还是要考虑员工的个体差异。员工自尊心较弱时，分权化与工作满意度的相关度较高。因为低自尊的员工对自己的能力没有信心，他们喜欢分散决策，这样他们就不必为决策后果负全部责任。

　　我们的结论是：要提高员工的工作绩效和满意度，必须全面考虑员工的经历、个性、任务结构等因素。为简洁起见，可记住下面两点：官僚特征较强的员工喜欢依赖地位较高的权威人物，喜欢正规、具体的各种规则来指导自己的工作程序，希望在工作中和别人保持正规关系，这种人适合于在机械结构中工作；而官僚倾向低的员工更适合在有机结构中工作。

　　本章的主题之一，是说明组织的内部结构可以解释和预测员工的行为。也就是说，除了个体和群体因素之外，员工所属组织的结构关系对员工的态度和行为具有重要影响。

　　认为组织结构对员工行为和态度具有影响的根据是什么？很明显，组织结构有助于减少不确定性，明确工作内容，澄清员工所关心的问题，解决他们提出的"我应该做什么？""怎么做？""我向谁汇报工作？""如果我有问题，去找谁来帮我？"这类问题，这就对员工的态度产生了影响，并激励他们提高工作绩效。

　　当然，组织结构在某种程度上也限制员工的所作所为。例如，如果组织的正规化、专门化程度很高，命令链很牢固，授权程度较低，控制跨度较窄，员工的自主性就较小。这种组织控制严格，员工行为的变化范围很小；相反，如果组织的专门化、正规化程度较低、控制跨度较宽，能给员工提供较大的活动自由，员工的活动内容相对也就丰富得多。

　　图18-9形象地总结了以上所讨论的的问题，从图18-9中可以看出，策略、规模、技术、环境决定组织的结构类型。为简洁起见，我们可把组织结构设计分为两种：机械模型和有机模型。组织结构对员工工作绩效和满意度的影响，与员工的个人喜好有关，受个体差异的调节。

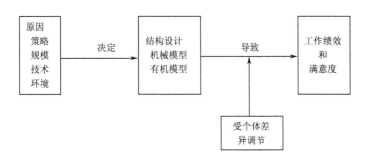

图 18-9　组织结构，决定要素和结果

最后一点，管理人员应该了解，像工作专门化、控制跨度、正规化、集权化这样的结构变量，是组织研究者能够测量的客观变量。我们在本章所提供的研究发现和结论实际上是这些研究者们工作的直接结果。但是，员工往往不能客观测量这些结构特征。他们以一种不太科学的方式来看待自己周围的一切，然后形成他们自己隐含的组织结构模式。为得到在公司中工作的机会，自己必须接受多少人的面试？自己那个部门一共有多少人？公司有政策手册吗？如果有，每个人都容易得到一份吗？公司员工都严格按照手册要求办事吗？公司及其管理人员在新闻媒介中的形象如何？员工对于这些问题所得到的答案，结合他们自己的经历及同事的看法，会形成员工对组织结构的主观印象。当然，这种印象可能与组织的客观结构格格不入。

员工们对组织结构的隐含模式十分重要。我们在第三章已经指出，人们行为反应的基础是他们的主观认识而不是客观现实。例如，有关研究证明，许多结构性变量和与之直接相关的绩效水平、工作满意度的关系并不一致，导致这种现象的部分原因是个体差异。但另一种导致这些不一致发现的原因可能是对客观特征的多样化的认识，或者说对同一客观事物，不同人的看法不一样。研究者通常关注组织结构的实际水平，但如果人们对同一要素的解释不同，结果就会大相径庭。因此，最根本的是要了解员工是如何认识他们的组织结构的。对于有效预测员工行为而言，这比组织结构的客观特征本身更有助于预测员工的行为。

第三节　组　织　文　化

一、组织文化

将组织视为一种文化的想法——在这种文化当中，组织成员具有共同的价值体系——相对来说还是最近的事情。20 年前，大多数组织被简单地看作是协调和控制一群人的理性工具。它们具有垂直层次结构，有多个部门，有权力关系，等等。但组织不仅仅有这些，他们还像人一样有个性。这种个性可能是呆板的，也可能是灵活的；可能是冷漠的，也可能是热心的；可能是积极主动的，也可能是消极保守的。最近这些年，组织理论学家认识到了组织文化在成员生活中的重要作用，从而开始承认了组织个性的存在。有意思的是，组织文化是最早作为一个影响员工态度和行为的独立变量的起源，却可以上溯到 50 年前的制度化（institutionalization）概念。

当组织开始制度化后，它就有了自己的生命力，独立于组织建立者和任何组织成员之外。

另外，组织开始制度化后，它自身就变得很有价值，而不仅仅是它的产品或服务有价值，它有了恒久性。如果它最初的目标落伍了，它也不会因此而退出商界，而是重振雄风，东山再起。

组织的制度化运作，使组织成员对于恰当的、基本的、有意义的行为有了共同的理解。因此，一个组织具有了制度化的持久性后，可接受的行为模式对组织成员来说就是不言而喻的事了。我们将看到，这其实是组织文化要做的事。因此，对于组织文化的构成、产生、维系、学习有所了解之后，有助于增强我们解释和预测员工行为的能力。

一般认为，组织文化（organizational culture）是指组织成员的共同价值观体系，他使组织独具特色，区别于其他组织。如果仔细考察的话，这种共同的价值观体系，实际上是组织所重视的一系列关键特征。最新研究认为，组织文化具有如下七个方面的特征：（1）创新与冒险。组织在多大程度上鼓励员工创新和冒险；（2）注意细节。组织在多大程度上期望员工做事缜密、善于分析、注意小节；（3）结果定向。组织管理人员在多大程度上集中注意力于结果，而不是强调实现这些结果的手段和过程；（4）人际导向。管理决策在多大程度上考虑到决策结果对组织成员的影响；（5）团队定向。组织在多大程度上以团队而不是个人工作来组织活动；（6）进取心。员工的进取心和竞争性如何；（7）稳定性。组织活动重视维持现状而不是重视成长的程度。

以上每一种都表现了一个从低到高的连续带。从这七个特征来评价组织，就能得到组织文化的有机构成图，组织成员对组织所持的共同感情，在组织中做事的方式，组织成员应有的行为方式，都建立在这幅有机构成图上。

组织文化关注的是，员工是怎样看待组织文化特点的，而不是他们是否喜欢组织文化。也就是说，组织文化是一个描述性术语。说明这一点很重要，因为这样可以把组织文化和工作满意度的概念区分开来。

组织文化方面的研究试图测量员工如何看待自己的组织。它鼓励团队工作吗？它奖励创新吗？它压抑员工的主动性吗？

　　相反，工作满意感试图测量员工对工作环境的情感反应，它关注的是员工如何感受组织的期望，报酬体系等等。无疑，这两个术语有重合之处。但记住，组织文化是一个描述词语，而工作满意度是一个评价性词语。

　　组织文化代表组织成员的一种共同认识，这一点在我们把文化定义为共同的价值观系统时，就已经明确了。因此，我们可以预期，组织中来自不同背景或处于不同层次的员工，会用相似的词汇来描述组织文化。

　　但是，承认组织文化具有一些共同特征，并不意味着这既定的文化中不存在亚文化。大多数巨型组织中都存在主文化和亚文化。

　　主文化（dominant culture）体现的是一种核心价值观，它为组织大多数成员所认可，当我们说组织文化时，一般就是指指组织的主文化。正是这种宏观角度的文化，使组织具有独特的个性。亚文化（subculture）通常出现在大型组织中，反映的是组织成员所面临的共同问题、形式、经历。这些亚文化通常由于组织内部部门的设计和地理上的间隔而形成。例如，采购部可以拥有本部成员共向的独特亚文化。它既包括主文化的核心价值观（core values），又包括采购部成员的独特价值观。同样，如果组织的某个办公室或单位远离组织的总部，它就可以表现出不同的个性特点。在这种情况下，组织的核心价值观仍占主流，但为适应本单位的特殊情况会有所调整。

　　如果组织没有主文化，而是由多种亚文化构成自己的组织文化，那么，组织文化作为独立变量的价值就大大减少了。因为在这种情况下，对于恰当与不恰当的员工行为就没有统一的解释。正是组织文化中"共同的价值观"，使组织文化成为引导、塑造人们行为的有利工具。但我们也不能忽视这样一个现实，即许多组织拥有亚文化，它们也能影响员工的行为。

　　划分强文化和弱文化的做法正日趋流行，其中的原因在于强文化对于员工行为的影响更大，与降低员工的流动率有更直接的联系。

　　在强文化（strong cultures）中，组织的核心价值观得到强烈的认可和广泛的认同。接受这种核心价值观的组织成员越多，他们对这种价值观的信仰越坚定，组织文化就越强。相应地，组织文化越强，就会对员工的行为产生越大的影响，因为高度的共享和强度在组织内部创造了一种很强的行为控制氛围。

　　强文化的一个特定效果是降低流动率。在强文化中，组织成员对于组织的立场有着高度一致的看法。这种目标的一致导致了内聚力、忠诚感和组织承诺。而这些特征反过来又使员工离开组织的倾向降低。

二、文化的类型

美国艾莫瑞（Emory）大学的杰弗里·桑南菲尔德（Jeffery Sonnenfeld）提出了一套标签理论，它有助于我们认识组织文化之间的差异，认识到人和文化的合理匹配的重要性。通过对组织的研究，他确认了四种文化类型：学院型、俱乐部型、棒球队型、堡垒型。

1. 学院型

学院型公司是为那些想全面掌握每一种新工作的人准备的地方。在这里他们能不断地成长、进步。这种公司喜欢雇佣年轻的大学毕业生，公司为他们提供大量的专门培训，然后指导他们在特定的职能领域内从事各种专业化工作。桑南菲尔德认为，IBM 公司就是一个典型的学院型公司，可口可乐公司、宝洁公司、通用汽车公司都属于这种类型。

2. 俱乐部型

桑南菲尔德认为，俱乐部型公司非常重视适应、忠诚感和承诺，在俱乐部型公司中，资历是关键因素，年龄和经验都至关重要。和学院型公司相反，这种公司把管理人员培养成通才，俱乐部型公司的例子有：联合包裹服务公司、德尔塔航空公司、贝尔公司、政府机构和军队等等。

3. 棒球队型

这种公司是冒险家和革新家的天堂。这种公司从各种年龄和经验的人中寻找有才能的人。公司根据员工产出状况付给他们报酬。由于他们对工作出色的员工予以巨额奖酬和较大的自由度，员工一般都拼命工作。在会计、法律、投资银行、咨询公司、广告机构、软件开发、生物研究领域，这种组织比较普遍。

4. 堡垒型

棒球队型公司重视创造发明，而堡垒型公司则着眼于公司的生存。许多这类公司以前是学院型、俱乐部型或棒球队型的，但在困难时期衰落了，现在尽力来保存自己尚未被销蚀的财产。这类公司工作安全保障不足，但对于喜欢流动性挑战的人来说，这儿是令人兴奋的工作场所。堡垒型组织包括大型零售店、林业产品公司、天然气探测公司等。

桑南菲尔德发现，许多组织不能纯粹明晰地归类于以上四种文化类型中的某一种，因为他们拥有混合型的组织文化，或者因为他们正处于转型之中。例如，研究发现，通用电气公司中不同的部门拥有迥然不同的组织文化；而苹果电脑公司从棒球队型组织起家，现在成长为学院型组织了。

桑南菲尔德同时也发现，这四种不同的文化类型能够吸引不同个性的人。员工个性和组织文化的匹配影响着一个人在管理层级上升迁的高度和难易程度。例如，一个冒险家在棒球队型组织中活跃，但在学院型组织中就无所作为了。

三、文化的功能

我们已提到过组织文化对员工行为的影响，还明确地提出，强文化和降低流动率的关系很密切。下面，我们再来仔细地考察一下组织文化的功能，并评价一下文化是否会成为组织的一个束缚。

文化在组织中具有多种功能：（1）它起着分界线的作用。即，它使不同的组织相互区别开来；（2）它表达了组织成员对组织的一种认同感；（3）它使组织成员不仅仅注重自我利益，更考虑到组织利益；（4）它有助于增强社会系统的稳定型。文化是一种社会黏合剂，它通过为组织成员提供言行举止的标准，而把整个组织聚合起来；（5）文化作为一种意义形成和控制机制，能够引导和塑造员工的态度和行为。我们最感兴趣的正是最后的这种功能。正如下面这段引言所指出的："文化决定了游戏的规则"。

定义中的文化是一种无形的、隐含的、不可捉摸的而又理所当然（习以为常）的东西。但每个组织都有一套核心的假设、理念和隐含的规则来规范工作环境中员工的日常行为，除非组织的新成员学会按这些规则做事，否则他不会真正成为组织的一员。不管是高级管理阶层，还是一线员工，只要有人违反这些规则，他就会受到大家的指责和严厉的惩罚。遵守这些规则是得到奖酬和向上流动的基本前提。

在20世纪90年代，文化对于员工行为的影响作用似乎越来越重要。现代组织渐渐拓宽了控制跨度，使组织结构趋于扁平，引入了工作团队，降低了正规化程度，授予员工更大的权利，这些都要求一种强文化提供共同的价值观体系，从而保证组织的每一个人都朝同一个方向努力。

我们是以一种不加判断的方式对待文化的，我们没有说它好，也没有说它不好，只是把它作为一种存在加以研究。上面所列举的文化的许多功能对组织和员工都有重要价值。文化有助于提高组织承诺，增强员工行为的一贯性。很明显，这对企业是不无裨益的。从员工的角度来说，文化很重要，因为它有助于减少模糊性，它能告诉员工事情应该如何作，什么是重要的。但是我们也不应忽视文化，特别是强文化对组织有效性潜在的负面作用。

1. 变革的障碍

如果组织的共同价值观和进一步提高组织效率的要求不相符合时，它就成了组织的束缚。这是在组织环境处于动态变化的情况下，最有可能出现的情况。当组织环境正在经历迅速的变革时，根深蒂固的组织文化可能就不合时宜了。因此，当组织面对稳定的环境时，行为的一致性对组织而言很有价值。但它却可能束缚组织的手脚，使组织难以应付变幻莫测的环境。这有助于解释公司的高层经营人员这些年所面临的适应变化莫测的环境的挑战。如 IBM、柯达、通用动力公司等。这些公司有强劲的组织文化，过去起过积极的作用。但是，当"企业一如既往"不再有效时，这些强文化就成了变革的障碍。对于许多具有强文化的组织来说，过去能导致成功的措施，如果与环境变化的要求不一致，就可能导致失败。

2. 多样化的障碍

由于种族、性别、道德等差异的存在，新聘员工和组织中大多数成员不一样，这就产生了矛盾。管理人员希望新成员能够接受组织的核心价值观，否则，这些新成员就难以适应或被组织接受。但同时，管理人员又想公开地认可并支持这些员工带来的差异。

强文化施加了较大的压力，使新成员服从组织文化。他们限定了组织可以接受的价值观与生活方式的范围。很明显，这就导致了两难问题。组织雇用各具特色的个体，是因为他们能够给组织带来多种选择上的优势。但当员工处于强文化的作用下，试图去适应文化的要求时，这种行为与优势的多样化就丧失了。因此，如果强文化大大削减了不同背景的人带到组织中的独特优势，它就成为了组织的一个束缚。

3. 兼并和收购的障碍

以前，管理人员在进行兼并或收购决策时，所考虑的关键因素是融资优势或产品协同性。近几年，文化的相容性变成了他们主要的关注对象。虽然收购对象在财务和生产方面是否有利可图是必须加以考虑的因素，但收购对象与本公司的文化是否能够相容，也是一个重要的方面。

四、创建和维系组织文化

组织文化并不是凭空冒出来的，一旦形成，就很难消失。组织文化的形成受哪些因素影响？在组织文化建立后，又有哪些因素强化和维系它的存在呢？我们在下面就来讨论这两个问题。

（一）创建组织文化

组织现行的惯例、传统、做事情的一般方式，在很大程度上都是由于他以前的努力，还有这些努力所带来的成功。这就促使我们来追寻组织文化的最初源头：组织的创始人。

从传统上看，组织的创始人对组织的早期文化影响巨大，他们勾画了组织的发展蓝图，他们不受以前的习惯做法和思想意识的束缚。新建组织的特点一般是规模比较小，这就有助于创始人把自己的远见强加给组织成员。

微软公司的文化在很大程度上是公司当初的创始人之一，现在的首席执行官比尔·盖茨的形象反映。盖茨本人进取心强，富有竞争精神，自制力很强。这些特点也正是人们用来描绘他所领导的微软巨人的特点。公司创始人对公司文化作出无法估量影响的例子还有很多，如索尼公司的盛田昭夫（Akio Morita）、联邦快递公司的费雷德·史密斯（Fred Smith）、苹果计算机公司的史蒂夫·乔布斯（Steve Jobs）等。

（二）维系组织文化

组织文化一旦建立，组织管理措施就通过员工提供一系列相似的经历而起到维系文化的作用。例如，许多人力资源管理措施，可以强化组织文化。组织的甄选过程、绩效评估标准、奖酬措施、培训和职业开发活动以及晋升过程，可以保证组织雇用员工与组织文化的适应，奖励那些支持和拥护组织文化的员工，而使那些敢于挑衅组织文化的员工受到惩罚（甚至遭到解雇）。在组织文化的维系过程中，有三个因素起着特别重要的作用：甄选过程、高层管理人员的举措、社会化方法。现在我们来仔细考察一下这三个因素。

1. 甄选过程

组织甄选过程的明确目标是，识别雇佣那些有知识、有技巧、有能力来做好组织工作的人。但一般来说，能够满足工作需要的人肯定不止一个，组织就会对这些人进行甄别。在这个时候，谁能被雇用，最终决定就显著地受到了招聘决策者对候选人是否适合于组织的判断的影响，忽视这一点，则是幼稚可笑的。这种努力确保了员工和组织恰当的匹配，不管是有意还是无意，都会保证所聘员工的价值观和组织价值观基本一致，至少与组织价值观的大部分相一致。另外，甄选过程也给求职者提供一些组织的信息，候选人对组织有所了解后，如果发现自己的价值观和组织价值观冲突，就可以自动退出候选人之列。因此，甄选过程成了一种双向选择，它允许雇主和求职者相互不匹配时中止他们之间的联姻。这样，甄选过程通过筛选掉那些可能对组织的核心价值观构成威胁的人，起着维系组织文化的作用。

应聘宝洁公司基层管理工作初级职位的求职者，要经历一系列筋疲力尽的申请和选拔过程。面试主持人是公司中的精英人物，他们是经过精选出来的，都通过讲座、录像、电影、面试练习、角色扮演等培训手段，学习了如何发现那些能够适应宝洁要求的候选人。面试主持人对候选人进行深入面谈，以发现他们是否具备某些素质，如具有"作出大量出色业绩"的能力，"发现并理解问题"的能力，"在全面思考的基础上，得出论证充分和推理严密的结论并付诸行动"的能力。宝洁公司很重视理性思维，所以要求员工也具备理性思维方式。大学毕业生首先要在校园里经过两次面试和一次一般知识测验，这些都过关后，再飞往辛辛那提接受三次一对一的面试和一次午餐时的集体面试。每次会面时，面试主持人都会尽力搜寻那些公司认为与在宝洁取得成功密切相关的优点，以确保所聘员工与组织要求相符合。

康柏计算机公司（Compaq Computer）则对求职者加以精心考察，以保证他们有能力适应该公司团队导向式的文化。一位高级管理人员说："我们发现能干的人很多……最重要的问题是他们是否能够适应我们的工作方式。"在康柏公司，这意味着求职者要易于相处，适应公司步调一致的管理风格。为了尽可能地筛选掉性格孤僻、自高自大的求职者，求职者要接受来自公司的各个部门、资历不同的 15 位主持人的面试，也可能不是什么稀奇的事。

2. 高层管理人员

组织高层管理人员的举止对组织文化有重要的影响。高层管理者通过自己的所作所为，把行为准则渗透到组织中去。例如，公司是否鼓励冒险；管理者应该给自己的下属多大自由；什么样的着装是得体的；在薪酬、晋升、其他奖励方面，公司鼓励什么样的行动等等。

例如，我们来看看施乐公司。1961~1968 年，该公司首席执行官是约瑟夫·威尔森（Joseph C. Wilson）。他是那种进取心很强，富有创新精神的企业家，他预见到了公司会因其 914 型复印机而停滞不前，尽管当时这种复印机在美国历史上处于空前盛世状态。在威尔森的领导下，施乐公司的组织环境充满了创新气氛，创立了一种非正式的、洋溢着友谊和忠诚、富有创新精神、无所拘束、鼓励冒险的组织文化。威尔森的后继人是彼德·迈高乐（C. peter McColough），他是哈佛大学的工商管理硕士，具有正统的管理风格。他在施乐公司建立了官僚式控制体制，改变了施乐的组织文化。到他 1982 年下台时，施乐公司已经变成滞重正统，规章制度繁多，监督管理人员层叠。在他之后的总裁戴维·克恩斯（David T. Kearns）。他上任后，认为公司的文化阻碍了公司的竞争能力。他大力精简机构,裁减了 15 000 个工作岗位,下放了决策权,把公司文化重新定位到一个简单的主题上:提高施乐公司产品和服务的质量。通过他与高层管理人员的努力,他把重视质量和效率的观念,灌输给了公司每一个员工。在 1990 年退休时,公司仍存在不少问题。复印机行业已经发展到顶点,而施乐公司在开发计算机化办公系统方面,又处于劣势。公司现任首席执行官保罗·埃莱尔(Paul Allaire)也在尽力重塑公司文化。具体来说,他以全球性营销部门为中心,对公司进行了重组,把产品开发部门与制造部门合并到了一起;聘用公司外部人才,取代了一半的公司高级管理人员。埃莱尔的目的是把施乐的文化重新塑造成为重视创新与竞争的文化。

3. 社会化

不管组织的人员甄选和录用工作做得有多好,新成员都难以完全适应组织文化的要求。也许最重要的原因是,他们对组织文化不太熟悉,新员工总是容易干扰组织已有的观念和习惯。因此,组织要帮助新成员适应组织文化,这种适应过程,可称为社会化(socialization)。

讨论社会化问题时必须记住,最关键的社会化阶段是员工刚进入组织的时候。在这个阶段,组织要尽力把外来者塑造成一个合格的员工。那些不能掌握角色行为要领的员工,很可能被称为不服从者或反叛者,他们的下场往往是被开除。但组织会通过各种方式,虽然有时不明显,在员工的职业生涯中使每一个人完善社会化过程,这更进一步地起到了维系组织文化的作用。

社会化可概括成三个阶段组成的过程:原有状态阶段、碰撞阶段、调整阶段。第一阶段包括新成员进入组织之前的所有的学习活动。第二阶段,新成员看到了组织的真面目,并可能面对个人期望与现实相脱离的问题。在第三阶段中,相对长期的变化就发生了。新成员掌握了工作所需技能,成功地扮演了自己的新角色,并且调整自己适应了工作群体的价值观和规范。这三个阶段的过程会影响新成员的生产效率,对组织目标的承诺,最终会影响员工是否留在组织内的决定。图 18-10 描述了这个社会化过程。

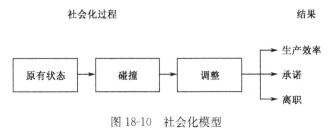

图 18-10 社会化模型

在原有状态阶段（prearrival stage）可以清楚地看到每个人还带有自己的一套价值观、态度和期望，其中包括对将要从事的工作和所服务的组织的态度和期望。例如，在许多工作领域，尤其是专业性强的工作领域，新成员已经在学校和培训中经过了相当程度的前期社会化。例如，商学院的一个主要目的，就是使学生经过社会化过程具备商业所需要的态度和行为。如果企业主管认为，成功的员工应当具备商业道德、忠诚、工作努力、成就欲望强，并且愿意接受上级指令，他们就会从商学院中招聘那些实现按这个模式造就的人才。但是，前期的社会化是超越具体工作的，组织甄选过程是用来让有望聘用的员工了解整个组织的一种方式。另外，我们在前面已经指出，甄选过程也用来保证组织所聘员工和组织文化相适应。事实上，一个人在甄选过程中恰当的表现自己的能力，决定了他是否有能力进入组织。因此，是否成功取决于应聘者是否准确地预测到了组织中那些负责甄选过程的考官的期望和爱好。

新成员进入组织之后，就开始了碰撞阶段（encounter stage）。在这个阶段中，员工可能会面对自己的期望——对工作、同事、上司和组织整体的期望——与现实不相符的情况。如果员工上述方面的期望多少还比较准确，碰撞阶段只不过进一步证明他们以前的认识是正确的。但事情往往不是这样。如果他们的期望和现实有差异，员工就必须经过社会化，使自己从以前的假设中摆脱出来，代之以另一套期望：组织就是这样的。在极端情况下，新成员会变得对他的工作现状彻底失望，甚至会辞职。有效的员工甄选过程应该尽量减少后一种情况发生的可能性。

最后，新成员必须解决在碰撞阶段发现的所有问题，这就意味着要经受变革，因此我们把最后一个阶段称为调整阶段（metamorphosis stage）。表18-3提供了几种方案，力图带来有效的质变结果。请注意，管理人员越是强调社会化过程中的正规化、集体化、固定化、有序化，磨平员工的个性，那么员工之间的差异就越可能被抹掉，员工行为的标准化和可预测程度就越高。通过控制新成员的社会化过程，管理人员一方面可以造就循规蹈矩的顺从型员工，也可以造就富有创新精神的创造型员工。

当新成员觉得在组织和工作中如鱼得水时，可以说，质变过程和入门社会化过程就结束了。这时候，员工已经把组织和工作群体的规范内化了，他们理解并接受了这些规范。新成员这时也能感到自己已被同事作为一个可信任、有价值的人接受下来，这时候他会自信有能力做好工作，并理解整个组织系统不仅仅是他自己的工作任务，而且包括组织的规章制度、工作程序、非正式的做法等。最后，他了解了组织的评估体系，即明白了将用什么标准测量和评价自己的工作。他知道人们对他的期望，知道什么叫做"干得很好"。如图18-11所示，成功的调整过程对于提高新员工的生产效率和对组织的承诺，降低员工离开组织的倾向，会产生积极的影响。

表 18-3 新员工社会化方案

正规化和非正规化	组织越是使员工和实际的工作环境相分离，并以某些方式对员工加以区分，来明确新员工的特殊角色，组织社会化的正规程度就越高。具体的定向和培训项目就是这样的例子。非正规化的社会化方法就是直接让员工去上岗工作，而不多加注意
个人和集体	新成员可以被个别社会化，在许多专业性强的工作领域就是这样做的。他们可以结成群体，接受同样内容的培训，如新兵训练营就是这样做的
固定和可变	这是指新员工由局外人向"内部人"转变的时间安排。固定时间安排方式是先设定标准化的转变阶段，这往往是轮换式培训的特点，它也包括试用期，如会计师或律师事物所规定 8 年到 10 年的"副职"时期，用来确定候选人是否适合于做一个合伙者。可变的时间安排则事先不规定员工的"转正"时间。比较典型的例子是员工晋升体制，在员工条件都具备之前，没有人能给他安排好晋升时间
有序性和随意性	进行有序性社会化的一个特点是，组织设定角色模式来训练和鼓励新员工，学徒制度和辅导教师方案就是这样的例子。而随意性社会化方法则是，故意不设定角色模式，让员工自己去思考，去摸索
授权式与收权式	授权式社会化假设新员工的素质和资格要素是工作成功的必要条件，因此这些素质和资格获得证实和支持。而收权式社会化方法则是尽力磨削员工的一些特点

图 18-11 总结勾画了组织文化的建立和维系过程，最初的组织文化源于组织创建者的经营理念。这反过来对员工甄选标准产生了强烈影响。组织现任高级管理人员的行为，对员工行为标准设定了一个范围，什么是可接受的行为，什么是不可接受的。怎样对员工进行社会化，取决于两点：（1）在甄选过程中，是否成功地保证了新成员的价值观和组织价值观相一致；（2）组织的高级管理人员偏爱什么样的员工社会化方法。

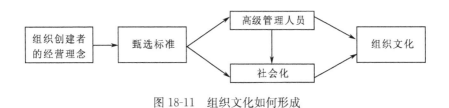

图 18-11 组织文化如何形成

图 18-12 描绘了作为干预变量的组织文化的作用。组织成员对组织总体的主观认知是建立在下列因素基础上的：诸如容忍革新和冒险的程度、重视团队的程度（团队取向）、员工支持的程度（人的取向）等。而员工对组织的这种总体认知实际上就变成了组织的文化或个性，这些肯定的或否定的认知又影响员工的工作绩效和工作满意度。而且，文化力度越强，影响就越大。

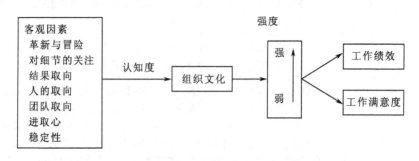

图 18-12　组织文化如何影响工作绩效和工作满意度

正像人的个性随着时间的流逝会趋于稳定一样，强文化也是这样。这就使管理人员对强文化的变革十分困难。当组织文化变的不适应环境时，管理人员就要对其进行变革。但是，改变组织文化是一个长期而艰难的过程。因此，管理人至少应该在短期内把组织文化看作是相对不变的。

组织文化对于管理人员一项更重要的意义在于，它和组织甄选过程相关，如果组织所聘员工的价值观和组织价值观不一致，这些员工就可能会缺少工作的动力，缺乏对组织的忠诚度，对工作和组织不满意等等。毫无疑问，在员工与组织不匹配的情况下，员工流动率肯定很高。

我们不应该忽视社会化过程对员工绩效的影响。员工的绩效在很大程度上取决于他是否知道自己应该干什么，不应该干什么。员工能够明白合理的工作方式就说明员工社会化过程很顺利。而且，对员工的绩效评估包含着员工对组织的适应程度。他能和同事和谐相处吗？他的工作习惯可以接受吗？工作态度端正吗？这些特点因工作性质和组织情况不同而有差异。例如，在某些领域，如果员工富有进取精神并明确表现出雄心壮志，他们会得到较高的绩效评价。而在另外一些领域，或在另外一个组织的相同领域，这个员工就可能得到消极评价。因此，合理的社会化过程，不仅是影响员工实际工作绩效的因素，而且是影响别人如何评价这种绩效的重要因素。

第四节 组织的变革和发展

一、组织变革

(一) 变革的动力

今天越来越多的组织面对的是一个动态的、变化不定的环境，这又反过来要求组织适应这样的环境。表 18-4 概括了能够激发变革的六种动力。

表 18-4 变革的动力

动 力	例 子
劳动力的性质	文化多元化
	专业人员增加
	许多新员工技术不足
技术	计算机和自动化程度高
	全面质量管理方案
	技术革新计划
经济冲击	债券市场的暴跌
	利率波动
	外币波动
竞争	全球竞争者
	兼并和联合
	专门零售商的成长
社会趋势	受大学教育增多年轻人婚姻推迟
	离婚率上升
世界政治	前苏联解体
	9·11 事件
	美国攻打伊拉克

1. 劳动力的性质

由于劳动力性质的变化，几乎每个组织都不得不进行调整，以适应多元化的环境。为了吸引和留住以多元化为特点的劳动力队伍，人力资源政策和实践也必须加以变革。另外，许多公司不得不在培训方面大量投资，以提高员工的阅读、数学、计算机及其他技能。

2. 技术

技术使工作和组织发生了变化。例如，由于计算机控制取代了直接监督，使管理者的控制跨度更为广泛，组织结构也更扁平。复杂的信息技术也使组织的活动更迅速。像美国电话电报公司、摩托罗拉、通用电气和克莱斯勒这样的公司，现在开发、生产和销售产品所用的时间只是 10 年前所用时间的一小部分。同时，不但组织越来越具有适应性，他们的员工也是如此。在有关群体和组织设计的讨论中，我们谈到许多工作正在重新设计，从事狭窄，专业化，常规工作的个体正在被工作团体所取代，团队成员从事多种工作并积极参与群体决策。

3. 经济冲击

我们生活在一个"不连续的时代"。在 20 世纪 50 年代到 60 年代，过去是未来的序幕，明天是昨天的延续，现在这些已不复存在了。20 世纪 70 年代，随着石油价格一夜之间翻了两番，经济冲击就在不断迫使组织进行变革。例如，近几年，美元对日元和德国马克的比价急骤下跌。同时，1994 年美元利率迅速上涨，致使股价暴跌。这些经济冲击对某些公司的影响尤其巨大。当他们遇到这些经济冲击时，所产生的后果非常严重。比如，许多抵押贷款经济公司在 1994 年不得不解雇大批员工，因为利率上升导致了家庭贷款和再筹资金的萎缩。

4. 竞争

竞争也在发生变化。全球经济意味竞争者来自国内也来自国外。强调竞争还意味着公司需要保护自己，他一方面必须和开发新产品和服务的传统竞争对手抗争，另一方面又面临具有创新优势的小企业的挑战。成功的组织将是那些根据竞争作出相应变革的组织。它们紧跟时代的脚步，能够迅速开发新产品并投放市场。它们以短、平、快的形式进行产品的开发和生产。换句话说，它们是很灵活的。同样，它们也需要灵活且敏捷的劳动力才可能适应急剧变化的环境。

5. 社会趋势

让我们来看看 20 世纪 70 年代至 90 年代的社会趋势，它们表明了 21 世纪的组织必须要适应哪些方面的变化。例如，在过去的 30 年里，结婚和离婚方面有一个明显的趋向。年轻人的婚姻推迟，半数的结婚以离婚告终。这种社会趋势导致的明显后果是单亲家庭数量不断增加。而单亲家庭对住房的需求也随之上升。如果你在房屋建筑公司上班，这是一个决定房屋大小和布局的重要因素。

6. 世界政治

由于世界正在变成一个地球村，因此我们需要充分认识在全球背景下考察组织行为的重要性。这些年来世界政治的变化。例如，柏林墙的倒塌和德国的统一，伊拉克入侵科威特，前苏联解体，欧盟东扩，9·11事件，以及美国攻打伊拉克，使得世界几乎所有的组织不得不作出相应的变革，以适应世界政治的变化。

（二）有计划的变革

组织中的许多变革是在事情发生后才实施变革。但是，我们所关注的是预先的，有目的的变革活动，在本章中，我们把变革视为一种有意图的、目标取向的活动。

有计划变革（planned change）的目标是什么？主要有两个：（1）提高组织适应环境变化的能力；（2）改变员工的行为。

一个组织要想生存，就必须对环境的变化作出反应。组织需要适应各种各样的情况，例如，竞争者引进新的产品和服务，政府部门颁布新法律，企业失去重要供给来源或其他类似的环境变化。在本章后面的内容中你会看到，激发创新，给员工授权，建立工作小组，都是通过有计划的变革活动来适应环境变化的例子。

由于组织成败的关键取决于员工是否合作，所以有计划的变革还重视组织中个体和群体行为的改变，在本章中，我们简要介绍一些组织用以改变人们的工作和人际交往行为的方法。

从程度等级方面来考虑有计划的变革也是不无裨益的。第一层次的变革（first-order change）是线性连续的。这一层次的变革并不意味着组织成员在世界观方面的改变，或在组织如何提高功能方面会有根本的改变。相反，第二层次（second-order change）的变革是多维度、多层次、不连续、激进的变革。它涉及到重新建构组织以及组织所处环境的观念。丰田公司产品和工程部的负责人北野南夫（Mikio Kitano）一直在他的公司推行第一层次的变革。他在生产过程中进行缓慢、微小、渐进的变革以提高丰田的生产效率。相反，波音公司的高层管理人最近对公司进行了重大改组。面对航运业的不景气，"空中客车"强有力的挑战和日本竞争者的威胁，波音公司第二层次的变革包括这样一些项目：大幅度降低成本达30%，把制造737飞机的时间从13个月缩短为6个月，大量减少存货，对公司所有员工进行为期四天的竞争意识的培训，让顾客和供应商了解过去一向保密的飞机设计过程。

在组织中谁负责实施变革活动？答案是变革推动者（change agents）。变革推动者可以是管理者也可以是非管理者，可以是组织内的员工也可以是组织外的顾问。

通常是我们把高级经营人员视为变革推动者。鲍伯·艾伦（Bob Allen）曾是美国电话电报公司主要的变革推动者，北野南夫是丰田公司的变革推动者，而弗兰克·施朗茨（Frank Shrontz）和菲利普·康迪特（Philip Condit）是波音公司的主要变革推动者，两人分别是公司的董事长和总裁。

但对于多数变革来说，高层管理者越来越求助于临时的外部顾问，他们具有变革的理论和方法上的专业知识。作为外部顾问的变革推动者比内部的变革推动者能提出更为客观的观点。但是，他们也有不足之处，因为他们对组织的历史、文化、人员、操作程序缺乏了解。外部顾问更愿意推行第二层次的变革——这可能有利也可能不利——因为他们不受变革后果的影响。相反，组织内部的专业人员或管理者，尤其是那些在组织中工作了多年的人，常常更为谨慎，因为他们担心触犯了多年的朋友和同事。

（三）变革的领域

变革推动者能做什么？我们可以把他们所从事的活动划分为四类：结构变革、技术变革、物理环境变革和人员变革。结构变革涉及到对权力关系、协调机制、工作的再设计和其他类似的结构变量的改变。如图 18-13 所表示，技术变革包括对工作过程、方法以及所用设备的调整。物理环境变革包括对工作场所的位置和布局安排的改变。人员变革涉及到对员工态度、技能、期望、观念和行为的改变。

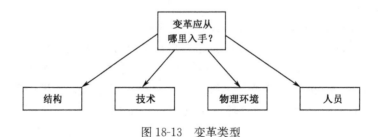

图 18-13　变革类型

1. 结构变革

在本章第二节中，我们讨论了组织结构问题（如工作专门化、控制跨度和各种组织设计等等）。但组织的结构并不是一成不变的，环境的变化要求组织结构也发生相应的变化。所以，变革推动者还可能需要对组织结构进行调整。

组织结构可定义为如何正式划分、归类和协调工作任务。变革推动者可以对组织设计中的一个或多个关键因素加以改变。例如，合并部门职责，精简纵向层次，拓宽控制跨度，从而使组织结构更为扁平，更少官僚性。此外，为了提高标准化的程度，可以实施更多的规则和程序。分权程序的提高可以加快决策速度。

变革推动者还可以在现有的结构设计上做出重大变动。如，从一个简单的结构转变为以工作团队为基础的结构或一个矩阵结构。变革推动者也可以考虑重新设计工作安排，如修订工作说明书，丰富工作内容，实行弹性工作制，改变组织的报酬制度（例如通过引进绩效奖金或利润分成提高激励水平）。

2. 技术变革

早期对管理和组织行为的研究大多着眼于技术变革。例如，在 20 世纪初，科学管理在时间和动作研究的基础上实施变革以提高生产效率。今天，大多数技术变革通常包括引进新设备、新工具或新方法，以及实现自动化或计算机化。

由于行业内部的革新或竞争压力，常常需要变革推动者引进新设备、工具或操作方法。例如，近年来，许多炼铝业公司为了更有效地参与竞争而进行重大改进。他们装配了更有效的操作设备、锅炉和压制机，从而降低每吨铝的生产成本。

自动化是以机器代替人力的技术变革，它开始于工业革命时期，从那时起直到今天一直是一种变革方案。美国包装服务公司对自动化邮件分类器的引进以及汽车生产线上机器人的采用都是实行自动化的实例。

我们在前面的章节中指出，最近几年最明显的技术变革是计算机的普及。现在许多组织都有复杂的管理信息系统。大型超级市场已用输入终端代替了收款台，并把终端和计算机相连，以便提供快捷的存货信息。由于计算机的广泛使用，现在的办公室和 1975 年的大不相同了，这些差异典型地体现在桌面微机上，它可以运行成百上千商业软件包和网络系统，而网络系统又使各计算机实现了相互沟通。

3. 物理环境变革

工作空间的布局不应是随意的，一般来说，当管理者要对空间结构、内部设计、设备安置和其他事项做出决策时，总会认真考虑到工作需要、正常的交往需要和社会需要等因素。

例如，推倒墙壁和隔板，采用开放的办公室设计，会使员工之间更容易交流。同样，管理者还可以改变光线的亮度和颜色，冷暖的程度，噪音的大小和种类，工作场所的清洁程度以及家具、装饰和配色等内部设计。

有证据表明，仅物理环境本身的改变并不能对组织或个人的绩效产生实质性影响，但它能够使员工的某些行为更为容易或更为困难，也就是说，员工和组织的行为可以因此而得到增强或减弱。

4. 人员变革

变革推动者起作用的最后一个领域是帮助组织中的个体和群体更有效地工作。通常，这类变革主要通过沟通、决策和问题解决过程来改变组织成员的态度和行为。你会在本章末看到，组织发展的概念包括了一系列干预措施，这些干预措施是用于对人员及其工作关系的性质和质量进行变革的。我们在组织发展的讨论中会评述这些人员变革的方法。

（四）变革的阻力

在个体和组织行为方面的研究所得到的丰富的发现之一是：组织和成员抵制变革。从某种意义上说，这是积极的。它使行为具有一定的稳定性和可预见性。如果没有什么阻力的话，组织行为会变得混乱而随意。变革的阻力还可以成为功能正常的冲突源。例如，对组织重组计划或生产线改进方案的抵制会激发对这些变革观点优缺点的有益讨论，并因而会得到更完善的决策。但变革的阻力也有显而易见的缺点，它阻碍了适应和进步。

变革阻力不一定以统一的方式表现出来，阻力可以是公开的、潜在的、直接的或延后的。公开和直接的阻力最容易处理。例如，当提议实施变革时，员工会很快做出反应，他们怨声载道，消极怠工，并声称要进行罢工或做出其他类似举动。处理潜在或延后的变革阻力会面临更大挑战。潜在的阻力十分微妙——它可能会降低对组织的忠诚感，丧失工作积极性，增加错误率，因"病"请假使缺勤率上升——因此也更难识别。同样，延后的反应使阻力源和对阻力的反应之间的联系比较模糊。一项变革刚开始出现时可能只会产生很小的反应，但在几个星期、几个月甚至数年后，阻力就暴露出来了。一项单独的变革本身可能刚开始时产生的影响很小，但后来却可能会成为"最终导致失败的致命因素"。对变革的反应可能积累起来，然后以看起来和原先对变革的反应完全不相称的行为爆发出来。然而，变革的阻力常常是延后的或储备性的，它所表现出来的是对以往变革的累积反应。

下面我们来看看变革的阻力源。为了便于分析，我们将其分为个体的阻力源和组织的阻力源两个方面。事实上，二者常常是重叠的。

1. 个体阻力

变革中个体的阻力源来自于基本的人类特征，如知觉、个性和需要。下面概括一下个体抵制变革的五个因素，如图 18-14 表示。

（1）习惯。你每次出去吃饭，是否总去不同的餐厅？很可能不是，如果你像大多数人一样，你会选定几个自己喜欢的地方，然后以某一固定的理由去那里。

人类是有习惯的动物。生活很复杂。我们每天必须做出数百种决策，但不必对这些决策的所有备选方案一一考察。为了应付这复杂性，我们往往依赖习惯化或模式化的反应。但是当你面对变革时，以惯常方式作出反应的趋向会成为阻力源。所以，当你的部门迁到城市另一处新的办公楼里时，就意味着你可能不得不改变许多习惯：早起 10 分钟，穿过一条条新街道去上班，寻找新的停车场，适应新办公室的布局，形成新的午饭规律，等等。

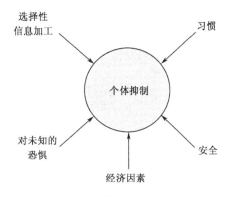

图 18-14　个体抵制变革的原因

（2）安全。安全需要较高的人抵制改革，因为变革会带给他们不安全感。当西尔斯公司宣布要解雇 50000 名员工或福特公司引进新的机器人设备时，这些公司的许多员工感到自己的工作受到了威胁。

（3）经济。第三个个体阻力源是变革会降低收入。如果人们担心自己不能适应新的工作或新的工作规范，尤其是当报酬和生产率息息相关时，工作任务或工作规范的改变会引起经济恐慌。

（4）对未知的恐惧。变革用模糊和不确定性代替已知的东西。不管你多么讨厌上大学，你至少知道在那里希望你做什么。但是当你离开学校进入专职聘用的世界时，不论你多么想走出校园，你也不得不面对未知领域。

组织中的员工同样不喜欢不确定性。如果全面质量管理的引进意味着生产工人不得不学习统计过程控制技术的话，一些人会担心他们不能胜任。因此，如果要求他们使用统计技术，他们会对全面质量管理产生消极态度或者产生功能失调的冲突。

（5）选择性信息加工。在第三章我们看到，个体通过知觉塑造自己的认知世界。这个世界一旦形成就很难改变。为了保持知觉的完整性，个体有意对信息进行选择性加工，他们只听自己想听的，而忽视那些对自己已建构起来的世界形成挑战的信息。再看看那些面临着引进全面质量管理的生产工人吧，他们可能充耳不闻上司关于统计知识的必要性和变革会带给他们潜在收益的解释。

2. 组织阻力

组织就其本质来说是保守的，它们积极地抵制变革。这种现象随处可见，政府机构想继续从事他们干了数年的工作，不论它们的服务是否仍被需要，组织的宗教深深地植根于历史中，改变教义需要极大的恒心和耐心；教育机构是为了开放思想和挑战已有学说而存在的，但它们自己也极端地抵制变革；大多数学校仍在使用和 50 年前本质相同的教学技术；很多商业公司也强烈的抵制变革。抵制变革的组织阻力主要有六个原因，如图 18-15 所示。

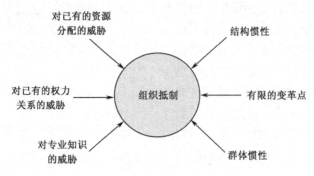

图 18-15　组织中抵制变革的原因

（1）结构惯性。组织有其固有的机制保持其稳定性。例如，甄选过程系统地选择一定的员工流入，一定的员工流出。培训和其他社会化技术强化了具体角色的要求和技能。而组织的规范化提供了工作说明书、规章制度和员工遵从的程序。

经过挑选符合要求的员工才可以进入组织，此后，组织又会以某种方式塑造和引导他们的行为。当组织面临变革时，结构惯性就充当起维持稳定的反作用力。

（2）有限的变革点。组织由一系列相互依赖的子系统组成。你不可能只对一个子系统实施变革而不影响到其他的子系统。例如，如果只改变技术工艺而不同时改变组织结构与之配套。技术变革就不大可能被接受。所以子系统中的有限变革很可能因为更大系统的问题而变得无效。

（3）群体惯性。即使个体想改变他们的行为，群体规范也会成为约束力。例如，单个的工会成员可能乐于接受资方提出的对其工作的变革，但如果工会条例要求抵制资方做出的任何单方面变革，他就可能会抵制。

（4）对专业知识的威胁。组织中的变革可能会威胁到专业群体的专业技术知识。20 世纪 80 年代初，分散化个人计算机的引进就是一个例子。这种计算机可以使管理者直接从公司的主要部门获得信息，但它却遭到了许多信息系统部门的反对。为什么？因为分散化的计算机终端的使用，对集中化的信息系统部门所掌握的专门技术构成了威胁。

（5）对已有的权力关系的威胁。任何决策权力的重新分配，都会威胁到组织长期以来已有的权力关系。在组织中引入参与决策或自我管理的工作团队的变革，就常常被基层主管和中层管理人员视为一种威胁。

（6）对已有的资源分配的威胁。组织中控制一定数量资源的群体常常视变革为威胁。他们倾向于对事情的原本状态感到满意。变革是否意味他们的预算减少或人员减少呢？那些最能从现有资源分配中获利的群体，常常会对可能影响未来资源分配的变革感到忧虑。

在变革阻力的讨论中不包括变革政治的论述就是不全面的。因为变革无疑会威胁到现状，因此它隐含地意味着政治活动。

内部变革推动者往往都在组织中位居要职，会在变革中失去很多利益。实际上，他们通过开发有利于组织的技术和行为模式才升迁到这个权利位置上。但变革会威胁到这些技术和行为模式。如果这些技术和行为模式不再为组织所重视又会怎样呢？这就为组织中的其他人提供了获得权力的机会，这种机会又是以他们的牺牲为代价的。

政治意味着变革的推动力更有可能来自于组织中的新来者（和对现状投资不多的人）或是那些不处于主要权力结构中的经营人员。那些把毕生精力都投入到一个组织中并最终在管理层中获得了高级职务的管理者常常是变革的障碍。变革对他们的地位和职务造成了真正的威胁。但他们也可能希望实施变革以证明自己不仅仅是个暂时的代理人，通过扮演变革推动者的角色，他们可以向各方人士——股东、供应商、员工、顾客——象征性地传递如下信息：他们完全控制了问题，并在适应动荡不定的环境。当然你应该预期到，当被迫实行变革时，这些长期掌权者会倾向于实行第二层次的变革。激进变革的危险性太大。

组织内的权力斗争在很大程度上会决定变革的速度和程度。我们可以预期，长期任职的经营人员会成为变革的阻力。这一点可以解释为什么董事们认识到迅速实施第二层次的变革时，往往要从外部候选人中挑选新的领导人。

变革推动者在处理变革阻力方面提出了六种策略，简要概括如下：

（1）教育和沟通。通过与员工进行沟通，帮助他们了解变革的理由，会使变革的阻力减少，这种策略的基本假设是，产生阻力的原因在于信息失真或沟通不良。如果员工了解了全部事实消除了所有误解的话，阻力就会自然消失。沟通可以通过个别交谈、小组讨论、备忘录或报告来实现。这种策略能否奏效？当变革的阻力确实来自于沟通不良，并且劳资关系以相互信任为特征时，它是会有效的。如果这些条件不具备，它就不可能成功。

（2）参与。个体很难抵制他们自己参与作出的变革决定。在变革决策之前，应把持反对意见的人吸引到决策过程中来。如果参与者具有一定的专业知识，能为决策作出有意义的贡献，那么他们的参与就可以减少阻力，获得承诺，并提高变革决策的质量。但是，这种策略也有不足之处：即可能带来劣等的决策，并浪费了很多时间。

　　（3）促进和支持。变革推动者可以通过提供一系列支持性措施来减少阻力。当员工十分恐惧和忧虑时，给员工提供心理咨询和治疗、新技术培训或短期的带薪休假都有利于他们的调整，这个策略的不足之处是费时，另外，实施起来花费较大，并且没有成功的把握。

　　（4）谈判。变革推动者处理变革的潜在阻力的另一个方法是，以某些有价值的东西换取阻力的减少。例如，如果阻力集中在少数有影响力的个人身上，可以商定一个特定的报酬方案满足他们的个人需要。当变革的阻力非常强大时，谈判可能是一种必要的策略。但其潜在的高成本是不应忽视的。另外，这种方法也有一定的风险，一旦变革推动者为了避免阻力而对一方做出让步时，他就可能面临其他权威个体的勒索。

　　（5）操纵和收买。操纵是指隐含的影响力。这方面的例子有：歪曲事实使事件显得更有吸引力，封锁不受欢迎的信息，制造谣言使员工接受变革。如果工厂的管理者威胁说，员工要是不接受全面的工资削减方案，工厂就要关门，而实际上并无这种打算的话，管理层使用的就是操纵手段。

　　收买是一种包括了操纵和参与的形式。它通过了某个变革阻力群体的领导者在变革决策中承担重要角色来收买他们。之所以征求这些领导者的意见，并不是为了寻求更完善的决策，而是为了取得他们的允诺。相对而言操纵和收买的成本都低，并且易于获得反对派的支持。但如果对象意识到自己被欺骗和被利用时，这种策略会产生适得其反的效果，一旦被识破，变革推动者会因此而信誉扫地。

　　（6）强制。最后一项策略是强制，即直接对抵制者实施威胁和压力。如果员工不同意削减工资，而企业管理者真的下决心要关闭工厂时，那么这种变革策略就会具有强制色彩。其他例子还有：威胁调治，不予提拔，消极的绩效评估和提供不友善的推荐信等等。强制的优缺点与操纵和收买相似。

（五）变革的方法

　　现在我们来看看推行变革的几种常用方法。具体而言，我们介绍勒温（K·Lewin）经典的三步模型以及行为研究模型。

1. 勒温的三步模型

　　勒温（Kurt Lewin）认为成功的组织变革应该遵循以下三个步骤：解冻（unfreezing）现状，移动到新状态，重新冻结（refreezing）新变革使之持久。如图 18-16 所示。从下面的例子中，你可以看到勒温三步变革模型的价值。

图 18-16　勒温的三步变革模型

　　美国一家大型石油公司的管理层决定重组它在美国西部的营销部门。该石油公司在西部的西雅图，旧金山和洛杉矶有三个分区办事处。公司决定把三个分区办事处合并成一个大区办事处，设在旧金山。这次重组意味要转移 150 多名员工，取消一些重复的管理职位，建立新的指挥系统。可以想像，这样重要的举措难以保密。在决定正式宣布前的几个月里，早已谣言四起。这一决策本身又是由纽约的经营办公室单方制定的，受其影响的人们毫无陈述自己理由的机会。在西雅图或洛杉矶的员工可能不喜欢这项决定及其而后带来的一系列问题——要搬迁到另一座城市，孩子们要离开学校，要结交新朋友、新同事、接受新的任务分配——而他们唯一能左右的办法是辞职了事。事实上，有不到 10% 的人这么做了。

　　现状可以视为一种平衡状态。要打破这种平衡状态——必须要克服个体阻力和群体的从众压力——因此解冻是必要的。解冻可以通过以下三种方式之一来实现（如图 18-17 所示）：（1）推动力（driving forces），指引导行为脱离现状的力量。（2）约束力（restraining forces），指阻碍偏离现有平衡状态的活动的力量，（3）以上两种方法的结合。

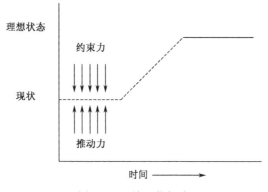

图 18-17　给现状解冻

　　石油公司的管理者预料到员工会抵制这项合并决定，为了克服这种阻力，他们运用正面激励措施鼓励员工接受变革。例如，给接受迁移的员工提升工资，由公司支付一大笔迁移费，提供低成本的抵押金让员工在旧金山购买新住房。当然，资方也可以考虑通过解除约束力的办法来解冻现状。可以对员工进行个别咨询，倾听和澄清每一个员工所关注和担忧的问题。假设大多数恐惧都是不合理的，咨询顾问可以使员工确信没有什么可怕的，并且通过有力的证实证实阻碍变革是没必要的。如果阻力极大，要想解冻成功，可同时借助于两种方法：一是减小阻力，；一是增加变革方案的吸引力。

　　一旦合并变革付诸实施，要想成功，需要重新冻结新形式，这样才能长时间维持它。如果不采取最后这个步骤,变革就可能是短命的。而员工也会试图回到以前的平衡状态,重新冻结的目标是通过对推动力和约束力二者进行平衡使新状况更为稳定。

石油公司的管理层是怎样冻结他们的合并变革的呢? 他们通过把暂时的动力系统转化为持久的动力来达到目的。例如,可以通过使上调工资固定或固定迁移时间来强化一种信任的氛围。控制着受变革影响的员工行为的正式规章制度,也应加以修正来强化新局面。当然,经过一定时间之后,工作群体自身的规范也会发生改变以维持新的平衡。但达到了这种情况后,管理层就需要依赖更正式的机制进行运作了。

2. 活动研究

活动研究(action research)是指一种变革过程,这种过程首先系统地收集信息,然后在信息分析的基础上选择变革行为。活动研究的重要性在于它为推行有计划的变革提供了科学的方法论。

活动研究的过程包括了五个阶段:诊断、分析、反馈、行动和评价。你会注意到这些步骤十分类似于科学方法。

(1) 诊断。变革推动者在活动研究中通常是外部顾问,他们从组织成员那里收集变革需要方面的信息。这种诊断和医生了解病人到底有什么病相似。在活动研究中,变革推动者提出问题,和员工面谈,考察记录,并倾听员工所关注的问题。

(2) 分析。第二步要对诊断阶段所收集的信息进行分析。员工认为哪些过程是关键的,这些问题以什么形式出现,变革推动者把这些信息综合成这几个方面:主要关心的问题,问题的范围和可能采取的行动。

(3) 反馈。活动研究还包括了变革对象的广泛参与。也就是说,任何变革方案涉及到的员工都必须积极参与问题的确定和寻求问题解决的方法。所以,第三步是让员工共同参与前两步发现的问题。在变革推动者的帮助下,员工可以开发任何有关变革的行动计划。

(4) 行动。现在就是活动研究中的"行动"阶段了,员工和变革推动者采取具体行动来改进所发现的问题。

(5) 评价。最后,变革推动者评估行动计划的效果。他们以收集到的原始资料为参考点,对而后发生的变革进行比较和评价。

活动研究对组织至少有两点好处:第一,以问题为中心。变革推动者客观地发现问题,问题的类型决定了变革行为的类型。虽然从直观上看这是显而易见的,但事实上大量的变革行为并不是这样,而是以解决问题的方法为中心。变革推动者现有一个好的解决方法——例如,实行弹性工作制,建立工作团队或目标管理方案——然后寻求和这种解决方法相应的问题。第二，由于活动研究中包括了员工的大量参与，所以减弱了变革阻力。实际上，只要员工在反馈阶段积极参与，变革过程通常就有了自身的动力，参与变革的员工和群体就成为带动变革的、持续的、内部的力量源泉。

（六）当代组织变革中的重要主题

如果你和管理者谈谈，或者看看畅销的商业期刊，会发现有两个方面已经成为当代变革的最主要主题：激发组织的创新和创建学习型组织。下面我们来看看这两个主题。

1. 创新

一个组织怎样才能具创新性？3M 公司实现了这个许多公司为之奋斗的目标。它因为能在相当长的时间里激励创新而赢得了声誉。3M 有一个明确规定的目标，每个分公司 25％ 的利润必须来自近五年内开发的产品。

3M 成功的秘密是什么？其他组织怎样做才能克隆出 3M 的创新纪录？在这方面没有必然的模式。但研究者在对创新组织进行研究时，发现一些特征出现频率极高，我们将其归纳为三种类型：结构、文化和人力资源。因此，如果变革推动者要创造一种创新的气氛，他们应考虑在组织中引进这些特点。下面我们先弄清创新的含义，再来看看这些特点的含义。

我们说变革是使事情发生变化，而创新则是一种具体的变革类型。创新（innovation）是指用以发明或改进一项产品、工艺或服务的新观点。所有的创新都包含变革，但不是所有的变革都涉及到新的观点或带来显著的改进。组织中创新的范围可以从很小的改进——如 RJT 纳比斯科公司（RJT Nabisco）拓宽夹心饼生产线，从而使巧克力包皮的奶油夹心饼产量增加了一倍——到重大的产品突破，如麦格鲁·希尔公司（McGraw Hill）最近发明的按顾客要求定做的课本，它运用计算机网络把书店的激光印刷机和麦格鲁公司的课本资料中心数据库联系起来。这里要记住，虽然我们列举的都是产品创新的例子，但创新的含义还包括了新的生产工艺、新结构或经营体制，以及和组织成员有关的新计划或新方案。

在潜在的创新源方面研究最多的是结构变量。一篇有关组织结构和创新关系的全面综述报告得出如下结论：

（1）有机式结构对创新有积极影响。因为它的纵向变量少，正规化和集权化的程度比较低，有机组织促进了灵活性、适应性和相互影响力，从而使创新更容易被接纳。

（2）创新和长时间的任期有关。很明显，管理者的任期为它如何完成任务以及获得什么样的理想结果提供了合理的理由和有关的知识。

（3）资源的宽松孕育着创新，充足的资源使组织能够购买创新成果，担负创新费用及承受失败的损失。

（4）在创新组织中，部门之间的沟通密切。这些组织较多的采用了委员会、特别工作组和其他便于部门之间沟通的机制。

创新的组织往往具有相似的文化：他们都鼓励尝试，无论成功还是失败都给予奖励；他们还赞赏错误。遗憾的是，在太多的组织中，人们都是因为没有失败而不是因为成功而获得奖励。这样的文化压制了冒险和创新。只有当人们感觉到自己的行为不会受任何惩罚，他们才会提出新观点，尝试新方法。

在人力资源领域中，我们发现创新组织积极开展员工的培训和开发，使他们跟上时代的脚步。他们为员工提供很高的工作保障，使员工不会担心由于犯错误而被解雇。他们还鼓励个人成为变革的倡导者，一旦才出现了一种新观点，变革倡导者就会积极、热情地宣传，提供支持，克服阻力，确保创新顺利推行。最近一项研究发现，这种变革的倡导者具有共同的个性特征：非常自信、持久有恒、精力充沛、敢于冒险，他们还具备与变革型领导风格有关的特征。他们用自己对创新潜力的远见以及坚定不移的信念来鼓舞和激励其他人，他们还善于获得他人的承诺，以支持自己的事业。另外，这些倡导者从事的工作一般能提供相当大的决策自主权，这种自主权有助于他们在组织中引入和实施创新。

3M 公司可以称为杰出的产品革新的典范，我们不难预期它会拥有上面所介绍的大多数甚至是全部的特性。事实也确实如此。由于公司高度分权，使它拥有小型有机组织的许多特点。3M 公司的每一个科学家和管理者都面临着"跟上时代脚步"的挑战。公司允许科学家和工程师把近 15% 的时间花在他们选定的项目上，鼓励他们成为新观点的倡导者。公司鼓励员工冒险——不仅奖励成功也奖励失败。例如，在 1991～1992 年的经济萧条期间，几乎所有的大公司都解雇员工以降低成本，但 3M 却没有解雇一个员工。

2. 创建学习型组织

正如全面质量管理是 20 世纪 80 年代的潮流，企业再造工程是 20 世纪 90 年代初的潮流一样，学习型组织成为 20 世纪 90 年代中期的潮流。当今许多管理者和组织理论家们都在寻找新的方法对这个相互依赖并且不断变化的世界做出有效的反应，学习型组织的出现引起了他们极大的兴趣。这里我们将阐述什么是学习型组织以及管理学习的方法。

学习型组织（learning organization）是一个不断开发适应和变革能力的组织。正如人要学习一样，组织也要学习。所有的组织都在学习，不管他们是否有意识这么做，这是他们维持生存的基本条件。当然，有一些组织如施乐公司、科宁公司、联邦快递公司、福特公司、通用电气公司、摩托罗拉公司、沃尔玛公司在这些方面比其他组织做得更好。

　　大多数组织进行的是单环学习（single-loop learning）。当发现错误时，改正过程依赖过去的常规程序和当前的政策。相反，学习型组织运用的是双环学习（double-loop learning）。当发现错误时，改正方法包括组织目标、政策和常规程序的修改。与本节开始论述的第二层次的变革相似，双环学习向组织中根深蒂固的观念和规范提出挑战，其提出的截然不同的问题解决方法有利于实现变革的巨大飞跃。

　　表 18-5 归纳了学习型组织的五个特征，这种组织中的成员摒弃旧的思维方式，相互之间坦率真诚，了解组织怎样运行，制定每个人都认同的计划或构想，然后共同工作以实现这个构想。

表 18-5　学习型组织的特性

1. 有一个人人赞同的共同构想
2. 在解决问题和从事工作时，摒弃旧的思维方式和常规程序
3. 作为相互关系系统的一部分，成员们对所有的组织过程、活动、功能和环境的相互作用进行思考
4. 人们之间坦率地相互沟通（跨越纵向和水平界限），不必担心受到批评或惩罚
5. 人们摒弃个人利益和部门利益，为实现组织的共同构想一起工作

　　学习型组织的支持者们认为这种组织是解决传统组织固有的三个基本问题的良方，这三个问题是：分工、竞争和反应性。首先，专业化的分工制造了隔离带，从而把一个组织分割成相互独立且常常相互冲突的领域。其次，过分强调竞争常常会削弱合作。管理层的人相互竞争以显示谁更正确，谁知道的更多，谁更有说服力；部门之间本应相互合作，共向信息，他们却也在相互竞争；项目小组的领导者相互竞争以显示谁是最好的管理者。第三，反应性使管理者的注意力发生了偏离，他们更注重解决问题而不是开发创新。问题的解决者尽力避免发生某些事情，而创新者努力带来新的东西。对反应性的一味强调会排挤创新和不断的改进，鼓励人们为"救火"而忙碌。

　　如果把学习型组织看作是建立在以往的大量组织行为观念上的理想模式，会有助于你更好的理解什么是学习型组织。没有一个公司曾经或将会完全具备表 18-5 列出的所有特征。所以，你应该把学习型组织视为奋斗目标而不是对组织结构活动的现实描述。同时，还应注意学习型组织和以往的组织行为学概念的关系，如全面质量管理，组织文化，无边界组织，功能冲突和变革型领导行为等等。比如，学习型组织采用全面质量管理进行不断改进；他以重视冒险、开放、成长的文化为特征；他打破了等级层次和部门分工带来的障碍从而寻求一种"无边界"的状态；它支持不同意见、建设性批评和其他功能正常的冲突；为了实现

共同目标，学习型组织需要变革型领导行为。

所谓管理学习是指你怎样改变组织使之成为一个不断的学习者？管理者又能做些什么使其公司成为一个学习型组织呢？以下介绍三种管理学习的方法。

（1）制定战略。管理者要明确表明他对变革、创新和不断改进的承诺。

（2）重新设计组织结构。正式的组织结构可能会成为学习的严重障碍。通过下面的方法可以强化人们之间的相互依赖关系，减少人们之间的界线；使组织结构扁平化；取消或合并一些部门；更多运用多功能工作团队。

（3）重新塑造组织文化。前面我们提到，学习型组织以冒险、开放和成长为特征。管理者以其言谈（战略）和举止（行为）界定了组织文化的基调。也就是说，管理者需要通过行动证明他们倡导冒险并允许失败，这意味着奖励那些抓住机遇的人和犯了错误的人。管理者还需要鼓励功能正常的冲突。一名学习型组织的专家说："在工作中开启人们之间坦诚的钥匙是让他们放弃自己内心不同意却表面同意的做法。我们总认为意见一致是如此重要，但是，你不得不在开放的环境中给大家带来异议、冲突和困境，这样，我们团结起来会比一个人更聪明。"

二、组织发展

(一) 组织发展

组织发展（organizational development，OD），或称组织开发，是一种最近才建立的并不断发展的艺术和科学，他利用广泛的、各种各样的特殊技术和策略对组织进行变革。就这一点而论，他的特性很难用一句话来总结，也很难作为一个单独的概念定义。所有的组织发展都试图变革组织，但并不是所有变革努力都可划分为组织发展。以此为开端，下面提出一个似乎可综合当前学术思想的工作定义。

组织发展（OD）是一种变革组织，使之更有效和更人性化，有计划的、不断发展的努力。它运用行为科学的知识培养组织自我考察的风气和做好变革的准备。它的重点突出放在人际和群体过程上。

OD 的计划性使之与所有组织中出现的无计划的、偶然的或常规的变化相区分。OD 至少在两个意义上说是不断发展的。（1）许多 OD 方案在一个很长的时间内延续，并包括几个明显的活动阶段。（2）如果 OD 制度化，不断重新进行考察和进一步变革的准备则成为组织的永久部分。在试图使组织更有效和更人性化方面，OD 承认在领导、决策、沟通等个人过程和生产率、效率等组织结果之间有重要联系。OD 运用行为科学知识的事实使它和其他仅仅依靠财务、经济或工程技术原则的变革策略区分开。但是，有时 OD 干预也可能会体现出这些原则。

组织风气指组织的一般规范、角色关系和相互影响、相互作用的样式。OD试图改变这些方面，使组织保持自我意识和做好适应变革的准备。最后，OD的焦点放在人际和群体过程方面是承认所有的组织变革都会对其成员产生影响并且依靠成员的合作来贯彻。

总之，系统的态度改变必须伴随着行为方面的改变，不管这些行为的改变出于任务、工作程序、组织结构方面的要求还是出于修正企业策略方面的要求。

虽然并非很普通，但是可以说，实行OD的变革推动者传统上是在下列一组价值观和假定之下工作的：

（1）尊重人。认为个人是负责的、明智的、关心他人的，他们有自己的尊严，应该受到尊重。

（2）信任和支持。有效和健康的组织拥有信任、真诚、开放和支持的气氛。

（3）权力均等。有效的组织不强调等级权威和控制。

（4）正视问题。不应该把问题掩盖起来，要正视问题。

（5）参与。受变革影响的人参与变革决策的机会越多，他们就越愿意实施这些决策。

这些价值观和假定是现实吗？他们意味着OD只能在特定的组织中实行吗？他们提出了一种和我们在本书中讨论的权变概念相对立的管理和组织的最好方式吗？作为对这些问题的回答，一名OD专家建议一组可选择的命题，它将使变革代理人帮助组织阐明自己对于开发的需要。具体地说，OD必须：（1）在其所处的环境方面，帮助组织形成有关组织状况的可靠数据；（2）帮助组织管理者阐明所希望的结果；（3）帮助组织在对现状和所希望的结果进行诊断的基础上做出策略选择。

（二）组织发展的干预措施

有哪些组织发展的技术或干预措施能带来组织变革？下面我们介绍变革推动者可能会使用的五种方法。

1. 敏感性训练

你可能听说过一大串名称：实验室训练、敏感性训练、交朋友小组、T小组（训练小组），他们指的是通过无结构小组的相互作用改变行为的方法，一般称为敏感性训练（sensitivity training）。在训练中，成员处于一个自由开放的环境中，讨论他们自己以及他们的相互交往过程，并且有专业的行为科学家稍加引导。这种小组是过程导向的，也就是说，个人通过观察和参与来学习，而不是别人告诉他学什么，他就学什么。专业人员为参与者创造机会，让他们表达自己的观点、信仰和态度。他自己并不具有（实际上是明确抵制）任何领导角色的作用。

T 小组的目标是使主体更明确地意识到自己的行为以及别人如何看待自己，并使主体对他人的行为更敏感，更理解小组的活动过程。它追求的具体目标包括：提高对他人的移情能力；提高倾听技能；更为真诚坦率；增强对个体差异的承受力；改进冲突处理技巧。

如果个人对别人如何看待自己缺乏了解，那么通过成功的 T 小组训练会使他们的自我知觉更为现实，群体凝聚力更强，功能失调的人际冲突减少。进一步而言，敏感性训练的理想结果将是：个人和组织更为一体化。

2. 调查反馈

调查反馈（survey feedback）是评估组织成员所拥有的态度，识别成员之间的认知差异以及清除这些差异的一种工具。

组织中的每一个人都可以参加调查反馈，但其中最重要的是"组织家庭"（即任何一个部门中的管理者及向他直接汇报工作的下属）的参与。调查问卷通常由组织或部门中的所有成员填写。问卷主要询问员工对下面这些方面的认识、理解和态度：决策实践，沟通效果，部门间的合作以及对组织、工作、同事和直接主管的满意度。调查者通过提问或面谈的方式来确定哪些问题是重要的。

调查者根据个体所在的"组织家庭"及整个组织来统计问卷的信息，并分发给员工。这些资料就是确定问题、澄清问题的出发点。有时，外部的变革推动者会告诉管理者问卷回答的意义，并对"组织家庭"的小组讨论提供指导。在这里尤其要注意的是，调查反馈法鼓励小组讨论，并强调讨论要针对问题和观点，而不是进行人身攻击。

最后，调查反馈法的小组讨论要使成员认识到问卷结果的意义。人们会不会听这些信息？会不会由此产生新观点？决策、人际关系、任务分配能否得到改进？对这些问题的回答将导致人们作出承诺，解决已发现的问题。

3. 过程咨询

没有组织能够尽善尽美地运作，管理者常常发现自己部门的工作业绩还可以改进，但却不知道要改进哪些反面以及如何改进。过程咨询（process consultation）的目的就是让外部顾问帮助客户（常常是管理者）对他们必须处理的事件进行认识、理解和行动。这些事件可能包括工作流程，各部门成员间的非正式关系，正式的沟通渠道等等。

过程咨询和敏感性训练的假设很相似，即通过协调人际关系和重视参与，可以提高组织的有效性。但过程咨询比敏感性训练更为任务导向。

过程咨询中的顾问，让管理者了解在他的周围以及他和其他人之间正在发生什么事，他们不解决组织中的具体问题，而是作为向导和教练在过程中提出建议，帮助管理者解决自己的问题。

顾问和管理者共同工作，诊断哪些过程需要改进。在这里之所以强调"共同工作"，是因为管理者在对自己所在部门的分析过程中还培养了一种技能，这种技能即使顾问离开以后仍然能持续存在。另外，通过管理者积极参与诊断和方案开发过程，使他能对过程和解决方法有更好的理解，减少对所选择的活动方案的阻力。

重要的一点是，过程顾问不必是解决具体问题的专家，他的专业技能在于诊断和开发一种帮助关系。如果管理者和顾问均不具备解决某一问题所需要的技术，则顾问会帮助管理者找到一位这方面的专家，然后指导管理者如何从专家那里尽可能多地获得资源。

4. 团队建设

我们在本书许多地方都提及，组织越来越多地依靠团队完成工作任务。团队建设（team building）利用高度互动的群体活动提高了团队成员之间的信任与真诚。

团队建设可以应用于群体内部，也可以应用于群体之间的相互依赖活动中。为了便于讨论，我们这里着重于群体内部的团队建设，下一部分专门讨论群体间的团队建设。所以，在此我们的兴趣主要放在对组织家庭、委员会、项目小组、自我管理团队和任务群体的应用上。

并不是所有的群体活动都有互相依存的功能。为证实这一点，我们来看一个橄榄球队和一个田径队的例子。

尽管两个队的运动员都很关注团队的整体成绩，但他们的活动却是不同的。橄榄球队的成绩取决于每个队员和队友的协同合作中自己完成特定任务的水平。枢纽前卫的表现依赖于线上队员和接球手的活动，并最终取决于枢纽前卫的射门水平。然而，田径队的成绩却在很大程度上取决于单个队员成绩的累加。

团队建设适用于相互依赖的情况（如橄榄球运动），其目标改进队员的协作能力，提高团体成绩。

在团队建设中一般考虑的活动包括：目标设置，团队成员间人际关系的开发，用以明确每个成员的角色和责任的角色分析以及团队过程分析。当然，团队建设可能强调或排除某些活动，这取决于团队的发展目标和团队遇到的具体问题。但从根本上说，团队建设试图运用成员间的高度互动来提高信任和开放程度。

让团队成员先来确定团队的目标和重心可能是有益的，这会使员工之间对目标的不同看法暴露出来，随后，成员可以评价团队的绩效水平。他们在建构重点和实现目标上的效果如何？由此确定出潜在的问题所在。接着，在团队成员都出席的情况下，可以引发自我批评式的讨论。

团队建设也可用于确定每个成员的角色，它可以对每个角色进行鉴别和澄清。对一些个体来说，团队建设为他提供了深入思考某些问题的机会。比如，要使团队达到最优效果，那么他的工作意味着什么，他需要承担哪些具体的任务？

另外，团队建设和过程顾问从事的活动十分相似，即分析团队内的关键过程，明确完成工作的办法以及如何改进这些过程以提高团队的效率。

5. 群体间关系的开发

组织发展关注的一个重要领域是群体间功能失调的冲突。因此，群体间关系的开发（intergroup development）也就成为变革努力的主题之一。

群体间发展致力于改变群体间的态度、成见和观念。例如，在一家公司中，工程技术人员认为会计部门是由一群害羞而保守的人组成，人力资源部门是由一群"更关注受保护群体的员工感情不受伤害，而不是公司利益的极端自由主义者"组成，这些成见显然给部门间的协调活动带来了负面影响。

尽管有不少方法可以改善群体间关系，但最常用的是强调问题解决的方法。这种方法首先让每一个群体独立列出一系列清单，其中包括对自己的认识，对其他组织的认识，以及其他群体又是如何看待自己的。然后各群体间共享信息，讨论他们之间的相似之处和不同之处。尤其要明确指出不同之处并寻找导致分歧的原因。

群体间的目标不一致吗？有一些认识被歪曲了吗？成见是在什么基础上形成的呢？是否有一些意图因为被误解而导致了某些差异？每个群体所界定的概念和术语是否不同？对这些问题的回答可以使我们认识到冲突的真实本质。一旦找到了冲突的成因，群体就可进入整合阶段，寻找解决方法并改善群体间的关系。

为了进一步深入诊断以找出各种可行性活动方案并改善群体间关系，还可以建立亚群体，它由来自于每个冲突群体的成员组成。

本编从头到尾隐含着变革的必要性。即使是对变革的粗浅思考也需要包括管理心理学和组织行为学文献中几乎所有的概念和思想，诸如领导行为、激励、组织环境和角色等，谈到变革而不包括这些概念和其他一些概念是不可能的。

如果环境是高度静态的，如果员工的技能和能力总能适应当前的情况而不会落伍，如果明天总和今天一模一样，那么组织变革就和管理者没什么关系了。但现实世界是动荡不定的，要在竞争的环境中运作良好，组织及其成员就必须经历动态的变革。

在大多数组织中，管理者是主要的变革推动者。通过制定决策和角色榜样行为，他们塑造了组织中的变革文化。例如，与结构设计、文化因素和人力资源政策有关的管理决策，在很大程度上决定了组织内的创新水平。同样，管理决策、政策及实施又决定了组织学习和适应环境改变的程度。

复习与思考

1. 解释下列概念：

(1) 组织；(2) 正式组织；(3) 非正式组织；(4) 组织结构；(5) 虚拟组织；(6) 无边界组织；(7) 机械组织；(8) 有机结构；(9) 组织文化；(10) 创新；(11) 学习型组织；(12) 管理学习；(13) 敏感性训练。

2. 为什么工作专门化不是提高生产率的不竭之源？

3. 管理人员可以采取哪些方式进行部门化？

4. 在其他条件相同的情况下，控制跨度宽和控制跨度窄，哪一种更有效？为什么？

5. 什么是矩阵结构，管理者什么时候可以采用这种结构？

6. 哪种组织结构最适合于创新战略？哪种最适合于成本最小化战略？哪种最适合于模仿战略？

7. 概述规模与组织结构的关系。

8. 举例说明技术的含义。

9. 概述环境和组织结构的关系。

10. 制度化和组织文化之间有什么关系？

11. 如果员工厌弃组织的核心价值观，他还能在组织中待下去吗？为什么？

12. 列举并比较四种文化类型。

13. 哪些因素决定着组织的亚文化？

14. 文化是如何成为组织的束缚因素的？

15. 组织文化是如何维系的？

16. 社会化能给组织带来什么好处？能给组织新成员带来什么好处？

17. "我们生活在一个不连续的时代"，这句话的含义是什么？

18. 变革推动者能做什么？

19. 是否所有的管理者都是变革推动者？

20. 勒温的三步变革模型是怎样处理变革阻力的？

21. 阐述活动研究的过程。

22. 对于一个具有"追随领导"历史的组织，应实行什么样的变革来激发创新？

23. "学习型组织反对分工，竞争和反应性"，请解释这个论点。

24. 有哪些组织发展的技术或干预措施能带来组织变革？

第四编　旅游企业服务心理

第十九章　旅行社服务心理

　　旅行社与饭店、旅游交通一起，被称为旅游业三大支柱。旅游活动的核心和关键环节就是"游"，而担负着组织旅游活动、为旅游者提供导游服务的组织就是旅行社。

　　在这一章，我们首先考察旅游活动与旅行社服务的关系。然后，论述导游的心理品质。最后，探讨导游服务的心理因素。

第一节　旅游者在旅游活动中的心理状态

一、旅游活动与旅行社服务

　　旅游活动的核心和关键环节就是"游"。旅游者怎样才能"游"好？旅游者到达陌生的旅游目的地后，如何选择最佳的旅游路线？如何从最佳的角度、在最佳的方位去欣赏美丽的景观？如何更好地了解当地的名胜古迹、风俗民情、神话传说等典故及当地的风味特产？如何解决"游"中存在的交通、食宿、语言的沟通等等一系列问题？此时，如果有为旅游者设立的引导游览及服务的组织机构——旅行社及由旅行社提供的导游服务，这些问题都将迎刃而解。

　　引导游览参观的服务，（1）通过图片、文字、音像资料（如不同文字的交通图、导游图、旅游指南、景点介绍、画册、录音、录像带等）服务；（2）通过引导和组织参观游览的人，向旅游者提供面对面的现场和旅途中的实地讲解服务。

　　实际上，随着现代交通业、饭店业的发展，旅游人数的增多，旅游者外出旅游已逐渐改变了从前那种行、游、住、食由旅游者自己安排的辛苦的旅游方式，而将旅游作为一种时尚，以追求休闲、享受生活为旅游的目标方式。也就是说，旅游者需要全方位的服务，只有能为其提供行、游、住、食、购、娱一条龙的系列化的综合服务部门——旅行社的服务，才能真正的满足旅游者追求方便、享乐的旅游方式。

旅行社服务的对象为各种不同性质的旅游者，他们的经历、经济地位、生活水平、文化教养、兴趣爱好、个性特征等都各不相同，对于周围的事物也产生不同的心理状态。因此，为使旅行社取得良好的服务成效，更好地掌握旅行社服务的主动权，就需要运用心理学的基本原理去研究旅游者的心理活动的特点及其基本规律，探索旅行社服务中的心理因素，掌握导游服务的艺术技巧，提高旅行社服务工作的水平和质量。

提高旅行社服务的质量和水平涉及许多方面，本章仅对具有普遍意义的服务心理学上的相关问题进行论述。

二、旅游者入境时的心理状态

要掌握旅行社服务的主动权，首先必须对旅游者在旅游活动全过程各不同阶段中的心理和行为有所了解。

旅游者初入境，虽然反映多样、表情各异，但仔细观察不难发现其共同的心理特征。他们初到异国他乡，觉得眼前的一切是那样的陌生、奇特、有趣而富有吸引力。想知道一切，可语言不通；想交结朋友，却不懂当地风俗习惯；既有兴奋、好奇、惊讶、欲探索新事物的迫切心情，又有因人地生疏、语言不通而产生的茫然、苦恼和不安，甚至产生恐惧感。此时，旅游者最急需解决的是如何消除陌生的心理状态以适应新的环境。旅行社的服务人员若能提供真挚、热情、友好的接待和周到细致的关心、服务，定能使旅游者倍感亲切、一见如故，收到宾至如归的良好服务效果。例如，旅行社的导游在旅游者抵达时，向旅游者致"欢迎词"中，要把旅行社的良好愿望和增进人民友谊的心情及中国人民好客的传统表现出来，给旅游者提供第一最佳服务，留下第一最佳印象；在旅游者出发去下一个旅游地（点）途中，旅行社的全程陪同应向旅游者概括全面地介绍下一个旅游地（点）的情况，激发旅游者欲先睹为快的强烈兴趣，为地方陪同进一步介绍和导游做好心理上的铺垫工作。

三、旅游者在游览过程中的心理

(一) 好奇心理

　　旅游者出发之前，通过媒介宣传等途径，已对旅游目的地产生了种种美好的想像。当旅游者抵达旅游目的地进行参观游览，实现早已梦寐以求的欲望时，好奇和激动交织在一起，形成一种无比兴奋的心情。旅游者面对各种见所未见、闻所未闻的新奇、古老、壮观而引人入胜的自然景色、文物古迹、现代建筑与娱乐设施时，会对该地不同的种族、语言、习俗、文化、民情等产生强烈的好奇心，驱使自己尽情地观赏。这时，旅游者一般具有先睹为快的强烈兴趣，而后才想知道根由。旅行社的导游服务人员应满足旅游者的心理需要，简要介绍后让其尽情观赏，适当解答一些问题。若导游此时不了解旅游者的共同心理，只是热情地讲解，可能是吃力不讨好、事倍功半，甚至引起旅游者的厌烦心理。随着旅游活动的进一步展开，旅游者在情绪上逐渐地活跃、轻松，个性的表露有扩大的趋势。旅游者的好奇心以及求知、求解的愿望，可能使他们向旅行社的服务人员提出各种各样的问题和各种合理与不合理的要求和希望。平时健忘的人易丢三落四，平时活泼的人变得更随便，提出的问题也更深更广。旅行社的导游服务人员此时应善于把握旅游者心理上的变化，善于组织旅游活动，有针对性地进行导游服务，以满足旅游者的好奇心理。

　　旅游者的好奇心理反映在游览过程中，主要表现为求知、求解。来中国的旅游者在游览过程中，对种种新异的刺激物，如陕西黄土高原的窑洞、南国的竹楼、山区的尖底背篓、中国的茶馆、西藏的雕房、少数民族特殊的服饰和风俗等，都会产生莫大的兴趣。旅行社服务人员应针对这种兴趣进行导游。就国内旅游者而言，随着人们生活和文化水平的提高，抱有求知心理需求的旅游者越来越多，他们不仅希望旅行社提供生活上的帮助，而且希望在旅行游览中增长知识；他们对旅游景点的风物传奇、神话故事、古今诗文、匾额、楹联、碑碣等也很感兴趣，渴望详尽地了解知晓。

　　当然，在游览中除了应了解旅游者的好奇心理外，还要了解他们的审美心理。

(二) 审美心理

　　一般在旅行游览中，旅游者的审美要求主要集中于旅游地的自然美和人文美。旅游者的审美意识是旅游者思想感情和心理状态主动作用于审美对象而形成的，所以不同旅游者的审美要求亦有差异。旅行社的导游服务人员在为旅游者服务中，应注意照顾其共同的审美情趣，了解其在游览过程中的审美心理及其规律性，有意识地利用旅游者的审美意识，提供完美的导游服务。旅游者在游览中的审美心理涉及面广，这里仅从旅游者的审美动机来讨论旅游者在游览过程中的审美心理。

1. 自然审美

现代社会的激烈竞争使人们产生焦虑、受挫、苦闷、忧虑、失望、冷漠等不良的情绪与心态，具有迫切需要防卫、逃避、自我调节的心理趋向。人们试图通过旅游活动在自然中寻求一种情感的净化和物质上、精神上、心理上的放松满足感。人们崇尚自然，回归自然的心理需要在不断地增长。尽管人们外出旅游的动机不可能相同，但无疑几乎都是为了追求美好的东西。从一定意义上讲，旅游者的旅行游览活动是一种寻觅美、发现美、欣赏美、享受美的综合审美实践，其主要对象首先是包罗万象的大自然。旅游者在游览过程中的自然审美心理，几乎贯穿于旅游活动的始终，是一种最普遍的现象。面对奇妙的自然万物，人类能够随心所至，自由地构形绘影。其基本形状，如天空、山岳、江河、泉瀑、鸟兽……看了都让人觉得可喜可乐、心情轻松，使人顿生超凡脱俗之感。自然风景资源的形、光、音、色造就了自然旅游景观的形状美、光泽美、色彩美、音韵美。瞬息万变的佛光、云瀑布、海市蜃楼等变幻造景更为大自然增添了神秘美、变幻美。例如，苏东坡《饮湖上初晴后雨》对西湖的描写："水光潋滟晴方好，山色空雨亦奇。欲把西湖比西子，浓妆淡抹总相宜。"中国山水素有南秀北雄、阳刚阴柔的美学风貌，加上中国古文化的丰富内涵和旅行社导游服务人员出神入化的深入引导讲解，可以引发旅游者丰富的联想，使旅游者在游览过程中得到审美心理的充分满足和心情的愉悦。正如范仲淹在《岳阳楼记》中所述："登斯楼也，则有心旷神怡，宠辱皆忘，把酒临风，其喜气洋洋者矣。"由此可见，美是可以感知的对象，当人们观赏美妙的景色时，心里总是洋溢着一种难以名状的喜悦。人们常常以对象引起的心理愉悦感来表达其美感。

自然旅游景观是大自然赐予的，但审美的主体是人，人是有个性、有情绪变化的。所以，审美对象是通过人的心灵的透镜反射作用而形成美感的。旅游者也常常把自己的喜、怒、哀、乐寓于自然景观之中，产生移情作用。心理学上的"移情说"是 19 世纪后半叶由心理学家利普斯首先提出的。其实，我国古代也有类似的论断。如吴乔曾说："情能移境，境也能移情。"明朝王夫之说："景中生情，情中会景。故曰：景者情之景，情者景之情也。"在旅行社的导游讲解中常用的"寓情于景，借景抒情，情景交融"，其实就是"移情效应"的应用。

2. 人文与社会审美

自然景观突出其形式美, 旅游者能直接感知。但人文和社会景观则重视内容的美, 若不了解其历史背景与神话传说等典故, 则难窥视其深层的美。如旅游者游览一座寺庙, 看到的仅是具有民族风格和浓厚宗教色彩的古建筑, 许多文物古迹仅是一块石头、一段碑文, 甚至是一处古代的遗址、残骸。其形式简单, 直觉印象十分乏味, 不知其美在何处? 导游人员此时若能出神入化地讲解, 可令旅游者产生兴趣, 形成良好的旅游氛围。如武汉的"古琴台"是游客必到之处, 它只是一块碑文, 讲述伯牙与钟子期的故事。看来毫无美感, 但若导游人员把"知音"这个故事娓娓道出, 就会发人遐想, 回味无穷, 使游客联想到中国的社会美——中国讲究友情, 是重情之邦。又如, 一美国旅游团在我国境内游览中, 正遇河水上涨, 团中一位老人不敢涉水, 当地一位过路的年轻农民主动上前将她背过河, 事后又谢绝老人给的钱。此举使全团美国人大为感动, 这位美国老人更是喜泪横流, 紧紧握住这位农民的双手感慨地说: "这种事兴许只有中国才有……"。所以, 旅游者在游览过程中, 除自然审美的满足外, 还会鲜明地感受和评价旅游区域的社会美。这包括社会的产品、社会的风尚 (道德、伦理、人情及民风等综合美)、社会生活 (生活环境、节日习俗、服饰打扮的有机整体美)、社会制度, 甚至人的相貌等方面, 都可使旅游者在游览中获得社会的审美价值, 以寻求一种心灵上的补偿和感情的升华。审美是社会发展的必然。先哲墨子说过: "食必常饱, 然后求美; 衣必常暖, 然后求丽; 居必常安, 然后求乐。"现代社会人们的物质生活条件不断改善, 对上述需求的意识、愿望更趋强烈。旅游可以满足其求美、求乐的心理需求。

3. 文化艺术审美

自然审美注重形式, 社会人文审美注重内容, 而文化艺术审美是内容与形式的完美统一。中华古国有着悠久的历史和灿烂的文化。中国的传统艺术美是许多国际旅游者所渴望目睹的, 也只有在中国社会与文化氛围中才能亲临体验其意境。艺术是情感的结晶, 艺术的美透入人们的心田使旅游者产生心灵的震撼。如陕西临潼秦始皇兵马俑被称为 20 世纪最壮观的考古发现, 它向人展示了中国古代雕塑艺术的辉煌成就。再如中国的绘画、戏剧、书法、园林艺术及民间的工艺美术、剪纸、丝绣、蜡染、竹编等工艺品, 都能激发起旅游者艺术审美的激情。然而, 对艺术的审美, 特别是对中国艺术的审美, 旅行社的导游服务人员在其中起了重要的媒介作用。导游在引导旅游者特别是引导外国旅游者了解中国艺术的美、了解中国传统的审美观方面, 可谓功不可量。如中国画讲究"意境", 即"景愈藏、境愈大; 景愈显、境愈小"。画秋竹, 只在尺幅间寥寥数笔而尽收秋风萧瑟之寒。中国画呈现图、诗、书法、金石的综合美与西洋画重色彩和逼真不同。含蓄的意境是中国艺术品审美的重要尺度，也反映中华民族文化的背景特征。如艺术大师齐白石的画上只有几只虾，便令人感到满幅溢水，好像虾在清溪中游戏，表现了因"虚"得"实"、"虚实相生"和"超于像外"的艺术效果。不了解中国文化传统的旅游者，只有借助旅行社提供的导游服务人员讲解帮助，才能进行此艺术审美活动。

4. 饮食生活审美

在长期的生活实践中，人们追求美食的需求，最终使烹饪演化为一种实用的生活艺术。这种艺术不仅是特定文明历史的见证，也是特定审美意识的沉积。我国的八大菜系虽风味各异，但都讲究色、香、味、形、器、名、意、趣等综合美的和谐，令南来北往的国内外旅游者尽饱口福，流连忘返，构成中国饮食文化旅游的魅力。使旅游者从中不仅获得生理上的满足，而且得到精神上和心理上的审美愉悦。许多旅游者正是在"一饱口福"的审美需要驱动下出游的。

实际上，人们外出旅游往往带有多重动机和目的，既想欣赏旅游地的自然风光美，又想体验其文化艺术与社会生活美，还想品尝饮食的美。这里我们将游览活动中旅游者的审美动机硬性划为四类难免有些欠妥。对审美主体的旅游者来说，它们常是交融在一起的。因此，旅行社在安排组织旅游活动时应注意多样统一，以最大限度地满足旅游者在游览活动中的多重审美需求。

第二节　导游服务心理

导游是旅行社的代表，由旅行社组团的旅游消费活动主要通过导游的沟通来实现。导游不仅代表旅行社引导旅游者参观游览，而且还担负行、游、住、食、购、娱各方面的综合服务任务。导游涉及旅游活动的各个环节，是旅游综合服务的中心。

导游服务不仅仅是指导参观游览，它肩负着传播文化科学知识、促进民间交往、国际交流、增进友谊的重任，为旅游者提供生活、交通的方便，言语的沟通，做好购物参谋，满足旅游者在旅游活动中的各种生理和心理需要。因此，导游常被称为"非官方的友好大使"、"友谊的建筑师"。的确，导游是旅行社的支柱，旅游业的灵魂。

基于导游服务是旅行社服务的主体与支柱，在"旅行社服务心理"这一章，我们着重探讨导游服务心理。

一、导游行为与导游的心理品质

英文 guide 既是名词，又是动词。在这里有必要将导游和导游人员作一个区分：导游是一种活动，是一个指引和影响旅游者或旅游者群体实现既定旅游目标的行动过程。在这个过程中承担引导任务或发挥影响作用的个体称为导游人员。在本书中所说的导游，实际上是指导游人员。

导游行为的差异是由于导游对各种刺激或情境以不同的行为方式反映而形成的。在导游活动中，导游因所接受的外界刺激或所处的情境的不同而引起不同的行为方式；即使接受相同的外界刺激或处于相同的情境，由于个体的心理状态不同，也会引起不同的行为方式。

导游的导游行为受以下因素的影响：

1. 个体先天素质及生理因素

素质是有机体生来具有的某些解剖生理特点，特别是神经系统、脑、感觉器官和运动器官的解剖生理特点。个体的先天素质是个体能力发展的前提。导游先天素质的差异在一定程度上影响了他的行为方式及智力倾向。此外，个体的年龄、性别、身体素质等生理因素的差别也同样可以形成各具特色的导游行为。

2. 个体心理因素

个体的心理因素包括智力、兴趣、情感、意志、气质、性格等。个体心理因素的差别对导游行为的影响极为明显。由观察力、注意力、记忆力、表达力、思维力、技能熟练等形成的智力水平，是导游做好导游服务工作的重要条件。导游的智力水平不同，他们的导游行为也不相同。例如，表达能力强的导游善于驾驭自己的导游语言，使导游活动达到较完美的境地。因此，导游表达能力的差异可产生不同的导游效果。

3. 社会因素

社会因素包括政治、文化背景及旅游市场的变化（主要指旅游客源结构的变化及旅游者消费行为的变化）等。社会因素的差异必然会产生导游行为上的差异。例如，社会上对旅游活动的评价，会引起旅游者对导游的态度不同，从而在不同程度上影响了导游的导游行为。

4. 旅游者的个体因素

旅游者的人口统计背景（年龄、性别、民族、教育、职业、社会地位等）、心理过程（认知、情感、意志等）、个性特征（能力、气质、性格等）的差异会对导游的导游行为产生不同影响。这就是导游者和旅游者之间的相互作用，也可以看作是一种反馈。导游实践证明，导游的行为表现是个体心理品质相互作用的综合效应。导游的导游实践活动是引起认识、思维、情感和意志等心理活动的条件，也是形成个性特点的重要基础。导游行为方式的发展和变化，必然地会引起导游情感、意志、能力等心理品质的发展变化，而心理品质的发展变化也会影响导游行为方式的改变。

各行各业的从业人员，都具有各种与其行业相适应的、独特的心理品质，以调节支配自己的心理活动和行为方式。社会主义旅游业要求导游具备良好的个性修养和职业道德，熟练掌握导游服务的本领，才能以自己优秀的心理品质出色地完成导游服务工作。

二、导游的心理品质

世界各国旅游业对导游都有严格的要求。日本导游专家大道寺正子认为："优秀的导游最重要的是他的人品和人格。"他指出导游的基本条件是健康、整洁、礼貌、感情、笑容、毅力、胆大、勤奋、开朗、谦虚；具体条件是掌握丰富的知识、灵活地运用经验、理解游客的心理、掌握讲话的技巧。导游站在客人面前，要让客人看了就感到心满意足才行。

我国的导游不仅是旅行社的从业人员，也是国家的主人与代表。导游除应具备高度的政治素质、健康的身体素质并精通导游业务外，还必须努力发展和培养其良好的心理素质。导游人员的心理状态就像无声的语言，时刻影响着旅游者的心理，其心理品质直接影响旅游消费行为。因此，导游应具有与其工作相适应的独特的心理品质，以调节支配自己的心理活动和行为方式，更好地为旅游者服务。

（一）导游的情感品质

情感是人对客观现实事物的特殊反映形式，是人对客观事物是否符合自己的需要而产生的态度体验。能满足需要的事物会引起人的肯定情感；相反，不能满足需要或与人的意向相违背的事物会引起人的否定情感。情感是人所特有的，是由一定的对象所引起的。离开了客观事物，情感就不可能产生。实际上，情感就是个体对客观事物的一种好恶的心理倾向。

导游工作面临的客观事物是复杂多变的，因而导游的情感体验也不同。例如，旅游者的不同个性特征、旅游者的需要、旅游商品和服务质量的矛盾等都会引起导游不同的态度，产生不同的情感体验。而不同的情感体验会导致不同的导游行为，也就是说或导致积极的行为，或导致消极的行为。丰富的情感是心理活动向深度和广度发展的必要条件，强烈而持久的积极情感可以推动导游进行有益于旅游者的各种活动。健康积极的情感品质主要通过以下几个方面表现出来。

1. 正确的情感倾向性

人的情感的起因和指向反映了情感的倾向性。导游应该具有为繁荣旅游事业，满足旅游者需要的情感并把这种积极的情感在为旅游者服务的实践活动中充分体现出来。

正确的情感倾向通过正确的道德感、美感和理智感表现出来。

（1）道德感。道德感是人的言论、行动、思想、意图是否符合道德需要而产生的情感。道德感受社会生活条件和阶级的制约。

作为国际旅游业的导游应该以自己的祖国而自豪，并维护祖国的尊严，应具备对危害公共道德行为的憎恨感，对旅游事业的义务感、责任感和荣誉感，以及对旅游者的友谊感等。

中国国家旅游局在 2003 年 8 月 27 日发布的《关于加强中国公民出境旅游市场管理的通知》中指出，旅游市场严重存在不规范经营的现象，当前比较突出的问题是：用超范围经营来招徕游客，以虚假广告搞价格欺诈，采取"零负团费"方式经营普遍存在，擅自增加自费项目、诱骗游客购物消费和诱导游客参加内容不健康活动的行为屡禁不止等。

不少旅游者在旅途中深受一些导游之害，有时还浑然不觉。那么这些导游又有一些什么样的"常用手法"呢？上海一名记者经过调查，窥得其中手法一二。

1）索要小费。一般情况下，只要干得卖力，旅游者是会自己给小费的。国内游客目前也开始"与国际接轨"，个别游客还出手不凡。行情是，美国游客 1 人 1 天 1 美元，10 人的团队就是一天 10 美元，欧洲游客更高些，日、韩游客更少些，东南亚游客最少，港、澳、台游客多少不定。如果对方"不识相"，有的导游会叫苦：今天的旅程很辛苦，"你看太阳这么大"、"下这么大的雨"，或者以旅游车超公里数，时间过点为由，索要"小费"或超时费。

2）增加项目。对外国旅游者，通常增加的旅游项目有按摩、推拿、看杂技演出、品尝地方风味，也有增加中医治疗项目的，当然这需要用"温柔"的话语鼓动游客。

3）买卖物品。导游有时会在旅游车上公开兜售一些物品，主要是旅游纪念品。对外国游客，也有卖纪念邮票、纪念币、丝绸制品、巧克力的。在游客购物时，有的导游会拿出随身带的同类产品。由于境外游客的随身物品可能比国内买便宜，导游会要求买下他们的物品，主要是手表、首饰、数码相机之类。

4）鼓动购物。胁迫游客购物是很少的，一般是努力说服游客到这家或那家店购物。按行规，只要游客买了东西，商家会按总价给导游提成，一般是30％—40％，附加值高的商品折扣可更高，如茶叶、紫砂壶等，丝绸的折扣就较低。而如果你跟商家事先有过协议，折扣自然会更高些。如果游客什么都不买，"上路"的店家会酌情给一些"人头费"，如果每人5元，50人的团队就是250元。其实得好处的绝不是导游一人，有些司机和外国领队往往也很"关心"，盯得很紧，见面分一半，这是没办法的。

导游应真诚为旅游者服务，对不顾国格、人格的行为和不良的情感倾向应该坚决反对和抵制。导游的责任感和荣誉感具体反映在对旅游者的尊重和体贴上，这种高级情感的深刻与稳定是导游努力提高业务知识和服务质量的内在动力。在导游过程中，导游健康积极的情感自然会通过鲜明的面部表情、动作和声音等情绪反应而流露出来，以此表达自己对旅游者的友爱和关心，有效地感染旅游者，促进他们强烈的心理体验，从而引发旅游者积极肯定的情绪，产生良好的导游效果。

（2）美感。美感是客观事物是否符合个人美的需要而产生的情感。美感与道德感一样，也受社会生活条件的制约，在不同的社会发展阶段、不同的社会制度、不同的文化背景，以及不同的阶级中，人的审美标准及美的需要是不同的，因而对各种事物的美的体验也不同。

导游的正确的美感倾向通过他的衣着、举止谈吐、表情、态度等仪表风度给旅游者留下良好的第一印象。这些美感的外部表现与人的生活情调、思想修养密切相连。在导游工作中虽然对导游仪表的要求没有一定的标准，但必须符合现阶段人们对仪表美的大体标准，适应旅游者对仪表的一般心理要求，只有这样，导游的仪表才能给旅游者良好的心理感觉，并由此引起旅游者积极的情感体验。

导游的精神面貌应健康、振作；服饰应舒适、端庄；举止谈吐应亲切、文雅。但是人的仪表应当是心灵美的自然流露，内在美与外在美应协调统一。因此导游应该注重道德规范和品德的修养，注重丰富自己的内心世界，提高思想素质。

（3）理智感。理智感是人在对客观事物的认识过程中和智力活动过程中所产生的情感体验，它与人的求知欲、认识兴趣、解决问题的需要等相联系，正如列宁所说的："没有'人的感情'，就从来没有也不可能有人对真理的追求。"缺乏情感的认识不可能将认识引向深入，理智感是在认识过程中产生和发展的，反过来推动着人的认识进一步深入，成为人认识世界和改造世界的一种动力。

导游正确的理智感倾向应该是具有强烈的探索旅游科学、钻研导游业务的求知欲，表现为热爱真理、厌弃偏见和迷信。

道德感、美感和理智感这三种高级的社会情感是在人们认识世界和改造世界的实践活动中交叉发展的。是人从事学习、工作和劳动的动力。如果导游的情感没有正确的目的倾向，把情感分散在偶然的客体上，就可能因为同旅游者之间发生的小矛盾而无原则地发怒，甚至爆发消极的激情，影响导游服务质量。

2. 深厚而持久的积极情感

情感在人的心理活动和行为表现中的反映程度有所不同，有的人比较稳定持久，而有的人则短暂易变。一般来说，与人的理想、信念、期望有密切联系的情感是一种深厚的情感。深厚的情感可以起到积极的增力作用，并渗透到生活中的各个方面。

导游只有树立了坚定而远大的生活目标，以及为旅游业献身的远大理想和信念，才能产生对导游工作深厚的积极情感，并把这种情感稳固而持久地维持在为旅游者服务的行动上。

应该指出的是，对于有的人来说，情感的鼓舞力在实践活动中能发挥极大的作用，而有的人的情感却是停留在"体验"上，很少体现在行动上，这就是情感的行为效应。导游应该努力把自己深厚而持久的积极情感和导游实践密切结合，与旅馆、旅游交通等旅游业人员积极配合，给旅游者以愉快的、肯定的、积极的情感体验。而旅游者的积极情感反过来也将会加深导游的深厚而持久的积极情感。

（二）导游的意志品质

意志是人为了达到一定的目的，自觉地组织自己的行动，并与克服困难相联系的心理过程。人的意志表现在行动开始之前善于做出决定，并选择恰当的行动方式；在行动开始之后能顽强克服行动过程中的种种困难，把行动坚持到底。

导游活动面临着复杂的社会情境，导游的个体因素与复杂的客观因素之间往往会引起导游心理上的冲突。要正确解决各种心理冲突，服从导游活动的目标，有赖于导游坚强的意志、品质。意志、品质表现在行动过程中。

1. 意志的自觉性

意志的自觉性是指人在行动中有明确的目的性。如果一个人对于自己的观点、原则、愿望和行动的目的、方式、步骤等都有明确的认识，坚信它们是正确和必要的，因而积极、主动地组织自己的行动，百折不挠地为实现既定的目的而行动的话，那么，他就是一个有意志自觉性的人。

导游意志的自觉性首先表现在明确导游服务工作的社会意义，深刻意识到导游服务质量与祖国和人民的荣誉、社会风尚等息息相关。

其次，能不受外界影响独立支配自己的行动，排除各种干扰和诱惑，与影响行动的消极因素与错误观点作斗争。在工作中，不依赖、不推诿、不避重就轻，自觉遵守组织纪律，独立完成导游工作任务。

再者，导游应能正确地认识自己，虚心倾听别人的意见，并敢于坚持真理，修正错误。工作中不惧艰险，不怨天尤人，处处时时表现出信心百倍。而不具备意志自觉性的导游往往容易受他人的暗示及外界因素的引诱和干扰，放弃原定的努力方向，做出与愿望相违背的事来。

2. 意志的果断性

意志的果断性是指善于明辨是非、当机立断、毫不犹豫地作出决定的能力。具有果断性品质的人，善于对客观问题进行分析、判断，迅速而正确地作出行动的决定。意志的果断性是以意志的自觉性为前提的。

导游工作复杂而繁琐，经常要与各种不同类型的旅游者打交道，同时还要与旅游交通部门、旅馆、风景游览区等沟通，各种矛盾在所难免。因此，明辨真伪，当机立断，迅速而合理地处理问题，一旦条件许可便毫不犹豫地采取行动，以满足旅游者的各种特殊要求，是导游意志品质的重要方面。此外，导游意志的果断性还表现在一旦情况发生变化时，能立即停止或改变已经执行的决定，或等待时机重新作出决定。相反，不具备意志果断性的导游遇事往往举棋不定、患得患失。如果情况紧急，则更是惶惶然不知所措，徒然在犹豫不决中耗费时间，或者不经思考，草率决定，鲁莽从事。

3. 意志的坚韧性

意志的坚韧性也就是毅力，表现为一个人能够不畏艰险、不怕挫折，坚决地完成规定的活动任务，体现出锲而不舍、一往直前的品质。坚韧性是与对自己行动的目的、意义以及社会价值的深刻认识密切联系的。

虽然导游工作与其他形式的工作相比，没有规律性的固定的工作时间，是非常繁重的劳动。表现在导游不仅必须跋山涉水为旅游者解说服务，同时还要为旅游者的生活服务。导游的工作程序从迎接开始，紧接着是转移、旅馆服务、座谈活动日程和活动节目、晚间活动，直至送客等。在这一系列工作程序中，导游不仅经常要夜以继日地为旅游者服务，还要始终如一地保持主动、热情、耐心而周到的服务态度和完好的服务质量，如果没有充沛的精力与意志的坚韧性是难以做到的。缺乏毅力的导游尽管思想上也愿意为旅游者提供满意周到的服务，但这种主观愿望常常难以实现，或虎头蛇尾，或有始无终，使事情半途而废。

4. 意志的自制性

意志的自制性就是善于控制和支配自己行动的能力。一个有自制性的人善于自己去执行已作出的决定，并战胜徘徊、犹豫、恐惧、羞怯、懒惰等与执行决定有妨碍的一切因素，善于抑制行动过程中可能出现的消极情绪和冲动行为。

在旅游情境中，旅游者的需要、气质、性格各不相同，产生的行为表现也各不相同。面对旅游者提出的一些不易解决的问题，甚至是不合理的要求，导游的自制力和忍耐性显得格外重要。在这种情况下，导游应以平静、耐心的态度向旅游者说服和解释，以期得到旅游者的谅解和赞同。如果不能做到这一点而流露出不耐烦的情绪或和旅游者争吵，影响旅游者的情绪，必然会导致旅游者对整个旅游活动安排产生偏见。

导游实践证明，导游的情绪状态对导游服务工作有很大的影响。导游的情绪不可避免地受到各种主客观消极因素的影响。因此，导游应该有较强的自制力，在紧急情况下沉着冷静，不感情用事，自觉调节和控制自己的言论和行动，保持心平气和、热情耐心，有时甚至需要忍耐和克制生理上和精神上的痛苦来为旅游者服务。导游意志的自制性不仅对旅游者产生极其明显的心理影响，并能抑制旅游者某些消极情绪或激情爆发。

导游的意志品质的培养应从以下两个方面入手：首先，要树立正确的世界观和崇高的理想，才能对自己提出培养意志品质的要求；其次，长期自觉地在导游实践活动和其他实践中不懈努力锻炼自己，处处要求自己说到做到，尽最大努力去完成所承担的任务。相反一次又一次地以种种借口原谅自己，不去完成既定的任务，只会使自己的意志越来越薄弱。

（三）导游的能力品质

能力，是人顺利完成某种活动所必须具备的、最基本的心理特征，是个性心理特征的一个重要方面。例如，作家的语言表达力、科学家的周密思考力、画家的视觉记忆力、工程师的技术想像力、音乐家的音乐听觉力等，都是他们顺利完成所从事的相应活动所必需的最基本的心理特征。

作为一名称职的导游，单凭一种能力是不够的，这是因为导游的本职工作大体包括了向导和讲解、照顾和代办、商品推销、安全等几个方面，这就要求导游只有具备各种能力的有机结合才能胜任。

导游工作内容的复杂性和特殊性决定了导游能力结构的复杂性和特殊性。导游除了应具备广博的知识和熟练的技能，还要求具备导游服务所需要的观察能力、注意能力、判断能力、记忆能力、思维能力、想像能力和表达能力等心理品质，其中观察能力、注意能力和表达能力为尤其重要的心理品质。

1. 导游的观察能力

观察，是对某种事物有目的、有计划、有步骤的知觉，是知觉的高级形态。观察能力是指能发现事物典型特征的能力。导游要有通过旅游者的外部表现来了解旅游者的心理活动和个性特征，及其旅游需要和消费心理的观察能力。

具有敏锐观察能力的导游，不仅能够从旅游者的言谈举止、面部表情准确地判断旅游者的需要和意图，还能够由此了解到旅游者的兴趣指向和气质特点，从而一方面可以采取相应的服务措施，在旅游者还没有提出要求时就给予帮助，以提供使其心满意足的服务；另一方面还可以迅速观察到某些旅游者无益的激情爆发的预兆，及时采取措施防患于未然。

气质不同的旅游者的行为特征各不相同。具有敏锐观察力的导游，能够从旅游者的外部表现捕捉住每个旅游者的气质特征，就可以进行针对性的服务。例如，胆汁质的旅游者易于冲动，脾气暴躁且难自制，对他们应该理智冷静，努力使之能够心平气和地听你说话。特别是当他们言行反常及行为傲慢时必须处理得当，否则引起他们无益的激情爆发常常难以收场；多血质的旅游者反应敏捷、活泼多变，有的显得毫无约束，行为散漫，似乎什么都无所谓，因此不妨常常对他们敲一下善意的"警钟"；黏液质的旅游者外柔内刚，情绪含而不露，有话不爱讲出来。而抑郁质的旅游者敏感多疑，自尊心极强，对这两种气质的旅游者要耐心细致，体贴入微，对他们表现出理解、尊重，才能使他们把你引为知己，对你打开心灵的窗户。

使观察有收获的心理因素首先是要具有了解旅游者需要的强烈兴趣，怀有强烈的兴趣就能观察到许多细节；第二是要具有高度集中的注意，只有注意稳定集中才能观察到自己所需要的东西；第三是要进行积极的思维活动，一面观察一面思考；第四是要具有稳定而愉快的情绪状态，以及摒除臆造的错觉等。而观察技术是从导游实践中锻炼和培养得来的，具体可以从以下几个方面着手：

（1）制定明确的观察任务，做到心中有数，以免临场失策，坐失良机。

（2）从不同角度去观察。苏东坡登庐山时曾写过这样一首诗："横看成岭侧成峰，远近高低各不同，不识庐山真面目，只缘身在此山中。"说明只有从不同的角度全面地去观察，才能了解和掌握事物的本来面目。

（3）注意观察细节。人的心理活动是不易观察的，这主要是因为人的心理活动有隐蔽性、主动性和灵活性的特点。这正如美国大文学家马克・吐温说的："每一个人像是一轮明月，他呈现光辉的一面，但另有黑暗的一面从不给别人看到。"因此，善于察言观色，注意旅游者的动作、表情和言谈上的细节以及细微变化对导游来说极为重要。

（4）观察前要有一定的知识准备。导游实践证明，观察的成功主要依赖于具备一定的知识和经验。导游的知识经验可以帮助他了解旅游者心理现象与行为产生的原因，并迅速准确地对观察到的材料进行分析综合，做出正确判断。

2. 导游的注意能力

注意，是心理活动对一定对象的指向和集中。注意是人的一种意向活动，它使人的认识活动和行动有一定的方向，以保证这样的认识活动和行动得以有效地进行。

导游在导游服务过程中，不仅同旅游者打交道，还要同旅游汽车司机，以及旅馆、饭店、风景区等有关人员打交道。为此，导游不但要有稳定的注意能力，同时还应尽量扩大注意的广度，具备注意分配和注意迅速转移的能力。一个旅游团体，多至几十名甚至上百名旅游者，导游必须把握住每个旅游者，因此，没有广泛的注意能力以及注意的分配能力是做不到的。同时，导游还要根据导游活动的安排及时转移自己的注意对象，避免顾此失彼，使导游活动有条不紊。

如果导游不具备良好的注意能力，往往会影响导游服务的质量。例如，当一位导游在一个风景区解说时，如果他不善于分配注意力，则往往会把自己的注意力全部集中在所讲解的景物上，而注意不到旅游者的情绪反应。如果他的注意力转移不灵活，那也就不易连接各种活动，当活动内容改变时就要影响服务效率与质量。

导游培养良好的注意品质主要从以下几个方面入手：（1）培养对导游工作的兴趣，因为任何注意都依赖于兴趣。厌恶导游工作的导游是不可能注意导游活动的对象的；（2）做注意的主人，不能做注意的奴隶。培养自己把注意集中到所需要注意的客体上去的能力；（3）同分心作斗争，有意识地锻炼自己注意的稳定性。

3. 导游的表达能力

导游的表达能力是指导游在与旅游者打交道时运用言语、表情传递有关信息的能力。

在心理学里，语言和言语是两个概念。语言是社会生活的客观现象，是人类交际的工具；言语则是心理现象，是人们进行交际的一种特殊形式，是一个人运用某种语言进行思考，并用以表达思想感情和影响别人的心理活动过程。在导游活动中，导游的各种心理品质主要是以言语体现出来的，导游活动过程也主要是和旅游者言语交往的过程。因此，具备较好的言语表达能力是做好导游服务工作的关键因素。

导游良好的言语表达能力有助于创造和谐的旅游气氛，促进旅游者消费行为和购买后的满足感。文明礼貌、真挚和善的言语能引起旅游者发自内心的好感；明确、简洁、适当、中肯的言语能增强旅游者的信任感；富于情感、生动形象的言语能激发旅游者的兴趣感；适应对象、灵活变换的言语，能给旅游者以亲切感，使旅游者获得心理上的满足。导游的言语表达能力主要体现有以下几点：

（1）言语的文明性。言语是人际交往中最敏感的刺激物。导游的言语应是艺术性的言语，应该做到文明礼貌，讲究言语美，在同旅游者交谈时要委婉而文雅。例如，当旅游者提出一些暂时办不到的要求时，应该把困难告诉他们，以取得他们的谅解，而不应该立即断然拒绝。不能说"NO"（不行），而应该说："Let me try"（让我试试看）。要做到言语文明还要注意旅游者的风俗习惯。例如，西方人注重"女士在先"（Ladies first）、忌讳数字"13"、不问女外宾年龄、不谈及私人财产等。

（2）言语的针对性。导游应该针对不同的国家、民族以及不同个性的旅游者运用不同的言语表达方式。要做到这一点，首先必须了解不同国家和民族的旅游者的特点，以及他们的行为和习惯等。一般地说，美国人个性自由开放、幽默、爱开玩笑、荷兰人粗犷、法国人易激动、澳大利亚人直爽、日本人沉着、并特别注意礼仪细节、英国人则绅士派头十足。因此，对美国人言谈要爽快，别太拐弯抹角；对英国人要讲点外交辞令，用词考究；对日本人则要特别注意礼仪礼节等。

同样，对待不同个性类型的旅游者也应该使用不同的言语表达方式。日本导游专家大道寺正子总结了不同类型旅游者的特征及其接待方法，如表 19-1 所示。

表 19-1　旅游者类型：特征及接待方式

旅游者类型	特征	接待方式
老好人型	常用温和语气讲话	要有礼貌地对待
猜疑型	没有根据和证据就不相信	讲话要有根据，不用模棱两可的语言
傲慢型	瞧不起人	让其充分亮相后，以谦虚态度耐心说服
腼腆型	内向性格，说话声小	亲切相待，忌用粗鲁言语
难待候型	爱挑毛病，板着面孔	避免陷入争论
唠叨型	说话啰嗦，不得要领	在不伤害客人感情的前提下，耐心说服
急性型	不稳重，稍许不如意就发脾气	要以沉着温和的态度相待
嘲弄型	不认真听讲，爱开玩笑	不要被他缠住，不要理睬
沉默寡言型	不健谈	主动打招呼搭话
散漫型	不遵守时间，自由散漫	难以伺候，但要有礼貌地耐心说服

表 19-1 的归纳尽管不能包括所有旅游者的类型，在接待方法上也不能算做尽善尽美，但从中可以看到旅游者因各自的环境、教育、经历、社会地位不同，个体因素不同，他们的兴趣、爱好、需要也是各不相同的，导游必须采取有针对

性的表达方式，才能使不同类型的旅游者都感到满意。

导游言语的针对性还包括要注意讲话的时机和地点，亦即抓住最适宜的时机，选择最适当的场合讲话。

（3）言语的生动性。导游的言语应该是生动、活泼、引人入胜的。呆板和生硬的言语表达听起来索然无味，必然会使旅游者在心理上产生厌烦的情绪体验。

导游要做到言语生动活泼应该注意以下几点：

讲解时姿势应自然优雅，这是博得旅游者注意力的一种魅力。同时以手势、动作、表情增加言语的生动性。但这三项要做得自然协调、恰到好处，如果做得不明显或生硬反而会给旅游者装腔作势之感，更有甚者会让人觉得导游像滑稽演员、舞台小丑。另外还要注意言语的声调、节奏、速度。言语的声调要有高有低，有时慷慨激昂，有时和风细雨，不要总是高八度或低八度。节奏感要强，要有抑、扬、顿、挫。速度应有快有慢。发音、吐字要清楚，切忌"嗯"、"这个"、"那个"等口头禅。

此外，在导游言语中还应多运用设问、比喻、排比等修辞方法，恰当地使用旅游者所熟悉的谚语、俗语、俚语、格言、典故等，因为浓厚的地方色彩会给旅游者以真实感和亲切感，不仅增加了言语的生动性，而且可以起到言简意深的作用。例如，一名导游到机场接到一批来自澳大利亚的客人，当时天气炎热，大家下飞机后情绪比较低落。在汽车上坐好后导游说："G'day, Aussic cobbers. It's bonzer to have you on board."（这两句话的意思是"澳大利亚伙伴们，你们好，你们能坐在这辆车上我感到很高兴。"）由于导游使用了澳大利亚的俚语，他话音刚落，旅游者就大笑起来，有的点头、有的称赞，更有一些人一连说出了好几句俚语，全团顿时活跃起来了，炎热的天气给大家带来的倦意也烟消云散。再如德语中的"Wenn der Engel reist，Iacht der Himmel"（要是神仙来旅游的话，那么天也会笑的），"Der Durst ist schlimmer als Heimwen"（口渴比思乡更难受）对德国旅游者使用的话，必然也会起到事半功倍的效果。

（4）导游言语的幽默性。导游的言语应幽默风趣。由于旅游者的主要动机是寻求愉快，而幽默风趣的言语正是可以使旅游者产生愉快的情绪体验。

幽默感既是一种美感也是一种理智感。英国心理学家策动心理学学派的创始人麦独孤（W. Mc Dougall）认为幽默是人的一种本能，这种本能使人以快乐的态度处理事情，即使在失意的时候也能自慰，一笑了之。旅游者愉快的笑，是一种增力的情绪体验，有益于身心健康，并从中得到满足。

心理学的研究表明，一个人的言语表达能力与其家庭环境、受教育程度、气质、性格，以及兴趣、需要有关。导游要想提高自己的言语表达能力，应该从以下几个方面着手：

（1）主动借鉴他人。和各种人积极交往，从中学习，借鉴他人的言语表达能力，以提高自己的言语表达能力。

（2）学习掌握丰富的词汇。因为词是言语的意义单位，词汇越丰富、越纷纭，言语也就是越丰富、越发展。然而丰富的词汇只有通过学习才能获得。

（3）做好导游词的准备工作。使讲解思路清晰、内容丰富，避免临场"卡壳"或信口开河。

（4）讲解时要充满信心，满腔热情。旅游者怀着期望而来，因此很容易受到暗示的影响。导游如能把自己的信心、激情倾注到旅游者身上，尽管有时讲解的内容并不新颖，但也能感动旅游者。

（5）讲解时注意旅游者的反应，即运用"反馈"信息，不断校正自己的讲解。

导游良好的言语表达能力，总是与导游的记忆能力、思维能力以及想像能力联系在一起的。只有使各种能力得到综合发展，才能有助于言语表达能力的提高。例如，记忆能力强的导游，在需要的时候能迅速地运用词汇，既敏捷又准确地向旅游者传递信息；思维能力强的导游思路清晰而宽广，灵活而富有逻辑性，他的论说自然有条有理，而且言之有据，持之成理，令人信服；想像能力强的导游言语表达富有感染力，可以引起旅游者的有益联想，增强旅游商品和服务的魅力。

三、导游服务中的心理因素

导游服务既是一种功能性服务，更是一种心理性服务。为满足旅游者在旅游中的各种心理需求，导游服务应注意把握旅游者的心理活动规律，因势利导，完善导游服务。

"因势"就是要承认、尊重、顺应和利用旅游者追求心理和谐这一趋势。"利导"就是对旅游者的行为施加影响，使旅游者采取合乎规定的行为。即导游中努力使旅游者的生理和心理需要得到合理的满足，为旅游者的内心压力寻找一条合理的释放途径，注意以理服人与以情感人相结合，因势利导地做好导游服务工作。

（一）树立美好的第一印象与最后印象

迎客和送客是导游工作的开端与终端，旅游服务给旅游者的第一印象与最后印象，对旅游者在心理上的影响是重大的。

第一印象的好坏常常构成人们的心理定势，不知不觉成为判断一个人的依据，特别是短期相遇。旅游者到达旅游目的地首次接触导游，导游给旅游者留下的第一印象常会左右旅游者在以后旅游活动中的判断与认识。美好的第一印象，将为导游以后工作的顺利展开铺平道路。因此，导游从机场、车站第一次接触旅游者起，就必须注意自己的形象要美观大方，态度要热情友好、充满自信，办事要稳重干练。不仅要注意外表的形象和态度对旅游者心理的影响，而且要以周密的工作安排、良好的工作效率给旅游者留下美好的第一印象。从机场、车站到饭店的交通工具、行李运送、住房安排、饮食调理到书面的导游材料的提供，都要做好妥善的安排，迅速地满足旅游者的需求，消除旅游者初到异地时的疑虑和茫然感，增强其安全感和信任感。这是导游服务工作成功的良好开端，也为以后接待服务工作中遇到问题时的处理，奠定了一定的感情基础。当然，导游在迎客之前做好接待服务的准备，将有利于树立良好的第一印象。导游的欢迎辞是服务的"序幕"，常是给旅游者的第一印象。导游在接待旅游者之前若能记住客人的特征、姓名，迎客时就能叫出其名，也有利于获得游客的好感。

同第一印象一样，导游留给旅游者的最后印象也非常重用。若导游给旅游者的最后印象不好，就可能导致前功尽弃。一个游程下来，作为导游已感到很疲惫，但仍应保持精力充沛的外表。这一点常令旅游者对整个游程持肯定和欣赏的态度。同时导游针对旅游者此时开始想家的心理特点，要提供周到的服务，不厌其烦地帮助他们选购物品，真诚地请他们代为问候亲人；对服务中的不尽如人意之处要诚恳检查，广泛征求意见和改进建议；代表旅行社祝他们一路平安。导游此时以诚相待是博取旅游者好感的最佳策略。在仪表方面要与迎客时一样，送别时要行注目礼并挥手示意，一定要等飞机起飞、火车启动、轮船驶离后方可离开。良好的最后印象能使旅游者对即将离开的旅游地产生强烈的恋恋不舍的心情，从而激起再游的动机，回去后可起良好的宣传作用。

（二）运用眼神的魅力，进行微笑服务

眼睛是心灵的窗口，炯炯有神的眼睛能拨动人们的心弦，奏出令人身心愉快的乐章。导游服务中应充分运用眼神的魅力。导游若将和蔼的目光在接团时扫向每一位客人，当客人感到你的目光，就感到受到了尊重，便情不自禁地对导游产生好感。如何正确地动用眼神的魅力？德国哈拉尔德·巴特尔在其《合格导游》一书中作了精彩的论述："导游应努力做到在自己的视野中虽有旅游者的眼睛，但不仅仅是看着他的眼睛，更不能盯着对方的眼睛。导游的目光应该是开诚布公的、对人表示关切的，是一种从中可以看出谅解和诚意的目光。这种目光表明交谈者愿意理解对方的愿望。在导游的视野里，如果不能看到旅游者的全身，就不应只看对象的某一点而要看对方的头部及上身。这样做之所以重要是因为不如此就无法看到对方的表情、姿势和整个态度。从谈话的旅游者的表情和姿态中，我们可以了解更多的东西，甚至比语言中了解的还要多。"

在眼神的运用中，微笑的眼神在导游服务中应时时体现。微笑能使人感到真

诚、坦然，是人际交往中友谊的象征。心理学的研究告诉人们，真诚的笑、善意的笑、愉快的笑能产生感染力，刺激对方的感官，产生报答效应，引起共鸣。所以，导游的微笑最能博得旅游者的好感而产生心理动力。导游真诚愉快的微笑是欢迎词，是伸出的友谊之手，是尊重对方的示意，是架起和谐情感交流的桥梁，是美的化身。笑是情绪上的反应，导游的微笑服务能使旅游者迅速消除生疏感，缩短同导游间的距离，犹如回到家里受到亲人的接待。有经验的导游，深知微笑服务对旅游者的巨大魅力。尽管他们在生活工作中遇到困难，也难免产生怨气而情绪低落，但在旅游者面前，他们总是保持笑逐颜开、幽默风趣。令旅游者心旷神怡、不胜愉快。因为笑是"被人喜爱的秘诀"。导游服务成功的秘诀之一就是"微笑服务"。

（三）利用兴趣特点和 AIDA 原则组织导游活动

兴趣是人们力求认识某种事物或活动的心理倾向，具有能动的特点。从兴趣的程度来说，它可以增加也可以减弱。从内容来说，它可以随时转移，由某种兴趣转到另一种兴趣，或因外界事物的刺激产生一种新的兴趣。兴趣的能动性特点为导游服务工作增加了能动性。导游如何使旅游者对活动的内容由不感兴趣或兴趣不高，转为有兴趣并逐渐增加兴趣的强度，如何保持兴趣的稳定和持久，如何防止兴趣的突然消失，导游如何利用兴趣的能动性特点处理一些问题，下面是AIDA 原则的利用。

AIDA 是西方商业界进行市场推销的一种模式，它简明地反映了从认识到行动这一行为模式。AIDA 由 attraction（吸引力）、interest（兴趣）、desire to act（行动的愿望）、action（行为）四个英文词首的字母构成。西方旅游界吸取其合理内涵应用于旅游接待工作，导游服务中若运用得当也能取得较好的效果。如因某种原因，导游不得不改变已商定的日程计划，其中涉及改换旅游者感兴趣的参观项目，导游在解释改变日程的原因时，提出替换的参观项目，并加以有声有色的详细介绍，使新项目对旅游者产生吸引力（A），引导旅游者兴趣的转移（I），产生观看新项目的愿望（D），从而同意导游改变日程接受新安排（A）。这个例子说明导游若有目的、有针对性地利用旅游者兴趣能动性的特点和其行为模式，将容易达到自己预期的目标，组织好导游活动。

一般情况，旅游者是怀着浓厚的兴趣、激动好奇的心理参加旅游活动的。问题是如何进一步去激发，使原有的兴趣巩固并得到发展，使旅游者乘兴而来，尽兴而归。这就是要求导游在服务中应用一些激励因素去激发旅游者的兴趣。如利用直观形象和语言这两种激励因素。新鲜、悦目、奇特的直观形象可以引起人们的直接兴趣。有的科学家认为，直观兴趣与脑内以化学物质支配的"好感机构"有关。导游可以利用自然景物、历史古迹等作为激发旅游者直观兴趣的激励因素。但作为激励因素的直观形象切忌重复，重复会产生单调感，甚至造成兴趣索然。如我国园林寺庙众多，所到之处内容重复也多，直观兴趣就难以持久。此时，导游若能借助于语言这一激励因素，生动阐述其中的奇妙之处，又能重新激发起游客的兴趣，并使原有的兴趣得到巩固与发展。这时，旅游者会将兴趣转向探索大同中的差异之奥妙，保持游兴的持续性。它将有利于组织游览。

（四）正确使用导游语言，充分发挥语言的感染力

导游服务不仅在于充分依靠和发挥旅游资源本身固有的作用以调动旅游者的直观兴趣，更重要的是如何借助语言的工具去组织激发旅游者的自觉兴趣。它可以引起人们丰富的联想并伴随思维活动，加深对事物的认识与理解，维持产生的自觉兴趣。在前面我们提到旅游者主要的审美动机是观赏自然美、人文美。但大多数旅游者因人地生疏、语言不通，没有导游的服务讲解很难得到审美上的心理满足。导游服务就是要把景点的美扩散给旅游者，通过导游的语言让旅游者通过联想、移情、欣赏等心理活动使外界美的景观变成旅游者美的享受，因而旅游者获得生理和心理上的满足。

语言是导游服务中的重要工具和手段，它对激发旅游者的兴趣起着关键作用。心理学的原理指出，语言的重要职能是作为思想交流的手段或交际的方式。一切思想的交流，首先是施影响于交谈者，影响其意识、动机系统及情绪范围、价值观等。交际活动的心理内容依赖于我们要预计改变的是哪一方面而有所不同：（1）是传授新知识；（2）是改变动机系统或改变价值体系；（3）是直接激发行动。根据以上原理，导游应如何充分运用语言施加影响于旅游者，从而激发其游兴，是值得探讨的问题。导游的语言受旅游业性质与其特定任务、对象和条件的影响制约而构成专业化的特色——导游语言。导游语言是科学性、知识性、艺术性三者的融合，它可以从多方面调动旅游者的注意力。正确地使用导游语言可以发挥其深入人心的感染力。导游的语言应该是友好的语言、美的语言、生动活泼的语言。

1. 友好的语言

（1）言之友好。导游是"友谊的建筑师"，在语言的用词、声调、表情上，都应表现出友好的感情。如"认识大家我很高兴"。友好的语言起着温暖旅游者身心的作用，尤对远离家乡的旅游者更是具有亲切感，有缩短与导游的心理距离而强化服务的效果。

（2）言之有"礼"。友好感情的表情形式是礼貌。"礼"实际上是"自谦而尊人"，多用敬语、礼貌语可令人心情舒畅。在失礼时说声"对不起"，表达了导游谦虚而勇于纠正错误的美德。导游中发生的许多纠纷就因为导游的礼貌语言而得

以顺利解决。

2. 美的语言

导游的语言在用词、声调和表情等方面应讲究语言艺术，给人以美的享受，使旅游者产生美的移情。

（1）言之悦人。俄国哲学家、文学家车尔尼雪夫斯基说："美感的主要特征是一种赏心悦目的快感。"能使旅游者"赏心悦目"产生心理快感的语言就是美的导游语言。如不说旅游者避讳的事；当旅游者提出一些办不到的要求时，也应用婉转或幽默的语言加以扭转和修饰，不说"NO"，而说"Let me try"。

（2）言之畅达。流畅的导游语言反映在用词得当、语法正确、语音语调传情三个方面的良好协同。

（3）言之文雅。礼貌是文雅的属性之一，善良是文雅的内涵之一。恭敬他人才能出言文雅，文雅是一种正规的语言，故有"雅言"之说。导游"雅"的语言正是以上几个方面的体现。

3. 科学的语言

科学语言是实事求是的语言。

（1）言之有据。导游讲解的内容要有根有据，实事求是，即使是传说、神话等虚构的"事实"，也要有所出处。导游的语言要经得起旅游者的推敲。

（2）言之有物。导游的语言必须具有丰富的内容并合乎科学，语言应准确、严谨，具有严密的逻辑性，而不应仅仅使用漂亮的词藻却无充实的内容。

（3）言之有理。导游不仅要讲出事实根据，而且要善于根据事实内容分析，讲出道理令人信服。若与旅游者发生冲突，要坚持和颜悦色以理服人的态度，一时讲不通可求同存异。

4. 生动活泼的语言

前面讲的友好、美的、诚实科学的语言，侧重于语言的内容兼表达形式，而生动活泼的语言则侧重于语言的表意形式兼内容。英国美学家奥斯本（Osborn）说，形式与内容不能相互排斥，因为缺这方就不存在那方，抽象化足以扼杀双方。如果导游的语言是平淡或背书式的呆板、枯燥单调，甚至是生硬的，旅游者听起来索然无味，必然在心理上产生厌烦的情绪。因此，导游的语言必须形象生动、饶有趣味、发人深省，这样才能起到引人入胜的作用，发挥语言的感染力。

（1）言之通俗。在导游语言中可恰当地使用旅游者所熟悉的谚语、俗语、俚语、格言、典故等，增加语言的通俗性。

（2）言之生动。在古今中外的知识宝库中，有许多成语、典故、神话、寓言、谚语、诗歌、故事及富有哲理性的语言等，都具有生动性的特点，导游可以从中吸取丰富的营养令语言生动。导游的语言与情景交融活跃了观赏气氛，激发起浓厚的兴味。导游从游客中也可学习生动的语言。如一位美国客人说："中国如此广大美丽，再好的照相机、再多的胶卷也不会够用。我认为最好的照相机是自己的一双明快的眼睛，用不完的胶卷是自己的头脑，只有它们才能从这儿带走真正完美的记忆。"一位导游在遇到照相入迷的旅游者拖延团队的时间安排，引用了这段生动而富有诗意的语言，收到了良好的效果。导游语言的生动性还表现在讲解时的手势、动作、表情等方面应和谐一致，以引起旅游者的注意。

（3）言之幽默。在导游服务中遇到不愉快的情况，幽默可以缓解窘境，甚至可以"化干戈为玉帛"；当情况危急、人心浮动时，幽默可以稳定情绪；当人际关系产生龃龉，幽默有"相逢一笑泯恩仇"之效；遇沮丧哀怨之事，幽默又有"破涕为笑"之功。幽默是生活中的智慧之光，是人际交往中的调味料与润滑剂，能使交往关系和谐、自然、轻松有趣。幽默的语言大都含蓄、诙谐，引人发笑，意味深长，使人惬意。旅游者出游的动机是寻求乐趣。导游幽默的语言使旅游者松弛情绪，身心愉快。如下大雨飞机不能按时起飞，导游说"人不留客天留客，天公舍不得远方地来客走啊！"英语导游说"Fail to plan, plan to fail."。

（五）针对客人的背景及个性特点灵活地导游

旅游者来自世界各地，其背景必然造成不同的旅游心态。导游服务应针对性地因人、因时、因地制宜地灵活进行。

（1）根据不同国家的民族习惯和风格导游。每个国家和民族都有自己的传统文化和风俗习惯，反映在旅游者头脑中就形成了不同的个性倾向和个性心理特征，在不同的性格、兴趣和爱好上表现出来。例如，美国人性格外向、开放、崇尚自由，富有幽默感，导游可多使用幽默风趣的语言；英国人性格内向，尊崇绅士风度，为人矜持，导游应注意自己的言谈要庄重、严谨，不可举止失当；日本人则较重礼貌，导游服务应注重礼节。

（2）针对不同背景的旅游者导游。讲解要能满足旅游者的需要，必须联系他们熟悉的事物。如欧美游客对中国文化较生疏，有经验的导游在给他们讲白娘子与许仙的爱情悲剧时，常与他们熟悉的罗密欧与朱丽叶的爱情悲剧相联系，旅游者不仅易懂而且倍感亲切，对旅游度假休息型的旅游者，应侧重于详尽地讲解名胜古迹，使其保持轻松愉快的情绪。对职业相同的专业旅游团，在游览中要侧重介绍一些与他们专业相关的内容。对年长者的旅游团，可结合其容易怀旧的心理让其观赏古董文物，适当地介绍一些中国老年人的生活状况、社会地位、家庭环境等。对妇女，尤其是中年已婚妇女，结合他们对购物、市场、物价、特产感兴趣的特点，提供针对性的服务。对青年旅游者应结合其好奇心强、对新事物感兴趣、富有冒险精神而提供针对性的导游，并可适当向其介绍一些中国青年的学习、就业、恋爱婚姻等问题。

（3）根据个性类型导游。导游每时每刻都在为具有不同个性类型的旅游者提供服务，导游应该针对不同个性的旅游者运用不同的语言表达方式提供针对性的服务。

（4）尊重旅游者的审美习惯。旅游者的审美意识和审美活动带有主观选择性，导游应尊重旅游者的审美习惯。尽管自然美和人文美都有美的客观属性和形式，但审美意识和审美活动带有明显的社会性、时代性、民族性和个人选择性。导游认为是美的，旅游者未必认为是美的；但有时导游不感到是美的东西，旅游者却认为是美的。如"马扎"是我国北方用帆布为面、铁木作架的折叠式小坐具。导游根本没想到其美，而旅游者认为它很美，是"中国古老文化和民族智慧"的体现，要买了带回去。西方文化科学尽管发达，却没有发明"携带方便、小巧玲珑"的马扎。因此，导游应随机应变灵活地做好导游服务。导游应帮助国外旅游者了解中国人的审美观，因为一位持有本民族审美观的外国人就不容易一下子理解中国旅游景观的审美标准，理解了也不一定欣赏。当然导游不能把自己的审美观强加于人，但若旅游者由于不理解而不能欣赏中国的美，导游有责任引导旅游者理解中国的审美习惯心理。

（5）要按东、西方人不同的思维方式针对性地服务。一位好的导游应了解西方人的思维方式与我们东方人的思维方式的不同。东方人的思维方式，从抽象到具体，从大到小，由远到近，而西方人则反之。如写通讯地址，西方人是先写姓名、次写单位、再写牌号、街道、区、市、州，最后才写国家，中国则相反。因此，导游在给西方旅游者讲解时要多举事例、数据等具体事实，结论让旅游者自己下，这样效果就更好。切忌先讲空泛的理论、先下断语。

（六）善于观察旅游者的情绪，利用旅游者的有意注意，主动导游

旅游者中，有的毫无隐藏地将自己的情绪反映出来；有的性格内向，往往不易觉察他真实的情绪状态。这就要求导游善于通过正面的、侧面的、多方位的观察，并从实践中不断总结经验去了解旅游者的内心世界。导游应努力成为旅游者情绪的组织者、调节者。导游除通过旅游者的外在表现去观察分析旅游者的喜怒哀乐，尽可能满足旅游者的需要而调动旅游者的积极情绪外，还可巧妙地引导旅游者的有意注意，使旅游者的情绪一直处于兴奋活跃的状态之中，激起旅游者的想像和思维以获得美好的感受和心理满足。

（七）运用超常服务赢得人心

虽然导游的主要工作是在旅游者参观游览时提供导游讲解，但这不是导游的

全部工作。导游是旅游者的服务员，只要旅游者所需要的，就是导游所应该做的。一般旅游者对导游所提供的一般性和例行性的服务反应不热烈，他们觉得这些服务是完全应该提供的，每个人已经都为此次旅行交纳了费用。因此，在接受按费用的高低所提供的不同等级的服务时，他们觉得自己理应去享受。超常服务与一般服务不同，它是导游向旅游者提供的特殊服务，亦称细微服务。超常服务的内容和项目是超出旅游者期望的，要使他们看到自己和导游之间的关系并不纯粹是金钱买卖关系，而是充满了人情味。如一旦遇有客人患急病，导游就应千方百计地联系医院就诊，残疾人行动不便，导游在游览中多一份照顾，就使他能与正常人一样地游览；客人不慎遗失钱款证件，导游经努力帮其寻找，终于能物归原主。再如经较长时间旅行到达旅游点时，导游主动指明男女厕所的位置，以便大家解除负担，心情愉快而轻松地听讲解和观赏美景。这些看来并不起眼的服务，体现了导游站在"假如我是一个旅游者"的立场上考虑问题，于细微之中见真情。在旅游者急需帮助时，导游要及时出现在他们面前，伸出友谊之手，使他们倍感温暖，深受感动。因此，在导游提供"超常"服务之际，正是导游服务最得人心之时。

复习与思考

1. 解释下列概念：
(1) 导游；(2) 素质；(3) 情感；(4) 意志；(5) 观察；(6) 注意。
2. 为什么说旅游审美是一个综合的审美心理过程？
3. 导游应具备哪些心理品质？
4. 简述 AIDA 原则在组织导游活动中的应用。
5. 对导游语言有什么标准和要求？
6. 为什么说在导游提供"超常"服务之际，正是导游服务最得人心之时？

第二十章　旅游交通服务心理

现代旅游业的产生、发展有赖于交通条件的改善。"行"是旅游活动的首要环节，旅游者的旅游活动，离不开旅游交通。

在这一章，首先讨论旅游者对旅游交通服务的需要。然后，考察旅游者在旅途中的心理状态，探讨改进旅游交通服务的心理因素。

第一节　旅游者对旅游交通服务的需要

一、旅游活动与旅游交通服务

旅游交通，是指一般交通中服务于旅游事业的那一部分。"行"是旅游交通的首要环节。旅游者开始旅游活动的第一步便进入交通服务工作的范畴。旅游交通服务包括人们离开家到达旅游目的地的交通服务和人们在旅游地游览时的交通服务。

现代旅游业的产生、发展有赖于旅游交通条件：合理的交通路线，先进的交通设备，配套的交通服务设施（机场、车站、码头）及服务管理人员的优质服务等等。本章仅就旅游者对旅游交通服务的需要、旅途中的心理和行为特征与旅游交通服务的心理因素，作一些探讨。

旅游交通服务归根到底是为旅游者提供"行"的服务。首先，我们必须了解旅游者对旅游交通服务的生理和心理的需要，了解如何才能满足其需要，了解人们在无法获得满足（遭受挫折）时的心理反应。由于时代、旅客构成、经济条件等众多因素的差异，旅游者对旅游交通服务的需要也有很大差异。这里我们仅讨论带有普遍意义的旅游者对旅游交通服务最主要的需要。

二、旅游者对旅游交通服务的需要

（一）便捷

本书第三章已经指出，旅游者对旅游时间的知觉非常敏感。许多旅游者已习惯于平时的快节奏生活，当他们一下子转到真正休息所需要的那种缓慢的生活节奏时，往往会感受到一种与时间相关的紧张情绪。他们自然希望旅行途中所花费的时间是短暂的。所得到的旅游交通服务是方便快捷的。

另外，一天中每个人所支配的时间是固定不变的，只有 24 小时。这种限制促使人们寻找一切途径来节约时间，突出的一点是人们往往试图减少用在枯燥乏味的杂务和其他活动上的时间。以便抽出更多的时间去从事他们极感兴趣的活动。途中旅行通常是为达到旅游目的地，并非旅游的目的。故旅行时间常被旅游者认为是无意义的、枯燥乏味的。特别是长距离的旅行，容易引起身体和心理的疲劳。因此，旅游者对旅游交通服务常有"方便快捷"的生理和心理的需要。当旅游交通不便捷而又没有其他的旅游刺激因素时，旅游者常常可能因此而产生厌烦的情绪体验和疲劳的生理体验。这就是许多旅游学者提出"旅宜速"的原因所在。

在旅游过程中，人们总是期望尽快地从一地赶到另一地，尽量地缩短时空距离。很多旅游者选择飞机作为交通工具，因为它是到达旅游目的地最迅速的方式。若乘火车旅行，也往往选择乘直达快车或高速列车。现代旅游交通工具的进步，正是为适应人们对"行"要求"便捷"的生理和心理需要而发展起来的。如 20 世纪 70 年代欧洲等地就发展了高速列车、高性能汽车、高速公路等，现代航空工业的发展将进一步开发跨洲的长途、高速的飞行工具。这一系列旅游交通服务设施的高速化，正是为适应旅游者的时间知觉，满足其节省时间及要求交通服务"便捷"的生理和心理的需要。

（二）准点

人们普遍认为时间是宝贵的资源。所以每个人在利用这一宝贵而固定的资源时，总是按照他们认为最满意的方式分配其时间，如工作时间、生活时间、消费时间、文化时间、社交时间、空闲时间等。旅游时间也是旅游者有限时间里的一部分，它被分别安排成旅行时间、游览时间、用餐时间、休息时间等。又因为旅游交通带有严密的连贯性，前一站的误点和滞留要影响下一站的游览活动，因此，会发生一系列的经济责任时间，如房费、交通费、餐费等的结算时间等。对部分旅游者还可能诱发一些严重问题，如有些入境旅游者不能按时出境，返回本地被业主解雇等。所以，旅游者对旅游交通服务普遍具有"准时"的需要。这种需要，是人们计划旅游活动内容、保持正常的生活和工作节奏的基本需要。如果旅游交通服务不能按计划要求准时运行，提前或推后都会打破旅游者的心理平衡，他们感到一切都被"打乱"了，产生焦虑、不安、甚至反感、恼怒的情绪体验。它有时会直接损害旅游者的事业或健康，影响旅游活动的开展。旅游交通服务部门应充分认识到，"准点运行"是旅游者对旅游交通服务最基本的生理和心理需要，是维持旅行正常秩序的重要保证，是旅游交通服务最基本的工作规范。

(三) 安全

在马斯洛的"需要层次论"中，曾提到人类具有安全的需要。认为安全需要是人们满足生理需要后，最基本的一种需要。旅游者对旅游交通服务同样也具有"安全"的需要，而且是作为一种最为关注的首要需要。旅游者的安全需要在旅行途中表现特别突出。人们期望"一路平安"，决不希望发生交通事故。

人们外出旅游是为了满足生理需要和心理需要，然而只有在安全的保障下，才能乐在其中。安全是旅游活动的前提。只有被认为是安全的旅游交通服务，人们才敢"游"，才能"游"从而消除紧张不安的心理状态。因此，旅游交通只有在确保游览安全的前提下，才能构成有效的服务，某一地区如果海、陆、空交通事故不断，旅游者连起码的安全都没有保障，则必然破坏该地区旅游的形象和市场发展的前景。

(四) 舒适、快乐

旅游作为一种娱乐活动，投入的是时间和财力，产出的是精神上多层次、多方位的享受。它所产生的价值在很大程度上取决于舒适与快乐的感受。这种快乐不仅限于旅游目的地，而且贯穿于旅游活动的全过程，当然也包括旅游交通舒适而快乐的需要。人们休闲外出旅游是为了放松自己而得到物质和精神的快乐享受，旅途"舒适方便"的交通服务，正是迎合了这种生理和心理需要。旅游交通服务不仅要为旅游者提供"行"的方便，而且也要为旅游者提供"行"的舒适与快乐。在旅行中旅游者都希望交通设施条件良好，它直接影响旅游者各种感官的舒适程度。

(五) 多样性

旅游者对旅游交通服务的需要带有明显的多样性。根据抽样调查，目前国外旅游者参加我国为期两周长线旅游团一般均要访问 5~6 个城市，即要搭乘 3~4 次飞机和 2~3 次火车。旅游者的这一需要特性，对于科学地计算交通运输的需要量和发展旅游交通建设极为重要。另外旅游者构成上的多元性，决定了旅游者要求旅游交通服务的多样性。在旅游活动中，使用飞机、船、车等各类交通工具，就是用以满足不同旅游者对旅游交通服务的需要。

第二节　旅途中旅游者的心理状态及旅游交通服务的改进

一、旅途中旅游者的心理状态

随着航空事业的发展，飞机这种快速、方便、舒适的交通工具吸引力越来越大。特别是在其安全性能得到可靠的保证以后，飞机已成为旅游者旅行，特别是长途旅行理想的主要的交通工具。这里仅就飞行途中旅游者的一般心理作一简单的描述，以此来说明旅途中人们的心理的一般模式。

乘坐飞机旅行是旅游者一种美好的享受。旅游者离开家人在一片"旅途愉快"的送行声和挥手告别之后，由空中小姐领入机舱。在马达轰鸣、飞机一跃而起、直插云霄的时刻，旅游者会因为将脱离日常生活的束缚，接受新的体验而产生激动的感觉。

随着飞机在空中平稳地遨游，这种激动的紧张感减弱，取而代之的是一种解放的自得感。人们心神舒展，行为自由。由于好奇心的驱使，旅游者常常透过机窗看窗外翻滚的云海，鸟瞰大地的宽广、高山的渺小及城镇、河流、田野等。饱览一番与地面所视不同的景象。这时空中小姐的热情服务，美味的空中食品和机舱内幽雅清洁、温暖舒适的环境，都会增添旅途的情趣，使旅游者消除生理上和心理上的疲劳，产生舒适、愉悦的情绪体验。但由于在空中航行，旅游者不同程度的紧张和担心也可能产生，这是旅游者处于安全要求的考虑。

同样，乘火车、轮船、汽车的旅客对旅途也有要求安全、舒适、热情友好的服务的需要。旅途中人们对噪声、空气污染、温度变化异常反感。所以现代化的交通工具都应提供减音装置和空调设备。如果在旅途中能领略异地、异国的民俗、民风、地形、地貌，又能听到有关沿途风光的有趣介绍，或伴以适当的文化活动，如民族音乐欣赏，便会增加旅途乐趣，活跃旅行气氛，解除长途旅行中使旅游者产生的生理和心理上的烦闷和焦躁不安的感觉，使旅游者的心理得到调节。

飞机降落或车、船到站，旅游者投身一个陌生的世界，因人生地疏而产生莫大的不安。旅游者此时可有多种行为反应，有的东张西望，有的沉默寡言，有的大声喧哗，这种现象对刚入境者尤为明显。复杂的行为表情反映了复杂的心理状态。旅游者在经历一段旅行到达目的地后，一般说都迫切需要到饭店休息。他们希望从机场（码头、车站）到饭店手续简便，快捷便利，服务热情。旅游者希望认识这个陌生的地方，并将有一个欢乐、舒适、愉快和安全的旅游历程。

我们了解旅途中旅游者的一般心理，有利于我们在旅游交通服务中更好地结合旅游者的心理需要和旅游者对旅游交通的知觉，采取一些改进旅游交通服务的措施，以满足旅游者的需要，减少旅游者旅途中的挫折感。

二、改进旅游交通服务

1. 旅游交通要确保安全

安全是旅游交通服务最基本的工作。人类机体本身就是追求安全的机制。旅游交通服务工作最重要的一环是确保游客安全，要采取一切有效的措施，防止交通事故的发生。因为一次"空难"在人们心理上留下的阴影，少则几月，多则三五年才逐渐消退。

2. 旅游交通服务设施现代化

旅游交通服务的设施是为旅游者服务，并获得最佳心理效果的硬件条件。"工欲善其事，必先利其器。"所以，首先应加强硬件建设，机场、车站、码头、运输工具及服务应逐渐实现现代化、网络化。

3. 旅游交通服务系列化

现代旅游交通不仅仅是解决旅游者"行"的问题，而且应该为旅游者提供"行"的全方位服务。在充分认识旅游者需要节省时间、获得方便、快捷的交通服务的需要的前提下，应使旅游交通服务逐步系列化。如我国首都机场不仅有现代化的航空设备，而且在机场设有银行、电话、电报室、画廊、商店、出租汽车站、餐厅，在贵宾休息室内还有70多幅壁画，使旅客置身于美丽的画廊中，得到快乐的美的享受。

4. 旅游交通服务情感化

旅游交通服务是为旅游者提供的一种服务，旅游者对服务的知觉很重要的方面来源于服务人员的态度。所以要提高旅游交通服务的质量，获得最佳的效果，就必须加强交通服务的软件建设。要培养服务人员良好的心理品质。如高尚的情感，坚强的毅力，敏锐的观察应变能力等。他们应善于了解旅游者的好恶、困难、需要和愿望，善于捕捉旅游者心理和情感的变化。在客观条件许可的情况下，"动之以情，晓之以理"，尽量满足旅游者对旅游交通服务的合理要求，做旅游者的知心人。

复习与思考

1. 解释下列概念：

(1) 旅游交通；(2) 旅游交通服务。

2. 旅游交通服务包括哪些内容？

3. 旅游者对旅游交通服务的主要需要有哪些？

4. 谈谈改进旅游交通服务的策略。

第二十一章　饭店服务心理

旅游业是以旅游资源为基础，旅游服务设施为条件，向旅游者提供一系列旅游服务的行业。饭店是旅游供给的基本构成因素，是旅游业经营活动必不可少的物质条件，因而是旅游业的重要组成部分。旅游者在旅游目的地的"住"和"食"，通常都在饭店内进行。

在这一章，首先讨论影响饭店服务质量的因素，考察住宿客人的需要。在这之后，阐述饭店前厅，客房以及餐厅服务的心理因素。

第一节　旅游者的住宿心理

一、旅游者与饭店服务

旅游者经历了一段时间的旅行到达旅游目的地或中转地后，迫切需要解决住和食的问题，饭店要为他们提供相应的服务。旅游者对饭店的住宿和餐饮服务有怎样的生理和心理需要？饭店的经营，管理，服务等从业人员如何才能为旅游者提供最佳的服务？这些问题都是现代饭店业需要研究和解决的。它们作为饭店经营策略和服务措施制定的重要依据，关系到饭店业经营的成败。

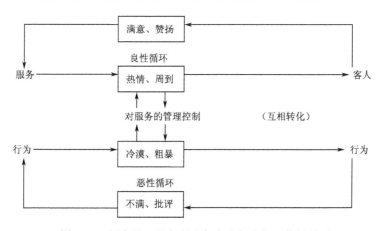

图 21-1　饭店员工服务行为与客人行为相互作用关系

现代饭店要获得成功，必须以服务质量求生存。而服务质量的高低常常以服务人员提供服务时的行为、态度及宾客在享用服务时获得的感受和满意程度为衡量标准。饭店员工的服务行为与客人的行为是相互关联、相互影响、相互作用、相互转化的，如图21-1所示。

饭店的服务质量除取决于饭店的设施（设备）的质量，有形产品的质量（餐饮，购物），劳务的质量（员工提供的服务），饭店的环境质量（自然环境，人际环境）等技术与功能质量外，还取决于旅游者对饭店服务的期望值和经验质量相比较得出的感知服务体验。饭店服务的最终质量是旅游者将期望值与实际感受相比较后获得的满足程度，常产生如图21-2所示意的四种结果：（1）期望值高，实际感受好，客人感到如愿以偿，感知服务质量高；（2）期望值低，实际感受好，客人感受出乎意料地好，感知服务质量高；（3）期望值低，实际感受很一般，感知服务质量还可以被接受；（4）期望值高，实际感受差，客人感到名不副实，产生极大失望，感知服务质量最低。

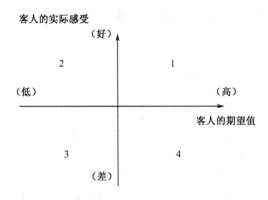

图 21-2　客人期望值、实际感受与满意度的关系

由此可见，在饭店服务中必然涉及众多心理学上的问题，值得我们去探讨。国际著名的美国假日旅馆公司（Holiday Inn）提出了"为旅客提供最经济，最方便，最令人心情舒畅的住宿条件"的经营方针。这里的"最"也就是从最需要的方面去研究服务对象。它的创始人威尔逊（Wilson）曾通过一次旅游，亲身体验和考察了作为一个旅游者的心理需要，然后制定出相应的改革方案和措施而取得了巨大的成功。所以，一个成功的饭店企业家，必须不断地捕捉顾客经常变化和可能出现的潜在的需要，使旅游饭店的服务不断地适应发展着的旅游者的新需要。它使现代意义的饭店提供的服务已不仅局限于住宿和膳食，而且在行、游、购、会议、通讯、贸易、娱乐、健身等众多方面也能提供多功能、全方位、系列化的服务。在这一章，我们仅就饭店住宿及餐饮服务心理，作一简单的阐述。

二、住店客人的需要

旅游者的心理活动随着时间、地点、旅游活动的不同阶段、环节及客观事物等发生着变化。心理活动就是活动着的心理状态，是一个动态过程。当旅游者到达饭店，首先必须了解他们需要些什么，这些需要的满足将在旅游者的心理上产生什么样的反应。

旅游者住进饭店后，即成为饭店的"客人"，他的主导需要是有个临时的"家"，解决生活上的基本需要，这是旅游者到饭店来的最主要的动机，饭店的客人在这一动机的支配下，具有哪些具体的生理和心理需要呢？饭店接待的客人除少数是专门常住客人外，一般客人逗留的时间都比较短。客人的年龄、性别、职业、国籍、种族、宗教等情况各不同，需要复杂。我们这里仅讨论最普遍的，最基本的需要。

1. 方便

任何旅游者都需要下榻的饭店为他们提供各种方便。如饭店在交通上是否方便？在营业时间上是否方便？办理住宿和离店手续是否方便？服务的项目能否满足生活、工作、娱乐等方面的要求？是否有洗衣、商场、邮电通讯设施等配套服务？行李运送是否快捷？实际上，旅游者不仅要求饭店提供食宿的方便，而且希望饭店能提供以上一系列各种服务的方便。总之，"方便"是旅游者在饭店时最基本的需要。饭店若满足了旅游者要求方便的正常心理需要，会使旅游者在心理上产生安慰感，激发愉快、舒适的情绪体验，消除旅途中的疲劳和对新"家"的种种不安心理而产生稳定感。

2. 安全

安全是旅游者非常敏感的问题，也是旅游者要求满足的最重要的需要之一。现代饭店，加强防盗、防火的设施和措施，训练服务人员在安全防卫方面的基本技能，重视对旅游者财物的管理保护，加强烟尘报警装置，电子门锁等防卫措施等，都是为了满足旅游者对安全的需要，以保障旅游者在饭店中愉快安全地度过短暂的旅行生活，缓解旅游者对新"家"的心理紧张感，产生平安保险的感觉。

3. 卫生

旅游者在外旅游，尤为关心下榻的饭店是否清洁卫生。因为它不仅使旅游者在生理上有一种安全感，而且也使旅游者在心理上产生舒适感。因此，无论是高档的五星级饭店，还是经济型的饭店，其内外环境的清洁卫生都是旅游者十分关心和重视的。美国康奈尔大学旅游管理学院的学生曾花了一年的时间调查了三万名旅客，其中有 60％ 的人把清洁、卫生列为住宿饭店的第一需求因素。如果饭店住宿和饮食条件不够清洁、卫生，将导致旅游者心理上的反感，从懊丧、厌恶、愤怒，直到要求立即离开这一不清洁卫生的场所，更换饭店。

4. 安静舒适

旅游者经旅途的劳累而投宿饭店，多数希望有一个安静舒适的场所使其消除疲劳。人们休息时，普遍的心理现象是最讨厌不安静因素的干扰。为此，现代饭店不仅注意选址，而且门窗都采用隔音性能良好的材料制作。在服务中注意轻声化，使安静舒适的气氛不仅在客房，而且在门厅、餐厅、商场等其他部门也取得协调，以满足旅游者心理上的平和感，舒适感。

5. 平等公道

旅游者外出旅游是为了得到一种心理满足，其中包括希望得到别人的尊重，希望受到公平合理的接待服务，即"一视同仁"，不因外表、社会和经济地位的差异受到冷遇或在价格上感到吃亏。旅游接待服务的平等性，旅游产品价格的公道性，也是旅游者的心理需求之一。旅游者在饭店中生活，理应享受公平的待遇，自尊心应得到满足。旅游者对此类需求不仅强烈而且异常敏感。只有旅游者认为在接待上、价格上是公平合理的，才会在心理上产生平衡感，感到不受歧视和欺骗。服务工作的不平等，价格的不公道会造成旅游者的挫折感，甚至进行投诉而使饭店陷于被动的境地。

三、住宿客人的个体差异

饭店是提供旅游者生活服务的基地，以上所述的各种需要是旅游者在饭店生活中的一些共同的、一般的心理活动，但是，旅游者的具体情况，如国籍、职业、家庭、性别、年龄、教育程度、生活习惯、收入水平、文化背景、宗教信仰、经济及社会地位等不同，旅游者的兴趣、爱好、个性等也不同，对上述需要的表现形式和内容必然存在个体差异。例如，有的需要价格低些的单人间，有的要住套房或豪华套房，价格要贵些以显示其地位；有的喜欢中国茶，有的喜欢矿泉水，有的要喝咖啡或果汁等等；有的惯用西餐，有的喜欢品尝中国菜和地方风味小吃。因此，饭店服务应尽可能地了解旅游者的个体差异和个性特征，采用针对性措施提供有效的饭店服务。这种有效的服务按照饭店的目标客源市场的不同需求，来设计饭店服务的不同标准和程序，努力使不同需要的客人在饭店都能得到满足。

第二节　前厅服务心理

前厅包括门卫、迎送岗、行李服务、电话总机及饭店的枢纽——总服务台。前厅的预定服务，办理入住、离店服务，行李服务，迎送服务，都是饭店为旅游者提供最基本服务的支持服务，即是饭店为了使旅游者得到最基本的服务而提供的一些必需的促进性服务。它是基本服务能够被旅游者消费而向旅游者提供的前期服务工作，是以后旅游者对饭店服务印象产生的基础。当旅游者步入饭店的前厅，他们有哪些心理活动呢？这是饭店前厅服务心理必须研究的问题之一。

一、旅游者在前厅的一般心理需求

1. 尊重

当旅游者踏入饭店，在前厅中求尊重的心理特别强烈和敏感。他们期望自己是受欢迎的人；期望面临的是服务员热情的接待服务，看到的是笑脸，听到的是礼貌友好的语言；期望尊重他们的人格、习俗及信仰；期望尊重他们的朋友、客人；期望服务人员能仔细解答所提的问题，耐心倾听他们的意见、要求，并提供他们所需要的针对性服务。总之，期望进入一个充满友好，令人愉快的环境氛围之中。

2. 快捷

旅游者经过长途旅行到达旅游目的地或中转地，进入饭店是为了解决休息和饮食的问题。旅游者这时对时间的知觉特别的敏感，不希望在前厅耽搁较长的时间。他们渴望行李搬运平稳而迅速，验证技能熟练，入住手续办理的准确、快捷、要求服务高效率。

3. 求知

饭店宾客来自四面八方——祖国各地或世界各国。初来乍到的旅游者对旅游目的地的物产、景观、风土人情都不太了解。他们步入饭店前厅具有好奇的求知心理。他们需要了解客房的分类、等级、价格；需要知道饭店餐饮的服务项目、特点与价格；需要了解饭店的其他生活服务设施能提供什么服务；需要了解当地的风景名胜、文物古迹、参观景点、购物中心、交通线路、地理位置等状况。所以，前厅总台往往要备有如上的一些资料供宾客使用，服务人员也要对这些了如指掌，随时准备应答，以满足宾客的求知心理。

4. 方便

旅游者在前厅期望能快速并方便地办理住、离店手续，能为他们提供诸如订票、订餐、交通、通讯、外币兑换等多方面的系列化的方便服务。

二、前厅服务的心理因素

（一）努力给旅游者留下美好的第一印象与最后印象

旅游者进入饭店，首先是用感觉器官去感知周围的事物，然后通过思维作出初步的评价。人们对任何事物的"第一印象"与"最后印象"将深刻地印在脑海中，影响以后对事物的评价。饭店的前厅是一个综合性的服务部门，服务项目多，服务时间长，住店的任何一位客人都需要前厅提供服务；当客人进入饭店时，首先映入眼帘的是前厅的环境；首先为其提供服务的是前厅的工作人员；当客人离开饭店时，最后一个为他提供服务的也是前厅的服务人员；最终留下的饭店形象也是前厅的形象。前厅的优质服务是饭店服务质量的窗口，客人对前厅服务工作的评价关系重大，因为客人会通过前厅的服务工作来联想整个饭店。前厅的环境、服务人员的相貌、仪表、态度、谈吐、举止、前厅的整体形象等，都具有心理学意义上的"晕轮效应"，它决定着旅游者对饭店的"第一印象"与"最后印象"。旅游者一般住宿的时间都不长，往往在前厅接待服务产生的深刻的"第一印象"还未消失，还未发现饭店服务中的问题时，旅游者又带着"最后印象"离开了。所以，各饭店都十分重视在前厅服务中"第一印象"与"最后印象"的特殊意义和产生的巨大心理效应，注意运用"晕轮效应"，树立饭店在旅游者心目中的良好形象。

1. 注意前厅环境的布置

前厅环境的布置关系到客人第一与最后印象的建立。它在时间上只是一瞬间，但作为记忆表象却可保留很长时间。前厅的环境是一种对旅游者的"静态服务"，从布局到装饰、陈设等因素，都构成一种对旅游者产生心理影响的接待氛围。

（1）合理布局。如停车场与饭店前厅间的距离不宜太远，大堂容量应设计合理。

（2）美化环境。当旅游者来到前厅，首先给他们的印象应是美观、整洁、清新而富有特色的和谐美。前厅的环境美可从以下三方面着眼。

1）意境美。意境是中国特有的美学范畴，是中国文学艺术构思极为重要的方面。如在黄河岸边饭店大厅装有二架徐徐转动的黄河水车，潺潺的流水，使人联想到伟大的母亲之河。强烈的地方和民族气息给旅游者印象极深，使前厅具有特色。

2）装饰陈设美。前厅人流频繁，来去匆匆，多不作过久的停留。因此，装饰陈设以具有观赏性的大效果为宜，客人只需通过浏览，即可产生良好的印象。室内的装潢设计要着意创造一种适宜人际交流的接待气氛。

3）整体美。无论营造怎样的大厅意境，装饰陈设采用何种格调和具有何等的艺术色彩，都应注意前厅整体美的和谐效果。如注意色彩的统一基调。大厅色彩的基调要明朗、热烈，并具有强烈的吸引力，又与饭店整个的室内装饰的色调基本保持一致，创造一种统一的整体环境的美。另外，必须时刻注意前厅的整洁美化。如我国著名的白天鹅宾馆，门厅的大理石地面每 15 分钟清扫一次，始终保持洁净如镜。

美国旅馆协会会员汤姆·赫林认为，对于饭店的环境和一切设施都应考虑到：当这座饭店出现在你面前时，脑子里对它的感觉是什么？要求是什么？向往和渴望又是什么？他认为旅游者需要的是现代化的生活方式，既要有时代感又要有特殊感（领略民族特色）；既要有文化又要有娱乐。他设计的饭店里有热带花卉、热带灌木林、珍珠云母石、庭院式游泳池及钢琴酒吧、中美洲木琴乐队等。他充分利用环境对人的心理作用，使环境随时随处在优美整洁的接待气氛中，给客人留下美好的印象。

（3）设置醒目的标志牌。前厅是为旅游者提供多种服务项目的场所。醒目的标志牌，使宾客一进入大厅就对各服务部门和服务项目一目了然，以适应和满足旅游者求方便、快捷的心理需求。标志设置应与整体布局构成和谐的统一美。

2. 重视员工的仪表美

前厅接待人员的仪表美与环境美应和谐辉映。仪表是人的精神面貌的外在体现，是给客人良好印象的重要条件。前厅的所有工作人员，从门卫到大厅、总台的员工都应进入各自的"角色"，以自己整洁大方，自然礼貌的仪表去吸引客人，努力营造一种信赖和亲近感的心理效果，使旅游者在饭店这个"旅客之家"备感温暖，留下良好的第一和最后印象。

3. 培养员工优美的语言

语言是人们沟通信息、交流思想感情的媒介。服务人员的语言直接影响宾客的心理活动，可令人喜，也可招人厌，甚至使人怒。前厅从门卫到大厅，从总台到行李运送、电梯、电话等服务人员，应主动热情地说好第一句话，先声夺人，使服务工作在良好的气氛中进行，给宾客留下亲切、愉快的感觉，赢得良好的印象，为以后的优质服务打下良好的基础。前厅员工的语言在内容上应简洁、准确、充实；在语气上应诚恳有礼；在语言语调上应清晰悦耳。另外，要尽可能地多掌握几种外语与方言。在接待中应杜绝"四语"，即蔑视语、烦躁语、斗气语、否定语。在服务中要有欢迎声、问候声、致谢声、道歉声、告别声。这是前厅员工优美语言的体现。

4. 系列化服务技能的培养

前厅的服务项目繁多，除了服务人员仪表、语言反映服务态度亲切外，还必须有娴熟的服务技能密切配合，才能给客人留下良好的初始和最终印象。心理学上的技能是指通过练习而巩固下来的接近自动化、完美化的动作方式。服务人员应熟练掌握本岗位的服务技能，才能使旅游者感到服务是方便的、周到的、亲切而舒适的。如行李运送不仅要及时、快速，而且要轻拿轻放，采取保护性措施避免碰撞。再如，总台员工需要具有娴熟的验证技能，住房分配与登记技能，客流统计和财务计算技能，解答和征询技能，方便、快捷的服务能解除旅游者心理上的焦虑感，使旅游者在前厅留下美好的印象。

5. 周到的服务

前厅周到的服务不仅要求服务人员有娴熟的服务技能，营造和谐的气氛，而且还要善于鉴貌辨色，从旅游者的表情、神态中了解其需要，尊重旅游者的心理需求。同时，要充分运用现代技术，不断改善饭店前厅的服务设施。如，增加电脑、电报、电传、复印、打字、电子信箱等服务设施与项目，使旅游者的各种需要都能恰到好处地得到满足，充分体现前厅服务的主动周到。另外，为体现服务的周到，现代饭店常在大厅里设有经理助理担任的公关人员出面协调各方面关系，处理旅游者的投诉等。这一有效的措施体现了饭店对旅游者的尊重与关心，无形中提高了饭店的形象。

(二) 旅游者咨询服务的心理因素

旅游者初来乍到，人生地不熟，常在前厅问询处向服务人员询问各种问题。服务人员应如何对待旅游者的各类提问？美国希尔顿饭店集团在服务规范中规定，不能说"NO"（不知道）。这可以说是对待宾客询问的最佳心理策略了。这一策略在我国饭店中也同样适用。旅游者一般询问的问题总是同该饭店的服务或是他们在当地旅游相关的问题。如能否代办车船票？去某某地方如何走？餐厅几点供应早餐？作为饭店前厅的服务人员多数应该知道。若由于分工不同，对超出自己工作范围的事可能不清楚、不知道。但应该通过了解、询问，把"不知道"

变为"知道"，最终给旅游者一个满意的答复。即使答案不够理想，旅游者也会因得到尊重、关心，满足了其求知、求尊重的心理需要。

第三节　客房服务心理

客房是旅游者在饭店生活中的主要场所。现代旅游者心目中的饭店客房，已不再仅仅是满足消除机体疲劳的栖身之地，他们除了利用客房住宿，进行静止的休息外，有的利用客房接待亲友，进行社交活动；有的从事公务、商务等活动；举行小型集会；有的还要在客房内就餐、就医。他们期望在饭店的一切基本需要能在客房生活期间得到满足，并受到热情周到的服务，获得物质和精神上的享受。客房已不单单是卧室，客房的设计与陈设应该有利于旅游者的使用。客房内的陈设若有缺陷和不足，客人便会认为自己是不受欢迎的。客房服务范围广泛，如整理床上卧具、清扫客房、浴室；传递口信留言，提供叫早服务、衣物洗烫等等。不仅服务范围广、内容多，而且旅游者的需求各异。要做好客房的优质服务，关键是了解宾客在客房活动的规律和心理特点，尽可能满足其心理和生理的需要。本着一切为顾客着想的服务宗旨，采取预见性、针对性的有效服务措施，提高饭店的声誉。

一、旅游者在客房的需要

1. 整洁、卫生

整洁、卫生的客房环境是旅游者在客房中的最重要的需要。它不仅是旅游者在外旅游期间生理上的需要，而且能使旅游者在心理上产生舒适感、安全感。旅游者希望客房的用具，特别是直接与生理接触的口杯、被褥、浴缸、卫生设备等都严格消毒。卫生间清扫后应贴上"已消毒"的封条，在茶具上要蒙上塑料袋等。所有旅游者，对客房内外的任何角落、任何时间、都始终存在着清洁卫生的需求。

2. 安全

旅游者外出携带的钱财、行李等最担心丢失。他们希望住宿期间安全，不发生任何物品的丢失，不希望财物被盗而给自己的旅途生活与返家带来困难，也不发生意外事故。

3. 宁静、舒适

旅游者在客房休息的时间往往不受生活节律的限制，白天也可能在客房内休息；晚上可能在工作。即使无客人休息或工作，客房内外宁静的环境也使人轻松舒适的感觉，客房的宁静、舒适是衡量客房服务质量的一个标准。

4. 方便

旅游者外出旅游，饭店的客房就是他们的临时的"家"，他们希望客房能提供像"家"一样的方便服务。如备有常用的生活、文化用具，代客洗衣、缝补、代熬中药等。

5. 尊重

游客住进客房不仅希望客房服务人员热情的欢迎，而且希望服务人员要尊重自己的人格，要尊重自己对客房的使用权，尊重自己的生活习惯，尊重自己的客人等。

二、客房服务的心理因素

(一) 良好的服务态度

优质的客房服务首先体现于服务的态度上，具体应做到以下五点：

1. 主动

主动的服务态度指服务于客人开口之前。主动为客人排忧解难；主动迎送、引路、让路；主动电梯服务；主动介绍服务项目、代客服务；主动照顾老弱病残、问寒问暖等，使宾客在客房得到贵宾的享受，获得尊重、方便、舒适的心理感受，消除旅游在外的不安定感。

2. 亲切、热情

客房服务员在态度上不仅要主动，而且要亲切、热情。客房服务人员的热面孔应是感情上、行为上的尊重关心和深刻理解宾客的需求。若能用乡音接待宾客，能使远离故乡的旅游者有他乡遇故知的亲切感，在心理上得到一种满足和放松。亲切热情的服务可消除旅游者的陌生感、疏远感和不安定的情绪，增强依赖感而缩短与宾客间的感情距离，以取得宾客对服务工作的支持与谅解。

3. 礼貌

客房服务在服务方式上要注意礼节、礼貌。如客房的清洁工作不仅要主动，而且要注意工作时间、场合、环境、方式。一般采用背后服务的方式，以不打扰和影响旅游者正常的客房活动为度。若客人给出"请速打扫"的标志，应立即迅速清扫。若客人在场，经允许可当面清扫，但要注意礼节、礼貌。动作要注意技巧、轻盈娴熟，避免一切可能引起旅游者反感的因素，显得彬彬有礼。在清扫、送开水进入客房之前，要养成先为客人考虑的良好习惯。注意门上有无"请勿打扰"的牌子，未经允许不得入内。未敲门而入，从门缝往里看或发现客人用错室内设备而嘲笑等，都是不礼貌的行为表现。另外，客房服务人员要通晓各国礼仪习俗，把注重礼仪作为服务工作的习惯。这是人类相互尊重的需要，是产生共同语言、互相理解、感情沟通的基础。

4. 耐心

客房服务不仅在旅游者不太多的情况下，服务态度要优质化，而且在旅游旺季、客流量大、工作繁忙时也保持优质化。这就要求服务人员具有耐心以保持良好态度的持续性，有意识地控制和调节自己的情绪，注意耐心倾听客人的意见，耐心处理在服务中出现的问题和可能出现的投诉。

5. 细致、周到

细致、周到是客房服务优质化的保证，只有细致才能提供主动周到的有效服务。要将服务工作做在宾客开口之前，准确地对宾客的行为进行预测，这就需要服务人员具有细致观察的心理品质。如客人中有无要照顾民族习惯的，是否有病号需要特殊照料的，客房的家具、物品有无损坏、丢失的？工作中细致源于强烈的责任感、敏锐的观察力、记忆力和勤于思索的能力。如优秀的服务人员常因为工作细致获得客人的好评，他们细心观察客人的需求及周围的动态，了解客人的生活规律。当客人需要服药时，他们已将温开水倒好；当客人要休息时，他已将窗帘拉上，拖鞋已放好。这样细致的服务使客人大为赞叹，使客人在客房得到"家"一样的舒适感、安全感、亲切感，带来了主动周到的心理服务效果。

全面细致的服务态度还反映在客房的清洁卫生工作中。通常工作中的差错、客人的埋怨往往由于不细致而造成。如有些器具或房间的角落没有注意清扫或疏忽，往往会给整个工作带来否定的评价。如当夜间照明时，台灯的灯泡和灯罩上面若有尘土，就会暴露无遗；浴缸上的水锈痕迹令客人心理上感到很不卫生；蚊、蝇、蚤、鼠等若出现于客房中，对宾客在心理上的影响是可想而知的。这时，服务人员在被动的情况下应妥善处理，向客人表示歉意，尽可能减少客人的不满情绪。

　　细致的服务还反映在注意服务的分寸，注意如何使客人放心、增强客人的信任感。如宾客在房内放了很多物品和钱财，在清扫服务时，应尽量不随意移动。一般衣物、书籍可适当加以整理，但应注意细致。如某服务员清理桌面在合上客人打开的书时，在书页中着意夹上一小纸条，这一细小的动作带来了客人的好评。可见细致周到的服务对客人的心理影响之大，它是赢得客人积极评价的有效途径之一。

（二）加强超常服务、提供延伸服务

　　旅游者对房间的一般功能性服务的提供往往不屑一顾，反应不热烈，他们认为这是饭店客房应该提供的最基本的服务。但是，他们对服务人员提供的超常服务及延伸服务却十分的赞赏。因为超常、延伸服务是给旅游者在核心服务（如清洁、宁静、安全的客房）和支持核心服务的促进性服务的基础上，提供的一种额外超值服务。它超出了一般饭店客房功能服务的范畴，增加了核心服务的价值，使本饭店的服务产品区别于其他饭店，并且新颖独特，给旅游者带来超值的心理享受。如客房提供用餐服务，客房小酒吧服务，洗衣、熨衣、擦皮鞋服务，小孩及宠物照看服务，商务秘书服务，客房健身服务等。再如前面提到的服务人员主动、热情、亲切、耐心的情感服务，细致、周到的细微服务，如准确传达留言、按时叫醒客人，除提供针线包、信笺、墨水、笔、电话号码、电视节目单等以外，注意寝前开灯、掩床角等细小服务，雨天设有"借伞处"、发鞋套等。这些看似小事，却在细微之中见真情，真正体现服务至上、宾客第一的原则。这使客房服务的范围不断扩大，从满足客人的基本需求，发展到满足客人的多种需求包括心理需求，给客人带来意外的惊喜，充分的心理满足。

　　另外，延伸服务（附加性服务）的另一方面来源于"静态接待服务"，众所共知的所谓客房"接待产品"，如小块肥皂，恰如其分地摆在床头的小块巧克力，以及矿泉水、多泡浴液、洗发液、牙膏、擦鞋器（巾）、小盒火柴、茶叶、淋浴帽等等日常用品。这些微小"接待产品"向每一位客人提供了日常生活必需的一些用品，增加了客房的舒适度，同时为客人居住生活提供了方便，让他们更舒心。它们可能使宾客高兴，在客人心目中甚至会因此冲淡和弥补客房服务某种项目的不足，树立饭店好客的良好形象。

　　若饭店的经营管理者也能重视加强超常服务、提供延伸服务，则更能取得良好的成效。如饭店的总经理向客人赠送生日卡、节日贺卡、鲜花、礼品等超常服务。这方面已有成功的先例。世界最豪华的法国巴黎花园饭店，每位客人进住时都会收到一瓶香槟、一束鲜花、一封问候欢迎信，饭店的经理还亲自来客房看望。这一超常服务的方式满足了客人的心理需要，从而使这个房价不是以天计算而是以每小时 145 英镑收费的饭店却天天客满。

(三)服务操作系列化

客房的优质服务是为客人提供良好的以来、住、走为活动主线的系列化的规范服务。应做到主动、热情、礼貌、耐心、细致、周到。客房的超常、延伸服务在客房服务的各个阶段都应有所体现。为满足客人在客房阶段的需求，客房服务应向服务操作系列化的方向努力。

第四节　餐厅服务心理

餐厅是饭店的一个主要的服务部门。一般接待旅游者的饭店都设有餐厅以满足住宿者进餐的方便。当然，住店客人可以任意选择他认为合适的餐厅用膳，也可不在住宿饭店的餐厅而到其他地方去解决膳食的需要。怎样才能吸引住店客人非常高兴地走进餐厅，而又非常满意，甚至带着留恋的心情离去？这当然涉及多方面的综合因素，但核心问题是对顾客心理的研究。例如，某饭店在接待外国旅行团时，中午在餐厅设宴。经理在宴会开始，特地去表示欢迎嘉宾光临，为了表示敬意奉送四盘冷菜，并说明第一道菜是灯笼菜，表示中国传统中的张灯结彩、喜迎贵宾之意，博得了宾客的热烈鼓掌和喜笑颜开。住宿5天，宾客要求天天在饭店餐厅用膳，而餐厅供应每餐不重样，临走最后一餐又送了一道锅巴菜，经理到场解释这是取锅巴的劈啪声，表示热烈欢送并欢迎下次再来。在场的客人表示有机会一定会再来。这一例子中所采取的措施表明：餐厅服务中，有许多心理上的问题值得研究和探讨，若能迎合宾客的心理定能取得良好的效果。顾客走进餐厅的主导动机是用餐，但他也通过眼、耳、鼻等感官对餐厅和其他刺激物作出积极的反应，并伴随着情绪的活动迅速地作出思维的分析，调节自己的意志行动。顾客这一系列的心理活动，需要餐厅的经营管理者及从业人员有针对性地采取一系列的营销策略与服务措施来赢得源源不断的客源。

一、餐厅接待服务心理

饮食反映了每个国家（或地区）的人民传递的信息特征，饮食也是一种社会文化行为。对旅游者而言，这是旅游活动的一部分。地方菜系是美食学的方言，各地的旅游者都能够明白。把地方产品加工后为旅游者提供，是餐桌上表现的一种迎宾举动。

一个地区的资源、特点、处世哲学首先是通过烹饪具体表现出来的。地方菜系的菜谱同习俗、服饰、古迹、方言、历史的见证一样，属于文化遗产宝库。旅游者可在旅游饭店的餐厅中感受到当地的这一文化遗产，旅游与美食常并驾齐驱。但是美食的主体是人，即人的状况影响到美食的效果。再好的菜点虽然使用考究的材料，餐厅装潢也不错，若没有一种好客的气氛，旅游者在餐厅就餐也不会感到满意。不论什么样的餐厅，只有营造热情、接触、交往的条件和氛围，才能吸引旅游者前来用膳。我们必须真正使旅游者在餐厅中得到一种心理上的惬意感。餐厅中服务的价值是人所公认的，并日益受到重视。餐厅可在既有吸引力又有安全感的总前提下，去发展服务接待的观念。在法国某地区进行的一项调查中，有60%的顾客认为去餐厅本身的目的是寻求欢乐。

餐厅的服务人员不仅向旅游者提供优质的饭菜，而且向旅游者提供优质的服务，让餐厅始终洋溢着一种欢快的好客的气氛。同时，还要注意餐厅的外观、招牌、装潢、鲜花、桌椅的摆设等环境因素。

二、旅游者对餐厅的需求及餐厅服务心理

(一) 美的需要

在物质生活相当丰富的现代社会，对旅游者而言，在饭店的餐厅中充饥果腹已成为过去，品尝美味佳肴已成为人们外出旅游的一部分，追求美已成为一种时尚。旅游者在餐厅用餐是一项综合性的审美活动。为了迎合并满足旅游者的求美心理，我们可采取如下心理策略：

1. 树立餐厅的形象美

餐厅的形象是人们视、听、嗅觉各方面感觉组合的结果，常以视觉为先导。餐厅外表备受注目，首先映入眼帘，在视觉映象中存留。因此，餐厅与酒楼常通过自然与人工装饰等艺术手法，使餐厅的内外环境舒适美观、优雅大方而达到统一的和谐美，树立起餐厅的形象美。餐厅的招牌和门面的艺术设计构想中体现餐厅的建筑外观美与名称美；从餐厅内部环境的装饰材料、墙面的书画、天花板的造型、灯饰、窗帘上的图案、地毯上的花纹、屏风的浮雕彩绘，到餐厅内形态优雅的陈设，以及光线、照明、色调，甚至一张别具一格的菜单，都给客人提供一种视觉形象的美的享受，体现餐厅的内部形象美，以营造一种舒适、悠闲的美不胜收的用餐环境，吸引游客前来用餐。当然，餐厅是人们进食之处，整洁卫生的视觉形象能引起人们对饮食安全可靠的联想，它也是餐厅整体形象美的一部分。

餐厅的形象美在视觉的基础上，应注意听觉形象美的树立。优美的听觉形象不仅源于服务人员的语言，而且来源于宴乐的配置。音乐家李斯特曾这样叙述音

乐的奥妙："感情借着音乐中腾空直上的音浪，把我们带到超凌尘世之外的高处……"现代心理学的研究表明：音乐对人们的情绪、身心具有特殊的调节机制，优美的听觉形象可以促进食欲，调节旅游者的心境，使人感到轻松愉快。例如，在大型宴会上应有庄重热烈的气氛；在上菜时伴随《进行曲》给人动态的行进之美。如朋友相聚，配上《友谊地久天长》更能触景生情，使客人在餐厅充分品味饮食文化之形象美。在视、听觉形象美之外，注意餐厅中空气的调节、温度的控制，对客人可增强嗅觉的形象美，也是树立餐厅整体形象美的一部分。

2. 重视餐厅服务人员的形象美

鉴于旅游服务工作的共性，前面对服务人员仪表美、心灵美的论述，同样适用于餐厅工作人员。但餐厅不同于一般的旅游服务部门，饮食直接关系到人们的身体健康，餐厅人员形象美还应特别注意的是整洁卫生的美。餐厅服务人员的形象美可以从以下三方面入手：

（1）身体健康，容貌端庄，精神饱满，发式规范整洁，注意手部的卫生与美观。

（2）服饰清爽、美观、素雅卫生，给人以淡雅明快之感。传统常以白色为主色调，反映洁净之美。饰品应少。

（3）服务操作规范得体，热情有礼，姿态优美，讲究技巧。

3. 创造饮食产品的形象美

中国的烹饪技术可称世界一绝，中国饮食以色、香、味、形、器、名俱佳驰名中外。因此，在旅游饭店的餐厅中，创造中国饮食产品的形象美可谓至关重要。中国地广人众，各地的地方特色，风味佳肴品种繁多，美不胜收，极富特色。中国饮食文化源远流长，不仅可作为餐厅饮食产品形象美的基础，而且可作为旅游资源加以开发，增加餐厅的吸引功能。如许多外国旅游者慕名而来"一饱口福"，以满足其心理期望。

餐厅的饮食产品以菜肴为主体，中国菜不仅注重形式美，而且注重内容美。如中国菜常以名寓意，注重造型，利用烹饪中精湛的切、雕、摆、制、烹等技艺，在餐桌上展现造型优美的菜肴艺术美，宛如一盘立体的画，一首无声的诗，一支优美的乐曲，令人不忍下箸又垂涎欲滴，期盼品尝。中国菜不仅讲究色泽而且注意色彩的对比和协调而形成强烈的"色彩美效应"。旅游者在获得了视觉美的良好感受下，再通过食品自然散发的香气激发游客的嗅觉，诱发人们的食欲以调动就餐者的审美动机，构成正式品尝菜肴的重要的心理前奏。古人讲的"闻香下马，知味停车"，可谓言简意赅。餐厅中饮食产品创造形象美的最终目的是以食用为基本前提，故产品的形象美中应该注重味觉美。一道菜的好坏关键在味道的好坏。出色的餐厅厨师不仅应创造出本餐厅的产品，而且还会烹饪制出使外宾能够欣赏的中国风味菜。

总之，饭店餐厅，应从产品的形象美上得到视觉、味觉、嗅觉上的美感享受与心理的惬意感、满足感。

4. 注重餐具的形象美

古人云："美食不如美器。"餐具的形象可影响就餐心理。如一外宾在餐厅用餐时，看到两盆菜端上来时就摇头叹息，服务人员在他餐后征求意见时得知，他一看到盛菜的盆缺了个口，心理就不舒服，菜的味道也觉得差了很多。美酒、美菜应配美观的酒具、菜盘方能相映成趣。使用各种不同材质、形状、色彩、花纹的精美餐具，可把食品衬托得更加美观诱人，引人入餐，如同牡丹花再好也要绿叶相衬一样。当然，精美的器皿应注意与食物的配合协调。如食物量小，器皿不宜过大。

（二）尊重的需要

旅游者对尊重的需要在整个旅游活动中都会有所体现，在餐厅中表现尤为显著。常言"宁喝顺心汤，不吃受气饭"。若旅游者在餐厅中未得到尊重的满足，再好的美味佳肴也会食之无味。如果服务上的不慎或怠慢，使旅游者饭没吃好气就气饱了，餐厅的其他努力都是无效的。为迎合客人在餐厅对尊重的强烈需要，可采用如下服务措施。

1. 微笑迎送

到餐厅就餐的客人首先接受到的是服务员热情的服务。微笑迎接常令空腹的就餐者心情平和，感到自己备受重视。如果有较多的客人同时到达，服务人员不能一一应接，在展现亲切的微笑时，眼睛最好成"散光"状态面向所有的客人，使每个人都感到受到尊重，不至于顾此失彼。如前面提到的那位经理很理解顾客的心理，他出场迎送满足了顾客对尊重的需要，收到良好的效果。

2. 领座恰当

旅游者到餐厅用餐，服务员上前引领入座要注意观察顾客的特征，因人而异。如有生理缺陷的人总有自卑感，特别是在公共场合怕被别人看不起，怕别人触及他的缺陷。如一位右臂残缺的客人应被引领到右侧靠墙的位置用餐，使他的右臂不易被他人触及观察到。在他用餐时，他的自尊心得到满足，他一定会非常感激服务人员的细心照顾和尊重他的心理需要，愿再次光临该餐厅。这类旅游者的自卑感往往是人的尊重长期得不到满足而形成的挫折感的表现。他们若再受到嘲弄，甚至会采取报复行为。另外，服务人员对进入餐厅的恋人、老人、儿童等，在领座时要尊重他们各自的需要进行服务。

3. 尊重习俗

服务人员在介绍菜单、帮助上菜、倒酒和派菜等服务上，除应注意服务技巧外，还应尊重客人的风俗习惯、生活习惯。这就要求服务人员熟悉有关的知识，精心准备各类传统食品。即便是一双筷子、一方手帕，只要符合客人习俗，都会使客人有宾至如归之感，他们会因自己受到尊重而满意。

4."请"字不离口

在餐厅服务中，若多用"请"字，往往使客人感到尊重的满足。如顾客临门，服务员主动招呼"请进，欢迎光临用餐"；进门后服务人员引领客人到位后说"请坐"、"请点菜"；上菜前可先"请用茶"；当一盘菜上桌时招呼"请用餐，菜马上上齐"；若有顾客感到菜淡或要辣味时，服务人员就立即取来调料，并说"请自己适量添加"。客人进入饭店餐厅，若服务员"请"字不离口，顾客进餐一次便多食了若干个"请"字。这样的饮食、精神双"饱"正是客人所渴望的。

（三）卫生的需要

旅游者在餐厅就餐十分注意饮食卫生。基于旅游者对卫生的需要，必须做好环境、食品、餐具及服务的卫生工作。

1. 环境卫生

前面提到餐厅环境卫生整洁的视觉美，可使人联想到餐厅产品的卫生，卫生感又可为宾客带来舒适感和安全感。餐厅应随时注意环境卫生，保持地面清洁无污垢、杂物，走廊、墙壁、门窗、服务台、桌椅应光洁，灯光明亮无尘土，物品井然有序，空气清新，无蚊蝇等害虫。客人用餐后应及时清桌、翻台，以保证客人用餐环境的卫生。

2. 产品卫生

它是防止病从口入的重要环节。餐厅提供的产品不论生食、熟食应是卫生安全的。特别是凉拌菜要用专用的消毒处理工具制作，防止生、熟、荤、素菜间的交叉污染。有条件的餐厅可设冷拼间、专用冰箱，并配有紫外线消毒设备，以确保客人进食产品卫生。

3. 餐具的卫生

餐厅是公共用餐的场所。客人来自四面八方，客人用过的餐具、酒具难免污染上病毒或细菌。因此，餐厅必须有与营业相应的专门消毒设备和足够周转使用的餐具以保证件件消毒，或使用对环境无污染的一次性餐具以满足客人卫生的需求，放心用餐。

4. 按卫生操作规范提供服务

餐厅人员在餐台布置、餐桌准备和餐中的服务上菜、配菜、倒酒等方面，都应按卫生的操作规范提供服务。如上菜时手指切忌触碰食物，不然容易引起客人的不卫生感，甚至产生厌恶感，降低食欲。

（四）求知、求新、求奇的需要

旅游者常将品尝美味佳肴及中国传统的地方特色食品，作为旅游活动的一部分。求知、求新奇也是旅游者到饭店餐厅进餐的需要之一。心理学的研究指出：凡是新奇的事物总是引人注目、激起人们的兴趣，引发人们的求知欲。为此餐厅可运用如下心理策略满足旅游者的这一心理需要。

1. 创立餐厅的特色地方食品、名菜、名点

餐厅的经营应在特色上作努力，创建本地、本餐厅的特色食品和名菜、名点引导旅游者慕名而来，食之有趣、有味，满意而归。如南京的板鸭，北京全聚德的烤鸭，新疆吐鲁番宾馆餐厅的维吾尔风味的抓饭、拔丝哈密瓜等。

2. 主动介绍食谱、提供艺术菜肴的图片

服务人员在出示食谱和介绍食谱时，应将食谱中最能刺激旅游者就餐欲望的食品，言简意明、绘声绘色地表达出来，满足旅游者求知的欲望，促使旅游者产生浓厚的兴趣和对食物的选择。食谱的设计上除有食品美妙的名称和价格外，还可配上主要菜肴的图案照片。中国菜可谓是世界烹饪艺术园地里的一支奇葩，那灵秀精巧的艺术拼盘，精雕细刻的造型工艺，色、香、味、形、器、名浑然一体的和谐美，充分展现了东方饮食文化艺术的魅力。菜肴摆上宴席常令海外宾客惊叹不已，既供食用而又具有很高的观赏价值，令人不忍心马上食入腹中，希望摄影留念。为满足客人的这种心理，对名菜、名点、特色菜的优美造型图案，餐厅应备好有关图片或代为拍照留念，以满足客人求知、求新、求奇的需要。

3. 介绍菜肴的相关知识与典故

旅游者来餐厅品尝美味佳肴、风味特产，作为美食的旅游项目当然希望了解相关的知识。因此，服务员上菜时应报出名称，然后根据客人的需要说明其寓意、来历，甚至典故、传说，介绍一些菜肴的营养价值、特色用途，对感兴趣的旅游者，甚至可以介绍一些该菜肴的用料及烹饪方法，使旅游者不仅食之有获，而且满足其求知的心理欲望。

（五）快捷的需要

旅游者来到餐厅坐定点菜后，一般都希望餐厅能快速提供所需之菜而不愿意等待。一则是因为某些旅游者赶时间继续旅游或转车、船而情绪急躁；二则是因为在服务员上菜之前的这段时间，被人们感觉为无用时间，本来时间不长，但因人们感到无聊便觉得等了很久很久。为适应旅游者在饭店餐厅常常要求快速的这一心理需求，可采取如下服务措施：

1. 备有快餐食品

对急于就餐的客人，服务员应向其介绍一些现成的或快熟的菜和食品。如现在比较流行的快餐盒饭、方便面、熟菜、卤鸡鸭等，可满足这类旅游者的需要。

2. 简便手续，反应迅速。

旅游者一进餐厅，服务人员应及时安排好客人的座位并递上菜单，服务反应要快。在客人用餐时，及时发现客人的需要，及时、准确地满足客人的需要，以满足客人求快的心理。

3. 先上安客茶

旅游者坐定点菜后，若来不及上菜，可先献上茶安顿客人。这样客人边喝茶边等上菜就不会感到太无聊和服务太慢。当然喝茶的时间也不宜过长。

4. 及时结账

旅游者用餐完毕，账单应及时送到，如果因付账而等待，也许刚才吃得很愉快的那种美好情绪完全遭到破坏，甚至激恼客人。所以，为满足客人求快的心理，既不应使客人饿着肚子等，也不能让客人吃饱了等。

三、宴会服务心理

宴会是饭店中餐厅销售的主体。根据就餐对象的不同情况分政府部门、外事单位、商人宴客和特种服务宴几种。怎样才能使主、宾双方高兴而来,带着留恋满意而归?在餐厅服务中如何把握不同层次、形式、规格及目的的宴会接待服务?这就需要餐厅的经营管理和服务人员根据不同层次客人的心理特点,进行针对性的服务。

(一) 政府部门、外事单位宴会服务心理

这类宴请常常是规格层次较高,宴会气氛应当正式隆重,以表达主人的热情友好,宴会中不能出现有损国格之事。客人常是来自异国他乡的国际友人,理应受到贵宾的礼遇。主、宾双方对宴会的心理期望值都较高。针对这类重大的正式宴会,可采取如下策略满足主、宾双方的心理需要:

1. 充分准备

餐厅应清楚主办单位的具体要求,对贵宾的背景(宗教信仰、饮食习惯、生活风俗及国家、地区等)应尽可能收集详尽的资料,做出宴会接待计划(包括场地、菜谱、服务程序、卫生、安全等)。

2. 验收准备工作

宴会准备就绪后,在宴前,邀请主办单位前来餐厅检查、验收。发现问题及时纠正、补充,以求万无一失。

3. 宴会过程

绝对保证安全,周到服务、彬彬有礼。充分表达主办单位的友好之情,显示中华饮食文化的魅力,使宾客有亲切、高贵之感。

(二) 商务宴会服务心理

商务宴会不同于其他宴会,设宴者希望通过宴会来达到其商务目的,其对宴会的要求随生意的状况而有所不同。

1. 生意顺利时,他们会不惜重金宴请对方

这类宴会设宴者借宴会厅的布置、规格、饭店的威望、菜肴的名贵及优质的服务来显示自己的地位,抬高自己的身价。当接待这类宴会时,宴会厅的布置应

高雅、舒适、气派。服务人员一定要记住设宴商人的姓，以便当他宴请的客人到来时，尊称他"某先生或某老板"，让他的客人感到他对宴会餐厅的环境和服务人员都很熟，像是经常光临此处宴客似的。在上菜时有意暗示菜肴的名贵，使参加宴会的所有宾客都感到宴会的档次很高，以赢得主、宾双方的心理满足。

2. 生意不顺利，甚至亏本时，常要勉强应酬。

这类宴会既要讲体面，又不愿花钱太多，是这类宴会主人的心态。宴会通常不是很高档，但又不能让对方看出。餐厅的服务人员应理解这种心态，一方面要为他们节约成本，另一方面要为他们捞面子。如上菜时，对一些菜价作特别的介绍，使被邀请赴宴的所有客人感到宴会还是相当丰富的。只有这样，宴会主人必对餐厅产生好印象，下次定会再次光顾。

(三) 特种宴会服务心理

近年来，去饭店餐厅办婚宴、生日宴、节日宴的日渐增多，他们的共同心理是图吉利和热闹的氛围，另外还有团聚心理和攀比心理的作用。因此，餐厅应在气氛、饭菜花色外形上多下工夫，为他们提供录像、音乐、卡拉 OK、烛光等服务。服务中严防打破杯碗的"不吉利"现象，多说吉利、吉祥语，使来宾尽兴。

复习与思考

1. 解释下列概念：
(1) 超常服务；(2) 延伸服务。
2. 概述旅游者对饭店服务质量的感知模式。
3. 旅游者对饭店有哪些主要需求？
4. 旅游者对饭店前厅有哪些需求？
5. 概述前厅服务的心理因素。
6. 举例说明超常服务和延伸服务的重要意义。
7. 根据客人对餐厅的主要需求，说明如何做好餐厅服务工作。

第二十二章　旅游企业售后服务心理

在这一章，首先，我们考察旅游者抱怨和投诉的心理因素。然后，讨论对待旅游者抱怨与投诉的态度。最后，讨论旅游企业的售后服务心理。

第一节　旅游者的挫折与投诉心理

一、抱怨和投诉的心理因素

当旅游结束或在饭店住宿的旅游者离开时，如果旅游者有挫折感，就会产生"购买后的抱怨"心理，有的旅游者当时或返回后，还可能进行投诉活动。作为旅游企业管理者应该预计到，有可能使旅游者产生抱怨和投诉心理的原因，及时采取具体有效的对策，防患于未然，维护企业的声誉。

旅游者对旅游企业的满足和抱怨，是旅游者对该企业提供的各种设施及服务比期望的好与坏的认知，同时也是对购买公平与不公平的认知所产生的情绪体验。如果旅游者认为比期望的好，就产生了满足感；如果比期望的坏，就产生了挫折感。一般来说，旅游者的挫折感主要来自两个方面的因素。

1. 不公平

根据亚当斯的"公平理论"（见第十章），旅游者花了钱而不能获得应有的利益的话，就出现了不公平感。不公平是产生挫折的一个重要因素。具体原因可能有以下几点：

（1）价格不合理。旅游企业的产品，如饭店的客房、饮食、商品及服务等质量不好、收费过高，旅行社又增加新的收费项目等。

（2）设施服务不完善。缺少必要的设施和服务，如饭店内没有理发、电传等设施，客房、餐厅等设施不齐全，卫生间无电源插座，乘坐的汽车没有空调设备等。

（3）服务设施损坏或功能不好。如饭店的客房电灯不亮，电梯出故障，卫生间水箱漏水，出游时汽车抛锚。

（4）环境不良。饭店的电气设备噪音太大，室内温度不适宜、气味不好，客房、餐厅色彩及照明不宜等等。

2. 未满足需要

旅游企业的设施和服务不能满足旅游者的需要，使其预想的旅游目的不能实现，致使旅游者产生挫折感。产生的原因大致有以下几点：

（1）休息不好。如饭店服务员走路、谈笑声音太大，影响旅游者的休息和睡眠等。

（2）没有安全感。如饭店卫生条件不好；客房或餐厅有老鼠、蚊蝇；安全设施不完备，致使旅游者物品丢失、损坏等。

（3）孤独感。旅行社的导游或饭店服务员对待旅游者不主动热情，态度冷淡，见不到笑脸。

（4）得不到应有的尊重。旅行社的导游或饭店服务员不友善，缺乏言语的文明性，甚至挖苦旅游者；未经敲门而闯入客房；不尊重旅游者的习惯、信仰；忘记或搞错旅游者托办的服务项目等。

产生挫折感的旅游者可能会采取一系列的行动来发泄其不满。归纳起来这些消极行为大致有以下几点：

（1）不采取任何行动。

（2）采取一些公开的行动。例如：1）向旅行社或饭店索赔；2）采取法律上的诉讼要求赔偿；3）对旅行社、领队、导游或饭店抱怨。

（3）采取某种形式的私下活动。例如：1）决定再也不同该旅行社、饭店打交道；2）告诫朋友不要同该旅行社、饭店打交道。

二、对待旅游者抱怨与投诉的态度

旅游者的怨言无论如何微小，都容易成为导火线，引起意外的麻烦。旅游企业管理者、导游或服务人员应该积极采取对策来避免，防患于未然。如不能事先防止，在抱怨和投诉发生之后，应该慎重处理，绝不能采取不闻不问的态度。如果不闻不问，不负责只能使事态扩大，影响旅游企业的声誉。

处理旅游者的抱怨与投诉应有的态度有以下几点：（1）要让对方倾吐怨言，不能打断对方的谈话，更不能与对方发生争吵；（2）尽量满足对方的自尊心，消除其挫折感，牢记"旅游者总是对的"；（3）应该认定对方的怨言不是针对某一个人的，即使对方出言不逊，也应该采取容忍的态度；（4）切不可以为自己对情况了解得多而站在自己的立场上说话；（5）听对方的怨言要诚恳，不要露出丝毫的不满或不自然的苦笑；（6）对方提出的合理要求或基本上合理的要求，应该及时、迅速地处理，切不可拖延，对于过分的要求不要立即表态，应该视情况处理。

　　总之，对待旅游者的抱怨和投诉，如果不能予以足够重视和妥善解决的话，不仅会使他不再光顾这家旅游企业，而且也会对该旅游企业的声誉和潜在的客源产生不可预计的消极影响。

第二节　售后服务心理

　　旅游企业的售后服务对防止旅游者购买后的抱怨和投诉，保持老顾客与开发新的客源来说是至关重要。

一、售后服务

　　旅游企业的售后服务是指旅游者离开饭店或结束旅游之后，仍同顾客保持经常性的联系，由旅游企业向顾客继续提供的一系列服务。如果没有做好售后服务工作，往往会使许多老顾客转向其他旅游企业，从而影响本企业的销售。

　　调查表明，老顾客不再光顾该旅游企业的主要原因如下：（1）经朋友建议，转而购买其他旅游企业的产品或服务；（2）其他旅游企业的产品价格更便宜，服务更好；（3）顾客投诉没有得到处理或没有得到令人满意的处理；（4）旅游企业缺乏售后服务，使顾客觉得他是否继续购买该旅游企业的产品或服务，对自己或对该企业都无所谓。

　　由上述最后一个原因而不再光顾该旅游企业的顾客最多，约占统计数字的2/3，原因之（3）、（2）、（1）依次次之。

二、售后服务的方法

　　由于售后服务对旅游企业经营的重要性，西方的旅游企业都十分重视售后服务以争取每一个旅游者。近年来，我国的一些旅游企业已开始重视售后服务工作，并总结了十分宝贵的经验。以下介绍两点主要的售后服务方法。

1. 在客人旅游结束或离开饭店时，主动登门访问

　　客人离境或离店时主动登门访问，可以使顾客感到该旅游企业非常关心他们而产生对该旅游企业的好感。旅游企业也可以从他们了解到此次旅行的目的是否达到，以及一路上旅游企业的工作情况。旅游企业还可以及时掌握顾客对该企业及旅游途中遇到的麻烦事，以及他们的抱怨和可能提出的投诉。这样就能争取主

动，早做工作，妥善处理。旅游企业主动同顾客打招呼，不仅可以使有怨言或打算投诉的客人消气，而且通过友好地交换意见和善后处理，还可以从感情上接近客人。

2. 向返回的顾客寄送意见征询单

旅游企业由于时间关系，不可能登门拜访每一位顾客，可以在旅游者返回后给他们邮寄意见征询单。这样可以了解管理与服务存在的缺点和顾客的需要，以便改进经营管理和服务。

意见征询单的条目要简要明了，可以采用让旅游者打分的方法，并附上回寄信封。这能提高意见征询单的回寄率。

表 22-1 是英国航空度假（BAH）设计的"顾客满意调研"（CSQS）。

表 22-1　英国航空度假（BAH）的 CSQS

给我们您的意见

1. 您参加的是 BAH 的哪类旅行？
□世界范围　　□佛罗里达　　□美国与加拿大　　□城市　　□高尔夫　　□其他

2. 您从英国启程的时间是何时？
＿＿＿＿＿＿＿＿＿＿＿＿＿＿＿＿＿

3. 您参加的旅行的等级？
□经济型　　□俱乐部　　□豪华型　　□协议型

4. 您的主要目的地有哪些？
＿＿＿＿＿＿＿＿＿＿＿＿＿＿＿＿＿

5. 您的旅行是否在旅行代理商处预定？
□是　　　　□否

6. 您是通过何种途径知道我们的？
□朋友/家人　　□旅行代理商　　□过去参加过我们的旅行
□广告　　　　□邮寄的宣传手册　　□其他

7. 您乘坐的是哪家航空公司的飞机？
＿＿＿＿＿＿＿＿＿＿＿＿＿＿＿＿＿

8. 在过去的 5 年里您参加过多少次 BAH 的旅游？
□无　　□一次　　□两次　　□三次以上

9. 请为您经历的飞行服务打分。

	□非常好	□好	□一般	□不好
登机服务	□	□	□	□
机上行李安置服务	□	□	□	□
服务态度	□	□	□	□
行李认领服务	□	□	□	□
机上总体服务	□	□	□	□

10. 请写出您在度假过程中住过的酒店，并为酒店服务打分。
＿＿＿＿＿＿＿＿＿＿＿＿＿＿＿＿＿

	□非常好	□好	□一般	□不好
酒店食物	□	□	□	□
环境	□	□	□	□
洁净度	□	□	□	□
酒店的地理位置	□	□	□	□
酒店的总体服务	□	□	□	□

11. 请评价您参加过的旅行的特点。

	□非常好	□好	□一般	□不好
宣传手册的信息与精确度	□	□	□	□
预订服务	□	□	□	□
在您的旅行中提供的信息	□	□	□	□
海外代表的服务	□	□	□	□
机场/酒店的转移服务	□	□	□	□
租车服务	□	□	□	□
可选择型短程旅行服务	□	□	□	□

12. 以下哪种 BAH 的旅行更让您感兴趣?

□世界范围　　□佛罗里达　　□美国与加拿大　　□城市　　□高尔夫　　□其他

13. 您的年龄。

□16-24　　□25-34　　□35-44　　□45-54　　□55-64　　□65 以上

14. 您有几个 12 岁以下的孩子?

□没有　　□一个　　□两个　　□三个以上

15. 您从事哪种工作?

□管理　　□专业工作　　□办公室　　□技术工人　　□退休　　□其他

16. 您的收入水准。

□15000 英镑以下　　　　　　　□15000-25000 英镑

□25000-40000 英镑　　　　　　□40000 英镑以上

17. 您定期阅读哪种国内报纸或杂志?

18. 请给出您本次旅行的满意度。

□非常好　　□好　　□一般　　□不好

19. 您是否还愿意预定我们的旅行产品?

□非常愿意　　□愿意　　□不愿意

20. 其他意见或建议。

　　这种问卷非常重要,可以给旅行社提供许多有用的信息。许多旅行社经常使用 CSQS 来提升顾客对产品的满意度,从 CSQS 中获得的信息可以有效地帮助旅行社做出有关的营销决策。例如,如果有旅行者反映某一酒店的服务水平低劣,从而影响了整个旅游活动,那么旅行社就可以在下一次或下一年的线路中将其去掉,以保证整条线路的质量。

　　除了以上两点以外,还可以采用向顾客写亲笔信、寄明信片、发生日和节日的祝贺信等方法进行售后服务工作。

复习与思考

1. 阐述旅游者抱怨和投诉的心理因素。
2. 旅游企业应该如何对待旅游者的抱怨与投诉?
3. 什么是售后服务? 售后服务主要有哪些方法?

参 考 文 献

1. Abraham H. Maslow. Motivation and Personality. 2nd ed. New York : Harper & Row, 1970

2. J. R. L. Anderson. The Ulysses Factor. New York: harcout Brace Johanovich, Inc. , 1970

3. Robert W. Mclntosh. Tourism Principles, practies, Philosophies. Second Edition, Columbus, Ohio:Grid, Inc. , 1977

4. Edward J. Mayo, Lance P. Jarvis. The Psychology of Leisure Travel. Boston: CBI Publishing Company, Inc. , 1981

5. W. Fred van Raaij, Dick A. Francken. Vacation Decisions, Activities, and Satisfactions. Annals of Tourism Research, 1984, 11 (1)

6. Andrew J. DuBrin. Effective Business Psychology. Second Edition. Virginia: Reston Publishing Compony, 1985

7. Ernie Heath, Geoffrey Wall. Marketing Tourism Destination: A Strategic Planning Approach. John Wiley & Sone, Inc. , 1992

8. Harold Koontz, Heinz Weihrich. Management. Tenth Edition. New York: McGraw-Hill, Inc. , 1993

9. Stephen P. Robbins. Management. 4th ed. New York: prentice Hall Inc. , 1994

10. Pal Yale. The Business of Tour Operation. Longman Group Limited, 1995

11. Michael R. Solomon. Consumer Behavior. Third Edition, New York: Prentice-Hall Inc. , 1996

12. Philip Kotler, Fary Armstrong. Principles of Marketing. 7th ed. New York: Prentice-Hall International, Inc., 1996

13. Stephen P. Robbins. Organizational Behavior: Concepts, Controversies and Applecations. 7th ed. New York: Prentice-Hall Inc. , 1996

14. James A. Fitzsimmons, Mona J. Fitzsimmons. Service Management: Operations, Strategy and Information Technology, 2nd ed. New York: Mc Graw-Hill Company, Inc., 1998

15. Henry Assael. Consumer Behavior and Marketing Action. 6th Edition. South-Western College Publishing, 1998

16. Philip Kotler, Marketing Management. Millennium Edition, Tenth Edition. Pearson Education North Asia Limited, 2000

17. Lioyd. L. Byars, Leslie W. Rue. Human Resource Management. 6th ed. New York: McGraw-Hill, Inc., 2000

18. Kitty O. Locker. Business and Administrative Communication. 5th ed. New York: McGraw-Hill, Inc., 2000

19. Richard L. Daft, Raymond A. Noe. Organization Behavior. Harcourt, Inc., 2001

20. A. H. 马斯洛. 存在心理学探索. 李文恬译. 昆明：云南人民出版社，1987

21. H. T. 利维特．现代管理心理学．方展画，刘纯译．上海：远东出版社，1988

22. 罗贝尔·朗加尔．国际旅游．陈淑仁译．上海：商务印书馆，1995

23. J. C. 霍洛韦．论旅游：21 世纪旅游教程．北京：中国大百科全书出版社，1997

24. 高觉敷主编．西方近代心理学史．北京：人民教育出版社，1982

25. 赫葆源等．实验心理学．北京：北京大学出版社，1983

26. 吴凉凉等．现代管理心理学纲要．长沙：湖南人民出版社，1987

27. 苏东水．管理心理学．上海：复旦大学出版社，1987

28. 燕国才主编．中国心理学资料选编．北京：人民教育出版社，1988

29. 陈立主编．工业管理心理学．上海：上海人民出版社，1989

30. 时蓉华主编．现代社会心理学．上海：华东师大出版社，1989

31. 周晓红主编．现代社会心理学名著精华．南京：南京大学出版社，1992

32. 陈立．工业心理学简述．杭州：浙江教育出版社，1994

33. 俞文钊．管理心理学．兰州：甘肃人民出版社，1994

34. 朱祖祥主编．人类功效学．杭州：浙江教育出版社，1994

35. 王垒．组织管理心理学．北京：北京大学出版社，1995

36. 张春兴．现代心理学．上海：上海人民出版社，1996

37. 刘纯．旅游心理学．上海：上海科学技术文献出版社，1986

38. 刘纯．旅游饭店现代管理心理学．上海：远东出版社，1990

39. 刘纯主编．导游与旅游必读．上海：上海科学技术出版社，1992

40. 刘纯．饭店运转与管理．上海：学林出版社，1997

41. 刘纯．旅游心理学．北京：高等教育出版社，2002

42. 刘纯．试论旅游动机的多源性．心理科学，1987（5）

43. 刘纯．工程心理学在旅游饭店环境设计中的应用．旅游学刊，1987（4）

44. 刘纯．论导游的心理品质及其对旅游者行为的影响．社会科学家，1988（1）

45. 刘纯．略论旅游者的投诉心理及对策．旅游学刊，1988（3）

46. 刘纯．论旅游饭店领导者的基本素质和科技决策的基本品质．旅游科学 1990（1）

47. 刘纯．试论旅游饭店员工挫折行为．社会科学家，1990（2）

48. 刘纯．饭店员工疲劳心理刍议．旅游学刊 1992（3）

49. 刘纯．关于旅游行为及其动机的研究．心理科学，1999（1）

50. 刘纯．我国旅游饭店业人力资源开发战略．商业经济管理，1999（1）

51. 刘纯．旅游服务标准化的研究．中国标准化，1999（3）

52. 刘纯．走向大众化旅游的社会．内蒙古大学学报（人文社会科学版），2000（4）

53. 刘纯．激励理论及其在企业中的运用．经济理论与经济管理，2001（1）

54. 刘纯．饭店学习型组织刍议．产业与科技论坛，2003（1）

55. 刘纯．激励的动态分析与评价．管理工程学报，2003；17（1）

56. 刘纯．关于饭店绩效管理体系的研究．旅游科学，2003（2）

57. 刘纯．经济增长值：构建合理、有效的激励约束机制.上海改革，2003（12）

58. 刘纯．以市场需求为导向的城市旅游资源开发评价体系研究．旅游科学，2003（4）